Russen in Berlin 1918–1933

Russen in Berlin 1918–1933

Eine kulturelle Begegnung

Herausgegeben von Fritz Mierau

QUADRIGA

CIP-Kurztitelaufnahme der Deutschen Bibliothek

Russen in Berlin : e. kulturelle Begegnung ; 1918 - 1933 / hrsg.
von Fritz Mierau. – Weinheim ; Berlin : Quadriga-Verl., 1988
ISBN 3-88679-175-0
NE: Mierau, Fritz [Hrsg.]

© 1987 Verlag Philipp Reclam jun., Leipzig

© der erweiterten Lizenzausgabe
1988 Quadriga Verlag, Weinheim und Berlin
Redaktion der Lizenzausgabe: Harro Schweizer
Umschlaggestaltung: Manfred Manke
Gesamtherstellung: Druckhaus Beltz, 6944 Hemsbach

Printed in Germany
ISBN 3-88679-175-0

IV

Inhalt

VI

VORWORT

Nie zuvor und nie wieder danach hat eine Stadt außerhalb
Rußlands in unserem Jahrhundert für die russische Selbsterkenntnis eine so große Rolle gespielt wie das Berlin der
zwanziger Jahre.

Sofia mag den eurasischen Gedanken von der Mittlerschaft
Rußlands zwischen Asien und Europa hervorgebracht haben,
Prag die Russische Exil-Universität und Paris im Werk Nikolai
Berdjajews die Reife des russischen Existenzialismus – Berlin
aber ist der Ort, an dem der Kampf um die Zukunft Rußlands in
Europa in seiner Leiblichkeit ausgetragen wird, betörend und
schreckend zugleich.

1

Für die Betroffenen wie für die Beobachter ist die Berliner
Begegnung immer wieder tief irritierend gewesen, und es wird
wohl unentschieden bleiben, was die größeren Schwierigkeiten
bereitete – die Bezauberung oder das Befremden.

Am leichtesten ging es vermutlich mit den Malern. Die Vor-
kriegsavantgarde war europäisch. Die Russen gehörten zur
Familie. Dennoch: als man sie jetzt in Berlin wiedertrifft, gerät
noch in die gewogensten Berichte ein fassungsloses Staunen
angesichts einer unbekannten, unheimlichen Geistesart.

Momentaufnahme Januar 1923: Atelierbesuch in der Kleiststraße 43 bei Iwan Puni, Kubofuturist, Freund Kasimir Malewitschs und eine Weile sein Gefährte im Suprematismus, seit
1921 in Berlin.

„Faszinierend wirkt der Idealismus gerade der russischen Künstler, denen es hier wirklich nicht gut geht. Ich entsinne mich da
eines Besuches bei dem Maler Puni (seine Frau ist die rasch in
Mode gekommene Malerin Boguslawskaja), der hoch oben im
fünften Stock eines Hinterhauses der Kleiststraße in einem
Dachraum Schlafzimmer, Atelier und Wohnzimmer besitzt.
Wie er mit einer entzückenden Geschicklichkeit seine Armut
durch eine geradezu rührende Gastfreundschaft vergessen
machte und dann mit einem Fanatismus von seiner Kunst, von
der russischen, der deutschen, europäischen Malerei, überhaupt
von Kunstdingen sprach, als ob es heute keine anderen Sorgen

VIII

auch für Künstler gäbe. Dieses Ignorieren oder besser dieses
völlige Nichtkennen all der Unannehmlichkeiten, die uns den
Kopf zu zersprengen drohn, sah ich bei allen russischen Künstlern wieder. Sie sind überaus tätig. Ist die Arbeit beendet, so
treffen sie mit ihren Kollegen zusammen und debattieren bei Tee
und Zigaretten endlos und sich ereifernd über ihre Richtungen,
Tendenzen und Ziele. Die Worte Geld, Valuta, Börse, Dollar
hörte ich nie. Dafür aber erbitterte Gefechte über Expressionismus, Mechanismus, Eklektizismus. Ein enger Kontakt besteht
mit den deutschen Künstlern, besonders mit den Malern und
Bildhauern. Hier ist es in der Tat schon zu einer Synthese
gekommen, die gerade für die moderne deutsche Malerei von
höchstem Wert ist. In einigen Jahren bereits wird man den
Einfluß der hier lebenden Kandinsky, Archipenko (der in Charlottenburg an der internationalen Akademie ‚Kornscheuer‘ als
Lehrer tätig ist), Golyscheff, Sternberg, Genin, Chagall noch
viel deutlicher erkennen lassen als heute, wo die ersten geistigen
Zusammenschlüsse zwischen russischen und deutschen Malern
und Plastikern gerade begonnen haben.“ So der Autor Pol- (d.i.
Kürzel) in seinem Essay „Rußland in Berlin. Die Geistigen“, den
die „Vossische Zeitung“ am 22. Januar 1923 druckt.
Dieses Staunen wird die Regel sein. Wer immer dann in der
Literatur, auf dem Theater, beim Film, in der Philosophie mit
Russen in Berührung kommt, empfindet wenn nicht Ungenü-
gen, so doch Unbehagen an seinem Dasein, ein dringendes
Verlangen nach Sammlung und Freiheit. Es ist ihnen allen so
ergangen: Carl Einstein mit Kandinsky. Thomas Mann mit
Dmitri Mereshkowski und Alexej Remisow. Elias Canetti mit
Babel. Tucholsky mit Larissa Reissner. Walter Benjamin mit
Asja Lacis. Iwan Faludi mit Sergej Jessenin. Wilhelm Reich mit
Eisenstein. Hans Richter eigentlich mit allen Film-Russen.
Raoul Hausmann mit Dowshenko. Brecht und Benn mit Tretja-
kow. Max Scheler mit Semjon Frank und Hermann Graf Keyser-
ling mit Nikolai Berdjajew.
Ob Iwan Punis „Musiker“, sein großes kubofuturistisches Bild
aus dem Berlin von 1923, eine Auskunft bereithält über die
Ursachen der Irritation? Fröhliche Armut, stille Besessenheit,
Indifferenz gegen Äußerlichkeiten? Ich glaube schon, daß Puni
den Berliner russischen Künstler gemalt hat, mehr noch: den
Russen in Berlin, und daß diese schwebende Existenz die soziale
und rechtliche Zwischenstellung des russischen Emigranten wie

des sowjetischen Besuchers in Berlin gleichermaßen offenbart. Denn nicht eine Mentalität gilt es zu begreifen, sondern eine Professionalität.

Es ist der offene Wechsel vom Instrumentalen ins Organische, mit dem der Musikerleib die Einbildungskraft so nachhaltig reizt.

Tanzt da nicht der leidende Andrej Bely oder spielt ein Caféhausgeiger, der in Rußland bessere Tage sah? Springt nicht gleich Sergej Jessenin auf den Tisch, um die „Internationale" anzustimmen oder ist das Viktor Schklowski, der leichten Schrittes seine Emigrantenschwermut durch das nächtliche Berlin trägt? Der dadaistische Multi-Media-Pionier Jefim Golyscheff oder gar Igor Strawinsky? Ganz gewiß grüßen die russischen Kabarettisten. Und noch alle die, die am tiefsten ins Instrumentale geraten waren – die über hundert russischen Taxifahrer Berlins wie die orthodoxen Verfechter eines universalen Kalküls menschlicher Beholfenheit: Lissitzky, Meyerhold und Tretjakow konnten sich in Punis „Musiker" verstanden wissen. Wie sagt Lissitzky 1920, als er den „Suprematismus des Weltaufbaus" definiert: „Denn der suprematismus wird alle aus der oberherrschaft der arbeit, aus der oberherrschaft des trunkenen herzens herausführen. Er wird alle in schöpferischer tätigkeit befreien und die welt zum reinen akt der vollkommenheit bringen."

Zu leicht hinweggesprungen, hinweggetanzt, hinweggedacht über die „Unannehmlichkeiten, die uns den Kopf zu zersprengen drohen"? Ignoriert die internationalen Kräfte, die die Beziehungen zwischen der deutschen Republik und der Sowjetrepublik bestimmen? Erschöpfte sich die Professionalität der Russen in Berlin im Kult der reinen Profession? Immerhin sind es doch im besonderen die Russen, die in Berlin den Angriffspunkt zweier neuer politischer Kräfte bilden, die seit spätestens Frühjahr 1919 alle Aktivitäten in Europa beeinflussen.

In Paris war unter der Führung des amerikanischen Präsidenten Wilson, des französischen Ministerpräsidenten Clemenceau und des englischen Premierministers Lloyd-George der spätere Versailler Vertrag der 27 Siegerstaaten vorbereitet worden: die diplomatische und wirtschaftliche Isolierung vom Westen, die er Deutschland brachte, erzwingt die Öffnung nach Osten, nach Rußland, das seinerseits aus der Isolierung herausstrebt.

Und in Moskau hatte sich am 4. März 1919 aus 35 Parteien und Gruppen die Dritte, die Kommunistische Internationale konstituiert: sie verkündet den Beginn einer neuen weltgeschichtlichen „Epoche der kommunistischen Revolution des Proletariats" und setzt nach dem Untergang der Ungarischen und der Bayerischen Räterepubliken im Frühjahr und Sommer 1919 vor allem auf Berlin; Berlin wird der Sitz des illegalen Westeuropäischen Sekretariats der Komintern.

Die heikle Lage der beiden Länder – praktisch aufeinander angewiesen zu sein, wo sie sich doch grundsätzlich gegenseitig ausschließen – war mehr als ein politisches Paradox: sie war die eigentliche neue Weltkonstellation unseres Jahrhunderts. Den Russen in Berlin verdanken wir die frühesten Anstrengungen, sich darin zurechtzufinden.

2

Entscheidend für die Eigenart dieser Anstrengungen war eine merkwürdige Fähigkeit der Russen, die freilich nicht nur glückliche Augenblicke beschert. Sie konnten bei hoher Konzentration auf ihren Gegenstand jederzeit eine universale Sicht öffnen. Keine suprematistische Konstruktion zu abstrakt, kein kubofuturistisches Porträt zu privat, als daß nicht eine Botschaft für die Welt darin steckte.

Wenn ich eben von einer Professionalität sprach, die es zu begreifen gelte, dies ist sie. Sie geht quer durch alle Berufe und sozialen Klassen und hat mit dem in Westeuropa üblichen parteiischen Politisieren nichts gemein. Sie läßt alle Effekte öffentlichen Engagements vermissen, gibt sich – Punis „Musiker" ist symptomatisch – betont fachlich, weiß sich aber um so sicherer in der geistigen Perspektive.

Diese Fähigkeit erlaubte den Russen in Berlin noch im Moment schärfster Konfrontation ein Einigungswerk zu entwerfen und in Gang zu setzen, dessen sichtbarer Erfolg in keinem Verhältnis steht zu seiner Erkenntnismacht. Institutionell gesehen, müßte sogar von einem Scheitern gesprochen werden. Denn alle Zusammenkünfte, Verlage und Zeitschriften, die die Instrumente der Verständigung sein sollten, sind nicht voll zum Zuge gekommen. Es ist aber gerade das Scheitern als Institution, das ihrer kurzen Existenz die lebendige Dauer sichert: hier zählt die Wirklichkeit der Impulse.

Die Bedingungen, unter denen sich diese besondere Professionalität entfaltete, waren äußerst günstig. Traditionell nicht ausländerfeindlich und im Umgang mit russischen Emigranten schon seit lange vor der ersten russischen Revolution von 1905 vertraut, war Berlin in seiner neuen Lage zwischen Versailles und Komintern die einzige Stadt Europas, die allen streitenden Parteien Rußlands gleich aufmerksame Aufnahme gewährte.

Das waren häufig ziemlich diffizile Entscheidungen, die in den Kämpfen der Parteien zu treffen waren und die Überlegungen der Ostabteilung des Auswärtigen Amtes kollidierten fast regelmäßig mit den Sicherheitsrücksichten des Preußischen Innenministeriums und des Berliner Polizeipräsidiums.

Der Kampf um die russischen Kriegsgefangenen z.B. – im Januar 1919 noch 700000 von ursprünglich einer Million – zeigte die Verwicklungen sehr deutlich. Die Empfehlung der Alliierten vom April 1919, sie nur in die von den Weißen Armeen beherrschten Randgebiete Rußlands zurückzuführen, um nicht die Rote Armee zu stärken, blieb ohne Effekt auf den Fortgang des Bürgerkriegs. Nachdem im November 1919 durch alliierte Entscheidung auch das „Bermondt-Unternehmen" im Baltikum abgebrochen wurde, zu dem am 30. Mai aus Berlin Truppen unter dem russischen Obersten Fürst Avaloff-Bermondt aufgebrochen waren, setzte sich die Einsicht durch, daß nur direkte Verhandlungen mit Sowjetrußland das Problem lösen würden. Im Winter 1919 zu 1920 finden Gespräche mit Karl Radek statt, der in Schutzhaft in Moabit sitzt. Die Beteiligung russischer Offiziere am Marsch der Erhardt-Brigade vom Lager Doberitz nach Berlin am 12. März 1920, der Kapp-Putsch, beschleunigt die Bemühungen. Es ist dann Dr. Viktor Kopp, der Bevollmächtigte des Volkskommissariats des Äußeren, der den Vertrag über die Repatriierung mit Deutschland am 19. April 1920 abschließt und die Rückführung einleitet, die im März 1921 zu Ende geht. Aus diesem Vertrag ging ein Jahr später das deutsch-russische Abkommen vom 6. Mai 1921 über die Erweiterung der Tätigkeit der beiden Länderdelegationen für Kriegsgefangenenfürsorge hervor, in dem schon die Immunität von Kurieren und Handelsfragen aufgenommen wurde.

Parallel dazu lief der vertrauensvolle Umgang des Auswärtigen Amtes mit dem „Russischen Komitee" der Emigranten, das seit dem 1. April 1920 überging in die „Russische Delegation für Angelegenheiten der russischen Kriegsgefangenen und Rückwanderer", In den Zelten 16. Nach Abschluß des Rapallo-Vertrags wurde die „Russische Delegation" unter S. Botkin im

September 1922 mit geringeren Befugnissen zur „Vertrauens-
stelle für russische Flüchtlinge in Deutschland", der in einem
Ausschuß russischer öffentlicher Organisationen und Institutio-
nen vierzig Hilfskomitees angeschlossen waren.
Außerdem hatte das Auswärtige Amt ständig Fühlung mit
verschiedenen rivalisierenden monarchistischen Kreisen, die
nach dem Scheitern der militärischen Intervention die Wiederer-
richtung des zaristischen Rußlands durch Stärkung des inneren
Widerstands betrieben und schon auf die künftige Vereinigung
der neuerstandenen europäischen Monarchien spekulierten.
1924 wird zwischen General Wassili Biskupski, den Großfürst
Kirill (als kommender Zar) zu seinem Premierminister ernannt
hatte, und Ludendorff, Hitlers Münchner Putschgefährten vom
November 1923, ein Abkommen über „Rußlands und Deutschlands Zukunft" geschlossen.
War man hier bestrebt, nicht den Eindruck einer offiziellen
Sympathie für diese umstürzlerischen Absichten gegen ein Land,
mit dem Verträge bestanden, aufkommen zu lassen, so mußte
man andererseits auf der Hut sein, nicht selber den weltrevolu-
tionären Aktivitäten des Vertragspartners Vorschub zu leisten.
Ein politischer Balanceakt jedesmal, wenn die Einreise etwa
eines Vertreters der Kommunistischen Internationale oder der
Roten Gewerkschaftsinternationale zu entscheiden war.
Grigori Sinowjew, damals Vorsitzender der Komintern, fragt
sich in seinem Buch „12 Tage in Deutschland" über die Reise
nach Halle zum Parteitag der USPD im Oktober 1920, auf dem
über den Anschluß der Unabhängigen an die III. Internationale
beraten werden sollte, warum die deutsche Regierung ihn über-
haupt hereingelassen habe. Ein Schritt der Annäherung? Eine
Falle? Ein Schlag gegen die Unabhängigen: ihre Spaltung
Triumph für die Bourgeoisie, Makel für Moskau? Als Sinowjew
auf dem Rückweg von Halle nach Berlin kam, um hier mit
Kommunisten mehrerer Länder zu verhandeln und am 17.
Oktober in der Hasenheide zu sprechen, wurde er von der
Antibolschewistischen Liga als der „Menschewiki-Schlächter"
empfangen, und die Berliner Polizei wies ihn als „lästigen
Ausländer" aus. Der nächste Dampfer von Stettin ging am 23.
Oktober: Hausarrest, Telefonverbot, Besuche sind erlaubt.
Inzwischen Hetze, dann Interpellation im Reichstag. Dem
Außenminister war die Sache zu weit gegangen. Selbst der
„Vorwärts" hatte das scharfe Vorgehen gegen die Kommunisten

als einen Prestigegewinn für die Verfolgten beschrieben. Eduard Bernstein, der in Halle vom linken Flügel der USPD überstimmt worden war, fand im Reichstag die Formel, die Sinowjew in seinem Bericht ironisch apostrophiert: Das Asylrecht bestehe für unterdrückte Menschen und nicht für Unterdrücker. Sinowjew, der die Menschewiki unterdrückt habe, falle also nicht darunter. Rapallo schuf Abhilfe, brachte aber neue Probleme. Die Tätigkeit der sowjetischen Handelsvertretung, die zu Zeiten über 300 Angestellte hatte, und der sowjetischen Botschaft mit ihren damals 80 Angestellten wurden vom Reichskommissar für Überwachung der öffentlichen Ordnung ständig genauestens beobachtet, weil er ihren Einfluß auf alle Berliner Aktivitäten für sehr groß hielt. Die Nervosität erhellt die spektakuläre „Lindenstraße-Aktion" vom Mai 1924, als die Preußische Polizei das Gebäude der Berliner Handelsvertretung mit 200 Mann umstellt und durchsucht, weil sie angeblich wissentlich einem Flüchtigen Unterschlupf gewährt hatte.

Und natürlich wird man den begeisterten Bericht Anatoli Lunatscharskis, der als Volksbildungskommissar viele Male in Berlin war, über die Feier des zehnten Jahrestags der Oktoberrevolution im Piscator-Theater und den Empfang in der Berliner Botschaft beim Reichskommissar mit gemischten Gefühlen gelesen haben: „Die Empfänge beim Gen. Krestinski", schreibt Lunatscharski in der Illustrierten von Moskau, „sind in ganz Berlin berühmt. Er hat es verstanden, alles was Berlin zu bieten hat, bei sich zu versammeln. Minister, Gesandte, Reichstagsabgeordnete, prominente Journalisten und Politiker und sogar Finanzleute; daneben die besten Kräfte aus der Welt der Literatur, des Theaters, der Kunst usw. Hier begegnen sich die Leuchten der Wissenschaft, und man findet Politiker aller Parteien miteinander im Gespräch, von den gemäßigt Liberalen bis zu den Kommunisten. Diesmal waren 900 Gäste gekommen."

3

Was sich 1927 bei Botschafter Krestinski so vertraut wie weltmännisch begibt, bildet unübersehbar das Gegenstück zu Iwan Punis „Musiker" von 1923. Wir entdecken da die tatsächliche Befugnis der Russen, Berlin zum Ort ihrer Selbsterkenntnis zu machen. Ihrer Selbsterkenntnis, nicht ihrer Selbstdarstellung,

XIV

wie das vor der Revolution in Paris geschah, als die „Russischen Saiasons" von Sergej Djagilew die westeuropäischen Geister in ihren Bann zogen. Diese Befugnis ist es, der angesichts der leibhaftigen Präsenz der streitenden Kräfte und aus ihrem Impetus der Entwurf der Gemeinsamkeit gelang. Sie hat nur einen Namen: welterfahrene Häuslichkeit.

Der Name ist problematisch. Bei so viel Unrast und Umgetriebensein? In der Unwirtlichkeit, im Wahnsinn, in der ätzenden Atmosphäre Berlins? Was heißt da Häuslichkeit? Und welterfahren? Bei so viel Zwangsausfahrt: vertrieben aus der Heimat durch Hunger, geistige Not, politische Verfolgung? Bei so wenig Umgänglichkeit und Anpassungswillen?

Wenn die Befugnis der Russen dennoch diesen Namen verdient, so weil jeder von ihnen Welt viel gewaltiger erfahren hatte als alle, denen sie in Berlin begegneten, und weil ihre Häuslichkeit äußerer Gunst nicht bedurfte. Man begreift die Weltfülle ihrer Schicksale, wenn man allein bedächte, unter welchen Umständen sich drei Männer in Berlin wiedertreffen, die einmal gemeinsam in Wologda, 560 Kilometer östlich von Petersburg in der Verbannung waren: Alexej Remisow kommt auf der Flucht vor seinem rasenden Kopfschmerz, der ihn ein Jahr gepeinigt hat, nach Berlin; Nikolai Berdjajew wird 1922 mit 200 Intellektuellen ausgewiesen; Anatoli Lunatscharski vertritt in Berlin die revolutionäre Kultur Rußlands.

Man bedenke wen immer: Viktor Schlowski erlebte das Ende des Krieges in Nordpersien, ging dann ein Jahr in den Untergrund, weil er sich als ehemaliger Panzerwagenfahrer mit der Aufstellung einer Panzereinheit an den Kämpfen für die Wiedereinberufung des Parlaments, der Konstituierenden Versammlung, beteiligt hatte, die von den Bolschewiki aufgelöst worden war; 1919 amnestiert, droht ihm im März 1922 im Zusammenhang mit dem Prozeß gegen die Sozialrevolutionäre erneut die Verhaftung.

Andrej Bely hatte, als er nach Berlin kam, Tunis, Ägypten und Palästina hinter sich. Für Jessenin war Berlin Zwischenstation nach Amerika, und er sehnt sich auf dem Friedhof Europa nach dem Übermut seiner Asien-Reise von 1920. Sergej Tretjakow hatte über ein Jahr in China unterrichtet, und Sergej Eisenstein kommt nicht nur bis in die USA, sondern bis nach Mexico, wo ihn 1931 das berühmte Telegramm Stalins erreicht: „Eisenstein hat das Vertrauen seiner Genossen in der Sowjet-Union verloren Stop Er wird für Deserteur gehalten, der mit seinem Land gebrochen hat Stop Fürchte unser Volk könnte bald kein Interesse mehr an ihm haben."

Häuslich wurde diese von den Russen erfahrene Welt durch einen spezifischen Akt geistiger Domestikation, der für das Verhalten der Russen in Europa entscheidend war. Am genauesten hat das der Dichter Ossip Mandelstam dargestellt. In einem nur in Berlin veröffentlichten Text mit dem sonderbaren Titel „Menschen-Weizen" schildert er das Ende des nationalen Messianismus, dessen Scham noch auf den Gesichtern der europäischen Völker brenne. Nicht mehr die Mühle der politischen Geschichte, nicht der schwere Mühlstein der Katastrophen verwandle fortan den Menschen-Weizen in Mehl; angebrochen sei die Zeit der „Ökonomie mit ihrem Pathos der Welt-Häuslichkeit".

Zunächst müsse sich Europa wiederfinden. Denn: „Der Weg aus dem nationalen Zerfall, aus dem Zustand des Korns im Sack zur Welt-Einheit, zur Internationale, führt nur über die Renaissance des europäischen Bewußtseins, über die Wiedergewinnung des Europäertums als unserer großen Nationalität." Wohlweislich habe Rußland diese Fähigkeit im Verborgenen gepflegt – Mandelstam erinnert an die „europäische Häuslichkeit" Alexander Herzens, der durch die Länder des Westens wie ein Hausherr durch sein Anwesen gezogen sei –, um nun davon mit voller Hand auszuteilen. Mandelstam spricht von einem „häuslichen Hellenismus" (im Gegensatz zum heroischen), den er in der russischen Sprache gegründet findet. Während Westeuropa sich lateinischen Einflüssen öffnete und hingab, seien die lebendigen Kräfte der griechischen Kultur in den Schoß des Russischen gegangen und hätten die Sprache zum „klingenden und redenden Leib" gemacht. Mandelstam sieht so Rußland sich aus der Sprache erheben bis in seine Staatlichkeit.

Daß eine so verstandene welterfahrene Häuslichkeit ein geistiger Auftrag auf Dauer sein mußte, ist unverkennbar. Die Einheit der Welt in einer Welt-Häuslichkeit zu leben, aber in vielen Zentren, die Ungleichheiten im Geistigen nicht nur zu erleiden, sondern groß auszubilden und auszutragen, und die Verborgenheit zu lieben, ohne in Mißtrauen, Weltflucht oder Konspiration zu gleiten – diese Neigungen wurden als rettend erkannt vor der Versuchung totaler Übersichtlichkeit, Verfügbarkeit und Beholfenheit.

Es waren freilich immer nur Monate, im Höchstfall ein, zwei Jahre, die sich die Berliner Instrumente der Selbsterkenntnis hielten. Alexander Jastschenkos Zeitschrift „Das russische Buch", später „Das neue russische Buch", hielt sich 1921 und 1922. Ehrenburg und Lissitzky brachten den „Gegenstand" 1922 nur auf zwei Hefte. Maxim Gorkis Zeitschrift und Andrej Belys Zeitschrift gingen etwas länger. Der phantastische Plan des Verlegers Grshebin, von dem Viktor Schklowski in einem nur in Berlin erschienenen Brief seines Briefromans „Zoo" hinreißend erzählt, ganz Rußland mit Büchern zu überschütten, ging in die Brüche. Überhaupt bekam niemand sein Periodikum nach Sowjetrußland. Vom Entwurf zur Ausführung war es noch weit. Die einzigen, die es schafften, waren die Initiatoren der Zeitung „Nakanune", eine Gruppe von Politikern, die ursprünglich hohe Funktionen bei weißen Regierungen innegehabt hatten, nach deren Niederlage aber aus nationalen Gründen ein bolschewistisches Rußland unterstützten und für die Rückkehr der Emigranten warben. In Prag hatten sie 1921 ihre Analysen in der Sammlung „Wechsel der Wegzeichen" veröffentlicht, dann von Paris aus ein gleichnamiges Bulletin herausgegeben und die Arbeit Anfang 1922 nach Berlin verlegt.

Auch die geselligen Kreise und wissenschaftlichen Institute hatten keine nennenswerte Ausdehnung in der Zeit: Maxim Gorkis Kreis in Bad Saarow, Ilja Ehrenburgs Runde in der „Prager Diele", das „Haus der Künste" und der „Schriftstellerklub", Atelierkreise wie der Iwan Punis oder die Akademie für Religionsphilosophie, der Berdjajew-Kreis.

Um so bedeutender ihre Ausdehnung im Geistigen. Grundlegende Schriften der russischen Selbsterkenntnis unseres Jahrhunderts verdanken ihren wesentlichen Impuls Berlin. Andrej Belys Autobiographie erwächst aus der Erfahrung, daß sein Opfer, seine Bereitschaft, sich als Dichter für die Rettung der russischen Kultur aufzugeben, von den Russen in Berlin so wenig angenommen wird wie vorher und nachher in Moskau.

Maxim Gorkis „Leben des Klim Samgin", der unvollendete Roman vom Scheitern eines Intellektuellen in der Arbeiterbewegung, erwächst aus der Berliner Erfahrung, daß es dem Dichter mißglückte, mäßigend auf den Umgang der Bolschewiki mit ihren politischen Gegnern, den Menschewiki und den Sozialrevolutionären wie mit der Intelligenz überhaupt umzugehen. Boris Pasternak betritt in Berlin den Weg zu jener „unerhörten Einfachheit", die er im „Doktor Shiwago" zu gewinnen wähnt.

Ilja Ehrenburg erfährt in Berlin, daß der enthusiastischen Huldigung für den Konstruktivismus, die er in seinem Pamphlet „Und sie bewegt sich doch!" vorgetragen hatte, eine Warnung folgen muß, die Warnung vor einem totalitären Funktionalismus. Sein visionärer Tscheka-Roman „Leben und Untergang des Nikolai Kurbow" ist ein Zeugnis dieser Einsicht, und sein Berliner Briefwechsel, vor allem auch mit Jewgeni Samjatin, der schon seinen Roman „Wir", das Tagebuch eines Ingenieurs in einer Kasernenzivilisation, beendet hatte, wird einmal weiteren Aufschluß bringen; deutlich ist jedoch, daß die „neue Romantik", die Ehrenburg seit Mitte der zwanziger Jahre über den Schriftstellerkongreß 1934 bis in seine Memoiren „Menschen Jahre Leben" vertritt, ein Ergebnis der Berliner Erfahrungen ist.

Aber es gibt auch zwei Berliner Institute, die überlebten. Das eine ist die YMCA-Press, ein Verlag, der durch den Druck der 1922 aus Sowjetrußland ausgewiesenen Religionsphilosophen sein Profil gewann, ehe er 1925 nach Paris übersiedelt und Weltruf erlangt. Und das andere ist Alexej Remisows „Große und Freie Affenkammer", eine Gemeinschaft von gleichgesinnten freien Geistern, derer zum Schluß gedacht sei.

1908 begründet, in Rußland gepflegt und nun in den kärglichen Wohnungen Remisows Kirchstraße 2 in Charlottenburg und Lessingstraße 16 am Wedding eifrig ausgebaut, gehörten ihr inzwischen wohl hundert russische Schriftsteller, Verleger, Philosophen, Maler und Musiker an. Jedes Mitglied der „Großen und Freien Affenkammer" erhielt eine Berufungsurkunde und einen besonderen Namen – Maxim Gorki war z. B. der „Stellvertreter des Ältesten in Deutschland und Affenritter mit dem Globus". Remisow, der Cancellarius des Affenordens, pflegte mit seinen Rittern einen witzigen Briefwechsel und wachte über die Einhaltung des Statuts, nach dem jedem Mitglied gestattet war, in die „Große und Freie Affenkammer" zu kommen „wie zu sich nach Hause" und ihren Zielen zu leben.

Ob Iwan Puni Ritter des Affenordens war? Gewiß war es sein „Musiker". Sieht man ihn nicht freudig dem Affenmanifeste folgen, das Asyka I., der Oberste Herr der Freien Affen durch seinen Cancellarius 1922 zu Berlin-Charlottenburg in neuer Redaktion verkünden ließ? Es besteht aus einem einzigen Satz, der den geschwänzten und ungeschwänzten, den behaarten und den nackten Untertanen die Entschlossenheit zur Selbsterkenntnis zur Pflicht macht, auf daß hier in den Wäldern und Wüsten

XVIII

kein Platz sei für die niederträchtige Heuchelei, daß Maß und
Gewicht echt seien und man sie nicht fälschen könne und Lüge
Lüge bleibe und Heuchelei Heuchelei, worein immer sie sich
hüllen mögen.

Fritz Mierau
Berlin/DDR, im April 1988

HERKUNFT

An diesem Lesebuch sind viele Autoren beteiligt, die nicht zu
Worte kamen, deren Name nicht einmal fiel. Alle wird man auch
hier noch nicht vernehmen. Doch da die Konstruktion eines
geistigen Raumes versucht wird, seien wenigstens die genannt,
die mit ihrer Biographie unmittelbar in dieses Buch hineinragen.
Lange bevor ich in Leipzig mit Wieland Herzfelde sprach und in
Moskau mit Ilja Ehrenburg, hatte mir mein Vater Georg Mierau
in Döbeln vom Malik-Verlag erzählt und mir „Visum der Zeit"
empfohlen. Und meine Mutter zeigte mir kürzlich einen seiner
Berliner Briefe von 1929, in dem er nach Otto Flakes „Ruhland",
Arnold Zweigs „Grischa", den Filmen „Metropolis" und „Frau
im Mond" auf die Ausstellung „Das neue politische Plakat" in
der Hochschule für Politik zu sprechen kommt: „Vertreten
Deutschland, England, Frankreich und Rußland. Letztes hatte
die Plakate, die nach meiner Ansicht stärkste Massenwirkung
haben."
Daß ich mich dann seit dem Studium in Berlin Mitte der
fünfziger Jahre mit den deutsch-russischen literarischen Beziehungen befaßte, geht auf die Anregung meines Lehrers Prof. Dr.
Hans-Holm Bielfeldt zurück. Hans Mayers Berliner Vortrag
vom November 1955 „Deutsche und sowjetische Literatur"
eröffnete mir die Perspektiven des Themas. Mayer und sein
damaliger Assistent Alfred Klein bestärkten mich in meinen
Forschungen. Damals begann der Briefwechsel mit den Zeugen
der Zeit.
In Ascona fand ich Leo Matthias, den Verfasser des besten der
frühen Rußland-Bücher, „Genie und Wahnsinn in Rußland". In
Höllstein Arthur Seehof, den Verleger und Publizisten. In Berlin
die Schwestern Ramm, Alexandra, die Frau Pfemferts, Maria,
die Frau Carl Einsteins. Alfred Kurella gab mir die Adresse von
G. G. L. Alexander in Moskau. Kurt Kläber, Schriftsteller und
Leiter des Internationalen Arbeiterverlags und des Agis-Verlags,
arbeitete als Kurt Held in Carona-Lugano. Willy Haas, der
Herausgeber der „Literarischen Welt" in Hamburg. Cläre Jung,
Franz Jungs zweite Frau, hatte die ganze Zeit in Berlin gelebt und
korrespondierte, als ich sie kennenlernte, eifrig mit Jung, der,
aus den USA zurück, in Paris, Stuttgart, Salzburg, Berlin oder
wo es sich sonst gerade ergab, Station machte. In Moskau

1

verpaßte ich 1958 nach einigen Briefen Eugen Lundberg, den Leiter des „Skythen"-Verlags in Berlin, Verfasser der ausgezeichneten Autobiographie „Notizen eines Schriftstellers" (1930), traf aber Alexander Fewralski, den langjährigen Theatersekretär Wsewolod Meyerholds: er war der erste Kritiker meiner Studie über „Die Rezeption der sowjetischen Literatur in Deutschland in den Jahren 1920–1924", die ich dank der Vermittlung von Gerhard Ziegengeist zum IV. Internationalen Slawistenkongreß 1958 in Moskau veröffentlicht und vorgetragen hatte.

Ende der sechziger Jahre kam ich in Moskau zu Lili Brik und Wassili Katanjan in die Wohnung am Kutusow-Prospekt, wo heute Katanjans Sohn mit seiner Frau zu Hause ist. Um 1970 besuchte ich zum ersten Mal Antonina Piroshkowa, die gemeinsam mit Ehrenburg für die Wiederveröffentlichung Babels arbeitete und als Metroingenieurin, Mitverfasserin eines Lehrbuchs über Metrobau, die Struktur der Berliner Untergrundbahn genau im Kopf hatte, obwohl sie nie in Berlin gewesen war; als sie später Elias Canettis Bericht über die rettende Berliner Begegnung mit dem stillen Babel las, war sie entzückt über die Genauigkeit seiner Beobachtung.

Viktor Schklowski traf ich 1970 in Berlin, als er nach fast fünfzig Jahren wieder durch die Straßen seines „Zoo" ging und auf einem Symposium der Westberliner Majakowski-Galerie die Sprachmacht Lenins definierte: „Lenin als Dekanonisator". Die Malerin Elena Liessner-Blomberg besuchte ich in Klein-Machnow. Sie machte ihre prächtigen Applikationen und schenkte mir das Heft 4 (1923/24) von Majakowskis Zeitschrift „LEF". In Moskau fand ich Olga Tretjakowa, die 1931 mit Sergej Tretjakow in Berlin, Stuttgart und wohl auch in anderen Städten war. Asja Lacis begegnete ich in Riga 1976, als sie gerade ihre Erinnerungen „Die rote Nelke" diktierte, sie konnte schon sehr schlecht sehen und war auf Fühlen und Hören angewiesen: als sie, die winzige, ganz schlanke Achtzigerin mich gehört und angerührt hatte, sagte sie: „Sie sind wie einer von damals." 1986 besuchte ich in Wilmersdorf Vera Lourié, die Dichterin, die, seit Anfang der zwanziger Jahre in Berlin, von den Nazis verfolgt worden war und eben dabei ist, Erinnerungen in Briefen an die geliebte Freundin zu schreiben.

Sammler, Forscher und Bibliothekare haben mich auf das Großzügigste unterstützt. Waltraud Werner in Berlin zeigte mir ihre

Sammlungen vom Maler Wassili Masjutin und vom Übersetzer Wolfgang E. Groeger. Dr. Andreesen, leitender Slawist an der Staatsbibliothek Preußischer Kulturbesitz, führte mich in die Handschriftenabteilung, ich sah den hier verwahrten Teil der Korrespondenz von Alexander Jaschtschenko und fand seine „Affenurkunde" von der Hand Alexej Remisows. Apropos: Will nicht einer die vermutlich mehr als fünfzig „Affenurkunden", die es verstreut in aller Welt gibt, sammeln? Christiane Bauermeister und Doris Liebermann, die mehrere Rundfunksendungen zum „Russischen Berlin" schrieben und den Weg zu Vera Lourié wußten, sandten ihre Manuskripte. Claudia Scandura von der Universität Rom, mit einer Arbeit über russische Verlagstätigkeit, besonders die Herausgabe literarischer Almanache befaßt, schenkte mir das exzellente Buch „Dada russo" von Marzio Marzaduri, dem ich die Nachrichten über die Berliner Briefe Sergej Scharschuns an Tristan Tzara entnahm. Thomas R. Beyer Jr., der Symbolismus-Kenner von der Russian School am Middlebury College in Vermont, beschrieb das Berliner russische „Haus der Künste" und Andrej Belys geistige Abenteuer in Berlin. Von Karl Schlögel, Schriftsteller und Philosoph in Kreuzberg, bekam ich das Manuskript seines Vortrags vom März 1986 „Das Russische Berlin – Fluchtpunkt in einer offenen Stadt". Lange verbunden in diesen Dingen bin ich mit Bella Tschistowa in Leningrad, die eben das Buch „Majakowski in Deutschland" veröffentlichte, und Sinowi Paperny in Moskau, mit dem es beinahe einmal zu dem Buch „Deutschsowjetischer Dichterdialog" gekommen wäre. Naum Klejman vom Moskauer Eisenstein-Archiv verhalf mir anläßlich meines vom Schriftstellerverband der DDR arrangierten und von der Moskauer Hauptverwaltung Archivwesen geförderten Besuchs zu den Briefen aus den Berliner Beziehungen des Regisseurs. Ursula Tschesno-Hell in Berlin bestätigte mir, daß Sergej Tretjakows Übersetzer von 1931 Swjetly-Tschestnow kein anderer war als Michael Tschesno-Hell, der 1930/31 als Pressechef der Filmabteilung der Sowjetischen Handelsvertretung in Berlin arbeitete, Tretjakow, Ermler und Dowshenko betreute und von Mitte 1932 bis Februar 1933 im Einvernehmen mit Michail Kolzow ein Feuilletonbüro leitete.

Den Text von Max Hölz über seine Begegnung mit Michail Kolzow im Zuchthaus hat mir in der Prager Slovanská knihovna Herr Pohlei abgeschrieben. Ljudmilla Kuwanowa und Jelena

3

Litwin in der Handschriftenabteilung des „Maxim-Gorki"-Instituts für Weltliteratur halfen bei der Sammlung der Fotografien. Von Irina Ehrenburg, die ihr Vater von Berlin aus suchte, stammen die schönen Fotos von Andrej Bely.

Bedankt seien das Bertolt-Brecht-Archiv der Akademie der Künste der DDR, das Staatsarchiv der DDR, die Deutsche Staatsbibliothek zu Berlin, das Památník Národního Písemnictví in Prag und endlich der Verlag, der diesem Lesebuch die größte Gewogenheit, Langmut und Hilfe entgegenbrachte.

BEGEGNUNG

Die Russen und die Deutschen – kein Ort schien Anfang der zwanziger Jahre für eine Begegnung so ungeeignet wie Berlin. Deutschlands größte Industriestadt und die größte Mietskasernenstadt der Welt, die Metropole der Medien und der Zerstreuung, die neue Hure Babylon der Expressionisten: wie sollte man sich da begegnen?
Bisher hatten die Orte der Berührung ganz woanders gelegen: in München, Dresden, Marburg, im Schwarzwald, am Rhein.
Andrej Bely hatte 1906 gemeint, in München schlage der „Puls des kulturellen Lebens ganz Deutschlands", und auf den Oktoberfesten seien die den russischen Symbolisten nur im kleinsten Freundeskreise erlebbaren dionysischen Mysterien Wirklichkeit für Millionen. Daß neuerdings nach Böcklin, Klinger und Franz von Stuck wieder Faune und Kentauren in den bayerischen Dörfern und Wäldern aufgetaucht seien, das stand für den Russen außer Zweifel und ließ ihn noch Unglaublicheres erwarten.
Der Schwarzwald, der Rhein und Sachsen waren vor dem Krieg die deutschen Gegenden der dreizehnjährigen, der achtzehnjährigen Marina Zwetajewa, und noch 1919 schreibt sie ins Tagebuch: „Frankreich ist mir zu leicht, Rußland mir zu schwer, Deutschland mir angemessen. – Der alte Stamm: die Eiche, heilige Eiche (Goethe! Zeus!). Deutschland ist die passende Hülle für meinen Geist, Deutschland – mein Leib: seine Ströme – meine Hände, seine Haine – mein Haar, es ist ganz mein, und ich bin ganz – sein!"
Das Marburg der Philosophen Hermann Cohen und Nikolai Hartmann war 1912 der Ort der deutschen Neigungen Pasternaks, in Marburg nahm er Abschied von der Musik und der Philosophie, und es liegen nur Wochen zwischen seinem Eintritt in die Poesie und dem Erscheinen der bedeutendsten europäischen Programmschrift der Avantgarde, des „Blauen Reiters", an dem Wassily Kandinsky und Franz Marc mit russischen und deutschen Gleichgesinnten ein paar hundert Kilometer südlich gearbeitet hatten – in Schwabing und in Murnau.

5

Berlin ist in der Ortsbeschreibung des geistigen Austauschs immer nur Durchgangsstation. Alexander Blok akzeptiert es (übrigens wie Mailand), er nimmt es hin, von Neigung keine Spur. Man trifft es grau und meist verregnet und Pasternak hat im autobiographischen „Schutzbrief", dessen geistige Mitte Marburg ist, 1929 eine erschöpfende Erklärung für die fatale Unzuständigkeit in diesen Dingen vorgetragen: „Berlin erschien mir wie eine Stadt von Halbwüchsigen, die tags zuvor Stutzsäbel und Helme, Rohrstöcke und Tabakspfeifen, richtige Fahrräder und Gehröcke zum Geschenk erhalten hatten, wie bei den Erwachsenen. Ich traf sie bei ihrem ersten Ausgang an, sie waren noch nicht an den Wechsel gewöhnt und jeder tat sich wichtig mit dem, was ihm gestern zuteil geworden war."

Es ist nun aber gerade diese Unzuständigkeit, die Berlin nach Krieg und Revolution zu einem Ort dramatischer Begegnungen und Entscheidungen der Russen werden ließ, wie sie sonst keine Stadt Deutschlands und der Welt erlebt hat. Berlins Mangel an geistiger Befugnis erlaubte es ein einziges Mal, daß eine Stadt außerhalb Rußlands in der Geschichte russischer Geistigkeit mehr als zehn Jahre lang eine so große Rolle spielen konnte.

Mit seiner mangelnden Kompetenz kam es nämlich der Eigenart der Russen entgegen, gerade in ihrer stärksten Hingabe und Gebundenheit an das Fremde am tiefsten bei sich zu bleiben, wohl Leib und Formen zu nehmen, aber Geist und Seele zu bewahren, mehr noch – und dies mit den Worten des Philosophen Wassili Rosanow von 1911 – der Russe reißt sich in seinem Westlertum los von den russischen Zuständen und sucht in dem „undeutlichen oder unbekannten Westen, in einem hypothetischen Westen Bedingungen und Möglichkeiten für ein so hohes Register seiner russischen Gefühle, für das ihm in seinem Vaterland das ‚Kittchen' droht".

Und so sieht man die Russen sich ihren Sorgen mit Visastellen, Fremdenamt, Pensionswirtinnen, Galeristen und Verlegern hingeben, Theater, Kabaretts, Almanache und ein eigenes „Haus der Künste" ins Leben rufen, ja ein besonderes russisches Berlin begründen (für das Grieben speziell einen russischen Stadtführer herausgab), immer, wie es sich für den Westen gehört, bedroht von der Kündigung, Krach und finanziellem Ruin, – doch was geschieht da wirklich? Es sind nicht nur ungeheure und nicht ganz geheure, sondern wahrhaft ungeheuerliche Dinge, die die Russen in diesem inkompetenten Berlin zu bestehen haben. Verborgene Dinge, verborgen bis in die jüngste Zeit und auch nach allen Erinnerungen wohl in der Verborgenheit bleibend, weil ihnen zur Popularität das Ansehn-

6

*liche heimlichen oder offenen Triumphs über die dringendsten Nöte
des Menschen fehlt.*

*Um mit Andrej Bely zu beginnen, dessen Bild Marina Zwetajewa
in unserem ersten Text groß entwirft. Andrej Bely bestand in Berlin
1922 und 1923 die stärkste Erschütterung seines Lebens: den tiefen
Zweifel an seinem Lehrer, dem Anthroposophen Dr. Rudolf Steiner,
den er verdächtigte, ihm nicht das ganze Wissen von den geistigen
Möglichkeiten des Menschen anvertraut zu haben. Die Einsicht des
Jahres 1919, daß die Oktoberrevolution keine baldige „Revolution
des Geistes" bringe, das heißt eine Befriedigung der Sehnsucht nach
unbeschränkter Selbsterkenntnis aller, hatte Bely allmählich seinen
eigenen Weg verdächtig gemacht. Die Erschütterung war um so
schwerer, als der Dichter in Berlin seine Lebensgefährtin Asja Turgenjewa, mit der er vor dem Krieg aus Rußland geflohen war und
sich auf Reisen begeben hatte, um dann bis in den Krieg in Dornach
zu leben und am Goetheanum der Anthroposophen zu bauen, nicht
zurückgewinnen konnte. Dieser Schmerz von Berlin ließ ihn den
Verlust seiner eigentlichen Liebe, der Liebe zur Frau seines Freundes Alexander Blok, Ljubow Dmitriewna, eine Katastrophe, die
fünfzehn Jahre zurücklag, in der ganzen Schärfe der Verletzungen
neu durchmachen, und es gab Zeiten, da er mehr noch als durch sein
exhibitionistisches Tanzen und exaltiertes Trinken oder gar den Exzeß seines Büchermachens (fast 20 Bücher in zwei Jahren) seine
Partner durch die Erzählungen von Ljubow Dmitriewna schok-
kierte, verfolgte und in Ohnmacht trieb. Auch der Aufstieg, Gesundung nennt Bely es später, geschieht in Berlin. In einem Rückblick
von 1927 beschreibt er den Moment: „Das Jahr 23 beginnt: mit
dem Brand des Goetheanums (mit dem ich so verbunden war);
und – im gleichen Augenblick: die Ankunft von K. N. in Berlin,
die mir in der gefährlichsten Minute der Frustration erscheint; da
setzt die unmerkliche Verwandlung der Krankheit in eine allmähliche Gesundung ein: mit dem Wunsch gesund zu werden; im
Umgang mit K. N. (Januar bis Juli 23) wächst in mir das Verlangen 1. nach Rußland zurückzukehren (das Thema ‚Moskau' kehrt
wieder); 2. der ‚Doktor' kehrt wieder (K. N. versöhnt mich unwillkürlich mit ihm); im März 23 erklärt mir der Doktor ‚alles', was
unklar geblieben war."*

*K. N. ist Klawdia Nikolajewna Wassiljewa, eine Bekannte aus der
Moskauer Gruppe der Anthroposophen, die dann Belys Frau wird.
Literarisch findet sich die Lösung in der Umwandlung der „Erinne-
rungen an Blok", die Bely nach dem Tod des Freundes im August*

*1921 noch in Moskau begonnen hatte, in seine Autobiographie; da-
mit setzt eine riesige Textarbeit ein, die ihn bis an sein Lebensende
beschäftigen wird und die in ihrer Fragmentarität, ihren Abzwei-
gungen und problematischen Varianten das wichtigste Zeugnis der
Russen von einem Aktiven der Jahrhundertwende geworden ist.*

*Aus dieser Zeit der Gesundung sind zwei Berichte in die Erinnerun-
gen eingegangen, Berichte über ein Selbstverständnis des Dichters,
die nicht ohne Schaudern erzählt und, wie um die Ungeheuerlichkei-
ten zu mildern, der ständigen hohen Erregung des Dichters, die des
Alkohols gar nicht bedurfte, zugute gerechnet werden.*

*Einmal war man auf dem Rückweg zu Belys Berliner Wohnung in
der Passauer Straße und bog kurz zuvor in die Geisbergstraße ein,
die letzte Querstraße vor dem Ziel; Bely las statt Geisberg Geistberg,
geriet in heftige Erregung und eröffnete seinem Begleiter in einem
kleinen Vortrag, er, Bely, sei in einem seiner früheren Leben Michelangelo gewesen. Es war anthroposophisches Wissen, daß unter dem
Namen des Erzengels Michael geistige Wesen vereint seien, die für
die Entwicklung der Welt und des Menschen eine entscheidende
Rolle spielen. Die Moskauer Anthroposophen hatten ihre Gruppe
nach Michail Lomonossow, dem russischen Dichtergelehrten des
18. Jahrhunderts, benannt, und Bely widmete Lomonossow sein
Buch „Der Moskauer Sonderling“.*

*Während hier der Begleiter in stummer Verwunderung das Offen-
barte hinnahm und sich von Bely einschlägige Details aus dem Leben des Florentiners erzählen ließ, kam es bei einer anderen Gelegenheit zum Aufruhr. Man war nicht gewillt, so ein Selbstverständnis als die Fundierung eines monumentalen Gedächtniswerks über
die geistigen Neigungen in Rußland zu begreifen, sondern empfand es
lediglich als überheblich, anmaßend, nötigend, gar unnütz. Das war
beim Abschiedsessen für den Dichter, der am 23. Oktober 1923 Berlin
verließ. Bely antwortete mit einem Toast auf die Freundlichkeiten
und guten Wünsche, die ihm nach Moskau mitgegeben wurden:
„Es war ein Toast gewissermaßen auf sich selbst. Die Gestalt Christi
stand in diesen Minuten in diesem genialen Narren in Christo auf:
Er wünschte, daß man auf ihn das Glas erhebe, weil er abreise,
um gekreuzigt zu werden. Für wen? Für Sie alle, meine Herren,
[…] für Chodassewitsch, Muratow, Saizew, Remisow, Berdjajew,
Wyschslawzew … Er fahre nach Rußland, um sich kreuzigen zu lassen für die ganze russische Literatur, der er sein Blut hingebe.
‚Aber nicht für mich!‘ sagte da leise, aber bestimmt Chodassewitsch
von seinem Platz aus. ‚Ich möchte nicht, daß man Sie, Boris Nikola-*

8

jewitsch, für mich ans Kreuz schlägt. Ich kann Ihnen diesen Auftrag beim besten Willen nicht erteilen!" Bely stellte sein Glas ab, sah mit blinden Augen vor sich hin und erklärte, Chodassewitsch täte immer alles mit dem Gift seiner Skepsis und er, Bely, breche seine Beziehungen zu ihm ab. Chodassewitsch wurde bleich. Alle redeten durcheinander, drehten die Kreuzigung in einen Scherz, eine Metapher, eine Hyperbel, eine Figur der Redekunst. Doch Bely war nicht zu halten. [...] In seiner vom Wein erhitzten Phantasie sah er sich von Feinden umringt, die seinen Untergang herbeisehnten, seine Heiligkeit bezweifelten und seiner Verdammnis mit ironischem Lächeln begegneten. [...] In diesen Minuten sah er sich, wenn nicht als Christus, so doch als der heilige Sebastian, von Pfeilen durchbohrt – die Mauern fallen, die Drachen reißen ihren Rachen auf, er war bereit zu sterben – für niemanden!"

Wladislaw Chodassewitsch, ein Neoklassizist, der Bely nahe, aber dem Symbolismus sehr fernstand, der Mann, den Bely mit seinem Lamento von Ljubow Dmitriewna in die Ohnmacht erzählt hatte, und dessen Frau Nina Berberowa hier des Dichters abgewiesenen Kreuzestod schildert, hat wenige Jahre später das authentisch Symbolistische der Berliner Entzweiung begründet: Belys Auftritte – sie sind wie die geistige Bruderschaft mit Blok, wie die Liebe zu Bloks Frau, die Duellforderungen (Bely – Blok, Blok – Bely), die dramatischen Briefwechsel und die wilden Geständnisse immer Leben und Kunst ungeschieden. Und man kann sicher sein, daß Andrej Bely in Berlin noch auf dem Höhepunkt der Exaltation sich selber nicht nur zusah, sondern sekundierte. Es war in einem hohen Sinn die Einübung in das Gedächtniswerk der Memoiren.

Daß Marina Zwetajewa Andrej Bely bei seinem Tod 1934 so überlegen als den „Gefangenen Geist" begriff, dankt sie den besonderen Umständen ihrer Begegnung. Auf der Durchreise von Moskau nach Prag war sie im Frühjahr 1922 wenige Wochen in Berlin und traf Andrej Bely mitten in dem verheerenden Rasen gegen die Freunde, gegen sein Geschick. Doch hätte sie zwölf Jahre darauf unmöglich die allen anderen unerreichbar gebliebene Höhe gewonnen, wäre sie nicht selbst im Moment ihrer Begegnung mit Andrej Bely an den entscheidendsten Punkt ihres Lebens gelangt. In Berlin stößt sie auf Boris Pasternaks Gedichtbuch „Meine Schwester das Leben", das eben in Moskau bei Grshebin erschienen war. Sie entdeckt in Pasternak (endlich!) einen Ebenbürtigen – später wird sie ihn ihren „Bruder in der fünften Jahreszeit, im sechsten Sinn und in der vierten Dimension" nennen – und schreibt mit „Lichtsturz" einen Essay, der

die Glut und Wucht ihrer überpersönlichen Zuwendungen, den Mythos vom, wie sie es deutsch nennt, „ewigen Paar der Sich-nie-Begeg-
nenden" offenbart. Indem sich die beiden um einen Tag verpassen –
Marina Zwetajewa ist eben nach Prag weg, als Pasternak in Berlin
eintrifft –, beginnt eine Beziehung, ein betörender Briefroman, in
den sich 1926 auch Rainer Maria Rilke einschreibt, der sich auf
Empfehlung Pasternaks an die Zwetajewa wendet. Der Tod Rilkes
verhindert eine Begegnung der drei, in die Pasternak einen vierten,
den Dichter Michail Kusmin, eingeschlossen sehen wollte. Wenn von
aller späteren Prosa der Text über Andrej Bely 1934 und der Text
über Michail Kusmin 1936 am meisten an „Lichtsturz" erinnern, so
deutlich wegen der Glut von Berlin.
Boris Pasternak, der im Juni 1922 für ein halbes Jahr eigentlich
nach Marburg oder Göttingen gehen wollte, um nach fünf Jahren
Schweigens die Sammlung für seinen neuen Eintritt in die Poesie zu
finden, bleibt doch in dem „vollkommen unnützen" Berlin hängen.
Es geschieht das Unvermutete: Angesicht zu Angesicht mit dem inkompetenten Literaturbetrieb findet er seinen Ort, es ist, wie er in
unserem Brief sagt, der „Platz meines Schreibhefts". Er findet zurück
zu seinem „eigenen Ton", zu seiner „Besessenheit", die ihn mit einer
Sicherheit und Berechtigung hinschreiben läßt, daß „niemand von den
Lebenden jetzt die Kunst in ihrem spezifischen Anspruch an den Autor in dieser Schärfe empfindet wie ich, und niemand wahrscheinlich
so – unbegabt ist wie ich". Pasternak beginnt von vorn.
Was Andrej Bely, Marina Zwetajewa und Boris Pasternak in diesen Monaten durchmachten und was hier in seiner inneren und äußeren Verknüpfung nur angedeutet werden kann, haben zur gleichen
Zeit vier russische Schriftsteller in ihren in Berlin geschriebenen oder
hier deutsch gedruckten Texten national- und weltgeschichtlich zu
plazieren versucht: Alexej Remisow, Maxim Gorki, Ossip Mandelstam und Wjatscheslaw Iwanow. Im Mittelpunkt: die Überpersön-
lichkeit der Vorgänge. Die russische Revolution bestätigte eine Vorstellung vom Menschen, die ihn aus seiner Zersplitterung in der
Arbeitsteiligkeit heraus zu einer neuen Einheit gelangen sieht. Gorkis sozialpsychologische Analyse der Mentalität des russischen Bauern, Iwanows religiöse Begründung des Monanthropismus, Mandel-
stams „Menschen-Weizen" wie Remisows gelebte Utopie der
„Großen und Freien Affenkammer", die jede praktische Schriftstel-
lerorganisation übergreift und übertrifft, sind Anstrengungen auf
diesem Weg. Sie bestimmen die künftige Arbeit der vier weit voraus.
Maxim Gorki wird daran arbeiten, die Wurzeln der tragischen

10

Konflikte zwischen der Arbeiterschaft und der russischen Bauernschaft sozialgeschichtlich aufzufinden. Wjatscheslaw Iwanow wird
seinen Bemühungen um die Wiedervereinigung der christlichen Kirchen durch den Übertritt zur katholischen Kirche äußersten Nach-
druck verleihen. Und Alexej Remisow eröffnet mit seinen postumen
Adressen an den 1919 gestorbenen Wassili Rosanow und den 1921
gestorbenen Alexander Blok seine Dichtung von den „Samen der
neuen Mensch-Beziehung", die er in der Revolution gelegt fand.
In Berlin erdacht und erfahren, durchgemacht und aufgeschrieben,
ist von all dem seit damals wenig eingedrungen. Lew Lunz hat sich
in seiner „Reise auf dem Krankenbett" über die Isolierung der Russen weidlich lustig gemacht. Und Thomas Mann war in dieser aller-
ersten Zeit einer der ganz wenigen, die im Rahmen des russischen
„Hauses der Künste" einen Vortrag hielten – von Andrej Bely mit
einer deutschen Ansprache begrüßt – und sich so rückhaltlos in
Visa- und Wohnungsangelegenheiten engagierten, wie das sein Brief
an Alexej Remisow zeigt.
Die Russen selber waren mit Voraussagen über die mögliche Ver-
nehmbarkeit ihrer Stimmen zwar sehr sicher, hinsichtlich des Zeit-
punkts aber vorsichtig. Selbst der einzige russische Schriftsteller, den
Berlin hervorbrachte und der acht Romane im Berliner Milieu spielen läßt, ist erst Jahrzehnte später und durchaus nicht mit seinen
Berliner Romanen, in die Welt getreten: Vladimir Nabokow. „Meinen ersten russischen Roman schrieb ich 1924 in Berlin – das war
‚Mary', russisch ‚Maschenka', und als die erste Übersetzung eines
meiner Bücher überhaupt erschien ‚Maschenka' deutsch 1928 bei
Ullstein unter dem Titel ‚Sie kommt – kommt sie?' Meine nächsten
sieben Romane schrieb ich auch in Berlin und sie spielen ganz oder
zum Teil in Berlin." Die Berliner Parks, die häßlichen Wohnhäu-
ser, der Grunewald mit seinen interessanten Schmetterlingen und der
glitzernde nasse Asphalt der Berliner Nächte seien der deutsche Beitrag zu den acht Romanen.
Wie hatte Wassili Rosanow 1911 geschrieben: „Ich glaube, daß daraus in einem Jahrhundert, in anderthalb Jahrhunderten die große
‚einflüsternde' Wirkung der Russen auf die europäische Kultur im
Ganzen sich ergeben wird. Unter dem Einfluß dieser ununterbroche-
nen und schrecklichen Liebe zu ihrem Selbst, die so voller Selbstver-
gessenheit ist und voller Glut, kann das an ‚spießerischer Langeweile' erstickende Europa gar nicht anders als sich abzuwenden von
seinem Egoismus und seiner Kälte, von seiner Geschäftigkeit und
seinem Praktizismus."

11

MARINA ZWETAJEWA

Die Begegnung

(Geister auf dem Gange)
*Drinnen gefangen ist Einer!**

Berlin. „Prager Diele" am Prager Platz. Das Tischchen Ehrenburgs, umrankt von Bekannten und Unbekannten. Verlegern
Antrieb, Verlegten Auftrieb. Tausch von Honoraren und Manuskripten. (Furcht, daß das eine wie das andere im Wert
rasch fällt.) Ich sitze da, Teil des umgebenden Kreises.
Und auf einmal durch alles hindurch – durch alle hindurch –
ausgestreckte Hände – ein Locken, Strahlen: „Sie? Sie?" (Er
wußte also nicht, wie ich heiße.) „Hier? Ich bin glücklich!
Schon lange da? Für immer da? Hat man Sie unterwegs nicht
beobachtet? War da unterwegs nicht so ein …" (er verdreht
die Augen) „… Dunkelhaariger? Ein Dunkelhaariger Ihnen
auf den Fersen durch Waggonschluchten, durch die stalakti-
tenstarrenden Weiten der Bahnhöfe … Kein Hämmern mit
dem Spazierstock … nein? Ein kurzer Blick ins Kupee: ‚Verzeihung, ich habe mich geirrt!', und nach einer Stunde wiederum: ‚Verzeihung!', und das dritte Mal kamen Sie ihm
schon zuvor: ‚Verzeihung, Sie haben sich geirrt!'. Nein? War
es nicht so? Sie … erinnern sich genau, daß da nichts war?"
„Ich bin sehr kurzsichtig."
„Und er trägt eine Brille. Naja. Das ist ja auch der Witz, daß
Sie, die Sie nicht sehen, keine Brille tragen, und er, der
sieht, eine Brille trägt. Kommen Sie dahinter?"
„Das heißt, er kann auch nichts sehen."
„Er kann. Denn die Gläser sind nicht zum Sehen da, sondern zum Anders-Aussehen … zum Ansichtswechsel. Es
sind einfache. Oder sogar … ganz ohne. Stellen Sie sich den
Schreck vor: eine leere Brille, man stößt aus Versehen mit
dem Finger zu – und da, ein warmes Auge, wie ein gerade
erst herausgelöstes abgepelltes wabbelndes rundes Ei. Und
mit diesen Augen – hart gekocht – erdreistet er sich, in die
Ihren zu blicken: klare, leuchtende Augen mit lebendigen
Pupillen. Von erstaunlicher Reinheit in der Farbe. Wo habe
ich solche gesehen? Wann?"

* Kursiva dieses Textes im Original deutsch.

„... Warum haben wir uns in Moskau so wenig getroffen, so flüchtig? Ich habe die ganze Kindheit über von Ihnen gehört. Ihre ganze Kindheit natürlich, – doch Sie waren unsichtbar. Ihre ganze Kindheit über habe ich von Ihnen gehört. Wir beide hatten einen gemeinsamen Freund: Ellis, er hat mir immer von Ihnen und von Ihrer Schwester – Asja – erzählt: Marina und Asja. Doch als wir beide Ihnen einmal entgegen mußten, ist er in letzter Minute – abgebogen."

„Dabei haben Asja und ich uns so gewünscht, Sie einmal zu sehen! Und wie glücklich waren wir damals im ‚Don‘, als zufällig ..."

„Sie? Sie? Sie waren das! Etwa – die eine? Aber wo ist denn das rosige Gesicht? Ich konnte mich damals gar nicht daran sattsehen! Hingerissen war ich! Das rosigste und ernsteste Mädchen der Welt. Allen habe ich damals erzählt: ‚Ich habe heute das rosigste und ernsteste Mädchen der Welt gesehen!‘"

„Natürlich! Der Frost, das Wladimirer Blut und – Sie!"

„Also sind Sie aus – Wladimir?" (Intonation: aus Rjuriks Stamm?) „Aus jenen Wäldern, u-u-ndurchdringlich?"

„Und ob, aus diesen Wäldern! Und dazu noch aus der Stadt Tarussa, im Gouvernement Kaluga, wo auf jedem Grab eine silberne Taube sitzt. Ein Chlysten-Hort – Tarussa."

„Tarussa? Schwester!" („Tarussa" sprach er aus wie „Marusja", und die „Schwester" hatte ich mir mit Tarussa zu teilen.) „In Tarussa hat doch auch die Silberne Taube ihren Ursprung. Aus den Erzählungen Serjosha Solowjows – über jene Gräber ..."

(Unsere Tischrunde war längst verödet, zerstoben unter dem offenkundigen Lyrismus der Begegnung: unter der Langeweile ihrer Reinheit. Nun, mit der abermaligen Erwähnung von Gräbern, geht auch der letzte.)

„Schwester also? Ich wußte immer, daß Sie mir Schwester sind. Sie – die Tochter von Professor Zwetajew. Und ich – Sohn von Professor Bugajew. Sie – Professorentochter, ich – Professorensohn. Sie – Tochter, ich – Sohn."

Erschlagen von Unwiderlegbarkeit schweige ich.

„Wir – Professorenkinder. Sie verstehen, was das bedeutet: Professorenkinder? Das ist ein ganzer Kreis, ein ganzes Credo." (Vertiefende Pause.) „Sie können sich gar nicht vorstellen, wie froh Sie mich machen. Das ganze Leben war

ich ja, ich weiß nicht warum, allein Professorensohn, und
das war mir stets wie ein Brandmal – oh, ich möchte nichts
Übles über die Professoren sagen, manchmal meine ich, daß
ich selbst ein Professor bin – aber, trotzdem … einsam?
Schicksalsschwer? Wenn ich schon ständig jemandes Sohn
sein muß, würde ich es, wie Andersen, vorziehen, Sohn eines Sargtischlers zu sein. Oder eines Setzers … Ehrenwort.
Die Sauberkeit und Behaglichkeit des Handwerks. Empfinden Sie das nicht als Brandmal? Nein, natürlich nicht, Sie
sind ja Tochter. Sie tragen nicht die Bürde der Erbfolge. Sie
haben – ganz einfach geheiratet, ganz schnell einen Mann
genommen – jawohl. Aber ein Sohn kann nur eine Frau
heiraten, und das ist auf keine Weise dasselbe, da seine
Frau – die Frau des Sohnes von Professor Bugajew ist."
(Flüsternd: „Und ein Bugaj, das ist ein Büffel.") Und, wieder laut vernehmlich, mit entzücktem Lächeln: „Zucht-
bulle."
„Doch lassen wir die Professorenkinder, lassen wir allein die Kinder. Wir sind beide, wie sich zeigt, Kinder"
(herausfordernd) „ganz egal von wem! Und unsere Väter
sind – tot. Wir sind beide Waisen, und – Sie schreiben doch
auch Gedichte? – Waisen und Dichter. Also! Was für ein
Glück das ist, daß das an ein und demselben Tisch geschieht,
daß wir beide Kaffee bestellen können und daß man uns beiden denselben Kaffee bringt, aus ein und derselben Kanne,
in zwei gleichgearteten Tassen. Das verbrüdert doch? Das
sind doch schon feste Bande? (Wundern Sie sich nicht: ich
bin sehr allein, und mir droht schlimmes, schlimmes, schlimmes Leid. Schicksalsschläge erwarten mich.) Sie konnten
doch in Sibirien sein? Und ich – in Serbien. Es gibt ein solches einfaches Glück noch."
Am nächsten Morgen übergab mir der Verleger, der in der
gleichen Pension wohnte und bei dem Bely übernachtete,
wenn es ihm für seine außerhalb der Stadt gelegene Wohnung
zu spät wurde, ein großes sandfarbenes Kuvert mit einem im-
perativen lateinischen – B –, mit zollhohen Buchstaben be-
schriftet, die in ihrer Größe wie gezeichnet erschienen.
„Bely ist weggefahren. Ich hatte ihm über Nacht Ihre ‚Trennung' gegeben. Er hat die ganze Nacht gelesen und ist furchtbar erregt gewesen. Er bat mich, Ihnen das zu übergeben."
Ich lese:

14

Hochverehrte Marina Iwanowna,
erlauben Sie mir auszusprechen, daß ich mit tiefer Ergriffenheit über* dem vollkommenen Melodienflug Ihres Buches ‚Trennung‘ lausche.
Ich lese den ganzen Abend – laut fast, und fast – singe ich
laut vor mich hin. Seit langem schon ist mir ein solcher äs-
thetischer Genuß nicht zuteil geworden.
Was aber die Melodik des Verses angeht, die so vonnöten
ist nach der Schlappheit der Moskowiter und der Toten-
gleichheit der Akmeisten – so ist Ihr Buch von erstem
Range (das steht außer Zweifel).
Ich schreibe – und ich frage mich, überschätze ich nicht
etwa meinen Eindruck? Habe ich die MELODIE nicht vielleicht geträumt?
Und – nein, nein: mit großem Überdruß schlage ich alle
neuen Gedichtbände auf. Mit Überdruß habe ich heute
auch die ‚Trennung‘ aufgeschlagen. Und siehe da – den
ganzen Abend war ich im Bann Ihres Zaubers. Verzeihen
Sie mir den unverblümten Ausdruck meiner Ergriffenheit
und nehmen Sie die Versicherung meiner höchsten Verehrung und Ergebenheit entgegen.

Boris Bugajew“

Die Buchstaben, mit denen dieser Brief geschrieben ist, haben eine solche Größe, daß jeder der wenigen, denen ich
nach Belys Tod ihn zeigte, meinte: „So schreibt niemand.
Das ist der Brief eines Wahnsinnigen.“ Nein, nicht eines
Wahnsinnigen, sondern eines Menschen, der in Grenzen
zu bleiben und durch die Größe der Buchstaben all jenen
Platz, der für Unangemessenheit und Gegenstandslosigkeit
bliebe, zu besetzen und der aber, zum zweiten, innere Gewichtigkeit durch äußere Gewichtigkeit zu offenbaren
wünscht. So wie zum Beispiel ein Kind, unvermittelt in einem gewöhnlichen Brieftext, bis über den Federschaft ein-
tauchend und mit der Schulter ausholend: „Mama, ich bin
schon so groß!“ Oder: „Mama, ich habe Dich furchtbar
lieb.“ Und so, Herrschaften, erklären wir die vernünftigsten,

---

* „Über“ wurde nachträglich eingefügt. (M. Z.)

15

ursprünglichsten und rechtmäßigsten Dinge bei einem Dichter für Wahnsinn.

Ich habe sofort geantwortet – zur Melodie. Ich rufe das Bild des Flusses ins Gedächtnis – der alles auf seinem Rücken trägt. Alles auf dem Rücken, dem mächtigen und geschmeidigen Rücken des Flusses: die Fische, die Wasserjungfern. Der Fluß, als Bild des Schwimmers gegeben, der mit seinen Schultern die Ufer auseinanderstößt, sich mit den Schultern ein Bett gräbt, mit seiner Bewegung Strömung schafft. Die Melodie – als ein Bild dieses Flusses. Er antwortete mir – den Brief habe ich nicht – mit einem Brief, sich selbst – mit einem Artikel (in den „Dni" wohl) über meine „Trennung". Ich erinnere mich, daß ich drei Viertel des Artikels nicht begriff, und zwar die ganze rhythmische Untersuchung nicht, seine ganze Beweisführung. Am Abend haben wir uns wieder getroffen.

„Haben Sie es gelesen? Sehr stümperhaft, ja?"

„So gekonnt, daß ich nichts begriffen habe."

„Also schlecht."

„Also bin ich – ein Stümper. Ehrenwort, ich konnte es niemals begreifen, wenn man mir das zu erklären suchte, was ich mache. Ich verliere einfach sofort den Faden, wie in Geometrie. – ,Begriffen' – ,Begriffen'. – Und ein einziger Schrecken, sobald man ans Überprüfen ging. Wenn beim Schreiben zu begreifen notwendig wäre, ich würde niemals etwas zustande bringen. Vor lauter Schreck nicht."

„Also sind Sie – ein Wunder? Ein wahres Wunder von einem Dichter? Und das wird – mir dargeboten? Wofür? Sie wissen, daß Ihr Buch einen in höchstes Staunen versetzt, daß mir das Herz davon physisch zu hämmern beginnt. Sie wissen, daß das nicht – ein Buch ist, vielmehr ein Lied; eine Stimme, die allerreinste, die ich je zu hören bekam. Die Stimme der Sehnsucht. (Ich muß, muß, muß darüber eine Untersuchung schreiben!) Da ist doch – überhaupt keine Kunst, und die Reime sind letztes Endes ärmlich ... Hände – trennte – wer hat das nicht gereimt? Da reimt doch – jeder Kretin besser ... Aber liegt es denn daran? ... Wie konnte ich bloß bis heute Sie nicht kennen? Denn ich muß Ihnen bekennen, daß ich bis heute, bis zu dieser Nacht, nicht eine Ihrer Zeilen gelesen habe. Mir ist es über – das Lesen. Kein Zutrauen mehr zu Versen. Nur noch

16

Andrej Bely 1922 in Berlin

Lüge – die Verse. Sind die Verse oder die Dichter Lügner geworden? Als man sie ohne Not zu schreiben anfing, haben sie nein gesagt. Als man anfing, sie zu schreiben, zusammenzufügen, sind sie ausgewichen.

Ich lese niemals Verse. Und welche schreiben werde ich gleich gar nicht mehr. Einmal in drei Jahren – ist das vielleicht ein Dichter? Verse müssen die einzige Möglichkeit sein, sich zu äußern, und ständiges lebensnotwendiges Bedürfnis, der Mensch muß zu Versen verurteilt sein wie der

Wolf zum Heulen. Dann erst – wird er Dichter. Und Sie,
Sie sind – ein Vogel! Sie singen! Mit jeder Zeile singen Sie
in mir, ich singe Sie weiter, Sie singen in mir weiter, ich
kann Sie in mir nicht aufhalten. Und damit sind nun
schon zwei Tage vergangen ... Ich dachte, ich mache mich
mit einem Brief, einem Artikel davon frei – nein! Und
fürchte (obgleich dies nicht zu fürchten wäre), daß ich nun
bald selbst ..."
Auf Artikel und mündliches Lob beschränkte er sich nicht.
Ausgelaugt, außerstande, etwas für sich zu tun, hat er, ganz
von selbst, ohne daß ich irgendeine Bitte äußerte, meine
zwei Manuskripte: „Die Zarenbraut" in „Epocha" und
„Wersten" in „Ogonki" untergebracht, alle meine Rechte
und Privilegien in exakten Vereinbarungen festlegend. Für
sich selbst etwas zu tun, außerstande – für einen anderen
vermochte er es. Mit einem verlegenen und doch befriedig-
ten Lächeln (er hatte die unstetesten Augen, worin ich je
blickte, mich erblickte): „Verzeihen Sie mir, das verpflichtet
Sie zu nichts, doch ich dachte mir, daß das so vielleicht –
einfacher ist, daß es für einen anderen, von anderer Seite
her – leichter ist ... Fassen Sie das nicht als Einmischung in
Ihr Privatleben auf."
Einen solchen anderen, dieses von anderer Seite her, von
der aus es leichter ist, diese ganze andere Seite, wo es leichter ist – hat es in Belys Leben nicht gegeben.
So haben wir wieder bis in die dunkle Nacht hinein gesessen. So hat er wieder seinen letzten Zug wegfahren lassen,
und dieses Mal am Morgen schon im Türspalt (stets kam er,
wie ein Tier, den Kopf voran, hereingekrochen, sah einen
dabei nicht an, sondern zur Seite, als ob er an der Wand
oder auf dem Boden etwas suche oder befürchte), im Türspalt also sein schüchternes strahlendes Gesicht inmitten
des wirren silbern schimmernden Haares. (Und da auf einmal die Erleuchtung: er selbst war doch die silberne Taube,
die drohende Chlysten-Taube, trotz allem schüchtern, trotz
allem Taube, die silberne Taube. Und auf meine Hand flog
sie voll Zutraun, weil ich sie nicht erschreckte – und nicht
fürchtete.)
„Schon aufgestanden? Kaffee getrunken? Vielleicht trinken
wir noch mal gemeinsam? Ja?" Und mit einem einzigen
Blick rundum alles erfassend, das Blau des Balkons, die Son-

18

nenpfütze auf dem Boden, das eigene Bukett auf dem Tisch, den grauen, mit Riemen versehenen Koffer, mich in blauem Kleid: „Gut?" (Alles)

Einmal während dieser Nächtigungen, für dieses Mal früher beschlossen (warum wegfahren, wenn am Morgen wieder herfahren? und warum den letzten Zug zu verpassen fürchten, wenn man sowieso nicht fährt?), hatte der arme Bely stark unter meiner achtjährigen Tochter, vereint mit dem fünfjährigen Verlegersohn, zu leiden gehabt. Die schlimmen Kinder, die längst dahintergekommen waren, daß man mit Bely machen konnte, was mit jedem sonst unmöglich war, weil er selbst mit ihnen wie kein anderer sonst umging, hatten ganz heimlich, ohne jemandem etwas zu sagen, ihm alle ihre Gummitiere, mit Wasser gefüllt, ins Bett gelegt. Bely morgens am Tisch – das Bild des Siegreichen in Person. Bei den Kindern werden die Gesichter lang. Und Bely, fröhlich: „Ich habs gefunden! Gefunden! Ich habs entdeckt, als ich mich hinlegte, und sie rausgeworfen – noch voll. Ich habe mich n i c h t draufgelegt, ich habe nur so etwas Fettes und Kaltes … gestreift … So einen Bauch." (Flüsternd:) „Das war der Bauch eines Schweines."
Der Sohn des Verlegers: „Mein Schwein."
„Ihres? Und Sie – lieben es? Sie spielen – mit so etwas? Sie nehmen das – in die Hände?" (Mit Verachtung bereits:) „Das können Sie in die Hände nehmen: so ein kaltes, schlaffes, wabbeliges Ding, oder schlimmer noch – so etwas Furchterregendes, Aufgeblasenes? Spielen – nennt sich das? Was tun Sie denn damit, wenn Sie damit spielen?"
Der benommene „Sie", dem vor Staunen die braunen Augen herausfallen, s c h l u c k t merklich und hastig. Und Bely, seine zerfahrenen (von dem Schweinegespenst erfüllten) Blicke von ihm losreißend und zu Boden schielend, wie der Heilige Georg auf den Drachen, in Schrecken und Drohung: „Ich liebe es nicht – das Schwein … Ich fürchte es – das Schwein!"
Und stemmte sich mit diesem -ein! – einem ausgestreckten Finger oder einem Spieß sogar gleich, gegen den Schweinerüsseltaler.

Eine Unterbrechung, die man am besten graphisch ausfüllen sollte – Gedankenstrich; war er weggefahren, schrieb er, hatte er Sehnsucht – ich weiß nicht. Für eine Woche oder zehn Tage war er einfach verschwunden. Und plötzlich tauchte er auf, tagsüber, im Café „Prager Diele". Ich saß mit einem Schriftsteller und zwei Verlegern da, das Tischchen war winzig und ganz von Geschirr überhäuft, von Ellenbogen und von Manuskripten außerdem, und außerdem vom Händeschütteln der Herantretenden und Grüßenden. Und plötzlich – zwei Hände. Über Köpfe und Tassen und Ellenbogen hinweg zwei Hände, die meine erfaßten.

„Sie! Wie habe ich mich nach Ihnen gesehnt! Verzehrt habe ich mich nach Ihnen! Die ganze Zeit habe ich gefühlt, daß mir irgend etwas fehlt, etwas Wichtiges fehlt, ich bin nur nicht daraufgekommen, was, wie ein Raucher, der vergessen hat, daß er rauchen k ö n n t e, und ohne zu wissen, w a s, die ganze Zeit über etwas sucht: Dinge hin und her räumt, am Kleiderständer nachsieht, unter der Schreibmappe ..."

Jemand stellt einen Stuhl heran, macht den Tisch sauber.

„Nein, nein, ich will neben ... sie. Meine Taube, Schwester, ich – ich bin ein verlorener Mensch! Sie w i s s e n das natürlich? Alle wissen das schon! Und alle wissen, warum, aber ich – nein! Kein Wort darüber, fragen Sie nicht, lassen Sie mich einfach glücklich sein. Weil ich jetzt – glücklich bin, weil von ihr – immer ein Strahlen ausgeht. Sehen Sie, meine Herrschaften, daß von ihr ein Strahlen ausgeht?"

Der Schriftsteller klopft die Pfeife aus, der eine der Verleger macht eine halbe Verbeugung zu mir hin, und der andere, der Bely wie ein Vater liebt und begönnert, sagt deutlich vernehmbar: „Gewiß, wir sehen es alle."

„Ein Strahlen und Beruhigen. Bei ihr werde ich sofort ruhig, friedfertig. Ich könnte jetzt sogar, wenn ich auf einmal einschlafen wollte, auf der Stelle einschlafen. Und das, meine Herren, ist doch höchstes Zutrauen – bei einem Menschen schlafen. Ein größeres noch, als sich splitternackt auszuziehen. Weil der Schlafende – zwiefach nackt ist: vor Feind und Richter. Weil es ein leichtes ist, einen Schlafenden – zu töten! So verlockend – zu töten! (In sich selbst, sich selbst, sich selbst töten, in sich selbst vernichten, den

Namen rauben, bloßstellen, an Ort und Stelle ertappen, brandmarken, nach Sibirien jagen!)"
Jemand fragte: „Boris Nikolajewitsch, möchten Sie vielleicht einen Kaffee?"
„Ja. Weil auf der Stirn eines Schlafenden, wie Wolkenschatten, die geheimsten Gedanken vorüberziehen. Der auf einen Schlafenden blickt, liest ein Geheimnis. Darum ist es so entsetzlich, vor einem Menschen zu schlafen. Ich kann in Anwesenheit eines anderen überhaupt nicht schlafen. In Rußland" (er wendet den Kopf in Richtung Rußland) „habe ich darunter manchmal entsetzlich gelitten, bin mitten in der Nacht aufgestanden und weggegangen. Du schläfst ein, der andere erwacht – und sieht zu. Er mustert dich mit äußerst aufmerksamen Blicken – und du wirst behext. Nicht einmal vom bösen Blick, ganz einfach – von den Augen. Am meisten fürchtete ich, als ich aus Rußland wegfuhr, daß ich unter fremden Blicken aus dem Schlaf erwache. Ich fürchtete mich einfach zu schlafen, bemühte mich, nicht zu schlafen, stand im Gang und blickte auf die Sterne." (An einen der Verleger gewandt:) „Sprechen Sie im Schlaf? Ich – schreie.
… Und in ihrem Beisein – geht es … Sie lenkt den Schlaf auf mich. Schlafen werde ich, schlafen, schlafen. Also geben Sie mir Ihre Hand, geben Sie mir die Hand und ziehen Sie sie nicht zurück, völlig gleichgültig, daß sie alle hier sind …"
Verwirrt gebe ich ihm trotzdem die Hand, ziehe sie nicht zurück, schließe sie nicht, wende es nicht mit einem Lächeln zum Scherz, begegne dem Lächeln ringsum nicht. Und er, da er aus der Gespanntheit meiner Hand wohl plötzlich begriff: „Verzeihen Sie! Ich sollte mich vielleicht nicht so aufführen. Ich weiß doch sehr gut, daß es unmöglich ist, am hellichten Tag, in einem Café Dinge zu sagen – Schluß damit! Aber ich – bin ja immer in einem Café! Ich bin zum Café – verurteilt! Wie ein herrenloser Hund streune ich auf fremden Plätzen herum. Ich habe kein Zuhause, keinen Platz für mich. (Eine Hütte gibts, aber ein Hund bin ich nicht!) Immer muß ich Kaffee trinken … oder Bier … dieses Zeug! … Den ganzen Tag etwas trinken, in kleinen Portionen, und dann mit dem Löffel klirrend an den Krug oder an die Tasse schlagen und einen Schein her-

ausholen … Es kann der Mensch nicht den ganzen Tag lang trinken! Und wieder ein Kaffee … Ich muß ihn trinken, aber ich will ihn nicht: ich bin schließlich kein Nilpferd, daß ich den ganzen Tag lang schlucken kann, von früh bis abends und nachts sogar, weil es in Berlin keine Nacht gibt. Ach, Schwester, meine Taube! Gehen wir doch weg von hier, sollen sie allein trinken …"

Ohne zu vergessen, für den Kaffee zu bezahlen (solche Dinge vergaß er niemals), zieht er mich, im Laufen beinahe, doch ohne jemanden oder irgend etwas anzustoßen, an der Hand zwischen die Tische fort.

„Wohin jetzt? Zu Ihnen einfach, wollen Sie? Aber Ihre Tochter, die Pflichten … Es ist doch unmöglich, daß ein kleines Mädchen heute weiß, wie es in zwanzig Jahren auftreten wird, wenn ihr ein Mensch sein ganzes Leben hingibt, und sie tritt dann mit Füßen darauf … schlimmer! Steigt darüber weg – wie über eine Pfütze.

… Wie sauber Berlin ist! Mir wird seine Sauberkeit niemals über … Möchten Sie einfach nur gehen? Aber gehen, das heißt doch" (verschmitzt) „wohin gehen: und wieder trinken, und davor fange ich zu laufen an …"

„Vielleicht einfach auf eine Bank …"

„Kennen Sie denn so eine Bank? Ohne wachendes Auge? Weil, wenn es sogar ein Schutzmann ist – wie ein böser Spott mutet das bei Ihnen an: Mann des Schutzes! – wenn sogar ein solcher Mann des Schutzes, der so wenig Ähnlichkeit mit einem Menschen hat und so viel mit einer Säule – dann sein Auge auf einen heftet, nein, in einen hineintreibt, ohne den Kopf zu wenden: nur das Auge, ein zinnernes Auge – wissen sie, wie früher, in der Kindheit, diese Blickfänge in den Café-Schaufenstern waren, auf dem Neglinny: eine unbewegliche Visage mit sich drehenden Augen. Genauso wie ein Holländischer Käse mit Durchblick … Ich habe mich als Kind so gefürchtet. Mama meinte, mich zu ergötzen, und ich gab mir aus Delikatesse den Anschein – ein altmodisches Wort ‚Delikatesse' – aus Delikatesse, sage ich, gab ich mir den Anschein, als sei ich ungeheuer lustig, aber in meinem Innern habe ich gezittert und gezittert … Diese Visage bleibt unbeweglich, aber die Augen, immer so, immer so, und nicht ein Mal – so. Wie hab ich damals wortlos gefleht: ‚Zerspring doch!'

22

Also, Sie kennen so eine Bank? Wie auf dem Nikitski-Boulevard, da kommt ein Hund an, du streichelst ihn, er geht wieder ... Ein gelber, mit gelben Augen ... Hier gibt es solche Hunde nicht, ich habe mich schon umgesehen, hier sind sie alle der Hund von irgend jemandem, alles gehört jemandem, nur die Menschen hier, die gehören zu niemandem, aber vielleicht bin ich allein es, der zu niemandem gehört? Weil das die Hauptsache ist – zu jemandem gehören, zu wem das auch immer ist! Mir ist das völlig egal – Ihnen auch? – zu wem ich gehöre, wenn der nur weiß, daß ich – sein bin, wenn er mich nicht ,vergißt', wie ich im Café meinen Stock vergesse. Dann würde ich auch die Cafés mögen. Diese X, Y da, alle, die mit dasitzen, sie haben doch, außer uns, noch etwas – ganz unwichtig, was sie haben, aber jeder von ihnen gehört zu jemandem, hat eine Zugehörigkeit. Die können ins Café gehen, weil sie aus dem Café nicht ins Café gehen ... Im Café – das haben Ihnen alle schon erzählt, und jetzt sage ich es – ging drei Tage zuvor mein Leben zu Ende."
„Aber irgendwo sind Sie trotzdem ..."
„Das z-e-i-g ich Ihnen. Sie werden selbst sehen, welcher Art dieses ,irgendwo' und was für ein ,trotzdem' das ist. Gerade das – trotzdem. Genial haben Sie gesagt: trotzdem. Ach, ich möchte Sie auf der Stelle mit mir nehmen, aber ... es ist furchtbar weit: erst mit der Straßenbahn, dann mit der Eisenbahn, und viel, viel länger noch und weiter, es ist bereits jenseits aller ... Möglichkeiten. Es ist – ohne Adresse ... Es wundert mich, daß Briefe dorthingelangen, Ihre Briefe, da sie anders sind – völlig natürlich, natürlicher geht es nicht. Genaugenommen dürften dorthin nur gewisse Rechnungen gelangen – für einen alten Hut im englischen Magazin ,Jacques' vor zwanzig Jahren oder für mein künftiges Grab auf Wagankow ... Und wissen Sie was? Wir nehmen dorthin die Tochter mit, Sie kommen mit ihr zusammen, wir werden zu dritt sein, ein Kind – das ist stets Immanenz im Augenblick, das vertreibt alle möglichen Erscheinungen ... Und jetzt fahre ich, nein, begleiten Sie mich nicht, ich habe Ihnen bereits Qualen bereitet, ich bin Ihnen unendlich dankbar. Sehen Sie? Unsere Straßenbahn!"
Mit der geübten Bewegung eines – Sohnes, der von jeher der Mutter beim Einsteigen in die Kutsche behilflich war –

hilft er mir beim Einsteigen. Er springt hinterher. Wir stehen, Schulter an Schulter, auf der offenen Plattform. Nach meiner Hand greifend: „Lieber als alles andere auf der Welt wäre mir jetzt, meinen Kopf auf Ihre Schulter zu legen … Und im Stehen schlafen. Die Pferde schlafen doch im Stehen."

Vor dem Bahnhofsgebäude dann (als er schließlich meine Hand losließ, die er die ganze Zeit über an seinem Herz gehalten, an sein Herz gepreßt hatte): „Nein. Heute – nicht. Ich weiß doch, wieviel Kraft ich in Anspruch nehme. Bewahren Sie sie, bis ich dann völlig erstickt sein werde. Jetzt bin ich – glücklich, völlig beruhigt. Wenn ich zu Hause bin, werde ich Ihnen einen Brief schreiben."

„Wie sich Bely heute auf Sie gestürzt hat! Man konnte ja förmlich sehen, wie er in Flammen geriet! Ein richtiger coup de foudre war das!" sagte der Verleger beim Abendessen zu mir.
„Vom Blitz getroffen, kann ein Mensch auch auf einen Menschen fallen", war meine Antwort.
Coup de foudre? Nein. So schlagen Blitze nicht ein. Dies war ein Bund mit meiner Ruhe, meiner inneren Gesundheit, mit all meiner unabänderlichen Lebensnähe. Weiter nichts. Doch eine solche Kleinigkeit in solchen Augenblikken – ist viel. Alles.
Und der Augenblick hatte Gewicht. Ein glatter Bruch des Rückgrats.

Die allerfeinste, allerrührendste, mit der Hand geschriebene und gezeichnete Wegeskizze in Händen haltend – die Männer jener Generation hatten stets etwas Väterliches an sich, eine althergebrachte Furcht, daß wir uns verirren, in Ängsten sind, irgendwo an einer Wegbiegung sitzen und weinen – eine Wegeskizze weniger mit Pfeilen und Kreuzchen, sondern mit Straßenbahnen in Gestalt von Straßenbahnen, mit einem aufgemalten Bahnhof und schließlich natürlich, wie Kinder es malen, mit dem eigenen Häuschen: da ist das Haus, da der Schornstein, da steigt der Rauch aus dem Schornstein auf, und da stehe ich.
„Mit dem allerhöchsten Glücksgefühl würde ich Sie ja selbst abholen und geleiten kommen, doch – seien Sie nicht böse,

Marina Zwetajewa mit ihrer Tochter Alja 1924 bei Prag

ich weiß, daß dies der allerverantwortungsloseste Hotten-
totten-Egoismus ist, ich wünsche mir so sehr, Sie aus der
Ferne zu erblicken, ein blaues Pünktchen auf weißer Chaussee – wie gut, daß Sie blau tragen, welche Gnade für mich
darin liegt! – anfangs ein blaues Pünktchen, dann ein
blauer Schatten, von demselben Blau, das Ihr eigenes ist,
Ihr Schatten dann, ein langer Schatten im Morgenlicht, der
sich von der Erde erhebt und auf mich zukommt ... Ein
blauer Schatten, wissen Sie, vom Azur des Himmels ge-
tränkt ..."
„Gold in Azur!" sage ich, der Assoziation folgend.
Er, meine Hand fassend: „Sie wissen nicht, was Sie da gesagt haben! Sie haben es beim Namen genannt. Ich denke
die ganze Zeit darüber nach – und fürchte mich. Fürchte
mich – zu beginnen. Fürchte mich – alles wird ganz anders
kommen ... Für die da ist es eine ‚Nachauflage‘. Für sie
sind es – ‚Verse‘. Doch jetzt, da Sie das Wort gesagt haben,
werde ich beginnen ... Mit aller Inbrunst werde ich es ange-
hen, dies wird Ihr Azur.
... nach dem Verlassen des Bahnhofs – geradeaus, dann"
(mich über den gemalten Weg führend) „die Chaussee
überqueren" (beschwörend) „nur einmal überqueren! Nicht
böse sein, nicht böse sein, meine Liebe! Aber es verlangt
mich so wahnsinnig, auf Sie zu warten, Sie mit Gewiß -
heit zu erwarten. Sie von ferne zu sehen, im blauen Kleid,
die Tochter an der Hand führend ..."
Ohne von der Wegeskizze abzulassen, deren Sorgfältigkeit
mehr verwirrt als erläutert: so viel hat er eingezeichnet und
eingetragen, so sehr mit Kreuzchen und Pfeilchen den Weg
zu sich verstellt, daß hinzukommen, scheint es, unmöglich
ist; in Schrecken versetzt von der Wucht seines Erwartens
– wenn man so wartet, passiert immer irgend etwas, deutlich dessen bewußt, daß es nicht um mich ging, sondern um
mein Blau – fahre ich zuerst, fahre dann weiter, und danach
schließlich gehe ich, die Tochter an der Hand, über jene
weiße Chaussee, auf der ich als blauer Schatten auftauchen
muß.
Durch Ödnis. Die Unbehaglichkeit einer Neubausiedlung.
Neu geschaffen, doch nicht geboren. Das ganze Unbehagen
munizipaler Vorsätzlichkeit. Da war eine Ebene, man entschied – Häuser angetreten! Und sie traten an, wie Solda-

26

ten. Gleichförmige Häuser, bezugsfähig-unwohnlich. Bauten, nicht Häuser. Hier kann man hinfahren, und von hier kann man – muß man! – wegfahren, hier w o h n e n unmöglich. Befremdlich auch die Bevölkerung. Befremdlich, zum ersten, durch die Schwärze; in dieser Hitze – alles in Schwarz. (Übrigens, die gleiche Schwärze hatte ich schon im Wagen bemerkt, und an meiner Station war sie auf einen Schlag ausgestiegen.) In schwarzes Tuch gehüllt, stickig, Atem stockend. In einem fort überholten einander Kutschen mit sehr rotgesichtigen Herren in Zylindern und ebenso rotgesichtigen Damen, sehr dicken, mit Sträußen und mit – Kränzen wohl? – auf den dicken Bäuchen. Die Blumen – lila.

Endlich – das Haus, immer noch das gleiche erstgesehene, das uns die ganze Chaussee entlang von links und rechts begleitet hat.

Eine Baracke, kein Haus. Ein Ding zwischen Hühnerleiter und Schuppen. Mit einer Vortreppe. Und auf der Treppe, von der Treppe her: „Sie? Sie? Schwester, meine Schwester!"

Er führt mich nach oben über eine brandneue und in vollster Harmonie ertönende Stiege, offenbar dafür, wenn es brennt – die Streichhölzer sind auch schon griffbereit: das Geländer! – geleitet mich in ein vollkommen nacktes Zimmer, mit einem weißen unbemalten Tisch in der Mitte, bereitet mir einen Platz.

„Wie gefällt es Ihnen hier? Mir ... gefällt es nicht. Ich weiß nicht, warum, aber es gefällt mir nicht ... Mir hat es gleich nicht gefallen, als ich einzog ... Als ich losfuhr schon, hat mirs nicht gefallen ... Man sagte, Berlin hat eine ungewöhnliche Umgebung. In der Art von Swenigorod, hatte ich erwartet ... Aber hier ... irgendwie ist es ... nackt? Haben Sie die Bäume bemerkt?" (Ich hatte überhaupt keine bemerkt, denn die über alle Maßen dünnen Ruten, die von dickstämmigen Gittern eingezäunt waren, konnte man unmöglich für Bäume halten.) „Ohne Schatten! Da gab es doch so einen Mann ohne Schatten – in irgendeiner deutschen Sage, aber das war – ein Mensch, die Bäume – die haben die Pflicht, Schatten zu werfen! Und Vögel singen nicht – begreiflich: auf solchen Bäumen! Bei mir in Moskau haben sie früh – immer gesungen, sogar im Jahre 20 – haben sie ge-

sungen, sogar im Krankenhaus – haben sie gesungen, sogar
bei Typhus – haben sie gesungen …
Auch die Bevölkerung ist abstoßend. Verdächtig leise. Gerade wie auf Filzsohlen, wenn sie gehen. Haben Sie das
nicht bemerkt? Und – vielleicht ist das in der Umgebung
von Berlin so eine Mode? – alle in Schwarz, keiner auch
wenigstens in Braun oder Grau, alles schwarz, sogar die
Frauen – in Schwarz."
(Ich, in Gedanken: ‚Ah, mein Lieber, daher also deine Leidenschaft für mein Blau!')
„Und die Möbel – weiß, und sie riechen wie frisch geho-
belt. Das hat etwas" (er schüttelt sich) „Unheilvolles an sich,
nicht wahr? Vielleicht ist das irgendeine b e s o n d e r e Stadt-
randsiedlung?"
Ich, schnell ablenkend: „Nein, nein, nach dem Krieg ist das
– überall so."
Er, offensichtlich erleichtert: „A-h! Also – Witwen und
Witwer? Eine separate Siedlung für Witwen und Witwer …
Wie deutsch das ist … preußisch … Typisch deutsch, daß
sie nicht daraufkommen, der Reihe nach zu heiraten und
sich etwas anderes anzuziehen … Jetzt begreife ich auch die
Kränze, diese Fülle von Kränzen und Sträußen – völlig unerklärlich bei dem Mangel an Blumen – weil es ja Blumen,
wie Sie bemerkt haben, nicht gibt, weil es keine Gärten gibt
– nur ausgetrocknete Vorhöfe. Hier ist höchstwahrscheinlich gleich nebenan ein Friedhof? Ein gigantischer Friedhof! Sie haben einfach Häuser auf den Friedhof gebaut, und
jetzt begreife ich die Eintönigkeit der Häuser … Aber, was
erstaunlich ist: bei all ihrem Verwitwetsein sehen sie blü-
hend aus, ich habe nirgends so viele derart hochrote Gesichter gesehen … Begreiflich übrigens: die dauernden To-
tengedenkfeiern … So wie sie vom Friedhof kommen, gehts
zur Gedenkfeier – mit Würstchen und Bier, und nach der
Feier – wieder auf den Friedhof! Auf diese Art und Weise
nimmt man ja doch zu! Zieht sich eine Herzverfettung zu –
aus Kummer!
Jetzt begreife ich auch die Zylinder. Wenn einer ans Grab
zu seiner Frau geht, setzt er den Zylinder auf, den er dann
vor dem Grab abnimmt – und in dieser Geste besteht die
ganze Zeremonie. Aber wissen Sie, sonderbar ist, s i e fahren fuhrenweise zum Grab, ganze Fuhrwerke … Sind Sie

solchen begegnet? Planwagen voller schwarzer Leute ...
Das ist der deutsche Vereinsgeist: gemeinsame Tränen, gemeinsame Zeche ... Ein Ort für Witwen, ein Ort für Wit-
wer, ein widerwärtiger Ort ...
Auch das Wort gefällt mir nicht: ,Zossen'. So direkt, irgendwie sinnlich-fleischlich, gerade wie Nocken.
Verzeihen Sie, daß ich Sie hierher eingeladen habe!
Aber wir sind doch durch nichts gebunden?" (Sich an mein
Ohr neigend:) „Wir können ja wegfahren? Erst ein wenig
dasitzen, und dann wegfahren? Einen wunderschönen Tag
verbringen?
Ich bin selbst eben erst angekommen. Wissen Sie, ich bin ja
gestern nicht h i n - – hierher! – gefahren, ich habe auf der
Stelle kehrtgemacht, Ihnen nach, mit der nächsten Straßenbahn – zur ,Prager Diele', aber ... ich habe mich geschämt
... Den ganzen Abend bin ich durch die Cafés gezogen und
in einem traf ich ..." (er nennt einen für diesen verletzen-
den Namen). „Was halten Sie davon? Liebt sie ihn vielleicht?"
Ich, bestimmt: „Nein."
„Nein, nicht wahr? Was hat das dann alles zu bedeuten?
Eine Inszenierung? Um mir – weh zu tun? Aber sie liebt
mich ja eben n i c h t, warum dann will sie mir weh tun? Das
bedeutet doch vor allem – sich selbst weh tun. Kennen Sie
ihn?"
Ich erzähle es.
„Also kein übler Mensch ... Ich habe probiert, seine Gedichte zu lesen, aber ... ich empfinde überhaupt nichts:
Worte. Vielleicht bin ich – alt geworden? Ich habe sehr eifrig gelesen und auf alle mögliche Art versucht, etwas her-
auszulesen, zu empfinden, zu finden. So wäre es für mich
leichter gewesen.
... Es ist möglich und sogar völlig natürlich, nach einem
Schriftsteller einen ganz einfachen Menschen, einen Wilden, zu lieben ... Freilich muß dieser Wilde keine theoretischen Gedichte schreiben!"
(Auffahrend:) „Ach, Sie wissen nicht, wie böse sie ist! Sie
denken, daß – e r es ist, den sie braucht, daß sie einen Wilden braucht, sie, die" (den Kopf aufwerfend) „... Jahrtausende ... Was sie braucht, ist" (flüsternd) „mich mitten ins
Herz treffen, was sie gebraucht hat – die Vergangenheit

töten, das eigene Ich, sich töten – jene, machen, daß es jene – nie gegeben hat. Das ist Rache. Rache, die allein ich ermessen habe. Weil für andere das einfach nur Zerstreuung ist. So ... ganz natürlich. Nach dem Vierzigjährigen, dem das Haar ausfällt, der nichts mehr bringt – ein Zwanzigjähriger, Schwarzhaariger, mit Dolch und so weiter ... Naja, verliebt und verloren: hat sie die ganze Form des Lebens zertrümmert. Ach, wenn das nur so wäre! Aber Sie kennen sie nicht: sie ist kalt, wie ein Messer. Das alles ist – bloße Berechnung. Sie empfindet für ihn überhaupt nichts. Ich bin sogar davon überzeugt, daß sie ihn haßt ... Oh, Sie wissen nicht, wie sie zu schweigen versteht, und wie sie das tut: hinsetzen – und schweigen, dastehen – und schweigen, einen ansehen – und schweigen."

„Rache? Aber wofür?"

„Für Sizilien. Für ‚Ophir'. ‚Ich bin Ihnen nicht mehr Gattin!' Aber – lesen Sie mein Buch! Wo sage ich denn, daß sie mir – Gattin ist?

Sie ist mir – sie ... Flirrende Erscheinung ... Ein Zicklein auf dem Felssims ... Nelly. Was habe ich in dieser Hinsicht denn über sie gesagt? Außerdem war das Buch schon gedruckt ... Wo hat sie ‚Intimität' gesehen, ‚Besitzanspruch', das Kennmal" (schwankend) „eines Gatten?

Der Stolz eines Dämons und das Gehabe eines kleinen Mädchens. Ich bin dir so wenig Gattin, wie, nun ... Gattin eines anderen. Als ob ich es ohnedem nicht empfunden hätte. Als ob ich dies nicht a l l e z e i t gewußt hätte. Und so also erwächst aus feinsten seelischen Wurzeln eine sehr rauhe Tatsache, an der alle Anstoß nehmen, außer mir.

... Sie tut mir so leid.

Haben Sie sie gesehen? Sie ist schön. Sie ist – während dieser Jahre der Trennung so gewachsen, so mannhaft geworden. Sie war Psyche, sie wurde Walküre. In ihr ist – Kraft! Kraft, die ihr durch ihre Einsamkeit gegeben wurde. Ach, wäre sie doch nur wie ein Mensch, nicht wie auf der Durchreise mit der Gruppe, mit ihrer Truppe, eine halbe Stunde im Café, sondern freundschaftlich, menschlich, tiefgründig, auf höhere Art – ich würde sie doch, blutenden Herzens, als erster willkommen heißen und mich freuen ...

Sie wissen nicht, wie ich sie geliebt habe, wie ich gewartet habe! Alle diese Jahre – des Entsetzens, des Todes, der Fin-

30

sternis – wie habe ich gewartet. Wie ihr Licht mich überflutet hat ...

Und er tut mir leid. Wenn er ein Mensch mit Herz ist, dann hat er dafür zu bezahlen, gnadenlos. Sie überschüttet ihn mit Verachtung ... ‚Der Mohr hat seine Schuldigkeit getan, der Mohr kann gehen.‘ Und er, natürlich, liebt sie wahnsinnig!"

(Wie doch bei dir alles von höherer Art ist, sagte ich mir in meinem Inneren, – nun ist er bei dir auch schon der Mohr ... Und wie zumindest von männlicher Seite her alles unvergleichlich einfacher ist, – in einer Einfachheit, die dir zu begreifen nicht gegeben ist. Während die „wahnsinnige Liebe" – in der „Prager Diele" sitzt, mürrisch wie ein Kauz, und, ein Gähnen unterdrückend: „Das ist doch zum Einschlafen mit ihr! Schweigt, erzählt nichts, lächelt niemals. So eine richtige Eule ..." Doch d a s wirst du niemals erfahren.)

„Verzeihen Sie, ich habe Sie gequält! Eine Sonne wie Sie, und ich quäle Sie! Gerade angekommen, und s c h o n habe ich Sie gequält. Reden wir nicht mehr von ihr. Es ist doch – vorbei. Reden wir von anderem. Ich schreibe doch – Verse. Und ich schreibe ja nach Ihrer ‚Trennung‘ wieder Verse. Ich denke – ich bin kein Dichter. Ich kann – jahrelang keine Verse schreiben. Also bin ich kein Dichter. Und nun, nach Ihrer ‚Trennung‘ – da kam es geströmt. Ich kann nicht aufhören. Ich schreibe Sie – weiter. Das wird ein ganzes Buch: ‚Nach der Trennung‘, – nach der Trennung – von ihr, und nach Ihrer ‚Trennung‘. In Gedanken widme ich es Ihnen, und wenn ich keine Widmung einsetze, so nur darum, weil es Ihnen gehört, von Ihnen kommt, ich kann Ihnen nicht schenken, was Ihnen gehört, das wäre – vermessen.

Werden Sie es durchlesen? Wenn Sie müde werden, dann hören Sie auf, ich selbst werde nicht aufhören, ich werde niemals aufhören ..." Und dann, über die Trostlosigkeit der Zossenschen Landschaft hin:

Aufbegehrend sagtest du: so – nicht!
und, daß wir nur wie Schemen seien.
Unüberwunden bleibt – das Licht.
Unüberwunden – die Dunkelheit

31

Du gingst. Jahre, die zwischen uns stehen –
vergossenes – in was
vergossenes – Wasser?
Ich werde dich niemals wiedersehen.

Wie auf einer Klaviatur gleiten seine Finger durch die Blätter.

Ja, mit tönender Lüge treibst du
im Teufelskreis dich selber umkreisend.
Und unverhohlen zitternd gehst du fort
von mir, teuflischer Freund, für immer
ohne Antwort.
Und niemals werd ich dich wiedersehn
und hassen werd ich – mich selbst – dafür!

„Und das noch!" Die Blätter in seiner Hand – ein Schwarm
weißer zum Auffliegen bereiter Schwingen.

Du – Schatten der Schatten, dich rufe ich nicht,
dein Gesicht ist kalt und böse ...
Ich treibe dahin, in den Dunst der Tage, rufe
in den Dunst der Tage, – nein, nicht dich:
                                        Vergangenes:

Das ich zerreiße (zum wievielten Male!)
das, zum wievielten Male, aufsteigt,
das, zum wievielten Male, den Diamanten,
Sternendiamant, vom Stern der Liebe,
                                        herabholt ...

Als ob er sich über die plötzlich eingetretene Stille wunderte: „Wie still sie ist, die Tochter. Sagt kein Wort." (Mit finsterer Miene:) „Na schön! Wissen Sie, ich habe doch Angst vor Kindern." (Mit offenem Blick, dabei die Augen übermäßig weit aufreißend:) „W-a-h-n-sinnige Angst habe ich vor ihnen. Oh, schon von Kindheit an! Vom Pretschistenski-Boulevard her. Von jedem Weihnachtsfest, jedem Geburtstag her." (Flüsternd, als beklage er sich über einen mächtigen Feind:) „Sie haben mir alles kaputt gemacht. Wenn sie kamen, war das ein richtiger Truppeneinmarsch ..." (Aufbrausend:) „Die und Engel? Ich höre ja jetzt noch das Knattern der Seiten: blättert so ein Engel dein Lieblingsbuch durch und reißt es mittendurch – dann

32

ist das wie eine reißende Wunde ... Und sagen Sie nicht etwa, ohne Absicht, kaum – ohne Absicht, immer – mutwillig, alles mutwillig, boshaft, hinterhältig, heimtückisch – ist es so oder nicht? Oh, wie die wilden Tiere sind sie, dulden nichts Fremdes und wittern das Schwache. Es geht nur darum, keine Furcht zu zeigen, nicht zu zittern ... Ein kranker Wolf tritt auch, wenn es ihm weh tut, mit seiner kranken Pfote auf ... Er weiß, sie zerreißen ihn. Oh, was für eine Angst ich vor ihnen habe! Und Sie – haben Sie keine Angst?" – „Nicht – vor den Meinen." – „Und ich habe niemanden, der zu mir hält. Und es wird bestimmt auch keinen geben. Schade – vielleicht. Vielleicht wäre es besser, wenn es jemanden gäbe? Manchmal tut es mir leid. Vielleicht, daß ich dann irgendwie ... sicherer auf den Beinen stünde ...?"

Alja, schon lange mit düsterer und bedeutungsvoller Miene auf mich blickend: „Mama-a-a!"

Und ich, mit einer gegen mich selbst gewalttätigen Geradheit: „Boris Nikolajewitsch, wo ist denn das bei Ihnen hier, das Mädchen muß mal."

„Ja, natürlich, das Mädchen muß. Das Mädchen muß, muß, muß."

Überzeugt, daß ich keine andere Antwort bekomme, nun dringlicher: „Sie muß mal auf ein gewisses Örtchen."

„A-a-ach! Das haben wir nicht. Ein Örtchen haben wir nicht, aber einen Ort so groß, wies beliebt, der ganze Platz, den Sie vor dem Fenster sehen. Im Schoße der Natur, überall, überall, überall! Das nennt sich nun – WESTEN" (wie eine Schlange zischend) „Zivilisation."

„Aber wer hat Sie denn hier ... angesiedelt?" (Bei diesen Worten wurde mir klar, daß er hier ja in einer Gartensiedlung ist.)

„Freunde. Ich weiß nicht. Sie haben mich hierhergesetzt. Hergebracht. Offensichtlich – muß das so sein. Offensichtlich muß das bei manchen so sein." Und, nun schon wie ein das Ganze legalisierender Refrain: „Das Mädchen muß, muß, muß."

„Alja, daß du dich nicht schämst! Direkt vorm Fenster!" – „Erstens habt ihr viel zu lange miteinander geredet, zweitens – sieht er sowieso nichts." – „Wieso sieht er nichts?

Meinst du, er ist blind?" – „Nicht blind, aber verrückt. Er ist ein sehr ruhiger, sehr höflicher, aber doch r i c h t i g e r Verrückter. Sehen Sie etwa nicht, daß er fortwährend auf einen unsichtbaren Feind blickt?"

Um mit dem „Mädchen, das mal muß" und Bely zum Ende zu kommen: Einige Tage danach kam ihr Vater aus Prag an, und er war über ihre Leidenschaft für Bier entsetzt: „Ein Faß ohne Boden! Mit acht Jahren! Nein, dem muß ein Ende gemacht werden. Heute gebe ich ihr Bier, soviel sie nur verlangt – um es ihr ein für allemal abzugewöhnen."

Und siehe da, Alja, nach dem x-ten Krügelchen auf einmal: „Aber jetzt lege ich mich schlafen, mir ist nämlich schon so, als ob ich bald anfange, dieselben Dummheiten zu erzählen wie Andrej Bely."

„Natürlich, Puschkin hat seinen ‚Godunow' im Bad geschrieben", sagt Bely, als er mit mir gemeinsam aus dem Fenster die Zossenschen Weiten betrachtet. „Aber ist das etwa mit einem Bad vergleichbar? Oh, was gäbe ich nicht alles für ein Bad!" (Flüsternd, verlegen lächelnd:) „Ich habe doch hier mit dem Waschen schon ganz aufgehört. Kein Wasser, keine Schüssel – oder ist das etwa eine Schüssel? Da paßt doch gerade – die Nase rein! Also wasche ich mich nicht, erst wenn ich in Berlin bin, darum fahre ich ja auch so oft nach Berlin und lasse, zu guter Letzt, das Schreiben." (Schon grimmiger:) „Nach Berlin fahren, um mir das Gesicht zu waschen!

Und nun …" (Ohne Anklopfen, doch dafür mit einem Knall, öffnet sich die Tür, zuerst ein Tablett, dann den karierten Bauch einer Frau einlassend) – „… jeder prahlt mit dem, was er hat! Brecht nicht den Stab über mir: ich bin mit dem völligen Fehlen kulinarischer Phantasie bei meiner Wirtin gestraft."

Wortlos und mit kantiger Bewegung wurde die Suppe in die Teller gegossen. Bely, nach dem Weggang der Wirtin mit beklommener Stimme: *„Haferbrühe … Ich wußte es schon …"*

Wir sitzen da und löffeln tapfer, was weder Suppe noch Brei ist, als Dickes zu flüssig, als Flüssiges zu dick …

„Haferbrühe, Haferbrühe, Haferbrühe", murmelt Bely. *„Brühe … brüten … gerade so, als ob sie diesen Hafer ausbrütet … ihn*

mit der Hitze ihres Leibes mürbe macht, ihn zermürbt ...
Milchsuppe – Haferbrühe, Haferbrühe – Milchsuppe ..."
Und mit dem letzten Löffel, strahlend wie ein Patient, dem
man den Zahn gezogen hat: „Und jetzt gehen wir Mittag essen!"

Berlin. Restaurant „Zum Bären".
„Keinerlei Suppen bitte, ja? S u p p e n haben wir schon gegessen. Wir wollen Fleisch essen, Fleisch, Fleisch, Fleisch!
Zwei Fleischgerichte! Drei?" (Neugierig, wißbegierig sogar:) „Und die T o c h t e r, verträgt die drei Gänge Fleisch?"
– „Bier", – die phlegmatische Antwort. – „Wie schön sie
das sagt – so lakonisch. Natürlich, Bier. Und wir – Wein.
Und die Tochter trinkt keinen Wein?"
Das erste der drei Fleischgerichte. (Alja, etwas später, zu
mir: „Mama, er hat ganz genau wie ein Wolf gegessen. So
grinsend und schief ... Er ist über das Fleisch richtig herge-
fallen.")
Nach Beendigung des zweiten Ganges, voller Ungeduld
nach dem dritten, Bely dann zu mir: „Halten Sie mich nicht
für einen Wolf! Drei Tage lang bekomme ich Hafer. Allein
– wage ich es nicht: irgendwie ist es nicht schön, Verrat gegenüber der Wirtin. Sie ißt das ja auch und fährt n i c h t
nach Berlin ... Doch heute habe ich es mir gestattet, da Sie
mit meiner Wirtin doch durch keinerlei Bande gemeinsamen Leidens gefesselt sind. Wozu sollten Sie denn leiden?
Und dazu noch mit der Tochter. Ich habe mich Ihnen eben
– beigesellt."
Und, offenbar infolge einer Assoziation zu Wolf: „Aber
jetzt – fahren wir in den Zoo."

Im Zoo, vor dem Käfig eines gewaltigen Löwen, eines Löwen für Löwen, Alja: „Mama, seht doch mal! Ganz Lew Tolstoi!* Genau solche Brauen, genau so eine breite Nase und
genau solche grauen bösen kleinen Augen – a l l e richtig
verlogen.
„Das dürfen Sie nicht sagen!" – so, ehrfurchtgebietend und
aggressiv, der Vierzigjährige zur Achtjährigen. – „Lew Tolstoi, das ist der einzige Mensch, der sich selbst unter eine

* (russ.) lew – Löwe.

Glasglocke gesetzt und an sich eine Vivisektion vorgenommen hat."

Von meinem Begleiter völlig aufgesogen, kann ich mich für dieses Mal außer an den Löwen aus dem ganzen Zoo nur an ein Nilpferd erinnern, und das auf Grund folgender Belyscher Bemerkung: „Vergangenes Mal bin ich hier in eine Nilpferdhochzeit geraten. Dafür zahlen Liebhaber heutzutage Geld! Ich hatte nicht richtig verstanden, was ein Besucher da sagte, und ging, weil er ging, hinter ihm her. Es war entsetzlich! Ich bin beinahe in Ohnmacht gefallen ..."

Ich erinnere mich noch, daß er sich mit einem Tiger auf tigrisch begrüßte: mit so einem „iau", zwischen Heulen und Miauen, begleitet von einem Verrenken des ganzen Körpers, von dem der Mantelumhang wie ein Wasserfall herabrauschte. (Er trug eine Pelerine, im Straßenjargon Schwenker genannt, bei ihm sah sie wie ein Havelock aus. Daher rührt es wohl, daß ich mich seiner Arme so prägnant erinnere, die völlig losgelöst und armselig anmuteten, wie nackt ohne die Ärmel oben, durch den trügerischen Mantelschnitt gleichsam in Freiheit gesetzt, tatsächlich aber – festgebunden. Daher schlenkerte er auch so hin und her, daß die Pelerine hinter ihm her äffte, jede seiner Gesten zuspitzte, wie ein aufgeblähter und zum Sturm blasender Schatten. Die Pelerine war ihm lebender Hintergrund, antiker Chor. Aus dem *Kaufhaus des Westens* oder noch aus dem alten Moskau – ich weiß es nicht. Eine graue.)

Nachdem Käfig um Käfig der ganze Garten durchgestanden war: „Ich liebe die Tiere sehr. Aber finden Sie nicht, daß es hier ... zu viele davon gibt? Warum bin ich verpflichtet, sie anzusehen, und sie mich – nicht? Sie drehen sich immer wieder weg!"

Wir sitzen miteinander und ohne die Tiere auf irgendeinem Klotz, der in seiner Art für das Germanische Imperium eigentlich unmöglich ist – genauso einer wie im Zoo von Presnja, und auf einmal, wie aus einem geborstenen Damm hervor – die Geschichte über den jungen Blok, seine junge Frau und ihn selbst, als er jung war. Eine fieberglühende Geschichte, die verwickelte, einer Fabel entbehrende Geschichte des Herzens, die wiederzugeben ich völlig außerstande bin, und die in meinen Ohren und Adern zurückblieb wie ein Klang aus Malaria und Chinin, mit Fetzen von

36

Visionen aus irgendwelchem Korn – irgendwelchen Sicheln – irgend jemandes seidenem Gürtel – der frühe Blok erstand bei ihm als wackerer Held aus Nekrassows „Korobuschka", als ikonengleicher Fuhrmann auf einer Lukutinschen Tabakdose –, als etwas durch und durch in Farbe Getauchtes, ganz ohne Weiß, und – Szenenwechsel – Petersburg, Schneesturm, der blaue Mantel ... das junge Genie tritt ins Spiel, der Dämon, der Bund der drei, der verworrene Bund der zwei, der unverwirklichte Bund der neuen zwei – Abreisen – Ankünfte – das deutliche Gefühl, daß es bei dieser Begegnung an Abreisen mehr gab als an Ankünften, vielleicht daher, weil die Ankünfte kurz waren, die Abreisen aber – so lang, mit der ersten Sekunde der Ankunft beginnend und bis zum Augenblick der unerwarteten Flucht hingezogen und hingedehnt ... Der Knoten zieht sich zusammen, ein Knäuel – nicht zu entwirren, nicht durchzuhauen ... Und das letzte, von mir sorgsam in Erinnerung bewahrte Wort: „Das letzte Mal begegnete ich ihr keineswegs im besten Zustand. Sie hat nichts mehr von der Früheren an sich. Nichts. Leere."

Hier erfuhr ich zum ersten Mal von Ljubow Dmitrijewnas Sohn, ihrem, nicht Bloks, nicht Belys Sohn, – Mitka, um den Blok sich viel Sorgen machte: „Wie werden wir Mitka erziehen?" – und den er so herzlich in jenen Versen beweinte, die an Gott gewandt damit enden:

> Nein, über dem Knaben, dem seligen,
> werde ich wachen, ohne DICH.

Zeilen, die ich niemals lese, ohne daß in mir zugleich die Zeilen des Puschkinschen Epigraphs auf Maria Rajewskajas Erstgeborenen aufklingen:

> Lächelnd blickt er in die irdische Verbannung,
> segnet seine Mutter, bittet für den Vater.

An eines erinnere ich mich noch: daß das Wort „Liebe" in dieser verwickelten Liebesgeschichte nicht ein einziges Mal genannt wurde –, doch verstand es sich von selbst, wurde jedes Mal geschickt vermieden, im letzten Moment durch ein näheres oder entfernteres ersetzt, so daß ich mich im Verlaufe der Erzählung einige Male bei dem Gedanken ertappte: „Was ist denn das gewesen?" – bei dem Gedanken

Andrej Bely mit Asja Turgenjewa und Ilja Ehrenburg 1922 in Berlin

freilich, denn im Fühlen wußte ich: d a s   i s t   e s. Ich bin überzeugt, daß es von den betroffenen Helden auch im Leben auf gleiche Weise umgangen, vermieden, ersetzt, nicht beim Namen genannt wurde. Die Zeit war so. Die Seelen waren damals so. Die besten Seelen. Der Symbolismus ist am allerwenigsten eine l i t e r a r i s c h e Strömung.

Und noch etwas. Wenn die Menschen von heute nicht sagen „ich liebe", so ist das aus Furcht, erstens – sich zu binden, zweitens – etwas h i n z u g e b e n, sich den Preis zu mindern. J e n e – w i r – sagten nicht „ich liebe" aus einer mystischen Furcht heraus, die Liebe, sie beim Namen nennend, zu töten, und noch aus der tiefen Überzeugung heraus, daß es Höheres als die Liebe nicht gibt, aus Furcht, dieses Höchste herabzumindern, nicht heranzureichen, wenn wir sagten „ich liebe".

Daher liebte man uns auch so wenig.

38

Damals, im *Zoo*, erfuhr ich, daß der Blaue Mantel, von ganz
Rußland schmerzlich geliebt ...

Ich rief, du gingst, dich nie mehr umzuschauen.
Ich weinte, du gingst fremd aus unserem Haus.
Du zogst den blauen Mantel um dich traurig
und gingst ins feuchte Wehn der Nacht hinaus.*

– der blaue Mantel Ljubow Dmitrijewnas ist. „Oh, er hat
sich das ganze Leben lang um sie gesorgt, wie um eine
Kranke, ihr Zimmer stand stets bereit, sie konnte stets zurückkehren ... Atem schöpfen ... das aber war zerschlagen, das Leben beider verlief getrennt und führte niemals
mehr zusammen.“

Der *Zoo*-Besuch ging mit dem üblichen Bier für Alja zu
Ende, in einem langen, aus Balken gezimmerten Durch-
gangsgebäude, das gleichfalls einem Käfig glich. Niemals
werde ich Bely vergessen, der sich während dieses Tages
vor Eifer wie Tee, wie ein Samowar verfärbte, wovon das
Blau seiner offenkundig asiatischen Augen vor dem Hintergrund einer durch die Käfigsparren von Grün und Sonne
sprühenden Pfütze noch blauer strahlte. Und er, das Silber
des Haares über das Kupfer seiner Stirn zurückwerfend:
„Ist das nicht schön? Wie ich das alles liebe. Das Gras, die
großen Tiere dahinten, Sie, so schlicht ... Und die Tochter,
so still, vernünftig, ohne ein Wort ...“ (Und beinahe schon
wie ein Refrain:) „Wohltuend!“

War es, weil Sommer war, war es, weil er immer in Erregung war, war es, weil die tödliche Krankheit – der Blutge-
fäße – schon in ihm saß, niemals habe ich ihn bleich gesehen, immer – rosig, goldgelb-leuchtend-rosig, kupfern.
Durch diese Röte verstärkte sich auch das Blau seiner Augen und das Silber des Haares. Durch dieses Silber des Haares erschien auch das Grau des Anzugs silbrig, blitzend. Silber, Kupfer, Azur – das sind die Farben, in denen Bely mir
vor Augen blieb, der sommerliche Bely, der Berliner Bely,
Bely in der Bravour seines Jahres eintausendneunhundert-
undzweiundzwanzig.

* Nachdichtung von Elke Erb.

Wir stehen zusammen auf einem Aussichtsturm, ich erinnere mich nicht, wo, nur, daß es sehr, sehr hoch war. Und er, in einer auffliegenden Bewegung mich an der Hand fassend, als wollte er mit mir eine Mazurka eröffnen: „Zieht es Sie nicht an, sich hinabzustürzen? So" (mit einem jungenhaften Lächeln) „kopfüber durch die Luft."
Ich erwiderte ganz ehrlich, daß es mich nicht nur nicht anzieht, sondern daß mir allein von dem Gedanken schwindlig wird.
„Ach! Wie furchtbar! Und ich, ich kann meine Beine nicht von der gähnenden Öde wegreißen! So" (er beugt sich im rechten Winkel nach vorn, breitet die Arme aus) „ ... oder noch besser" (über den Rücken gebeugt, mit herabhängendem Haar) „ ...so."

Als er das erste Mal mein Zimmer in der *„Prager Pension"* betrat, sah Bely auf dem Tisch – genaugenommen, den Tisch sah er nicht, denn der war ganz bedeckt mit Fotografien der Zarenfamilie: den Thronfolger in jedem Lebensalter, die vier Großfürstentöchter, unterschiedlich gruppiert, wie die Blumen in den Schloßvasen, Mutter, Vater ...

Und er, sich darüberbeugend: „Sie ... lieben das?"
Er nahm die Großfürstentöchter in die Hand: „Wie lieb sie sind! ... Wie lieb, wie lieb, wie lieb!"
Und dann, in einem Ton von Verzweiflung: „Ich liebe diese Welt da!"

Einige Tage nach dem *Zoo* und nach *Zossen* kam mein Mann aus Prag an – nach vielen Jahren des Kampfes Prager Philologiestudent.
Ich erinnere mich der besonderen, verstärkten Aufmerksamkeit Belys für ihn, einer Aufmerksamkeit für jedes Wort, Aufmerksamkeit bei jedem Wort, jener besonderen Gier eines Dichters nach dem Frieden der Aktion, einer Gier mit einem Fünkchen Neid sogar ... (Vergessen wir nicht, daß alle Dichter des Friedens die Militärs geliebt haben.)
„Wie gut Ihr Mann doch ist", sagte er später zu mir, „wie beherrscht, ruhig, ohne Tadel. So muß ein Krieger auch sein. Wie hab ich mir gewünscht, Offizier zu sein!" (Rasch mäßigend:) „Soldat sogar! Der Gegner, die Unseren, Schwarz,

40

Weiß – was für eine Ruhe das ist. Das habe ich doch beim Doktor gesucht, gefunden habe ich das nicht."

Die Beherrschtheit des Kriegers wurde bald einer Prüfung unterzogen, und das war so: Bely verlor ein Manuskript. Das Manuskript seines „Gold in Azur", sein Verleger voller Schrecken darüber zu mir: „Liebe Marina Iwanowna, reden Sie mit Boris Nikolajewitsch. Überzeugen Sie ihn, was vorher da war – das war ebenfalls gut. Er hat ja gegenüber dem ursprünglichen Text – keinen Stein auf dem andern gelassen. Es hat da ein Gespräch über eine Neuauflage gegeben, aber das – das ist ein neues Buch, nicht wiederzuerkennen. Ich habe doch nichts gegen etwas Neues, doch wozu sollte man dann den alten Satz nehmen? Es ist ja jede Korrektur bei ihm – ein gänzlich neues Buch! Das Buch wird unentwegt und unaufhaltsam erneuert, die Setzer werden die Arme hängen lassen."

Und da nun, diese Neuerung, diesen ganzen Packen von Neuerungen – diese Riesenmappe, die schon nichts mehr faßte – hatte Bely plötzlich verloren.

„Ich habe das Manuskript verloren!" mit diesem Schrei stürzte er zu mir ins Zimmer. – „Das Manuskript verloren! Das Gold verloren! In Azur! Verloren, fallen lassen, liegen lassen, sausen lassen! In irgendeinem dieser verdammten Cafés, zu denen ich verurteilt bin, verflucht sollen sie sein! Ich war auf dem Weg zu Ihnen – doch dann kam ich zu dem Schluß – bin ich auch ein sündhafter Mensch, so doch ein anständiger Mensch –, daß Ihnen jetzt nicht nach mir zumute ist, ich wollte die Freude der Begegnung mit Ihnen nicht verdüstern – ihr seid doch Kinder im Vergleich zu mir! im Paradies noch! und ich, ich schmore in der Hölle! – ich wollte diese schwefeldampfende Hölle mitsamt dem darin dirigierenden Doktor nicht in euer Paradies tragen, ich beschloß: ich biege ab vom Weg, ich werde mich allein hinabstürzen, mit einem Wort – ich ging in ein Café: in dieses oder in jenes oder in ein anderes" (mit höhnischem Lächeln) „erst in das eine, dann in das zweite, dann in das dritte … Und dann – nach dem – dem wievielten? – ein Schlag vor die Beine: das Manuskript ist nicht da! Das Gehen war mir viel zu leicht gefallen, die Linke lebte ein viel zu eigenes Leben – als ob das der Sinn wäre: ihr eigenes Leben zu leben! – in der Rechten das Stöckchen, doch in der Linken – nichts ... Und dieses ‚nichts‘ – mein Manuskript, das Werk von drei Monaten, aber was heißt – von drei Monaten! Es war dies – eine Schmelze aus damals und jetzt, ich hatte zwanzig Jahre meines Lebens in einer Kneipe gelassen ... In welcher von sieben?"

Auf der Schwelle – die unschlüssig schwankende Erscheinung von Sergej Jakowlewitsch.

„Boris Nikolajewitsch hat ein Manuskript verloren", sage ich hastig, um die Schreie zu erklären.

„Verzeihen Sie mir!" – geht Bely ihm entgegen. – „Manchmal höre ich selbst, wie furchtbar ich schreie. Aber – Sie sehen einen verlorenen Menschen vor sich."

„Boris Nikolajewitsch, mein Lieber, beruhigen Sie sich, wir werden es schon finden, wir suchen es, gehen alle Örtlichkeiten ab, wo Sie gesessen haben. Sie sind doch bestimmt irgendwohin gegangen? Sie haben es bestimmt irgendwo liegenlassen, auf der Straße konnten Sie es doch nicht verlieren."

Bely mit tonloser Stimme: „Ich fürchte, daß ich das konnte."

„Das konnten Sie nicht. Das ist doch ein Gegenstand, der ein Gewicht hat. Haben Sie es denn schon irgendwo gesucht?"

„Nein, ich bin geradewegs hierhergestürzt."

„Also gehen wir."

Und – wir gingen los. Und – es ging los! Erstens, er konnte nicht genau sagen, in welches Café er gegangen war, in welches – nicht. Mal kam heraus, er war in alle gegangen, mal – in keins. Wir gehen auf eins zu – das! wir gehen rein – ist es nicht. Und ohne etwas zu bestellen, sich nur umsehend, kein Wort redend – raus. *„Die Herrschaften wünschen?"* Bely, aggressiv: *„Nichts! Nichts!"* Leichtes Zucken der Kellnerschultern –, und wir sind wieder auf der Straße. Beim Hinausgehen aber: „Und wenn es das doch ist? Da war noch ein zweiter Saal, da habe ich nicht hineingesehen." Serjosha, großmütig: „Gehen wir wieder rein?" Doch auch der zweite Saal – unbekannt.

Im zweiten Café – umgekehrt: voller Überzeugung, hier war er – der Tisch, das ist er, das Fenster – genau so, die Kassiererin – dieselbe Brosche, alles stimmt überein, bloß das Manuskript ist nicht da. *„Aber der Herr war ja gar nicht bei*

42

uns", verhalten-ungehalten der Ober. „Vor einer halben Stunde? An diesem Tisch? Ich würde mich erinnern." (Woran wir nicht zweifeln, denn Bely – krebsrot, mit auffliegendem Hut, auffliegendem Haar, auffliegendem Spazierstock – ist tatsächlich nicht zu vergessen.) *„Ich habe hier meine Handschrift vergessen! Manuskript, verstehen Sie? Hier auf diesem Stuhl! Eine schwarze Pappe; Mappe!"* schreit Bely, sich immer mehr in Rot verfärbend und mit dem Spazierstock aufstoßend. *„Ich bin Schrifsteller, russischer Schriftsteller! Meine Handschrift ist alles für mich!"* – „Boris Nikolajewitsch, sehen Sie im benachbarten Café nach", rät Serjosha ganz ruhig, ihn sanft, aber doch bestimmt zur Tür ziehend, „hier nebenan ist doch noch eins. Leicht möglich, daß Sie es verwechseln."

„Das? In d e m soll ich gesessen haben?" (Hämisch:) „N-e-i-n, in dem habe ich nicht gesessen! Das ist so – ungastlich, in so etwas würde ich doch nicht einmal einen Fuß setzen." (Mit dem Stock auf den Asphalt klopfend:) „Und auch jetzt werde ich nicht hineingehen."

Serjosha, erleichtert: „Na, dann werde ich gehen. Und Sie bleiben hier mit Marina stehen."

Wir stehen da. Er kommt mit leeren Händen heraus. Bely triumphierend: „Na, sehen Sie? Kann ich etwa in ein solches Café gehen? In einem solchen Café läßt man doch keine Handschrift liegen – Hand und Fuß läßt man da. Sehen Sie das etwa nicht, daß das – ein Kokain-Laden ist?"

Das nächste auf unserer Marschroute bleibt einfach links liegen. Unsere Mahnung mißachtend, wendet er nicht einmal den Kopf und beschleunigt merklich seinen Schritt. „Warum wollen Sie denn nicht einmal einen Blick riskieren?" – „Haben Sie nicht bemerkt, daß da so ein Dunkelhaariger sitzt? Ich will nicht sagen, daß er s e l b s t das ist, aber auf jeden Fall einer – von denen da. Gefärbt. Denn so schwarzes H a a r gibt es nicht. Nur eine so schwarze Farbe gibt es. Sie sind alle – gefärbt. Das ist ihr Erkennungszeichen."

Und dann, mitten auf dem Trottoir stehenbleibend, mit einem furchterregendenLächeln: „Das sind doch nicht etwa die üblen Streiche – des Doktors? Er hat doch nicht etwa von dorther meiner Handschrift zu verschwinden geheißen: vom Stuhl fallen und mitten durch den Fußboden brechen?

43

Damit ich niemals mehr Verse schreibe, denn jetzt – ist es vorbei, ich werde keine Zeile mehr schreiben. Sie kennen diesen Menschen nicht. Es ist – der Teufel."

Und, den Stock erhoben, im Takte auf alles, was ihm in den Weg geriet: auf das Pflaster, auf die geradlinigen Berliner Baumstämme, auf die Zaungitter, und plötzlich – mit der ganzen Wucht seines Zornes – auf eine riesige gelbe Dogge, hinter der, in der ganzen Größe seiner Selbstzufriedenheit, ein Leutnant aufragt. *„Verzeihen Sie, Herr Leutnant, ich habe meine Handschrift verloren."* – *„Ja was?"* – *„Der Herr ist Dichter, ein großer russischer Dichter"*, erläutere ich eilig und flehentlich. – *„Ja was? Dichter?"* – und ohne sich zu einer Beleidigung herabzulassen, von der lauteren Hoheit seines preußischen Wuchses herab, mit seiner ganzen Leutnantsverachtung diesen Zivilisten da überschüttend –, einen russischen auch noch, einen *Dichter* auch noch, und den Hund fortzerrend – läßt er uns beiseite liegen.

„Der Teufel! Der Teufel!" heult Bely auf, Schläge verteilend, Schläge erwidernd.

„Um Gottes willen, Boris Nikolajewitsch, der Leutnant muß doch denken, sie meinen – ihn!"

„Wieso ihn? Der kann beruhigt sein. Es gibt nur den einen Teufel – Doktor Steiner."

Und dann, nachdem er diese letzte Ladung abgefeuert hat, völlig ruhig: „Ich suche nicht mehr weiter. Es ist verschwunden. Und vielleicht ist es besser, daß es verschwunden ist. Ich bin ja doch, genaugenommen, kein Dichter, jahrelang vermag ich, nicht zu schreiben, und wer das kann – nicht schreiben – der wagt nicht zu schreiben."

Ich stelle fest, daß es in meiner Schilderung keinerlei Crescendo gibt. Es gibt dies im Bericht nicht, weil es dies im Leben nicht gab. Unsere Beziehungen erfuhren keine Entwicklung. Wir haben sie sogleich am höchsten Punkt aufgenommen. Auf dem sind sie auch geblieben – unsere ganze nicht lang bemessene Zeit hindurch.

Er hat mich niemals als Person wahrgenommen, doch besaß er für mich, mich als Ganzes, als das lebendige Ganze meiner Kraft, ein stärkeres Empfinden als der aufmerksamste Richter und Interpret, und vielleicht habe ich in meinem Leben, mit aller und mit all meiner Liebe, keinem so

44

viel gegeben, wie ich ihm gegeben habe – durch die einfache Gegenwart von Freundschaft. Durch die Gegenwart im Zimmer. Durch das Zugegensein auf der Straße. D a s B e i - e i n a n d e r.
Neben ihm empfand ich mich immer in der Integrität des gänzlich Namenlosen.
Er war nicht mit sich selbst beschäftigt, sondern mit seiner Misere, nicht der momentanen nur, sondern jener von Geburt her: der Misere seines In-die-Welt-gesetzt-Seins.
Nicht Egoist, sondern Egozentriker des Schmerzes, der unheilbaren Krankheit – des Lebens, von der er erst am 8. Januar 1934 genaß.

Um es nicht zu vergessen. Meinen Vor- und Vatersnamen nahm er nur im äußersten Fall in Anspruch, in Anwesenheit dritter Personen, und immer in der dritten Person, über mich sprechend, nicht zu mir, mit mir aber – das „Sie", einfach – „Sie", nur – „Sie". Mein Vor- und Vatersnamen war ihm etwas Ferneliegendes, etwas mir nicht Verhaftetes, jenem von mir, dem er sich auf der Stelle verhaftet hatte, eine Namensvereinbarung, die er auf der Stelle vergaß, waren wir unter uns. Ich hieß bei ihm „Sie". (Wie bei Kaspar Hauser der Wärter *der Du* hieß.)
Und, was unseren Fall betrifft, hatte er recht. Der Name ist auf den Menschen gerichtet, den anderen, eben – diesen da, das „Sie" schließt alle ein, schließt alles ein. Außerdem: ein Name grenzt ab, der Name ist offenkundig – das Nichtich. Das „Sie" (wie auch das „Du") – das ist eben auch das „Ich". („Meinen Sie nicht, daß ..." ist zu lesen: „Ich meine, daß ...") „Sie" – das ist einschließen und sammeln, Vor- und Vatersname – abgrenzen und ausschließen.
Und dazu: was sollte ihm das „Marina Iwanowna" oder sogar das „Marina", wo er doch nicht einmal für sich selbst unter dem eigenen Namen, weder Boris, noch Andrej, ein Empfinden hatte, sich weder mit einem von ihnen identifizierte, noch in einem von ihnen sich erkannte, so schaukelte er sich auch sein ganzes Leben lang, nur auf das i c h eingehend, zwischen dem verliehenen Boris und dem gemachten Andrej hindurch.
So blieb ich auch für ihn diese „Sie", die „Sie", die in Berlin ist, die „Sie" – der unvermeidlich zweiten Person, die „Sie"

– der Anwesenheit, des Zugegenseins, des Auge-in-Auge, da er mich ja auch so schnell vergaß, denn hatte er über mich zu reden, mußte er unvermeidlich „Marina Iwanowna" sagen, und mit einer Marina Iwanowna hatte er niemals irgend etwas zu tun gehabt.

Das einzige Mal, da er mich beim Vornamen nannte, war, als er während unserer ersten „Prager Diele" mir folgend das Wort „Tarussa" wiederholte. Rief mich und rief mich beim Namen.

Seine Zwiespältigkeit kam in den Namen Boris Nikolajewitsch Bugajew und Andrej Bely nicht nur zum Ausdruck, sie wurde durch sie hervorgerufen. „Mit wem sprechen Sie? Mit mir, Boris Nikolajewitsch, oder mit mir, Andrej Bely?" Natürlich, es kann jeder, der schreibt, so auch ich zum Beispiel, sagen: mit wem sprechen Sie, mit mir, „Marina Zwetajewa", oder mit mir – als solcher (ich, Marina Iwanowna, existiere für mich ebenso nicht wie für Andrej Bely), doch sowohl Marina – ist ich, als auch die Zwetajewa – ist ich, also, auch „Marina Zwetajewa" – ist ich. Bely aber mußte sich zerstückeln zwischen dem verliehenen Boris und dem freien Willens geschaffenen Andrej. Er hatte sich zerstückelt – für alle Ewigkeit.

Jedes literarische Pseudonym ist in erster Linie Verweigerung gegenüber dem Vatersnamen, denn es schließt einen Vater nicht ein, es schließt diesen aus. Maxim Gorki, Andrej Bely – wer ist ihnen Vater?

Jedes Pseudonym ist, unbewußt, Verweigerung von Nachfolge, Übernahme, Sohnestreue. Verweigerung dem Vater gegenüber. Doch nicht nur dem Vater gegenüber Verweigerung, sondern auch dem Heiligen gegenüber, unter dessen Schutz er gestellt wurde, dem Glauben gegenüber, auf den er getauft wurde, der eigenen Kindheit gegenüber, der Mutter gegenüber, die einen „Borja" kannte und „Andrej" nicht gekannt hat, Verweigerung allen Wurzeln gegenüber, gleich, ob sie der Kirche oder dem Blut entspringen. „Avant moi le déluge!"* Ich bin – allein!

Die vollständige und furchtbare Freiheit der Maske: der Larve: des Gesichtes, das einem nicht gehört. Bar aller Verantwortung und bar allen Schutzes.

* (franz.) „Vor mir die Sintflut!"

46

War es nicht das, was Andrej Bely bei Doktor Steiner suchte, war es nicht der Vater, in ihm den irdischen Beschützer wie auch den himmlischen Fürsprecher vereinend, von denen – beiden – er sich in der Morgenfrische seiner Tage so inbrünstig und wagemutig losgesagt hatte?

Vaterlosigkeit und Bodenlosigkeit, denn, wie der Boden, ist Rußland viel zu sehr alles ohne Ausnahme, als daß es allein durch sich, auf sich allein, einen Menschen festhielte.

„In Rußland geboren" – ist doch fast wie – überall geboren, nirgends geboren.

Ich habe nichts kennengelernt, das von größerer Einsamkeit war als sein ewiges Umringtsein, Umäugtsein, Umlauschtsein. Man sah auf ihn, besser: man sah ihn wie ein Schauspiel, sofort nach dem Vorhang allein gelassen, wie das riesige Kaiserliche Theater, wo allein die Mäuse blieben.

Und es war etwas zu beschauen. Jegliches Erdreich unter seinen Füßen wurde Tennisplatz: Schläger: Hand. Es schien, als ob die Erde ihn abspielte – dahin, von woher er geschlagen worden war, und dort – wurde er wieder zurückbefördert. Ganz einfach, Himmel und Erde spielten Ball mit ihm.

Wir – sahen zu.

Sein Zutrauen kam allein seinem Mißtrauen gleich. Er vertraute – vertraute sich an! – dem ersten besten, doch etwas in ihm traute dem besten Freund nicht. Darum gab es die auch nicht.

Wie er sich immer fürchtete: zu verletzen, zu stören, überflüssig zu sein! Wie er sich sogar – war er nicht zur Zeit, sondern vor der Zeit da – davonstahl, auf der Stelle, aus seiner Überängstlichkeit heraus, sich eine dringende Angelegenheit ausdenkend, die dann darin bestand, daß er im erstbesten miesen Café unterwegs herumsaß. Dieses überstürzende Eintreten, der sich überstürzende Blick, die Angst, die aus den Augen heraus die Augen selbst überstürzte, eine Angst, mit der er wie mit Fühlern umhertastete, wie mit der Hand herumwühlte, und, in Ungeduld geratend,

Andrej Bely mit dem Verleger Abraham Vischnjak und dessen Frau
in Swinemünde

wie mit einem Besen über Dielen und Wände wirbelte –
über den ganzen Boden, durch die ganze Luft, die gesamte
Atmosphäre des Zimmers, eine Angst – die mich zuerst
beinahe erstarren gemacht hätte, wäre ich mit einem Ruck,
mit beiden Füßen zugleich aufspringend, ohne mir die
Möglichkeit zu begreifen und zu erliegen lassend – auf
seine Angst los wie Durow auf die böse Dogge: „Boris Nikolajewitsch! Gott, wie ich mich freue!"
Eine Angst, die – von solch einem Strahlen abgelöst
wurde!
Ich kenne sein Leben bis zu meiner Zeit mit ihm nicht, ich

Marina Zwetajewa

weiß, daß er vorher ein gehetzter Mensch war. Gehetztsein und Gepeinigtsein bedürfen aber keineswegs eines Hetzers und Peinigers, dem genügen unser Einfachstes, sobald wir nur vor uns – nicht unseresgleichen haben: den Neger, das Tier, den Marsianer, den Dichter, Einbildung. Was uns nicht gleicht, wird gehetzt geboren.

Über Bely sprach man immer mit der Intonation von ,Bedny‘*: „Na, wie gings gestern dem Bely?" – „War nichts

* (russ.) bely – weiß; bedny – arm.

49

Besonderes. Schien etwas besser." Oder: „Gut sah er heute aus, der Bely." – Wie bei einem Schwerkranken. Einem hoffnungslos Kranken. Mit jener wenn auch noch so feinen, wenn auch nur wie ein Pünktchen anmutenden Schattierung von Überlegenheit: der Gesundheit über Krankheit, des gesunden Verstandes über Wahn, der Norm über einen, wenn auch noch so schönen – schwierigen Fall.

Bleibt ein Letztes: eine abendlich-nächtliche Fahrt mit ihm nach Charlottenburg. Und dies Letzte ist in mir als ein vollkommenes Traumgebilde zurückgeblieben. Es hat mir – ganz einfach – alle Besinnung genommen, und gab sie auch nicht wieder frei bis an die Einfahrt heran, so wie ich bis an die Einfahrt heran seine Hand nicht mehr freigab, die dieses Mal – ich selbst genommen hatte.
Ich erinnere mich nur der auseinanderlaufenden Statuen, zerschnittener Wegkreuzungen, der in jähem Bogen umfahrenen Plätze – ein Grau – ein Rosa – ein Blau.
An Worte erinnere ich mich nicht, außer an das abgerissene: *„Weiter! Weiter!"* – hinausschallend nicht etwa über die Grenzen Berlins, vielmehr über die Grenzen der Erde.
Ich glaube, ich habe bei dieser Fahrt Bely zum ersten Mal in seinem eigentlichen Element erlebt: im Flug, in seinem Element, dem ihm vertrauten und furchterregenden – den gähnend leeren Weiten, darum auch hatte ich die Hand genommen, mich noch auf der Erde zu halten.
Es saß neben mir ein gefangener Geist.

Wie das gewesen ist? Das ist gar nicht gewesen. Es gab gar keinen Abschied. Das war – ein Entschwinden.
Ich meine, man hat ihn einfach mitgenommen – Freunde, genauso einfach auf ein unheimisches deutsches Meer hinaus, wie früher in jenes Zossen, und er ließ sich genauso einfach mitnehmen. Bely nahm jeden, der ihm begegnete, als Schicksal hin und jede zufällige Wohnstatt als durch Richtspruch beschiedene.
Ich weiß nur – daß ich ihn nicht begleitet habe, und ihn nicht begleiten konnte ich nur darum nicht, weil ich nicht wußte, daß er fährt … Ich glaube, er hat das selbst auch bis zur letzten Sekunde nicht gewußt.

50

Im weiteren aber nimmt schon der tanzende Bely seinen Anfang, so wie ich ihn nicht ein einziges Mal gesehen habe und sicherlich auch nicht gesehen haben würde, der Mythos des tanzenden Bely, von dem Chodassewitsch so tiefsinnig sprach, wie gemeinhin über ihn besser nicht zu sprechen ist, und dessen Auslegung des tanzenden Bely ich nur das eine hinzufüge: Belys Foxtrott – ist reinstes Geißlertum: nicht einmal Hexentanz, vielmehr (mein Wort drauf) – Engelsreigen, also wiederum die Silberne Taube, zu der er sich, um die Vierzig herum, p h y s i s c h abgetanzt hatte.

Von seinem Meer her hat er mir nicht geschrieben.

Einen Gruß aber gab es noch – einen letzten. Auch einen Abschied hat es trotzdem gegeben – einen durch und durch Belyschen!
Im November 1923 – ein Klageschrei, ein Klageschrei in einem Brief vier Seiten lang, aus Berlin nach Prag: „Mein Täubchen! Meine Schwester! Sie, nur Sie! Nur zu Ihnen! Finden Sie ein Zimmer neben sich, wo Sie auch immer sind – nur neben Ihnen, ich werde nicht stören, ich werde keine Besuche machen, nur wissen will ich, daß jenseits der Wand – Leben ist – lebendige Wärme! – Sie. Ich bin völlig zermürbt! Ich bin erschöpft! Nur zu Ihnen – unter schützende Fittiche!“ (Und so weiter, und so weiter, ganze vier Seiten lang ein lyrischer Klageschrei, durchsetzt von knabenhaft unbeholfenen praktischen Hinweisen, Beschreibungen sogar des sehnlichst erwünschten Zimmers: ein Tisch sollte dasein, der Tisch sollte s t e h e n, ein Fenster sollte dasein, durch das man hinaussehen kann, und wenn möglich – nicht auf die Mauer eines Mietshauses, wenn aber m e i n e s auf eine solche Mauer hinausgeht, dann könne es auch das s e i n e, das mache nichts aus, wenn es nur nebenan ist.) „Mein Leben dieses Jahr – ein Angsttraum. Sie sind meine einzige Rettung. Vollbringen Sie ein Wunder! Richten Sie es ein! Bieten Sie mir Zuflucht! Finden Sie, finden Sie ein Zimmer!“
Ich habe ihm sofort geantwortet, daß ein Zimmer da sei: auf einem hohen Hügel in Prag – Smichov, daß vor dem Fenster Bäume und weite Flächen seien: Berghänge, Talgründe, daß Alte und Kinder Drachen steigen ließen und daß auch

wir Drachen steigen lassen würden. Daß M. L. Slonim ihm höchstwahrscheinlich ein tschechisches Stipendium von tausend Kronen monatlich beschaffen würde, daß wir gemeinsam Mittag machen würden und daß er niemals Hafer essen müßte, daß er einkehren würde, wenn ihn danach verlange, und daß er sogar, wenn ihn danach verlange, nicht einkehren würde, denn er sei mir teurer als der Teuerste und vertrauter als der Vertrauteste, daß es in Prag eine Leuchte der Archäologie gäbe – den achtzigjährigen Kondakow, daß ich, außer Kondakow, Freunde hätte, die ich ihm schenken und sogar, wenn nötig, als Sklaven verdingen würde ...

Was ich nicht geschrieben habe! Alles habe ich geschrieben!

Das Zimmer wartete auf seine Bestimmung, das tschechische Stipendium wartete. Auch die Tschechen warteten. Auch die Freunde, als Sklaven bestimmt, warteten. Auch ich – wartete.

Einige Tage später, ich hatte „Rul" aufgeschlagen, lese ich in der Spalte Chronik, daß am soundsovielten November 1923 der Schriftsteller Andrej Bely nach Sowjetrußland abgereist sei.

Dieser Novembertag war jener Novembertag seines an mich gerichteten Klageschreies. Also ist er genau an dem Tag gefahren, an dem er mir diesen Brief nach Prag geschrieben hatte. Vielleicht am Abend jenes Tages.

„Er hat sich doch trotzdem irgendwann einmal an mich erinnert?" fragte ich 1924 einen der letzten Berliner Augenzeugen Belys, der nach Prag gekommen war.

Und er, zögernd: „Ja ... aber irgendwie sonderbar."

„Was heißt – sonderbar?"

„Naja, etwa so: ‚Natürlich liebe ich die Zwetajewa, wie sollte ich die Zwetajewa nicht lieben: wo sie doch auch ein Professorenkind ist ...' Sie werden selbst zu dem Urteil kommen, daß ..."

Doch ich schwieg und kam zu einem – anderen Urteil.

Ich habe über ihn nichts mehr gehört.

Nichts, außer verworrenen Nachrichten, daß er irgendwo in der Nähe von Moskau lebt, vielleicht in Serebrjanny Bor, vielleicht in Swenigorod (habe mich noch an den reizvollen Namen gefreut), daß er viel schreibt, wenig druckt, daß er am gegenwärtigen Geschehen nicht teilnimmt und eigentlich so gut wie vergessen ist.

(Geister auf dem Gange)
Drinnen gefangen ist Einer!

10. Januar 1934, mein achtjähriger Sohn Mur, nach der verbotenen „Poslednije Nowosti" greifend: „Mama! Andrej Bely ist gestorben!"
„Was???"
„Nein, nicht da bei den Todesanzeigen. Hier."
Zwischen diesem Ausruf meines achtjährigen Sohnes und dem damaligen Gebet meiner dreijährigen Tochter – meine ganze Jugend, vielleicht – mein ganzes Leben.
Andrej Bely war an „Sonnenpfeilen" gestorben, seiner Prophezeiung von 1907 gemäß –

Vertraute dem goldenen Glitzern,
und starb von den Pfeilen der Sonne ...

das heißt, an den Folgen eines Hitzschlages, den er sich in Koktebel zugezogen hatte, auf der einstigen Datscha von Woloschin, heute ein Schriftstellerheim. Vor dem Tod hatte Bely einen der Freunde gebeten, ihm diese Verse vorzulesen, damit ein letztes Mal die Ereignisse überstürzend: unser postmortales Gegeneinanderhalten, dieser seiner Sonnen: sein post mortem.
Herrschaften, betrachtet Euch das letzte Porträt Andrej Belys in den „Poslednije Nowosti"!
Da tritt Euch, über einen Steg, sich von einem Haus lösend, den Spazierstock in den Händen, in der erstarrten Geste des Fluges – ein Mensch entgegen. Ein Mensch? Aber ist es nicht die letzte Formgestalt des Menschen, die nach der Einäscherung übrigbleibt: ein leiser Hauch – und sie zerfällt. Nicht reiner Geist? Ja, Geist im Mantel, und am Mantel habe ich sechs Knöpfe – gezählt, doch welche Zahl, welches Gewicht hat jemals irgendwen überzeugt? von seiner Überzeugung abgebracht?
Eine zufällige Fotografie? Beim Spaziergang? Ich weiß nicht, wie andere sind, ich nannte diese, kaum daß ich einen Blick auf die Aufnahme geworfen hatte: Hinüberge-

hen. Genau so, und nicht anders, mit demselben Schritt, mit demselben alten Hut, mit demselben Spazierstock, sich von demselben Haus abkehrend, über denselben Steg und so eben das Hinübergehen nicht bemerkend, ging Andrej Bely ins Jenseits hinüber.

Die Aufnahme ist eine – astrale Aufnahme.

Anders: allein das Gesicht. Das eines Menschen? O nein. Die Augen – von einem Menschen? Habt Ihr bei einem Menschen solche Augen gesehen? Beruft Euch nicht auf die Ungenauigkeit des Drucks, auf die Mangelhaftigkeit des Zeitungspapiers usw. All das, alle diese Zeitungsmakel sind in diesem Fall, in diesem seltenen Fall dem Dichter – von Nutzen. Aus den Blättern der „Poslednije Nowosti" sieht uns das Gesicht eines Geistes mit vom Jenseits durchwehten Augen an. Uns – weht es an.

Zur Totenmesse für ihn in der Sergijew-Klosterkirche –, zum orthodoxen Geleit für den Verbrannten, für das wir Chodassewitschs Fürsorge und der christlichen Weitherzigkeit Vater Sergi Bulgakows zu Dank verpflichtet sind, zur Totenmesse für Bely waren insgesamt siebzehn Personen – wie ich an den Kerzen zählte –, ein Dutzend etwa aus der schreibenden Welt, der Rest Gewohnheitsgäste. Keiner der Schriftsteller war da, die ihm nicht nur durch die Zeit und durch das Handwerk, sondern durch lange persönliche Freundschaft verbunden waren, außer Chodassewitsch. Dafür konnte man voller Rührung unter den in der Reihe stehenden Solomon Gitmanowitsch Kaplun entdecken, den Verleger, der gekommen war, seinen schwierigen, unfaßbaren, bisweilen unertragbaren Schützling und Schriftsteller ein letztes Mal zu geleiten. Ich bin überzeugt, daß nicht weniger als ich und mehr als wir alle Bely selbst sich über ihn gefreut hat.

Sonderbar, die ganze Zeit über hatte ich vergessen, eher, ich war mir kein einziges Mal dessen bewußt geworden, daß es – keinen Sarg gab, daß es – ihn nicht gab: es schien – Vater Sergi verdeckt ihn nur, tritt Vater Sergi zur Seite – sehe ich ihn – ist er sichtbar – und dieses Gefühl war in mir derart stark, daß ich mich einige Male bei dem Gedanken ertappte: „Zuerst alle, dann – ich. Ich nehme als Letzte Abschied …"

54

So unentbehrlich also war ihm diese Totenmesse, und mit solcher Macht war er auf ihr zugegen.

Ich habe wohl niemals in meinem ganzen Leben wieder mit solcher Entschiedenheit und Bewußtheit die Worte des Geistlichen wiederholt wie in jener düsteren, in ihrer Verlassenheit riesigen Kirche des Sergijew-Klosters, über dem eingebildeten Sarg des hinter dreimal neun Ländern Verbrannten: „Friede, Herr, der Seele deines jüngst verschiedenen Knechtes Boris."

Post Scriptum.

Ich glaube manchmal, daß es ein Ende – nicht gibt. So war es bei mir mit Max, als, lange schon nach Abschluß meines Manuskriptes, immer noch Nachrichten über ihn, wie letzte Grüße, eintrafen.

Gestern, am 26. Februar, Sergej Jakowlewitsch abends zu mir: „Ich habe ‚Nach der Trennung' bekommen. Ich habe die Verse an Sie gelesen."

„Wieso – an mich? Das ist doch ein Scherz!"

„Scherze machen Sie, können Sie sich denn nicht an diese Verse erinnern? Die letzten Verse in dem Buch. Die einzige Widmung. Sonst keinem weiter."

Immer noch ungläubig, nehme ich es in die Hand und lese, Zeile um Zeile wiedererkennend, auf der letzten Seite:

Für M. I. Zwetajewa

Unzählbar
die Bahnen silbernen Grams,
von denen müßigen Sinnens
Wolken hängen.
Mitten in ihnen –
singe ich, still, den Vers
kaum faßbarem Reichtum
Euerer Bilder.
Eure Gebete –
Melodien aus Himbeer
und –
unbesiegbare
Rhythmen.

Zossen, 1922

1934

55

ANDREJ BELY

Wie schön es in Berlin ist

Vom Bahnhof geriet „man" in den Teil Berlins, den die Russen „Petersburg" und die Deutschen „Charlottengrad" nennen; hier wird von russischen Unternehmern in allen möglichen Cabarets die Kamarinskaja geboten, Refrain *„danke schön, bitte sehr"**, mit dem sich „dieser Kamarinski-Bauer" an die Anwesenden wendet: soll wohl heißen „danke schön, bin überrascht"; die Deutschen singen hier ihre urdeutschen Lieder: *„Sonja"*, *„Natascha"* und *„Annuschka"*. Das erste lieben die Deutschen ganz besonders, und es hat den Refrain:

> *Sonja, Sonja – deine schwarzen Haare*
> *Küsse ich im Traume tausend Mal ...*
> *Kann dich nicht vergessen, wunderbare*
> *Blume aus der Wolga Tal.*

Es beginnt mit der Zeile:

> *Endlos, endlos dehnen sich die Steppen.*

Auch in dem zweiten kommt die *Wolga* vor, und zwar auf echt charlottengradisch: „nicht Wolga, sondern Rhein."

Im dritten, in der *„blonden Annuschka"*, figuriert irgendein *„Pjotr Fjodorowitsch mit langem Bart"*. Dieser *„Pjotr Fjodorowitsch mit langem Bart"* ist offenbar tatsächlich Charlottengrader, der müßig über den Kurfürstendamm bummelt, während *Annuschka*, die seine Frau geworden ist, tagein, tagaus ihren Dienst in einem russisch-deutschen Café versieht, von denen es so viele gibt, und den ehrbaren deutschen Familien eine köstliche *Kuljebjaka* nach der anderen serviert.

In diesem Teil von Berlin treffen Sie Leute, denen Sie jahrelang nicht begegnet sind, ganz abgesehen von Ihren Bekannten; „man" trifft hier ganz Moskau und ganz Piter, das russische Paris, Prag, ja sogar Sofia und Belgrad; ich vermute, auch wir sind uns begegnet in diesem wahren Treibhaus der russischen Kultur von gestern; ich traf dort Leute,

---

* Kursiva dieses Textes im Original deutsch.

56

von denen schon zwanzig Jahre nichts mehr zu hören gewesen war; ein geweihter Ort, an dem die Toten aus den Gräbern steigen, um über den gleißenden Kurfürstendamm zu promenieren! Wenn wir einst, Leser, das Zeitliche gesegnet haben, so glauben Sie mir: wir werden auferstehen in einem Café am Kurfürstendamm. Ich war oft dort; und da ich oft dort war, habe ich viele Male Puschkins berühmten Satz auf Küchelbecker „Und mir war küchelbeckerisch und traurig zumute" abgewandelt zu „kurfürstendammich und elend". Doch davon später.

„Man" traf hier in Charlottengrad einen Bekannten aus der Revolution von 1918, jetzt Mitarbeiter der Zeitung „Nowy mir"; der Bekannte beherbergte einen freundlicherweise in den ersten Tagen; gleich in der ersten Nacht kam das Gespräch auf Sowjetrußland; und „man" erzählte vom Geist des Lebens in Sowjetrußland; da sagte der Bekannte ganz unvermutet: „Sprechen Sie leiser; hier sind die Wände dünn, gleich dahinter liegt nämlich, vielleicht mit dem Ohr an der Wand, Jossif Wladimirowitsch Hessen persönlich." Die Anwesenheit des Chefredakteurs von „Rul" bestätigte sich am nächsten Tag – an der Table d'Hôte; und „man" und sein Bekannter sprachen mit ihm über Sowjetrußland; und alle drei vertraten ihren Standpunkt in den Grenzen der Wohlerzogenheit, was „Rul" nicht hinderte, sehr bald (als die Gesprächspartner aus der gemeinsamen Pension ausgezogen waren) die Freie Philosophische Assoziation anzugreifen, an deren Eröffnung „man" beteiligt war: die Assoziation wurde des Bolschewismus verdächtigt; der Bekannte aber, mit dem der Chefredakteur von „Rul" in aller Form gestritten hatte, wurde von „Rul" fast zum bolschewistischen Agenten gestempelt.

So wurde „einem" gleich am ersten Tag in Berlin schwindlig von den Paradoxen der Charlottengrader Wirklichkeit.

„Man" zog in die Passauer Straße, Ecke Wittenbergplatz, gegenüber vom berühmten *KaDeWe (Kaufhaus des Westens)* in dessen Vitrinen, arrangiert von den Händen der Dekorateure, sanfte Seiden sich stufen (von blau zu zitronengelb oder von grellorange zu tiefviolett), wo Wachsschönheiten geziert ihre Toiletten vorführen; die Drehtüren des blitzenden *KaDeWe* schieben von morgens bis abends Massen von modehungrigen Damen und feschen Herren herein, die der

Lift eiligst in alle vier der riesigen Etagen befördert; schicke
Verkäufer und Verkäuferinnen breiten vor ihnen die Waren aus; Sie merken nicht sofort, daß unter den hier versammelten Nationen, den Polen, Tschechoslowaken, Chinesen,
Japanern und Russen, eine fehlt: die deutsche; die zieht die
entfernteren billigen Kaufhäuser um den Alexanderplatz
und den Stettiner Bahnhof vor; das „KaDeWe" ist für die
Deutschen zu teuer; und dann stellt sich sogar heraus:
Charlottengrad ist ihnen zu teuer; es ist vor allem etwas für
die Russen.

Am Wittenbergplatz stößt die Untergrundbahn Menschen-
massen aus, die auf den strahlenförmig auf ihn zuführen-
den Straßen davoneilen, ebensoviele verschlingt sie; und
abends das blendende Licht der Cafés; hier servieren im
russischen „Bären" Offiziere (aus russischen Adelsfami-
lien); und massenweise sind Russen aus Łódź hier im Café
„Ruscho" mit ihren wilden Spekulationsgeschäften befaßt:
schwarze Börse; ein *Nachtlokal* ist in Betrieb, wo die unglücklichen Angestellten irgendwelcher Läden im Eva-Ko-
stüm tanzen; Ecke Kleist- und Lutherstraße trostlos das unvermeidliche *„Komm…"* Aber morgens ist hier Markt.

Das Leben am Wittenbergplatz wird nur selten gestört;
durch eine Razzia gegen Schwarzhändler; noch seltener
durch eine kommunistische Kundgebung; rote Fahnen steigen auf; schwimmen in den offenen Schacht der Häuser-
viertel.

Hier beginnt der Charlottengrader Kusnezki Most, Pardon
– die Tauentzienstraße, das Zentrum der russischen parties
de plaisir durch Berlin, jene Tauentzienstraße, von der die
Coupletsänger in allen Charlottengrader Cabarets und Som-
merkurorten an der See schwärmen:

> *Nacht! Tauentzien! Kokain!*
> *Das ist Berlin!*

Und das bourgeoise Publikum wiehert: die ganze Welt
kennt *„Nacht", „Kokain", „Tauentzien"*. Hier trifft man sie alle
wieder! Den Advokaten aus Moskau und den Literaturkriti-
ker des verflossenen Petrograd, General Krasnow und den
ehemaligen „Dorf"-Minister Viktor Tschernow, der fröhlich
seine grauen Haare wehen läßt; noch vor kurzem spazierte
hier auch der gramgebeugte Martow; nach einer treffenden

58

Beobachtung Viktor Schklowskis ist dies die Gegend der russischen Professoren, die hier – immer zu zweit – düster, zerstreut, graubärtig, die Hände auf den Rücken gelegt, ihre Kreise ziehen: auch die, die nur kurz aus der Alma mater der Gelehrtenemigration, aus Prag nach Berlin gekommen sind; alle, alle sind sie zur Stelle! Wer aus Rußland kommt, deckt sich mit Schuhen, Handschuhen, Mützen und Regenschirmen ein; in urtümlichen Fellmützen trifft man ein, in den abgewetzten Pelzen Sowjetrußlands, um als Europäer wieder abzureisen oder pikfein im Café Tauentzien einzukehren – zum Fünfuhr-Tanztee. Hier gibt es auch die Schiffskarten nach Leningrad: Der Geist der Russen: es riecht nach Rußland.

Und hört man doch einmal deutsch, ist das Staunen groß: Wieso? Deutsche? Was haben die in „unserer" Stadt zu suchen? Die Tauentzienstraße ist breit; in der Mitte pausenlos Straßenbahnen, Autobusse, Autos; vor den prächtigen Läden sitzen reihenweise Bettler, ohne Arme, ohne Beine, die Kriegsinvaliden von Vierzehn, Achtzehn, viele mit dem „Eisernen Kreuz" dekoriert, dem „Georgsorden" der Deutschen; sie strecken ihre Stümpfe den Passanten entgegen, Russen meist, deren Rede mit russischen Neubildungen gespickt ist: *„abgemacht", „abgeschlossen"*, und da stößt die Straße auf die Turmspitze der Admiralität, Pardon! der *Gedächtniskirche*, an der zwei Russen sich auf ihrem täglichen Spaziergang begegnen – von links nach rechts kreisend der Philosoph Berdjajew; und von rechts nach links Boris Konstantinowitsch Saizew; man erkundigt sich: „Und wo steckt Jakowenko, der Philosoph?" – „In Italien." Anderentags an der *Gedächtniskirche*, auf wen stößt man, auf Jakowenko: „Sie hier? Es hieß, Sie seien in Italien." – „Wie Sie sehen, ich bin hier." – „Wo mag die Schriftstellerin Petrowskaja sein?" – „In Rom." Aber nein, sie ist hier, an der *Gedächtniskirche*; Pilnjak, Pasternak, Majakowski – alle hier. „Unmöglich, die sind doch in Rußland!" – „Aber ich bitte Sie: Majakowski treffe ich ständig auf der Tauentzienstraße." Die Spitze der schönen Kirche sieht die Kreuzung der Zeiten und Räume: das Vorsintflutliche kreuzt die anbrechende Zukunft; Moskau kreuzt Prag, Paris, Sofia. Die Spitze dieser Kirche ist der Punkt, von dem aus, Radius für Radius, die Russen in Berlin sich über Charlottengrad ver-

Andrej Bely. Radierung von Sergej Salschupin

teilen; ein Radius ist der Kurfürstendamm, ein anderer die
Tauentzienstraße; ein dritter die Kantstraße; ein vierter
usw.; dazwischen das Netz grauer Straßen mit eintönigen
Häusern; eine Straße wie die andere; ein Haus wie das andere; alle Häuser ziemlich monumental, pompös, majestä-
tisch; aber aller Pomp und alle Majestät dieser Häuser fließt
im Blick zusammen zu einem grauen, graubraunen öden

Stumpfsinn organisierten Wahns, in dem man weder die Straße noch die Häuser noch die Menschen begreift; und dann noch die eigenartige Berliner Philosophie der Perspektive: wenn du weißt, du mußt nach links, geh tapfer nach rechts; alle deutlichen Vorstellungen von Topographie werden dir zu seitenverkehrten Spiegelungen der Wirklichkeit; alles ist umgekrempelt – vom gesunden Verstand in den Wahnsinn; und zwar so pedantisch, daß die Organisation des Systems dieser Wahnsinnigkeiten sich darbietet als die kleinliche Nüchternheit des gesunden Verstands; als Ruhe und Übersichtlichkeit, die dem Gast Vertrauen einflößt; das ist Berlin; wenn man aus dem „erklärt wahnsinnigen" Sowjetrußland hierherkommt, atmet man zunächst auf in der Ruhe der völlig harmlosen Übersichtlichkeit: alles ist klar, nüchtern, verständlich, zivilisiert, organisiert; und du vertraust; ein Mann kommt vorbei, steifer Hut, Aktentasche unter dem Arm – wohin? Sicher vom Dienst nach Hause. Eine elegant gekleidete vornehme Dame: wohl auch nach Hause; ein blasser Jüngling mit verzehrendem Blick, sein Schritt ist sanft beschwingt; am Spielplatz ein Mädchen, zehn vielleicht, rote Schleife im Haar, es wartet wohl auf seine Freundin, um mit ihr zu spielen. Alles klar und deutlich wie der helle Tag!
Und dann erfährst du: der hochehrbare Herr im Hut eilt vom Dienst nicht nach Haus, sondern in ein Vergnügungslokal, wirft dem Portier seine Aktentasche zu und ergibt sich zu wilden Negerklängen dem schmachtenden Boston, um in den Pausen, die den Boston zerreißen, verzückt zu erstarren, als sei er beim Gottesdienst; er eilt zu einer heiligen Handlung, dann geht er nach Hause, *Mittag essen* ... Wahnsinn! Oder er eilt zu seinem geliebten *„Patzenhofer"*, um sich einen Krug Bier zu genehmigen, freilich nicht ohne ihn mit einer Unmenge von Schnäpsen zu kreuzen. Wenn der Krug zur Neige geht, gerät er ins Philosophieren, aber er spricht nicht etwa über die Theorie des Dienstrechts, nein, er spricht über die Wahrheit der Weden und er empfiehlt Europa, Indien zu werden: einmal traf ich in der Kneipe einen feinen Herrn, der sich, schon schwankend, an mich hängte und mir leicht lallend die Philosophie der Shri Shankar Atscharija predigte: er war Ingenieur; später sah ich ihn auf der Straße wieder: völlig nüchtern, er hatte es ei-

lig und tat, als habe er mich nicht bemerkt; an der Oberfläche der Augen lag der gewohnte Schein von Nüchternheit; aber darunter hervor blitzte der Wahnsinn des religiösen Fanatikers; und ich sagte mir: „Hm! Wahnsinnig auch der!"

Und du erfährst: die elegant gekleidete Dame mit dem vornehm gesenkten Blick war auf dem Weg in ein Etablissement der Rendezvous': um sich wahnsinnig perversen Scheußlichkeiten hinzugeben; der verzehrend blickende Jüngling, der so auf sich aufmerksam machte, „foxtrottet" (eilt im Foxtrottschritt) in ein Homosexuellencafé; in Berlin gibt es an die hundert Homosexuellen- und Lesbierinnencafés; und das unschuldige Mädchen mit den roten Schleifen – grauenhaft: ein altes Männlein holt es ab, höchst korrekt gekleidet, Amerikaner, nach allem zu urteilen; sie verschwinden zusammen – wohin? Ich senke meinen Blick, um ihnen nicht nachzustürzen und zu schreien: „O Schlinge und Grube dir, Sodom der Bourgeoisie!" Organisierter Wahnsinn, Fieberphantasie und Widerwärtigkeit – darein zerfällt Berlin, wenn man genau hinsieht; alles ist ins Gegenteil verkehrt; alles ist von seinem Ort verrückt; in den prächtigsten Restaurants dominieren die Negertrommeln; zum Foxtrott würgen die großfressigen Barbaren der Spekulation aus aller Herren Länder Ananaseis in sich hinein; japanische Gesichter, Negergesichter unter ihnen; die Vertreter der noch eben höchsten Kultur, die Erben Goethes, Novalis', Nietzsches und Stirners – wo sind sie?

Eine Zeitlang ging ich gerne in ein ärmliches, düsteres, abends von betrunkener Laufkundschaft überfülltes kleines Bierlokal; beobachtete, wie noch spät durch die geöffnete Tür ein paar schon ziemlich angeschlagene Burschen hereinkamen, um ihren letzten Kognak zur Nacht hinterzukippen; alles schien mir hier interessant; wie wer trinkt, Witze macht, wie man einen besänftigt, daß er nicht randaliert; unter den Zufallsgästen entdeckte ich bald eine Gruppe, die immer kam; die studierte ich: ein Pole, immer halbbetrunken; eine beleibte Dame, leicht ramponiert; ein Ober aus irgendeinem kleinen Restaurant, den ich in Swinemünde wiedertraf; ein Tscheche oder Slowake, mit schwarzem Schnurrbart, ewig schwankend (sehr oft mußte er gewaltsam hinausbefördert werden); dann so ein zerschlisse-

62

ner Grauer mit geschwollenen Lidern und einem zerbeul-
ten Hut, klein und dick, die Stammgäste redeten ihn mit
Herr Direktor an; ein sympathischer, ramponierter Mann
mit einer roten Nase, ganz hellen traurigen blauen Augen;
der Herr Portier aus dem Nachbarhaus; der Herr Polizist
vom Revier nebenan, der mit dem blinden Kneipenwirt
Karten spielt; und Fräulein Mariechen, seine nette Tochter,
die von morgens bis abends Bier serviert. Mir schien: die
Gäste dieser Kneipe, so unterschiedlich ihre soziale Lage,
ihr Beruf und ihr Alter auch sei, vereine ein Geheimnis, in
das der Herr Direktor, der ramponierte Mann, die ramponierte Dame, der blinde Wirt und der angetüterte Tscheche
oder Slowake eingeweiht sind; dieses Geheimnis der
Kneipe hatte es mir angetan; ich wurde Stammgast; abende-
lang saß ich in der Kneipe; dann offenbarte sich mir das ge-
suchte Geheimnis; nicht die Fröhlichkeit führte die Gäste hierher, und nicht der Wunsch, arglos einen Abend zu
verbringen; jeder war mit jedem durch seine Tragödie verbunden, eine furchtbare Verzweiflung, einen Sturz; alle waren sie gewesene Leute, Gescheiterte; alle waren sie Brüder
im Unglück: sie trafen sich, um gemeinsam ihr Leben bis
zur Neige zu leeren, um unverabredet gemeinsam
draufzugehen; und es ist bezeichnend: nicht die Neugier allein zog mich hierher, sondern auch die Verzweiflung, die
mich monatelang beherrschte; die Versammlung dieser
Menschen erwies sich als eine Schicksalsgemeinschaft von
Unglücklichen; später lernte ich die Stammgäste der Kneipe
näher kennen; was stellte sich heraus: das mattgraue Dik-
kerchen, der Herr Direktor, war ein feinsinniger Kenner
von Max Stirners „Der Einzige und sein Eigentum"; er
wußte Bescheid (und zwar ziemlich gut) in der Philosophie
Schopenhauers und Nietzsches; als er hörte, daß ich Ei-
chendorffs Gedichte liebte, referierte er mir aus dem Stand
eine erschöpfende Bibliographie zu Eichendorff; dieser
graue Herr Direktor war geistig ein Anarchist; als ich einmal sagte, daß man einen gewissen Politiker sowieso mit einer Bombe in die Luft sprengen müßte, rief er hocherfreut:
„Dann kommt Bum-Bum!", und dieses *„Bum-Bum"* wurde in
dem Jargon, den wir für unsere Gespräche benützten, zum
Symbol der Zerstörung der alten Welt; viele Male haben der
Herr Direktor und ich die Wirklichkeit des heutigen

Abschrift IX C 1648.   Kowno, den 20. November 1921.

    Deutsche Diplomatische Vertretung
        für Litauen.
    Tgb.Nr.9794,
    K.Nr.757.

    Im Anschluss an den Bericht K.Nr.719
vom 14.d.M.J.Nr.9660 und mit Beziehung
auf den Drahterlass Nr.93 vom 15.d.Mts.

        Der nach Angora versetzte hiesige Vertreter Sowjet-Russlands,
Herr A r a l o w, hat vor seiner Abreise in dem an mich gerichteten
Abschiedsschreiben die Bitte ausgesprochen, der Schauspielerin Ludmilla
S a a d y k o w, zu dem für sie beantragten Rückreisesichtvermerk nach
Berlin zu verhelfen, da sie zugleich mit dem Dichter Andrej B i e l y j
(Boris Bugajew), auf den sich der Drahterlass Nr.91 vom 15.d.Mts. be-
zog, dort zur Unterstützung des Hilfswerks für die gelehrten Russlands
erörtert werde.

        Der Dichter Andrej Bielyj, für den hier weisungsgemäss ein
Rückreisesichtvermerk für 2 Monate ausgestellt worden ist, ist schon
vor einigen Tagen nach Berlin abgereist, um sich dort angeblich einer
Kur zu unterziehen und einige Vorträge zu halten. Von irgend einer Beteiligung an dem Hilfswerk für die russischen Gelehrten hat er hier
nicht erwähnt, sich auch in keiner Weise für die Saadykowa verwendet.

        Die Begleiterin des Andrej Bielyj, Fräulein Anna Magerowskaja
die in Gemässheit des oben erwähnten Drahterlasses Nr.91 gestern einen
Rückreisesichtvermerk nach Berlin für 2 Monate erhalten hat, hat auf

An das   Befragen
    Auswärtige Amt
    Berlin.

Mitteilung an das Auswärtige Amt Berlin

Deutschland in die Luft gesprengt und waren uns einig: der
deutsche Oktober steht unmittelbar bevor; der Herr Direk-
tor, erzogen an den Größen der deutschen Kultur, verhielt
sich jetzt zu ihnen wie ein Ehemaliger, ein Gescheiterter,
ein Phänomen des intellektuellen Lumpenproletariats im
Deutschland von heute; in der revolutionären Welle der
Zukunft wird er plötzlich mit einer riesigen Bombe in der
Hand auftauchen, um mit dem todgeweihten Europa „Bum-
Bum“ zu machen.
Ein anderer Gast der Kneipe erwies sich als ein sensibler

64

Befragen erklärt, dass Bielyj-Bugajew mit dem in Deutschland ein-
geleiteten Hilfswerk f r die russischen Gelehrten nicht gemein
habe und die Ssadykow sowohl ihm wie auch ihr gänzlich unbekannt
sei.

Den mir gewordenen Informationen zufolge soll die Kommunistin
Ssadyko-Samoilowa von der bolschewistischen Regierung mit beson -
deren Aufträgen, in der Hauptsache zur Überwachung der Tätigkeit
des Schriftstellers Maxim Gorkij, nach Deutschland, geschickt und
zu diesem Zweck auch mit grösseren Geldmitteln versehen worden sein.

Nach Eingang des Drahterlasses Nr.93 habe ich der hiesigen
Sowjet-Vertretung den ablehnenden Bescheid f r die Ssadykowa mitgeteilt. Es werden aber voraussichtlich noch weitere Versuche
dort zur Erlangung des Sichtvermerks f r die Genante gemacht
werden.

Frau Ssadykow hat, wie unterm 4.d.M. KNr.702, berichtet,
zur Deckung der Telegrammkosten 81 M. eingezahlt. Dieser Betrag
wird in der Abrechnung f r das laufende Viertel in der Einnahme
für Rechnung des Zentropasa nachgewiesen werden. Von der Ein -
ziehung der Telegrammkosten in Höhe von M. 45.- wird daher hier
abgesehen.

(Unterschrift.)

Musiker, Verehrer Schumanns, Freund des verstorbenen Li-
liencron, des Dichters; wir vertrugen uns sehr gut; sein
Sohn, siebzehn Jahre alt, war für Sowjetrußland; er wollte
unbedingt nach Sowjetrußland; er wartete auf die Revolution; die ramponierte beleibte Dame (anfangs hielt ich sie
für eine Ex-Prostituierte) war eine Malerin, einst Stammgast im Münchener Cabaret *Simplicissimus*, wo auch ich vor
Jahren ständig verkehrte und Przybyszewski, den Dichter
Ludwig Scharf, Mühsam (dann Mitglied der bayerischen Sowjetregierung) und Wedekind traf; stellt sich heraus, diese

65

Dame hatte ich schon 1906 im *„Simplicissimus"* gesehen. Das Töchterchen des blinden Wirtes schließlich war eine künstlerische Natur mit feinem Empfinden, lernte in ihrer Freizeit Französisch, las Gedichte, hörte Musik; ich gab ihr die Übersetzung von meinem „Petersburg", ihr treffendes Urteil werde ich nie vergessen – und von wem kam es? Von der Angestellten einer ärmlichen Kneipe! Hier, in der bescheidenen Kneipe, unter Säufern, Gefallenen fast und fast zwielichtigen Subjekten, traf ich die Erben der großen Kultur von einst; sie waren aus der Beletage der Berliner Zivilisation heruntergefallen in den Keller des Lebens; in der Beletage aber, in den Cafés am Kurfürstendamm, hatten sich die brillantenbehangenen „Neger" der Kultur breitgemacht; kein Wort hier von Eichendorff; keine Hand greift hier nach Bomben, um ein donnerndes *„Bum-Bum"* auszulösen! Hier spricht man von Dollars und vom Fall der Mark. Und das war „kurfürstendammich und elend"; ich vergesse nie, wie inmitten all dieser Vergnügungskultur ein Menschewik, seine schicke Krawatte richtend und mit dem Strohhalm seinen „Sherry-Cobbler" saugend, zu mir sagte: „Sie verkriechen sich ewig in Ihre merkwürdige Kneipe – ich begreife nicht, wie man Spaß daran haben kann, in einer verräucherten, öden Kneipe unter Säufern zu hocken." Da dachte ich: Mein lieber Freund, wir werden uns nie einig werden: Du nennst dich Sozialdemokrat, mietest dir Autos und schwebst in Aeroplanen. Aber ich und der Herr Direktor, der Anhänger von Stirner, Eichendorff und Nietzsche, die du wahrscheinlich nie lesen wirst, flüstern uns zu, ob es nicht an der Zeit wäre, dir mitsamt der ganzen bourgeoisen Gesellschaft ein sehr lautes *„Bum-Bum"* zu verpassen.

Ja, in Berlin ist das Unterste zuoberst gekehrt: die Größen der hohen Kultur hausen in den zwielichtigen, dreckigen Tiefen eines gefoppten, wahnsinnigen, bespienen Lebens; und das Niedere trägt die Nase hoch, sitzt in den Restaurants, flaniert in Autos, behängt sich mit Brillanten.

Berlin ist ein organisierter, systematisch realisierter Alptraum, dargeboten in der unschuldigen Form des normalen, gesunden (bourgeoisen) Menschenverstands: Sinn wird Widersinn.

Es gibt keine Widersinnigkeit, die den Durchschnittsdeutschen von heute überraschen könnte; auf dem Kurfürstendamm habe ich mich später oft gefragt: „Was müßte ich tun, um zu überraschen?" Und ich mußte mir eingestehen – der Berliner ist durch nichts zu überraschen; sagen wir, ich hätte Kopfstand gemacht; die Passanten hätten meinen Kopfstand nur nebenher registriert; ohne stehenzubleiben, ohne sich umzudrehen, wären sie weitergeeilt und hätten flüchtig erwogen: „Wahrscheinlich eine Reklame." Oder sagen wir, ich hätte plötzlich laut verkündet: „Ich glaube an die graue Katze"; niemand hätte sich gewundert; höchstens gedacht: „Eine neue Sekte: vielleicht Dadaist." Hätte ich mich der Länge lang auf das überfüllte Trottoir gelegt: „Ein Betrunkener." Ein Polizist wäre gekommen: man hätte mich in ein „Auto" gesetzt, meine Adresse festgestellt (im Ausweis) und gelassen an meinen Bestimmungsort gebracht, dem Portier übergeben, der Portier hätte mich der Wirtin weitergereicht, und ich hätte mich in meinem weichen Bett wiedergefunden; die Wirtin mit feinem Lächeln: „*Getrunken – macht nichts.*" Je mehr ich also darüber nachdachte, womit ich den Berliner überraschen konnte, desto deutlicher begriff ich: alle Verrücktheiten werden übertroffen von dem „nüchternen" Alltagsberlin; dem „nüchternen" Leben muß man nach der Berliner Kontrastmethode eben nur den umgekehrten Sinn geben: um zu verstehen – da herrscht Betrunkenheit. In diesem Leben begegnen sich im bourgeoisen Berlin der Russe und der Deutsche des Bezirks Charlottengrad – in einem russisch-deutschen Café oder einer „Diele", wo die Deutschen „*Wodka*" trinken oder den scharfen Likör „*Natascha*", wo russische Offiziere bedienen und wo nachts natürlich Vereinbarungen getroffen werden zwischen dem Emigrantenrußland und Deutschland über die gegenseitige Unterstützung auf dem sehr gefährlichen Nachhauseweg, denn die Russen wie die Deutschen sind gleichermaßen beunruhigt durch den großen Kopernikus, der den Russen wie den Deutschen in einem Nachtexperiment gleich jetzt die Drehung der Erde unter den Füßen demonstrieren wird. Ein Bekannter erzählte mir: „Ich habe mich viele Male in einem kleinen Nachtlokal bis zur Bewußtlosigkeit betrunken, und obwohl ich dort allein war, bin ich immer in meinem Bett wieder zu mir gekommen." – „Wie kamen Sie aber nach Hause?" – „Offen gesagt, ich weiß es nicht: nur einmal fand ich in meinem Portemonnaie die feine Visitenkarte eines mir unbekannten deutschen Leutnants, der mich seiner freundschaftlichen Gefühle versicherte und vermerkte, daß er mich nach Hause gebracht habe." Und gleich stimmte er begeistert das Lob auf die Berliner Kultur an, die das Geheimnis des fliegenden Teppichs gelöst hat: betrink dich bis zur Bewußtlosigkeit, wo du willst – der fliegende Teppich findet dich doch; trägt dich geheimnisvoll über Dächer und durch Wände und legt dich zurück in dein Bett; morgens stehst du auf: alles in bester Ordnung; sogar die Schuhe stehen bereit.

„Ja, es ist schön in diesem wundervollen Berlin", schloß er seinen Lobgesang.

1924

MARINA ZWETAJEWA

An Berlin

Der Regen lindert den Schmerz.
Ich schlafe bei rollenden Läden.
Den zuckenden Asphalt entlang
Hufe – wie Beifallsfontänen.

Gut gelebt – und hingeschmolzen.
In morgenroter Verlassenheit
Erbarmtet ihr euch, Kasernen
Der märchenhaftesten Waisen!

10. Juli 1922
Berlin

68

BORIS PASTERNAK

Gleisdreieck*

Für Nadeshda Alexandrowna
Salschupina

Wovon, zum Teufel, existiert der Kauz
Der Tag für Tag um kleinen Lohn
Das Dachloch überm brüllenden Abgrund gibt
Ans potsdamher gehetzte Abendrot?

Vors Fenster stellt er Rosen und Reseda
Da kilometerlang der Korb sich zieht
Wo Schienenlampen sich in Schönheit streiten
Mit all dem Schnee, benzinbesprüht.

Den Dächern, Essen, den Zarten zur Hand
Nicht Dämmerung – Stifte in Schminke getaucht
Wohin aus dem Dunkel die U-Bahn bricht
Als Knäuel von Gesichtern auf Flügeln des Rauchs.

30. Januar 1923
Berlin

BORIS PASTERNAK

Brief aus Berlin

*Berlin W. 15. Fasanenstrasse 41^III bei v. Versen**
/10. Januar 1923/

Lieber Wjatscheslaw Pawlowitsch!
Haben Sie meinen Brief erhalten, den ich Ihnen mit Luft-
post sandte? Seit er abging, ist kaum Zeit verstrichen, aber
es ist folgendes geschehen. Erstens, ich habe nach mehrjäh-
riger Pause wieder zu arbeiten begonnen, was ich zu einem
Teil Boris Saizew verdanke, der auf den Gedanken kam,
sich von mir etwas geschrieben zu wünschen, das ihm gefal-

* Im Original deutsch.

Boris Pasternak, 1924

len würde (eine in ihrer Schlichtheit glückliche Formel für die Notwendigkeit der Kunst), zweitens, – und daran sind Sie zu einem Teil schuld – habe ich die für mich bei jedem neuen Angang einer wirklichen Arbeit gewohnten Unruhe- und Angstgefühle (daß man nicht zu Rande kommt, nicht fertig wird, gestört wird oder etwas versäumt, oder daß das Ganze überhaupt keinen Pfifferling wert ist usw. usw.) – mit Ihnen verknüpft. Was ich jetzt sage, hat mit „Petschat i rewoljuzija" nichts zu tun. Mein neu eingerührtes belletristisches Breichen mindert meine Verschuldung bei Ihnen nicht um ein Jota, die Geschichte mit den Korrespondenzen bewegt sich keinen Schritt und berührt und betrifft die von Ihnen im vorigen Brief vorgeschlagene Rückerstattung des Vorschusses nicht im geringsten. Das ist beschlossene Sache und geht seinen Gang. Was meinen heutigen Brief angeht, meine Aufgeregtheit, genau die, mit der man sich an Freunde wendet, einen eingefrorenen Briefwechsel wieder aufnimmt usw., so steht das auf einem anderen Blatt. Wahrscheinlich weil ich am allerwenigsten Grund habe, ausgerechnet von Ihrer Seite eine Befriedigung dieser seltsamen Gier zu erwarten, brauchte ich von Ihnen ganz besonders diese ein, zwei Dutzend lebendiger Worte über Wie-gehts-wie-Stehts und wie Sie mich nicht vergessen haben, über das wie weit Sie wollen Fernliegende, fern von der unglücklichen Beschwernis wirklichen Schreibens, die immer in den Momenten, da man von dieser Arbeit ereilt wird, diese periphere, wellenartige und wirbelnde Hinneigung zu den Menschen hervorruft. Ich kann es beinahe nicht fassen, daß ich schreibe, meine Sprache ist eingerostet, und ich glaube fast, Sie kennen die geschilderte Erscheinung. Schreiben Sie mir, Wjatscheslaw Pawlowitsch, schreiben Sie mir unbedingt.

Ich blicke mich um, ich blicke in mich hinein und ich bin bereit, zwei Schlüsse parallel zu ziehen. Daß niemand von den Lebenden jetzt die Kunst in ihrem spezifischen Anspruch an den Autor in dieser Schärfe empfindet wie ich, und niemand wahrscheinlich so – unbegabt ist wie ich. Alle machen etwas, schreiben etwas oder über etwas und keiner, bis auf zwei, drei Ausnahmen, steht dem anderen nach. Weder an dieser Arbeit (die leicht ist und verdienstvoll) noch an dem Wohlbefinden kann ich teilhaben. Es gibt ei-

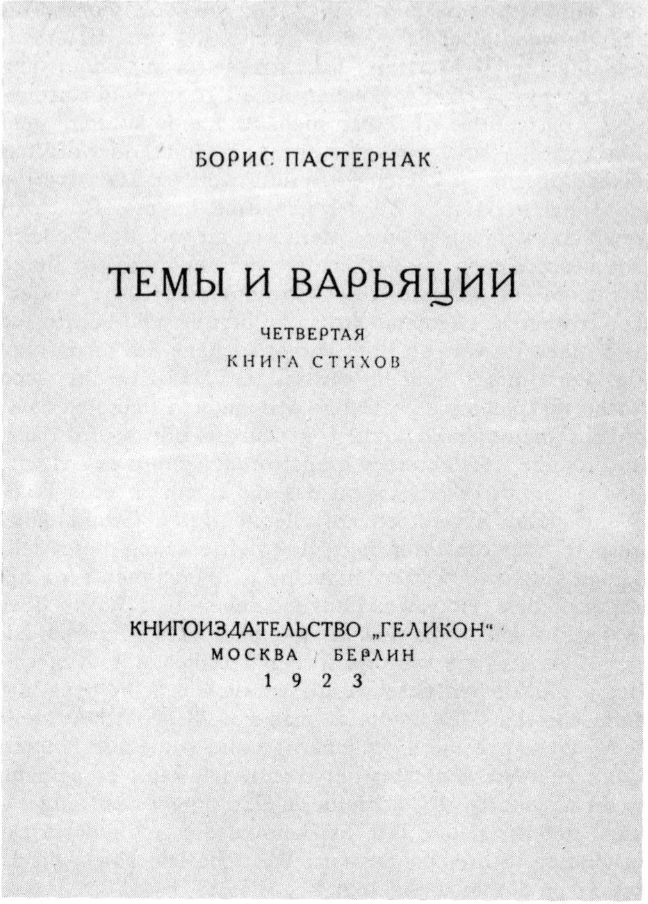

БОРИС ПАСТЕРНАК

ТЕМЫ И ВАРЬЯЦИИ

ЧЕТВЕРТАЯ
КНИГА СТИХОВ

КНИГОИЗДАТЕЛЬСТВО „ГЕЛИКОН"
МОСКВА / БЕРЛИН
1 9 2 3

Boris Pasternaks „Themen und Variationen" mit Widmung für Wjatscheslaw Polonski

nen nur mir eigenen Ton. Wie gering schätzte ich ihn, solange ich von ihm besessen war! Ohne diesen Ton bin ich unfähig, mich selbst des armen Kreises bescheidener Empfindungen zu bedienen, die jeder heutigen Mittelmäßigkeit, kleinbürgerlicher zumeist, zu Gebote stehen. Als ob ich

Вячеславу Павловичу
Полонскому

с лучшими к нему
чувствами, по существу
ности безответности.

Б.Пастернак

29/1 23
Берлин.

mich mit dem Verschwinden dieser Besessenheit geradezu
ausschalte aus dem gesamten Umgang des Alltags, und das
für die ganze Zeit ihres Verschwindens. Vor ein paar Tagen
sind nach fünfjähriger Abwesenheit in den Pupillen diese
Sonnenflecken wieder aufgetaucht. Davor, vor dieser neuen

Freude, war ich schon mehrere Male drauf und dran, nach Hause zu fahren. Jetzt warte ich ab. Ich befaßte mich mit der Entwicklung eines Fragments, doch diese Probe führte mich in den Ton einer vorzeiten aufgegebenen großen Arbeit (eines Romans). Wenn ich diese Hypnotisiertheit über die kleine Arbeit heil hinüberrette, mache ich mich an die Fortsetzung des Romans. Wie furchtbar, daß dieses innere Pfeifen und Poltern für meine Existenz eine Bedingung sine qua non ist. Bezeichnend, daß diese Treibriemen ununterbrochen kreisen und aktiv sein müssen, damit auch die passiven Fähigkeiten erwachen: das Verstehen, das Aufnehmen usw. So geht es mir zum Beispiel mit dem Lesen. Lesen verlangt Muße. Muße verlangt mit Schreiben aufzuhören. Aber ich brauche die Schreiberei *nur einen Monat* sein zu lassen, schon wächst im Gefolge dieses Monats auf der Stelle, im Handumdrehen, wer weiß woher und im Verlauf von zwei, drei Stunden eine anhaltende und langwierige, unbeschreiblich stumpfsinnige Untätigkeit, und wenn diese zeitweilige Geschwulst allmählich verblaßt, stellst du mit Entsetzen fest, daß: *fünf Jahre vergangen* sind! Begreifen Sie? Es fällt mir schwer, diese betäubende Empfindung näher zu beschreiben. Haben Sie auch nur eine Minute im Ernst schlecht von mir gedacht? Daß Sie sich nicht schämen! Ist es Ihnen nicht aufgefallen, daß selbst Majakowski seine Autobiographie für Jastschenko geschrieben hat, ich habe es entschieden abgelehnt, mich an diesem allgemeinen Telefonbuch zu beteiligen, genauso bei „Nakanune", und ich bin über Majaks und nun auch Assejews Teilnahme dort sehr betrübt. Hat Ihnen denn das nichts gesagt, daß Sie von mir überhaupt nichts mehr hörten, gerade dieser Umstand, gerade der, an und für sich. Haben Sie sich das nicht auf die einfachste und herzloseste Weise erklären können? Mit dem Nicht-Erfolg? – Wohl im Preis gefallen, – man hört nichts mehr von ihm. Ich erinnere mich doch gewarnt zu haben, daß ich mich in Berlin mit „Literatur" nicht befassen würde. Wozu hätte ich wohl von vornherein die Provinz – Marburg – gewählt haben sollen? Nach Marburg habe ich es nicht geschafft: meine Frau wurde krank, dann hatte sie hier Glück mit der Arbeit (sie ist Malerin). Doch jetzt spielt das keine Rolle mehr. Jetzt ist der Platz meines Schreibhefts, wie es seit dem Abend liegt, – mein Platz. Lieber

Wjatscheslaw Pawlowitsch, in dieser Art mit Fehlern und Koloraturen, ermüdend und kreisend, könnte ich mir mit Ihnen noch alles Mögliche erschreiben, doch genug. In Erwartung von etwas Erfreulichem Ihrerseits schließe ich Sie fest in meine Arme. Innig und beharrlich liebe ich Bobrow, Assejew, Majakowski. Um ihre Gegebenheiten zu schätzen brauchte ich, ihr Kamerad, nicht erst hierher zu fahren. Doch hier wirken wir wie Götter.

Ihr B. Pasternak

P. S. Die Geldüberweisung bespreche ich mit Grinberg.
Ich werde sehr auf Ihren Brief warten. Sehen Sie, wäre es nicht doch besser gewesen, ich hätte geschwiegen wie früher, ohne Sie mit überflüssigen und zweifelhaften Hoffnungen zu traktieren? Doch jetzt ist das Schweigen gebrochen und jeden Morgen sieht man nach, ob Post gekommen ist. Und, natürlich, keine.

B. P.

MARINA ZWETAJEWA

Lichtsturz

Die Poesie des ewig Männlichen

für Ehrenburg

Vor mir Boris Pasternaks Buch „Meine Schwester – das Leben". In einem Schutzumschlag, der zugleich nach den billigen Verschleuderungen des Südens und nach den Almosen des Nordens aussieht, grobschlächtig, ungemütlich, ganz von Trauer unterlaufen, – halb Sargkatalog, halb letzter Überlebenskrampf eines erstickenden Verlages. So sah ich es aber doch nur ein einziges Mal: im ersten Moment, als ich es erhielt und noch nicht aufgeschlagen hatte. Dann habe ich es nicht mehr zugeschlagen. Zwei Tage mein Gast, ich schleppe es durch alle Berliner Gegenden: die klassischen Linden, die magischen Untergrundlinien (das Buch in der Hand – gibt es keine Havarien!), ich nahm es mit in den Zoo (vorstellen), nehme es mit zum Mittagessen in der

Pension, und – zu guter Letzt – es liegt aufgeschlagen auf der Brust – beim ersten Sonnenstrahl – wache ich mit ihm auf. Nicht zwei Tage also – zwei Jahre! Zwei Worte zu ihm mit dem Recht der alten Bekanntschaft.

Pasternak. – Wer ist das, Pasternak? – („Der Sohn des Malers" – entfällt). Imaginist wohl oder irgend so einer ... Jedenfalls einer der Neuen ... Ach ja, Ehrenburg rühmt ihn über den grünen Klee. Ja, aber Sie kennen doch Ehrenburg. Seine Fronde und seine Gegen-Fronde! Und dann wohl auch noch nicht einmal ein Buch ...

Ja, Herrschaften, das ist sein erstes Buch (1917) – und ist es nicht bezeichnend, daß in unserer Zeit, wo ein Buch, das 1927 geschrieben zu werden dran ist, schon 1917 existiert. Pasternaks Buch, das 1917 geschrieben wurde, sich um fünf Jahre verspätet. – Und was für ein Buch! Als ob er absichtlich erst alles – allen hat sagen lassen, um im letzten Moment mit der Geste der Bedenklichkeit aus der Brusttasche sein Notizbuch zu ziehen: „Ich hab da ... Ich bin mir aber nicht sicher ..." Pasternak, nehmen Sie mich zum Bürgen vor dem Westen – einstweilen – bis Ihr „Leben" hier erscheint. Wissen Sie, ich hafte mit allen meinen unnachweisbaren Besitztümern. Und nicht, weil Sie das nötig haben, – aus reinem Eigennutz: teuer, in so einem Schicksal zu sein!

*

Ich lese Pasternaks Gedichte zum erstenmal. (Gehört habe ich sie – gesprochen – von Ehrenburg, aber wegen der auch mir angeborenen Fronde, – nein, die Götter vergaßen, mir die Gabe der gemeindestiftenden Liebe in die Wiege zu legen! – wegen der Ur-Eifersucht, der völligen Unmöglichkeit zu zweit zu lieben – mein stiller Widerstand: „Genial vielleicht, aber brauche ich nicht.") – Mit Pasternak bekannt bin ich eigentlich nur vom Grüßen:

drei, vier flüchtige Begegnungen. – Und beinahe ohne Worte, denn ich will nie etwas Neues. – Einmal hörte ich ihn, neben anderen Dichtern, im Polytechnischen Museum. Er sprach dumpf und wußte seine Verse nicht auswendig. In der Fremdheit auf der Estrade erinnerte er deutlich an Blok. Man hatte den Eindruck quälender Konzentriertheit, man wollte ihn – wie einen Waggon, der nicht rollt – anstoßen ... „Na los nun ...", und weil kein einziges Wort bei mir ankam (ein Gebrumm, wie wenn ein Bär aufwacht), der ungeduldige Gedanke: „Mein Gott, warum sich und die anderen so quälen!"

Die äußere Ausführung Pasternaks ist wundervoll: in seinem Gesicht liegt etwas von einem Araber und seinem Pferd zugleich, überwach, lauschend, – und da ... Ganz Bereitschaft zum Aufbruch, gewaltig, pferdehaft auch, wild und schüchtern das Schielen der Augen. (Nicht Auge, sondern Aug.) Ein Eindruck, als lausche er immerzu, Aufmerksamkeit, ununterbrochen – plötzlich – Losbruch ins Wort – sehr häufig etwas Vorzeitliches: als spreche ein Fels, eine Eiche. Das Wort (im Gespräch) wie eine Unterbrechung von Ur-Stummheiten. Ja, nicht nur im Gespräch; Gleiches, und mit dem weit größeren Recht der Erfahrung, kann ich vom Vers sagen. Pasternak lebt nicht im Wort, wie der Baum – nicht in der Sichtbarkeit des Laubs, sondern aus der Wurzel (dem Geheimnis). Unter dem ganzen Buch – ein riesiger Kremlgang – ist die Stille.

> Und du, Stille, bist das beste,
> Was ich je vernahm.

Ein Buch der Stille ebenso wie eins des Zwitscherns.

Jetzt, bevor ich von seinem Buch spreche (einer richtigen Reihe von Schlägen und Rückschlägen), zwei Worte über die Leitungen, die die Stimme tragen: über seine Begabung zum Vers. Ungeheuer die Begabung, denke ich, denn das Wesen, das ungeheuer ist, kommt ganz an. – Eine Begabung, offensichtlich, auf der Höhe seines Wesens, ein ganz seltener Fall, ein Wunder, denn fast über jedem Buch eines Dichters der Seufzer: „Bei dieser Begabung ..." oder (unvergleichlich seltener) „Etwas kommt doch an ..." Nein, davor hat Gott Pasternak und Pasternak uns bewahrt. Einzig und unteilbar. Der Vers ist – die Formel seines Wesens. Ein göttliches „anders ist es unmöglich". Wo es ein Übergewicht der „Form" über den „Inhalt" gibt oder des „Inhalts" über die „Form" – da hat das Wesen nie genächtigt. – Auch nachahmen kann man ihn nicht: nachahmen kann man nur Kleider. Als der muß man ein zweites Mal geboren werden.

Von den beweisbaren Schätzen der Poesie Pasternaks (den Rhythmen, Versmaßen usw.) werden zu gegebener Zeit an-

dere sprechen – und sicher – mit nicht geringerer Erschütterung als ich – von den unbeweisbaren Schätzen.
Das ist die Sache der Fachleute für Poesie. Mein Fach ist – das Leben.

*

– „Meine Schwester das Leben"! – Meine erste Bewegung, es ganz erleidend: vom ersten bis zum letzten Schlag, – die Arme weit auf: daß alle Gelenke knacken. Ich geriet hinein wie in einen Regensturz.
– Regensturz: der ganze Himmel niederbrechend, Sturzwand: Regen steil, Regen schräg, – durch und durch, durchdringend, Duell der Licht- und Regenstrahlen, – du zählst nicht: bist du darin – wachse!
– Lichtsturz. –

*

Pasternak ist ein großer Dichter. Er ist jetzt größer als alle: die meisten, die zählen, *waren*, einige *sind*, er allein *wird sein*. Denn eigentlich gibt es ihn noch nicht: Lallen, Zwitschern, Krähen – alles auf morgen hin! – das Jauchzen eines Säuglings, – und dieser Säugling ist – die Welt. Jauchzen. Glucksen. Pasternak spricht nicht, er hat keine Zeit, zu Ende zu sprechen, er bricht aus, – als faßte die Brust nicht mehr: a – ach! Unsere Worte kennt er noch nicht: etwas inselhaft-kindlich-paradiesisch Unverständliches – und Umwerfendes. Mit drei Jahren ist das gewohnt und heißt: Kind, mit dreiundzwanzig ist das ungewohnt und heißt: Dichter. (O Gleichheit, Gleichheit! Wie viele mußte Gott leer ausgehen lassen bis hin ins siebte Glied, um diesen einen Pasternak zu schaffen!)
Selbstvergessen, sich seiner nicht erinnernd, wacht er plötzlich auf und da, den Kopf durchs Fensterchen (ins Leben – klein geschrieben) – aber, o Wunder! statt der strahlenden dreijährigen Kuppel – das kauzige Käppchen des Marburger Philosophen, nicht? – Und mit verschlafener Stimme – von den Dachstubenhöhen herab auf den Hof, zu den Kindern:

> Was, ihr Lieben, ist denn
> Draußen jetzt für ein Jahrtausend?

Man kann sicher sein, die Antwort hört er schon nicht mehr. Ich kehre zurück zum Kindsein Pasternaks. Nicht Pasternak ist das Kind (denn dann wüchse er nicht in die Morgenröte, sondern in eine vierzigjährige Beruhigung, – das Schicksal aller irdisch geborenen Kinder!) – nicht Pasternak ist das Kind, die Welt ist Kind in ihm. Pasternak selber ordnete ich eher den ersten Schöpfungstagen zu: den ersten Strömen, ersten Morgenröten, ersten Gewittern. Er ist *vor* Adam geschaffen worden.

Ich fürchte auch, daß von meinem hilflosen Geplätscher nur eins ankommt: Pasternaks Heiterkeit. – Heiterkeit. – Das macht mich nachdenklich. Ja, die Heiterkeit des Ausbruchs, des Sturzes, des Schlags, die wildeste Entladung aller Lebensadern und -kräfte, eine Weißglut, die man – von weitem – einfach für ein weißes Blatt halten könnte.

Ich denke weiter: was fehlt Pasternak? (Denn wenn er alles hätte, wäre er das Leben, das heißt es gäbe ihn nicht. Nur auf dem Wege des Nein kann man das Vorhandensein eines Ja feststellen: das Besondere.) Ich höre hinein – und: der Geist der Schwere.

Die Schwere ist für ihn nur eine neue Art von Tätigsein: abwerfen. Man sieht ihn eher die Lawine hinunterwerfen – als irgendwo in einer schneeverschütteten Hütte ihr tödliches Toben erwarten. Nie wird er auf den Tod warten: er ist viel zu ungeduldig und gierig – er wirft sich ihm entgegen: Stirn, Brust, alles, was widersteht und überholt. Pasternak bestiehlt man nicht. Beethovensch: *Durch Leiden – Freuden.**

Das Buch ist Lermontow gewidmet. (Einem Bruder?) Das Strahlende der Verdüsterung. Eine natürliche Gravitation: gemeinsame Faszination durch den Abgrund: untergehen. Pasternak und Lermontow. Verwandt und getrennt, wie zwei Flügel.

*

Pasternak ist von allen Dichtern der durchdringbarste, folglich – der durchdringendste. In ihn schlägt alles ein. (Es liegt offensichtlich auch Gerechtigkeit in der Ungleichheit: dank Ihnen, einzigartiger Dichter, ist mehr als eine Menschenkuppel sicher vor den Einschlägen des Himmels!) Einschlag. – Rückschlag. Und die Blitzesschnelle dieses

* Im Original deutsch.

Rückschlags, die Vertausendfachung: das tausendbrüstige Echo aller seiner Kaukasusse. – Ohne Zeit gehabt zu haben zu begreifen! – (Daher am häufigsten im ersten Moment, und häufig auch im letzten – Erstaunen: Was? Was ist los? – Nichts! Vorbei!)

Pasternak – das ist ein Ganz-Geöffnetsein: Augen, Nüstern, Ohren, Lippen, Arme. Vor ihm war nichts. Alle Türen aus den Angeln: ins LEBEN! Und doch muß man ihn wie keinen anderen *öffnen*. (Eine Poesie der ABSICHTEN).

Du verstehst also Pasternak trotz Pasternak – auf einer frischen – der frischesten! – Spur. Blitzschnell, – wird er für alle Beladenen zur Erfahrung der Himmel. (Sturm ist – das einzige Ausatmen des Himmels, gleich wie der Himmel die einzige Möglichkeit ist für den Sturm – zu *sein*: sein einziges Turnierfeld!)

Umgeworfen ist er manchmal: der Druck des Lebens hinter der plötzlich aufgerissenen Tür ist stärker als seine ausdauernde Stirn. Dann fällt er – selig – auf das Gesicht, tätiger in seinem Niedergeworfensein als alle, die in diesem Moment nach Luft schnappen – im Galopp über die Barrieren – Jockeys und Kuriere der POESIE*.

*

Und die Erleuchtung: ja, einfach ein Liebling der Götter! Und die klarere Erleuchtung: ja, nein, – nicht einfach, und nicht Liebling! *Nichtliebling*, einer von den Riesenkerlen, die einst den Pelion auf den Ossa türmten.

*

Pasternak: eine Verschwendung. Ausfließendes Licht. Unversiegbarer Strom von Licht. An ihm geschieht das Gesetz des Hungerjahrs: nur wenn du nichts aufhebst – kommst du nicht um. So müssen wir um ihn nicht bangen, wohl aber um uns, angesichts seines Wesens mag man denken: „Wer aufnehmen kann, wird aufnehmen." – ? –

*

Aber genug des Jauchzens. Versuchen wir es vernünftig und nüchtern. (Keine Angst, der besteht den hellsten Tag!)

* Im letzten Moment die folgenden zwei Sicherheiten: 1. „Meine Schwester das Leben" ist gar nicht sein erstes Buch; 2. der Titel seines ersten Buches – nicht mehr und weniger als „Über die Barrieren". – Gleichviel, aber diese Barriere ist – in „Meine Schwester das Leben" – genommen. (M. Z.)

Übrigens, zum Licht in Pasternaks Poesie. – Lichtschrift: so
würde ich es nennen. Der Dichter der Helligkeiten (wie
manche andere z. B. der Dunkelheiten). Licht. Das ewig
Männliche. – Licht im Raum, Licht in der Bewegung, Licht-
durchbrüche (-durchzüge), Lichtausbrüche, – Lichtgelage.
Überfluten und übergießen. Und nicht nur mit Sonne: mit
allem, was strahlt, – und für ihn, Pasternak, strahlt alles.
[...]

1922

ALEXEJ REMISOW

Aus dem flammenden Rußland zu den Sternen
Alexander Block zum Gedächtnis

> Sang das Mädchen im Kirchenchor
> Von allen Müden im Fremdenland,
> Von allen Schiffen, gegangen ins Meer,
> Von allen Freuden, vergessen von
> wem!
>
> Süßes Singen im schmächtigen Licht ...
> Aber das Kind über'm hohen Altar
> Weiß das Geheimnis. Und es beweint
> Alle, die ohne Wiederkehr.
>
> A. Block, „Die Unbekannte"

Armer Alexander Alexandrowitsch –
So früh die Erde verlassen, nie mehr die Frühlinge sehen,
den Sommer, den lieben Herbst und die geliebten schnee-
weißen Winter, und die Sterne nicht mehr sehen – die lok-
kenden Schwestern – wie nur sie uns leuchten.
Die Erde nicht mehr sehen, „Musik" nicht hören – das ist
wahrlich das äußerste Unglück und dieses Unglück ist unvermeidlich –, oder ist es gar kein Unglück, sondern das erste große Glück?
Warum aber mußte es so früh für Sie kommen?
Ich, der noch im Elend hier verweile, zusammen mit den
Frühlingen, den geliebten Stürmen und mit meinem silber-

nen Stern, ich bin's, der an die verschlossene Tür pocht und mich an dieses Ihr – Glück durchaus nicht gewöhnen kann.

An jenem Morgen – und welch eine schreckliche Nacht ging ihm voran, eine Lear-Nacht, Sturm, Wind und Regen, – an jenem harten Augustmorgen, als wir dem Schicksal ergeben, in einem Viehwagen, wie Schlachtvieh uns der Grenze näherten, um die russische Erde zu verlassen, überschritt Ihr Geist den schmalen flammenden Grenzstrich des Lebens und Sie verließen es für immer.

Und noch ein Licht erlosch auf der russischen Erde.

* * *

Und am Tage der Bestattung, als man Ihr Arbeitsbuch mit dem Vermerk –

Schriftsteller,
des Lesens und des Schreibens kundig
PTO

in die Begräbnisabteilung ablieferte, gab ich mein Buch, mit gleichem Vermerk und Stempel, nur hübscher ausgestattet, einzig schön rot auf schwarz gemustert, mit Trauben und Vögeln und den bekannten Zeichen des Sewpros, Kubu, Sorabis, in Jamburg in der Paßabteilung ab.

Ist Ihr Geist glücklich?

Haben Sie sich dort wenigstens einen Augenblick lang gefreut, haben Sie sich dort jenseits der Grenze dieses Lebens über diese tobende Lear-Nacht gefreut?

Oder steht Ihnen eine Begegnung noch bevor und – glückliche Tage?

Ich aber sage, – von mir sage ich es Ihnen, – ich erwarte es mir keine Minute, keinen Augenblick mehr. Ich erwarte nichts mehr.

Das ist ein solcher Fluch – echtes Unglück! – die aufgewühlte Heimaterde verlassen zu müssen, Rußland, wo in aller Unseligkeit unseres Elends, unserer Bettelarmut und Nacktheit zum Trotz smaragdgrün junge Triebe sprießen.

Wissen Sie noch, wir warteten in der Reihe in der Verwaltungsabteilung bei Boris Kaplun: Sie, weil Sie Ihren Paß verloren hatten, der erneuert werden mußte – es war kurz nach der Bestattung O. D. Batjuschkows – ich war da mit

82

Alexej Remisow.
Zeichnung von
Juri Annenkow

einem Gesuch, das sich auf unser Elend auf der Insel, ohne
Wasser und ohne Holz, bezog – wissen Sie noch, Sie sagten, Batjuschkows gedenkend, daß wir beide –

„Wir werden es überleben, die letzten, aber wenn jemand
von uns –"

Und ich sah in Ihren Augen, daß Sie nicht an sich dachten
damals.

Armer Alexander Alexandrowitsch – – Sie gaben mir eine
echte Zigarette! Ihre Finger waren verbunden.

Und dann sagten Sie noch, daß Sie nicht mehr schreiben
können.

„Unter solchem Druck ist es unmöglich zu schreiben."

Aber wissen Sie, ich habe es hier jetzt im Ausland erfahren,
daß es für einen russischen Schriftsteller hier vielleicht
noch schwerer ist, es ist ihm nicht nur unmöglich zu schreiben, sondern es gibt für ihn einfach nichts zu schreiben:
denn nur in Rußland geschieht ja etwas, hier aber ist für einen Russen die „Wüste".

Gewiß ist es für den Menschen gut, vorübergehend in die
Wüste sich zurückzuziehen und sich im Schweigen zu sam-

83

meln – denn nirgends als in der Wüste sind Blick und Gefühl so geschärft – auch Gogol ging in die römische Wüste,
der „Toten Seelen" wegen. Auch muß man auf den Steinen
Europas was lernen – „mit dem bloßen Rüssel kann man
unmöglich schmieren", hat Alexej N. Tolstoi richtig bemerkt. Aber der Lebensunterhalt – die Künstler und
Schriftsteller haben es überall schwer, – man muß irgendeine Arbeit tun, und jede nebensächliche Arbeit, Sie wissen
es ja selber so gut, verwirrt die Seele. So kommt es auf das
gleiche hinaus. Und wenn es einem beschieden ist, zugrunde zu gehen, dann schon lieber dort zu Hause, vor aller
Augen, in Rußland.

$$* * *$$

Das ist gut, daß Sie auf dem Smolenka-Friedhof liegen – es
ist einfacher und ohne Getue – und niemand wird Ihnen
dort etwas tun, niemand wird auf Ihre Behausung neidisch
werden, und man braucht Gorki nicht zu bitten und Marja
Fjodorowna nicht zu beunruhigen.
Wissen Sie noch, wie man Sie aus Ihrer eingesessenen
Wohnung hinausgejagt hat?
Oder macht Ihre Seele dort noch ärgere Qualen durch? Und
dieses Leben, – dieser vierjährige Versuch einer sozialen
Umwälzung, – das schon gleich bei Beginn der allgemeinen
Gleichmachung Ihnen auf Ihre Frage: „braucht man uns
oder braucht man uns nicht?" deutlich zur Antwort gab, daß
man solche wie Sie natürlich nicht braucht; dieses Leben,
das Ihnen die verdammte Etikette eines „bürgerlichen
Dichters" angehängt hat, diese allzu vereinfachende Erfindung, welche von einem nicht gar zu anspruchsvollen und
keineswegs unruhigen Verstand, von dem sich anschmie-
renden Pack und dem sich anhängenden Gesindel aufge-
griffen, Sie in die „dritte Kategorie" verbannt hat, mit allerlei Arbeitspflichten – Schneeschaufeln auf den Straßen,
Eisspalten und Holz von den Barken abladen, Reinigen
schmutziger Höfe; dieses Leben, das Ihnen gar keine Freiheit mehr ließ und Sie zwang, wie jeder zu sein, wie jeder
Dienst zu tun, wie jeder endlos gezählt und registriert zu
werden und Formulare auszufüllen, jedes Almosen aber –
sind doch die Gelehrten, Schriftsteller und Künstler ein einziger sich lang hinziehender, zitternder Schweif am Portal
der Kommune –, jeden hingeworfenen Brocken, jede Er-

leichterung (das Recht „durchzusickern") Ihnen vor der Nase hinhielt, wie einer Katze; dieses Leben, das Sie oft wie einen Lastträger traktierte – „wir sind Künstler und Schriftsteller und man behandelt uns wie Lastträger", sprachen Sie im Zorn – und das endlich Ihnen Ihre freie Zeit, Ihre Muße genommen hat, – wird dieses sich umorganisierende, vom Krieg und von den Kriegen endgültig verstümmelte russische Leben, das Ihnen jetzt den Rest gegeben hat, Ihnen vielleicht noch als lieblicher Traum erscheinen?

Aber ich glaube, um Ihres Wortes, um der „Musik" willen wird dort in den Löchern und Gräben, in dem hoffnungslosen Kreis der Pein, im Ring der verhärteten Wächter der Qual, sich auch mancher finden, der sich Ihrer annehmen wird, auch dort wird sich ein Gorki finden.

Übrigens was ist mit mir – warum rede ich immerzu von „Druck"? – Ihr bitteres Wort ist so tief in mich gedrungen! – ich mache es auf russische Art – aus der uns eingefleischten Sucht nachzutragen – es hat doch auch manches ganz andere gegeben! –

Nur wissen Sie, Alexander Alexandrowitsch, ja, Sie wissen es ja, und ich sage es auch nicht, um Ihnen Angst zu machen, auch Marja Fjodorowna vermag nicht alles: bevor sie die PTO verlassen hat, was hat sie mir da für eine Unterschrift auf mein Gesuch an die Petrokommune gesetzt – kaiserlich, und dennoch wurde es mir abgeschlagen und noch in Reval trug ich, als wir vom Bahnhof gingen, in der Hand den Absatz von den Samjatinischen Überbleibseln.

Und Gumilew – – ist füsiliert worden – Nikolaj Stepanowitsch ist jetzt ein toter Mann – also vermag Gorki auch nicht alles.

* * *

Ja, es ist gut, daß Sie auf dem Smolenka liegen – Fjodor Iwanowitsch wird vielleicht gekränkt sein – wissen Sie noch, der selige F. I. Stschekoldin, er hat Sie so geliebt – der damals, als man uns aus der Gorochowaja freigelassen hat, kurz darauf starb, er liegt in der Sowjet-Reihe im Alexander-Newskij-Kloster, – und Fjodor Iwanowitsch wird es schon verstehen.

J. P. Grebenstschikow und seine Schwestern, sie wohnen auf der Insel und haben bis zum Smolenka nur zwei Schritt, sie werden Ihr Grab pflegen, sie kennen dort jeden Hügel, sie werden Sie am Totendienstag besuchen, – Ihnen ein rotes Ei mitbringen und „Christus ist auferstanden" zu Ihnen sagen, am grünen Donnerstag vor Pfingsten werden sie Sie besuchen und am Dimitrij-Sonnabend. Grebenstschikow ist ein großer Bücherleser, er besitzt jedes Ihrer Bücher, auch die in den fremden Sprachen, es gibt nur einen wie er in ganz Petersburg, er wird auch Ihr Grab nicht vernachlässigen, der Affenfürst.

Und Ihr Affenabzeichen, Alexander Alexandrowitsch – das wird Ihnen wohl keine Abteilung abfordern – ich habe vergessen, wie es aussieht, das Bildchen, meine ich, mit was für einem Schweif oder mit was für Pfoten? – P. E. Stschegoljew hat eins mit Gänsefüßen und mit drei ausgerupften Schweifen.

Und es wird Ihnen leicht sein, in der heimatlichen Erde zu ruhen.

Auch wir haben ein Schächtelchen mit russischer Erde mitgenommen.

> Ihre Augen – den Blumen,
> Ihr Gebein – den Steinen,
> Ihre Gedanken – dem Wind,
> Ihr Wort – dem menschlichen Herzen.

* * *

Armer Alexander Alexandrowitsch!

Ich kann es mir noch immer nicht glaubhaft machen, daß Sie nicht mehr auf der Welt sind.

Auch als F. I. Stschekoldin starb, konnte ich es lange nicht glauben; immer wieder fuhr ich auf und suchte, wie nach einer Zigarette, ich rauchte und suchte, wie in der tabaklosen Zeit.

Hat man Ihnen mein letztes Wort überbracht?

„Was soll ich nun Block sagen?"

Und ich erschrak, es wurde mir bange vor etwas – und ich antwortete nicht gleich.

„Sagen Sie Block: ich habe viele Bilderchen gemalt, auf jede Zeile der ‚Zwölf' ein Bildchen."

Es war leer und unheimlich in meinem Zimmer: leere Bücherregale, keine Spielsachen mehr, die leere grüne Wand mit den silbernen Nestern. Ihr „Hexenlöffel" – wis-

86

sen Sie noch, wir haben ihn zusammen auf den Inseln gefunden? – war schon in eine blecherne Biskuitschachtel aus
der Vorkriegszeit zusammen mit dem „Hexenkamm" untergebracht, nur ein ewiges Licht brannte noch wie immer vor
dem Heiligenbild, in der letzten Nacht wurde noch das
letzte eingepackt, wie nach einem Begräbnis.
„Und das bedeutet – erklärte ich – daß ich die drei Monate
an ihn gedacht habe."
Jewgenja Fjodorowna Knipowitsch versprach es auch so
auszurichten.
Kurz vorher war aber bei uns Jewgenij Pawlowitsch Iwanow
gewesen –
      Und allabendlich der Freund, der einzige ...
er kam wie immer seitlich hereingeschoben und wir sprachen im Stehen, fast ohne Worte, mehr mit Blick, Ohr und
Gegrins, gedachten Ihrer, und wie die Vogelscheuche und
sein Gevatter, der Wolfesschwanz,
      flüsterten wir lange.
Jewgenij Pawlowitsch Iwanow ist auch ein Affenkavalier
mit einem Froschauge und dem Schweif eines gehörnten
Mäuserichs – er wird sich mit Grebenstschikow zusammen-
tun und solange sie leben, werden sie, die Bärtigen, der
eine rot, der andere dunkel, wie die Teufel aus dem „Teufelsspiel" wild wackelnd mit den Bärten, Wache halten und
Ihr Kreuz nicht verlassen.

         * * *

Dreimal sah ich Sie im Traum.
Zweimal in der Stadt der Ritter – dem turmreichen Reval
und einmal hier im grünen Friedenau im Fremdenheim der
Frau Pfeiffer, oberhalb der Weinstube, in unserer Sprache:
oberhalb der Schenke.
Das erste Mal sah ich Sie in Weiß, das zweite Mal in Silber
und erwachte mit erstarrtem Herzen. Hier aber oberhalb
der Weinstube kamen Sie so gewohnt, so sehr wie Sie immer waren, und ich hatte gar keine Angst. Ich bat Sie um etwas und Sie lächelten, wie immer beim Zuhören, es war
stets etwas Wunderbares, wenn ich mit Ihnen sprach.
Aus verschiedenen Himmelsrichtungen sind unsere Seelen
vor diesem Leben auf verschiedenen Wegen gewandelt und
auch im Leben waren wir dem Blute nach verschieden –
mein Erbteil wurden die Seen und die zauberischen Altaj-

Alexander Block. Radierung von Sergej Salschupin

Sterne, welche die unermeßlichen russischen Steppen verzaubert haben, Ihres aber die skandinavischen Felsen, der
nordische Himmel und der Ozean, und nicht zufällig wurde
es Ihr Los, das Sturmlied des aufgepeitschten, sich aufbäu-
menden Rußlands zu singen, meines aber – das Totenlied
dem klängereichen, dahingegangenen.
Irgendwo einmal oder vielleicht auch öfter sind wir einander begegnet – auf welchem Kreuzweg? – Sie in der Rü-

stung mit dem Kreuz, ich in meiner spitzen Fuchsmütze unter dem Geheul und Schlag des Tamburins – auf dem Scheidepunkt welchen Weges? in welcher Teufelsweinstube, in welcher Räuberspelunke? oder dort – dort im Sumpf –

> Und so sitzen wir zwei Narren
> Kobolde, Wassergeister –
> Unser grünen Käppchen starren
> Zipfelchen nach vorn –
> (A. Block, An Remisow)

Das Schicksal hat uns von der ersten Begegnung an im Leben miteinander verbunden, und bis zu den letzten Tagen.
Und in der Schicksalsstunde ertönten auf den brennenden russischen Wegen und Unwegen im Windesgeheul und Sturmgebraus unser Beider Stimmen an Rußland –

> zu einem neuen schaffensreichen Leben
> und – zum ewigen Gedenken

* * *

> Nie werd' ich vergessen – er war oder nicht
> Jener Abend – da westliche Glut
> Den blassen Himmel verbrannt und geweitet,
> Im dämmernden Gelb die Laternen.
> (A. Block, „Im Restaurant")

Das Jahr 1905. Die Redaktion „Fragen des Lebens" im Sappeurgäßchen. Ich in der Stellung nicht eines Schreibers, sondern eines Hausgeistes – ich hatte die ganze Wirtschaft mit Buchhaltung und Unterschreiben – ich unterschrieb selbst – und versah die Schriftstücke mit dem Stempel meines Patrons D. E. Shukowski, wissen Sie noch, die ‚hohen' Würdenträger fühlten sich beleidigt, wenn ich Geschäftsbriefe mit „der alte Majordomus Alexej" unterschrieb. Marja Alexejewna, die jüngere Kontoristin, die überzeugt war, daß mein „Teich" ein aus dem Deutschen übersetzter Roman ist, äußerte Zweifel an der Echtheit Ihres Familiennamens.
„Block? Wohl ein Pseudonym?"
Und als Sie in die Redaktion kamen – noch in der Studentenuniform, mit blauem Kragen – war das erste, was ich Ihnen erzählte, das von Ihrem Pseudonym.

Seit dieser Begegnung, und es war damals ein besonderer Petersburger Frühling, fing dies an, dieses Seltsame, daß Sie immer lächeln mußten, wenn Sie mit mir sprachen.

Das Theater der W. F. Kommissarschewskaja in der Offizierskaja mit Ihrer „Kleinen Schaubude" und mit meinem „Teufelsspiel", W. Meyerhold – die Arbeit am Theater unter Hochdruck.

Die neuphilologische Gesellschaft mit J. W. Anitschkow – das kultische Frühlingslied und Ihr französisches Mittelalter. Die Abende bei Wjatscheslaw Iwanow auf der Tawritscheskaja mit Ihrer „Unbekannten" und meinem „Himbeer und Hollunder" aus „der Sonne nach". Die Gespräche über eine nichtzeitungsmäßige Zeitung bei A. W. Tyrkowa, die Kommentare zu Ihrem Stück von I. W. Schilkin und das rührende Gedächtnis A. W. Rumanows.

1913. Der Verlag „Sirin". M. I. Terestschenko und seine Schwestern – die Zeit kurz vor Ausbruch des Krieges, da wir uns täglich sahen und außerdem noch stundenlang miteinander telephonierten. Sie wohnten damals in der Monjetnaja, wissen Sie noch, die Inseln, erinnern Sie sich noch an das Zwanzigkopekenstück, das letzte, das ich weggab – wie haben Sie gelacht und auch noch später, vor kurzem, wenn wir uns daran erinnerten.

R. W. Iwanow-Rasumnik – die „Skythen" vor dem Gewitter und im Gewitter.

1918. Unser Dienst bei der TEO. – O. D. Kamenewa, die unzähligen Sitzungen und Projekte, aus denen nichts wurde. Und unser Dienst bei der PTO. – M. F. Andrejewa – Ihr Theater an der Fontanka, wissen Sie noch, Sie schickten uns Billette zum „Ex-König Lear" – das Komitee des Schriftstellerheims –

Und durch alle vier Jahre des „Versuchs" hindurch Alkonost – S. M. Aljanskij, der „Stier des Ispolkom" des Affenordens, Laufereien und Kränkungen um der Bücher willen, unzählig wie die Sitzungen, Gesuche an Lunatscharskij, Zerwürfnis und Versöhnung mit Jonow.

Wissen Sie noch, zu Neujahr erschien nach einem langen Verschollensein aus Perm der verliebte Slon Slonowitsch* (Jurij Werchowski) – der wird sich grämen, wenn er's er-

* (russ.) slon – Elefant.

Holzschnitt zu
Alexander Blocks
„Die Zwölf"
von
Wassili Masjutin

fährt! Sie haben ja als erster in den „Fragen des Lebens"
seine Elefantenverse besprochen, den „grünen Almanach",
in dem der Elefant zum erstenmal mit M. A. Kusjmin und
Menschinskij gedruckt wurde.
Erinnern Sie sich noch an die Tschukowskij-Abende im
„Kunsthaus", an die Feier für Kusjmin, den Musikanten der
großen und freien Affenloge, und an unseren letzten
Abend im „Schriftstellerheim" – ich las „die Meute auf dem
Bürgersteig", Sie – Verse vom „französischen Absatz", nach
Hause gingen wir zusammen. Serafima Pawlowna, Ljubow
Andrejewna, Sie und ich, – auf dem verlassenen Litejnij-
Prospekt schien bestialisch der Mond.
Die Gedächtnisfeier für Puschkin im Februar – das war
Ihre Apotheose.
Und wieder war Frühling – Alkonost heiratete – der
Newskij taute auf, die Insel begann zu streiken, es kamen
die weißen Nächte.
Der erste Ostertag – der erste Mai – die erste Botschaft von
Ihrer Erkrankung.

91

Und dann das Ende.

Ihre Augen – den Blumen,
Ihr Gebein – den Steinen,
Ihre Gedanken – dem Wind,
Ihr Wort – dem menschlichen Herzen.

* * *

Es gibt seltsame Menschen – sie kommen schon als seltsame Menschen auf die Welt.

Lew Schestow zum Beispiel, über den wurde schon von Petersburg, als er anfing in der „Kunstwelt" von Djagilew zu schreiben, das Gerücht verbreitet, er sei ein verkommener Mensch und ein Säufer. In Wirklichkeit aber – wenn man ihm ein Gläschen anbietet, gießt er's hinunter und fängt gleich an, Lieder zu singen! – der nüchternste Mensch, aber in allen geschäftlichen Dingen wie ein Angeheiterter, daher dieses Gerücht.

W. W. Rosanow, auch einer der Seltsamen, der Schestow zu einem „undurchdringlichen Verstand" erhoben hat, das höchste Lob bei ihm, war von dessen Weinlaster so überzeugt, daß er sich jedesmal, wenn er Schestow erwartete, mit Wein versah und bei der Bewirtung nie die Gelegenheit versäumte, ihn wegen seiner Trunksucht zu ermahnen.

Und die richtigen Menschen – die „Juristenköpfe" – pflegten, während sie Schestow als Philosophen und Schriftsteller Gerechtigkeit widerfahren ließen, nur eins an ihm zu tadeln, daß er sich, gelinde gesagt, mit allerlei Pack abgab, zu dem vor allem Lundberg und ich gehörten, und dies auf seine Neigung zur Trunksucht zurückzuführen.

Es lag aber natürlich nicht am Schnaps – und wenn es auch zuweilen vorkam, daß man eins trank und Lieder sang, nun, wo gibt es einen der Lieder ganz baren Menschen? – es lag an etwas, was man mit Worten nicht sagen kann, aber eben daran lag es – –

Und es gibt Menschen, die noch mehr als seltsam sind – Andrej Bjelij ist so etwas wie gar kein Mensch mehr, und auch Block war, wenn auch nicht in solchem Maße, doch von dieser Art.

Und E. W. Anitschkow hat es bemerkt.

„Block kam zu mir" – erzählt Anitschkow von seiner ersten Begegnung mit ihm – „und irgend etwas ..."
Eben dieses „etwas" ist gerade das, was den fast nicht mehr menschlichen Menschen auszeichnet.
Block war so etwas, wie ein Nicht-mehr-Mensch.
Und solchen Seltsamen und Narren und Nicht-mehr-Menschen ist eine große Gabe verliehen: ein anderes Ohr als das unsrige.
Block hörte Musik.
Nicht instrumentale Musik, unter deren Klängen an den musikalischen Abenden die Liebhaber, seriöse und gar nicht seltsame Menschen, wie die Hunde nach Fliegen schnappen, nein – Musik – –
Ich weiß noch, im Jahre 1917, nach der Ermordung von Schingarjew und Kokoschkin sprach ich mit Block telephonisch – damals durfte man es noch – und Block sagte mir, daß er über allen Ereignissen, über allem Schrecken Musik höre und zu schreiben versucht habe.
Er schrieb damals „die Zwölf".
Dieselbe Musik war es, die ein andermal nicht in Worten zum Ausdruck kam, sondern mit ihrem Sternen-Atem Block mit der roten Fahne auf die Straße geführt hatte – im Jahre 1905.
Von allen war er der Stärkste, was ist dagegen Andrej Bjelij? – nichts, ein Hauch mit grauen Schläfenlöckchen – oder ich? – ein dreifach zusammengekrümmter Wurm, und nun, wer hätte es gedacht! – nun mußte Block als erster, vor allen anderen scheiden.
Nicht am Skorbut, nicht am Hunger und nicht an den Arbeitspflichten ist er zugrunde gegangen, – für Block war es doch nicht dasselbe wie für mich, ein Holzscheit zu spalten oder zu tragen, – nicht an der unglückseligen Unordnung ist er zugrunde gegangen, er mußte eben zugrunde gehen.
In welch einem Orkan hat sich seine Seele hinaufgeschwungen! auf welch eine Höhe! und die Musik   –
„Ich höre Musik", – wiederholte Block.
Und eins der musikalischsten russischen Bücher, „Gogols Briefwechsel", lag auf seinem Tisch.
Gogol ist an einem ähnlichen Schicksal zugrunde gegangen.

93

Sich im Sturm über die Erde hinaufschwingen, Musik hö- ren, – und dann dieser Alltag – die Theaterabteilung, was ist sie allein schon wert! – Umzüge aus einem Zimmer ins andere, aus einem Haus ins andere, Reorganisationen auf neuen Grundlagen, ein Vorgesetzter über dem anderen, und es kommt nichts dabei heraus, – ganz Petersburg, ganz Rußland war in diesen Jahren dauernd im Umzug begriffen und reorganisierte sich dauernd und erfolglos –

Mit erlöschendem Herzen las Block seine alten Gedichte. „Unter solchem Druck ist es unmöglich zu schreiben!" Wie sollte er auch schreiben? Nachdem er jene Musik ge- hört? Mit einem aufgeflackerten und verlöschenden Her- zen?

Denn um etwas zu sagen, zu schreiben, muß man mit dem ganzen Eisen des Geistes, des Herzens „diesen Druck" beja- hen, – Rußland, wie es jetzt ist, ganz bis auf die Knochen, das von Zimmer zu Zimmer, von Tür zu Tür, von Tor zu Tor, von Straße zu Straße jagende Rußland, das russische Leben mit seiner klotzigen Schwerfälligkeit, seiner Angst um die eigene Haut, seiner Geducktheit, – Rußland mit sei- nem Eingeweide und dem kernigen Fluch, aber auch mit dem großen geliebten Herzen und der un-bedingten freien Einfachheit – das russische Leben mit seinem einzigen glü- henden Durst nach Freiheit.

Gogol – der modernste russische Schriftsteller Gogol – ihm ist die Seele der neu entstehenden russischen Literatur mit Wort und Blick zugewandt.

Block las seine alten Gedichte vor.

Und er las sie erstaunlich: nur er allein konnte seine Musik wiedergeben. Und wenn für Veranstaltungen Schauspieler genommen wurden, war es peinlich zuzuhören.

Der Rhythmus ist die Seele der Musik und darauf beruht der Vers.

Verse sind nicht da, um verstanden zu werden, man braucht sie gar nicht zu verstehen, Verse hört man mit dem Herzen, wie Musik, für den Schauspieler aber, für den Rezi- tator von Beruf ist nicht der Rhythmus alles, sondern der Ausdruck; der Ausdruck aber ist nur, damit man versteht, damit diejenigen, denen das Ohr fehlt, nicht gezwungen seien, auf Hundeart nach Fliegen zu schnappen.

Man wird Gedichte von Block für sich lesen, vom Podium

94

Alexej Remisow. Zeichnung von Leonid Pasternak

werden sie nicht mehr erklingen, es sei denn, man würde es den Schauspielern beibringen, daß ein Vers ein Vers sei und kein Gespräch, und daß ein Mensch ohne Ohr eben nicht hören kann.

Block hat keine Kinder hinterlassen – aber er hat mehr hinterlassen, und es gibt keinen einzigen neuen Dichter, auf den nicht ein Strahl von seinem Stern fiel.

Sein Stern aber – das Pochen des Herzens, wie es in seinem Worte schlug – das pochende Herz Lermontows und Nekrassows – sein Stern wird nicht untergehen.

Und in der Nacht sehe ich ihn brennen über der Weite der russischen Erde, über Steppe und Wald.

Berlin, November 1921.

ALEXEJ REMISOW

Rosanow-Briefe

für W. W. Rosanow

Das ist eigens für Sie, Wassili Wassiljewitsch, diese Kukcha – –
Alles, was bis jetzt möglich war, habe ich in der Mondnacht zu den
Heiligen Drei Königen aufgeschrieben. Den „Kringel" aber später –
das war schon hier, in der Lessingstraße. (Hier irgendwo in der
Nähe wird Lessing gewohnt haben – eine tolle Gegend!)
Ich besitze zwei Karikaturen von Ihnen: die eine aus dem „Satiri-
kon", die andere aus irgendeiner Zeitung. Ich wollte sie mit hinzule-
gen, aber ich weiß nicht so recht: es sei unfein, heißt es.
Wenn's nach mir ginge: das beste Portrait ist das, was karikiert, das
heißt also, nicht teilnahmslos ist.
Eine japanische Zeitschrift brachte mal eine Karikatur von mir an-
stelle eines Bildes, einfach so, kommentarlos. Und das ging ganz gut:
seltsam zwar, aber lebendig immerhin, nicht wie auf einem Paßbild
(Lichtbild* wie die Deutschen sagen).
Mir, lieber Wassili Wassiljewitsch, haben sie den gelben Paß gege-
ben! – wird wohl die Vergeltung für „Tabak" sein.
Wie man sich auch versteckt, das Schicksal erwischt einen trotz-
dem.
Nun, adieu!
Gedenken Sie bei Gelegenheit im Sternenreich dort des Alexej und
der Serafima: schwer, sehr schwer haben sie es auf der geliebten Erde
– ich weiß nicht, was ich tun soll, und bin kopflos; die einzige Hoff-
nung – ein Wunder.

8. 6. 23
Berlin

OBESWELWOLPAL**

W. W. Rosanow war der älteste Kavalier der Großen und
Freien Affenkammer.
Die Affenkammer entstand 1908, als ich an der „Tragödie
des Judas, Prinzen von Ischariot" schrieb: der Affenzar Assyka in der Tragödie verleiht Affen-Ehrenzeichen.

* Im Original deutsch.
** Für: Obesjanja welikaja i wolnaja palata – Große und Freie Af-
fenkammer.

96

Aber die Idee von einem Affenzeichen entstammte einem Spiel. Auf der Durchreise nach Petersburg machten wir jeden Herbst in Moskau halt. Einen von den Schriftstellern um diese Zeit in Moskau anzutreffen, war nicht so einfach, alle hockten sie in ihren Malachowkas. Und da spielte ich eben mit meiner kleinen Nichte Ljaljaschka (Jelena Sergejewna Remisowa).

Man mußte sich immer was Besonderes einfallen lassen. Sie bettelte in einem fort, ich solle ihr etwas machen, das kein anderer habe.

Und bei der Gelegenheit machte ich ihr ein Affenzeichen – „heimlich zu tragen".

Dieses Affenzeichen hatte sie natürlich verloren, und ich mußte ihr im folgenden Herbst ein neues machen. Dieses Zeichen nun hing, um der besseren Sicherheit willen, an einer sichtbaren Stelle an der Wand – und keiner kam dahinter, was das bedeutete. Es hängt was an der Wand, bloß was? – die Ljaljaschka aber hält dicht.

Nach der Aufführung von „Judas" wurden weitere Zeichen an F. F. Komissarshewski, Sonow und Sachnowski verliehen. Schrittweise wurde auch an einer „Konstitution" der OBESWELWOLPAL gearbeitet – Hauptberater waren der Affen-„Kodifikator", Professor für Strafrecht, M. M. Isajew und der Archäologe I. A. Rjasanowski – beide Affen-Fürsten.

Als ich W. W. Rosanow mitteilte, er sei mit dem Affen-Ehrenzeichen geehrt und zum Ältesten Kavalier der OBESWELWOLPAL ernannt worden, verstand er zunächst gar nichts, war verdutzt und fragte dann: „Wer gehört denn noch zu den Ältesten in deiner Klammer?" W. W. sagte nicht „Kammer", sondern „Klammer", wie auch Ljaljaschka.

„Gerschenson ist einer, Schestow ..."

Ich wollte gerade hinzufügen: auch Iwanow-Rasumnik, Lundberg und Baltrušaitis, doch ich hatte Bedenken, ihn gleich in alle Affengeheimnisse einzuweihen, denn:

„‚OBESWELWOLPAL' ist eine geheime Gesellschaft!"

Gerschenson und Schestow machten auf ihn einen ungeheueren Eindruck.

„Ältester Kavalier", zweifelte W. W. immer noch, „und niemals darunter oder darüber?"

„Nein. Bis in alle Ewigkeit bleiben Sie Ältester."
„Dann sind wir also so etwas wie die Mitra-Popen?" freute
sich W. W. „Einverstanden! Dann bin ich also Ältester Kavalier."
„Und Groß-Phallophor der OBESWELWOLPAL."
„Den Schestow aber machen wir zum Mundschenk, weil's
sein Ressort ist!"

* * *

Ende Sommer 1915 begegneten wir uns eines Tages im „Lu-
komorje". Ich sagte W. W., daß S. P. kränkelte. Wir fuhren
also zu uns in die Tawritscheskaja.
Aus irgendeinem Grunde war W. W. sehr aufgeregt.
In der Straßenbahn fluchte er, ohne die Mitfahrenden zu
beachten, fürchterlich über den „Krieg": „Esel, Trottel, Ha-
lunken ..."
Und solcherart weiter – Namen nennend wie auch ganz allgemein. Um ihn etwas zu beschwichtigen, brachte ich das
Gespräch auf die Affenkammer.
Ich erzählte ihm von den sieben Affenfürsten und den „Af-
fenreliquien", durch I. A. Rjasanowski personifiziert, auch
von P. J. Schtschegolew, dem ältesten der Fürsten, dann
von der Affenhymne ...
„Ach ja, ich wollte mich für einen Mann verwenden – einen
Grünschnabel eigentlich."
„Wer ist es?"
„Rumanow", – und auf einmal verneigte sich W. W., gera-
dezu wie ein Bittsteller. „Kann man ihm nicht wenigstens
eine Medaille geben?"
Ich erklärte W. W., daß das im allgemeinen von der Kanzlei
abhänge, in der Kanzlei aber herrsche übelste Korruption:
Man müsse ein Bittschreiben einreichen und zudem den
Affenzins entrichten; man könne aber Rumanow, ange-
sichts seiner Verdienste um Bücher, auch ohnedem eine
Medaille geben.
In dem Affengespräch verging die Fahrt.
Besonders gerührt war W. W. aber, als ich ihm sagte, daß als
Affenfürst zu Moskau Arkadi Pawlowitsch Sonow sitze.
„Arkadi Pawlowitsch!" W. W. mußte sich sogar etwas erhe-
ben. „Erstaunlich! Trefflich! Über jedes göttliche Maß hin-
aus!"

* * *

Wassili Rosanow. Gemälde von Leon Bakst

1906 tauchte nach langem Wegbleiben A. P. Sonow in Petersburg auf.
Mit Sonow verbanden mich altbewährte Bekanntschaft und treue Freundschaft. Ich lernte ihn kennen, als er und Meyerhold an der Philharmonie studierten. Ich war in Pensa in Verbannung gewesen und heimlich nach Moskau gekommen. Sonow und Meyerhold hatten mich aufgenommen. Meyerhold stammt aus Pensa. Für den Sommer kam er nach

Pensa, Sonow kam mit. Sie spielten im Volkstheater. Das Volkstheater war der Mittelpunkt von Arbeiterversammlungen. Mich hatte man inzwischen nach Ustsysolsk verbannt. Es gelang mir, von dort aus nach Wologda zu kommen. A. A. Bogdanow (Malinowski) stellte mir einen Krankenschein aus, und der Gouverneur Knjasew ließ mich in Wologda bleiben, „unter der Aufsicht von P. J. Schtschegolew und B. W. Sawinkow". Sowohl Meyerhold als auch Sonow kamen mich in Wologda besuchen. Als die Verbannung aufgehoben wurde, fuhr ich nach Cherson und trat in Meyerholds Theater ein. Sonow war auch dort. Von Cherson zog das Theater nach Tiflis, da war ich aber nicht mehr dabei.
Und nun wollte Meyerhold ein Studio in Moskau aufmachen. Man bereitete den „Tod des Tintagiles" in meiner von Brjussow und Baltrušaitis durchgesehenen Übersetzung vor.
In Angelegenheiten dieses Studios kam Sonow nach Petersburg. Wie sollte ich ihn also nicht Rosanow vorführen, nach all unseren ägyptischen Gesprächen!

* * *

Einen 7 Werschok langen möchte ich doch mal sehen. In Indien bin ich nie gewesen, da muß ich mir die Elefanten in Menschengestalt zumindest ansehen. Ich denke, so einer muß einen besonderen Gesichtsausdruck haben: „Ich habs geschafft und besitze das Maß des dem Menschen Zustehenden." Ich meine, daß angenehmste Maß sind 5 Werschok: mißt man es auf dem Tisch ab und denkt nach, so ist das, meines Erachtens, ein göttliches Maß. An so einem sich zu ergötzen und herumzuspielen wird keine Ehefrau müde. Ein größeres Maß kann schon wieder erschrecken, verwirren, ein kleineres hingegen hinterließe keinen tieferen Eindruck. Darum werde ich Sie vielleicht so gegen 12 Uhr (nachts) oder gegen 10 Uhr heute oder morgen aufsuchen. Es sollte sich die Ehrbarkeit der Serafima Pawlowna nicht von der späten Stunde angefochten fühlen, und ich bitte im voraus um Vergebung ob des späten Besuches.

Ihr W. R.

1906

* * *

100

Das Treffen fand statt.

In unserem furchtbar engen Eßzimmer, das auch als Zufluchtsort für Umherirrende diente, haben wir drei: W. W., Sonow und ich, auf dem zersessenen „Wolga"-Sofa viele nächtliche Stunden hinter verschlossenen Türen verbracht.

W. W. sprach leise, fast flüsternd: waren es doch alles delikate – göttliche! – Dinge, ein falsches Wort, und das Ding ist herabgewürdigt, ins Gemeine gezogen.

W. W. legte sich auf dem Tisch verschiedene Maße und schätzte sie ab.

Sonow antwortete wie im Beichtstuhl, kurz und rätselhaft, wie es seine Art war.

Ich aber – Gott sei's geklagt! – stachelte sie wie ein Teufel an, indem ich „Träume heraufbeschwor" und ihre Vorstellung anheizte.

Was W. W. jedoch besonders verblüffte, war Sonows Eingeständnis seiner Unermüdlichkeit.

„Der Lehrer Poletajew erzählte", fiel W. W. ein, „Dominik Dominikowitsch habe ..."

Nein, weder der Lehrer Poletajew noch Dominik Dominikowitsch kannten dergleichen.

W. W. kam ins Schwärmen. Schon sah er es: bei uns, in der Fontanka irgendwo, so ein Institut, da werden aus ganz Rußland, aus der ganzen Welt die „Elefanten" versammelt, zur Züchtung einer kräftigen und starken Nachkommenschaft.

Rußland

Es ist ja so gut, daß Sie dennoch in Rußland geblieben sind. Und ich weiß, böte sich Ihnen auch eine Gelegenheit – nein, niemals würden Sie Rußland verlassen.

Dabei ist Rosanow nicht nur ein Philosoph, der „selbst über Nietzsche!" steht. Rosanow ist Mitarbeiter der „Neuen Zeit".

Es wäre nur zu verständlich, ließe er sich – – wäre da die Verführung, des Geschäftes wegen aus Rußland fortzugehen.

Denn wer weiß, was es da für Mißverständnisse hätte geben können.

Ein Russe hat es wahrscheinlich noch nie so nötig gehabt, in Rußland zu sein, wie gerade in diesen Jahren (1917–1921).

Heute auch, aber auch wieder nicht – –

Freilich, es hat die bedrückendsten Dinge gegeben – sowohl aus Willkür als auch aus Roheit, es konnte doch jeder sich aufspielen wie er wollte! – denn die Revolution ist kein Spiel, nur in den Büchern liest sich das so einfach!

Da war aber auch vieles, das in Friede und Freude und Wohlergehen einfach undenkbar gewesen wäre – dieses Drängen – dieses Anspannen bis zum Äußersten.

Auch im Elend – ein großes menschliches Herz –
                der Mensch zum Menschen,
                von Angesicht zu Angesicht.

Vielleicht sollte man auch sonst, ich sage es mit Ihren Worten, weniger anklagen (das Leben nicht und nicht die Menschen) und geduldig sein Kreuz tragen – die Last seines Schicksals tragen.

Sie kommen doch wirklich nicht grundlos, weder die Plackerei im Leben noch die Freude am Leben!

Ein schweres Los hat die Welt getroffen – das schwerste die Armen.

Natürlich, jeder will es sich möglichst unbeschwert und bequem einrichten – jeder sucht nach einem leichten Leben – ein Hirngespinst! – das gibt es auf der ganzen Welt nicht mehr.

Auf der ganzen Welt gibt es das nicht – ein leichtes Los.

Und wenn man nicht in sich selbst das „brüderliche Herz" verschüttet, und daran glaube ich – sogar in den grausamsten Kämpfen sah und spürte ich es an mir und in mir – dann wird ein Mensch mit Verstand und Wissensdurst auch schlimmstes, bitterstes Ungemach besiegen und sein Leben auf Erden nach dem eigenen Willen gestalten, ohne Hinterlist, Tücke und Häme.

Und die Samen der neuen Mensch-Beziehung wurden gerade in diesen grausamsten Schlachten des Menschen durch den Menschen in jenen Jahren der Mühsal ausgestreut – in Rußland.

Darum – gerade darum hätte man in Rußland sein sollen.

Wem es nicht vergönnt war – der ist ins Räderwerk geraten, das ihn herumgewirbelt und hinausgeschleudert hat, oder er ist aus Kleinmut, um seine Haut oder seine Habe zu retten, die er gerade noch packen konnte, abgehauen, oder seiner Gebrechen wegen – wie viele solcher Unglücklicher leiden Qual in fremden Ländern!

Ja, es ist gut, daß Sie bis zur letzten Minute in Rußland blieben, im tödlichen Ringen mit allen, mit allen Armen und „Siechen".

* * *

Unsereins, lieber Wassili Wassiljewitsch, ist rechtlos hier.

Schon damals habe ich es gespürt, als ich von Jamburg nach Narva kam, genau an der Grenze, als wir Russen uns von unserem Rotgardisten verabschiedeten, und die anderen fingen mit ihrer Hymne an.

Seitdem kein Mucks mehr – wo kein Kläger ist, ist kein Richter.

In der Quarantäne dann, ein Sträflingsdasein, wurde es mir vollends klar, und als ich aus der Quarantäne in die Freiheit entlassen wurde, da war es nicht nur klar, sondern außer jedem Zweifel.

Ach, Wassili Wassiljewitsch, einzig und allein die Affenkammer (Affenklammer!) hat sämtliche Grenzen, Sperren, Passierscheine und Visa abgeschafft – geh, wohin du willst, leb, wie du denkst. Doch ebenso wie sie, die Klammer, grenzenlos ist, keine Grenzen hat, so hat sie – leider! – auch nicht die geringste Bedeutung in der begrenzten Welt.

Rechte kann, wo immer auch, nur der Reiche haben –
    nur der Reiche.

Rosanow, wenn er jemanden bis aufs äußerste kränken wollte, sagte dem Mann: „Reich sollen Sie werden!"

Verstehen Sie, Wassili Wassiljewitsch, das ist eine gräßliche Ungerechtigkeit hier – ein Wal, der mit nichts von der Stelle zu bewegen ist.

Selbst wenn man gar nichts hat, nun ja, auf eigenem Boden geht es noch irgendwie – das „Element", die eigenen Wände, die vertraute Sprache …

Die Herzen der Menschen sind sehr verhärtet, eng ist es geworden, die Erde wird neu zugeschnitten. Und hat sich einer festgekrallt, dann hält er seins mit den Zähnen fest, und mag der andere auch krepieren.

Ich verstehe – –

Schrecklich ist nicht, daß man dich, zum Beispiel, aus der

Lew Schestow.
Gemälde von
Boris Grigorjew

Wohnung hinauswirft, weil du kein Valutaschieber bist und nicht so viel zahlen kannst; schrecklich ist, daß es im Grunde genommen keinen berührt – jeder für sich allein.

Man muß erst abkratzen, lieber aber sterben, dann wird man sich vielleicht deiner erinnern, doch solange du noch auf Hinterbeinen läufst, wie Prischwin es einmal sagte, kannst du dich beklagen noch und noch – ich beklage mich ja auch unentwegt bei Ihnen! – ganz egal, jeder für sich allein!

Hier, Wassili Wassiljewitsch, traue ich mich nicht, ein lautes Wort russisch zu sagen – es hat schon ärgerliche Zwischenfälle gegeben! – außerdem möchte man auch keine Verwirrung stiften.

Bei denen hier ist sie schon schlimm genug!

Auch hier gibt es eine solche Armut, ganz wie bei uns, unmöglich zu vergessen, alles vor deinen Augen:

ich sehe alles – –

Da ist mir gerade eingefallen: hätte man Blok rechtzeitig

104

hierhergeschickt in ein Sanatorium, nach Nauheim meinet-
wegen – neuerdings kommen viele mit Genehmigung her,
auch M. O. Gerschenson ist hier irgendwo zur Kur! –, dann
hätte man das Herz vielleicht wieder in Ordnung gebracht,
und vor allem das Herz wäre fernab von allem Treiben zur
Ruhe gekommen, er wäre genesen und, ich zweifele nicht
daran, nach Hause zurückgefahren.

Zu Hause – das ist Rußland.

Diese elende Politik hat alles verdreht und verwirrt. Es hat
ja eine Zeit gegeben – jetzt scheint sie vorüber zu sein! –,
wo die Hiesigen von Unseren, die im Ringen – in Rußland – geblieben waren, sagten: „Sie haben sich an die Bolschewiken verkauft!" Das habe ich mit eigenen Augen gelesen, war doch bei uns auch so, beim geringsten Anlaß hieß
es gleich: „Sie haben sich ans internationale Kapital verkauft!"

Was man da für eine bösartige Phantasie haben muß, und
was für Nichtigkeiten im Herzen tragen!

Rußland aber – –

Hören Sie lieber, was ich in einem Brief gelesen habe:

*

„– – angefangen damit, daß an uns drei Jahre lang Insekten aller Art gefressen haben, mußten wir
schlimme Not leiden in Moskau, unterwegs vom Saratower ins Tschernigower Gouvernement, als wir
kurz vor Moskau kein Brot mehr hatten, bettelte ich
auf dem Weg in die Tretjakowka um Almosen. Ein
Jahr lang trug ich ein einziges Kleid, das, in dem ich
getraut worden bin. Ein Jahr lang besaß ich kein
Hemd, und fast zwei Jahre lang habe ich keine Seife
gesehen (welche auch immer). Doch merkwürdiger-
weise habe ich alles tapfer überstanden: ich war gesund, kräftig und sogar fröhlich."

„– – ich hatte ja auch Typhus und war kahlgescho-
ren, jetzt habe ich mehr als ein Viertel der Haare wieder."

„– – Iljuscha ist vor bald drei Wochen nach Petersburg gefahren, ich habe schon einen Brief von ihm;
er schreibt, das sei der zweite, den ersten habe ich
aber nicht bekommen. Ich habe ihn zum Lernen hin-
geschickt, damit er sich aufs Gymnasium vorbereiten

kann. N. W. hat ihn bei sich aufgenommen. Er weiß sehr wenig, in den vier Jahren sind seine Kenntnisse nicht besser geworden, weil ich mich mit vielen Dingen beschäftigt habe, nur nicht mit der Bildung der Kinder. Ich habe viel gezeichnet, für sie Brot, Milch und andere Lebensmittel verdient, seitdem zeichne ich sogar viel besser. In den letzten $1^1/_2$ Jahren habe ich viel gelesen."

„Kira ist ein sehr begabter Junge, er zeichnet gut, sehr gut sogar, ein Junge mit viel Initiative. Danetschka ist sehr lustig und hängt sehr an seiner Mutter, Wassenka aber ist sehr nervös und gallig, und alles, was er tut, übertreibt er maßlos, heute hat er wieder übertrieben lange geschrieben, er ist gerade dabei, Lesen und Schreiben zu lernen."

„Die Kinder sind (bis auf Iljuscha) im Heim, es geht ihnen schlecht, ich muß fast mein ganzes Gehalt für zusätzliches Essen ausgeben. Meine Art mich zu kleiden ist sehr ärmlich: jetzt habe ich 2 Hemden und 3 Baumwollkleider. Könntest Du mir ein für mein Alter passendes Kopftuch schicken? Und etwas Wäsche, die Du vielleicht nicht mehr so nötig brauchst?"

15. 12. 22

Das ist doch Rußland – –
Rußland ohne Hemd, barhaupt, im einzig erhalten gebliebenen Hochzeitskleid –
Rußland, die Mutter, die um Almosen gebettelt hat –
Rußland, dem die Kinder heranwuchsen – die Kinder, die es gehütet hat in diesem mühseligen Ringen während der Jahre unendlichen Sterbens und Hungerns bis zur Menschenfresserei.
Ja, ja, ich versteh nichts von euren Staatsweisheiten, von eurer Politik, ich kann nicht richten und richte auch nicht, doch ich fühle: Das Wichtigste hat man vergessen, oder etwas ist völlig durcheinandergeraten, aber so geht das nicht – – nein, nein, so geht das nicht mit dieser Rund-um-die-Welt-Politik, mit Grenzen, Blockaden, Passierscheinen, Visa –

106

Michail Kusmin. Zeichnung von Juri Annenkow

Hier ist noch einer, diesmal aus dem Saratower Gouvernement:

*

„– – kann ich Ihnen vielleicht mit etwas helfen? Wie
sieht es in Deutschland mit Brot aus? Ich kann Mehl
schicken, Weizenmehl sogar und Schrot. Brot haben
wir viel, die Ernte war gut."

2. 11. 22

* * *

107

Wissen Sie noch, Wassili Wassiljewitsch, wie S. P. aus Verzweiflung (es gab für sie keinen Lichtblick mehr – rein persönlich!) beschlossen hatte, ins Ausland zu gehen?
Natürlich war das nur so eine Schwächeminute, in Wirklichkeit hatten wir einfach kein Geld mehr zum Reisen. Aber das Wort war nun einmal gefallen.

– Wie denn? Ohne Rußland?!

*

Liebste und teuerste
Serafima Pawlowna!
Mir wurde auf einmal sehr traurig zumute, als ich erfuhr, daß Sie ins Ausland gehen, ungewiß, für wie lange Zeit. Traurig und schmerzlich. Ich hatte mich schon so an „meinen Schreihals" gewöhnt, denn dieser „Schreihals" war ja so „liebreizend" und beinahe „verwandt", so sehr habe ich mich an Sie gewöhnt. Irgend etwas Trauriges geht mit Ihnen vor, das ich nicht genau kenne. Das alles war wie ein Schlag für mich, und ich wollte unbedingt zu Ihnen kommen und Ihnen etwas sagen, das zu sagen mir vielleicht mißlingen wird. Mit einem Wort, nennen Sie mir Tag und Stunde, und ich komme zu Ihnen. Bitte! Denn Sie sind uns so vertraut geworden, auch wenn ich Sie in der letzten Zeit nicht gesehen habe. Sie kennen keine Hintergedanken, sind geradezu, ehrlich und klug: Gaben, die nicht häufig sind. Sie sind nicht kleinlich, haben keine niedrige Gesinnung. Auch etwas Seltenes! Nun also, ich küsse herzlich Ihre lieben Hände. Es ist so schade, so schade, wirklich!
Ihr Ihnen von ganzem Herzen ergebener und Sie liebender

W. Rosanow.

Gr. Kasatschi-Gasse 4, Wohnung 12
Ich kann abends nach 10 Uhr kommen, und auch tagsüber von 3 bis 6.

1909

Eine Legende

M. A. Kusmin hat eine Musik komponiert –
    Der Leidensweg der Muttergottes.
Er hat auch selbst Klavier gespielt und gesungen.
Das Jahr 1907 ist im Zeichen dieses Liedes vergangen.
Die Legende vom „Leidensweg" stammt aus Byzanz, keine
russische also; als sie nach Rußland kam, wurde sie so beliebt, daß sie mit einemmal ganz russisch, ganz heimisch
und ursprünglich geworden ist –
    ob der großen Barmherzigkeit eines großen Herzens –
    ob der „unvergebbaren Sünde", die vergeben wird.
Dort im WESTEN – das Dantesche Gebäude von oben bis
unten – vom Paradies bis zur Hölle – heute und immerdar,
diese „Sünde", die unvergebbar ist", –
hier aber im OSTEN dieser Leidensweg –
    die Muttergottes geht durch die Hölle mit all ihren
    Finsternissen, Feuern und Frösten und will nicht
    wiederkehren ins Paradies – will mit den Sündern
    dulden in Finsternis, Feuer und Frost.

In den Apokryphen heißt es, die Muttergottes ruft alle
himmlischen Mächte, die Propheten, die Apostel und die
Heiligen an und bittet Gott, den Sündern Gnade zu gewäh-
ren. Und Gott ist milde – er gewährt den Sündern Rast vom
Gründonnerstag bis zum Pfingstfest.
Das aber ist noch nicht alles.
Ich lese weiter in den Apokryphen –
    kann denn ein großes Herz zur Ruhe kommen zu ir-
    gendeiner Frist? Es kann aber auch die Gerechtigkeit
    – die Vergeltung für der Sünder Untaten – die Frist
    nicht bis ins Unendliche hindehnen *(bis auf weite-
    res)**.
Und es endet damit, daß die Muttergottes auf paradiesische
Wonnen verzichtet, das Paradies verläßt und – in die Hölle
– auf die Erde – geht, mit den Sündern zu dulden.
                    * * *
Ich habe W. W. Rosanow von dieser bemerkenswerten Le-
gende erzählt.

* Im Original deutsch.

Auch von Kusmin, was das für ein erstaunlicher Mensch ist: schreibt Gedichte, macht Musik, singt und Gott weiß, was nicht alles –

Kusmin trug damals einen Bart – rabenschwarz! – ein kirschrotes Samtwams und erschien im Hause seiner Schwester Warwara Alexejewna Auslaender in einem knielangen goldbestickten Seidenhemd, die Augen ohnehin – Somow hat das in einer Zeichnung gut getroffen! – wie bei einem Gaul, wenn er von der Seite blickt, die unterstrich er auch noch leicht mit Schwarzstift und blickte dann drein, als sei er Pharao Tut-ench-Amum in Person oder gerade dem Scheiterhaufen einer Altgläubigen-Klause hinter der Wolga entronnen, zudem parfümierte er sich stark mit Rosenöl – und duftete wie eine Ikone am Festtag.

Ich habe W. W. angestachelt, Kusmin zu besuchen und seinen Gesang zu hören –

den Leidensweg der Muttergottes.

Doch immer kam etwas dazwischen, und es wurde von Mal zu Mal vertagt.

Es verging ein Jahr, dann ein zweites –

längst hatte Kusmin das kirschrote Zauberwams abgelegt, den Bart abgeschnitten und war nie wieder im goldbestickten Seidenhemd gesehen worden; er hatte seltene Bücher besessen, alte Drucke (Prolog) wie Handschriften, auch die Zeichenhaken (Noten) – alles versoffen, verkauft, die Stimme auch, die hat er sich im „Streunenden Hund" ausgebrüllt.

Doch wie auch immer.

Bei dieser ersten Begegnung bei den Rosanows hat Kusmin Klavier gespielt und gesungen.

W. W. hatte ihn unentwegt angesehen – eine „Legende"! – und der einzigartigen Legende gelauscht, in der all unser Wesen liegt, der russische Glaube – ein völlig anderer, nicht der von Dante –

Leidensweg der Muttergottes.

– Schön wie ein Vogel im Wald!

110

... die ich aufhabe, das ist sie nicht – die da mit der Gold-
stickerei, die habe ich damals gleich aufgesetzt, und auch
nicht auf diese meine Zotteln, sondern auf den Steppen-
graskopf.

‚Das hat dir‘, hatte ich mir gesagt, ‚der Meister Petz geschickt. Willst du sie wohl hüten?‘

Und die rote hier mit der Quaste! – sehen Sie die Quaste?
– eine Nachtkappe, *Schlafmütze** wie es bei den Deutschen
heißt, das ist eine deutsche, W. A. Salkind hat sie aus Zerbst
mitgebracht – der Konrektor der OBESWELWOLPAL, er
hat auch das Thermometer angeschraubt und Benzin ins
Feuerzeug gegossen – ein richtiger Mechaniker! – ein
Mann von seltener Güte.

Wenn ich auch jetzt, Wassili Wassiljewitsch, sparsam mit jedem guten Wort umgehe – es gibt gute Menschen auf der
Welt.“

Er sagt es ja auch. Er ist mein Ratgeber hier – das *Feuer-
männchen** – sorgt für Wärme und Licht! – ist von allein zu
uns gekommen, hat hinterm Ofen gelebt: beim Saubermachen,
da haben wir ihn entdeckt. Mit ihm wird auch die
Nacht nicht lang   –

　　im Mo-o-ondenschein!

Und mit der Schlafmütze sitze ich da, weil ich mir die
Haare gewaschen habe.

Unser Haus ist nämlich so, daß fast jede Woche der Abort
kaputtgeht, irgendwas ist mit den Rohren, und kaum ist er
wieder ganz, nehmen sofort alle Mieter ein Bad.

Wir sind hier schon seit über einem Jahr – immer in der
*Kirchstraße** in der St.-Louisen-Gemeinde. Die erste Zeit hat
man sich auch mal verlaufen, dann guckt man plötzlich,
und – da ist sie, die Spitze – die St. Louise! – führt dich
zum Haus.

Und nun wird man fortgejagt –

Ach ja, was die Sache mit den Büchern betrifft, Wassili
Wassiljewitsch – Ihre Bücher sind nämlich noch immer
nicht erschienen.

* Im Original deutsch.

Alexej Remisows „Nixenmärchen", mit einer Widmung für Ilja Ehrenburg

Und sie sind sehr schwer zu bekommen. Wera Wassiljewna hat drei, mehr weiß ich nicht.
Auch in Rußland sind sie nicht leicht zu bekommen.
Schklowski wettert bis zum Geht-nicht-mehr.
Dabei haben wir alle Ihre Bücher gehabt, alle mit Widmungen. Und mußten alles verkaufen – die ganze Bibliothek verkaufen.
Wir dachten, wir kommen ins Ausland – da wird es fürs er-

ste reichen: erst mal ausruhen. Ich war ja sehr krank. Wollte zur Kur, wie alle, die ankommen, in ein Sanatorium irgendwo. Doch daraus ist nichts geworden. Bis heute nicht. Im August sind wir fortgefahren, das Geld aber kam erst im Juli des folgenden Jahres an, zu spät eben: bis zum Juli hatte sich allerhand ereignet, die Zeit ist nun versäumt. Hätte man's gewußt, daß es so kommen würde, da hätte man die Bücher doch lieber den Sammlern gegeben.

Seien Sie nur nicht böse! Ich verstehe das doch: mir ist es ähnlich ergangen – Block, als er ins Ausland wollte (ehe er starb), hat auch angefangen, Bücher zu verkaufen, ich höre sogar, er hat „Possolon" mit dem Autogramm verkauft.

Ihre Apokalypse aber ist beim großen Bücherwurm in Verwahrung, kehren wir zurück nach Rußland – wird es eine Erinnerung sein.

Wissen Sie noch, Wassili Wassiljewitsch, einmal, das war noch in Gatschina, auf der Datscha, sagten Sie, ich weiß es noch, Sie könnten niemals Erzählungen schreiben: „Ich kann es einfach nicht!"

Schklowski dagegen hat ein Buch geschrieben, „Rosanow" heißt es, und dort steht genau das Gegenteil: Wenn jemand in der letzten Zeit Belletristisches geschrieben habe, dann sei es Rosanow – „In Zurückgezogenheit", „Abgefallenes Laub" – das sei ja ein ganzer Roman, eine neue Form!

– Na so was aber auch.

– Wozu ich Ihnen gratuliere.

Der Schklowski, das ist so einer: Füße hat der – wenn er läuft, glaubt man, er trägt Riesenstiefel – einer meiner Schüler, ein Rotarmisten-Politchef, klagte einmal, man habe ihm amerikanische 3 Pud schwere Stiefel verpaßt – der Schklowski-Fuß ist 3 Pud schwer, der kann sonstwas in den Boden treten.

Nun hat er's bewiesen, und Sie haben sich Gedanken gemacht: „Ich kann nicht, ich kann nicht."

Sie haben keine Erzählungen schreiben können, wie sie sonst geschrieben werden, Gott sei Dank auch!

Freilich, solange Eisenbahnen verkehren und Bahnhöfe existieren, wird man Erzählungen schreiben – das Bedürfnis nach „geistiger Nahrung".

Das da, was Ihnen ein unerreichbarer Gipfel zu sein schien –

„im Coupé, eingesunken in Diwankissen usw.",

dem ist, glaube ich, bei uns in Rußland das Wasser abgegraben, außer vielleicht für Amerikaner.

Eine neue Form!

Manchmal, Wassili Wassiljewitsch, packt mich eine solche Wut; hätte ich in solchen Minuten die Macht, ich würde

114

alle zwingen, sich mit Naturwissenschaften zu beschäftigen, ich könnte denen sogar Schmetterlinge von den Zäunen lesen oder Würmer bestimmen.
Eine Sterbensöde!
Und ich sage Ihnen, Sie haben nichts versäumt, daß Sie das „Buch der Erzählungen" immer noch nicht aufgeschnitten haben.
Gott, was macht's für einen Unterschied, ob „In den Wiesen" oder „Auf dem Zaun" oder sonstwie – ?
Eine unglaubliche Blut- und Hodenlosigkeit.

Na, Wassili Wassiljewitsch, haben Sie nun begriffen, daß man dort nicht einmal mehr ein Zigarettchen braucht?
Ich habe einmal sterbenskrank darniedergelegen – gerade am Vorabend der Oktoberrevolution – und hatte alles vergessen: die Zigaretten und auch, daß ich ebenfalls „Erzählungen" schreibe, ich dachte nur an das eine und litt darunter, nämlich, daß ich mit meinem Husten denjenigen martere und sein Herz zerreiße, der pausenlos bei mir war, wäre dieser andere aber verschwunden, hätte ich darunter gelitten, daß ich ihm das Herz zerrissen und ihn gemartert habe, und sonst nichts.
Was aber, wenn es sonst überhaupt nichts mehr gibt? Ein dunkler Punkt der Bewußtlosigkeit – und das ist dann die Ewigkeit –?
Oder erst der dunkle Punkt, und dann – –
Wie ein Aufwachen etwa – und in nichts dem unseren ähnlich: so, und auch wieder nicht so, wo selbst das „Ich will" anders ist und sich vom Wohnort her in der Ewigkeit unterscheidet.
Wie steht es denn mit den Fristen in dieser Ihrer – – was hört man so in der Ewigkeit?
Oder ich frage Sie mal so –
Bei Hauff – erinnern Sie sich an Hauffs Märchen? – bei Hauff also schleppt sich Ahasver hundemüde aus China hierher und hat nicht weit von uns, im Tiergarten, eine merkwürdige Begegnung. Selbstverständlich macht er sich Sorgen um die Frist – denn sich von Land zu Land zu schleppen, das ist schon, naja –! Und nach dem Bericht übers tägliche Leben hat er eine einzige Frage – Sagen Sie,

Wassili Wassiljewitsch, wie spät haben Sie es jetzt dort bei Ihnen, in der Ewigkeit?
– Ist es Abend?
– Noch nicht?

* * *

Am Troize-Sergijew-Kloster bei Moskau ruht W. W. Rosanow, abgelaufen die Frist seines Lebens – des Wandelns auf Erden von der Spalernaja in die Große Kasatschi-Gasse, von der Kasatschi-Gasse in die Swenigorodskaja – und wieder in die Spalernaja –

<blockquote>
23. 1. 1919
im Alter von 63 Jahren
1856–1919
</blockquote>

„Kukcha" wie „Achru" – sind Affen-Wörter, in der Affen-Sprache: Achru – Feuer, Kukcha – Nässe.

THOMAS MANN

Brief an Alexej Remisow

Sehr verehrter Herr Remisow,

ich höre, daß Russen in Berlin jetzt zuweilen Aufenthaltsschwierigkeiten von amtlicher Seite erfahren. Ich bin überzeugt, daß man vor Ihrem Namen unter allen Umständen halt machen wird, möchte Ihnen aber jedenfalls ausdrükken, wie ganz besonders schmerzlich es mir wäre, wenn Ihnen in Deutschland etwas Unangenehmes zustieße. Meiner Meinung nach kann Berlin stolz darauf sein, Sie, einen der ersten Dichter des heutigen Rußland, in seinen Mauern zu beherbergen. Gern erinnere ich mich unseres Zusammentreffens vom vorigen Jahre. Ihre persönliche Bekanntschaft zu machen, war mir ganz außerordentlich lieb und wichtig. In großer Verehrung bin ich mit herzlichen Grüßen an Ihre mir damals bekannt gewordenen Landsleute

Ihr ergebenster
Thomas Mann.

MAXIM GORKI

Vom russischen Bauern

Aber wo steckt denn nun eigentlich der gutmütige, nach-
denkliche russische Bauer, der unermüdliche Sucher nach
Wahrheit und Gerechtigkeit, von dem die russische Literatur des neunzehnten Jahrhunderts der Welt so überzeugend und so schön erzählt hat?

In meiner Jugend suchte ich mit heißem Begehren einen
solchen Menschen in den Dörfern Rußlands, und – habe
ihn nicht gefunden. Ich habe dort den finstern Realisten
und Schlaukopf getroffen, der es vorzüglich versteht, den
Einfaltspinsel zu spielen, wenn ihm das gerade paßt. Er ist
von Natur nicht dumm, und weiß das selbst sehr wohl. Er
hat eine Menge melancholischer Lieder und roher Märchen
geschaffen, hat Tausende von Sprichwörtern geformt, in denen die Erfahrung seines schweren Lebens niedergelegt
ist.

Er weiß, „der Bauer ist nicht dumm – aber die Gemeinde
ist ein Narr“, und „die Gemeinde ist stark wie Wasser, aber
dumm wie ein Schwein.“

Er sagt: „Fürchte dich nicht vor Teufeln, fürchte dich vor
Menschen,“ –

„Hau du nur die Deinen, dann werden die Fremden Angst
haben.“ Von der Wahrheit denkt er nicht sehr hoch: „Wahrheit macht nicht satt.“ – „Was schadet die Lüge, wenn du
nur satt bist.“ – „Der Rechtschaffene ist ebenso schädlich
wie der Dummkopf.“ Er fühlt sich jeder Arbeit gewachsen
und sagt: „Wenn man den Russen prügelt, kann er auch
eine Uhr machen.“ Und geprügelt muß werden, denn „man
ist nicht zu faul, jeden Tag zu essen, aber Lust zur Arbeit
hat man nicht.“

Solcher und ähnlicher Weisheiten hat er Tausende, er versteht es sehr gut, sie zu benutzen, von Kindheit an hört er
sie, und von Kindheit an überzeugt er sich, wieviel treffende Wahrheit und Schwermut sie enthalten, wieviel
Selbstironie und Erbitterung gegen die Menschen. Die
Menschen – besonders die in der Stadt – machen ihm das
Leben recht schwer, er findet sie überflüssig auf der Erde,
die buchstäblich mit seinem Schweiß und Blut gedüngt ist,

auf der Erde, die er mystisch liebt, von der er unerschütterlich glaubt und fühlt, daß er mit ihr in seinem Fleisch fest verwachsen ist, daß sie sein unbeschränktes Eigentum sein soll, das man ihm räuberisch genommen hat. Lange vor Lord Byron wußte er, daß „der Schweiß des Bauern ebensoviel wert ist wie ein Gutshof." Die Literatur der „Volksfreunde" diente den Zielen politischer Agitation und idealisierte deshalb den Bauern. Aber schon gegen Ende des neunzehnten Jahrhunderts begann sich die Literatur anders zum Bauern und zum Dorf einzustellen, sie beobachtete weniger rührselig und mehr wahrheitsgemäß. Als erster sah Anton Tschechow den Bauern anders in seinen Erzählungen „In der Schlucht" und „Die Bauern".

In den ersten Jahren des zwanzigsten Jahrhunderts erschienen die Erzählungen des besten modernen russischen Wortkünstlers, Iwan Bunin.

Sein „Nächtliches Gespräch" und eine andere, durch Schönheit der Sprache und finstere Wahrhaftigkeit hervorragende Erzählung, „Das Dorf", beleuchten die neue kritische Einstellung zum russischen Bauern.

Von Bunin wird in Rußland behauptet, er stehe als Edelmann dem Bauern voreingenommen und feindselig gegenüber. Natürlich ist das nicht wahr. Bunin ist ein hochstehender Künstler, und nur das. – Es gibt in der russischen Literatur unseres Jahrhunderts noch grellere und trübere Zeugnisse von dem bang-lastenden Dunkel des Dorfes, so „Jugend", eine Erzählung aus der Feder des begabten Bauern Iwan Wolny, dann die Erzählungen des Moskauer Bauern Semjon Podjatschew, und auch die des sibirischen Bauern Wsewolod Iwanow, eines jungen Schriftstellers von außerordentlicher Anschaulichkeit und Kraft der Darstellung.

Den Genannten wird man schwerlich Voreingenommenheit oder Feindseligkeit gegenüber einer Volksklasse vorwerfen können, der sie selbst mit Fleisch und Blut angehören, zu der sie noch in lebendigen Beziehungen stehen. Sie kennen und verstehen besser als sonst jemand das Leben der Bauern, das Leid und die groben Freuden des Dorfes, die Blindheit seines Denkens und die Roheit seines Fühlens.

Der Schluß dieses trüben Bildes sei die Erzählung eines

Mitgliedes der wissenschaftlichen Expedition, die im Jahre 1921 im Ural gearbeitet hat. Ein Bauer wandte sich mit folgender Frage an die Mitglieder der Expedition: „Ihr seid doch gelehrte Herren, also gebt mir, bitte, in folgender Sache Auskunft: Ein Baschkire hat mir eine Kuh abgestochen, ich habe *natürlich* den Baschkiren totgeschlagen und dann seiner Familie eine Kuh fortgenommen. Kann ich da nun wegen der Kuh bestraft werden?"

Als man ihn fragte, ob er wegen des Mordes an einem Menschen denn keine Strafe erwarte, antwortete der Bauer ruhig: „Das hat nichts zu sagen – Menschen sind jetzt billig!"

Charakteristisch ist hier das Wort „natürlich"; es bezeugt, daß Mord etwas ganz Einfaches, Gewöhnliches geworden ist. Das ist die Wirkung des Bürgerkrieges und des Banditenwesens!

Hier ein Beispiel, wie manchmal Ideen, die dem dörflichen Verstande neu sind, aufgenommen werden.

Ein Dorfschullehrer, Bauernsohn, schreibt mir: „Da der berühmte Gelehrte Darwin die Notwendigkeit des schonungslosen Kampfes ums Dasein wissenschaftlich bewiesen und nichts gegen die Vernichtung schwacher und untauglicher Menschen einzuwenden hat, und man in alter Zeit die Greise in einsamen Schluchten dem Hungertode überantwortete, oder sie auf Bäume setzte und herabschüttelte, damit sie sich zu Tode fielen – so schlage ich vor, indem ich gegen solche Grausamkeit Protest erhebe, alle Untauglichen durch humanere Mittel zu vernichten. Zum Beispiel, man gebe ihnen etwas Wohlschmeckendes ein, oder dergleichen. Solche Maßregeln würden den allgemeinen Kampf ums Dasein, das heißt seine Methoden, mildern. Ebenso müßte man mit schwachsinnigen Idioten verfahren, mit Verrückten und geborenen Verbrechern, vielleicht auch mit unheilbar Kranken, Verwachsenen, Blinden usw. Eine derartige Gesetzgebung würde natürlich unsern flennenden Intellektuellen nicht gefallen, aber es ist höchste Zeit, daß man aufhört, auf ihre konservative und antirevolutionäre Ideologie Rücksicht zu nehmen. Der Unterhalt untauglicher Menschen ist für das Volk zu teuer, und dieser Punkt der Ausgaben muß bis auf Null herabgesetzt werden."

Zur Zeit werden in Rußland viele solche und ähnliche Pro-

jekte, Briefe und Eingaben geschrieben. Sie wirken nieder-
drückend, aber trotz ihrer Torheit zwingen sie zu der Erkenntnis, daß das Denken des Dorfes erwacht ist, und wenn
es auch noch unbeholfen arbeitet, so arbeitet es doch in einer ihm ganz neuen Richtung: das Dorf versucht über den
Staat in seinem Ganzen nachzudenken.
Man hört manchmal die Anschauung, als sei gerade der russische Bauer besonders religiös. Ich habe das niemals finden können, obwohl ich das geistige Leben des Volkes mit
genügender Aufmerksamkeit beobachtet zu haben glaube.
Nach meiner Ansicht kann ein Mensch ohne jede Elemen-
tarbildung, der nicht zu denken versteht, kein wahrer
Theist oder Atheist sein, und ich meine, der Pfad zum
festen, tiefen Glauben muß durch die Wüste des Unglau-
bens führen.
Bei der Beobachtung des Lebens verschiedener Sekten habe
ich in Gesprächen mit gläubigen Bauern vor allem einge-
wurzeltes, blindes Mißtrauen gegen jede Gedankenarbeit
gefunden, und eine Geistesverfassung, die man als Skepti-
zismus der Unwissenheit bezeichnen könnte.
In dem Bestreben der Sektierer, sich abzusondern, sich abseits von der staatlich-kirchlichen Organisation zu halten,
fand ich immer ein ablehnendes Verhältnis nicht nur gegenüber den Riten und – noch am wenigsten – den Dog-
men, sondern überhaupt gegenüber dem System des staatlichen und städtischen Lebens. In dieser Ablehnung konnte
ich keinerlei originelle Idee erkennen, keine Anzeichen
schöpferischen Denkens, kein Suchen nach neuen geistigen
Pfaden. Es handelt sich um eine lediglich passive und
fruchtlose Ablehnung von Erscheinungen und Ereignissen,
deren Zusammenhang und Bedeutung ein schwach entwik-
keltes Denkvermögen nicht verstehen kann.
Mir will scheinen, die Revolution hat den ganz klaren Beweis geliefert, daß die Behauptung von der tiefen Religiosität des russischen Bauern falsch war! Ich lege dabei kein besonderes Gewicht auf die Tatsache, daß in Dorfkirchen
Theater und Klubs eingerichtet worden sind, obwohl das
manchmal nicht etwa deshalb geschah, weil keine Räum-
lichkeiten vorhanden gewesen wären, sondern in der ausge-
sprochenen Absicht einer freidenkerischen Demonstration.
Es ist auch noch roheres gotteslästerliches Verhalten gegen

120

die Kirche vorgekommen: das erklärt sich aus der Feind-
schaft gegen die „Popen", aus dem Bestreben, den Priester
zu ärgern und manchmal aus der dreisten und naiven Neugier der Jugend: was wird mir geschehen, wenn ich
schände, was alle anderen verehren? Sehr viel wichtiger
sind andere Tatsachen. Die Vernichtung der vom Volke
hochgeachteten Klöster, des alten Kiewer Höhlenklosters
und der Troize-Sergijew-Lawra, die eine gewaltige historische und religiöse Rolle gespielt hat, hat unter den Bauern
weder Proteste noch Unruhen hervorgerufen, was einige
Politiker mit Sicherheit erwarteten. Als hätten diese Zentren des religiösen Lebens plötzlich ihre magische Kraft
verloren, die doch bisher die Gläubigen von allen Enden
des weiten Rußland angezogen hatte. Aber Hunderttausende Pud Getreide, die vor dem hungernden Moskau und
Petersburg versteckt waren, verteidigten die Bauern mit be-
waffneter Hand, unter Einsetzung ihres Lebens.
Als die Provinz-Sowjets die „unverweslichen", vom Volke
hochverehrten Reliquien öffneten, blieb die große Masse
völlig gleichgültig und zeigte nur schweigsam dumpfe Neugier. Die Öffnung der Reliquien wurde höchst taktlos und
vielfach geradezu roh durchgeführt, unter tätiger Beihilfe
von Fremdstämmigen und Andersgläubigen, mit grober
Verhöhnung der Gefühle derjenigen, die an die Heiligkeit
und Wundertätigkeit der Reliquien glaubten. Aber auch das
rief keinen Protest bei denen hervor, die sich noch gestern
vor den Reliquienschreinen der „Wundertäter" demütig geneigt hatten. Ich habe ein paar Dutzend Augenzeugen und
Leute, die selbst bei der Enthüllung des kirchlichen Truges
mitgewirkt haben, befragt, was sie empfanden, als statt des
unverweslichen und wohlduftenden Leibes eines Heiligen
eine roh gearbeitete Puppe oder halbvermodertes Gebein
zum Vorschein kam. Die einen sagten, es sei eben ein Wunder geschehen: die Heiligen, wissend von der beabsichtig-
ten Schändung durch die Ungläubigen, hätten ihre Schreine
verlassen und seien verschwunden. Andere behaupteten,
die Mönche hätten den Betrug erst begangen, als sie schon
von der Absicht der Behörden, die Reliquien zu zerstören,
Kenntnis hatten: „Sie brachten die echten, unverweslichen
Reliquien in Sicherheit und ersetzten sie durch Nachbil-
dungen!"

So sprechen fast nur die Vertreter des alten, analphabetischen Dorfes. Die jüngeren Bauern, die schon elementare Bildung haben, geben natürlich zu, daß ein Betrug stattgefunden hat, und sagen:

„Recht so! Ein Betrug weniger." – Aber dann kommen ihnen andere Gedanken, die ich hier wörtlich so wiedergebe, wie ich sie mir aufgezeichnet habe.

„Jetzt, wo die Klosterzaubereien aufgedeckt sind, müßte man sich mal die Doktoren vornehmen und die anderen gelehrten Herren ... und dem Volke reinen Wein über alle ihre Kunststücke einschenken!"

Es kostete lange Mühe, den Sprecher zu veranlassen, den Sinn seiner Worte näher zu erläutern. Etwas verlegen sagte er: „Sie glauben natürlich nicht daran ... Aber die Leute reden doch, man könne jetzt den Wind vergiften, und dann ist es aus, mit allem, was da lebt, Menschen und Vieh. Jetzt sind eben alle verärgert, niemand hat noch menschliches Gefühl."

Ein anderer Bauer, Mitglied eines Kreis-Sowjets, der sich

V. l. n. r.: Maxim Gorki, Konstantin Rode, Alexej Tolstoi, Alexej Remisow und Albert Pinkewitsch; 1922 in Berlin

122

selbst „Kommunist" nannte, hatte solche gefährlichen Gedanken noch tiefer erfaßt.

„Wir brauchen keine Wunder! Wir wollen hell im Licht leben, ohne Angst und Furcht. Aber Wunder stehen noch bevor – die schwere Menge! Die Dörfer sollen elektrische Beleuchtung bekommen: angeblich wird es dann weniger Feuersbrünste geben. Sehr schön, Gott helfe dazu! Wenn nur kein Fehler dabei gemacht wird! Sonst dreht mal einer eine Schraube nach der falschen Seite – und dann geht das ganze Dorf in Flammen auf! Sehen Sie, wie gefährlich die Sache ist! Und dann muß ich auch sagen, die Städter sind ja schlaues Volk, und die Leute im Dorf sind noch dumm und lassen sich leicht übers Ohr hauen. Das ist eine große Sache, die man sich da ausgedacht hat! Soldaten haben erzählt, im Krieg hat man mit elektrischem Licht ganze Regimenter totgemacht!"

Ich bemühte mich, die Furcht meines Kaliban zu zerstreuen, und hörte von ihm die verständigen Worte:

„Einer weiß alles und der andere gar nichts. Das ist ja eben der ganze Jammer! Wie kann ich etwas glauben, wenn ich nichts weiß!"

Die Klagen aus dem Dorf über die eigene geistige Finsternis werden immer zahlreicher, klingen immer besorgter. Ein Sibirier, ein energischer junger Bursche, der eine Freischar im Rücken von Koltschak zusammengebracht hat, erzählt finsteren Blickes:

„Unser Volk ist noch nicht reif für die Ereignisse. Es schwankt hin und her und ist innerlich wie blind. Da haben wir mal einen Haufen von Koltschakleuten zersprengt, drei Maschinengewehre genommen, ein Geschütz, etwas Train, an die fünfzig Mann niedergemacht – wir selbst hatten 71 Mann verloren – und sitzen nun da und ruhen aus. Da fragen mich plötzlich meine Kerls: Wie ist die Sache nun eigentlich, hat nicht auch etwa der Koltschak recht? Arbeiten wir nicht vielleicht nur gegen uns selbst?* Manchen lieben Tag komme ich mir selbst vor wie ein Hammel – alles ist mir so unklar! Überall ist nur Hader! Mir hat mal in

---

* In Kustanaj in Sibirien ist eine Abteilung von bäuerlichen Partisanen zwanzigmal von den Bolschewiki zu Koltschak übergegangen und umgekehrt! (M. G.)

Tomsk ein Doktor, ein netter Mensch, von Ihnen gesagt, Sie ständen seit 1905 gegen gute Bezahlung im Dienste der Japaner! Ein Gefangener, ein verwundeter Matrose von Koltschak, versuchte uns zu überzeugen, daß Lenin den Deutschen in die Hände arbeitet. Er hatte Dokumente gehabt, die bewiesen, daß Lenin an die deutschen Generale um Geld geschrieben hatte. Ich ließ den Mann erschießen, damit er meinen Leuten den Kopf nicht verdrehte; aber ich muß doch sagen, ich hatte lange keine innere Ruhe. Nichts weiß man sicher; und wem darf man eigentlich glauben? Sich selbst traut man schon nicht mehr!"

Ich habe viele Gespräche mit Bauern geführt, über die verschiedensten Fragen, und sie haben in mir einen niederdrückenden Gesamteindruck hinterlassen: diese Menschen sehen viel, aber sie verstehen verzweifelt wenig. Im besonderen haben mir die Unterhaltungen über die Reliquien bewiesen, daß die Enthüllungen des kirchlichen Truges den Argwohn und das Mißtrauen des Dorfes gegen die *Stadt* noch vergrößert hat. Nicht gegen die Geistlichkeit, nicht gegen die Staatsgewalt, sondern eben gegen die *Stadt* als gegen eine komplizierte Organisation von Schlauköpfen, die von der Arbeit und dem Getreidebesitz des Dorfes leben, die eine Menge Dinge treiben, die für den Bauern nutzlos sind, die ihn auf jede Weise zu betrügen suchen und ihn auch mit gutem Erfolg wirklich übers Ohr hauen.

Als ich in der Kommission für den Kampf gegen den Analphabetismus tätig war, plauderte ich einmal mit einer Gruppe von Bauern aus der Umgegend von Petersburg über die Erfolge von Wissenschaft und Technik.

„Ja", sagte einer der Zuhörer, ein schöner Mann mit einem großen Bart, „wir haben gelernt in der Luft herumzufliegen wie die Krähen, und wir schwimmen in der Tiefe des Wassers wie die Hechte, aber auf der Erde zu leben, das verstehen wir nicht! Zuerst müßte man auf der Erde richtig festen Fuß fassen; für die Luft ist später noch Zeit. Und Geld dürfte für solche Spielereien überhaupt nicht ausgegeben werden!"

Und ein anderer setzt zornig hinzu:

„Gar nichts nützt uns all der Unsinn! Nur viel Menschen

und viel Geld kostet er! Ich brauche Hufeisen, eine Axt, ich habe keine Nägel – und ihr baut auf euren Straßen Denkmäler. Dummheiten sind das, weiter nichts!"

„Ich habe keine Kleider für meine Kinder – und bei euch, da baumeln überall die Fahnen herum ..."

Und zum Schluß, nach einer langen, herben Kritik solcher „Spielereien" der Städter sagte der bärtige Bauer mit einem Seufzer:

„Wenn wir die Revolution selbst gemacht hätten, dann wäre es längst ruhig auf der Erde und wir hätten unsere Ordnung ..."

Manchmal drückt sich das Verhältnis zum Städter einfacher, aber radikaler aus:

„Man müßte die ‚Gebildeten' alle von der Erde vertilgen, dann wäre für uns dumme Kerle das Leben leichter. Aber so – ganz auf den Hund gebracht habt ihr uns!"

Aber im Jahre 1919 haben die lieben Dörfler den Städtern Stiefel und Kleider ausgezogen, haben gegen Brot und Kartoffeln alles eingetauscht, was das Dorf brauchen und nicht brauchen konnte.

Man mag gar nicht reden über den rohen und rachsüchtigen Hohn und Spott, mit dem das Dorf die hungrigen Stadtleute empfing ...

Die Bauern hatten immer ihren Vorteil bei dem Tauschgeschäft und bemühten sich trotzdem meist, ihm den demütigenden Charakter eines Almosens zu geben, das sie nur ungern dem „Herrn" reichten, der sich „bei der Revolution verausgabt hatte". Man konnte beobachten, daß sie die Arbeiter nicht geradezu nur als Pack behandelten, sondern vorsichtiger. Solche Vorsicht erklärt sich wahrscheinlich aus dem Ratschlag, den nach der Anekdote ein Bauer dem anderen gab:

„Sei vorsichtig mit dem – der soll irgendwo ein ‚Sowdep' gehabt haben!" Dem Gebildeten blieb eine moralische Folter fast nie erspart. So wenn nach langem Herumstreiten die genauen Bedingungen des Tauschhandels festgelegt waren und der Bauer oder seine Frau dann schließlich doch mit gleichgültigem Gesicht zu einem Menschen, dessen Kinder daheim am Skorbut krank lagen, sagte:

„Nein, geh nur, in Gottes Namen! Wir haben uns die Sache anders überlegt. Wir geben keine Kartoffeln."

125

Klagte jemand, weil man ihn zu lange warten ließ, so erhielt er die gehässige Antwort:

„Wir haben früher auf eure Gnade noch viel länger warten müssen."

Ja, durch Großmut zeichnet sich der russische Bauer jedenfalls nicht aus! Man könnte von ihm sagen, daß er, in bestimmtem Sinne, nicht nachtragend ist: nämlich er erinnert sich nicht an das Böse, das er selbst begangen hat, und denkt auch nicht an das Gute, das andere für ihn getan haben.

Einen Ingenieur, der in einem Dorfe beim Torfstechen tätig war, ärgerte das Verhalten der Bauern gegen Stadtleute, die im Herbstregen über Land gekommen waren und lange kein Plätzchen finden konnten, um sich zu trocknen und auszuruhen. Er hielt den Bauern einen kleinen Vortrag über die Verdienste der gebildeten Klassen in der Geschichte der politischen Befreiung des Volkes. Aus dem Munde eines rothaarigen, blauäugigen Slawen erhielt er die trockene Antwort:

„Wir haben allerdings gelesen, daß eure Leute wegen der Politik zu Schaden gekommen sind; aber das habt ihr doch schließlich selbst geschrieben. Und ihr habt euch ja aus freiem Willen auf die Revolution eingelassen, es hat euch keiner dazu angestellt! Also wir sind für euren Jammer nicht verantwortlich – das müßt ihr mit dem lieben Gott abmachen!"

Ich würde diese Worte nicht anführen, wenn ich sie nicht für typisch hielte – in verschiedenen Varianten habe ich persönlich sie Dutzende von Malen gehört.

Es ist besonders wichtig, darauf hinzuweisen, daß die Demütigung des schlauen Städters vor dem Dörfler für diesen eine sehr ernste und belehrende Bedeutung hatte: er hatte die Abhängigkeit der Stadt vom Dorf jetzt klar erkannt, während er bis dahin nur seine Abhängigkeit von der Stadt empfunden hatte.

*

In Rußland herrscht eine noch nie dagewesene, entsetzliche Hungersnot, die Zehntausende von Menschen hinwürgt und der noch Millionen zum Opfer fallen werden. Diese Katastrophe erweckt Mitleid sogar in Menschen, die Rußland feindlich gegenüberstehen, dem Lande, in dem, nach den Worten einer Amerikanerin, „immer entweder Cholera oder Revolution ist." Wie verhält sich nun der noch einigermaßen ausreichend ernährte russische Bauer zu diesem Trauerspiel?

„Man weint nicht in Rjasan über eine Mißernte in Pskow", antwortet er auf diese Frage mit einem alten Sprichwort.

„Die einen sterben – für die anderen wird der Weg frei", sagte mir ein Alter aus Nowgorod, und sein Sohn, ein hübscher Mensch, Zögling der Kriegsschule, führte den Gedanken seines Vaters so aus:

„Es ist ein großes Unglück, und viele Menschen müssen zugrunde gehen. Aber wer wird sterben? Die Schwachen, die das Leben schon mitgenommen hat – aber die leben bleiben, werden es fünfmal leichter haben."

Das ist die Stimme eines echten russischen Bauern, dem die Zukunft gehört.

Solche Menschen urteilen ruhig und völlig zynisch, sie fühlen ihre Kraft und ihre Bedeutung.

„Mit den Bauern werdet ihr nicht fertig", sagt er. „Der Bauer weiß jetzt: wer das Brotgetreide hat, in dessen Hand ist auch Gewalt und Macht!" So spricht der Bauer, der „die Politik der Nationalisierung damit beantwortete, daß er die Aussaat soweit einschränkte, daß die Stadtbevölkerung ohne Brot blieb, und die Regierung auch nicht ein Korn zur Ausfuhr ins Ausland bekam."

„Der Bauer ist wie ein Wald – der niedergebrannt und abgeschlagen wird, aber immer wieder von selbst nachwächst", sagte mir ein Bauer, der im September von Woronesh nach Moskau gekommen war, um landwirtschaftliche Bücher zu besorgen. „Wir merken nichts davon, daß es nach dem Kriege weniger Menschen gibt! Aber jetzt natürlich, wo Millionen sterben müssen, da wird man es schon merken! Wenn man auf jeden, der stirbt, nur zwei Desjatinen rechnet – wieviel Land wird da frei! So ist es! Dann wollen wir mal zeigen, was arbeiten heißt – die ganze Welt soll sich wundern! Der Bauer kann arbeiten, man gebe ihm nur den Raum dazu! Streiken tut er nicht: das verbietet ihm der Erdboden."

Im allgemeinen kann man sagen, daß die satte und halbsatte Landbevölkerung der Tragödie der Hungersnot mit Ruhe

gegenübersteht, wie in alten Zeiten den elementaren Katastrophen. Aber in die Zukunft blickt der Bauer noch überzeugter, und an dem Ton, in dem er darüber spricht, erkennt man den Menschen, der in sich den einzigen und
wahren Herrn der russischen Erde sieht.

Ein sehr interessantes lokales Wirtschaftssystem entwik-
kelte mir ein Rjasaner.

„Große Fabriken brauchen wir nicht, mein Lieber, die führen nur zu Unruhen und Sittenverderbnis. Wir würden die
Sache so machen: eine Tuchwalkerei zu etwa hundert Arbeitern, eine Gerberei, auch nicht zu groß, und so lauter
kleine Fabriken, so weit wie möglich voneinander entfernt,
damit die Arbeiter sich an keiner Stelle drängen – und so
müßte man allmählich das ganze Gouvernement mit kleinen Fabriken besetzen, und ebenso die anderen Gouverne-
ments. Jedes sorgt für seine eigenen Bedürfnisse, und niemand würde Not leiden. Auch der Arbeiter hätte zu leben
und alle hätten ihre Ruhe. Der Arbeiter ist habgierig, er will
alles haben, was er sieht; aber der Bauer ist mit wenigem
zufrieden."

„Ob wohl viele so denken?" fragte ich.

„Die klügeren doch wohl!"

„Ihr mögt die Arbeiter nicht?"

„Wieso? Ich sage nur, sie sind eine unruhige Gesellschaft,
wenn ihrer zu viel zusammen sind. Sie müssen besser verteilt werden – hier hundert, da hundert ..."

Das Verhältnis der Bauern zu den Kommunisten spricht
sich nach meiner Meinung am klarsten und deutlichsten aus
in dem Rat, den ein Dorfgenosse einem mir bekannten Bauern, einem begabten Dichter, gab:

„Hab acht, Iwan, tritt du nicht der Kommune bei, sonst
schneiden wir deinem Vater und deinen Brüdern die Hälse
ab, und beiden Nachbarn noch obendrein!"

„Warum denn den Nachbarn?"

„Kein Hauch darf von euch übrigbleiben!"

*

Was folgere ich nun aus alledem?

Ich schicke vorher: man muß nicht Haß gegen Gemeinheit
und Dummheit für Mangel an freundschaftlichem Interesse
für den Menschen nehmen, wenn es auch außerhalb des

Maxim Gorki 1922 in Bad Saarow

Menschen keine Gemeinheit und keine Dummheit gibt. Ich habe so, wie ich es auffasse, das Milieu geschildert, in dem sich die Tragödie der russischen Revolution abgespielt hat und noch abspielt. Es ist ein Milieu von Halbwilden.
Die grausamen Formen, welche die russische Revolution angenommen hat, erkläre ich aus der beispiellosen Grausamkeit des russischen Volkes.
Wenn man den Führern der Revolution, der aktivsten Gruppe der russischen Intellektuellen, „Bestialität" vor-

wirft, so sind diese Beschuldigungen für mich nur Lüge und
Verleumdung, wie sie im Kampf der politischen Parteien
unvermeidlich ist – oder, wenn es sich um anständige Menschen handelt, im guten Glauben begangener Irrtum!
Ich möchte daran erinnern, daß die Lüge der Beleidigten
und Besiegten immer und überall besonders bösartige und
schamlose Formen annimmt. Daraus soll durchaus nicht folgen, daß ich die Wahrhaftigkeit der Sieger für heilig und
unbestreitbar halte. Nein, ich will lediglich das aussspre-
chen, was ich nur zu gut weiß, und was man in gelinderer
Form mit den Worten der betrüblichen, aber unwiderlegli-
chen Wahrheit aussprechen kann: es bleibt sich völlig
gleich, von welchen Ideen sich die Menschen leiten lassen
– in ihrem Tun und Handeln sind sie immer noch Bestien!
Und oft tollwütige Bestien, deren Tollwut sich erklärt aus
ihrer Furcht! Des egoistischen Eigennutzes, des Ehrgeizes
und der Unehrlichkeit kann man nach meiner Überzeugung
überhaupt keine Gruppe der russischen Intellektuellen be-
zichtigen – die Grundlosigkeit solcher Beschuldigungen
kennen gerade diejenigen ganz genau, die sie aussspre-
chen.
Ich stelle nicht in Abrede, daß die Politiker die ärgsten von
allen verdammten Sündern auf Erden sind; aber das kommt
daher, daß die Art ihrer Tätigkeit sie unabweislich zwingt,
sich von dem jesuitischen Prinzip leiten zu lassen, „der
Zweck heiligt die Mittel".
Aber Menschen, die aufrichtig lieben, Fanatiker einer Idee,
nehmen oft bewußt Schaden an ihrer Seele, zum Wohle der
anderen. Das ist besonders anwendbar auf die meisten aktiven russischen Intellektuellen, die immer die Frage der
Qualität des Lebens den Interessen und Bedürfnissen der
großen Masse primitiver Menschen untergeordnet haben.
In den Männern aber, die diese furchtbare Last auf sich genommen haben, die Herkulesarbeit, den Augiasstall des russischen Lebens zu reinigen, kann ich nicht „Volksbedrük-
ker" sehen – von meinem Standpunkt aus sehe ich in ihnen
eher Opfer.
Ich sage das in der unbedingten Überzeugung, daß die gesamte russische Intelligenz – die fast ein ganzes Jahrhundert hindurch sich mutvoll bemüht hat, das schwerfällige
russische Volk aufzurütteln, das träg, interesselos, unglück-

130

lich auf seiner Scholle saß –, daß die gesamte Intelligenz ein Opfer ist des trostlosen Dahinlebens des Volkes, das es fertiggebracht hat, erstaunlich bettelhaft auf einem märchenhaft reichen Boden zu leben! Der russische Bauer, dessen gesunder Sinn jetzt durch die Revolution erweckt ist, könnte von den Intellektuellen sagen: sie sind dumm wie die Sonne, sie arbeiten geradeso ohne eigenen Nutzen.

Er wird das natürlich nicht sagen, denn die hohe Wichtigkeit geistiger Arbeit ist ihm noch nicht aufgegangen.

Fast der ganze Vorrat von geistiger Energie, die Rußland im neunzehnten Jahrhundert angesammelt hat, ist in der Revolution verbraucht worden, hat sich in der bäuerlichen Masse aufgelöst.

Der Intellektuelle, der die geistige Nahrung der Arbeiter, der den Mechanismus der städtischen Kultur geschaffen hat, wird allmählich, rasch, mit immer wachsender Geschwindigkeit, vom Bauerntum aufgesogen, das alles ihm Nutzbringende von dem in diesen vier Jahren rasender Arbeit Geschaffenen gierig in sich aufnimmt.

Man kann jetzt geradezu sagen, daß um den Preis des Unterganges der Intellektuellen und der Arbeiter der russische Bauer zum Leben erwacht ist.

Ja, es ist dem Bauern teuer zu stehen gekommen, und er hat noch nicht alles bezahlt, die Tragödie ist noch nicht zu Ende. Aber die von einer ganz geringfügigen Zahl Intellektueller an der Spitze einiger tausend von ihnen erzogener Arbeiter durchgeführte Revolution hat wie mit einem Stahlpflug die Volksmassen so tief durchfurcht, daß die Bauern sicherlich nicht zu den alten, für immer in Staub zerfallenen Lebensformen zurückkehren können. Wie die Juden, die Moses aus der ägyptischen Knechtschaft befreit hatte, werden die halbwilden, dummen, schwerfälligen Bewohner der russischen Dörfer aussterben, alle diese fast Grausen erregenden Menschen, von denen oben die Rede war, und ihre Stelle wird ein neues Geschlecht von erzogenen, verständigen, lebensmutigen Menschen einnehmen.

Und ich glaube, das wird nicht ein sehr „liebes und sympathisches Volk" sein, sondern endlich einmal ein tatkräftiges Volk, mißtrauisch und gleichgültig gegen alles, was nichts mit seinen Bedürfnissen zu tun hat.

Es wird sich nicht so bald den Kopf zerbrechen über Einsteins Theorie, und sich keine Mühe geben, die Bedeutung Shakespeares oder Leonardo da Vincis zu verstehen, aber es wird wahrscheinlich für Steinachs Experimente Geld geben, und sich zweifellos sehr bald den Sinn der Elektrifizierung zu eigen machen, den Wert eines ausgebildeten Agronomen, den Nutzen der Zugmaschine, die Notwendigkeit eines guten Arztes für jedes Dorf und die Vorteile einer Chaussee.

Es wird sich ein gutes historisches Gedächtnis aneignen, und, seiner jüngsten leidensreichen Vergangenheit eingedenk, wird es sich während der ersten Zeit des Aufbaus eines neuen Lebens ziemlich mißtrauisch, wenn nicht geradezu feindlich den Intellektuellen und Arbeitern gegenüberstellen, die so vielerlei Unordnung und Aufruhr angezettelt haben.

Und die Stadt, der nie verlöschende Glutherd des stets unbefriedigten, alles erforschenden Denkens, die Quelle aufregender, oft unverständlicher Erscheinungen und Ereignisse wird nicht bald eine gerechte Wertung von seiten dieses Menschen erfahren, wird nicht bald von ihm richtig verstanden werden als die Werkstatt, in der unaufhörlich an neuen Ideen gearbeitet wird, an Maschinen, an Dingen, die das Leben des Volkes zu erleichtern und zu verschönen bestimmt sind.

Das sind in Kürze meine Eindrücke und meine Gedanken über das russische Volk.

1922

132

WJATSCHESLAW IWANOW

Klüfte
Über die Krisis des Humanismus

Die Krisis der Erscheinung

Die allgemeine Verschiebung der äußeren (politischen, gesellschaftlichen, wirtschaftlichen) Verhältnisse entspricht einer noch tieferen, vielleicht auch früher begonnenen Verschiebung der Verhältnisse innerer Art. Im Wesen und Grunde dieser seelischen Verschiebung liegt, dünkt mich, eine gewisse rätselhafte Veränderung im Weltbilde selbst, das sich in uns spiegelt: diese problematische Veränderung erdreiste ich mich „Krisis der Erscheinung" zu nennen. Die Welt der Erscheinung schien noch vor so kurzer Zeit dem Menschen als eine andere, als sie ihm heute gegenübersteht. Der Mensch hat jene frühere Erscheinung noch nicht vergessen, und doch findet er sie nicht mehr vor sich, und gerät in Verwirrung, die vor kurzem noch bestehende Welt nicht wiedererkennend, als hätte sie jemand ausgewechselt. Wo sind die vertrauten Züge der Dinge? Wir hören ihre wohlbekannte Stimme nicht mehr. Auf neue Art werden selbst Raum und Zeit empfunden – und nicht umsonst haben die Adepten nicht nur der Philosophie allein, sondern auch der physico-mathematischen Wissenschaften begonnen, von der „Relativität" von Raum und Zeit zu sprechen.

Aufmerksame und tiefblickende Menschen konnten Symptome dieser psychologischen Spaltung früher wahrnehmen als die geschichtliche Umwälzung eintrat in Gestalt von Krieg und Revolution. Dieser Umbau der früheren Lebensgestaltung begann unmerklich – und als er begann, verspürten viele ein unbestimmt-schauriges Gefühl, als schwände der Grund unter ihren Füßen, weshalb sie naturgemäß in einen Zustand der Verworrenheit und Schwermut fielen. Sie traten an die Dinge heran mit früherer zutraulicher Erwartung, doch die Dinge gaben ihnen nicht mehr das, was die Menschen von altersher gewohnt waren, von ihnen zu sammeln, als einen beständigen Tribut, wie Früchte von Fruchtbäumen, und das, was einstmals nährte, erfreute und

133

erquickte, brachte nun bloß „Langweile und Sehnsucht in die Seele, die seit langem tot" – oder wenn sie auch nicht tot war, so doch sich selbst als tot erschien.

Die Krisis der Kunst

Die Kunst, die vorahnend die inneren Lebensprozesse notiert, hat auch diese Veränderung vermerkt: das ist die Krisis der Kunst. Und falls ein Skeptiker bemerken sollte, diese berüchtigte Krisis der Kunst sei ein leeres Wort und die durch sie festgestellte Erscheinung erkläre sich durch Übersättigung, Ermüdung, Abgetrenntheit von der Überlieferung, der hohlen Gier nach dem Neuen, durch Aufruhr um des Aufruhrs willen – einen solchen Skeptiker würde ich daran erinnern, wie sich die Skeptiker des Altertums dem leidenden, „passiven" Zustand derjenigen gegenüber verhielten, die etwas erlitten – sei es nun Gebrechen und Schmerz oder Freude und Genuß – dem „pathos" gegenüber, wie dieser passive oder leidende Zustand auf hellenisch genannt wurde: alles waren sie bereit als Wahn und Illusion zu betrachten – die Ursache des Leidens sowohl als auch die leidende Persönlichkeit, doch das Leiden selbst war ihnen eine zweifellose Wahrheit. Der Zustand des zeitgenössischen Künstlers stellt gerade eine solche Tatsache dar: er leidet. Die Krisis der Kunst ist – eine tatsächliche Krisis, d. h. eine solche schicksalsschwangere Minute, nach welcher die betreffende Kunst vielleicht gänzlich zu existieren aufhört – hier, in Wahrheit, ist ein tödlicher Ausgang der Krankheit möglich – oder aber gesundet und wie zu einem anderen Dasein aufersteht.
Die Krisis in der Kunst des Wortes ist – das Witwertum des Dichters, der Psyche verloren hat, Psyche, die einst im Worte lebte – die innere Form des Wortes; ist – Sehnsucht nach ihrer Erneuerung, Wiederbelebung, Verklärung; ist – der Tantalushunger im fruchtreichen Garten des Wortes, als welcher ringsum die trügerische Fatamorgana der überquellenden Sprache wogt. Die Krisis in der Malerei ist – die Unmöglichkeit, die einstige Landschaft, das frühere Gesicht zu erblicken – der Verlust der inneren Form des Sichtbaren. Die Krisis in der Skulptur ist – das Empfinden gewaltsamer Gefangennahme der inneren Form durch die trägen Außen-

flächen oder ihr quälendes, verwachsenes Herausbrechen durch diese, das Bewußtsein des Gekettetseins der einst in sich ruhenden Grenzen. Die Krisis in der Architektur ist – die Fruchtlosigkeit äußerer Ausführung seelenloser Form. Und überall – das gleiche Witwertum, das gleiche Waisentum, das gleiche Gefühl der Unverkörperlichung der früheren inneren Form und des Leichenhaften ihrer einstigen Hüllen.

Die Krisis der Kunst in der Sphäre der Musik hat sich – und dies ist vielsagend – hauptsächlich in dem Suchen nach neuer Harmonie ausgedrückt, die sich symbolisch zur Melodie so verhält, wie die innere Form zur äußeren.

Als Resultat der allgemeinen Krisis sehen wir überall bis zum Chaotischen extreme, bis zum Selbstmörderischen krankhafte Abweichungen: so in der Poesie den Wunsch, sich ganz vom Worte mit seiner Überlieferung und seinen Gesetzen zu befreien. Selbstverständlich: in dieser Richtung kann man nur ein, zwei Schritte tun, weiterhin ist man gezwungen, entweder ganz stehen zu bleiben, aller Poesie als Kunst des Wortes vollkommen entsagend, oder aber die Waffen vor der ewiglichen Gegebenheit des Wortes zu strecken. Glücklicherweise, wie weit auch der zeitgenössische kritische Zustand einer jeden einzelnen Kunst seine kühnsten Vertreter führen mag – will doch der Musiker – Musiker bleiben, der Maler – Maler, der Dichter – Dichter; mit anderen Worten, alle geben das Gelübde der Treue ihrem heimischen Elemente ab: der Musiker – dem Elemente des Tons, der Maler – dem Elemente der Farbe, der Dichter – dem Elemente des Wortes. Das Sich-Entfernen von der Überlieferung der inneren Form des Wortes in schwärmerische Fernen, wo die Möglichkeiten neuer innerer Formen traumhaft zu schweben scheinen, macht die Sprache wolkig, körper- und gewichtlos: uns droht die Gefahr der Loslösung vom Mutterboden der Sprache, wie dem Maler – von der bildnerischen Gestaltung der gegenständlichen Welt. Die Sprache ist die Erde; ein dichterisches Werk wächst aus der Erde auf. Es vermag seine Wurzeln nicht in die Lüfte zu erheben. Wie aber sollen wir dann vorwärts streben im Rhythmus der Zeit, die uns aufwirbelt und zerreißt, wie uns hingeben dem Drängen der Weltdynamik – und gleichzeitig mit beiden Füßen fest auf der Erde stehen, der Ernährerin-Mutter treu bleiben? Es scheint eine unlösliche Aufgabe – die der Poesie mit Untergang droht. Doch was dem Menschen unmöglich, ist bei Gott möglich, und es kann das Wunder geschehen eines neuen Erkennens der Erde durch ihre späten Kinder. Indem wir uns voll Liebe anschmiegen an den Schoß unserer Muttersprache, der lebendigen Erde des Wortes, des mütterlichen Leibes, vernehmen wir vielleicht jäh aus den Tiefen den Pulsschlag neuen Lebens, das Zucken der Frucht. Das ist der neue Mythus.

Ungeachtet allen dünkelhaften Selbstvertrauens des Mechanismus in der ihm gesicherten Diktatur über die Lebensanschauung der nächsten Generationen glaube ich nicht an die Lebensfähigkeit einer entgötterten und entseelten Welt. Mumienhaft und nur mechanisch erscheint uns, Menschen der Schwelle, die von der Welt wie von einer zählebigen Schlange abgleitende, dumpf-bunte Schuppenhaut, in welcher wir die Umrisse früherer Bäume, der Wasser und Himmelskörper erkennen: die einst so hell leuchtenden, lebendigen, heute aber toten Hieroglyphen der gottverlassenen, abgestorbenen Erde. Doch aus den Spalten der abgetragenen Haut schillert das neue frische Muster derselben Bäume und Wasser und Himmelsfeste, erfüllt vom Wehen des lebendigen Geistes. Ein neues Gefühl der Gottgegenwärtigkeit, Gotterfülltheit und Allbelebung ruft eine andere Welterkenntnis hervor, die ich nicht anstehe eine auf neue Art mythologische zu nennen. Doch zu dieser neuen Empfängnis muß der Mensch derart die Grenzen seines Bewußtseins in ein Ganzes erweitern, daß das frühere Maß des Menschlichen ihm als enge Puppe erscheinen wird, wie einem aus der Wiegenhaft entflogenen Schmetterling. Deshalb muß das, was wir heute Humanismus nennen, durch ihn das Maß des Menschlichen bestimmend, sterben ... Und der Humanismus stirbt.

Humanismus und Skythen

Doch dieselbe historische Wirklichkeit des „städtebauenden Tieres" rächt sich nun augenscheinlich. Und wieviel Elemente althergebrachter revolutionärer Überlieferung, vom XVIII. Jahrhundert stammend, und roten Kulturträger-

136

tums auch den Bestandteilen jenes Melinits beigemischt seien, dessen Explosionen rings um uns all das oberst zu unterst gekehrt haben, was bis jetzt durch sie noch nicht vernichtet wurde – nicht auf humanistischer Hefe ist dieser Teig aufgegangen, und kein Abendmahlsbrot läßt sich aus ihm backen zur Vergötterung des „stolzen Menschen", zum Ketzertum der „Mensch-Göttlichkeit" – eine Verlockung, die einige unserer religiös-argwöhnischen Zeitgenossen in ihm feststellen wollten. Denn in ihm ist eine lebendige Hefe, und diese Hefe heißt – der Wille Adams (der an sich nicht gut und nicht böse ist, eher – gut und böse zugleich), seine Einheit zu realisieren, also der selbe alte Impuls, der schon in Platos Vision der anti-humanistischen Stadt Ausdruck fand.

Die Krisis des Humanismus ist die Krisis der inneren Form des menschlichen Selbstbewußtseins in der Persönlichkeit und durch die Persönlichkeit. Sich verändernd wurde diese Form exzentrisch der Persönlichkeit gegenüber; sie ward wie formlos in sich selbst. Der Seelen bemächtigte sich das dumpfe, doch machtvolle Gefühl eines allmenschlichen Ganzen und weckte in ihnen den elementaren Zug zur Verdichtung in Sammelkörper. Der Humanismus beruht gänzlich auf dem Ausleben der Individuation, der Einzelheit und Abgetrenntheit der Menschen, ihrer gegenseitigen Jenseitigkeit und Undurchdringlichkeit, der „Autarkie" des harmonischen Menschen. Diese innere Form des Bewußtseins hat sich selbst überlebt, weil die Persönlichkeit es nicht verstanden hat, sie mit universellem Inhalt zu füllen – und ward zur Mumie früheren Lebens oder zum verwesenden Leichnam. Die zerfallenden Überreste der inneren Form infizieren die Persönlichkeit mit den Miasmen der Verwesung. Der heroische Humanismus ist gestorben. Wir kämpfen wie in den Sagen Homers um den Körper des Helden, der schon leblos ist, damit ihn uns nicht nehmen und schänden die verwilderten Horden Besessener, damit uns anheimfalle, ihn zu salben und zu beweinen und zu bestatten und herrlich zu rühmen auf künftigen Erinnerungsgelagen ... Übrigens spreche ich nur von dem Humanismus, der sterblich ist, und nicht von der Seele des Hellenentums, der unsterblichen. Und nicht grundlos ist sie uns noch vor so kurzer Zeit im Traum erschienen, losgelöst von ihrer würdigen, doch vergänglichen Form: als Dionysos erschien sie dem begeisterten Nietzsche, diesem letzten und tragischen Humanisten, der den Humanismus in sich durch schlauen Wahnsinn und selbstmörderische Ekstase bezwungen hat, wie Hand an sich legt der besessene Ajax; Nietzsche, der die menschliche Norm verachtungsvoll ablehnte als das „Menschliche, Allzumenschliche", und den Übermenschen verkündete. Denn Dionysos widerstrebt dem Humanismus und hetzt seine Mänaden auf ihn wie auf Penteus.

Die Aussage der Kunst

Die Kunst, die vorahnend die inneren Vorgänge des Lebens notiert, findet jedenfalls keine fruchttragenden Felder mehr innerhalb der Grenzen des Humanismus. Vorwärtsschreitend wohin das Auge blickt, sind unbemerkt aus dem Reiche des Humanismus hinausgezogen und streifen nun wer weiß wo – die Nomaden des Schönen.

So war der Bruch Skrjabins mit der ganzen musikalischen Vergangenheit – der Bruch eines zeitgenössischen Genies mit dem Humanismus in der Musik. Seine Harmonie führt hinaus aus den Grenzen des menschlich gesicherten, erforschten und wohlbestellten Kreises, der Bachs wohltemperiertem Klavier gleicht. Diese Abtrünnigkeit vom Kanon, der auf der Idee der Einheitlichkeit der normativen Tätigkeit des Menschengeistes begründet ist, diese Abtrünnigkeit nicht nur vom ästhetischen, sondern wesentlich ethischen Kanon – ist ein musikalischer Transhumanismus, der einem jeden rechtgläubigen Humanisten erscheinen muß nicht einmal als „heimisches und sterngebärendes" Chaos, sondern als „des Wahnsinns entsetzlicher Schrei, der die Seele erschüttert", als Päan der Raserei und Vernichtung.

Die darstellende Kunst des Altertums war auf das Typische eingestellt, als der Idee der Dinge. Das Licht dieser Idee durchleuchtete sie mit einem gewissen erdentfernten und darum immer ein wenig schwermütigen Leuchten. Denn das Allgemeine und Typische trug sie gewissermaßen auf dem Wellenkamm der Erscheinung und erlaubte es ihnen nicht, sich in die Tiefen der Individuation zu versenken, die das Prinzip der vollen Verkörperung darstellt. Doch das „Eine in Vielem und durch Vieles" – wie Plato und Aristoteles die Idee definieren – bestimmte gleichzeitig auch jedes einzelne in seiner Form. Das Allgemeine diente als symbolisches Prinzip der Struktur des Einzelnen – heute dient es als analytisches Reaktiv, das seine Zersetzung hervorruft. Um eine Geige als solche darzustellen, ist Picasso gezwungen, sie zu „zerlegen". Und vor allem zerlegt der Künstler das einheitliche Ganze seiner vererbten Weltanschauung. Er überwältigt das „Menschliche, Allzumenschliche" in sich – durch die Vernichtung des früheren subjektiven Zentrums. Sein schöpferisch sehender Geist fliegt aus seinem menschlichen Hause wie der Rabe aus der Arche und irrt umher, an den Leichenresten der ertränkten Welt pickend, den Fetzen von Isis' einstigem Schleier, den toten Hüllen der zerrütteten Erscheinung.

Der zeitgenössische Maler mit seinem transsubjektiven und beweglichen Gesichtswinkel gleicht dem Kinde eines neuen Geschlechts tausendäugiger Argusse: mit all seinen erwachenden und noch unbewußten Augen gleichzeitig spiegelt er sich im All und langt nach den Farbflecken, Entfernungen nicht unterscheidend.

Jenseits des Humanismus. Monanthropismus

Doch dies ist noch nicht Leben, nicht Bewußtsein jenseits des Humanismus – dies sind noch bloß die ersten Fühlhörner des keimenden Bewußtseins, die sich hinaus über die Grenzlinie des Menschlichen als dem Individuellen strekken. Erstarkend wird es sich unumgänglich als religiöses Bewußtsein dartun und möglicherweise als religiöses par excellence im Vergleich mit der früheren Erfahrung kosmischer Verbindung. Doch denke ich dieses Bewußtsein nicht als eine religiöse Form unter anderen, die sich nur an Stelle einer durch sie verdrängten alten Form durchsetzen kann: ich denke, im Gegenteil, daß sie, auf leichter Sohle nahend, nur ein innerliches Durchleuchten beliebiger Glaubensbekenntnisse sein wird, doch daß nur der Glaube nicht absterben wird, der in sich die Kraft findet, diese Versuchung der Sonnenempfängnis zu überstehen.

Im Christentum jedenfalls wird kein Jota vergehen, sondern alles wird wunderbar aufleben in vollkommenem Sinne, sobald das zum ersten Male gehört und erfaßt wird, was unsere eifernden Christen schon lange angedeutet haben: Dostojewski mit seiner Lehre von der Schuld eines jeden vor allen, für alle und alles und von der Abwesenheit einer Scheidungsgrenze zwischen Mensch und Mensch; Fjodorow mit seiner ausschließlichen Betrachtung der „allgemeinen Sache" der Auferstehung der Väter, die unerreichbar ist ohne Überwindung der Individuation; Wladimir Solowjow mit seiner Predigt des Gottmenschentums und dem Glaubensbekenntnis an das von Auguste Comte verkündete „Große Wesen". Denn dann wird erfaßt werden, was die evangelischen Worte über die „Hinanziehung *aller* in Christum" und von „den Reben an *einem* Stock" bedeuten. Die Prägung aber in Worten der in den Herzen erblühen sollenden Wahrheit ist schon lange gefunden und erklungen in der Weltwüste: Dostojewski fand das Wort „Allmensch".

Auch die Weisen Indiens wissen es längst, daß der Mensch – eine Einheit ist; doch wissen sie nicht um unser christliches Geheimnis, daß dieses einheitliche Ich der Menschheit in Wahrheit und im ganzen Umfange des Begriffs ein lebendiges und konkretes Wesen ist; das Ich erscheint den indischen Betrachtern im Gegenteil als etwas Unpersönliches. Wie dem auch sei, unter dem Zeichen einer neuen (nicht nach ihrer logischen oder mythologischen Form, doch nach ihrer erprobten Lebensfähigkeit und Unmittelbarkeit) Erkenntnis, daß wir alle ein einheitlicher Adam sind, sehe ich schon die nächsten Generationen aufwachsen und setze dabei nicht voraus, daß diese innere Erleuchtung nicht vielen gegenüber eine Versuchung sein wird, wie jede Erleuchtung, und unbedingt die Menschen bessern und die menschlichen Leidenschaften besänftigen wird. Und doch ist der Unterschied des psychischen Erlebnisses gewaltig zwischen dem, der noch gestern, seinen Feind erschlagend, ein ihm fremdes Wesen tötete – und dem, der dieselbe Übeltat vollbringend, sich bewußt ist, daß er – nicht im Fieberdelirium, sondern bei vollem Bewußtsein und klarem Verstande – seinen realen Doppelgänger durchbohrt. Mir scheint, daß die innerlich-experimentale Erkenntnis, von der ich rede, in solchem Maße ein Allgemeingesetz sein wird, daß Menschen, die nicht imstande sein werden, es in sich zu erzeugen, verwildern werden; von solchen aber, in denen es sich dartun wird, werden es viele und viele

140

schrecklich mißbrauchen und die Menschheit in unerhörte
Gefahren stürzen, noch nicht dagewesene und entsetzliche
Krankheiten in ihr erzeugen ... Doch – wie Aeschylos'
Chor singt – „das Gute doch werde Sieger! ..."
Das einzige und wie eine Augenscheinlichkeit einfache
Dogma dieser neuen „Erkenntnis unsichtbarer Dinge" ist:
„Der Mensch ist eine Einheit". Und wenn ein jeder Ge-
danke, der Anspruch macht, eine Idee zu sein, getauft wer-
den muß im klaren Jordan der Ideen – dem hellenischen
Wort, so laßt uns auf hellenisch das nennen, was diese Zei-
len bemüht sind darzustellen:
Monanthropismus – μόνος ὁ ἄνθρωπος. Doch warum ist
diese Erkenntnis unbedingt als Religion zu betrachten? –
werden, können nicht umhin die Zeitgenossen zu fragen.
Gerade darum, weil dies nicht einmal Erkenntnis ist in ge-
bräuchlich-wissenschaftlichem, nicht in innerlich-experi-
mentalem Sinne dieses Wortes – sondern bloß ein Verhältnis und eine Verbindungsanknüpfung, eine Art „Bund".
Tief vergessen haben wir das Wesen des religiösen Phänomens wie es sich dartut in den entfernten Epochen unmittelbarer Religiosität, falls wir unter religiöser Empfängnis
die Annahme auf Treu und Glauben irgendeiner Satzung
verstehen. In früheren Zeiten entzweite die Ansichten
nicht die Objektivität der religiösen Tatsache, sondern das
subjektive Verhalten des Willens ihr gegenüber: die Israeli-
ten bestritten nicht die Realität Baals oder Dagos, wenn sie
diesem oder jenem die Verehrung verweigerten. Doch damals handelte es sich um die Kultusbezeugungen der Anerkennung und Untertänigkeit; heute – um den Rhythmus
des Schweigens und die Wege der Freiheit.
Bemerkenswert ist, daß unser Schöpfer von „Schuld und
Sühne" in der Lösung des Problems der Reinigung von ver-
gossenem Blute mit dem altertümlichen Aeschylos übereinstimmt. Auf seine Schultern das wie von Gott selbst darge-
botene Kreuz nehmen, auf den Marktplatz hinaustreten,
die Erde küssen, alles gestehen, alles beichten vor allem
Volke – ist das nicht, dem Wesen nach, dasselbe, wie den
eben erlangten Thron verlassen und als demütiger Pilger zu
Phoebus wallfahren und darauf die innere Reinigung durch
das Urteil des heiligen Volks-Areopags bekräftigen? Diese
mystische Verallgemeinerung des Gewissens, dieses Erhe-

ben des Allmenschlichen als einer neuen Energie und eines neuen Wertes, die keinem Menschen im einzelnen eigen sind, auf eine höhere Stufe, als alle schöne „Menschlichkeit" des einzelnen; diese Ansicht vom Verbrecher als einem Abtrünnigen, der einer Wiedervereinigung mit dem Ganzen bedarf – dies ist natürlich kein Humanismus.

Hier treffen zusammen altes Gedenken und neue Vorahnungen. Hier wird die Zukunft jener Reinigungen angedeutet, deren religiöser Sinn in dem Aufsichnehmen von individuellem Willen und Schuld liegt – durch die ganze Menschheit, verstanden als lebendige, allmenschlich-persönliche Einheit …

1922

OSSIP MANDELSTAM

Menschen-Weizen

Und so kam es, daß der Stillstand des politischen Lebens Europas als eines selbständigen Prozesses von Katastrophen, der im imperialistischen Krieg seinen Höhepunkt erreicht hatte, zusammenfiel mit dem Ende des organischen Wachstums der nationalen Ideen, mit dem allgemeinen Auseinanderfallen der „Nationalitäten" in einfaches Menschen-Korn, in Weizen, und wir müssen nun der Stimme dieses Menschen-Weizens lauschen, der Stimme der Masse, wie man ihn jetzt in seiner Sprachohnmacht nennt, um zu begreifen, was mit uns geschieht und was uns der kommende Tag bringt.

Es ist nicht mehr die Mühle der politischen Geschichte, nicht der schwere Mühlstein der Katastrophen, unter dem der Menschen-Weizen in Mehl verwandelt wird. Dreimal gesegnet ist heute, was nicht mehr Politik ist im alten Verstande, gesegnet ist die Ökonomie mit ihrem Pathos der Welt-Häuslichkeit, gesegnet das Steinbeil des Klassenkampfs, gesegnet alles, was erfüllt ist von der einen großen Sorge um die Regelung der Weltwirtschaft, alle Mühe um den Welt-Herd. Das Gute im ethischen Sinn und das Gut im wirtschaftlichen, d. h. die Gesamtheit des Geräts, der Werkzeuge für die Produktion, Sack und Pack der Welt, zusammengetragen auf dem Buckel von Jahrtausenden – das beides ist jetzt eins.

Kein Volk kann von nun an noch seine Selbstbestimmung im Prozeß politischer Kämpfe gewinnen. Die politische Unabhängigkeit macht das Volk nicht mehr aus, nur wenn wir unseren Sack in die neue Mühle werfen, unter die Mühlräder dieser neuen Sorge, gewinnen wir das reine Mehl zurück – unser neues Wesen als Volk.

Die Scham des Messianismus von gestern brennt noch auf den Gesichtern der europäischen Völker, und ich kenne nach allem, was geschehen ist, keine brennendere Scham. Jede nationale Idee im heutigen Europa ist null und nichtig, solange Europa sich nicht selbst als ein Ganzes wiederfindet und als eine sittliche Persönlichkeit begreift. Außerhalb eines allgemeinen mütterlichen europäischen Bewußtseins ist keine einzige Nation mehr denkbar. Der Weg aus dem nationalen Zerfall, aus dem Zustand des Korns im Sack zur Welt-Einheit, zur Internationale führt nur über die Renaissance des europäischen Bewußtseins, über die Wiedergewinnung des Europäertums als unserer großen Nationalität.

Das „Gefühl für Europa", in Krieg und Bruderzwist betäubt, verrufen, unterdrückt, kehrt in den Kreis der aktiven Arbeitsideen zurück. Rußland hat dieses Gefühl wohlweislich im Verborgenen gehütet, dann das Feuer rechtzeitig entfacht und unterhalten, daß es nicht verlösche. Denken wir an Herzen, nicht seine Weltanschauung, sondern seine europäische Häuslichkeit, Wirtschaftlichkeit, – er zog durch die Länder des Westens wie ein Hausherr durch sein Anwesen. Denken wir an Karamsins oder Tjutschews Verhältnis zu den Ländern des Westens, zum Boden Europas. Beide empfanden europäischen Boden dort am stärksten, wo er sich in Bergen bäumt, wo er das lebendige Gedächtnis der geologischen Katastrophe bewahrt. Hier, in der Schweiz, vergoß Karamsin die sentimentalen Tränen eines russischen Reisenden. Über die Alpen schrieb Tjutschew seine besten Gedichte. Es ist höchst bemerkenswert, daß das inspirierte Verhältnis des russischen Dichters zu dem geologischen Furor des Alpenmassivs damit erklärt ist, daß hier in einer wilden geologischen Katastrophe sich seine heimatliche, geschicht-

143

liche Erde aufbäumte, die Erde seines Alltags, Rom und
der Petersdom, die Erde, die Kant und Goethe gebar:

> Festlich still ist uns zumute,
> Feiertäglich weht es hier.

So sind Tjutschews Alpengedichte eingegeben von der
geschichtlichen Empfindung europäischen Bodens, und der
Dichter sieht den Himalaja von Europa gekrönt von einer
Doppel-Tiara.

In dem Europa von heute gibt es keine Majestät, keine
Tiaren, keine Kronen, keine majestätischen Ideen, die
diesen massiven Tiaren gleichen – wo ist das alles hin?
Die ganze Masse des Goldes, der historischen Formen und
Ideen ist zurückgekehrt in den Zustand der Schmelze, in
das flüssige Magma, und nicht verlorengegangen; was
sich jetzt als Größe ausgibt ist Talmi, Requisit, Pa-
piermaché. Seien wir nüchtern – das Europa der Gegenwart
ist ein riesiger Speicher von Menschen-Weizen, wahrhaf-
tem Menschen-Weizen, und ein Sack Weizen ist heute monumentaler als die Gotik – aber jedes Korn bewahrt die
Erinnerung an einen alten griechischen Mythos, wie nämlich Zeus sich in einen gewöhnlichen Stier verwandelt, um
auf breitem Rücken, wild schnaubend und mit dem rosigen
Schaum der Erschöpfung um die Lefzen, die kostbare Last,
die liebliche Europa, durch die irdischen Wasser zu tragen und diese sich mit schwachem Arm an den mächtigen
Hals klammert.

1922

THOMAS MANN

Fragment über Goethe und Tolstoi

Das Persönliche, das Menschliche, das Konstitutionelle
liegt selbstverständlich bei Künstlern, großen wie kleinen,
allen Unterschieden der Produktion zum Grunde. Goethe
und Tolstoi unterscheiden sich von ihren beiden kranken
Gegenspielern, von Schiller und Dostojewski, dem Phthisi-
ker und dem Epileptiker, durch die starke animalische

Grundlage ihres Wesens, eine Vitalität, die beide trotz aller leidenschaftlichen Spannungen, die ihr Leben beherrschen, trotz ungeheurer Taten und schwerer gesundheitlicher Krisen ein Patriarchenalter erreichen ließ. Liegt nicht fast etwas Brutales in dem heidnisch-reckenhaften Übermut, mit dem Goethe zuweilen auf seine Vitalität, seine Unverwüstlichkeit pochte? Z. B. wenn er als 81jähriger zu Soret sagte: „Da ist der Sömmering gestorben, kaum elende 75 Jahre alt. Was doch die Menschen für Lumpe sind, daß sie nicht die Courage haben, länger auszuhalten als das! Da lobe ich mir meinen Freund Bentham, diesen höchst radikalen Narren; er hält sich gut, und doch ist er noch einige Wochen älter als ich."

Über Tolstoi macht Gorkij einmal eine ganz merkwürdige und erschreckende Äußerung. Er deutet die Möglichkeit an, daß Tolstoi ungeachtet seiner starken Vernunft zuweilen gehofft oder doch daran gedacht habe, die Natur werde möglicherweise mit ihm eine Ausnahme machen und ihm physische Unsterblichkeit gewähren. „Die ganze Welt, die weite Erde sieht auf ihn, von China, Indien, Amerika, von überall her strecken sich lebendige, vibrierende Fäden nach ihm aus, seine Seele ist für alle und für immer. Warum sollte nicht die Natur ihr Gesetz durchbrechen, einem Menschen leibliche Unsterblichkeit verleihen – warum nicht?" Welch ein Wahnwitz! Aber wenn es nicht wahr ist, wenn der vernünftige alte Mann nie auf einen so ungeheuerlich anmaßenden Gedanken verfiel, so bleibt es doch bezeichnend, daß Gorkij für ihn auf den Gedanken kam, es bezeichnet das Verhältnis zur Natur, zum Leben, in welchem Tolstoi einem aufmerksamen Beobachter zu stehen schien. – Und Goethe? Meint man, der greise Liebhaber des Fräuleins von Levetzow hätte sich nicht zuweilen an den Grenzen des Lebens und der Menschheit gestoßen, wie ein Napoleon sich an den Grenzen der Macht stieß und es beklagte, daß die Menschen zu skeptisch geworden seien, um ihn für einen Gott zu halten, wie seinen Bruder Alexander? Meint man, er wäre des Gedankens, den Gorkij dem alten Tolstoi zuschreibt, ganz und gar unfähig gewesen: daß nämlich die Natur doch vielleicht abstand nehmen werde, ihn, ihren liebsten Sohn, zu vernichten, wie all das andere gemeine Menschengut?

Er starb jedoch unversehens mit 83 Jahren. Die Natur überlistete ihn liebevoll, sozusagen. Er hatte gelitten, er drückte sich bequem in die Ecke seines Sessels, um zu ruhen, zu schlummern und war hinüber. Die Stelle, wo Eckermann den Anblick der Leiche schildert, ist berühmt. „Der Körper lag nackend in ein weißes Bettuch gehüllt, große Eisstücke hatte man in einiger Nähe umhergestellt, um ihn frisch zu erhalten solange wie möglich. Friedrich (der Diener) schlug das Tuch auseinander, und ich erstaunte über die göttliche Pracht dieser Glieder. Die Brust überaus mächtig, breit und gewölbt; Arme und Schenkel voll und sanft muskulös; die Füße zierlich und von der reinsten Form; und nirgends am ganzen Körper eine Spur von Fettigkeit oder Abmagerung und Verfall. Ein vollkommener Mensch lag in großer Schönheit vor mir, und das Entzücken, das ich darüber empfand, ließ mich auf Augenblicke vergessen, daß der unsterbliche Geist eine solche Hülle verlassen.“

Hier darf nichts mißverstanden werden. Niemand behauptet, daß Goethe und Tolstoi vierschrötig, daß sie im Gegensatz zu den kranken Genien Schiller und Dostojewski, im banausischen Sinn des Wortes „normal“ gewesen seien. Auch das naturgesegnetste Genie ist niemals im Sinne des Philisters natürlich, d. h. gesund, normal und nach der Regel. Da bleibt im Physischen immer viel Zartes und Irritables, zu Krise und Krankheit Geneigtes, im Psychischen immer viel den Durchschnitt Befremdendes, ihn unheimlich Berührendes, dem Psychopathischen Nahes, wenn man auch dem Philister verbieten muß, es so anzusprechen ... Nein! Aber von jener *sinnlichen Begabtheit* ist hier die Rede, die zu dem besonderen Adel des antäischen Genies gehört, und die Goethes Faust in den Worten feiert, mit denen er den *Erdgeist* anredet:

> Erhabner Geist, Du gabst mir, gabst mir alles,
> Worum ich bat. Du hast mir nicht umsonst
> Dein Angesicht im Feuer zugewendet.
> Gabst mir die herrliche Natur zum Königreich,
> Kraft, sie zu fühlen, zu genießen. Nicht
> Kalt staunenden Besuch erlaubst Du nur,
> Vergönnest mir, in ihre tiefe Brust,
> Wie in den Busen eines Freunds, zu schauen ...“

u. s. f.

Kraft, sie zu fühlen, zu genießen. Tolstois sinnliche Begabung, persönlich gesprochen, muß die eines edlen, von der Natur aufs vollkommenste ausgestatteten, hochempfindlichen Tieres gewesen sein, – verstärkt, sublimiert durch das reflektierende Bewußtsein des Menschen. Seine Augen, die kleinen, scharfen, grauen Augen, unter den buschigen Brauen, waren die eines Falken; sie sahen alles. Sie waren einer hellsichtigen Analyse fähig, die übertrieben anmuten konnte und einen Kritiker veranlaßte, ihm zu schreiben: „Sie sind manchmal imstande, zu sagen, die und die *Körperbeschaffenheit* eines Menschen wies darauf hin, daß er nach Indien zu reisen wünschte." Besonders penetrant war offenbar sein Geruchssinn. Er trägt ein großes Teil zur ungeheuern Sinnlichkeit seines Werkes bei und war, wie es scheint, in seiner Nachhaltigkeit, seiner menschlichen Pietät zuweilen anstößig. „So ungern ich davon spreche", sagt er in seinen Erinnerungen, „ich erinnere mich noch immer an den charakteristischen, scharfen Geruch, der meiner Tante anhaftete und wohl eine Folge der Nachlässigkeit in ihrer Kleidung war." Noch in diesen seinen „Bekenntnissen", noch in seinen späten Tagebüchern finden sich Naturbilder, Naturstimmungen, deren durchdringend innige Sinnlichkeit in der Weltliteratur nicht ihresgleichen haben. Der Greis erzählt, wie er als Kind mit der Großmutter zum Nüssepflücken in die Haselnußsträucher gegangen. „Ich entsinne mich, wie heiß es an sonnigen Flecken, wie angenehm kühl es im Schatten war, wie man den scharfen Geruch des Haselnußlaubes einatmete, wie auf allen Seiten die Nüsse zwischen den Zähnen der Mädchen, die mit uns waren, krachten, und wie wir unaufhörlich die frischen, vollen, weißen Kerne kauten." Noch im hohen Alter also, bei durchaus asketischer Lebensstimmung, hat er diese intensiv-beglückende, derb-gesunde und sinnliche Erinnerung an das damals Erlebte und wird, nach moralisierenden Seiten, die hölzern und verworren waren, sofort zum Künstler darüber.

Goethes sinnlich-naturhafte Gebundenheit, seine tellurische Anhängigkeit ging, im Gegensatz zu Schillers emanzipatorischer Freiheit so weit, daß er sich selbst ein „dezidiertes Barometer" nannte. Es heißt ja, daß er das Erdbeben von Messina nachts in seinem Schlafzimmer gespürt habe, –

wie ja auch der sinnlich-nervöse Apparat der Tiere dergleichen Ereignisse vorzufühlen vermag, – und man sieht hier, wie die naturvertrauteste sinnliche Irritabilität die Grenzen des eigentlich Sinnlichen überschreitet und ins Übersinnliche, Naturmystische einmündet.

Was das Sinnliche in engerer Bedeutung des Wortes betrifft, so gab es ja Zeiten, wo Goethe etwas von einem Gartengott hatte, – wie man denn etwa von den Venezianischen Epigrammen allenfalls diejenigen, die gegen Christentum und Freiheitsapostel gerichtet sind, in Damengesellschaft vorlesen kann, die anderen aber nicht. Es sind Carmina Priapea, hervorgegangen aus der antikisch-unbefangenen Gesinnung, die gerade damals seine ganze Lebenshaltung bestimmte, und in der er, unsentimental und vorurteilslos ausschweifend, seinem Herzchen das Gute gönnte. Diese Gesinnung kommt selbstverständlich bei Tolstoi nicht vor, da das antike Kulturelement seinem Wesen fehlt. Die geschlechtliche Lust war also bei ihm nicht humanistisch-antik akzentuiert, sondern russisch-kraftschwelgerisch und dabei immer moralistisch verdunkelt, von tiefer Reue wahrscheinlich nicht nur gefolgt, sondern schon begleitet. Vermenschlichung, das bedeutet ihm ja nicht Erhöhung des Natürlichen, also Kultur, sondern Entnatürlichung; und die Loslösung von der Natur, von allem, was überhaupt natürlich ist und besonders ihm natürlich war, der Familie zum Beispiel, der Nation, dem Staat, der Volkskirche, allen sinnlichen und instinkthaften Leidenschaften, der Liebe, der Jagd, im Grunde dem ganzen Leibesleben, namentlich aber von der Kunst, die für ihn ganz wesentlich Sinnlichkeit und Leibesleben bedeutet, – in dieser Art von Vermenschlichung besteht der Kampf seines Lebens. Es ist durchaus falsch, sich diesen Kampf als eine in späten Jahren sich plötzlich ereignende Bekehrungskrise vorzustellen, seinen Beginn etwa mit dem Beginn von Tolstois Greisenalter zusammenfallen zu lassen. Der Franzose Vogüé urteilte vollkommen richtig, als er, auf die Nachricht hin, daß der große russische Dichter jetzt „durch eine Art mystischen Wahns wie gelähmt" sei, erklärte, er habe das längst vorausgesehen, Tolstois ganze Gedankenentwicklung habe als Keim bereits in dem Roman „Kindheit und Knabenalter" gelegen, und die Psychologie in „Anna Karenina" gebe seiner weiteren Entwicklung klar die Richtung an. Auch haben wir Zeugnisse von Kameraden Tolstois aus seiner Offizierszeit, der Zeit von Sebastopol, – Zeugnisse, die von der Wut, mit der jener Kampf schon damals in seinem Innern tobte, eine deutliche Vorstellung geben. Nach einer solchen Schilderung war der junge Graf Tolstoi ein herrlicher Kamerad, die Seele seiner Batterie, von übersprudelnder Laune. War er abwesend, so herrschte Niedergeschlagenheit. „Man hörte nichts von ihm", sagt der Erzähler, „einen, zwei, drei Tage lang ... endlich kam er zurück ... und sah ganz aus wie der verlorene Sohn – düster, abgezehrt, mit sich selbst zerfallen. Er nahm mich beiseite und begann Beichte zu tun. Er gestand mir alles, einfach alles, sein Zechen, Kartenspiel, wo er die Tage und die Nächte verbrachte, und, würdet Ihr es glauben? seine Reue und sein Leid waren so tief, als hätte er ein furchtbares Verbrechen begangen. Seine Verzweiflung war so grenzenlos, daß sie *peinlich anzusehen war* ... Ein solcher Mensch war er. Er war, mit einem Worte, sonderbar und, wenn ich die Wahrheit gestehen soll, mir nicht ganz verständlich."

Das wollen wir glauben. Die „peinliche Verzweiflung", deren Zeuge der junge Offizier da sein mußte, kam ja aus jenem inneren Zwiespalt, der den späteren Tolstoi zu einem der größten Gewissenswecker, der stärksten Erreger von Gottesangst unter den Menschen gemacht hat. Aber die Tiefe seiner sittlichen Not eben zeugt von der Heftigkeit seiner Triebe, und wenn das Naturhafte seiner Christlichkeit mehr und mehr eine schwere Last bedeutete, einen Stachel, vor der sie sich Ruhe wünschte, so erlangte sie diese Ruhe doch niemals, bis zum Ende nicht. Tolstoi hielt geschlechtlich so lange aus wie Goethe, der sich selber neckte:

> Alter, hörst du noch nicht auf?
> Immer Mädchen!

– aber sein geistiges Verhältnis zum Weibe, das er früh im Stil der Kirchenväter als instrumentum diaboli empfinden lernte, hatte sich längst so gestaltet, daß ein Erlebnis wie das des alten Goethe mit Ulrike bei ihm undenkbar war. Das Merkwürdige aber, oder, bei der Größe und Mächtigkeit seiner Anlagen eigentlich Selbstverständliche bei alle-

149

dem ist, daß von Muckerei, von Prüderie oder auch nur von Delikatesse in seinem Verhältnis zu dieser Sphäre auch nicht eine Spur zu finden ist. Im Gegenteil: seine Äußerungen darüber sind von einem heidnischen Freimut, dessen Großartigkeit ans Cynische grenzt. Er geht mit Gorkij und Anton Tschechoff am Meere spazieren, und plötzlich richtet er an Tschechoff eine Frage, dessen jugendliches Vorleben betreffend, und bedient sich dabei eines biblischen Ausdrucks von roher Feierlichkeit. Anton Pawlowitsch ist verwirrt, murmelt etwas, indeß er an seinem Bärtchen zupft. Der Alte aber läßt ihn stammeln und legt dann seinerseits, den Blick auf das Meer gerichtet, in vier Worten ein höchst positives Bekenntnis in Betreff seiner eigenen Führung ab, das er mit einem schweren und niedrigen Bauernausdruck schließt. „Wenn sie von seinen rauhen Lippen kommen", sagt Gorkij, „klingen alle derartigen Worte einfach und natürlich und verlieren ihre soldatenhafte Roheit."

Er sagt an einer anderen Stelle: „Wäre Lew Nikolajewitsch *Naturforscher*, er würde sicherlich die scharfsinnigsten Hypothesen entwickeln, größte Entdeckungen machen." Diese Äußerung tut Gorkij nicht im Zusammenhang mit dem mächtig Sinnlichen in Tolstois Wesen; aber wir sind geneigt, es damit in Zusammenhang zu bringen. Er erinnert sich, wie es scheint, auch nicht an Goethe, indem er Tolstoi ein latentes naturwissenschaftliches Genie zuschreibt; aber wir unsererseits erinnern uns an ihn. Und uns will folgende Tatsache nicht ganz zufällig scheinen: Es geschah in Venedig, 1790, zugleich mit den sinnlichen Abenteuern, von denen die Epigramme Zeugnis geben, daß Goethe, am Lido, im Anschauen eines geborstenen Schafsschädels, jene morphologische Einsicht in die Entstehung aller Schädelknochen aus den Wirbelknochen gewann, die eine so wichtige Aufklärung über die Metamorphose des tierischen Körpers bedeutete. Was Gorkij meint, wenn er sagt, daß Tolstoi, falls er sich darauf verlegt hätte, geniale naturwissenschaftliche Entdeckungen gemacht haben würde, kann nicht zweifelhaft sein. Es ist die wissende Sympathie der Naturgesegneten mit dem organischen Leben, – eine Sympathie, der Eros nicht fern ist, und der Goethes biologische Intuitionen, z. B. seine unglaublich sichere Vorwegnahme der Zellentheorie, entstammen.

150

Drückt sie sich nicht aus, diese Sympathie in Goethes jugendlichem Ganymed-Pathos? In diesem „Mit tausendfacher Liebeswonne sich an mein Herz drängt Deiner ewigen Wärme heilig Gefühl", diesem „Aufwärts an Deinen Busen, alliebender Vater"? Drückt sie sich nicht aus in seinem Pantheismus, der nur die Objektivierung seines Gefühls ist, „so, daß die eigene Allhingegebenheit ihn die Gottheit nicht als von außen stoßend, sondern als alldurchdringend" empfinden läßt? Jedenfalls ist sie ganz und gar auf das Leben, auf die „ewige Wärme" gerichtet, diese organische Sympathie, dieses liebende Interesse, – während (und was könnte charakteristischer für die Verschiedenheit der beiden großen Naturkinder sein!) Tolstois stärkstes, quälendstes, tiefstes und produktivstes Interesse dem *Tode* gilt. Der Todesgedanke ist es, der sein Sinnen und Dichten in dem Maße beherrscht, daß man sagen kann: kein Meister der Weltliteratur habe den Tod empfunden und dargestellt wie er, – ihn so schrecklich durchdringend empfunden und so unersättlich oft dargestellt. Tolstois Genie in der dichterischen Erkundung des Todes ist in der Tat das Gegenstück zu Goethes naturwissenschaftlicher Intuition, und Sympathie mit dem Organischen ist die Grundlage beider. Der Tod ist eine sehr sinnliche, sehr körperliche Angelegenheit, und es wäre schwer zu sagen, ob Tolstoi sich so sehr für den Tod interessiert, weil er sich so sehr und sinnlich für den Körper, die Natur als Leibesleben interessiert – oder umgekehrt. Auf jeden Fall ist auch bei seiner Todesfixierung *Liebe* im Spiel: denn Todesfurcht, diese Quelle von Tolstois Poesie und Religiosität, ist Natur-Liebesfurcht, sie ist die negativ-naturalistische Seite des Goetheschen Ganymedaufschwungs.

> Du führst, spricht Goethe-Faust zum Erdgeist,
> Du führst die Reihe der Lebendigen
> Vor mir vorbei und lehrst mich meine Brüder
> Im stillen Busch, in Luft und Wasser kennen ...

Meine Brüder: Man weiß, daß es Goethe war, der mit dem Gedanken, daß „der Mensch aufs nächste mit den Tieren verwandt" sei, Ernst machte auf eine Weise, wie der Wissenschaft bis dahin nicht beigekommen war, es zu tun; und das Erfülltsein von diesem Gedanken, seine tiefe, wirkliche

Anschauung ist bezeichnend für das Naturkind und seine Sympathie mit dem Organischen. Schillers Humanität, sein Menschlichkeitsbegriff, der emanzipatorischer, im Grunde stolz-naturfeindlicher Art war, hätte wenig Gefallen an diesem Gedanken gehabt, und man findet Gedanken nicht, die einem nicht gefallen, d. h. ideell willkommen sind. Es gibt keine „voraussetzungslose Wissenschaft". Die Entdeckungen der Wissenschaft sind immer das Ergebnis einer ideellen Voraussetzung; das mittelalterliche Wort „Ich glaube, damit ich erkenne" wird ewig recht behalten; der Glaube ist das Organ der Erkenntnis und ohne die vorgefaßte, vor-angeschaute Idee eines einheitlichen Bildes, nach welchem die höhere Tierwelt nebst dem Menschen geformt ist und dem im botanischen Reich die angeschaute Idee der „Urpflanze" entspricht, hätte Goethe niemals das os intermaxillare am Menschen gefunden. Man darf auf den humoristischen Widerspruch hinweisen, der zwischen der Tatsache dieser Entdeckung und der humanen Erläuterung besteht, die Goethe dazu gibt. Der Zwischenkieferknochen, sagt er, der bei den Tieren je nach Umständen und Bedürfnis verschieden gestaltet sei, – zuletzt, im Menschen, dem edelsten Geschöpf, verberge er sich schamhaft, „aus Furcht, tierische Gefräßigkeit zu verraten". Idealistischer Menschenstolz könnte einwenden, dann sei es recht inhuman, das schamhaft Verborgene zu entdecken und an den Tag zu bringen.

Und doch ist es eben das Merkwürdige und tief Bedeutsame, zu sehen, wie bei Goethe das Biologisch-Medizinische von Grund aus mit dem humanistischen Interesse, dem Interesse am Menschen und seiner Schönheit und also auch mit der Kunst verquickt ist, wie bei ihm die Kunst als humanistische Disziplin erscheint und alle Disziplinen und Fakultäten menschlichen Forschens, Wissens und Könnens sich als Abschattungen und Variationen ein und desselben großen, dringlichen und liebevollen Interesses und Anliegens darstellen, des Interesses am Menschen. Die Betrachtung des Menschlichen unter dem naturwissenschaftlich medizinischen Gesichtswinkel lag nicht in der Überlieferung seiner Familie wie bei Schiller und Dostojewskij, die beide Söhne von Ärzten waren, sich aber beide um den Leib des Menschen niemals gekümmert haben. Von Goethe

152

dagegen weiß man, daß er seit seinen Leipziger Tagen sich mit medizinischen Studien befaßt hat, in Straßburg täglich mit Medizinern verkehrte und mit einem Ernst, als seien nicht die besonders so genannten „Schönen Wissenschaften" sein zukünftiger Beruf, sondern etwa die Chirurgie, im Seziersaal, in der inneren Klinik und in der für Geburtshilfe arbeitete. Der Geist, in dem er diese Studien trieb, das Interesse, aus dem er sich ihnen hingab, erhellt aus der Tatsache, daß er später selbst jungen Künstlern in der Zeichenakademie Vorlesungen über den Knochenbau des menschlichen Körpers hielt. [...]

Daß Kunst- und Naturerkenntnis sich wechselweise vertiefen, hatte er zeitig empfunden und ausgesprochen. „Wie ich die Natur betrachte", schreibt er aus Rom, „so betrachte ich nun die Kunst, ich gewinne, wonach ich solange gestrebt, auch einen vollständigen Begriff von dem Höchsten, was Menschen gemacht haben, und *meine Seele bildet sich* auch von dieser Seite mehr aus und sieht ein freyeres Feld." „Nun ist mir Baukunst und Bildhauerkunst und Mahlerey wie Mineralogie, Botanik und Zoologie", heißt es in einem Brief an Herder. Und ein andermal: „Wir können zuletzt beim Kunstgebrauch nur dann mit der Natur wetteifern, wenn wir die Art, wie sie bei Bildung ihrer Werke verfährt, ihr wenigstens einigermaßen abgelernt haben ... Die menschliche Gestalt kann nicht bloß durch das Beschauen ihrer Oberfläche begriffen werden: man muß ihr Inneres entblößen, ihre Teile sondern, die Verbindungen derselben bemerken, die Verschiedenheiten kennen, sich von Wirkung und Gegenwirkung unterrichten, das Verborgene, Ruhende, das Fundament der Erscheinung sich einprägen, wenn man dasjenige wirklich schauen und nachahmen will, was sich als schönes ungetrenntes Ganzes in lebendigen Wellen vor unserm Auge bewegt." Dies sind Goethes Worte, und wer wollte zweifeln, daß sie die Wahrheit treffen? Wer wollte leugnen, daß es dem Künstler nützlich ist, auch unter der Epidermis ein wenig Bescheid zu wissen, so daß er mitmalen kann, was nicht zu sehen ist; mit andern Worten: wenn er zur Natur noch in einem andern Verhältnis steht als bloß dem lyrischen, wenn er z. B. im Nebenamt Arzt ist, Physiolog, Anatom und von den Dessous auch noch seine stillen Kenntnisse hat? Die Hülle eines Men-

schenkörpers besteht nicht nur aus den Schleim- und Horn-
schichten der Oberhaut, sondern darunter ist das Leder-
hautgewebe zu denken, mit seinen Salben- und Schweiß-
drüsen, Blutgefäßen und Wärzchen, und darunter wieder
die Fetthautpolsterung, deren vielen Fettzellen die Anmut
der Form überhaupt erst zu danken ist. Was aber mitge-
wußt und mitgedacht ist, das spricht auch mit; es fließt in
die Hand und tut seine Wirkung, ist nicht da und doch irgendwie da, und dies eben ergibt Anschaulichkeit. Die
Kunst, wie wir sagten, ist nur eine humanistische Disziplin
unter den anderen; sie alle, Philosophie, Juristerei, Medizin, Theologie, wie selbst auch Naturwissenschaften und
Technologie, sind nur Abwandlungen und Spielarten einer
und derselben hohen und interessanten Angelegenheit, zu
welcher man niemals verschiedenartig und vielseitig genug
sich verhalten kann, denn es ist der Mensch; und die *menschliche Gestalt* ist der Inbegriff ihrer aller, sie ist, mit Goethe zu
reden, „das non plus ultra alles menschlichen Wissens und
Tuns", „das A und O aller uns bekannten Dinge".

1921

LEW LUNZ

Reise auf meinem Krankenbett

Am 1. Juni 1923 verließ ich Petersburg. Auf in die weite
Welt! Lernen, arbeiten, reisen auf den Spuren Tausender
und Abertausender meiner Vorgänger, reisen wie sie alle
reisten – im Automobil, in der Kajüte, zu Fuß. Doch es
dauerte keine zwei Wochen, da begann meine seltsame, ich
würde nicht gerade sagen fröhliche „Reise auf dem Krankenbett".
Keine Angst: dies ist kein Roman (leider), kein Kalauer,
keine Originalitätshascherei. Das ist der Bericht eines Menschen, den eine furchtbare Krankheit niederwarf. Furchtbar, weil sie nur durch Ruhe und Zeit zu heilen ist. Und mit
Geduld! Geduld aber hat der Kranke – und der Kranke bin
ich – nicht. Und so jage ich, von Langeweile und Ungeduld

gehetzt, vom Sanatorium ins Krankenhaus, aus dem Krankenhaus in die Kurklinik, wechsle Städte, Dialekte, Menschen. Vom teuren Sanatorium für Ausländer in die III. Klasse eines städtischen Krankenhauses.

Überall suche ich neue Ärzte, neue Kliniken, Gesundheit.

Ich habe nichts gesehen: die deutschen Wälder nicht und nicht die deutschen Felder, weder den Kölner Dom noch die Dresdener Galerien, ich war nicht auf den Werften von Hamburg und habe nie in München Bier getrunken. Eins aber habe ich besser gesehen als jeder gesunde Reisende: den Deutschen. Dutzende (waren es Hunderte?) von verschiedenen Typen zogen an mir vorüber, stöhnten neben mir, starben. Sie kamen und gingen. Nach Hause oder auf den Friedhof. Wo lernt man den Menschen besser kennen als im Krankenhaus? Wessen Seele sucht die Beichte flehentlicher als die Seele des Kranken? Der Nachbar spricht mit mir über alles: das Heiligste – seine Liebe, das Verfänglichste – einen Diebstahl, das Strittigste – Gott und die Welt.

Daher, nicht einem exzentrischen Einfall folgend, habe ich diese „Notizen eines Reisenden" begonnen. Vielleicht hat neben den See-, Eisenbahn-, Auto- und Aviareisen auch meine traurige Voyage ein Recht, gedruckt zu werden.

Ich weiß, daß meine Beobachtungen unvollständig sind, eventuell sogar unzutreffend. Doch eben deshalb schreibe ich sie: die Notizen eines Kranken über Kranke.

Und noch einmal: keine Angst. Meine Krankheit werde ich mit keinem Wort erwähnen. Mein Persönliches, Schwarzes, Schweres behalte ich für mich. Ich gebe es nicht preis, so schwer es immer ist. Ich gebe das Fremde, überwiegend Fröhliche: Ich habe das Deutsch-Amüsante gesehen.

Meine Notizen beschränken sich einstweilen auf Deutschland. Ich fahre jetzt nach Italien. Von da dann sicher weiter. Irgendwohin. An meine Heilung glaube ich nicht. An meine Geduld erst recht nicht. Aber ich gebe die Hoffnung nicht auf. Und wechsle Hospitäler, Heilstätten, medizinische Zentren, Krankenzimmer. Auf der ganzen Welt. Beendet sein wird diese Reise wahrscheinlich erst im Jenseits.

I

Als ich nach Deutschland fuhr, wußte ich, daß etwas mit
mir nicht in Ordnung war, es konnte nur etwas Geringfügi-
ges, Läppisches sein. „Der Deutsche heilt dich", dachte ich
mir, „dafür ist er der Deutsche."
So wollte ich unmittelbar nach meiner Ankunft zu einem
deutschen Professor. Da ich nicht wußte zu welchem,
wandte ich mich um Rat an meine russischen Freunde und
Bekannten in Berlin.
„Was?" – ein Schrei der Empörung. „Sind Sie wahnsinnig?
Zu einem deutschen Professor? Der haut Sie doch übers
Ohr, der läßt Sie jeden Tag kommen und nimmt dafür ein
unverschämtes Geld, mit einem Wort, der richtet Sie zugrunde."
Vor Staunen bekam ich meinen Mund nicht zu.
„Aber die Deutschen sind doch die Champions der Medizin. Die deutschen Professoren …"
„Spitzbuben einer wie der andere. Verfrachten einen in so
ein mickriges Sanatorium, an dem sie selber beteiligt sind,
betrügen, belatschern, bestehlen einen, und wie!"
Da waren alle meine Bekannten einer Meinung. Ich mußte
mich fügen. Wenn die es nicht wissen, dachte ich. Obwohl …
Und ich begab mich zu einem bekannten russischen Doktor. Der Arzt war glänzend, stellte eine perfekte Diagnose
und schickte mich sofort in ein Sanatorium.
Seltsam war nur: in diesem Sanatorium traf ich den russischen Doktor wieder. Und fast alle Patienten des Sanatoriums waren von dem Doktor eingewiesen worden.
Die Diagnose des Doktors war unerbittlich und unerwartet
und verblüffte mich so sehr, daß ich für alle Fälle doch auch
noch zu dem deutschen „Schuft" von Professor ging. Und
dieser kleine gutmütige Alte wies mich nicht in sein Sanatorium ein und antwortete mir auf alle Fragen nach dieser
oder jener Kurklinik mit einem gleichbleibenden: „Ausgezeichnet!"
So ein Schuft!
Ich schreibe das beileibe nicht, um die russische Medizin
anzuprangern und den deutschen *Herrn Professor* in den

* Kursiva dieses Textes im Original deutsch.

156

R. G. Batalin

Petersburg am Wittenbergplatz

Kadewe

...chumschlag eines Romans im Verlag der Meyerschen
...ofbuchhandlung (Max Staercke). Detmold 1931

Russisches Lebensmittelgeschäft Aga. Berlin 1924

Teehandlung P. M. Kusmitschew. Berlin 1924

ussisches Studentenheim Tempelhof. Schreib- und Lesezimmer. 1924.
oto: John Graudenz

ussisches Studentenheim Tempelhof. Theaterraum.
oto: John Graudenz

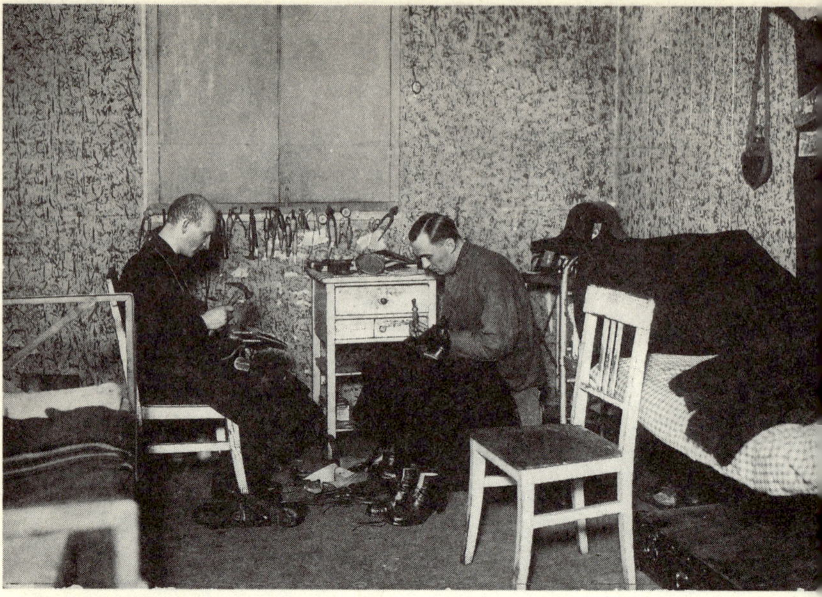

Russisches Studentenheim Tempelhof. Studenten bei
Schuhmacherarbeiten. Foto: John Graudenz

Der ehemalige zaristische Oberst von Wieren im Kreise seiner Familie im
Flüchtlingslager Wünsdorf bei Berlin beim Bemalen von Teeschälchen.
Foto: John Graudenz

...ssenausgabe für russische Kinder im Flüchtlingslager Wünsdorf bei ...erlin. 22. Mai 1924. „Mittagessen: 1) Kohlsuppe. 2) Kompott. ...bendbrot: Kakao mit Semmel". Foto: John Graudenz

...ussische Flüchtlinge vor dem Nansenheim in Berlin

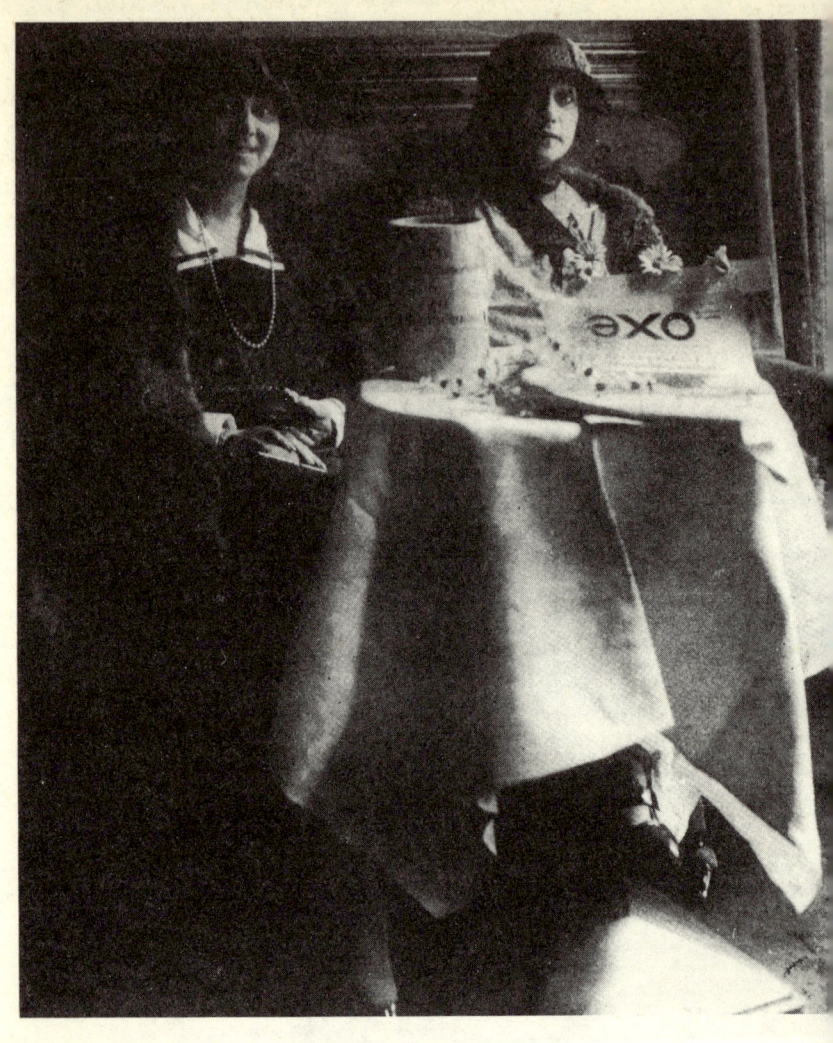

„Die weiße Blume" in Berlin: Die Tänzerin Karsawina (rechts) und Frau
Koralli beim Verkauf von Margueriten zugunsten des Berliner russischen
Komitees zur Unterstützung russischer Tbc-Kranker (im Restaurant
„Olivia", Motzstraße). Auf dem Tisch: „Russisches Echo"

Такъ судитъ Ольга Чехова о парфюмеріи „Oja"
Kurfürstendamm 13

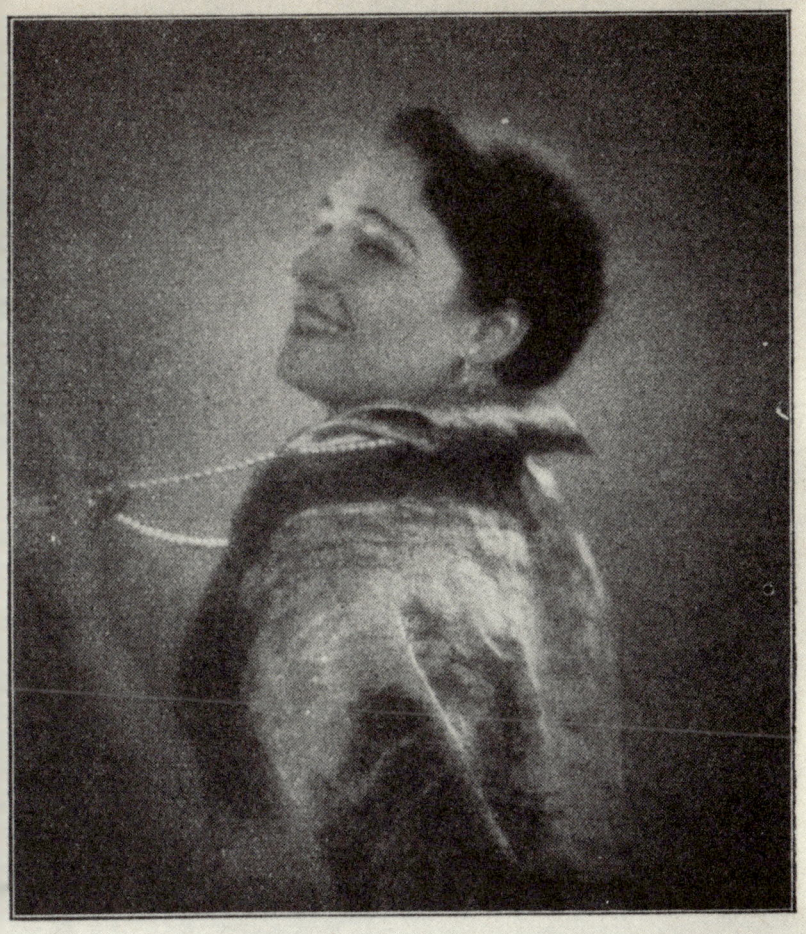

arfumreklame mit der russischen Schauspielerin Olga Tschechowa

Russisches Restaurant in der Kaiserallee

Café Ruscho, Kurfürstendamm 187

ünf-Uhr-Tee in der „Ressource" in Schöneberg

estaurant „Olivia", Motzstraße. Foto: John Graudenz

Prof. Juli Aichenwald während einer Vorlesung am „Russischen
wissenschaftlichen Institut", Schinkelplatz. Foto: John Graudenz

Der ehemalige Hofhistoriker
des letzten Zaren
im Alexanderheim Berlin

ussische Abteilung der Setzerei des Ullstein-Verlags. 1924

ruck der russischen Emigrantenzeitung „Rul" bei Ullstein

Русскій BERLIN

„RUSSKI BERLIN", die russische Jllustrierte. Das Blatt des russisch-sprechenden Berlin

№ 2   Литературно-иллюстрированное изданіе   **10 пф**

Сынъ Л. Н. Толстого, графъ Илья Львовичъ Толстой и знаменитый русскій борецъ — чемпіонъ Ив. Поддубный, снятые въ Холливудѣ.

Titelblatt von „Russki Berlin": Der Sohn Lew Tolstois und der russische
Ringer Iwan Poddubny auf einem Hollywood-Foto. Mit einer Widmung
Poddubnys bei seinem Berliner Besuch 1927

ssische Verlagsgesellschaft „Kultura". Bibliothek und Buchhandlung
rfürstendamm 180

gang der St.-Georgs-Schule. Foto: John Graudenz

Die russische Küsterei in der Nachodstraße

„Russisches Echo" „Russisches Echo"

РУССКОЕ
ЭХО

№ 20
(40)

Цѣна въ Германіи
20 Goldpfg.

Воскресенье,
11. V. 1924

Воскресенье,
11. V. 1924

ИЛЛЮСТРИРОВАННЫЙ ЕЖЕНЕДѢЛЬНИКЪ

Редакція и Главная контора: BERLIN SW 19, Seydelstraße 27 IV, Телефонъ: Merkur 13-64.

быскъ въ берлинскомъ „торгпредѣ".

Фотогр. Press-Photo-News-Service.

3 мая въ Берлинѣ, въ б. зданіи страхового общества „Victoria", недавно пріобрѣтенномъ совѣтскимъ торго-
вымъ представительствомъ, германскими полицейскими властями былъ произведенъ обыскъ, повлекшій за
собой обмѣнъ нотами между Германіей и сов. правительствомъ. На фотографіяхъ — рядъ интересныхъ
моментовъ этого происшествія.

rchsuchung der sowjetischen Handelsvertretung in der Lindenstraße
3. Mai 1924. Titelseite „Russisches Echo" vom 11. Mai 1924

George Grosz, „Wolga, Wolga…“, aus der Mappe „Das neue Gesicht der herrschenden Klasse“, 1930. Die Zeichnung entstand vermutlich schon im Jahre 1921

Himmel zu heben. Das Sanatorium, das mir der russische Arzt verschrieb, erwies sich als ausgezeichnet. Ich kann dem Doktor dafür nur dankbar sein. Und natürlich liegt es mir fern, ihm Geldgier vorzuwerfen. Nein, einfach um zu zeigen, daß nicht alle Deutschen Schufte sind.

Die Deutschen sind Idioten, Harpagons, Stümper, Grobiane. Das bestätigt einem jeder russische Berliner. Ich staunte nicht schlecht. Aber schon am zweiten Tag nach meiner Ankunft begriff ich, daß die Russen mit den Deutschen überhaupt nichts im Sinn haben, sie begegnen sich nicht, sie reden nicht miteinander. Es gibt Emigranten, die vier bis fünf Jahre in Berlin wohnen und außer „bitte" kein Wort Deutsch zustande bringen. Weil sie sich nur mit Russen unterhalten, in ihren russischen Läden einkaufen, russische Zeitungen lesen. Der einzige Vertreter der deutschen Nation, mit dem der Emigrant zu tun bekommt, ist die Zimmerwirtin. Daher also der Haß auf alles Deutsche.

Das ist kein Witz. Die Berliner Zimmerwirtinnen sind in ganz Deutschland berüchtigt als Furien und Megären. Das ist wahr. Aber den Haß auf die alten Vetteln auf das ganze, wie auch immer, große Volk zu übertragen, das ist der Leute würdig, die in fünf Jahren nur das deutsche Wort „bitte" gelernt haben.

Den Deutschen haben die nie gesehen. Sie waren nie in einem deutschen Theater, einem deutschen Museum, in einer Fabrik. Sie haben nicht ein einziges deutsches Buch gelesen. Ich will nicht gerade sagen, daß sie es so weit treiben: „Wir – bei den geifernden Deutschen lernen. Wir sind es, die die Welt was lehren." Ja, auf die deutschen Cafés sind sie scharf. Da gehen sie hin, verständigen sich mit dem Ober über Zeichen und tanzen bis zum Umfallen Shimmy. Und dann fahren sie einmal nach Potsdam, um sagen zu können: Bei uns in Zarskoe Selo und Petersburg ist das aber viel schöner.

Als ich in Berlin ankam und aus dem Bahnhof heraustrat, fragte ich aufs Geratewohl einen jungen Mann: „Wie komme ich zu der und der Straße." Der Bursche guckte mich dumm an und schüttelte den Kopf: „Keine Ahnung." Dann fragte er traurig in gutem Russisch: „Sind Sie eventuell Russe?" Das war der erste „Deutsche", dem ich begegnete. So betrat ich die fremde Hauptstadt.

II

Aber nun schnell ins Bett. Um nie wieder aufzustehen.
Mein Sanatorium liegt hoch und hat eine wunderbare Umgebung, die ich nicht sehen würde, ebenso wie ich von unserem Städtchen nur eine Straße kennenlernte, nämlich die,
durch die ich an- und wieder abreiste.
Ich liege auf dem Balkon der ersten Etage. Unten im Garten, auf anderen Balkons in der Veranda – Kranke, die sich
lebhaft unterhalten und einander zurufen. Aha, die Deutschen, die deutschen Sitten, deutsche Sprache!
Irrtum, katastrophaler Irrtum. Hören Sie nur genauer hin,
was hören Sie – Russisch. Lauter Russen! Irgendwo ein
paar verschüchterte, ängstliche Deutsche. Ja, und das me-
lancholische Klappern der deutschen Schwester erinnert
daran, daß wir hier nicht in Staraja Russa sind.
Laß Nachsicht walten, Leser. Ich beginne meine deutsche
Reise mit einer besonderen Art von Menschen – nicht
Deutschen, Russen natürlich auch nicht. Mit etwas Mittle-
rem – den ewigen Emigranten. Vergib, o Leser. Ich habe
sie sozusagen eingeschmuggelt. Ich versprach ein deutsches
Sanatorium, nun stellt sich heraus, das gibt es nicht. Habe
ich selber nicht geglaubt … Ich Einfaltspinsel, frage ich
doch den Sanatoriumswächter Julius: „Gibt es hier zufällig
auch Russen?" Seine schwermütige Antwort: *„Es gibt auch
Deutsche."*
Der Doktor ist Russe, man bezieht russische Zeitungen, die
Sprache bei Tisch ist Russisch. Und ich hatte gehofft, während meines Aufenthalts im Sanatorium mein Deutsch zu
vervollkommnen. Deutsch habe ich selbstverständlich nicht
gelernt, und mein Russisch hätte ich mir beinahe verdorben: die Emigranten sprechen manchmal, milde gesagt, seltsam. Zum Beispiel „Ich hatte heute Bauch" statt „Ich hatte
heute Stuhl."
Hier nun, im Sanatorium, kam ich, der kleine Mann aus Petersburg, der nie im Leben einen richtigen Ausländer gesehen hatte, zu dem traurigen, wenn auch wohl etwas voreili-
gen Schluß: alle Ausländer erweisen sich bei näherem
Hinsehen als Russen oder russische Juden. Es gab im Sanatorium auch persische Untertanen und Türken, die unter
dem Schutz Englands standen, die sprachen aber weder

persisch noch türkisch noch englisch. Bürger der Freien
Stadt Danzig. Litauer, die höchstens zwei Worte hervor-
brachten und dann noch lettisch. Lauter Russen.
Da höre ich, ein Amerikaner sei angereist. Ich gucke: ein
dicker Herr, spricht englisch, Hornbrille. Und was ist: heißt
Rattner, der Mann, und schnattert russisch wie ein wasch-
echter Odessaer. Oder noch ein merkwürdiger Fall. Nicht
ein einfacher Amerikaner, ein Amerikaner von der Insel
Kuba. Spricht fließend spanisch, französisch, englisch, Russisch kann er nicht. Die Deutschen nennen ihn Herr Cates,
die Franzosen Monsieur Catés, die Engländer Mister Cates.
Kein Zweifel möglich. Und? Der Name des Kubaners ist
Katz, und russisch spricht er nur deshalb nicht, weil man
ihn als Säugling aus Wilna mitgebracht hatte.
Es gibt keine richtigen Amerikaner! Ich habe sie bisher
nicht gesehen.

III

Die russischen Emigranten in Deutschland kann man in
drei Gruppen einteilen. Die erste, in Sanatorien am zahl-
reichsten vertreten, bilden die Geschäftsleute und Börsenmänner. Die schätze ich am meisten. Sie haben längst aufgehört, sich für Russen zu halten. Ihre Kinder verlernten
die Muttersprache und plappern deutsch, französisch, pol-
nisch, die Sprache des Volkes, an dessen Börse ihre Eltern
spekulieren. Denen ist es ganz egal, wo sie leben – in Argentinien oder in der Türkei.
Wenn man nur die göttlichen Dollars verdient. Nach Rußland sehnen sie sich nicht, sie wollen nicht zurück. Nur wegen der Möbel fällt ihnen das gelegentlich ein, die stehen in
der alten Charkower Wohnung, und es wäre gar nicht verkehrt, sie zu Geld zu machen. Politik, die Kommunisten –
interessiert überhaupt nicht. Meine Ankunft – direkt aus
Petersburg, ließ sie völlig kalt. Sie haben nicht einmal gefragt: Wie und was? Das sind Menschen, die keine Heimat
haben und keine Heimat wollen.
Die zweite Gruppe bilden die Politemigranten, die Vertreter von n + 1 politischen Parteien, die in Rußland längst
vergessen sind. Denen ist der Weg nach Rußland versperrt,
sie wollen zurück, aber sie dürfen nicht. Sie existieren von

der Literatur, publizieren in den n + 1 russischen Periodika. Diese Fossile habe ich übrigens fast gar nicht zu Gesicht bekommen. Eins gab es allerdings im Sanatorium doch, ein Mitglied der Konstituierenden Versammlung, ein Sozialist, der den Staub der Politik von seinen Füßen gestreift hatte. Von seinen einstigen Verdiensten sprach er mit Würde. Aber ich wiederhole: von Politik verstehe ich nichts. Mögen sie ihrer Wege gehen.

Viel amüsanter ist die dritte, die interessanteste Art der Emigranten, die Intellektuellen, die klassischen russischen Intellektuellen. Sie verzehren sich in der Sehnsucht nach ihrer Heimat, sie hassen die Deutschen nicht nur, sie sind ihnen physisch zuwider, und zwar alles Deutsche, von der Sprache bis zur Küche. Sie leben nur in der Erinnerung. Aber sie kehren nicht zurück. Warum? Das wissen sie selber nicht. Politisch sind sie schuldlos, ungefährlich, überhaupt, wem könnten sie je gefährlich werden? Schuld sind sie höchstens an ihrer Feigheit. Sie sind vor den Bolschewiken geflohen, sie könnten natürlich jederzeit nach Rußland zurückkehren, niemand würde sie antasten, aber sie kehren nicht zurück. Unerfindlich warum. Die ewige alte Feigheit der Intellektuellen. Geredet ist leicht, aber versuch mal aufzubrechen. Hier in Deutschland hat man immerhin satt zu essen und etwas auf dem Leibe, dort wieder von vorn anfangen ...

In Berlin gibt es solche Emigranten wie Sand am Meer. Das Sanatorium ist für sie zu teuer, aber ein paar Exemplare waren doch vertreten. Eines geradezu hinreißend schön.

Es handelte sich um einen ziemlich bekannten Gesangslehrer, Glatzkopf, der ein ansehnliches Bäuchlein und eine Frau von unermeßlichem Umfang sein eigen nannte. Ein Bild von einem Intellektuellen – die unvermeidliche Leidensmiene, in der Stimme – Tränen. Als er erfuhr, daß ich aus Petersburg gekommen sei, stürzte er sich sofort auf mich: Petersburger auch er. Ich erzählte mit Vergnügen. Wie die geliebte Heimatstadt wieder aufgelebt und erblüht sei, wie die Ufer strahlen, die Laternen leuchten und die Holzpflaster klingen. Ich erzählte und erzählte, plötzlich merk ich: mein Sänger wird immer finsterer, düsterer, sein Gesicht zeigt Schrecken und Zweifel. Da wußte ich: mit dem Guten in Rußland darf man ihm nicht kommen, das

160

glaubt er nicht, da wird er noch denken – und denkt es sicher schon – ich sei Kommunist. „Ja, wie denn, wie denn", platzte er nun heraus, „ich habe doch erst kürzlich gelesen, daß auf der Sergijewskaja und der Furschtatskaja die Kühe weiden ..."
Ich mußte herzlich lachen.
„Hirngespinste", sage ich.
„Wieso Hirngespinste? Das steht in der Zeitung."
Ich amüsierte mich köstlich.
„Wissen Sie, die Berliner russischen Zeitungen lesen, das ist natürlich ein Witz. Daß die sich nicht schämen. Die haben doch von Rußland keine Ahnung."
Jetzt wurde er ganz finster, sagte aber nichts. Erst am anderen Morgen kam er überraschend zu mir und sagte mit einem Zittern in der Stimme: „Ich habe heute die ganze Nacht darüber nachgedacht, was Sie zu sagen beliebten. Ein Witz, die Berliner Zeitungen zu lesen. Aber das sind doch freie demokratische Worte."
Und dann ging das los. Danach haben wir nie mehr über Politik gesprochen, uns aber nicht verzankt. Er war freilich immer auf der Hut vor mir und hielt mich im Innersten bestimmt für einen Rebellen, aber unterhalten haben wir uns trotzdem. Seine schwache Stelle hatte ich auch bald spitz, und wenn ich mich im Gespräch erquicken wollte, so schimpfte ich auf die Deutschen. Da kam Leben in ihn, er pflichtete mir begeistert bei. Da habe ich vielleicht etwas zu hören bekommen über die armen Teutonen.
Das dankbarste Thema bleibt natürlich das Essen bei den Deutschen, das tatsächlich ausnehmend belämmert ist. Wenn man da seines Borschtschs und Schtschis, seiner Pasteten, Piroggen und Osterquarkkuchen gedenkt. Glauben Sie mir, meinem Sänger standen die Tränen in den Augen und seine Stimme vibrierte. Wahrhaftig! Haben diese Deutschen eigentlich je etwas Ordentliches zustande gebracht! Oder Orpheus sitzt nackt beim Luftbad und jammert: „Eine ärmliche Sprache, dieses Deutsch. 15000 Wörter alles in allem. Wir haben 50000." Ich hab versucht, als Philologe das Deutsche zu verteidigen, ich wurde in die Flucht geschlagen. „Aus dem Russischen ins Deutsche zu übersetzen, das ist völlig ausgeschlossen, viel zu wenig Worte."

„Aber, entschuldigen Sie! Die Deutschen sind die bedeutendsten Übersetzer der Welt."

„Ach was ... Da singe ich neulich ‚Christus ist auferstanden ...‘ in deutscher Übersetzung. Und an der pathetischsten Stelle fällt die Betonung auf ‚und‘. Na?!"

„Pardon, und von wem ist die Übersetzung?"

„Meine ... Frau hat es übersetzt."

Nein, wirklich, ein herrliches Exemplar von „klagendem Intellektuellen". Beängstigt und irritiert fragte mich unser Bademeister, warum dieser Patient immer seufzt. Der Bademeister machte ihm eine Vollmassage, und jeden Tag wiederholte sich die gleiche Geschichte. Er beginnt, ihm die Arme zu massieren, plötzlich traurig und ergeben die Frage: „Die Beine wohl heute nicht?" – „Wieso, die Beine auch." Dann sind die Beine dran: „Wird die Brust auch massiert?" Und so weiter und so weiter. Ohne Ende. Der Bademeister war ehrlich besorgt und fürchtete immer, er habe den Sänger irgendwie beleidigt. Ich beruhigte den Deutschen: Das ist ein russischer Emigrant!

Aber das Allerlustigste war, den Sänger von den russischen Bestialitäten erzählen zu hören, nicht von den heutigen, die er aus den russischen Zeitungen herauslas, sondern von den Greueln, die er selber vor der Flucht in Rußland erlebt hatte. Ich habe alle Revolutionsjahre an genau der gleichen Stelle gelebt, nämlich in Petersburg, und ich bin vor Lachen beinahe umgekommen über seinen unglaublichen Phantasmagorien. Und er log nicht, er war viel zu ehrlich um zu lügen, er glaubte, was er sagte, obwohl das vollkommener Unsinn war. Sehr merkwürdig, alle Menschen, auch die klügsten, werden in der Emigration sagenhaft dumm. Sie beginnen den hiesigen Erfindungen zu glauben und schon – da mögen keine zwei Monate vergangen sein – scheint es ihnen, als hätten sie selber in Rußland gesehen, was man ihnen erst in Berlin eingeflüstert hat. Beispiel: Mein Sänger verließ Petersburg im Herbst 1921, das heißt fast ein halbes Jahr nach der Einführung der NÖP. „Dann waren ja alle Geschäfte schon wieder geöffnet", sag ich. „Wo denken Sie hin? Alles fest vernagelt! Und wer Brot kaufte – an die Wand mit ihm, an die Wand!"

Was ist das? Lüge? Nein. Das ist der Wahnsinn. Eine Massenpsychose.

162

Aber dann traf ich im Sanatorium auch noch eine andre Art des emigrierten Intellektuellen, den reinen Abenteurer, exzellent. Ein schöner Mann, in mittleren Jahren, alte Familie klingender Name, ehemaliger Millionär.

Ein Blick genügte – Anzug, Gang, die Art mit Frauen zu sprechen – und es war klar: ein Herr! Ein wirklicher Herr aus der alten Zeit. Und es war erstaunlich zu sehen, wie die Deutschen das spürten, obwohl mein Emigrant kein Wort deutsch sprach. Kein Stubenmädchen, das er nicht gedrückt oder geküßt hätte – ein skandalöser Umgang für die verdorbene, aber reputierliche Angestellte –, doch alle wußten: ein Herr!

Er erzählte mir einmal seine Epopöe. Als die Revolution kam und die Arbeiter der kleinen Stadt sich in seiner Fabrik versammelten und mit Forderungen und Drohungen vor seinem Haus demonstrierten, da zog er seinen Frack an und trat auf den Balkon. Und ließ über sie ein Gewitter von Mutterflüchen niedergehen. Resultat: sie wählten ihn zum stellvertretenden Vorsitzenden des Deputiertensowjets. In ihrem Namen reiste er sogar nach Petersburg, um irgend etwas für sie durchzusetzen, er erfüllte den Auftrag zur vollsten Zufriedenheit. Ein bezauberndes Idyll! Aber nach dem Oktober war es aus mit den sentimentalen Schwärmereien, mit knapper Not rettete er sich und floh zu Kornilow. Beim Eisfeldzug wurde er für „übermenschliche Tapferkeit" sofort zum Oberst (Tatsache!) ernannt. Von der weißen Armee sprach er eher belustigt: Das sind mir welche! Unter Wrangel wurde er schwer verwundet und in letzter Minute nach Konstantinopel evakuiert. Dort traf er auf Krücken ein, halbtot, ohne einen Pfennig. Er wurde Tellerwäscher in einem Restaurant. Dank seiner ungeheuerlichen Energie stieg er auf und war schließlich der Inhaber dieses Restaurants. Heute hat er vierzig Angestellte, hat seine Familie nachkommen lassen, ist aufgeblüht und bedauert nichts. Mit Entsetzen aber denkt er an Perekop, wo er aus seinem Maschinengewehr auf die angreifenden roten Truppen schoß. „Sie gingen vor und fielen, gingen vor und fielen, und ich drehte die Kurbel. Sie fielen und ich drehte die Kurbel des MGs. Sie fielen und gingen weiter vor über die

Leichen, bis meine Hand am MG versagte – vor Grauen."
Jetzt haben die Ärzte bei ihm eine Tbc gefunden, und er
sitzt im Sanatorium in den Bergen und spuckt Blut. Doch
keinen Augenblick verliert er seine Fröhlichkeit und Lebensfreude, seinen Scharfsinn. Er ist der Mittelpunkt, die
Seele, der Champagner des Sanatoriums. Er tröstet die
Kranken, veranstaltet Konzerte, amüsiert sich über alles
und über sich am meisten. Seine Einfälle waren manchmal
hinreißend. Zum Beispiel: Einmal war ein Herr angekom-
men und hatte sich im Schlafzeug ins Eßzimmer begeben.
Die Damen waren empört. K* ging in ihrem Namen zum
Doktor. Der Doktor kam, prüfte und platzte überraschend
heraus: „Aber er ist doch aus Seide."
„Wer?"
„Der Pyjama."
„Na und?"
„Dann ist es erlaubt. Nichts Anstößiges dabei."
Eine seltsame, aber erschöpfende Antwort. Am nächsten
Morgen höre ich bis in mein Zimmer Lärm und Geschrei. Was
ist passiert? K* hat den Verstand verloren. (Da er das reinste
Nervenbündel war, zweifelte keiner daran.) Ich komme hin-
unter: sitzt K* in seidener Badehose, seidenem Oberhemd
mit seidener Krawatte da. Weiter unten alles nackt, splitter-
fasernackt. Der Doktor kam herbeigeeilt und versuchte den
Wahnsinnigen zu beruhigen, der ihm seelenruhig erklärte:
„Herr Doktor, das ist mein gutes Recht. Alles reine Seide."
Seine Güte und Freigebigkeit waren echt russisch. Wer
Geld brauchte, bekam es. Freilich liebte er es, etwas anzu-
geben und sich zu produzieren, aber wer liebt das nicht?
Und noch ein rührender Zug. Dieser Zyniker und Wüst-
ling, der – seine Worte – selbst Beelzebub übertölpeln
würde, hatte einen einzigen Sohn und bangte und weinte
um ihn wie die besorgteste Mutter. Dabei war dieser Sohn
einen Kopf größer als der Vater und in den Schultern breit
wie Atlas.

V

Verlassen wir mein Zimmer, begeben wir uns auf einen
Moment hinunter ins Speisezimmer. Das Mittagessen ist in
vollem Gange. Alle kauen. Die Mageren und die Blutarmen,

164

die viel essen müssen und die Dicken, die auf ihrer Hungerdiät sitzen. Und die Gespräche! O diese Sanatoriumsgespräche!

„Ach, mein Lieber, mit meiner Verdauung klappt das schon Tage nicht." – „Und mir ist immerfort zum Brechen, den ganzen Tag zum Brechen." Das während des Essens. Um den Appetit anzuregen. Mein Abenteurer K*, ein so impulsiver wie feinnerviger Mann, warf verzweifelt Messer und Gabel auf den Tisch und sagte heftig: „Jetzt verraten Sie mir nur noch, Madame, daß Sie Ihre Gase nicht halten können."

Wovon man sonst im Sanatorium sprach? Vom Dollar und von seiner Krankheit. Ich kam gerade hin, als die deutsche Mark fiel, da war von früh an Betrieb an den Telefonen, es hagelte Telegramme. „Heute Kurs ... Morgen Dollar ..." Die Leute, die hierhergekommen waren, um ihre Nerven zu heilen, waren aufs höchste enerviert: nimmt man das Geld, lohnt es sich, die Devisen zu tauschen oder wartet man noch ...? In diesem Sommer war der Dollar der Hauptfeind der Nervenärzte. Oder man liegt abends im Bett, im angenehmen Halbschlaf, die Tür zum Balkon steht auf und eine sanfte Stimme flötet: „Begreifen Sie, ich kaufe dänische Kronen, komme nach Hause und da ..."

Aber der Dollar ist noch gar nichts. Viel grauenhafter, quälender sind die Gespräche über Krankheiten. Mit Genuß, Begeisterung und Stolz erzählt jeder von seinen Hämorrhoiden, Bandwürmern und Blutauswürfen. Wer leichtere Krankheiten hat, schämt sich geradezu und faselt drauflos, um nicht dumm dazustehen. Das ist ekelhaft. Vor den besonders Aufdringlichen rettete einen nur die Flucht. Da hatten es die anderen gut, aber ich Unglücklicher, der das Bett hüten mußte? Einer von diesen redseligen Patienten besuchte mich ausgiebig. Und dann ging das los: „Tut es Ihnen hier weh?"

„Nein."

„Mir ja."

Dann: „Fühlen Sie mal hier, fühlen Sie mal. Nein, Pardon. Ich zeig es Ihnen." Er ergriff meine Hand, knöpfte Jackett und Hemd auf und fuhrwerkte erbarmungslos mit meiner armen Rechten auf seiner schweißigen Brust herum.

„Hier! Hier! Fühlen Sie es?"

Wenn ich im Bad saß, kam meist ein anderer Patient im Adamskostüm und demonstrierte mir seine Krankheiten.

Aber reisen wir weiter durch das Sanatorium. Neben dem Speisezimmer liegt der Salon. Hier wird geraucht, Schach gespielt und geplaudert. Zweimal in der Woche kommt ein Orchester von zwei Mann und spielt Foxtrott. Die Gesellschaft legt Gala an und tanzt gemessen. Oben verläuft eine Galerie, auf der Galerie schwirren die Angestellten, auch sitzen da die Patienten, die nicht hinunter dürfen.

Doch es ist aussichtslos, die ganze Gesellschaft beschreiben zu wollen: hier ist jeder Patient ein Früchtchen für sich und das Sanatorium gleicht einem Raritätenkabinett. Die Dame etwa, die an der Schlafkrankheit leidet. Stundenlang sitzt sie regungslos da, die roten Augen auf einen Punkt gerichtet, stundenlang keine Bewegung der Augenbrauen – auf den Knien hält sie ein Zwerghündchen. Oder die Dame, die viele Jahre an Schlaflosigkeit litt, bis sie der Doktor des Sanatoriums durch Hypnose heilte. Wonach sie einem neuen Übel zum Opfer fiel: jetzt schläft sie beim Anblick des Doktors auf der Stelle ein, ganz gleich wo, im Speisezimmer, im Garten, beim Essen. Sieht den Doktor und – bums! – liegt ihr Kopf im Suppenteller, sie schläft. Hier eine Dame, der der Mann weglief, und hier ein Herr, dem die Frau weglief. Beide kamen, um wieder zu sich zu finden. Oder noch besser: eine Dame in den Jahren, geisteskrank. Sie war meine Nachbarin und ich kannte sie am besten. Die Frau hatte glücklich und zufrieden bis zu ihrem vierzigsten Jahr gelebt, zwei schöne und kluge Töchter großgezogen, alles wunderbar, was wollte sie noch. Da verliebt sie sich plötzlich mit Vierzig neu in – ihren eigenen Mann, und zwar auf die schrecklichste Weise: mit Eifersucht und Hysterie. Der unglückliche Mann, völlig unschuldig und seiner Frau zärtlich ergeben, war zu Tode erschrokken. Seine Frau magerte ab, wurde bleich, knurrt den ganzen Tag über und kommt nachts nicht zur Ruhe. Will sich umbringen. Sie kam mit einer ihrer Töchter ins Sanatorium, so eine Mutter hatte ich noch nicht erlebt: sie liebte ihre Kinder, aber irgendwie nebenbei. Für sie gab es nur den Mann, ihren Mann. Und der Mann arbeitete in Berlin (ein Börsenmakler) und konnte nicht häufig ins Sanatorium kommen (12 Stunden Fahrt!). Was sich da abspielte! Ich

166

höre: sie kommt vom Telefonieren und schluchzt und schluchzt. Was ist passiert? „Er sagt, er verdient riesig viel Geld." – „Und warum weinen Sie dann, Madame?" – „Weil er nicht kommen kann." Und als der Mann dann kam, flennte sie, weil er ihretwegen Geld einbüßte. Stieg der Dollar, stiegen auch die Preise für das Sanatorium und sie jammerte. Fiel der Dollar, fürchtete sie, daß ihr Mann an der Börse Einbußen erlitt und alles aus sei. Überhaupt, da war sie ganz Frau, immer war alles aus. Einmal verbreitete sich das Gerücht von Generalstreik. Sie natürlich Hals über Kopf hinein ins Vergnügen. Die Papiere an der Börse fallen, ihr Mann ist ruiniert. Alles aus. Das steht für sie fest, daran gibt es keinen Zweifel. Kommt die Tochter herein, die davon nichts ahnt und singt: „Sie singt noch und ihr Vater ist ruiniert." Die Mutter sofort in Tränen. Als der arme Mann dann kam, begann mein Martyrium: die Frau konnte nicht schlafen und quälte ihren Mann, die ganze Nacht der Zank und bei mir alles zu hören. Und was ich da zu hören bekam! „Bestimmt betrügst du mich, ja, ich bin krank und alt."

„Miststück", zischt der Mann verzweifelt. „Du weißt, daß ich dir treu bin."

„Jaja ... aber was nützt mir das. Jetzt gibt es Frauen, die dir selber die Hosen aufknöpfen."

Viel Spaß beim Lauschen!

Übrigens, wenn der Mann nicht da war, sprach die Frau die ganze Nacht mit sich selber, ewig brummelte sie etwas vor sich hin, nahm dauernd ihr Gebiß heraus und setzte es wieder ein. Als ich einmal in meiner Wut nachts an die Wand hämmerte, antwortete sie ungerührt: „Herein!"

Und das war drei Uhr nachts!

Oder endlich diese Dame – die Gottesgebärerin. Kein Spitzname, wie sie glauben, keine Metapher oder ähnliches Zeug. Nein, sprechen Sie einmal mit ihr und sie werden zu hören bekommen, daß sie die wahre Gottesmutter sei, daß ihr Sohn der Messias ist, Christus. Eine schlanke Person, noch nicht alt, Jüdin, sehr intelligent, weitgereist. Im normalen Gespräch ganz verständig, nur eben ziemlich weinerlich, jammernd. Aber man komme nicht zur Unzeit auf religiöse Themen zu sprechen, dann bricht der Wahnsinn mit ganzer Kraft durch. Diese Dame besuchte, wie es einer göttlichen Person zukommt, die Schwerkranken, um ihnen Trost zu spenden. Man kann sich vorstellen, was das für ein Trost war. Mir jedenfalls hat das gründlich die Laune verdorben.

Aufgeheitert hat mich erst wieder ein gewisser G*, Handelskaufmann in mittleren Jahren, prächtiger Junge mit seltsamen Gewohnheiten. Er war hager und mager und bleich, hielt sich aber für eine ausgemachte Schönheit und einen Herzensbrecher. Der Mann hatte wirklich eine teuflische Visage und alle Damen machten sich über ihn lustig. Andauernd drehte er sich vor dem Spiegel, zog sich die Gesichtshaut glatt und fragte: „Stimmt es, daß ich dicker geworden bin? Wie?" Außerdem litt er an starken Magenkrämpfen – „auf Liebesbasis", wie er mir vertrauensvoll eröffnete. Die Schmerzen kommen von den Nerven und die Nervenentzündung sei die Folge von „ethischen, ich würde sagen Liebeserschütterungen". Seine Diatriben gegen die Frauen schloß der enttäuschte Liebhaber gewöhnlich mit: „Alles Huren!"

Und noch schnell ein höchst bemerkenswerter Fall, dessen Zeuge der Speisesaal war. Einmal kamen zwei Neue, Armenier oder Georgier, jedenfalls Kaukasier, sie trafen mit dem gleichen Zug ein, so daß sie jeder für Verwandte oder Freunde hielt. Gut. Eines Abends bei Tisch erhebt sich einer von diesen „östlichsten Menschen", die Augen blutunterlaufen, über und über rot im Gesicht und brüllt los: „Judenpack! Heraus, wer das Kreuz nicht trägt!" Und zerschlägt Geschirr und Möbel. Man packte ihn, band ihn und ab ins Irrenhaus. Aber der andere Kaukasier wurde gleich mit ergriffen. Dann stellte sich heraus, daß sie einander nicht einmal kannten und nur zufällig zusammen angereist waren. Der völlig unschuldige Kaukasier konnte sich mit Mühe herauswinden.

VI

Gehen wir jetzt in den Garten. Sehen zuvor nur noch bei der Laborantin vorbei. Sie hat die Waage, das A und O des Sanatoriumsdaseins. Die Sanatoriumswaage ist wie die Waage der Nemesis, ein Ort des Wehklagens und des Entzückens, der Freude und Verzweifelung. Da steigt ein mageres Fräulein traurig von der Waage, das in einer Woche nicht zugenommen hat, um einem Siebenpudwanst Platz zu machen – er hat zwei Kilo abgenommen und erschüttert die Waage mit seinem Freudentaumel.

Ein Bild der Unbeständigkeit des menschlichen Glücks: heute bist du zu mager, morgen schon fährst du nach Karlsbad. Gewogen wird jede Woche. Aber leidenschaftliche Patienten, die um jeden Preis und noch dazu so schnell wie möglich zu(ab)nehmen wollen, sind darauf aus, jeden Tag zum Wiegen zu kommen, wenn es gelingt, sogar zweimal am Tag. Ständig werden Sie hier der schönen T* begegnen oder diesem ehrwürdigen Greis. Nach der Krankheit hat er in zwei Monaten vierzehn Kilo zugenommen, ist ordentlich rund geworden, hat sich ein neues Bäuchlein zugelegt, aber das reicht ihm immer noch nicht. Heute hat er nur 100 Gramm zugenommen. Er ist dem Weinen nahe: nur 100 Gramm!

In den Garten! Was fängt man da an. Ein Garten wie jeder andere. Gehen wir also zu den Sonnenbadern. Dort gibt es etwas zu lachen. Eine sonnenüberflutete Wiese, von einem hohen Zaun umgeben und mit einem zweiten Zaun in zwei Teile geteilt: für Damen, für Herren. In der Damenabteilung bin ich nicht gewesen und durch die Spalten habe ich nicht gelinst (Ich bitte Sie!). Dafür in der Herrenabteilung jeden Tag. Von halb elf an. Mir bleibt vor Lachen die Luft weg. Was sich da abspielt? Die nackten, fetten Börsenmänner mit ihren dicken Bäuchen treiben unter der Anleitung des Bademeisters Gymnastik. Sie haben zwar Badehöschen an, aber in der Hitze des Gefechts rutschen die immer wieder herunter – mit allen daraus hervorquellenden Folgen. Sie müssen abnehmen, und so arbeiten sie im Schweiße ihres Angesichts, um die aufgewandten Gelder zu rechtfertigen – für sie ist auch das Sanatorium eine Art Finanzoperation. Ihre Füße können sie nicht sehen, daran hindert sie der Bauch, Rumpfbeugen – ausgeschlossen und in die Hocke gehen, da wird es ganz abenteuerlich! Vor ihnen aber demonstriert der junge Bademeister, gebaut wie ein Gott, die Übungen. Und kommandiert: *„Rumpf nach vorne beugen! Überlegen!"*

Die Gymnasten schnaufen und stöhnen und versuchen, nach bestem Wissen und Gewissen, es ihrem Instruktor gleichzutun. Was dabei herauskommt, steht auf einem anderen Blatt ... Gelegentlich verliert eines von den Ungetümen, das auf einem Bein zu stehen versucht, das Gleichgewicht und gleitet zum allgemeinen Gaudi graziös ins Gras. Gaudium gibts übrigens auch sonst. Gerechtigkeit für die Dicken! Die verstehen es, sich über sich lustig zu machen. Während der Übungen werden irrsinnige Witze gerissen, die nie ihren Erfolg verfehlen.

Die Gymnastik endet mit einem ergreifenden Schauspiel. Die „Athleten" kriechen auf allen vieren zu einem Pavillon. Dort nehmen sie eine kalte Dusche und kehren zum Sonnenbaden zurück.

Die Wiese. Sengende Sonne. In einer Ecke unter Bäumen sind Decken ausgebreitet, dort ruhen die Gymnasten. Auch ich liege da gewöhnlich, es ist der einzige Platz, den mir der Doktor außerhalb des Zimmers erlaubt, und so hab ich auch hauptsächlich hier das Sanatoriumsvölkchen kennengelernt.

O Muse, lehre mich, diese fetten Leiber zu besingen. Auch du bist machtlos, Muse. Keiner wird sie je beschreiben und man soll es gar nicht erst versuchen, schauen muß man, schauen, um dann nach Jahren von Herzen lachen zu können.

Die Sonne steigt höher, raubt den Bäumen den Schatten und die Dicken verkriechen sich mit ihren Plaids immer tiefer in den Winkel, um sich vor den sengenden Strahlen zu retten. Umsonst. Ihre Haut wird rot und verbrennt. Der reinblütige Amerikaner aus Odessa, F*, hat sich den Bauch verbrannt, die Haut ist ab, der modische Yankee leidet. Nur den Bauch: alle anderen auch die Brust, die Beine sind in Sicherheit, der unermeßliche Wanst verhüllt sie vor der Sonne. Und der Dicke stöhnt, wenn er seinen roten Bauch zärtlich mit den Händen streichelt.

Dagegen kann seinem Nachbarn die Sonne gar nichts anhaben, kühn liegt er in der prallen Sonne. Denn dieser Mensch ist so gut Affe wie Mensch. So behaart habe ich noch nie einen Menschen gesehen. Nicht ich allein, alle Patienten betrachteten ihn mit Schaudern. Schrecklich besonders der Rücken. Hier waren die Haare dicht, lang, gelockt, so daß man den Leib überhaupt nicht sah. Übrigens hinderte das den Affen-Menschen gar nicht, frech herumzuwitzeln und pausenlos unanständige Witze zu erzählen. Damit

170

befaßten sich alle beim Sonnenbaden. Banalste, idiotischste Witze. Aber alle wiehern, daß die kolossalen Bäuche wakkeln. Nur unser liebenswürdiger Bekannter, der Musiklehrer, der wahre Emigrant der Idee, lacht nicht mit. Er seufzt nur schwer. Womit befassen sich diese Menschen, wo Rußland ausgeliefert ist an Gewaltverbrecher und alles Heilige und Reine untergeht? Der wahre Emigrant kann nicht mehr lachen.

Er kann nur noch seufzen, der Ärmste!

Die Sonne sengt ohne Erbarmen, das Gelächter wird immer lauter, sehr zum Neid der Damen, die bescheiden und leise hinter dem Zaun liegen. Aber da ertönt der Gong und die Liebhaber der Leibesübungen und der Witze erheben sich: Mittagessen, Mittagessen …

VII

Trotz allem bin ich doch aber in Deutschland, im russischen Deutschland, aber in Deutschland. Was gab es Deutsches zu sehen im Sanatorium?

Gar nichts. Ja, die eine Angestellte war eine Deutsche, die Schwestern auch, sogar einer der Ärzte war ein Deutscher. Aber sie lösten sich in der lauten russischen Masse auf, versteckten sich, welkten dahin. Zum Teil hatten sie schon russische Eigenheiten angenommen. Und meine Anstrengungen, mit den Deutschen näher bekannt zu werden, ihnen näherzukommen, erlitten ein vollständiges Fiasko.

Dann darf man eins nicht vergessen: Das Sanatorium lag im sogenannten *„besetzten Gebiet"*, das heißt einem Streifen, der von französischen Truppen okkupiert war. Ich war im Sommer 1923 dort, in der Zeit des passiven Widerstands der Deutschen gegen die Ruhrbesetzung, einer Zeit strengster Überwachungen von seiten der Franzosen. Die Deutschen schwiegen, eingeschüchtert, haßerfüllt. Da ging es hoch her in diesem besetzten Gebiet im Sommer 1923. Nur wir Russen, die wir schon ganz andere Dinge durchgemacht hatten, blieben ruhig. Die Deutschen schimpften, die Ausländer klagten. Die Grenze zum übrigen Deutschland war gesperrt. Von einer deutschen Stadt in die andere zu fahren, war Deutschen nicht gestattet. Ich war noch mit dem Zug aus Frankfurt gekommen, wenige Tage später war die Verbindung unterbrochen. Um aus unserem Städtchen nach Frankfurt zu gelangen, mußten wir als Ausländer ein Automobil mieten, und da nur ein Chauffeur das Recht hatte, die Grenze zu passieren, nahm der es natürlich von den Lebendigen.

Und auf allen Kreuzungen französische Patrouillen, die die Ausweise kontrollierten.

Französische! Schöne Franzosen, die kein Wort Französisch sprachen! Es waren Marokkaner, Araber, in roten Fezen, dunkelbraun – die Unteroffiziere bekamen vielleicht noch zwei Worte Französisch zusammen, aber die einfachen Soldaten gar nichts. Vom Deutschen ganz zu schweigen. Aber sie sind die Besatzungsmacht. Versuch mal, dich mit denen anzulegen!

Du kommst also in deinem Auto an. Da steht ein baumlanger Marokkaner, lächelt. Hebt die Hand: Stop! Paßkontrolle. Ich gebe ihm meinen russischen Paß. Versteht wohl sowieso nichts. Er dreht und wendet ihn ein paarmal hin und her, winkt ab, in Ordnung. Und lacht. Diese Araber lassen immer ihre Zähne blitzen. Sympathische Leute, wie es scheint.

Apropos Paßkontrolle. An der Grenze kontrolliert dann ein richtiger französischer Offizier: Und jedesmal, wenn er auf meinem Paß das „Prolétaires de tous les pays, asseyez-vous" las, schienen die Spitzen seines strengen Dienstschnurrbarts zu lächeln.

Ich habe natürlich von den Bestialitäten der Marokkaner gehört. Sie verführen die Mädchen usw. Aber ich hörte auch eine andere Version: Die Mädchen sind selber schuld. Tatsächlich, vom Zuchtgesichtspunkt aus findet man keine besseren Erzeuger. Und außerdem können sie sich nicht verquatschen, es sei denn auf Arabisch. Es gab eine wahrhaft teuflische Idee: das eroberte Land mit fremden, farbigen Händen aufzubauen. Minimales Risiko und der Haß von seiten der Bevölkerung nicht gar so groß. Beschämend nur: wenn sie uns mit ihren afrikanischen Wilden einholen.

Nein, ich habe die Deutschen in meinem russischen Deutschland nicht gesehen, nicht gefunden. Außer einem. Doch dieser eine, der erste Deutsche, dem ich begegnete, wiegt zehn andere auf. Ich werde ihn nie vergessen.

172

VIII

Er war mir zuerst bei der Gymnastik aufgefallen, ein wunderbar gleichmäßig gebauter Mann, so etwas hatte ich noch nie gesehen. Auf dem großen schönen Gesicht trug er eine strenge Brille, die alles verdarb. Er schien sie absichtlich aufgesetzt zu haben, aus irgendwelchen mönchischen Erwägungen. Er war zurückhaltend, schweigsam, respektvoll (gegenüber den Patienten). Und dann bemerkte ich: wenn einer von den dicken Reichen besonders idiotisch herumwitzelte, verzogen sich die Lippen des Bademeisters zu einem kaum merklichen Lächeln. Klar: er verachtete diese Amerikaner aus Odessa.

Ich fragte die alteingesessenen Sanatoriumsbewohner nach ihm. Nicht nur ich war auf ihn aufmerksam geworden. Viele der etwas klügeren Patienten fürchteten diesen schweigsamen Menschen (spürten die Überlegenheit des Plebejers!) und einer äußerte sogar die Vermutung: doch nicht etwa ein Kommunist?

Ich hatte Glück: wir kamen ins Gespräch und bald besuchte er mich jeden Abend nach der Arbeit. In meinem öden Krankenbettleben waren diese Unterhaltungen eine wahre Erlösung, sie richteten mich auf und bescherten mir unerwartet Neues. Woher er stammte, wer seine Eltern waren, habe ich aus Diskretion nicht gefragt. Möglicherweise Bauern. Von sich deutete er nur dunkel an, er sei Student gewesen, habe aber wegen Geldmangels das Studium aufgeben müssen. Bademeister war er nach dem Krieg geworden: in der Armee hatte er als Sanitäter gedient. Das ist schon alles, was ich aus seiner Lebensgeschichte erfuhr.

Der Mann war einzigartig gebildet. In einem einfachen Masseur einen Kenner und Kritiker der tiefsten Feinheiten der Literatur und Kunst zu finden – das war ein außerordentlicher Erfolg. Er eröffnete mir den Rang einiger bei uns in Rußland unbekannter deutscher Schriftsteller, z. B. Hölderlins, des genialen verkannten Geisteskranken. Er sprach ausgezeichnet französisch und etwas Englisch. Er hatte eine Menge ausländischer Autoren gelesen (sonst interessiert sich die deutsche Intelligenz im Gegensatz zur russischen nicht so sehr für das Fremde; es gilt nur *unser, unser, unser!*).

Sogar aus der russischen Literatur kannte er für einen Deutschen unglaublich viel. Der Proletarier, der Bademeister!

Aber die Kenntnis, die Belesenheit waren es nicht, bewundernswert war die feine, vorsichtige Art seines Denkens, die Kunst, wenig zu reden, aber Treffendes zu sagen. Nur zu politisieren liebte er nicht (noch ein Plus, meine ich). Und wenn, dann sprach er bitterböse. Das war der einzige Deutsche, den ich kannte, den die französische Okkupation tief verletzte, den allein der Anblick der marokkanischen Feze quälte.

Der Bademeister stand um fünf Uhr auf und begann sein Tagewerk. Mit einer Pause von eins bis vier arbeitete er bis abends zehn. In den freien Stunden und abends, noch nach Mitternacht, las er, obwohl, wie er mir gestand, ihm die Augen häufig zufielen. Er klagte nie über Erschöpfung, Undankbarkeit, miserable Entlohnung. Er schwieg. Mit dem ganzen Wesen eines wirklich gebildeten Menschen verachtete er seine Wohltäter, die reichen dummen Patienten. Er verachtete auch die deutsche Angestellte im Sanatorium, ein verdorbenes, taubes Geschöpf. Und wohl seine ganze Umgebung. Aber durchblicken ließ er das nie.

Hier im Sanatorium hatte ich also meinen ersten Deutschen zu Gesicht bekommen, einen Arbeiter, geistig und körperlich von glänzender Statur, mit einem großen Verstand und einem schönen Körper, Philosoph und Spartaner in einem. Ich übertreibe nicht. Mein erster Deutscher hat auf mich einen großen Eindruck gemacht. Das also ist Europa! Die wahre Kultur, der wahre Mensch – ein Deutscher. Nun! Bald hat sich mein erstes Entzücken über den Deutschen verflüchtigt. So einen Menschen wie den Bademeister Fromm aus dem Sanatorium habe ich in Deutschland nicht wiedergefunden.

Doch was auch geschah und wie immer ich jetzt zu dem schwerfälligen, soliden und dümmlichen Deutschen stehe, meine Gespräche im Sanatorium bleiben unauslöschlich und stehen leuchtend in meiner Erinnerung.

Danke, Bademeister Fromm.

1923

MISSIONEN

Als Wassili Rosanow 1911 die Vermutungen notierte, mit denen wir unsere Einleitung zum ersten Teil schlossen, ist nicht vorauszusehen gewesen, wie bald sich völlig neue Möglichkeiten im Umgang der Russen mit den Deutschen eröffnen würden. Die ersten Dekrete 1917, die Gründung der Russischen Sowjetrepublik 1918 und der Kommunistischen Internationale 1919, der Sieg über die ausländische Intervention 1920 und die Überwindung der diplomatischen und wirtschaftlichen Isolierung durch erste Handelsabkommen mit England und Deutschland 1921 zeigten die geschichtliche Kraft und Konstruktivität der russischen Revolution. Die in schnellen Entscheidungen der Kommunistischen Partei und der Sowjetkongresse vom Kriegskommunismus in die Neue Ökonomische Politik geführte Republik bot mit ihrer Mobilität und Verwandlungsfähigkeit der Welt das Bild des entschlossenen Aufbruchs zu einer freien Assoziation selbstbewußter Produzenten. Die Ausmaße, Irrtümer, Verfehlungen und Opfer dieser Emanzipation waren nicht abzusehen, aber von den ersten Tagen an war klar, daß es sich bei dieser Revolution nicht nur um ein russisches Ereignis handelte. Als die Sowjetrepublik 1921 von einer Hungerkatastrophe verheert wurde, rettete die solidarische Hilfe der Arbeiter Europas und Amerikas den Vorstoß der Russen vor dem Scheitern. Die Wärme der Fürsorge strahlt noch aus dem späten Zeugnis der Gertrud Alexander.

Es war dieser Augenblick der existentiellen Verbundenheit, der im Umgang mit den revolutionären Gegebenheiten in Rußland das „harmlose Mühlespiel der internationalen Kulturbeziehungen" von vornherein ausschloß und ihm das „eminent politische Faktum einer Bekanntschaft mit den intellektuellen Fragestellungen Rußlands" zugrunde legte. Wie hier Walter Benjamin in Berlin hat in Petrograd Juri Tynjanow sein Unbehagen an der Kulturdiplomatie scharf artikuliert: „Der liebe Wells schreibt dem lieben Hauptmann, der liebe Hauptmann schreibt dem lieben Rolland und allen zusammen schreibt der liebe Gorki."

175

Tatsächlich gingen Kontakt und Austausch von Anfang an weit darüber hinaus, auch weit über den staatspolitischen Rahmen des im April 1922 geschlossenen Rapallovertrags, der zwischen der Sowjetrepublik und der Weimarer Republik die gegenseitige Anerkennung als gleichberechtigte Partner, den Verzicht auf Wiedergutmachung der Ansprüche aus dem Krieg, Annullierung des Friedensvertrags von Brest-Litowsk und für die Wirtschaftsbeziehungen Meistbegünstigung vereinbarte. Mit keinem anderen europäischen Land haben sich die Parteien, Interessenvertretungen und Studiengesellschaften aller Klassen in Deutschland so intensiv auseinandergesetzt wie mit der Russischen Sowjetrepublik und der sich bildenden UdSSR. Stefan Großmann, der Herausgeber der radikalliberalen Zeitschrift „Das Tagebuch" umriß 1922 mit dem Blick auf die Gründung der „Gesellschaft der Freunde des neuen Rußland" die Aussichten. Nachdem man sowjetischerseits nicht mehr nur mit Klara Zetkin und Thalheimer verkehre und „(ohne innere Beschädigung, scheint's) mit Krupp und Rathenau, mit Otto Wolff und Stinnes umzugehen gelernt" habe, deutscherseits nicht mehr in jedem Sowjetkommissar einen Verschwörer sehe, sei das „Bedürfnis, das Reich der anderen nach unserem Willen zu ordnen, unter zurechnungsfähigen Deutschen so ziemlich ausgerottet".

„Ist es nicht töricht, daß wir aneinander vorübergehen? Zwei Welten ohne Brücke, zwei streng abgegrenzte Reiche. Russen bleiben Russen, auch auf dem Neppski-Prospekt in Berlin W, wir Deutschen leben an unseren Stammtischen. Wir wissen, daß die Russen vorzügliche Schauspieler haben, ausgezeichnete Tänzer, farbenfreudige Maler, diskutierwütige Studenten, vorzügliche Köche und sehr hübsche, weiche, anschmiegsame Frauen. Aber die Begegnungen der Deutschen mit den Russen beschränken sich auf Zusammenkünfte im Omnibus, in der Untergrundbahn, in der Theatergarderobe. Werden wir das in zwanzig Jahren nicht bereuen? An wieviel Basarows und Karamasows, an wieviel Oblomows und Onegins sind wir vorbeigegangen? Wie viele Anna Kareninas haben wir übersehen? Wie viele merkwürdige, bedeutende und tiefe Tschechow-Naturen sind in unserer Nähe gewesen, und wir haben sie versäumt!

Aus solchen Erwägungen ist fast gleichzeitig in einem deutschen und in einem russischen Kreise der Wunsch lebendig geworden, ein Territorium zu schaffen, in dem wir uns kennenlernen. Die Brücke von der deutschen in die russische Welt soll geschlagen werden.

Eine solche deutsch-russische Vereinigung könnte sich begnügen, eine unnötige gesellschaftliche Grenze niederzureißen und die Freude an-

176

Die Woche
Bilder vom Tage

Krestinski, der neue russische Arbeitsminister, war früher in Petersburg als Rechtsanwalt tätig und gehörte schon vor der Revolution als Mitglied der bolschewistischen Fraktion der russischen sozialdemokratischen Partei an. Nach der Oktober-Revolution bekleidete Krestinski eine Zeitlang den Posten des Volkskommissars für Justizwesen der (Petersburger) Nördlichen Kommune. In der russischen kommunistischen Partei hat Krestinski keine hervorragend aktive Rolle gespielt; er gilt als Vertreter der gemäßigten Richtung.

Nikolai Nikolajewitsch Krestinski, der neue russische Botschafter in Berlin.

Sonderaufnahme der „Woche" in der russischen Botschaft

Nikolai Krestinsky

einander zu ermöglichen. Wir wollen uns sehen, wir wollen uns spre-
chen, wir wollen … ja, wir wollen natürlich auch Aufgaben lösen,
die aus der Verständigung zweier Kulturen erwachsen, wir wollen
uns, in Gottes Namen, ein Programm geben […]

177

Graf Ulrich von Brockdorff-Rantzau in seinem Arbeitszimmer

DER NEUE DEUTSCHE BOTSCHAFTER IN MOSKAU

Graf Ulrich von Brockdorff-Rantzau

*Wir könnten in unserer russisch-deutschen Vereinigung eine Ecke
einrichten, in der deutsche Wirtschaftsführer sich mit sachkundigen
Russen unterhalten.
In einer anderen Ecke gibt es russische Pädagogen, die mit deutschen*

178

Schultheoretikern sprechen möchten. An einigen interessanten Expe-
rimenten fehlt es in Rußland nicht und in Deutschland, dem Lehrer-
land, auch nicht.
Deutsche Techniker, in Rußland sehnsuchtsvoll betrachtet, könnten
sich in einer anderen Ecke über Arbeitsmöglichkeiten in Rußland
unterhalten.
Russische Künstler, von Stanislawski bis Tschelistschew, haben uns
immer interessiert, und da wir in Berlin doch noch immer das beste
europäische Theater haben, wäre eine Aussprache mit Viertel, Lu-
bitsch, Berger immer noch nützlich."
So viele Vorschläge, so viele Missionen. Bei aller Zuversichtlichkeit
dieses Entwurfs ist es dennoch bis 1932 so geblieben, daß der geistige
Gewinn des Umgangs mit dem revolutionären Rußland nie unbe-
zweifelt war und in jedem Fall wieder von neuem bewiesen werden
mußte. War das Unternehmen dann durchgesetzt, übertraf das Er-
gebnis immer alle Erwartungen. Zum erstenmal und wahrscheinlich
überhaupt in aufsehenerregendster Weise bei der Eröffnung der Er-
sten russischen Kunstausstellung in der Neuen Galerie van Diemen
am 15. Oktober 1922. Nach acht Jahren lückenhafter Information
nun mehr als tausend Arbeiten von den Jugendstilmalern, den Futu-
risten, Suprematisten und Konstruktivisten: Malerei, Grafik, Pla-
stik, Bühnenbild, Plakat, Buchumschlag. Keine der späteren sowjeti-
schen Kunstausstellungen in Venedig (1924), Los Angeles (1925)
oder Tokio (1926) hat diese nach Umfang und Resonanz erreichen
können.
Welches Staunen ein gelungenes deutsch-sowjetisches Unternehmen
auslösen konnte, liest man gut aus einem Bericht über den sowjeti-
schen Bevollmächtigten in Berlin Nikolai Krestinski, der, wie auch
der deutsche Gesandte in Moskau Graf Ulrich von Brockdorff-Rant-
zau, maßgeblich am Zustandekommen des umfangreichen „Vertrags
zwischen dem Deutschen Reich und der Union der Sozialistischen So-
wjetrepubliken" vom 12. Oktober 1925 beteiligt war. Der Vertrag
umfaßte das Abkommen über Niederlassung und allgemeinen
Rechtsschutz, das Wirtschaftsabkommen, das Eisenbahnabkommen,
das Seeschiffahrtsabkommen, das Steuerabkommen, das Schieds-
gerichtsabkommen und das Abkommen über gewerblichen Rechts-
schutz.
„Heute kann man's ja sagen", beginnt der Bericht. „Als vor einigen
Jahren der scheinbar ein wenig menschenscheue, schüchterne und di-
plomatisch ungewandte neue russische Botschafter Krestinski den
vielgewandten Geschäftsträger Viktor Kopp in dem alten Hause Un-

179

ter den Linden 7 ablöste, da gab's in der Wilhelmstraße ein Raunen über bolschewistische Parteiavancements. Ein um die Revolution immerhin verdienter, aber kleiner Parteifunktionär mußte versorgt werden, aber warum ausgerechnet mit dem so wichtigen Posten Berlin. Mit ein klein wenig Schadenfreude sah man erwartungsvoll dem Auftreten des bolschewistischen Diplomaten unter dem westeuropäisch geschulten diplomatischen Korps entgegen. Die Position des ,Bevollmächtigten Vertreters der Föderation der sozialistischen Sowjetrepubliken Rußlands' war selbst nach dem Rapallovertrag noch eine recht heikle in Berlin [...] Bei all diesen Schwierigkeiten war die gewaltige Aufgabe zu lösen, den proletarischen Sowjetstaat in gute Beziehungen zu der bürgerlichen deutschen Republik zu bringen, die Diktatur mit der Demokratie zu versöhnen, ein reibungsloses Zusammenarbeiten einer kapitalistischen Volkswirtschaft mit der antikapitalistischen zu sichern. Der unscheinbare, nur wenig deutsch sprechende, infolge seines schweren Augenleidens nur schwer lesende und schreibende frühere bolschewistische Parteifunktionär kann heute die Hand auf den unterzeichneten deutsch-russischen Handelsvertrag legen. Er hat ein diplomatisches Werk vollbracht, das auch in den Augen der in westeuropäischer Diplomatenschule ergrauten Vertreter der europäischen Großmächte als ein Meisterstück gilt [...] Das Ganze ist ein Werk, das nur in harter, zäher, unerschrockener Arbeit geleistet werden konnte. In einer Arbeit, die auch dem Haus Unter den Linden 7 den Stempel aufgedrückt hat. Aus dem Palast der auf größte Repräsentation eingestellten Zarenbotschaft ist ein Haus der Arbeit geworden [...] Der Botschafter selbst mit seiner Familie verfügt nur über drei einfache private Wohnräume, selbst seine Gemahlin sieht ihre Hauptaufgabe nicht in der Erfüllung der Repräsentationspflichten, sie leistet charitative Arbeit als praktische Ärztin in der Kinderklinik der Berliner Charité."
Aus all dem Staunen und der Verwunderung sprach am Ende immer eine geheime Unsicherheit im Umgang mit den kaum bekannten Vertretern der neuen Macht, eine letzte Furcht vielleicht auch vor undurchschaubaren Missionen, die Stefan Großmann 1922 schon überwunden glaubte. Tagespolitisch betraf das vor allem die Tätigkeit der Aktiven von der Kommunistischen Internationale in Deutschland, etwa Grigori Sinowjews, Karl Radeks und James Thomas' (Reich), die, wie die beiden letzten, eine Zeitlang illegal in Berlin gelebt hatten, oder, wie Sinowjew, zwar offiziell zur USPD-Konferenz nach Halle im Oktober 1920 eingereist, aber dann in Berlin unter Hausarrest gestellt worden waren. Weltpolitisch betraf das die

180

58 cm, Max Hölz, 1928

SONDERANGEBOT für die Leser der „Blätter für Alle"

Es ist uns gelungen, eine

MAX HOELZ-Radierung

des bekannten Künstlers Carl Meffert zum alleinigen Vertrieb an die Leser der „Blätter für Alle" zu erwerben.

Die ausgezeichnete und nur in einer Auflage von 100 Abzügen hergestellte Radierung ist vom Künstler handschriftlich signiert — zu dem außerordentlich geringen Preis von 2.50 PM inkl. Porto u. Verpackung (gegen Voreinsendung des Betrages) zu beziehen durch die

UNIVERSUM-BÜCHEREI FÜR ALLE

Berlin W 8, Wilhelmstr. 48   **Zürich 1,** Limmatquai 31

Postscheckkonto: Berlin 47713 / Prag 77801 / Wien D 58774 / Zürich VIII 1188 / Ljubljana 20229

Max Hölz. Radierung von Carl Meffert um 1925

Orientierung der Sowjetunion zwischen dem Westen und dem Osten, Europa und Asien. Anatoli Lunatscharski, der langjährige Volkskommissar für Bildung, der viele Male zu Vorträgen in Deutschland war und allen deutschen Besuchern der Sowjetunion als Volks-

kommissar wie als Philosoph und Schriftsteller gern und ausführlich Rede und Antwort zu stehen pflegte, hat 1926 in seinem Aufsatz „Zwischen Ost und West" auf dieses Problem einzugehen versucht. So verständlich es sei, daß einige, der westlichen Zivilisationsgrimassen überdrüssige Sympathisanten der russischen Revolution alle Hoffnung auf eine asiatische Erneuerung Europas setzten, so entschieden müsse er doch darauf hinweisen, daß der Marxismus aus der europäischen Zivilisation erwachsen sei und die Bolschewiki keinesfalls die Asiatisierung Europas als ihre Mission begriffen. Unübersehbar sei freilich zugleich, daß die Befreiung Europas ohne die Asiens nicht zu erreichen sei und daß die UdSSR als ein Land, das auf beiden Kontinenten liege, hier die Mission eines bedeutenden Anregers und Mittlers akzeptiere.

Wenigstens an zwei Augenblicke sei erinnert, wo diese beiden Missionen eins waren und ihrer unmittelbaren Quelle entsprangen, der liebenden Zuwendung zum Menschen. An Michail Kolzows Besuch bei Max Hölz und an Larissa Reissners Arbeit in Deutschland. Max Hölz, Linksradikaler im Spartakusbund, 1920 Kommandant der vogtländischen Roten Armee, 1921 führend im mitteldeutschen Aufstand, war zum Tode verurteilt, dann zu lebenslanger Haft begnadigt und 1928 infolge der Amnestie für politische Gefangene freigelassen worden. 1930 schilderte Hölz in der „Prawda", wie der „rasende Reporter" der Sowjetunion, Michail Kolzow, in das fast unzugängliche Zuchthaus Sonnenburg vordrang. Kolzow hatte sich für einen alten Freund von Hölz ausgegeben, einen Deutschen natürlich, den er seiner vorzüglichen Sprachkenntnisse wegen glänzend darstellte, und stand nun plötzlich dem überraschten Häftling im Zimmer des Gefängnisdirektors gegenüber. Die Freude war unbeschreiblich. Die politische Mission mündet, wovon sie ausgeht, in der Zuwendung zum Menschen.

„In den acht Jahren meiner Haft in den sozialdemokratischen Gefängnissen Deutschlands ist es meinen Freunden und Genossen oft verboten worden, mich zu besuchen. Unter diesen Umständen war es eine wahre Sensation, daß es einem Journalisten aus der Sowjetunion gelang, sich direkt bis in meine Zelle zu ,schmuggeln'. [...] Er ist hier, er begrüßt mich, er umarmt mich und ich erfahre seine Lebenslust und Solidarität."

Und Larissa Reissner: Ihre Briefe aus Berlin und die Schilderung Karl Radeks, der als ihr „Chef" und Mann illegal in Berlin lebte, zeigen sie, schon China im Sinn, bei der Arbeit an ihren Deutschlandreportagen. Als diese dann deutsch übersetzt erschienen, nahm

182

das Staunen kein Ende. *Was diese Frau über die Deutschen heraus-
gekriegt hatte. Kurt Tucholsky schrieb eine Hommage für die Früh-
verstorbene und gab ihr, was sie den Deutschen an Zuwendung ent-
gegengebracht hatte:* „Larissa Reissner: Du bist für Rußland zu
früh gestorben. So eine wie Dich haben wir nie gehabt. So eine wie
Dich möchten wir so gerne haben. Eine, die liebt und haßt und in
dem Papierkram das sieht, was er wirklich ist: Handwerkszeug. Wir
grüßen Dich, Larissa Reissner. Du bist eine Erfüllung gewesen und
eine Sehnsucht. Die Sehnsucht nach Einem, der den Garten Gottes
bis zu den Mistbeeten herunter durchwandert, scharf abmalt, die
Gemälde voller Liebe aufhängt oder den Betrachtern um die Ohren
schlägt. Einer, der Bescheid weiß und nicht damit prahlt. Einer, der
aus seinem Wissen eine Waffe macht für uns und für die Millionen
Stummer, deren Stimmen nicht gehört werden. Ein Landsknecht des
Geistes.*"*
*Was Stefan Großmann 1922 entwarf, ist in einem vielfältigen Aus-
tausch zehn Jahre lang praktiziert worden. Deutsche Arbeiterdelega-
tionen, deutsche Industrielle fuhren nach Sowjetrußland. In der
Medizin, Geologie, im Städtebau, in Kunstwissenschaft und Biblio-
thekswesen arbeitete man zusammen. Es gab mehrere deutsche „For-
scherwochen". Tairow, Meyerhold, die „Blaue Bluse" waren zu
Gastspielen da. Sowjetische Fußballer spielten gegen deutsche Mann-
schaften.*
*Und natürlich sind es Bücher gewesen, Reportagen, Erzählungen,
Romane, die die Botschaft aus der anderen Welt am deutlichsten formulierten. Keins war darin so radikal wie Gladkows „Zement" –
literarisch eher unerheblich, daher von der Avantgarde, so von Eisenstein, Majakowski oder Brik, viel geschmäht, aber von einer unerbittlichen Schärfe in der Nachricht von dem Rasen der Emanzipation. In Deutschland wurde „Zement" zum meistgelesenen
sowjetischen Buch. Walter Benjamin hat in seiner Rezension eine
weit vorgreifende Sicht angeboten, die zugleich ermessen läßt, was es
mit der „‚einflüsternden' Wirkung", von der Wassili Rosanow
sprach, auf sich haben könnte, deren Tücken dann Owadi Sawitsch
in unserem letzten Text so nüchtern summiert.*
„In der gleichen Zeit", schrieb Benjamin über Gleb Tschumalow,
„geht seine Frau ihm verloren. Niemand wüßte zu sagen, warum.
Daß die Arbeit die Frau der Familie entfremdet – und sie ist eine
unvergleichliche Arbeiterin –, das wird zwar, und von ihr selber, erklärt. Daß aber diese Erklärung dem Leser nichts sagt, das dankt er
einer Darstellung von dem Verhältnis dieser beiden Menschen, an

*deren unkonstruierbarer Wahrheit jegliche Ableitung zunichte wird.
Hier hat eine große Erfahrung sich gültig gestaltet: Nicht nur die
Bindung, auch die Entfremdung der Gatten hat kanonische Formen,
die mit den Zeitaltern sich verändern und oft, so unaussprechlich wie
die Liebesformen selber, die Züge dieses ihres Alters tragen. Allmählich prägt sich, anders als die aufgeklärten Philanthropen es erwartet
haben (wie für Rußland, so auch für Europa), das wahre Antlitz einer Emanzipation der Frau. Wenn wirklich die Befehls- und
Herrschgewalten weiblich werden, dann wandeln sich diese Gewalten, wandelt das Weltalter, wandelt das Weibliche selber sich. Wandelt sich nicht ins vage Menschliche, sondern es schickt sich an, ein
neues, ein rätselhafteres Antlitz erstehen zu lassen; ein politisches
Rätsel, wenn man so will, ein Sphinxgesicht, mit dem verglichen alle
Boudoirmysterien verbrauchten Scherzfragen ähnlich sehen."*

Ein Aufruf der russischen Künstler

Unvergessen ist, daß die Russen unter Kandinsky des Expressionismus stärkste Sturmtruppe waren. Was von ihrem Werk nicht überrannt wurde, erfuhr fortwirkende Erschütterung durch ihre schlagkräftigen, einleuchtend formulierten Theorien. Sie triumphierten, ehe die blutige Sintflut hereinbrach. Was ist aber seither geschehen? In europäischen Ländern leugnet man nicht mehr, daß der Expressionismus wahrster Ausdruck der seelischen Not dieser Zeit ist und seine Urheber nervöseste Witterung des Kommenden hatten. Das hilft ihm überall zum Sieg. Das ließ ihn die Sintflut überdauern und unbeirrt vorwärtseilen. Aber dort im Osten, woher das Heil kam? Welches Schicksal erfüllte sich dort der neuen Kunst? Seit die Front im Sommer 1914 das Reich abschnitt, drang allzu spärlich Kunde herüber, was die Führer der entscheidendsten Kunstbewegung vollbrachten. Seit Revolution die Front zerriß, ist's nicht besser geworden. Wer jedoch an die Kraft dieser Kunst glaubt, um ihre metaphysischen Quellen weiß und, unvoreingenommen durch fragmentarische, willkürliche Berichterstattung der Tagespresse, ahnt, daß auch metaphysischen Ursprungs ist, was im noch immer nicht entheiligten Rußland ungeheuer sich vollzieht, vermochte nicht zu bezweifeln, daß auch dort die radikale Jugend ihre Ideale aus rettender Arche diesseits der neuen Zeit gelandet hat. Nun kommt, darüber hinaus, die Botschaft, daß die Männer, die in Rußland vom wissenschaftlichen Sozialismus zur Utopie zurückkehren und den Versuch ihrer Verwirklichung unternehmen, Wesen, Stoßkraft und Bedeutung der künstlerischen Jugend intuitiv erfassend, sie offiziell den älteren Generationen vorziehen. Die Revolution der Kunst geht Hand in Hand mit der Revolution des ganzen öffentlichen Lebens. Und kaum, daß die russischen Revolutionäre der Kunst vom deutschen Umsturz Kunde vernahmen, brach bei ihnen das Gefühl geistiger Solidarität durch. Sie sind Verkünder der wieder heranmarschierenden Internationale aller Künste! Ein in Deutschland bisher unbekannter, vielleicht unterdrückter

Aufruf der russischen Vorkämpfer wird uns übermittelt. Er lautet:

Moskau, den 30. November 1918.

AUFRUF
der russischen fortschrittlichen bildenden Künstler
an die deutschen Kollegen!

Die neue russische Regierung hat alle jungen schöpferischen Kräfte zur Gründung eines neuen Lebens herangezogen und die staatliche Leitung in Sachen der Kunst den neuen Strömungen anvertraut. Denn nur das neue Schaffen, das kurz vor den Welterschütterungen entstanden ist, kann mit dem Rhythmus des neu sich bildenden Lebens im Einklang stehen.

Es ist endlich Aussicht auf eine gemeinschaftliche schöpferische Arbeit, die das engere nationale Bewußtsein überschreiten und einem internationalen Verkehr dienen wird.

Die russischen Künstler wenden sich zuerst an ihre nächsten Nachbarn, ihre deutschen Kollegen, und fordern sie zu Beratungen und Austausch von Nachrichten im Rahmen des künstlerisch Erreichbaren auf. Als praktische Maßregel zur Verwirklichung solcher Beziehungen schlagen wir einen Kongreß der Vertreter der deutschen und russischen Künstlerschaft vor, der den Anfang einer späteren Weltkonferenz der Kunst bilden würde und der sofort einen Verkehr der beiden Völker auf künstlerischem Gebiet im Sinne umfassender Aufgaben, auch des Ausstellungswesens, des Verlagswesens, des Theaters und der Musik, anbahnen soll.

Der Vorsitzende
des Künstlerkollegiums in Petersburg und Moskau
gez. D. P. Sterenberg
gez. (Unterschriften von Mitgliedern des
internationalen Büros der Maler)

Die Einladung der russischen Künstler wird, obwohl politische Umstände zunächst nicht ermöglichen, ihr zu folgen, unsere Künstler, denen sie gilt, ebenso mit Dank erfüllen wie die Mitteilung, daß die Sowjetregierung beispielgebend die jungen künstlerischen Kräfte mit der Führung der allgemeinen Kunstangelegenheiten betraut hat. Schon ist in Rußland innerhalb des ersten Revolutionsjahres anscheinend Außerordentliches geleistet worden, viele großartige Pläne sind in Angriff genommen. Die Akademien weichen freien Künstlerateliers. Ein Kollegium des Volkskommissariats für Aufklärung in Moskau errichtet ein Museum, in dem die neue Malerei, von links beginnend bei Mir Istkustwa, Kusnezoff, Sarian, Bubnowy Waliet, vertreten sein wird, die alte Malerei aber mit dem Handwerklichen, mit Heiligenbildern, Schildern, Plakaten; aus Beständen der Tretjakoff-Galerie soll es ergänzt werden, durch ausländische Kunst erweitert. Viele staatliche Künstlerwerkstätten, die freieren Erben der alten Kunstschulen, in denen der Klassizismus der Routine gelehrt wurde, sind schon eröffnet; kein Programm bindet ihre Leiter, nur die Meisterschaft der Künstler entscheidet. Diese Werkstätten, wo alle Zutritt haben, versprechen die Erweckung des schöpferischen Geistes des Volkes. Das Handwerk hebt sich zur Kunst, da der Künstler gesellschaftliche Vorurteile fallen läßt und den Handwerker nicht als Geringern ansieht; das Schwinden des klassifizierenden Unterschiedes – Bildhauer und Stukkateur, Kunstmaler und Schildermaler – wirkt auf die Tätigkeit zurück. Die neue Ordnung kennt nur Handwerk und Spezialitäten, beide als Kunst zusammengefaßt. Die Verschmelzung der Kunst mit den Massen beginnt.

So, mit einigen Schlagworten, wird uns angedeutet, was sich jetzt in Rußland vollzieht. Es ist von Grund aus anderes als der bisherige Kunst„betrieb". Wer, beschränkt genug, an der veralteten Ansicht festhielt, Kunst sei Luxus und müsse zugrunde gehen, sobald Reichtum der Mäzene aufhöre, wird eines Besseren belehrt. Ein neuer Weg öffnet sich in die überraschungsvolle Zukunft. Während deutsche Künstlerräte ziemlich hilflos herumtappen, haben Rußlands junge Künstler ihn entschlossen beschritten.

1919

FRIDTJOF NANSEN

Dreißig Millionen Menschen verhungern!

Fridtjof Nansen hat vor dem Völkerbund in Genf
eine Rede gehalten, die keinen Hörer unbewegt
läßt. Er schilderte die größte Katastrophe der Geschichte, „das Verhungern von 30 Millionen
Menschen", die entsetzliche Lügenpest wider Sowjetrußland. Seine Rede, die der „Manchester
Guardian" wiedergibt, ist in Deutschland übersehen worden, und nicht nur in Deutschland. Sein
Appell an die europäischen Herzen hat nur einen
Widerhall gefunden, bei dem Serben Corthin, der
ohne Scham erklärte, lieber mögen 30 Millionen
Russen verhungern, als daß riskiert werden
könne, Lenins Herrschaft zu stützen. Dieser
Serbe hatte wenigstens den Mut zur absoluten
Brutalität. Der Völkerbund lauschte Nansen, tat
ergriffen, applaudierte und blieb vollkommen un-
tätig.

Zwischen zwanzig und dreißig Millionen Menschen sind in
diesem Augenblick vom Hungertod bedroht. Wird ihnen
nicht binnen zwei Monaten geholfen, so ist ihr Schicksal besiegelt. Um das entsetzliche Unglück abzuwenden, braucht
es nicht mehr als die Bereitstellung einer relativ geringen
Summe staatlichen Geldes. Wir bitten ja um keine Unge-
heuerlichkeit; wir bitten nur um im Ganzen 5 Millionen
Pfund. Könnten wir das bekommen, so sind wir überzeugt,
daß wir bis Weihnachten Wichtiges leisten und die Lage im
großen Ausmaß retten könnten. Die Regierungen haben erklärt, daß sie uns dieses Geld nicht geben können.
Die Regierungen lassen jetzt die gesamte Verantwortung
auf die freiwilligen Organisationen zurückfallen. Ich kann
nicht glauben, daß das recht ist. Trotzdem werden wir in
unserem humanitären Werke fortfahren. Wir tun, was wir
können, aber selbst unsere private Wohltätigkeit ist ge-
hemmt durch die Campagne der Entstellung, die gegen uns
im Gang ist. *Es gibt keine Lüge, die nicht verbreitet würde.* Ich
darf Sie an eine Geschichte erinnern, die durch alle Zeitungen ging – nämlich, daß der erste Zug, den Herr Hoover
nach Rußland schickte, von der Sowjetarmee geplündert

188

Der berühmte Polarforscher, der eine großzügige Hilfsaktion für die Hungernden in Rußland einleitete, hielt sich auf seiner Organisationsreise durch Europa einige Tage in der deutschen Reichshauptstadt auf.
F R I T H J O F   N A N S E N   I N   B E R L I N.

Fridtjof Nansen

worden ist. Es war eine Lüge, aber sie wurde darum doch
beständig in der europäischen Presse wiederholt. Man warf
mir vor, daß ich eine Expedition nach Sibirien veranstaltet
hätte, und es wurde sogar behauptet, ich brächte Waffen für

189

eine Revolution ins Land. Es war eine Lüge. Ich habe sie in
den Zeitungen gelesen. Es wurde behauptet, mein Freund
Kapitän Sverdrup habe die Leitung, aber alles, was er tat,
war, landwirtschaftliche Maschinen nach Sibirien zu bringen. Das war schließlich wohl nicht gefährlich. Es sind eine
Menge solcher Geschichten im Umlauf. Sie müssen von irgendeiner zentralen Agentur herrühren, von wo, weiß ich
nicht. Jedenfalls von jemand, der ein großes Interesse daran
hat, zu verhindern, daß etwas für die Rettung der Hungernden in Rußland geschieht. Ich glaube, ich kenne die Idee,
die dieser Campagne zugrunde liegt. Es ist die: daß die Aktion, die wir vorschlagen, wenn sie gelingt, die Sowjetregierung stärken wird. Ich glaube, daß das ein Irrtum ist und
daß wir die Sowjetregierung nicht stärken, indem wir dem
russischen Volke zeigen, daß es in Europa noch Herzen
gibt, die wirklich bereit sind, dem hungernden russischen
Volk zu helfen.
Aber nehmen Sie an, die Sowjetregierung würde wirklich
dadurch gestärkt. Gibt es ein Mitglied in dieser Versammlung, das bereit ist, zu sagen, lieber als der Sowjetregierung
zu helfen, wolle er zwanzig Millionen Menschen verhungern lassen? Mag die Versammlung mir darauf antworten!
Ich kann nicht glauben, daß die Völker von Europa während langer Wintermonate die Hände im Schoß dasitzen
und zusehen werden, wie Rußland verhungert. Die Lage ist
die: In Kanada ist dieses Jahr die Ernte so gut, daß Kanada
imstande sein wird, dreimal soviel auszuführen wie für die
Linderung der Hungersnot in Rußland nötig ist. In den
Vereinigten Staaten verfault der Weizen in den Scheunen
und Farmen, weil sie keinen Käufer für ihre Überschüsse
finden können. In Argentinien lagert Mais in solchem Überfluß, daß man ihn nicht los werden kann und ihn in den Lokomotiven als Brennstoff verheizt, weil das der einzige
Weg ist, ihn zu verwenden. Zwischen Europa und Amerika
liegen Schiffe müßig; wir können keine Verwendung finden – und auf der anderen Seite verhungern 20 bis 30 Millionen Menschen. Lassen Sie uns den Tatsachen ins Gesicht
sehen. Die Regierungen sind nicht imstande, fünf Millionen Pfund zu geben; sie können es in diesem Augenblick
nicht, sie vermögen alle zusammen nicht diese Summe auf-
zubringen, die ungefähr die Hälfte dessen ist, was ein

190

Schlachtschiff zu bauen kostet. Und in Amerika lagert Getreide, das niemand braucht.

Ist es möglich, daß Europa stillsitzen und nichts tun kann, um diese Nahrungsmittel herüberzubringen und dort die Leute zu retten? Ich kann es nicht glauben. Ich bin überzeugt, daß die Völker Europas die Regierungen zwingen werden, ihren Beschluß umzustoßen. Ich glaube, daß die größere Zahl jener Regierungen, die heute in diesem Raum vertreten sind, sich zu den Reihen der wenigen gesellen werden, die schon gehandelt haben. Denn lassen Sie mich daran erinnern, daß eine Anzahl von kleineren Städten schon Hilfe leisten. Wenn Sie nur die Kosten eines Bataillons Soldaten opferten, würden Sie das Geld finden können. Das ist unmöglich? Dann sollen Sie es offen sagen, aber nicht fortfahren, Ausschüsse und Konferenzen zusammenzuberufen und Tag um Tag und Monat um Monat zu reden, während Menschen Hungers sterben.

Das Mandat, das ich empfangen habe und für das ich handle, ist, nicht abzulassen, an die Regierungen der Welt zu appellieren. Ich werde nicht ablassen und werde alles tun, um die Länder Europas aufzuwecken, auf daß der größte Greuel der Geschichte vermieden werde. Was auch diese Versammlung entscheiden mag, etwas werden wir zu tun imstande sein, um die schreckliche Not zu lindern. Aber es ist ein furchtbarer Wettlauf, den wir mit dem russischen Winter laufen, der schon lautlos und beständig von Norden herannaht. Bald werden die Gewässer Rußlands gefroren, wird der Transport durch tiefen Schnee behindert sein. Sollen wir dem Winter erlauben, auf immer diese Millionen Stimmen zum Schweigen zu bringen, die zu uns um Hilfe schreien? Noch ist Zeit, aber nicht mehr viel Zeit.

Versuchen Sie sich vorzustellen, was sein wird, wenn der russische Winter im Ernst einsetzt, wenn keine Nahrung da ist und die ganze Bevölkerung durch ein leeres Land auf der Suche nach Nahrung wandert, Männer, Frauen und Kinder zu Tausenden im gefrorenen Schnee Rußlands umsinken. Versuchen Sie sich vorzustellen, was das bedeutet. Wenn Sie je gewußt haben, was es heißt, gegen Hunger und die gespenstischen Mächte des Winters anzukämpfen, dann werden Sie begreifen, was es bedeutet, und verstehen, wie die Lage sein wird. Ich baue darauf, daß Sie nicht still sitzen und mit kaltem Herzen antworten werden, es täte Ihnen leid, aber Sie könnten nicht helfen.

Im Namen der Menschheit, im Namen von allem, was groß und heilig ist, flehe ich Sie an, die Sie selbst Frauen und Kinder haben, zu erwägen, was es heißt, Millionen Frauen und Kinder zugrunde gehen zu sehen. Von diesem Platze rufe ich die Regierungen, die Völker Europas, die ganze Welt ihnen zu Hilfe auf. Beeilen Sie sich zu handeln, bevor es zur Reue zu spät ist.

1921

GERHART HAUPTMANN

Geleitwort

Aus diesen Blättern spricht eine Stimme, die man hören muß.

Vor dieser Stimme das Ohr verschließen, ist gleichbedeutend mit Selbstmord der Menschlichkeit.

Fridtjof Nansen, der große Forscher, muß es sich gefallen lassen, wenn man ihn an dieser Stelle nun auch einen großen Menschen nennt. Edel sei der Mensch, hilfreich und gut! – Edel, hilfreich, gut: in diesen drei Worten ist eigentlich ein und dasselbe ausgedrückt. Edelmut, der nicht gütig und hilfreich wäre, wäre kein Edelmut. Hilfsbereitschaft ohne Güte und Edelmut gibt es nicht. Güte ohne Edelmut und Hilfsbereitschaft ebensowenig. Weil aber Fridtjof Nansen dem entspricht, was mit jedem dieser drei Worte und mit allen zugleich von dem wahren Menschen und Manne gefordert wird – im größten Sinne und mit dem Einsatz seiner ganzen Person entspricht – darum ist er ein großer Mensch.

Ich enthalte mich nicht, dies auszusprechen, obgleich ich damit rechnen muß, daß Nansen selbst sich möglicherweise durch ein solches Bekenntnis zu seiner Person an dieser Stelle störend berührt findet. Ich weiß, daß ihm die Sache, die er vertritt, alles gilt, und es ihn durchaus gleichgiltig läßt, was etwa die öffentliche Einschätzung seiner Person

192

Der Dichter und seine Gattin auf einem Spaziergang in Berlin.
Gerhart Hauptmann erließ eine Kundgebung für die russische
Hungerhilfe.

Gerhart Hauptmann in Berlin

dabei gewinnt oder verliert. Es mußte gesagt werden, was gesagt worden ist, weil das mit seiner Persönlichkeit gegebene, große und beschämende Muster fruchtbar gemacht werden soll. Wenn schlechte Beispiele, wie man sagt, die guten Sitten verderben, dann wolle Gott, daß auch große und gute Beispiele noch die Kraft besitzen, zur Nachahmung anzueifern.

Ich habe mich dazu verstanden, dem Nachfolgenden diese Worte voranzusetzen, weil man meint, ich könne damit das Hilfswerk fördern, dem Nansen seine Kräfte widmet. Ist es so, dann sind meine Worte gerechtfertigt. Freilich bin ich der Ansicht: wem Nansen nicht verehrungswürdig und wert, ihm nachzueifern, erscheint, wen die Gewalt der von ihm mitgeteilten Tatsachen nicht überwältigt, wessen Herz und Gewissen unter seinem von klarer Einsicht und Menschenliebe diktierten Zuspruch nicht rege wird, an dessen Ohr werden meine Worte erst recht ungehört vorübergehen.

1922

MAXIM GORKI

Wenn Europa sich nicht besinnt

Fridtjof Nansen, das edle, in tätiger Menschenliebe flammende Herz, hat uns von der Wirklichkeit ein schreckliches Bild entrollt. Und doch ist diese Wirklichkeit an sich noch weitaus erschrecklicher.

Schrecklicher schon deshalb, weil die den Worten Nansens innewohnende Kraft sicherlich nicht imstande sein wird, jene dicke Schicht namenloser Gleichgültigkeit zu zerstören, hinter welcher sich die Europäer von heutzutage verschanzt halten.

Fridtjof Nansen, John Keynes, Nitti und die anderen Ritter der Vernunft und des Gewissens, die als Vertreter eines bald ausgestorbenen Europäertypus gelten können, haben viel Besorgniserregendes, viel Weises zur Sprache gebracht und haben auch das dunkle Lebenschaos mit einer Fülle strahlender Worte durchleuchtet. Mit Worten über die Notwendigkeit, die Nächstenliebe aufzuerwecken oder auch die verlorengegangenen, vernünftigen „sachlichen" Beziehungen der europäischen Staatengebilde zueinander wieder herzustellen.

Jedoch fast unbemerkbar sind die Anzeichen dafür, daß diese Bemühungen ehrlich gesinnter und humaner Männer ein Mitleidsgefühl ausgelöst hätten mit den Millionen im Hunger verkommender russischer Bauern, mit dem Millionenvolk eines Tolstoi, eines Dostojewski, mit jenen Elenden, die zu Menschenfressern werden.

Und auch dafür, daß nüchterne und wahrhafte Beweise über die Verderblichkeit der Ausplünderung Deutschlands der hartnäckigen Arbeit Einhalt gebieten könnten, die auf die wirtschaftliche Zerstörung dieses Landes hinzielt, auch dafür sind keine Anzeichen vorhanden.

Nach dem verruchten Kriege von 1914 bis 1918 habe ich den Glauben an Europas Genius verloren. Mir scheint es, daß sein Herz verblendet, abgestumpft ist und sein Hirn verwesend sich in grünen Schaum verwandelt und alles das mit seinem Gift bespritzt, was früher für human, für Menschenpflicht gegolten hat.

Und dabei ist Europa doch der Mittelpunkt der schöpferischen Energie der ganzen Welt; wie von der Sonne gingen von Europa Strahlen aus, die die gesamte Welt mit dem Feuer seines furchtlosen Denkens durchströmten und mit den Wohltaten seiner Wissenschaft und Kunst, mit den gewaltigen Errungenschaften seiner wunderschaffenden Technik beschenkten.

Ich lasse nicht außer acht, daß seine Politiker und Ausbeuter – was übrigens ein und dasselbe ist – den lebendigen Menschen die Haut vom Leibe herunterzureißen pflegten. Wir müssen aber dabei nicht vergessen, daß das habgierige Europa gleichzeitig auch die Ideen der Gleichheit und ihrer Kulturgaben in der Welt verbreitete. Seine Habgier rief den Protest gegen die Habgier hervor, und seine Herzlosigkeit erzeugte das Streben zur Menschlichkeit.

Jetzt aber – glaube ich – hat Europa seine moralische Autorität als Schöpferin von Kulturwerten verloren.

Die farbigen Rassen haben gesehen, mit welcher Energie, teuflischer Kunstfertigkeit und tierischer List die so christlich gesinnten Weißen einander vier Jahre hindurch zerfleischten, mit welchem wahnwitzigen Eifer ein europäischer Stamm den anderen unterjocht und ausplündert, zu welchem chaotischen Wahnsinn das Leben der Europäer geworden ist, mit welcher Gleichgültigkeit das „humane" Europa sich zu dem hinsterbenden russischen Volke verhält. Ich nehme an, daß nach alledem die Völker Afrikas und Asiens von den Europäern eine sehr herabgeminderte Meinung haben, und daß der Nimbus der moralischen Kraft Europas im Abnehmen begriffen ist.

Gerade dieser Nimbus war aber – meiner Meinung nach – von großem Nutzen. Denn, war der Lehrer auch grausam, so besaß er trotzdem ein ausreichendes Maß intellektueller und moralischer Autorität.

Eine Reihe von Geschehnissen in Afrika und Asien legen jedoch beredtes Zeugnis dafür ab, daß diese Autorität untergraben ist.

Ich bin kein Politiker, ich bin einfach ein Russe, der sich der Bedeutung Europas für Rußland und für die ganze Welt vollkommen bewußt ist, sowohl der Bedeutung von Europas riesenhaftem Gehirn, das alle die großen und schöpferischen Ideen des Humanismus und des Sozialismus geschaffen hat, der ungeheuren Kraft dieses Gehirns, die sich in seiner wundertätigen wissenschaftlichen Arbeit geäußert hat, – als auch der Bedeutung von Europas unermüdlichen Händen, welche die Wunder der Technik zustande gebracht haben.

Auch dessen bin ich eingedenk, daß die Europäer nur eine Minderheit in der Bevölkerung des Erdballs bilden.

Dann aber hat sich noch aus dem Inneren der europäischen gesellschaftlichen Körperschaften eine überaus zahlreiche Klasse von Menschen herausgebildet, denen nichts teuer ist und nichts leid tuen kann, die verwildert sind durch versklavende Arbeit, durch Unterernährung, durch Erniedrigung, durch alles das, was jenes natürliche Resultat ausmacht, zu welchem das ausgelebte und verabscheuenswerte System des Klassenstaates gelangt ist.

Dies alles zwingt mich zu der Annahme, daß – wie es seinerzeit bei dem Untergange Roms der Fall war – auch Europas Ende gleichzeitig durch einen von außen ansetzenden Druck fremdstämmiger Massen und durch eine aus

Maxim Gorki bei seiner Ankunft in Berlin

innerer Anarchie – kraft der aufgespeicherten Mengen an
Habgier, Neid, Böswilligkeit und Rache – geborenen Ex-
plosion herbeigeführt werden wird.
Wahrscheinlich werden sich auch über diese Gedanken alle

197

diejenigen lustig machen, denen das Wort von der Sünd-
flut, die nach uns kommen möge, zum Wahlspruch geworden ist.
Doch wäre es wohl angebrachter, wenn man sie zum Ge-
genstande ernster Betrachtung machen wollte. Mir scheint,
es ließe sich darunter doch einiges finden, das wert wäre,
von Ernst- und Ehrlichgesinnten beachtet zu werden.

1922

MAXIM PESCHKOW

Brief an den Vater

30. VIII. – 21. Berlin, Preußen, Deutschland, Mitteleuropa,
Planet Erde, Hundestern, Sonnensystem, Raum K'Efir
usw.
O geliebter Erzeuger, Dir verdanke ich meine Existenz auf
eben diesem Planeten. Ich danke Dir dafür und möchte das
begonnene Werk fortsetzen?!!!

Hochverehrter Papa!
Anderthalb Monate lebe ich schon in Berlin (Hauptstadt
Deutschlands), aber ich schaffe es nicht, nach Rom (Hauptstadt Italiens) zu kommen. Finstere Mächte in Gestalt unserer Vertreter, die über alle Länder der Erde verstreut leben,
haben dank den Finessen der neuen Diplomatie meine un-
befleckte Reputation mit einem Lügengewebe von Gerüch-
ten umwoben, was mir nicht erlaubte, mich in der gewünschten Richtung weiterzubewegen, mir vielmehr den
Weg eröffneten, den ich eben nahm, nur in der entgegenge-
setzten Richtung.
Tatsächlich hat mich das in eine äußerst unangenehme Lage
gebracht: im Laufe meiner 24 Jahre mit vielen Mängeln sowohl erblicher als auch – infolge Verkehrs in schlechter Gesellschaft – erworbener Natur belastet, fern von Großmutter und Fahrrad, fand ich mich vom Willen der Geschichte
in obengenannte Hauptstadt verschlagen – mit Frau, deren
Ehe mit mir ich persönlich, sie selber und auch der offi-

zielle Freund des Hauses J. N. Rakizki (Nachtigall) bestätigen können. Ein einschlägiges Dokument hat sich aus von uns allen dreien unbeeinflußbaren Ursachen verzögert, folgt jedoch. Also: unter der Last meiner Frau, des Hausfreunds und der Ungewißheit, in der mich die laxe Haltung meines Vaters zu seiner Ausreise aus den Grenzen der RSFSR beläßt, lebe ich in einer Pension mit einem von nahrhaftem Bier dick gefüllten Bauch und harre des Ratschlags von einem nicht existierenden Herrn X.

Viele Fragen offen. Fahre ich nach Rom (Hauptstadt Italiens)? Bleibe ich in Berlin (Hauptstadt Deutschlands) oder fahre ich nach Moskau (Hauptstadt der RSFSR), ich weiß gar nichts, weil ich Würmer habe.

Übrigens, täglich von 4 bis 7 gehen wir in den Zoo.

Die Unsicherheit der Umstände, in denen ich lebe, ist mir sehr fatal.

Den Sinn des Zoologischen Gartens habe ich ergründet. Das Aquarium weckt lediglich meine Anglerinstinkte. Meine Seelenruhe sichert mir allein Nachtigalls östliche Weisheit und stille Keuschheit, – und sie kann nur durch ein Wiedersehen und den Umgang mit Ihnen, hochverehrter Papa, in den Zustand sanftmütigen Gleichgewichts gebracht werden.

Apropos, auf dem Umschlag, in dem Dein Sendschreiben steckte, ist meine Herkunft in der männlichen Linie angegeben. Mehr noch. Mit mathematischer Exaktheit erhalte ich Auskunft und erfahre nicht nur den Namen meines Vaters und Großvaters, sondern sogar meines Urgroßvaters. Jetzt stehe ich fest auf beiden Beinen und hoffe, den genealogischen Baum – soweit Erinnerung und Vermögen reichen – nach beiden Enden hin fortzuführen.

Ich lebe in Berlin (der Hauptstadt Deutschlands) und denke nach.

Zwei Tagereisen entfernt liegen verlockende Orte am Meer, das bewohnt ist von den im Aquarium vertretenen Insekten, so lebe ich hier schon anderthalb Monate. Ich komme nirgends hin und der Sommer verstreicht. Warum kann ich nicht reisen? Hm! Hm!!! Meiner Dienstpflichten wegen bin ich gezwungen, wie ein Idiot herumzusitzen, wo es mich hinträgt, Bier zu trinken und zu warten, bis einer etwas sagt. Nicht schön, aber sympathisch (wie ein Exzentriker sagte).

Maxim Gorki in einer sowjetischen Kinderkolonie bei Berlin

Während ich mich mit dem Brief plagte, kam aus Rom (der Hauptstadt Italiens) der Botschaftsrat Tichmenew, prima Mann, Arzt. Das Nichtstun in Rom hat ihn seltsam verändert, und da er ein starkes Verlangen nach Arbeit verspürt, reist er nach Rußland. Den gestrigen Abend verbrachten wir mit ihm, und er freundete sich mit Nachtigall an.

Jetzt bringe ich meine Meinung über den Hunger ans Licht der Welt. M. F. (eben aus Helsingfors zurück) hat hier eine große Kampagne zugunsten der Hungernden begonnen und mehrere Male öffentlich gesprochen. Daß Deutschland so lebhaft auf den Aufruf reagierte, ist zu einem Teil ihr Werk.

Sie ging dabei sehr raffiniert und theatralisch vor, doch das tat der Sache keinen Abbruch, nun genießt sie Vertrauen und wird von Ministern und bekannten Größen empfangen.

Im Ganzen bietet sich dieses Bild: Dein Brief an Haupt-

200

mann hat großes Aufsehen erregt. Die Zeitungen waren voll von Artikeln zugunsten Rußlands, viele spendeten, Hilfskomitees wurden gegründet, von Gelehrten, Ärzten, Facharbeitern usw. Alle Zeitungen meldeten: Gorki ist aus Moskau nach Riga gereist und befindet sich auf dem Weg nach Berlin; er traf in Helsingfors ein usw. Man hat Dich allgemein erwartet.

Seitdem sind 3 bis 4 Wochen vergangen. Die Zeitungen sind leer, über Rußland keine Zeile außer Sensationsmeldungen über eine 600 000köpfige Menge Hungernder, über ihre Schlacht mit 2 000 Feuerwehrleuten, und wie die letzteren die ersteren mit kochendem Wasser übergossen, und die ersteren, nachdem sie die letzteren ohne Ausnahme niedergemacht hatten, alle 6 000 Pferde der Feuerwehr roh hinuntergeschlungen haben. Tag für Tag werden diese Sensationen von „Rul", „Poslednije nowosti", „Wolja Rossii" und der sonstigen russischen Presse verbreitet, am gemeinsten dabei das „Obschtscheje delo" vom uralten Burzew. Der schreckt vor nichts zurück.

Die Deutschen mußten spüren und wissen, daß es einen verehrungswürdigen Menschen gibt. Für Europa und für sie bist Du dieser Mensch gewesen. Der Aufschub Deiner Ankunft ist kontrovers kommentiert worden, aber „Gorki zieht sich wegen der Aussichtslosigkeit der Lage von der Hilfe zurück" war die am weitesten verbreitete Meinung. Wenn Du jetzt hierher kämst, wäre die Apathie verflogen, anders ist im Moment das Interesse für Rußland nicht zu beleben.

Ich erfahre, daß ich übermorgen nach Rom fahren werde, eben kam der Anruf. Ich werde Wazlaw Wazlawowitsch bitten, daß er mir erlaubt, Nadja mitzunehmen und wenigstens 2 Wochen am Meer zu verbringen. Wenn es nicht klappt, fahre ich sicher nach Rußland. Ich möchte Dich sehr gern sehen. Titka ist nach Helsingfors gefahren, um Dich zu treffen. Ihre Angelegenheiten in der Familie stehen schlecht. Wir haben sie nach Berlin eingeladen. Sie kommt in zwei Wochen. Da dachte ich mir, tun wir uns zusammen, und ab nach Italien ans Meer. Ein bißchen in Ruhe leben. Das geht halt in Berlin doch nicht.

Mit Nadja sind die Beziehungen wunderbar und einfach. Wir hängen sehr aneinander. Sie ist ein schönes Weib und

hat schlecht leben müssen. Sie tut einem leid. Nachtigall
mag sie sehr gern. Meine Beziehungen zu ihm sind richtig
familiär. Ein wundervoller und seltener Mensch.
Ich mach Schluß.
Ich bemühe mich zu entscheiden, was ich unternehmen
werde, aber erst fahre ich nach Italien.
Wenn Du kannst, ich bitte Dich sehr darum, telegrafiere,
sobald Du den Brief erhältst, über das NKID, ob Du ins
Ausland kommst. Aber exakt. Wenn nicht, komme ich nach
Rußland.
Ich fahre nur, wenn Du nicht kommst. […]
Ich küsse Dich kräftig auf Deinen Schnurrbart. Umarme
Dich und hoffe (dort oder hier) auf unser Wiedersehen.
Nach Australien fahre ich nicht, man gibt mir kein Vi-
sum.
NB. „Ich habe Würmer" – eine Wendung, die die Ungewiß-
heit einer Situation bezeichnet und zugleich eine Antwort
auf die Frage „Warum?" – „Weshalb?" – Zufrieden? – Ja,
warum? – Weil ich Würmer habe.
Das sind die letzten Neuigkeiten.
Ich küsse Dich.

M. Peschkow

EMMY BALZ

„Forschungsauftrag: Gorki in Deutschland"

Lübben, den 14. 1. 1957
Spielbergstr. 24

An das
Slawische Institut der Humboldt-Universität
Berlin C 2, Unter den Linden 6

Betr.: „Forschungsauftrag: Gorki in Deutschland"

Ihre Aufforderung in der „Berliner Zeitung", Ihnen über
Maxim Gorki Materialien oder Hinweise zur Verfügung
zu stellen, veranlassen mich, Ihnen folgendes mitzuteilen:

202

Maxim Gorki in St. Blasien (Schwarzwald) 1922

In der Zeit von 1921–1923 hielt sich Maxim Gorki auch vorübergehend in Bad Saarow am Scharmützelsee auf. In seiner Begleitung befand sich ein jüngerer Mann – man sprach damals davon, es wäre sein Sohn – und eine Frau als Sekretärin. Ich kann jetzt nur nicht mehr genau sagen, ob es über den Herbst und Winter 1921 oder 1922 oder gar erst 1923 gewesen ist.

Meine Eltern hatten in Saarow einen Conditorei- und Kaffeebetrieb und da war Maxim Gorki mit Begleitung häufig unser Gast. Meine Eltern sind bereits beide tot und deshalb versuche ich, Ihnen Angaben aus dieser

Zeit zu machen, die ich als damals 18–20jährige gut in Erinnerung habe.

Eine nähere Berührung zwischen Gorki und meinem Vater kam auch dadurch zustande, weil mein Vater s. Zt. einen PKW besaß und mit diesem Gorki und seine jeweilige Begleitung fast wöchentlich nach Fürstenwalde zum Bahnhof zur Weiterfahrt nach Berlin brachte und abends entsprechend wieder abgeholt hat. Die Kleinbahn Beeskow–Saarow–Fürstenwalde hatte zur damaligen Zeit sehr schlechte Verkehrszeiten und so hat Vater sich angeboten, Gorki immer mit dem Wagen nach Fürstenwalde zu bringen.

Gorki selbst hat sehr wenig gesprochen – ich weiß auch nicht, ob er überhaupt etwas Deutsch sprechen konnte – aber er war nie ohne seine Begleiter und die sprachen Deutsch. Gorki bewohnte in Saarow ein ganz großes Haus, das damalige „Neue Sanatorium" auf dem Kronprinzendamm, dem jetzigen Karl Marx Damm. So weit ich mich auch entsinnen kann, hat Gorki öfters Besuche empfangen, die mein Vater dann aus Fürstenwalde abholte bezw. wieder zurückgefahren hat. Aber wer die Besucher waren, weiß ich nicht.

Als Gorki Saarow verließ, ließ er meinem Vater als Anerkennung sein Buch „Meine Kindheit" mit eigenhändiger Widmung überreichen. Da mein Vater Sozialist war und nicht Anhänger der damaligen konservativen Klique von Saarow, an der Spitze der Exkanzler Michaelis, Hofkammerrat Paschke, Major a. D. Meyer u. a. m. hat Vater 1929 auf Grund der damaligen Wirtschaftskrise das Grundstück durch Zwangsvollstreckung verloren. Das begangene Unrecht konnte Vater nicht überwinden und hat so stark gesundheitlich Schaden genommen, daß er 1930 im Alter von 56 Jahren verstarb.

Auf Grund meiner sozialistischen Erziehung zu Hause, habe ich der „Hitler Aera" völlig abseits gestanden und habe die Bücher aus Vaters Nachlaß gehütet und wohl verborgen gehalten – es waren nämlich eine Anzahl darunter, die damals vernichtet werden sollten. Aber was ich nicht tat, hat der Bombenkrieg in Berlin besorgt, denn nach Vaters Tod siedelten wir nach Berlin über und wurden dort 1944 total ausgebombt, so daß ich das wertvolle Buch von Gorki nicht mehr nachweisen kann.

204

Wenn ich Ihnen mit meinen Ausführungen auch nicht viel helfen konnte, so führen sie vielleicht dazu, nähere Anhaltspunkte noch in Bad Saarow zu bekommen.

Mit sozialistischem Gruß
Emmy Balz

Revisorin in der Kreisinspektion Lübben
Finanzrevision HV Ministerium der Finanzen

FRANZ JUNG

Zu Hilfe!

... mit diesen Arbeiten hat es nämlich noch seine besondere Bewandtnis. Im Frühherbst, als die erste Panikwelle gerade vorüber war, und die ersten Waggons mit Saatgetreide eingetroffen waren, haben sich die Gebietsinstanzen und die Parteikonferenz mit der Aufstellung dieses Planes der Meliorationsarbeiten und der allgemeinen staatlichen Arbeiten, um den Hungernden zu helfen, befaßt. Dem Zentrum wurde Bericht erstattet, die verantwortlichen Leiter trugen selbst ihre Sache in Moskau vor, und es traf sich, daß auch die Zentralstellen sich mit ähnlichen Plänen bereits befaßt hatten. Selten ist eine Übereinstimmung so schnell erzielt worden. So schnell, daß im Gebiet der Auftrag erteilt wurde, sofort mit den Arbeiten zu beginnen, obwohl der Kostenaufwand noch nicht aufgestellt und der technische Durchführungsplan noch gar nicht vorhanden war. Alles was an hydrotechnischen Spezialisten in Rußland vorhanden war, wurde mobilisiert und in die Hungergebiete geschickt. In der Zeit der ersten schlimmen Krise reisten die Ingenieure im Lande herum, um wenigstens den ersten Überblick über die allernotwendigsten Arbeiten niederlegen zu können. Viele sind der Cholera und jetzt wieder dem Typhus zum Opfer gefallen. Die technische Intelligenz hat wirklich nicht gezögert, der Sowjetregierung ihre Kenntnisse und ihre Dienste anzubieten. So kam allmählich Licht in den Wirrwarr dunkler Pläne, der Kostenanschlag wuchs empor und planmäßig wurden die ersten größeren

205

Umschlag von
John Heartfield
1922

Arbeiten in Angriff genommen. Aber die Bestätigung vom
Zentrum war noch nicht da, obwohl die Resolutionen aller
zuständigen zentralen Instanzen sich voll inhaltlich mit den
Arbeiten im Wolgagebiet deckten. Die Techniker und die
Spezialisten verschlangen Geld, die ersten Untersuchungen
waren kostspielig genug, und auch die 30000 Mann Arbeits-
kräfte türmten gewaltige Lohnsummen auf. Hinzu kam der
Transport von Holz und Maschinenmaterialien und alle die
Arbeiten, die notwendig waren, den Fortgang des Werkes
auch über die Wintermonate hinaus von vornherein zu sichern. So wuchs in wenigen Wochen eine Schuldenlast von
$2^1/_2$ Milliarden in das Budget des Komitees für staatliche Arbeiten. Zu gleicher Zeit erschien das Dekret, daß den auto-
nomen provinzialen Wirtschaftsstellen größere Selbständig-
keit einräumte, d. h. sie in ihrer Budgetierung mehr auf sich
selbst stellte als bisher, mit andern Worten, daß man sie dar-

auf verwies, sie sollten sich selbst helfen. Der ganze Plan, die ganze Arbeit schien gefährdet. Die Arbeiten müssen fortgeführt werden, oder es ist alles verloren. Das Schneewasser im Frühjahr reißt die begonnenen Dämme weg, wenn sie nicht vollendet werden. Die 30 000 Desjatinen schon gewonnenen Landes versinken wieder im Uferschlamm. Aber alles dieses wäre nur eine jener Katastrophen, an die die russischen Kommunisten schon gewöhnt sind. Man würde eben im Frühjahr, vielleicht unter etwas besseren Bedingungen dann, wieder von neuem anfangen. Aber darum handelt es sich nicht. Weit katastrophaler wird sich die Lage der Bauernschaft gestalten, weit menschlich unausdenkbarer die Verzweiflung der Tausende, denen diese Arbeit die letzte Lebenshoffnung bedeutet, denen diese Arbeit einmal in ihrem unglücklichen mühseligen Leben, einmal Glück und Freude war. Zweieinhalb Milliarden sind bereits Schulden für das Gebiet aufgelaufen, d. h. die Zahlung ist geleistet, aber eine budgetmäßige Deckungsverrechnung gegenüber dem Zentrum nicht vorhanden. Der Kostenanschlag beläuft sich auf 16 Milliarden, das ist die Summe, die im Frühjahr verbraucht sein wird, wenn die Arbeiten im großen Maßstabe beginnen sollen. Dann ist allerdings aus eigenem Fortschreiten der Produktion eine gewisse Deckungsmöglichkeit eines Teils der neuen Kosten vorhanden. So sieht es der Arbeitsplan vor. Und ein Jahr später wird das Gebiet dann in der Lage sein, seine weiteren Aufbauarbeiten vollständig selbst zu finanzieren. Dürre und Überschwemmungen werden dann keine Rolle mehr spielen. Aber wie kann man an die Zukunft denken, so viele wohltätige Entschädigungen für die Verzweiflungen dieser Tage sie auch winkt, wenn die Gegenwart so unerbittlich und grausam auch die Möglichkeit jeder Augenblicksillusion zerstört. Das ist die letzte Katastrophe, vor dem auch dem berufsmäßigen Optimisten schließlich schaudert: Es ist kein Geld da. Gerade als ich im Bezirk war, hatten die Arbeiter die höchste Stufenleiter der Krise erreicht. Die Bauern, die von 30 Werst hergekommen waren, um zu arbeiten und sich das Stück Brot zu verdienen, womit sie sich und die Familie noch am Leben halten konnten, wurden am Wochenende ohne Lohn, ohne Brot und ohne andere Produkte nach Hause geschickt. Am nächsten

Cläre und Franz Jung 1924 in Grätzwalde bei Berlin

Montag waren sie doch alle wieder zur Stelle. Gegen Mitte der Woche wurde auf den einzelnen Plätzen bekannt gegeben, daß auch voraussichtlich für die laufende Woche noch kein Lohn gezahlt werden könne. Auch keinen Vorschuß, fügte man hinzu. Wieder kein Brot, wieder nicht das geringste, um den hungrigen Magen zu füllen. Wieder gingen die Bauern nach Hause, und wieder erschienen sie am nächsten Montag, aber es fehlten schon etliche. Sie sind zu schwach für den weiten Weg, sagten die andern. Sie haben sich niedergelegt. Und dann hörte ich auch, wie die ersten Lohnzahlungen zustande gekommen waren. Das ganze Geld, das im Gebiet aufzutreiben war, in allen Ämtern und an jeder behördlichen Stelle wurde zusammengekratzt und für die Lohnzahlungen verwendet. Alle anderen mußten zurückstehen, und wieviele werden auf Sabotage geschimpft haben. Der ganze Verwaltungsapparat im Gebiet drohte ganz zum Stillstand zu kommen, nur um die staatlichen Arbeiten weiter führen zu können. Einmal, sehr schnell, jede Stunde mußte das Zentrum ja eingreifen. Aber irgendwie bleibt etwas liegen, irgendwo muß eine kleine

208

Anfrage, eine Rückfrage, eine Nachberechnung dazwischen gekommen sein, eine kleine Störung, und der ganze Apparat droht ineinander zu krachen. Ein paar hundert Arbeiter sind schon gestorben, bald werden es tausend sein. Gewiß würde das im ganzen nicht viel ausmachen, aber es steht mehr auf dem Spiel. Es ist gar nicht zu sagen, um wievielmehr es notwendig ist, diese Arbeiten weiter zu führen, als alles bisher.

Als ich Marxstadt verließ, war weder Geld noch Bewilligung bisher eingetroffen. Ich ging über den Revolutionsplatz durch die tote Stadt der Ambare nach der Wolga hinunter. Dort wartete wieder trotz Eis und Schnee das Motorboot. Eine Barke lag noch im Fluß, beladen mit Kondensmilch und Kartoffeln. Das eine war von der Nansenhilfe, das andere hatte die Regierung geschickt. Es waren zu wenig Fuhrwerke da, die den Abtransport schnell hätten bewerkstelligen können. Hoffentlich werden die Kartoffeln schnell verteilt werden können. Es sind nicht genügend Kellereien vorhanden, und es besteht Gefahr, daß die Kartoffeln erfrieren. Aber an alles das dachte ich nicht, auch nicht daran, wie es wohl möglich sein wird, diese Produkte auch nur 20 Werst über den Umkreis der Stadt hinauszubringen. Ich dachte daran, in wie beschränktem Rahmen sich eigentlich die caritative Hilfe bewegt. Mit Kondensmilch und bestenfalls mit warmen Kleidungsstücken wird man die Kinder vielleicht am Leben halten, d. h. die wenigen, an die die Sendung gelangt, weil sie nach dem Zentralpunkt evakuiert sind. Ich dachte daran, wie die arbeitenden Menschen nur durch die Arbeit untereinander verbunden sind und stärker und dauernder, als durch alle Möglichkeiten der kapitalistischen Phrasenmaschine vom krassen Nationalismus bis zum Religionssektentum. Überall liegt in der Arbeit auch schon das Mittel zur Befreiung, auf der einen Seite von Unterdrückung und Ausbeutung, auf der andern Seite aus tiefster Not, die sich ergibt, wo man nicht schritthalten kann mit den Erfordernissen einer technisch-kollektivwirtschaftlichen Zeitepoche.

Es ist von hier aus schwer zu sagen, was die Arbeiter in Europa tun sollen, um zu helfen. Daß sie helfen müssen, und ob sie helfen sollen, daß für jeden einzelnen die Frage gestellt wird, – das mag sich jeder selbst beantworten. Der

Hunger ist nur eine Auswirkung der Armut, und die Armut ist eine historische Erscheinung der Ausgebeuteten und des Proletariats. Sie ist vorhanden in gleicher Weise in Amerika wie in Deutschland, in England oder in Rußland, in China und Indien wie in Frankreich. Die Eroberung der politischen Staatsmaschine macht das Proletariat im Augenblick noch nicht reich, d. h. weniger arm. Die Armut ist das Erbe der kapitalistischen Herren, es ist die Armut an Produktionsmitteln, es ist die Belastung der Arbeit, und es ist die große Prüfung, die das Proletariat erst durcharbeiten muß, ehe es anfangen kann, zu wirtschaften. Das Proletariat in Westeuropa ist nicht weniger arm als das russische Proletariat und die Bauern an der Wolga. Aber es ist trotz allem reich, es ist reich an dem Gemeinsamkeitsgefühl zwischen den Unterdrückten und Hungernden aller Länder, es ist reich an einer neuen Solidaritätsmöglichkeit inmitten der eigenen Anspannung zur Eroberung der politischen Macht und der Produktionsmittel des eigenen Landes, einer Solidarität zur Ausbauhilfe mit allem, was der Arbeitende zu bieten hat, während er im eigenen Lande zugleich um die Zerstörung des ihn unterdrückenden Machtapparates seiner Ausbeuter kämpft. Die russische Regierung teilt das Land jetzt in Wirtschaftsrayons ein, in allen Rayons wird die Lage mehr oder weniger – was die Notwendigkeit kommunistischer Wirtschaftsarbeit anlangt – dieselbe sein. Die einzelnen Arbeitergruppen können die Paten sein für die Entwicklung eines beliebigen solcher Wirtschaftsgebilde. Sie können ihre eigene Kraft darbringen, ihre eigene Arbeit und ihren Glauben, und auf der andern Seite die Erträgnisse ihrer Arbeit. Sie können caritativ helfen, wo die Verhältnisse, der Grad der Unterdrückung eine direkte Mitarbeit nicht gestatten. Alles das mag Sache der eigenen Organisation der Arbeiterklasse sein, dem Klassenwillen der Arbeiterschaft in Bezug auf die Solidarität zu Sowjetrußland, und zu dem Ringen des russischen Proletariats um die kommunistische Wirtschaft Ausdruck und Organisierungsformen zu geben. Das sollte keine Sache mehr theoretischer Auseinandersetzungen und politischer Abspaltungen und der damit verbundenen gegenseitigen Gehässigkeiten sein.

Diese Schrift wendet sich an den einzelnen, an den Arbeiter in Stadt und Land, der das Gefühl dafür noch nicht verloren hat, daß er als Angehöriger einer Klasse noch mitten im Klassenkampf steht. Das Gefühl für gegenseitige Hilfe, für brüderliche Unterstützung, und ich hoffe, auch noch die Liebe zu Sowjetrußland wird diesem einzelnen den richtigen Weg der Hilfe weisen, und es wird sich zeigen, daß alle zusammen einen gemeinsamen, gleichen Weg finden werden.

Während die wenigen Fuhrwerke noch die Kartoffeln verluden, versank die Sonne ins Nebelgrau der Dämmerung. Die grünen Schleier der Ambare leuchteten noch einmal auf. Auf der Höhe wurde in das Strahlenbündel der sinkenden Sonne ein Wagen mit zwei Kamelen gezogen. Die Tiere flammten goldüberzogen auf, wie im Märchenland fuhr der Wagen vorüber und alles versank wieder ins Grau. Es war wie ein kurzer Blick in das Zukunftsland. Die steilen Ufer der Bergseite fingen noch eine zeitlang das Violett am Horizont, dann wurden auch sie grau und dunkel drohend, der Nebel wallte auf und es begann zu schneien, alle Farben verlöschten. Dann ist dem einzelnen doppelt die Aufgabe zugewiesen, wach zu bleiben und die Zügel nicht schleifen zu lassen. Mit doppelter Anspannung dem Lichte entgegen, dem Zukunftsland! Es darf uns nicht entrissen werden.

1922

ERNST TOLLER

Brief aus der Festung

Verehrter Herr Großmann, Sie haben mich in Ihrem „Tagebuch" (Heft 21) angesprochen, und ich möchte Ihnen antworten.

Ich sehe nicht die „Damen in hingehauchten Roben", nicht die „Herren im Frack, die im Auto durch die Stadt rasen, die ihre durch Dielen und Säle rauschenden Frauen und Freundinnen mit schillerndem Geschmeide behängen", die

sich „Villen im Grunewald bauen und nach Paris reisen."
Aber ich ahne auch sie.

Sehr deutlich (von ungeheuerlichen Nachtmähren bedrängt, die mich aus dem Schlaf jagen) sehe ich im magischen Dunkel der Zelle die „zwanzig und dreißig Millionen Menschen, die im Augenblick in Rußland vom Hunger bedroht sind".

Ich sehe die endlosen Züge der „Männer und Frauen und Kinder auf der Suche nach Nahrung durch ein leeres Land wandern", sehe sie „zu tausenden im gefrorenen Schnee Rußlands umsinken" ...

Und andere Bilder sehe ich:

Ich sehe in den Vereinigten Staaten „in Scheunen und Farmen den Weizen verfaulen" (Fridtjof Nansens Rede: „30 Millionen verhungern" in Heft 42 des Tage-Buch), sehe, wie man in Argentinien den Mais in Lokomotiven verfeuert, „weil das der einzige Weg ist, ihn zu verwenden".

Der einzige Weg. Und in Rußland verhungern zwanzig bis dreißig Millionen Menschen. Der einzige Weg.

Plötzlich lache ich auf und dieses Lachen reißt sich von mir, es verdichtet sich zu einer Fratze, die mich anbleckt, und in der ich die Repräsentanten des heiligen „Völkerbundes" in eins geronnen, erkenne.

Und diese Fratze beginnt zu sprechen.

„Fünf Millionen Pfund, Fridtjof Nansen, verlangen Sie und geben vor, damit dem russischen Volk helfen zu können. Wir unterschätzen keineswegs Ihre redlichen Bemühungen, wir kennen Ihr fair play, wir glauben sogar, daß dem russischen Volk fünf Millionen Pfund Rettung brächten.

Aber ... verehrter Herr, bedenken Sie, für das doppelte, für zehn Millionen Pfund, können wir uns ein Schlachtschiff bauen! Ein Völkerbunds-Schlacht-Schiff! Ein Symbol gleichsam der hohen Ideen der Freiheit, der Demokratie, der Gerechtigkeit und der Selbstbestimmung aller Völker. Welche bedeutungsvollen Garantien böte ein solches Schlachtschiff für den Frieden! Zu ihm werden die großen und kleinen (samt und sonders befreiten) Völker in festlichen Zügen im Rhythmus jubelnden Herzschlages wallfahrten, die Anarchie, erschreckt, wird sich in ihre heimatliche Verbrecherspelunke verkriechen und nie mehr ihr unterirdisches Nest zu verlassen wagen, wie an einem rocher de

212

Verfügung Ernst Tollers

bronce wird rebellische Gier nach jenem von psychopathischen Narren konstruierten „wahren Frieden der Völker", nach jenem „Europa der sozialen Gerechtigkeit" zerschellen. (Und zerschellt sie nicht, wird sie durch Mittel modernster Schlacht-Civilisation niederkartätscht, vergast, vergiftet, verbrannt.)

Was geht uns Sowjet-Rußland an? Es bezahlt nicht das dem Zaren geliehene, sauer ersessene, erschobene, erhandelte Geld unserer beunruhigt schwitzenden Rentner und Bankherren, es wagt unserer Autorität zu trotzen – mit einem Satz, es bezahlt nicht.

Sie rufen uns „im Namen der Menschheit" an, und der Ton, in dem Sie diese Worte sprechen, macht Sie (wir können es nicht verhehlen) ein wenig verdächtig. Wir wollen nicht behaupten, daß ein geheimes Einverständnis zwischen Ihnen und dem russischen Proletariat besteht, wir wollen nicht behaupten, daß Sie nach Sibirien Waffen für eine neue Revolution transportierten, daß Ihr Freund Sverdrup Leiter einer Revolte in weißgardistischer Provinz, nach andern Meldungen Leiter der Tscheka, war, aber ... wir kommen doch über die Tatsache nicht hinweg, daß auch die Revolutionäre, So-

213

Ernst Toller mit Theodor Plivier während des Schriftstellerkongres-
ses 1934 in Moskau

214

zialisten und Anarchisten im gleichen Ton vorgeben, im Namen der Menschheit zu sprechen." –

Ich wollte Ihnen antworten. Ja, glauben Sie wirklich, daß sich die Welt von 1921 *unerschütterlich kapitalistisch"* herauskristallisiert hat? Sollen etwa die "wundervollen weißen Rücken" der Damen "in hingehauchten Roben" die kristalloiden Formen sein?

Ich lebe in einem von hohen Mauern umschlossenen, von Stacheldraht umzogenen Zellenbau. Glauben Sie deshalb, daß ich nicht erkenne, was draußen in Knäueln der Gier, des Seelenverfalls, der Verzweiflung sich wälzt?

Zu mir dringen die Geräusche der Welt, gedämpft, aber doch hörbar, ich sehe das Miteinander und Gegeneinander der Menschen, wie es in vielen deutschen, französischen, englischen Zeitungen und Zeitschriften (verzerrt oft, aber in seinen Linien erkennbar) sich spiegelt, Bücher lassen mich die Seele der Jahrhunderte schauen.

Daß der 7. Oktober 1921 in Deutschland eine "rosarote" Totentanzkappe trägt, auch das sehe ich. Aber meine Augen verwundern sich deshalb nicht. Ich lebe nicht im Sumpf, doch ich stehe an seinen Borden.

Kennen Sie die Zeilen Giordano Brunos?

"Was eine Zeit gepflanzt, wird eine andre pflücken.
Und was die eine baut, reißt eine andre ein."

STEFAN GROSSMANN

Antwort

Ich könnte Ihnen, Ernst Toller, antworten. Aber Sie hätten dann einen trüben Festungstag. Natürlich hat Giordano Bruno recht. Keine Epoche besteht ewig. Nur dachten wir 1918, die kapitalistische sei ablösungsreif. Das hat sich als falsch herausgestellt. Die Ablösung ist 1921 entfernter als 1918. Der Sozialismus ist in diesen drei Jahren zusammengeschrumpft, äußerlich nicht einmal so sehr wie innerlich. Wenn jemand heute z. B. das Herz der Mitglieder der Sozialisierungskommission unter vier Augen abklopfte und abhorchte, er würde erschrecken über die Müdigkeit dieser

Herzen! Ein anderes kleines Exempel. Sie schreiben in Ihrem Brief, Sowjetrußland bezahle die französischen Gläubiger nicht. Doch, lieber Toller, auch in diesen Wein hat Tschitscherin inzwischen Wasser getan. Der Kniefall vor den Rentnern ist geschehen. Es gibt auf der Welt kein furchtbareres Schauspiel als *diese* allmähliche, Stück für Stück erfolgende Waffenstreckung Lenins ... Die Sieger von 1921 heißen: Morgan, Castiglione, Stinnes. Darauf seien Sie gefaßt, wenn Sie – bald! – wieder ins Freie, ins Licht treten.

G. G. L. ALEXANDER

Brief an Fritz Mierau

Moskau, 23. März 1956
Wystawotschny pereulok 16ª kw 19.

Geehrter Herr Mierau,
Ihren Brief vom 23. Febr. erhielt ich am 3. März. Leider wurde ich Ende Februar krank und bin erst jetzt so weit wiederhergestellt, daß ich mich weiter um Ihre Angelegenheit kümmern kann. Ich war gestern bei einer alten deutschen Genossin, die wie ich zu jener Zeit, Anfang der 20er Jahre, im Z. K. der K. P. D. gearbeitet hat. Sie versichert, daß Sie alles für Ihre Arbeit nötige Material im Archiv des Marx-Engelsinstituts in Berlin finden können und wundert sich, daß Sie sich um derartige Auskünfte nach Moskau wenden. (Sie selbst hat das Institut eingerichtet.) Sie sehen ja, wie zeitraubend und umständlich der Briefverkehr ist! Ich werde, so weit es geht, der Reihe nach Ihre Fragen beantworten. Ich fange mit dem Anfang an.
1. *Hermynia zur Mühlen* – Schriftstellerin, entstammte einer östreichischen Adelsfamilie, in der sie eine Art „enfant terrible" war, selbst in dem bis zu einem gewissen Grade zwanglosen östreichischen Milieu; heiratete einen kurländischen Baron, in dessen engherzig-reaktionären Kreisen hielt sie es nicht aus, entlief dem Familienzwang nach Frankfurt a/M, wo sie als Schriftstellerin in der linksgerich-

teten Jugendbewegung auftrat. 1919 übersetzte sie aus dem Französischen einige Hymnen Henri Guilbeaux' „Karl Liebknecht" und „An einen deutschen Freund", veröffentlicht in der Sammlung „Kameraden der Menschheit" Dichtungen zur Weltrevolution, herausgegeben von Ludwig Rubiner, 1919, Verlag Kiepenheuer. (Sehen Sie zu, sich dieses Buch zu verschaffen – es sind die jungen Dichter, die gegen den Krieg und die bürgerliche Ordnung protestieren, unter ihnen J. R. Becher, die sich um die „Aktion" – Zeitschrift Pfemferts – sammeln.) Hermynia zur Mühlen veröffentlichte 1920 im Malikverlag Berlin ein „Märchenbuch für Proletarierkinder" „Was Peterchens Freunde erzählen", illustriert von George Grosz. 1922 erschien im Neuen Deutschen Verlag ihr sensationeller antibürgerlich-satirischer Roman – Schauplatz USA – „Mess Mend". Später kleine antifaschistische Erzählungen – propagandistisch – wie „Schupomann Karl Müller", „Der Deutschvölkische" u. a. 1933 ein Roman „Reise durch ein Leben" (autobiographisch). H. z. M. gehörte zu den mutigen deutschen Schriftstellern, die sich nicht gleichschalten ließen und schrieb dem Verlag (Engelhorn) einen Protestbrief, worauf dieser ihr die Verträge kündigte. Sie schrieb – 1933/1934? – kleine Beiträge satirischen Charakters für die antifaschistische Zeitschrift „Neue deutsche Blätter" (Faustverlag Berlin – Graf, Herzfelde, Anna Seghers.)
2. *Henri Guilbeaux*, frz. Schriftsteller, Pazifist, sympathisierte anfangs mit den Kommunisten, endete aber bei den Trotzkisten.
3. *A. Baierle, W. Dieterle* – sympathisierende Schauspieler – Rezitatoren, die in unseren Veranstaltungen auftraten. Nicht von Bedeutung – ebenso 4. *Polewitzkaja*.
5. *Onag* – zweifellos Otto Nagel, der für die Partei – Agit-Propabteilung – und die I. A. H., für den „Neuen Deutschen Verlag" Plakate und Illustrationen zeichnete.
6. *K. A. Wittfogel*, kam aus der Jugendbewegung, nahm aktiven Anteil an der großen Tagung der Jugendbünde verschiedener Richtungen auf dem „Hohen Meissner" bei Kassel (1920), schloß sich der prolet. kommunistischen Jugend an. In führender Rolle als Redner – Propagandist trat er in allen größeren Orten Deutschlands auf. Schrieb mehrere kleine Theaterstücke, z. B. „Wer ist der Dümmste" – und

ein historisches Werk „Geschichte der bürgerlichen Gesellschaft" (Malikverlag). Interessierte sich für die Revolution in China, lernte Chinesisch und ging nach China, später unter Hitler nach Amerika.

7. *Rudolf Schoenlank* – sozialistischer Dichter, kam zu den Kommunisten, war erblindet, fand sich deshalb schwer in den politischen Streitfragen zurecht und verlor sich.

8. Über russische, besonders sowjetische schöne Literatur konnte damals noch wenig gesprochen werden, da es wenig Übersetzungen gab. In den Veranstaltungen wurde viel von Gorki vorgetragen – „Der Sturmvogel", „Das Lied vom Falken", aus den „Italienischen Erzählungen", aus der „Mutter". Piscator brachte Scenen aus dem „Nachtasyl" und aus „Die Feinde" zur Aufführung. Auch von Alexander Blok und Demjan Bedny wurde einiges vorgetragen. Eine große Dostojewski-Ausgabe erschien 1919 bei Kiepenheuer und wurde viel gelesen.

9. *Über die Redaktion der „R. F."*
Es gab russische Zeitungen – natürlich – die „Prawda", die „Iswestja" u. a. Karl Liebknecht und Rosa Luxemburg verstanden und sprachen russisch. Außerdem gab es ja russische und polnische Sozialisten, die lange in der Schweizer und Pariser Emigration gelebt hatten, nach der Aufhebung des Sozialistengesetzes nach Deutschland übersiedelten und in der Arbeiterbewegung arbeiteten. Sie kehrten 1917 nach Rußland zurück und viele von ihnen, die also deutsch gut sprachen, wurden 1919 zur Arbeit wieder nach Deutschland geschickt. Sie erzählten uns viel und schrieben auch vom alten und neuen Rußland. Namen sind da nicht zu nennen, da sie unter verschiedenen Namen auftraten.

10. *„Gesellschaft (nicht „Bund") der Freunde des Neuen Rußland".*
Ich wundere mich über Ihre Frage, ob schon vor der Gründung der „Gesellschaft der Freunde" (1922) Gesellschaften und Vereine dieser Art bestanden. Sollten Sie nichts von der „I A H" – der Internationalen Arbeiterhilfe gehört oder in der damaligen Presse (vielleicht nicht gerade in der R. F.) gefunden haben? Das war doch eine überparteiliche internationale proletarische Massenorganisation, die in aller Welt und auch in Deutschland allerorts ihre Komitees, Organisationen, Sektionen hatte. Das war doch eine große Sache und sollte nicht vergessen werden als Beispiel großarti-

ger Solidaritätskundgebung und Aktion – überparteiliche Aktion – des internationalen Proletariats. Die IAH wurde im August 1921 ins Leben gerufen, als eine große Hungerkatastrophe, wie sie infolge von Dürre im zaristischen Rußland fast aller 5–10 Jahre vorkamen, das Wolgagebiet heimsuchte. Ich erinnere mich noch, wie eines Tages in der Zentrale der K. P. ein Genosse erschien, der gerade aus Moskau zurückkam. (Solch eine Rückkehr war immer ein Ereignis.) Er rief alle Mitarbeiter zusammen und berichtete uns von dieser Hungerkatastrophe. Es war Willi Münzenberg, der einst, als junger Schuhmachergesell unter dem Sozialistengesetz in die Schweiz auswanderte und dort mit Lenin bekannt wurde. Er war Mitglied der Kommunistischen Reichsfraktion und als glänzender Redner und Agitator bekannt. Jetzt setzte er sich mit seinem ganzen Temperament, mit warmen, hinreißenden Worten, die tiefen Eindruck machten, für ein internationales Hilfswerk der Arbeiterklasse ein, das allerwärts zu organisieren sei und forderte alle Anwesenden auf, sofort ans Werk zu gehen. Es wurde sofort ein Zentralkomitee gewählt und dann in allen Stadtteilen Berlins und sonst überall im Lande Hilfskomitees eingerichtet, die Mitglieder warben und registrierten, in Mitgliedsbüchlein Beiträge – regelmäßige – mit Marken quittierten. Es gab Sammelstellen für Geldbeiträge, Lebensmittel – Mehl, Zucker, Viktualien aller Art – Kleider, Wäsche. Es wurden Nähstuben eingerichtet, wo proletarische Frauen schadhafte Sachen ausbesserten und Wäsche für die einzurichtenden Kinderheime nähten. Dabei wurde schöne Literatur revolutionären Charakters, Interessantes aus Zeitungen und Zeitschriften vorgelesen. Plakate erschienen, die zur Hilfe aufriefen, gezeichnet von sympathisierenden Künstlern, wie Käthe Kollwitz, Otto Nagel, Rudolf Schlichter, Heinrich Zille, George Grosz u. a. Es wurde zu überparteilichen Massenversammlungen aufgerufen, in denen Menschen aller politischen Richtungen, hauptsächlich Sozialdemokraten, aber auch zahlreiche Intellektuelle zusammenkamen, Mitglieder wurden und sich auf irgendeine Weise aktiv beteiligten – als Künstler, Schriftsteller, Dichter, Rezitatoren, Musiker usw. Es wurden Konzerte und Rezitationsabende mit Theater und Tanzvorführungen veranstaltet, auf denen Künstler aller Art, auch proletarische

WILLI MÜNZENBERG, M. d. R.
bei einer Ansprache am Solidaritätstag 1931

Sprechchöre auftraten – auch die amerikanische Tänzerin Isadora Duncan tanzte für uns in einer riesigen Versammlung im großen Schauspielhause. Besonders beliebt und erfolgreich war ein russischer Sänger – Sörmus – der russische Volkslieder zur Laute vortrug, verbunden mit kleinen

Ansprachen und Erzählungen vom Leben der russischen Bauern. Besonders ergreifend wirkte sein Lied der Wolgaschiffschlepper (Treidler). Das Ganze wurde zu einer großartigen Propagandaaktion für die Hungernden, die mit großer Schnelligkeit durchgeführt wurde. Es gingen bald ganze Bahnladungen ab mit Lebensmitteln, Sachen, Einrichtungen für Kinderheime und Speisestellen, begleitet von unseren aktiven Genossinnen, die die Sendungen überwachten und an Ort und Stelle die Einrichtungen besorgten und als Leiterinnen der Heime tätig waren. Daneben entfaltete sich eine ausgedehnte Organisations- und Verlagstätigkeit in internationalem Maßstabe – Komitees in Frankreich, Italien, England, Ungarn, Östreich. Der praktische Organisator und Durchführer – Münzenbergs rechte Hand war der jetzige Minister Paul Scholz, der große Verdienste in dieser Sache hatte, ein unermüdlich tätiger, der Sache ergebener Arbeiter.

Ein Verlag wurde gegründet – der „Neue Deutsche Verlag", in dem außer deutscher auch französische, englische, russische, amerikanische Literatur herauskam; die ersten russischen Erzählungen und Rußlandberichte wie „Taschkent die brotreiche Stadt", Arthur Holitscher „Abwärts die Hungerwolga"* u. a.; verschiedene Schriften von Henri Barbusse; deutsche proletarische Schriftsteller – Willi Bredel, Max Barthel (der, begabt, die ersten Rußlandgedichte in deutscher Sprache, auf einer Rußlandreise entstanden, schuf, aber dann in der Sozialdemokratie die fetteren Spesen vorzog und bald ganz verkam), Adam Scharrer – machten ihre ersten Versuche im N. D. V. Ebenso wurden Schriften von W. Münzenberg, Hermynia zur Mühlen, G. G. L. Alexander veröffentlicht. Wir schufen die erste große Illustrierte Arbeiterzeitung „Sichel und Hammer", die als erste Bildberichte aus der Sowjetunion brachte – vorher waren schon „Bilder aus dem Hungergebiet" gebracht worden. „Sichel und Hammer" wurde später erweitert und erschien als erste „Arbeiter Illustrierte Zeitung A I Z". Als Mitarbeiter fanden sich auch einige sympathisierende Intellektuelle, die nicht in die K. P. eintraten, wohl aber im Rah-

* Holitscher unternahm eine spezielle Reise ins Hungergebiet. (G. G. L.)

men der I A H sich betätigten. Die ersten Rußlandfilme wurden in einer speziellen Filmabteilung der IAH heraus- gebracht. Zuerst „Polikuschka" mit Katschalof in der Titel- rolle und das „Leninaufgebot", „Das Parteibillett". Sie hat- ten ungeheuren Erfolg. Im November 1921 fand ein internationaler Kongreß der IAH in Berlin statt.

Später, als der Hunger in Rußland überwunden war, ver- wandelte sich die IAH in eine internationale Hilfsorganisa- tion und Aktion für die kämpfenden, streikenden, ausge- sperrten, arbeitslosen Proletarier aller Länder. Die spezielle Zeitschrift „Not und Brot" wurde auf dieses Hilfswerk um- gestellt. Es wurden Kinderheime, Hilfsküchen organisiert – Kinderheime in Thüringen, in Schlesien, am Harz und in Worpswede, wo der Maler Vogeler seine Villa für ein Kin- derheim zur Verfügung stellte. Auch bei Natur- und Berg-

Bericht über die Deutschlandtour- nee sowjetischer Fußballer. Buchumschlag

222

werkskatastrophen wurde die IAH mobilisiert. Die IAH arbeitete vielfach mit der „Gesellschaft der Freunde des Neuen Rußland" zusammen. Die „Gesellschaft der Freunde" wurde auch 1921 gegründet – ihr Initiator war der bekannte Kunstforscher und Schriftsteller Eduard Fuchs, der einst als junger Schlosser auch nach Zürich ausgewandert, dort mit Lenin bekannt wurde und dessen besonderes Vertrauen genoß. Erich Baron, der bei der Vereinigung der Kommunistischen und Unabhängigen sozialdem. Partei zu uns kam, wurde Sekretär der „Gesellschaft der Freunde". Er wurde von den Faschisten auf unmenschlichste Weise zu Tode gefoltert.

Unter dem faschistischen Terror löste sich die IAH auf – während die „Gesellschaft der Freunde" weiterbestand, resp. aufging in die „Gesellschaft für Kulturbindungen", einzelnes weiß ich darüber nicht.

Die zweite große internationale proletarische Hilfsorganisation war die Internationale „Rote Hilfe" – „I. R. H.", die im September 1922 gegründet wurde auf Initiative der „Gesellschaft der Alten Bolschewiki" in Moskau, unterstützt vom IV. Kongreß der Komintern in Moskau – als Hilfe für die Opfer des weißen Terrors, des Kampfes gegen Faschismus und Reaktion, gegen nationale Unterdrückung. Aufklärende Arbeit über und gegen bürgerliche Klassenjustiz. Internationale Vereinigung zu Verteidigung und Schutz der Opfer des weißen Terrors. Für Ernst Thälmann und Rakoshi. Der Jahrestag der Pariser Kommune – 18. März – und ebenso der 12. Dez. – Jahrestag der Kantoner Kommune wurden zu Internationalen Tagen der R. H. Es wurde ein großes Hilfswerk für die Polit-Emigranten durchgeführt – für die Heime, Sanatorien, Kinderheime eingerichtet wurden. Die IRH – MOPR – war in der S. U. ungeheuer populär. Sie wurde ebenso wie die IAH durch Mitgliedsbeiträge finanziert – die Mitgliederzahl war ungeheuer groß. Nach dem Krieg wurde die R. H. mit dem „Roten Kreuz" vereinigt. Die Heime bestehen in der S. U. noch weiter.

Ihre Sektionen wurden gleichzeitig – 1922 – wie in Moskau so in Berlin, Paris, London u. a. gegründet und arbeiteten – wirkten – in der gleichen Weise.

So – das wäre wohl alles.

Was meinen Namen betrifft, so ist das sehr einfach – in so-

223

zialdem. Zeitschriften – „Neue Zeit" und „Gleichheit" u. a. arbeitete – schrieb – ich seit 1906 als G. G. – mein Mädchenname Gertrud Gaudin. Dazu kam nach meiner Verheiratung L – Ludwig – der Parteiname Alexanders. Also nichts Besonderes. G G L blieb ich auch im Spartakusbund und in der K. P. D.

Hoffentlich kommen meine Auskünfte nicht zu spät und sind Ihnen noch von Nutzen.

Mit besten Wünschen für den Erfolg Ihrer Arbeit

Gertrud Alexander-Gaudin
(G. G. L.)

Erste Russische Kunstausstellung

David Sterenberg:

Während der Blockade haben die russischen Künstler sich bemüht, durch Aufrufe, Manifeste usw. Verbindung mit ihren westlichen Kameraden zu suchen. Doch erst die gegenwärtige Ausstellung kann als der erste wirkliche Schritt zur Annäherung bezeichnet werden. Mit dieser Ausstellung verfolgen wir den Zweck, Westeuropa alles das zu zeigen, was geeignet ist, über die schöpferischen Errungenschaften der russischen Kunst in den Kriegs- und Revolutionsjahren Aufschluß zu geben. Die russische Kunst ist noch sehr jung. Die breiten Volksschichten hatten erst nach der Oktoberrevolution die Möglichkeit, ihr nahe zu treten und so die offizielle und tote Kunst, die in Rußland wie in den übrigen Ländern als „Grande Art" anerkannt war, mit neuem Leben zu durchdringen. Gleichzeitig hat die Revolution den schöpferischen Kräften Rußlands neue Perspektiven eröffnet, indem sie dem Künstler die Möglichkeit gab, seine Schöpfungen auf Plätze und Straßen hinauszutragen und ihn dadurch mit neuen Ideen bereicherte. Die Ausschmückung der Städte, deren Charakter durch die Revolution ein ganz anderer geworden war, die Forderungen der neuen Architektur machten selbstverständlich auch neue Konstruktionsformen notwendig und, was das Wichtigste dabei war, die Künstler arbeiteten nicht mehr jeder für sich,

224

versteckt in seinem Winkel, sondern traten in engste Berührung mit den breiten Volksschichten, die begierig das ihnen Gebotene aufnahmen, manchmal mit lebhafter Begeisterung, manchmal auch mit scharfer Kritik. Das war die Feuerprobe der russischen Kunst. Manche Künstler, die diese Probe nicht bestanden, gerieten sofort in Vergessenheit. Andere wieder gingen aus der Probe gestählt und gefestigt hervor. Sie wollten sich nicht mehr mit einem Stück Leinwand begnügen, verwarfen die steinernen Särge, die man Häuser nennt, und hätten in ihrem Kampfe, dessen Ziel die Gestaltung der Umgebung für den neuen Menschen war, zweifellos gesiegt: Die Blockade und der Krieg machten die Verwirklichung dieses Zieles unmöglich.

Der größte Teil der künstlerischen Arbeiten während der ersten Revolutionsjahre galt der Ausschmückung der öffentlichen Plätze. Es wäre unsinnig, diese Schöpfungen in einem Ausstellungsraum aufzustellen, daher fehlen sie hier. Es sind nur Arbeiten der verschiedenen Kunstrichtungen ausgestellt, die in der jüngsten Zeit in Rußland aktiv hervorgetreten sind. Die Arbeiten der linken Gruppe veranschaulichen jene Laboratoriumsarbeit, die dem Neubau der Kunst vorangegangen ist. Gleicherweise sind jene Richtungen vertreten, deren Ziel es ist, optische Eindrücke zu vermitteln. Es sind die Künstler folgender russischer Künstlerverbände vertreten: der „Verband russischer Künstler" (der die Künstler der älteren Schulen vereinigt), die „Welt der Kunst" (Mir Iskusstwa), der „Karobube" (Bubnowy Valet), die Impressionisten und ferner der Verband der linken Gruppen (Kubisten, Suprematisten und Konstruktivisten). Es sind außerdem solche Künstler vertreten, deren schöpferische Eigenart in den Rahmen keiner Schule hineinpaßt, die jedoch für die Entwicklung der russischen Kunst von außerordentlicher Bedeutung sind. Endlich liegen auch Plakate aus der Zeit der Bürgerkriege, Arbeiten aus der staatlichen Porzellanfabrik sowie Schülerarbeiten der Kunstschulen vor, in denen die Mehrzahl der Lernenden meist aus Arbeitern und Bauern besteht. Wir wünschen, daß dieser *erste* Versuch nicht der letzte bleiben wird, und hoffen, daß unsere westlichen Kameraden, die wir gern in Moskau und Petrograd sehen möchten, nicht lange auf sich warten lassen.

Moskau, Oktober 1922.

Edwin Redslob:

Der Ruf nach Europa, der seit einer Reihe von Jahren russische Künstler und Kunstfreunde nach enger Verbindung
mit ihren deutschen Kameraden verlangen läßt, verdient
größte Beachtung. In dem neuen Zusammenstreben der
Künstler ist nicht mehr das Bestreben zu verspüren, durch
Aufgeben der heimischen Eigenart ein blasses Europäer-
tum zu erlangen. Vielmehr wird jeder umso mehr ge-
schätzt, je mehr er in seinem Volkstum wurzelt. Der Russe
ist um so mehr willkommen, je mehr er Russe ist, und vom
Deutschen will man die Welt seines eigenen Volkstums.
Ein Volapük der Kunst wird nicht erstrebt. Wohl gibt es im
notwendigen Ausgleich dazu Künstler, die mehr Kind ihrer
Zeit als ihres Volkes sind. Aber auch ihre Arbeit – konsequent, wegbereitend, unerbittlich, wie sie sich meist gibt –
bedeutet kein Entgegenkommen auf einer platten Aller-
welts-Auffassung, sie steht vielmehr mit der ornamentalen
und koloristischen Eigenart der primitiven Kunst und damit auch der Volkskunst in einem geheimnisvollen, oft unbewußten Zusammenhang, so daß man sehr wohl in van der
Leeck das Holländische, in Klee und Belling das Musika-
lisch-Deutsche, in Picasso das Französische, in einer Reihe
von Künstlern, die auf der ersten russischen Kunstausstellung in Berlin vertreten sind, die seelische Weite des
Ostens zu verspüren vermag.
So sind Heimat und Gegenwart als zwei Pole zu erkennen,
die das heutige Kunstleben entscheidend bestimmen – darüber hinaus bestimmen sie die eigenartige Form eines europäischen Zusammenschlusses, der sich vorbereitet. Die alte
Sehnsucht Rußlands nach Europa, in der so viel Glaube,
Hingabe und – für uns andere Völker – auch Verpflichtung
liegt, ringt nach Erfüllung. Dostojewski's Mahnung an Rußland und an Europa wird lebendig – die neue Lehre aber
heißt: Je mehr Du Deiner Zeit lebst, um so mehr lebst Du
Deinem Volke. Und im Ausgleich dazu: Je mehr Volkstum
sich in Dir erfüllt, um so mehr gehört Dein Werk Europa
und damit der Welt. Daß wir aber an Europa bauen, dazu
gibt uns nicht zuletzt der Glaube Rußlands den Mut, von
dem wir auch in der stattlichen Reihe der nach Berlin ge-
sandten Kunstwerke etwas verspüren. Vor allem aber be-

wegt unser Herz die Mission dieser Ausstellung, die unter
größten Schwierigkeiten verwirklicht wurde. Und uns bewegt die Tatsache, daß nun auch Rußland Zeugnisse Deutscher Kunst verlangt. Denn Austausch, gegenseitiges Eindringen in die Eigenart und freudige Anerkennung des
Anderen: das sind die Grundlagen des Europas der Geister,
um das wir ringen.
Berlin, Oktober 1922.

Arthur Holitscher:

Die Auflösung einer Zeit, Heraufkommen und Werden ei-
ner neuen fühlen und verkünden die empfindlichen Ner-
ven der Künstler früher als die mit realen Dingen wirkende
Kraft der Politiker, Lenker und Erneuerer der Wirtschaft.
(Nicht so verhält es sich mit den großen Führern, Apostel-
Theoretikern der Revolution: sie sind in Wirklichkeit *Vates*,
Seher, mit vorfühlendem Prophetensinn begabt wie die
Künstler, die die Materie des Raumes beherrschen.)
Blickt man auf die Entwicklung der Kunst in dem letzten
halben Jahrhundert zurück, so überrascht die Fülle der mit
höchster Irritation aufeinanderfolgenden Richtungen, Schu-
len, die Vorahnung der großen Umwälzung, die nun über
die Welt hereingebrochen ist. Sturmvogelschwärme der Revolution.
Es wäre verkehrt, wollte man den Kampf dieser Richtungen
und Schulen als Atelierrevolutionen mit geringschätziger
Ironie abtun, nur darum, weil die wirklichen Initiatoren dieser Kunstbewegungen, die vom Geist getriebenen Führer,
ihre Anhänger durch Atelierrebellionen gewonnen haben.
Was an dem Neuen in der Kunst wahrhaft neu und geistige
Revolution bedeutet, empfinden außer den großen führenden Individuen in der Kunst vorerst nur ganz wenige,
künstlerisch feinnervig disponierte Kritikerenthusiasten.
Ihre Entdeckung teilt sich einem Kreis von Kennern,
Sammlern, Händlern, ehrgeizigen und neuerungsfrohen
Museumsdirektoren, sodann dem großen wirren Schwarm
der Snobs mit. So wird revolutionäre Kunst, in die Niede-
rung der bürgerlichen Gesellschaft gezogen, sofort Objekt
für die Zwecke des Kommerziellen, der Eitelkeit, Auffall-

227

sucht, der gesellschaftlichen Ambition – nur in seltensten Fällen des Genusses und der Befriedigung innerlicher Kennerschaft. Denn es ist ja erst die breite Masse, die urteilslose, nachäffende, spekulierende, die den Erfolg des Neuen in der Kunst besiegelt. Dieses Element des Erfolges, der trüben Spekulation ist es auch, was bewußt oder halbeingestanden den Trieb zum Neuen in der unberufenen Gefolgschaft jedes großen Revolutionärs der Kunst weckt, – das, vielleicht mit dem unterbewußten Verstehen, dem Wissen um die Theorie, mit der schicksalhaften Zeitgenössigkeit sonst langsame, aber anpassungslüsterne Temperamente in Schwingung versetzt.

Es ist also im Grunde doch Revolution, mit all ihren Licht- und Schattenseiten, was auf solche Weise aus dem Atelier in die Öffentlichkeit hinaus dringt, wenn es auch das Leben des *Volkes* keineswegs angeht, nicht einmal von weitem streift. Im allgemeinen horcht das Volk auf die Führer seiner politischen und wirtschaftlichen Interessen erwartungsvoller als auf Jene, die seine transzendentalen Dränge und Bedürfnisse meinen. In vereinzelten glorreichen Kunstperioden des Altertums, des Mittelalters, die aber soziale Perioden der Versklavung der Massen bedeuteten, hatte die Allgemeinheit stärkeren Anteil an dem schöpferischen Wirken einzelner erlauchter Volksgenossen – die neue Zeit kennt Wirkungen eines Praxiteles, der Domerbauer, eines Michelangelo und Dürer nicht mehr. In jenen fernen Epochen hat der große Künstler noch die Macht besessen, aus seiner Gläubigkeit, seinem Lebensdrang heraus die Zeit selbst zu formen, zu wandeln. Die Kunst besaß die Macht, die das politische, das wirtschaftliche Streben des Volkes lenkt.

Man müßte glauben, daß: wenn einmal die Gesellschaft in ihren Fundamenten erschüttert ist, die profundeste Umwälzung der Zeit sich vollzogen hat, – daß dann die revolutionären Künstler die Ersten sein müßten, die sich für das Neue, Unerhörte mit voller Begeisterung erheben, sich zu seinem Schutze scharen. Aug', Herz und Hand, den letzten Blutstropfen für sein Bestehen hergeben! Dies trifft nur bedingt zu. Im großen ganzen ist der revolutionäre Künstler, nicht anders als der breite Durchschnitt der indifferenten Menge von der einschneidenden Wirkung der Revolution

228

1. Russische Kunstausstellung 1922 in Berlin. V. l. n. r.: David Sterenberg, David Marjanow, Natan Altman, Naum Gabo und der Leiter der Galerie Dr. Ludwig Lütz

229

auf das private Leben des Individuums in der Gesellschaft bestürzt – mehr als bestürzt. Nur Wenige, Vereinzelte erkennen die Revolution, die sich vollzogen hat, als Erklärung, Ursache und Ziel ihres Hingerissenseins, ihres Dranges, dem ihr Leben ja schon lange unbewußt gehorcht hat. Diese Wenigen, Erlesenen, menschlich und als Künstler Begnadeten, treten in die aktive Politik ein, dienen aus innerstem Trieb den Geschicken der Masse, vergessen ihren Individualismus, der ja nur ein Resultat der tyrannischen Isolierung ist, in der die bürgerliche Gesellschaft ihren Hofnarren hält, sie streben zu Verbundenheit mit dem Volke, dem sie in Not und Begeisterung schon lange angehört haben. Die Atelierrebellen aber stehen abseits – oder heucheln – oder imitieren weiter – oder sabotieren. Jetzt, da das große Neue in die breite Freiluft der Straße, der Plätze, der Brükken, der hohen Barrikade gerückt ist, in die Atmosphäre des gewaltigen Lebens des Volkes selber, jetzt verkriechen sie sich, zu Tode erschrocken, im Öldunst ihrer Ateliers. Nicht mehr der seherische Glaube Einzelner reißt die Kunst mit sich fort – jetzt ist es der riesige Chor des triumphierenden Volkswillens, der aus Urgründen zum Licht emporgeschossene Naturtrieb der erlösten Gesamtheit. Die Theorie, im Atelier geboren und großgezogen, Theorie der Schulen, der Richtungen, die den Zug der Zeit undeutlich und nur Wenigen erkennbar angab, ist jetzt aufgelöst in der durchbrausten Atmosphäre der siegreichen Revolution.

Kunst, aus solcher Zeit geboren, ist der Betrachtung und des Studiums wohl wert. Ihre Ästhetik, die Analyse ihres Wesens, hat andere Voraussetzungen, als die Kritik von Werken aus revolutionären Epochen der Kunstbetätigung. Der Kritiker von Kunstwerken aus Zeiten der politischen Umwälzung, der Kritiker von Werken, die wahrhaftig aus der Revolution selbst geboren sind, ist dem Geschichtsschreiber verwandt, der eine Zeit aus Quellen der Politik, der Ökonomie zu ergründen hat. An das Problem der Kunst aus der Revolution sollten sich nur solche Geister heran wagen, die selber Revolution in sich tragen. Die Werke, die sie vor Augen haben, sind nicht an den Maßstäben zu messen, die der Rebellenkunst, der gegen Veraltetes aufgerichteten Neuerungskunst gerecht werden können. Die Kunst aus der Revolution *ist* Revolution. Sie pflanzt die Vibration der

230

großen, der *totalen* Revolution fort. Sie wird neue Gesetze der Wertung hervorrufen. Aus lauterer Quelle emporgedrungen, wird sie die Ästhetik lehren, dem ewigen Willen der Weltumwandlung, deren sichtbarstes Zeichen die soziale Revolution ist, sich unterzuordnen, einzufügen. Die Ästhetik der Kunst aus der Revolution wird Revolution selbst bedeuten, nicht ein Segment der Revolution allein. Das *Ganze* des schöpferischen Willens der Zeit – nicht eine vereinzelte ihrer vielgestaltigen Manifestationen.

Berlin, Oktober 1922.

LARISSA REISSNER

Briefe aus Berlin

Berlin /1923/
Liebste Hasen, natürlich bin ich gesund und munter, beiße mich hinein in dieses neue Land, das mir nur in den Augenblicken bekannt vorkommt, wenn eine Straße an Fosaneck erinnert oder die Leute aus dem anderen Volk die „Internationale" singen. Ich schreibe noch nicht, denn mein Chef empfahl mir, zehn Tage die Feder nicht anzurühren, und zwingt mich, Deutschland und alles, was da lebt und stirbt, zu studieren. Ich fühle mich – blendend. Seid ganz beruhigt.

Eure Lara

20. Oktober /1923/
Meine Lieben,
ich nutze die Gelegenheit, Euch mit meiner Hühnerklaue ein paar Worte zu kritzeln. Bin gesund, flicke meine Segel, pfeif mir eins wie ein alter Matrose, der über den uralten, jahrelang vergrabenen Karten seine Pfeife schmaucht. Der milde europäische Herbst erinnert an die Luft der warmen Städte am Meer. Ich denke an Euch – diese seltsame, unvergleichliche Familie, in der eine große Vergangenheit – „Vater, Mutter", die Familienkomplexe, die gewöhnlich jede Bewegung erschweren, jeden Sprung nach vorn – ein-

gezeichnet ist in das Wappen der tragischen, ungewissen, unerbittlichen Muse des Kampfes. Ich liebe Euch so sehr. Daß nur Mama nicht traurig ist. Daß Tag für Tag, überdröhnt von der Säge und dem „Auf, Dunja, auf" der Soldaten, die Maschine klappert und das Buch entsteht. Meins geht auch voran […]
Und jetzt wie im Zirkus, wie in unseren kühnen Theatern – wie auf allen großen und kleinen Wegen und Straßen der Revolution – Allons, camerado!

19. XI. /1923/
Meine Lieben, Lieben! Alles in Ordnung. Ich lerne, beobachte, höre, schreibe. Noch nie habe ich soviel gearbeitet. Mit dieser Post mein zweites Feuilleton und ein drittes, das beste, das man im Moment nicht drucken kann, – es kommt dann ins Buch. Ich fürchte hochtrabende Reden, aber nun ist mir ein Stein vom Herzen gefallen. Urteilt nicht nach den ersten Artikeln, es wird besser. Ich schreibe nicht, wie ich von der Front schrieb – denn es gibt noch keine Front. Wenn der Sturm losbricht, findet er mich aber wohlgerüstet, Deutschland kenne ich von oben bis unten.
Meine Einzigen, meine ganze Liebe, unendlich dankbar bin ich Euch, daß Ihr mir geholfen habt, dem Kompromiß zu entgehen, dem völligen intellektuellen Fiasko, das sehe ich jetzt erst richtig. Wie steht es mit meiner „Front"? Hier gibt es schon einen Verleger – jetzt muß das Buch kommen. Um Gottes willen, spornt „Now" an. Die Post kommt alle drei-vier Tage, schreibt öfter. Ihr habt es viel leichter als ich. Auf meinem Tisch liegen Kautsky, Mehring, das Beste, was es über Deutschland gibt. Ich bin gezwungen zu lesen und zu denken. Anfangs knirschte das eingerostete Hirn, nun geht es leichter. Plus die immense praktische Erfahrung. – Eine Nation bäumt sich. – Ich beobachte und sammle. Mama, erinnerst Du Dich an die Möwe vor dem Minenboot im Kampf – sie fliegt mit mir, überfliegt weiß die Abgründe. O Leben, gesegnet und groß, größer als alles, die schäumende Woge der Revolution wird aufrauschen über mir. Es gibt kein besseres Leben. Ich lieb Euch unendlich. Ich bitte Euch, lebt dort ohne Angst Euer schöpferisches Leben wie immer. Wenn ich doch wüßte, daß es so ist …

Deutschland /1923/

Liebste Mutter ... Zunächst muß ich Euch sehr detailliert von meinem Leben erzählen.

Erstens, warum ich mit dieser Post erst das vierte und nicht das zehnte Feuilleton abschicke. Weil es in Deutschland noch keine Revolution gibt, keine neunte Woge, unter deren Schäumen und Krachen ein Buch geschrieben wird, wie ich es aus Berlin mitbringen wollte.

Zweitens – diese Revolution, die nicht in einer Aufwallung gemacht werden darf (jede, jede Aufwallung verpufft, sinkt zusammen, wird verschluckt im warmen Müll der verdammten Spießigkeit), sondern in monatelanger Schwerstarbeit. Folglich fehlt mir das revolutionäre Miterleben. Und über dieses Deutschland des „Vorabends" nur aus dem Gefühl, von den optischen Eindrücken her zu schreiben, ist ausgeschlossen. Da brauchte es umfassendere Kenntnisse, die ich nicht habe ... Ich habe meine Arbeit genau damit, mit dem wichtigsten begonnen: der Pest des Spießertums, von dem das deutsche Proletariat stinkt und trieft. Deutschland hat schon ein Genie des Hasses, Grosz, dessen Erbitterung gegen das Spießertum einen fast um den Verstand bringt. Leider konnte ich aus taktischen Gründen nicht alles schreiben, was ich gesehen habe. Jetzt, da ich allein hier zurückbleibe und schon nicht mehr so unwissend, schon ziemlich vertraut mit der politischen Bouillon, weitet sich der Kreis meiner Beziehungen. Ich habe zwei Reisen vor, bekomme Empfehlungsbriefe an Sombart und Harden, an den Kreis der industriellen Großbourgeoisie, mit einem Wort – nicht an die Boheme, sondern die seriösen deutschen Intellektuellen. Doch über allem regiert das lange Verzeichnis gewichtiger Folianten. Und, Pa, meine Faulheit gibt Dir das Wort darauf, niemand wird es glauben – ich werde lernen, Prüfungen bestehen, hinüberwachsen zu dem großen fremden Volk und seiner Geschichte und schreiben – nicht unter dem Druck finanzieller Not, sondern auf strenges Geheiß meines literarischen Gewissens. Ich kann Euch nicht vormachen, daß alles schon gut wäre, daß ich schon etwas Großes vollbracht hätte – das wäre die Unwahrheit. Es wird sehr schwer sein, einsam und gefährlich. Aber ich lebe, ich will leben – der unselige Unglauben ist gewichen, und ich tue alles, um das grenzenlose Vertrauen, das man in mich setzt, zu rechtfertigen.

№ 147

7 января 1925 г.

Удостоверение.

Редакция „Известий Ц.И.К.
С.С.С.Р. и В.Ц.И.К." сим
удостоверяет, что пред'явитель
сего тов. Рейснер
Лариса Михайловна
состоит сотруд.
-фельетонистом „Известий"

Редактор *[подпись]*

Секретарь редакции *[подпись]*

Председатель Месткома *[подпись]*

№ 95

October 15 192 3 г.

Удостоверение.

Редакция „Известий Ц.И.К.
С.С.С.Р. и В.Ц.И.К." сим
удостоверяет, что пред'явитель
сего *Larissa Reussner*

состоит *spezielle
korrespondent der
„Jsvestia"*

Редактор *[подпись]*

Секретарь редакции

Председатель Месткома

Presseausweise
Larissa Reissners

234

/1923/
Meine Lieben, alte und junge!
Ich schreibe aus dem begeisternden Hamburg am Meer.
Zwei Wochen schon sammle ich in Berlin und hier Material
für eine große Skizze über den Hamburger Aufstand. In
Berlin fischte ich mir aus allen möglichen Spelunken
Flüchtlinge, notierte ihre persönlichen Eindrücke. Jetzt
sitze ich bei unserem *Consul** und fresse die Literatur über
die berühmte und freie Stadt *Ham[burg]*. Dann ziehe ich für
etwa zehn Tage in die Arbeiterbezirke, Nachrichten sammeln über die Kämpfe und wie da gestorben und getötet
wurde. Liebste Mama, nie seit dem Jahr 18 habe ich reiner
gelebt, nie so in dieser vollkommenen, stummen Einsamkeit gelesen und gedacht. Schnee fällt auf mein Herz, ich
bin wie ein Baum im Winter. Ohne Euch und ohne das geliebte Rußland langweile ich mich zu Tode. Mein Gott, was
für ein Glück, daß es die RSFSR gibt. Na, ich werde ja kommen (tak-tak-tak) und Euch von dem verdammten Europa
erzählen.

Die Eure

Wenn der Euch den Brief bringt, dem ich ihn gebe – emp-
fangt ihn wie einen ganz großen Freund.
Er ist der Held meiner Chronik, die ich nach den verstreu-
ten ausgeglühten Kohlenresten zusammentrage.
Noch einmal liebe ich Euch.

Deutschland /1923/
Meine Muschki** und Eltern! Erstens etwas zur Arbeit, das
ist das Wichtigste. Ich hab etwas geschrieben: *„Ullstein Verlag"* – das Agitprop der deutschen Banalität. Wird vielleicht
eine meiner besten Sachen. „Ruhr" begonnen. Ich bringe
eine volle Fuhre heim. Zweitens, meine Briefe kamen aus
einer Krisenperiode, die nun ein für allemal durchgestanden und überwunden ist. Ich will darüber nicht schreiben –
aber wie liebe ich Mama: niemand hat versucht, mich zu
brechen, und niemand hätte so etwas zugelassen. Wenn ich
heute etwas fürchte, dann nicht die kleinen Mißgeschicke,
sondern das große Licht der Sonne, die Last, an der die

---

* Kursiva dieses Textes im Original deutsch.
** (russ.): Deminutiv zu „muchi" – Fliegen.

Menschen vielleicht am schwersten tragen: die Last des wolkenlosen unbegrenzten Glücks.

Wir waren leicht und glücklich, mit dieser bösen Eichenkommode auf uns. Nun fragt sich, ob wir uns diese Klarheit und ewige Frische auch an freier Luft bewahren. Ich fürchte mich nicht und zweifle nicht. Wer in diesem großen Spiel gewinnt, hat recht und ist reich vor sich und dem „heiligen Geist"... Ich habe noch drei Wochen zu schreiben.

Einen bezaubernden Brief bekam ich von den neuen „Iswestija". Ich schreibe auch für sie. Aus Andeutungen ersehe ich, daß man erwägt, mich nach China zu schicken. Sieh mal an, dieser Skworzow. Ein Redakteur mit Fingerspitzengefühl, scheint es.

Ich bin noch weiter in die *große* deutsche *Presse* vorgedrungen. Gestern abend Essen bei Bernhard (*Tageblatt*), der sich, Papa, Deiner erinnert. – Auch gut, diese Abende im unfruchtbaren (eben elektrischen) Licht der intellektuellen Sonnen sind auch nicht vertan. Ganz gut, wenn man weiß, wie die Sandkörnchen im Gehirn von Leuten dieser feinen feindlichen Kultur wirbeln. Ich hasse sie und verstehe sie so gut. Ein sehr interessanter Kreis um den „Querschnitt" – sie zeigten mir Galerien, Bibliotheken, Gärten, Fassaden – das Beste, was von der alten preußischen Kultur geblieben ist – Mehring, Feuerbach, Thoma und Rohner. Aber genauer, wenn ich komme. Ich küsse Euch. Um mich braucht Ihr keine Angst zu haben. Nie, auch in den schlimmsten Tagen nicht, habe ich etwas bereut. „Das ist er, unser von Anbeginn bestimmter Weg nach Damaskus ..." Doch nach einer großen Liebe sind die Tränen groß und heiß. Muschki, das Wichtigste, die Arbeit – kein Grund zur Unzufriedenheit. Ich bin und werde sein.

Schließlich: in Deutschland habe ich einen großen Namen. Er klingt stolz und ich trage ihn in Ehren und nicht als Anhängsel von irgendwem, sondern ich bin selber wer; ich lebe, habe Freunde und Feinde. Bald sehen wir uns (in zwanzig Tagen).

KARL RADEK

Larissa Reissner in Deutschland

Den ganzen Sommer 1923 sah sich Larissa um, aufgewühlt,
unruhig. Im September kam sie zu mir mit der Bitte, ihr zu
einer Reise nach Deutschland zu verhelfen.
Es war nach dem Cuno-Streik, als auf einmal Hunderttausende Proletarier Deutschlands wieder an den Ketten zu
rütteln begannen. Poincaré stand an der Ruhr, die Mark
sauste in den Abgrund, und mit verhaltenem Atem erwartete das russische Proletariat die kommenden Dinge in

Karl Radek.
Karikatur der
Kukryniksy

237

Deutschland. Larissa wollte dorthin, um mitkämpfend in den Reihen der deutschen Proletarier diese Kämpfe den russischen Arbeitern näherzubringen. Ihr Vorschlag freute mich sehr. Denn wie die deutschen Proleten sich kein Bild von dem machen können, was in Rußland vorgeht, so haben die russischen Arbeiter nur ein oberflächliches Bild von den Kämpfen des deutschen Proletariats. Ich war überzeugt, daß niemand besser als Larissa imstande sei, die Verbindung zwischen den beiden Proletarier-Armeen herzustellen. Denn sie war nicht Künstler-Zuschauer, sondern Kämpfer und Künstler, der von innen den Kampf sah und seine Dynamik in menschlichen Schicksalen darstellen konnte. Aber ich fühlte gleichzeitig, daß für sie die Reise nach Deutschland eine Flucht vor ihren eigenen Zweifeln war.

Larissa kam nach Dresden am 21. Oktober 1923, als grade die Soldaten des Generals Müller die Hauptstadt des roten Sachsen besetzten. Selbst Soldat, verstand sie die Notwendigkeit des Rückzuges. Als aber ein paar Tage später die Nachrichten vom Hamburger Aufstand kamen, lebte sie auf. Sie wollte sofort nach Hamburg fahren und knurrte, als sie in Berlin bleiben mußte. Halbe Tage lungerte sie vor den Läden unter den Massen, die für Millionen ein Stückchen Brot zu kaufen suchten, unter Arbeitslosen, saß in Krankenhäusern bei den ausgemergelten Proletarierinnen, die sich dort mit ihrem Kummer stauten. Ich lebte damals konspirativ, nur auf den Verkehr mit führenden Genossen angewiesen, die selbst keine Möglichkeit hatten, eine direkte Fühlung mit den Volksmassen aufrechtzuerhalten. Larissa hatte die Fühlung. Ob sie im Tiergarten ein Gespräch mit einem Arbeitslosen anfing, ob sie am 9. November an einer sozialdemokratischen Totenfeier der deutschen Revolution teilnahm oder einer kommunistischen Silberhochzeitsfeier beiwohnte, sie wußte sich die Herzen der Menschen zu öffnen und brachte immer ein Stück Leben mit. Sie lebte auf in der Arbeitermasse Berlins, die ihr so vertraut wurde wie die Proletarier Petersburgs, die Matrosen der Wolgaschiffe. Sie kam stolz von der Demonstration im Lustgarten nach Hause, wo Berliner Proleten dem General Seeckt und seinen Panzerautos vordemonstrierten, daß die „verbotene" Kommunistische Partei lebt. Schließlich konnte

238

Brief Willi Bredels aus dem Gefängnis

sie nach Hamburg gehen, um die Kämpfe der Hamburger Proletarier für das deutsche und das internationale Proletariat zu beschreiben und zu besingen. „Nach allem Sumpfigen, mit Fettaugen Bedeckten stößt man hier auf etwas Hartes, Starkes und Lebendiges" – schrieb sie sofort nach der Ankunft in Hamburg. – „Es war anfangs schwer, ihr Mißtrauen, ihre Befremdung zu überwinden. Aber sobald sie einen gern haben, als Genossen ansehen, kann man an allem was sie haben teilnehmen – allen ihren einfachen, großen und tragischen Erlebnissen."

Sie lebte bei den verlassenen Frauen der Hamburger Kämpfer, suchte die Flüchtlinge in ihren Schlupfwinkeln auf, ging in die Gerichtssäle, in die sozialdemokratischen Versammlungen. Und in den Nächten las sie Laufenbergs Bücher über die Geschichte Hamburgs und der Hamburger Bewegung. Ganze Hefte von Material, das sie in diesen Wochen zusammengebracht hat, liegen vor mir. Sie zeigen, wie sie gearbeitet hat mit dem Gefühl der tiefsten Verantwortung eines Menschen, für den die kleinste Episode dieser Kämpfe ein hohes Lied auf die Menschheit war. Noch in Moskau verbrachte sie viele Stunden mit einem Genossen, der an den Kämpfen führend teilgenommen hatte, dann flüchten mußte. Sie überprüfte mit ihm das ganze Material, korrespondierte mit anderen Genossen, wenn Zweifel über Tatsachen entstanden. Nicht ein interessierter Künstler schrieb das kleine Büchlein: *„Hamburg auf den Barrikaden"*, ein Kämpfer schrieb es für Kämpfer. Hunderte von Schlachten, Kämpfen, Scharmützeln lieferte das deutsche Proletariat seinen Feinden. Nichts ist so liebevoll, so ehrfurchtsvoll den kommenden Geschlechtern überliefert wie diese Kämpfe der Hamburger Proleten. Larissa Reissner beschenkte reich, die sie liebte. Und das hohe Reichsgericht, das dieses schmale Büchlein verbrennen ließ, wußte wohl, was es tat.

Larissa Reissner kam aus Deutschland, nicht zerschlagen durch die Niederlage. Sie sah in Hamburg das Feuer unter der Asche, sie sah, wie die Niederlagen starke Menschen für die zukünftigen Kämpfe schaffen. Aber gleichzeitig erkannte sie, daß mit einem nahen Sieg in Europa nicht zu rechnen war. Sie mußte mit sich ins klare kommen in Sowjetrußland, sie mußte sich klar werden über das, was bei uns unten, in den Massen, vorgeht, die schließlich den Gang der Geschichte bestimmen.

WALTER BENJAMIN

Fjodor Gladkow: Zement

Gladkow hat in Rußland Epoche gemacht. Sein Hauptwerk „Zement" war der erste Roman aus der Periode des Wiederaufbaus. Alsbald wurde die Umwelt, die er darin aufstellt, Schauplatz; von der Prosa aus eroberte sie die Bühne, auf der „Zement" sich nun seit Monaten behauptet. Dramatische Versionen erfolgreicher Stoffe sind in Rußland nichts seltenes. Aber nie hat dergleichen nähergelegen als hier. Denn der Roman hat seine Höhepunkte im Dialog. Er brachte den Argot der Bolschewiken in die Literatur ein. Diese sprachliche Leistung ist es, die – noch bedeutungs-

Fjodor Gladkow 1930 bei Maxim Gorki in Sorrent

241

voller als die stoffliche – den informatorischen Wert des Buches ausmacht. Mit ihr erfährt der Leser in dem Medium einer seltenen vollendeten Übersetzung welche Umgangsformen und welche Sprache, welches Zeremoniell und welche Debattierkunst sich in der Praxis der Kongresse und der Kommissionen ausgebildet hat. Er lernt zu gleicher Zeit die Typen kennen, die der Befreiungskampf der Proletarier hat entstehen lassen. Weiß Gott nicht samt und sonders Führertypen; Menschen, die von der Macht, die ihnen zufiel, im Denken und im Sprechen wie durch einen Schlaganfall betroffen wurden; finstere Bürokraten, die verschlagen in ihrem Paragraphenbau wie Füchse hausen; Agitatoren, die an Ideenflucht leiden; Geheimagenten, deren Wirksamkeit auch ihnen selber Geheimnis bleibt – dazwischen aber junge Funktionäre, die jeden Augenblick bereit sind, nicht allein das Leben, sondern den Tag, die Stunde, die Minute restlos in das vollziehende Organ des höheren Willens, wo immer er sie ansetzt, zu verwandeln; Fanatiker, die nichts versprechen, nichts von sich verraten und schweigsam, unvermutet immer an der exponiertesten Frontstelle auftauchen; Erneuerer, die dem proletarischen Programm kraft ihres revolutionären Selbstgefühls auch gegen Komitees und Sowjets zum Siege verhelfen. Von solchem Schlage ist die Hauptperson: der Rotarmist, der in die Heimatstadt am Schwarzen Meer, nachdem er an der Front des Bürgerkriegs gefochten hat, zurückkehrt. Der wirtschaftliche Schlüssel dieser Stadt ist das große Zementwerk, das stilliegt, vermodert, die ganze Stadt in seinen Verfallsprozeß mithineinreißt. Es ist der eine Mann, der dieses Werk in Monaten eines erbitterten Ringens, das bald das Lager der Genossen in zwei Teile teilt, wieder in Gang setzt.

In der gleichen Zeit geht seine Frau ihm verloren. Niemand wüßte zu sagen, warum. Daß die Arbeit sie der Familie entfremdet – und sie ist eine unvergleichliche Arbeiterin – das wird zwar, und von ihr selber, erklärt. Daß aber diese Erklärung dem Leser nichts sagt, das dankt er einer Darstellung von dem Verhältnis dieser beiden Menschen, an deren unkonstruierbarer Wahrheit jegliche Ableitung zunichte wird. Hier hat eine große Erfahrung sich gültig gestaltet: nicht nur die Bindung, auch die Entfremdung der Gatten hat kanonische Formen, die mit den Zeitaltern sich verän-

242

Linolschnitte zu
Fjodor Gladkows
„Zement"
von Carl Meffert,
1927/28

243

244

dern und oft, so unaussprechlich wie die Liebesformen selber, die Züge dieses ihres Alters tragen. Allmählich prägt sich, anders als die aufgeklärten Philanthropen es erwartet haben (wie für Rußland, so auch für Europa), das wahre Antlitz einer Emanzipation der Frau. Wenn wirklich die Befehls- und Herrschgewalten weiblich werden, dann wandeln sich diese Gewalten, wandelt das Weltalter, wandelt das Weibliche selber sich. Wandelt sich nicht ins vage Menschliche, sondern es schickt sich an, ein neues, ein rätselhafteres Antlitz erstehen zu lassen; ein politisches Rätsel, wenn man so will, ein Sphinxgesicht, mit dem verglichen alle Boudoirmysterien verbrauchten Scherzfragen ähnlich sehen. Dieses Gesicht ragt in das Buch hinein.

Es wäre eine große Dichtung, wenn der Autor aus diesem Bild es hätte wachsen lassen. Aber einen epischen Brennpunkt besitzt es nicht. Der Kampf des Mannes um die Wiederherstellung des Zementwerks ist weniger das innere Gerüst des Vorgangs als Leitfaden durch eine bilderreiche Vielfalt der Ereignisse. Mit anderen Worten: Die Spannung dieses Kampfes bleibt äußerlich, sie wird nicht zum zentralen Kraftfeld des Geschehens. Um sie zu dem zu machen, hätte das alles eines weiteren Raumes, eines freieren Panoramas bedurft. Meeresprospekt und Berge schließen falsch und idyllisch den Horizont. Eine Zementfabrik kann episch nicht gegen einen landschaftlichen, nur gegen ihren wirtschaftlichen Hintergrund profiliert werden. Hier steht sie im Raum einer Miniatur. Diese Schwäche der Konstruktion setzt sich deutlich im Schluß durch. Der typische Effekt, die Apotheose, mit der so viele russische Romane die offizielle Geltung sich zu sichern suchen, entstellt ein Werk, in welchem der Primat des Politischen so energisch sich durchgesetzt hat, daß seine äußerliche Bekräftigung nachhinkt. Es könnte allerdings nur einer, der nichts von den Bedingungen russischen Schrifttums weiß, von solchen Unsicherheiten viel Aufhebens machen. Ehe hier neue Formen ihre neue Sicherheit bringen, sind noch viele Versuche fällig. Mit Boris Pilnjaks „Nacktem Jahr", Konstantin Fedins „Städten und Jahren" (die deutsche Ausgabe des letzteren wird vom Malik-Verlag vorbereitet) gehört Gladkows „Zement" zu den entscheidenden Werken der neuen russischen Dichtung. Für den, der sie verfolgt, ist – ganz besonders, wenn er nur das im Deutschen zu tun vermag – seine Kenntnis durch nichts zu ersetzen.

1927

OWADI SAWITSCH

Deutschland, von Russen gesehen

„In Deutschland gibt es nichts zu sehen. Deutschland muß man lesen, durchdenken, auf dem Klavier spielen – und in einem Tag von einem Ende bis zum andern durchreisen" (Herzen).

Jeder andere, nicht aber der Schriftsteller, kann es sich leisten, etwas zu durchdenken und vor allem zu beurteilen, ohne mit den Augen zu schauen. Zu sehen gab es aber nichts, wie Herzen apodiktisch erklärt, und darin war sich die überwiegende Mehrzahl der russischen Schriftsteller des 19. Jahrhunderts des Säkulums der Hochblüte der russischen Literatur, einig. Sie durchquerten Deutschland wie Reisende, die voller Sehnsucht ihre Krähwinkel verlassen hatten, um in die Hauptstadt zu eilen, und die die unterwegs passierten öden Provinzhaltestellen keines Blickes würdigen. Mag diese Provinz auch reicher und kultivierter als das heimatliche Nest sein – was ist daran gelegen, wenn die Hauptstadt winkt. Als „europäische Provinz" wurde Deutschland auch von jenen russischen Reisenden aufgefaßt, die hier vor Anker gingen, das heißt studienhalber blieben oder ihre körperlichen Gebrechen bzw. den traditionellen russischen Spleen kurierten. Während über Frankreich aus jedem Anlaß geschrieben wurde, sind in der russischen Literatur von den deutschen Schriftstellereindrücken nur vereinzelte Notizen geblieben.

Freilich konnte Deutschland nicht umgangen werden. Die Nachbarschaft verpflichtete, und auch die Schicksale der beiden Völker waren seit jeher im Knoten der Geschichte verflochten. Wenn nicht wir bei ihnen, so galten bereits die Deutschen bei uns nahezu als keine Gäste mehr. Aber der

246

russische Gedanke im 19. Jahrhundert ging sozusagen in seiner Außenpolitik stets von etwas Fremdem aus – das Sprungbrett war dabei Frankreich. Dort gab es alles: Revolutionen, Versuche einer demokratisch-republikanischen Regierung, üppige Entfaltung der sozialen Gegensätze und Ideen einerseits, und andererseits – eine in sich geschlossene Weltanschauung, eine zweifellose Hegemonie und ein überaus stabiles Dasein der Bourgeoisie. Es gab da vieles zum Anbeten, vieles zum Hassen. Deutschland jedoch kannte keine Demokratie, seine Revolutionen waren Spielzeug, die Bourgeoisie war nicht zu Ende geformt, die Klassenstruktur unklar. Die Literatur braucht abgerundete Formen, sie fand sie in Frankreich.

Nichtsdestoweniger sind die Notizen über Deutschland bei all ihrer Armut bunter als die langen Beschreibungen und Beurteilungen Frankreichs. Im Verhältnis zu Frankreich war Klarheit und Geradlinigkeit: Vive le peuple à bas le bourgeois*! Der russische Liberalismus, fortschrittlich genug, um die Rolle des Proletariats zu würdigen, jedoch allzu feudal-bürgerlich in seinen Wurzeln, um die inter- und übernationale Bedeutung dieser Rolle anzuerkennen, trug schließlich eine Idee davon, an der sich beide Flügel der russischen Intelligenz, der rechte und der linke, die Slawophilen und die Westler, einigten: die Idee von der Fremdheit der westlichen Kultur für Rußland und vom besonderen historischen Weg des letzteren. Der Streit drehte sich nur um den Grad der Fremdheit und um die Richtung des Weges. Vom französischen Sprungbrett aus wurde das ganze übrige Europa übersprungen. Indessen war das Verhältnis zu Deutschland, bei aller Geringschätzigkeit mitunter, ein wesentlich anderes. Das russische Sprichwort: Was dem Russen frommt, ist des Deutschen Tod (das freilich auch zu dem umgekehrten Schluß berechtigt), bezog sich gerade auf den Deutschen am wenigsten. Als dieses Sprichwort geschaffen wurde, hieß ja jeder Ausländer ein Deutscher. Mit Ausnahme der Hurrapatrioten (öfters von deutscher Abstammung) waren alle gezwungen, eine gewisse Verwandtschaft anzuerkennen und festzustellen.

Es gab eine gewisse Schicksalsgemeinschaft. „Man brachte

* (franz.) Es lebe das Volk, nieder mit dem Bourgeois!

DAS NEUE RUSSLAND

Lunatscharski an „Das Neue Rußland"

Der „Gesellschaft der Freunde des Neuen Rußland in Deutschland" meinen Gruß!

Es ist mir ein Herzensbedürfnis, während meines Berliner Aufenthaltes in Dankbarkeit und Anerkennung der Gesellschaft der Freunde des neuen Rußland zu gedenken. Das Werk der Annäherung der beiden großen und mächtigen Nationen und Völker, dem meine ganze Tätigkeit und auch mein jetziger Aufenthalt dient, wird schon seit Jahren auf das entschiedenste und klarste von Ihrer Gesellschaft gefördert und unterstützt. Und diese schwere und opfervolle Arbeit trägt bereits die besten Früchte. Überall höre und sehe ich, daß der Wall von Lüge und Verleumdung, den die alte Welt um Sowjetrußland seit Jahren errichtet hat, daß dieser Wall bereits erschüttert und durchbrochen ist, und daß das Licht der Wahrheit ungehindert über die Grenzen fluten kann. Und hier haben Sie in vorderster Reihe mitgeholfen. Die vielen Besuche deutscher Wissenschaftler und Künstler, die Intellektuellendelegationen, denen Sie mit Rat und Tat beigestanden haben, zeugen von Ihrer erfolgreichen Arbeit.

In diesem Sinne grüsse ich Ihr schönes Werk und Ihre kulturell so bedeutsame Zeitschrift „Das Neue Rußland", zu deren Mitarbeitern ich mich gerne zähle. Ich rufe Ihnen auch für die Zukunft ein aufrichtiges „Glück auf!" zu.

1. Dezember 1925.   *An. Lunatscharsky*

mir das Frühstück und eine Affiche mit einer Aufschrift in großen Lettern: Sonntag, den 19. July, kein Schauspiel. Was soll das? fragte ich den Diener. Er antwortete mir mit leiser, trauriger Stimme: Vor 25 Jahren, am 19. Juli, starb die Königin ... An diesem Tage versöhnte ich mich mit den Berlinern." Dieser salbungsvolle Monarchismus war auch Rußland nicht ganz fremd. Eben die Deutschen verpflanzten ihn zu uns. Die deutschen Kaiser, die deutschen Gendarmen. Und so versöhnt sich Gretsch mit den Deutschen. Eine Schicksalsgemeinschaft, wenn auch nur eine polizeiliche.

Auf der anderen Seite wäre es selbst dem ausgeprägtesten Franzosenfreunde nicht in den Sinn gekommen, sich als Bankbeamter etwa beim Crédit Lyonnais anstellen zu lassen. Blok aber, der Revolutionsdichter, Symbolist und Mystiker, erklärt: „Hier würde ich mich weder schämen noch Bedenken haben, einen Verdienst zu finden und in einem beliebigen Büro angestellt zu sein. In Deutschland angestellt zu sein heißt auf dem Posten stehen."
Ist denn wirklich die feudal-polizeiliche Disziplin eine objektiv bessere gewesen als die bürgerliche? Sicher nicht. Sie war einfach eine verwandtere und im Vergleich mit der Heimat eine besser organisierte. Durch Philosophie, Mystik und Romantik war Blok fest an Deutschland gebunden. Über Rußland sah er „Amerikas neuen Stern". Die Sehnsucht nach Organisation, die bereits in der alten Chronik ihren Ausdruck in den Worten fand: Unser Land ist groß und üppig, nur ist keine Ordnung darin – diese Sehnsucht fand lediglich in Deutschland eine Befriedigung. Die Slawen hatten die Waräger berufen, die Russen träumten heimlich und offenkundig: Mögen doch die Deutschen kommen und Ordnung schaffen. Die preußische Kaserne wurde verachtet und gehaßt, aber selbst sie war anheimelnd und der Inbegriff von Organisation.
Der Wert der Disziplin in Verbindung mit buchmäßiger Freiheitsliebe kannte man übrigens gut. „Mich führte durch das Gebäude (den Reichstag) ein angesehener Sozialdemokrat, und es war zu erkennen, daß, wiewohl sie Sozialdemokraten sind und sich in dieser Würde überaus achten, so achten sie doch nicht weniger auch den Schutzmann, der es ihnen erlaubt, Sozialdemokraten zu sein, und diese ganze Machination überall, bei der alles in solcher Ordnung geht: links Sozialdemokraten, rechts Konservative. Versuche es aber, ihn rechts hinzusetzen, so würde er gleich den Kopf verlieren und vergessen, was er eigentlich will. Und gib ihm Freiheit nicht für 10 Pfennige, sondern für eine Mark, so wird er im ersten Augenblick ratlos sein, dann wird er sich abzählen, soviel er braucht, und den Rest dem Schutzmann geben" (L. Andrejew).

Ein Mystiker, erzogen an der deutschen „welthistorischen Abstraktion" (Aksakow), an der „nebelhaften und düsteren Weisheit" (Jasykow), war von der Ordnung entzückt. Was soll man denn vom notorischen Konservativen Rosanow sagen? Er war einfach gerührt, er forderte, man möge dem Schulmeister wegen seiner Liebe für Organisation, für Disziplin die Hegemonie geben. Er versicherte, die Deutschen würden selber auf die Hegemonie verzichten, sobald sich Würdigere finden. Freilich mochte er selber keine Deutsche heiraten, um nicht vor Langeweile zu sterben. Seinen Sohn aber hätte er mit Vergnügen gerade mit einer Deutschen verheiratet: „Gewiß, eine elterliche Sicherstellung."

Gleich und gleich gesellt sich gern. Der liberale Bürger fühlte sich vom Reiche der Bourgeoisie angezogen. Der Monarchist – von der Monarchie. Aber die einen und die andren witterten Verwandtes. Die einen liebten, die anderen haßten. Die einen und die anderen waren befangen. Um ein Wort Herzens zu paraphrasieren, könnte man sagen, nicht nur der Russe sei schlecht gewesen, der nicht in der Jugend für Schiller schwärmte, sondern auch der, der im entsprechenden Alter nicht für Hegel, Nietzsche und schließlich für Marx schwärmte. Hatte die Politik – von Friedrich dem Großen bis Bismarck – eine ununterbrochene preußische Schule durchgemacht, so führte für die radikale Jugend dieser Weg von Karl Sand zu Rosa Luxemburg. „Hier fühlen sich die Russen noch mehr zu Hause als in der Heimat" (Andrej Bely).

Die Herabsetzung Berlins macht allen Spaß, doch sieht es sehr nach einem Wettlauf von Provinzlern aus. „Berlin ist immer noch keine Hauptstadt", (Turgenew). Das gilt bis zum heutigen Tage. „Berlin wollte immer eine fashionable europäische Metropole vortäuschen" (Nikitin). „Berlin erschien mir wie eine Stadt von Halbwüchsigen, die tags zuvor Stutzsäbel und Helme, Rohrstöcke und Tabakspfeifen, richtige Fahrräder und Gehröcke zum Geschenk erhalten hatten, wie bei den Erwachsenen. Ich traf sie bei ihrem ersten Ausgang an, sie waren noch nicht an den Wechsel gewöhnt und jeder tat sich wichtig mit dem, was ihm gestern zuteil geworden war" (Pasternak). „Berlins öliger Glanz ist nur dem Schweiße ähnlich" (Assejew). Dennoch fügt Turgenew hinzu: „Immerhin fühlen Sie, daß Sie sich in einem

250

der Mittelpunkte oder der Brennpunkte der europäischen
Bewegung befinden." Und Trozki, der die Bedeutung einer
Stadt nicht nach Zerstreuungen, wenn auch hoch geistigen,
bemißt, stellt fest: „Man kann Berlin gern haben oder nicht,
man muß aber blind sein, um nicht zu sehen, daß eben hier
die Geschichte ihren Gordiasknoten geschlungen hat."
Nicht umsonst aber hatten „das Vorzimmer und die Regierung in Rußland stets den Deutschen gehört", und vielfach
war ihnen auch die Erziehung überantwortet. Nicht umsonst wurden „alle bedeutungslosesten Broschüren, die in
Berlin und anderen Gubernial- und Kreisstädten der deutschen Philosophie erschienen, zu Fetzen zerlesen", während „die Kenntnis Goethes ... ebenso obligatorisch war,
wie der Besitz von Kleidung" (Herzen), nicht umsonst „war
für uns Russen die deutsche Sozialdemokratie eine Mutter
gewesen" (Trozki). Rief doch Belinski, der jenen deutschen
Charakter haßte, den er in seiner Vorstellung geschaffen
hatte: „Deutschland – das ist das Jerusalem der neuesten

Wladimir Lidin
auf Reisen.
Karikatur von
Nikolai Gatilow

Menschheit." Mußte doch auch Turgenew eingestehen: „Vor unseren Augen geht die führende Rolle in der Geschichte von einem Volk, dem lateinischen, zum anderen, dem germanischen, über." Nannte er doch Deutschland „mein zweites Vaterland". Die Krone der Anerkennung, der Höhepunkt der Liebe dürften die Verse von Zwetajewa sein, die 1915, mitten im Kriege, geschrieben wurden:

> Du bist der Hetzjagd aller Welt geliefert,
> Und unbegrenzt ist deiner Feinde Zahl.
> Wie könnte ich dich denn verlassen,
> Wie könnte ich dich denn verraten?

Freilich legte die Dichterin ihr Lieblingsgeständnis nicht vor Wilhelm ab, sondern vor Kant, Goethe und der Lorelei. Aber 1915 gehörte auch dazu ein gewisser Mut. Selbstverständlich war das kein Defätismus gewesen. Am richtigsten würde man diese Herausforderung als Dekadenz bezeichnen. Und dennoch muß man wirklich geliebt haben, um sich selbst zu dieser Herausforderung zu entschließen. Und die Zwetajewa stand nicht ohne Gesinnungsgenossen da. 1916 schrieb Majakowski vom „durch Jahrhunderte geschliffenen Gedanken, den Deutschland der Menschheit brachte". Gleichzeitig argumentierte Stepun: „Unter allen Völkern Europas stehen sich Rußland und Deutschland am nächsten ... Deutschlands Rettung ist in Rußland. Rußlands Rettung ist in Deutschland."

Ein Sowjetschriftsteller, der in Deutschland zur Zeit der tollsten Inflation lebte, äußert schon sein Verhältnis zu Deutschland auf eine andere Weise: „Deutsche, ich schäme mich, daß ich euch nicht helfen kann" (Schklowski). Und Majakowski erklärte zur gleichen Zeit: „Meine Liebe zu dir blüht immer romanhafter und romanhafter auf", er schenkte Deutschland ein Lied und fügte hinzu: „Wir beide sind bettelarm – bei mir ist es das beste von allem, was ich habe." Zu ihm gesellt sich Pasternak: „Und es war mir schwer zumute. Ich sah Deutschland vor dem Kriege, und nun erblickte ich es hernach. Das war die Periode der Ruhrbesetzung. Deutschland hungerte und fror, ohne sich zu täuschen, ohne jemand zu täuschen, mit gleichsam nach einem Almosen ausgestreckter Hand (eine ihm fremde Geste) und Mann für Mann auf Krücken." Das ist nicht nur

Vera Inber

das bekannte russische Mitgefühl für jegliches Unglück. So
haben sich, wie wir später sehen werden, auch die sozialen
Umschichtungen in den menschlichen Gefühlen widerge-
spiegelt.

Die Frage des politischen Bündnisses, die vom nebelhaften
Begriff der Liebe in den Beziehungen zweier Völker un-
trennbar ist, wurde freilich auch vordem gestellt. Bezeich-
nenderweise setzen die Antworten zeitgenössischer Autoren gerade in dieser Hinsicht die alte Tradition fort, nur
vertiefen sie sie und stellen sie auf eine soziale Basis. Weder die französisch-russische Allianz, noch der preußische

Absolutismus vermochten die Auffassung zu erschüttern, daß Deutschland ein natürlicher Verbündeter sei. „Deutschland braucht uns sogar mehr als wir denken. Und es braucht uns nicht für ein minutenlanges politisches Bündnis, sondern für ewig" (Dostojewski). Nun heißt es bei einem heutigen Schriftsteller: „Deutschland hat nur einen Verbündeten – Rußland, aber dieses Deutschland ist noch nicht da. Weil unser Bündnis weder dem Kabinett Stresemanns noch der mit bayrischen Maschinengewehren bewaffneten Partei des Fritz gilt. Rußlands Bündnis gilt den Matrosen, die von Kapp in Kiel gewürdigt wurden, den Fuhrleuten, die von den Franzosen im Ruhrgebiet erschossen werden, den Arbeitern, deren Schreie man mit dem Getrommel der Kapitulation ersticken möchte" (Nikitin).

Wenden wir uns nun zur Betrachtung dessen, was der Liberalismus als Nationalcharakter bezeichnete, so müssen wir zunächst feststellen, daß in der russischen schönen Literatur der Ausländer überhaupt ein recht seltener Gast, eine episodische Figur war. Die wichtigste Abart eines derartigen Ausländers war entweder ein russifizierter Ausländer, jedenfalls einer, der in Rußland lebte und wirkte, oder ein Durchreisender. Werke, die vollständig auf Auslandsmaterial aufgebaut wären, kennt die russische Literatur fast nicht. Sie sind erst in der allerletzten Zeit erschienen. Im 19. Jahrhundert wiederholten sich drei deutsche Typen: ein alter Sonderling, Enthusiast und in der Luft schwebender Phantast, ein Überbleibsel der romantischen Epoche (Lemm bei Turgenew), ein mehr oder weniger sympathischer Geschäftsmann, energisch, in seiner Art ehrlich, arbeitsam und konstruktiv, zugleich aber auch ein ziemlich unverhüllter Geldmacher (Stolz bei Gontscharow), oder ein stumpfsinniger aber ehrlicher Handwerker, ein typischer Kleinbürger (Schiller und Hoffmann bei Gogol, sowie eine beliebte Figur in alten Possen). Reiseskizzen umfassen das Thema des Nationalcharakters breiter, aber ebenfalls ziemlich schematisch. Und wiederum haben die Sowjetschriftsteller viele echt menschliche, sozusagen seelische Züge erblickt, während das 19. Jahrhundert sich auf die Erkennung der Verstandesart und der Gewohnheiten beschränkte.

Die Russen, die in der Entwicklung der heimatlichen Kultur fast keine Kontinuität kannten, waren stets von diesem

254

Zuge in Deutschland überrascht. „Wohl und warm fühlt man sich unter diesen Erinnerungen in Nürnberg" (Aksakow). „Weimar ist mir nicht durch seine Altertümlichkeit lieb ..., sondern durch die eigenartige Verschmelzung des Gestrigen und Heutigen" (Schaginjan). Der „Mechanismus des Buchhandels", von dem noch Gretsch sprach, die Achtung vor dem Buche entlockte Ehrenburg den Ausdruck: „Deutschland ist das Land des Buches wie Frankreich das Land der Malerei ist." Von der Macht, der Tradition wurde Bely in München, Pasternak in Marburg erschüttert.

Noch in größeres Staunen versetzte die Russen das Pathos der deutschen Arbeit. „Hier kennt jeder seine Arbeit, obwohl jeder übrigens nur seine Arbeit kennt" (Dostojewski). „Der Deutsche lebt in der Arbeit, wie der Gaul im Geschirr" (Nikitin). „Nur in Deutschland kann man lernen, was Arbeit und Mut heißt" (Alexej Tolstoi). „Wie fleißig mußten die deutschen Arbeiter sein, wie produktiv ihre Arbeit, um für ihre Bourgeoisie eine derart wunderbare Stadt wie Berlin schaffen zu können" (B. Kuschner).

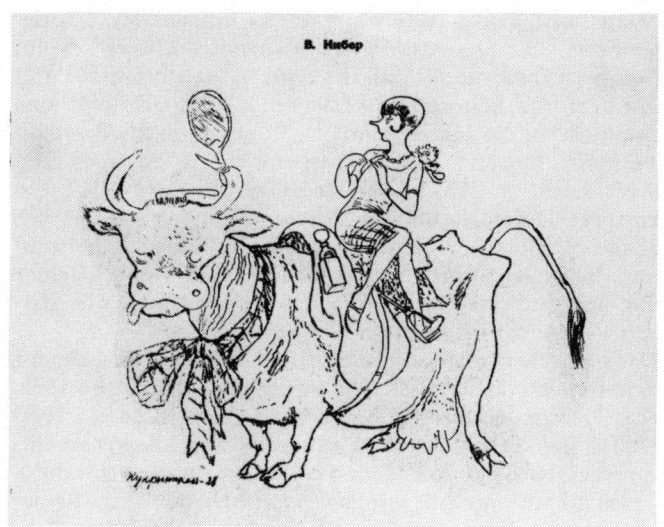

Vera Inber. Karikatur der Kukryniksy

Die deutsche Disziplin aber, „die auf sich selber gerichtet ist, ist für mich eine beneidenswerte und unbegreifliche Sache" (Aksakow). Dort jedoch, wo Disziplin an Borniertheit streift und der Gedanke zu keiner Tat führt, hört die Bewunderung auf, die Verständnislosigkeit artet schon in Hohn und Empörung aus. „In ihren Adern fließt kein Blut, sondern der dicke Bodensatz eines abscheulichen Getränks, das unter dem Namen Bier bekannt ist" (Belinski). „Die radikalsten Leute unter den Deutschen bleiben im Privatleben Philister" (Herzen). „Die Ausschweifung des Gedankens geht in Deutschland bis zur letzten Grenze" (Tschaadajew). „Der verschwommene Dualismus der Deutschen, die da wissen, daß das Leben in der Theorie mit den praktischen Sphären nicht übereinstimmt und sich damit zufriedengeben, ist dem russischen Geiste vollkommen antipathisch" (Herzen). „Der Deutsche ist von Grund auf durch seine Ordnung verdorben", ruft schließlich Andrejew aus.

Selbstredend wurden alle bürgerlichen und namentlich kleinbürgerlichen Tugenden schonungslos ausgelacht. Kleinliche Umsicht, Spießbürgermoral, „diszipliniert-hysterische Lustigkeit" (Assejew), Prahlerei, eingebildete Überlegenheit, Anbetung des Militärs, Mangel an echtem Revolutionsgeist, Pedanterie – all das wird boshaft belauscht und mit dem üblichen Refrain versehen: wenigstens haftet uns das nicht an. So erklärt plötzlich Rosanow nach all seinen Verhimmelungen: „Jeder russische Schuster und jede Schneiderin ist gehaltvoller, begabter, geistiger … als die entsprechenden Deutschen". Das ist eine Variation der noch von Dostojewski aufgestellten These, der da behauptete, in Deutschland sei „das niedere Volk viel schlechter und unehrlicher als das unsere, daß es aber dümmer ist, daran ist gar nicht zu zweifeln".

Das deutsche Proletariat (ein Milieu, das in allen Ländern dem fremden Schriftsteller am wenigsten zugänglich ist) als Klasse, als menschlicher Typus hat in der russischen Literatur fast gar keinen Ausdruck gefunden. Der Mangel an entsprechender Tradition sowie übrigens auch die veränderte Thematik unserer Zeit bringen es mit sich, daß auch die Sowjetschriftsteller keinen psychologischen oder milieuzeichnenden Abriß des deutschen Proletariers gegeben haben, vielmehr operieren sie vorwiegend mit den Massen und deren Revolutionsstimmungen. Für die Massen schreibt Majakowski das „Arbeiterlied" – „Wie werden die Berliner Straßen noch erfreuen". Von den Massen in Gestalt roter Demonstranten schreibt ebenfalls A. Bely, der in ihnen das „andere Deutschland" erblickte. Auch Kirsanow erzählt in Versen, wie „Unter den Linden federnden Schrittes rote Hundertschaften marschieren".

Sind in den Urteilen russischer Schriftsteller über Frankreich die Grundmotive überaus stabil und unverändert, so sind im Gegenteil die Urteile über die Deutschen in einer nahezu folgerichtigen Weise voller Widersprüche. Dieses Durcheinander der Eindrücke wollte man auf die Antinomien der deutschen Psychik zurückführen, auf die organische Verschmelzung von Widersprüchen in der deutschen Kultur. Banalität und Genialität, stumpfsinnige Methodik und Weisheit, Mißgestaltetes und Künstlerisches, Stumpfsinn und Tiefsinnigkeit, Verwandtschaft mit Rußland und Entfremdung von ihm – all das ist in der deutschen Geisteswelt eng voneinander bedingt. „Ich bin überzeugt, daß jeder Deutsche etwas vom Genie hat, wenn er Bier trinkt und Pfeife raucht: ihm mangeln nur Worte, um von seiner Seele zu erzählen. Vielleicht berauscht er sich so offenkundig an der Banalität eben deshalb, weil er keine Angst hat das zu verlieren, wovon er bei seinem Glas Bier träumt?" (A. Bely).

„Die deutsche Pedanterie, Akkuratesse, berufliche Borniertheit und stumpfsinnige Methodik – ist das denn nicht mit Goethes Weisheit verbunden: „In der Begrenzung liegt der Meister", oder „Wenn ihr Bäume pflanzt, so tut's in Reihen, denn sie läßt Geordnetes gedeihen"? „Und läßt sich denn die unendlich große Bedeutung der kleinen Züge des Goethe-Volkes nicht durch das Geheimnis seiner Persönlichkeit erklären?" (Stepun).

Krieg und Inflation haben den „deutschen Charakter" geändert. Unglück und Ungewißheit, reales Leiden und reale Schwermut sind in das deutsche Leben eingezogen. „Unter den Einbänden – menschliches Chaos, dort sind Flüche und Kinderklagen, dort ist echtes Herzensleid" (Ehrenburg). Der zeitgenössische Schriftsteller ist nicht mehr der Meinung, daß „Deutschland ein flügelloser Engel" sei (Rosanow). Der zeitgenössische Schriftsteller hat bemerkt, daß hinter dem gesunden, kleinbürgerlichen Äußern des Deutschen öfter ein Neurastheniker steckt, der voller „Lebensangst" ist (Schaginjan). „Der Durchschnittsdeutsche ist neurasthenischer als der Durchschnittsrusse".

Im gewissen Sinne haben sich die Rollen vertauscht. Einst konnten wir nichts lehren, der Beigeschmack des uns beigebrachten Wissens machte uns aber in unangenehmer Weise die Zähne stumpf. Wir hüllten uns in Stolz ob der Menschlichkeit, die wir bloß als geistigen, nicht aber als praktischen Wert zu behaupten vermochten. Nunmehr machen wir uns nichts aus dem Beigeschmack, zu Hause spüren wir nichts davon. Hingegen können wir jetzt den anderen auch außer der „Seele" etwas bieten. Hinsichtlich Deutschlands dürfte dieser Austausch nicht weniger nützlich sein als der Warenaustausch. Die unverbrieften Meistbegünstigungsrechte werden an Fragen des Mitgefühls und des Kampfes befestigt. Die junge Sowjetliteratur legt nach Maßgabe ihrer Kräfte Zeugnis davon ab, daß sie mit dem deutschen Proletariat ein und denselben Feind hat.

1932

„ZOO"

Stadt der Begegnung, Stadt der Missionen – Berlin war für einen
Augenblick Rußlands Dolmetscher in Westeuropa. Erster Zufluchts-
ort der russischen Emigration und erster Ort der Zusammenarbeit mit
der russischen Sowjetregierung, erster Ort auch für einen probeweisen
Aufenthalt im Westen, ermöglichte Berlin eine sonst unvorstellbare
Konfrontation mit den jüngst in Rußland kämpfenden Kräften.
Am sichtbarsten zunächst die Emigration. Von den zweieinhalb Mil-
lionen emigrierter Russen werden 1920 560000, nach anderen Quel-
len 700000 für Deutschland angenommen. In Berlin zählt man
1919 schon 70000 bei 3,8 Millionen Einwohnern, Monat für Monat
kommen etwa 1000 dazu. 1923 sind wohl 300000 in Berlin gewe-
sen. Da waren es vielleicht nicht gerade Onegins und Karamasows
und tiefe Tschechow-Naturen, die in „Charlottengrad" wohnten oder
mit der „Russenschaukel" fuhren – dem Kurfürstendammbus Rich-
tung Halensee. Vielmehr bekam man es mit modernen Kaufleuten
und Unternehmern, Wissenschaftlern, Juristen und Offizieren zu
tun, die hier alle auch ihre politischen Parteien, Verbände und Zei-
tungen weiterbetrieben. Der junge russische Maler S. Segal schilderte
im März 1923 das „Russische Leben in Berlin":
„Wir Alteingesessenen haben uns daran gewöhnt. Aber einem Zuge-
reisten muß die Fülle russischer Läden, Cafés, Restaurants, Kaba-
retts usw. höchst seltsam vorkommen. Und tatsächlich, man geht im
Westen spazieren und es flimmert einem vor Augen vor lauter Aus-
hängen, Vitrinen, Plakaten und Reklamen: ‚Wir sprechen russisch',
Buchhandlung ‚Rodina', Restaurant ‚Medwed', Café ‚Moskwa',
Konzert von …, russische Friseure, fehlt nur noch der Hühneraugen-
doktor! Und an den Zeitungskiosken prangen die Zeitungen und
Zeitschriften: ‚Dni', ‚Nakanune', ‚Rul', ‚Spolochi', ‚Shar-Ptiza' …
Eine friedliche Eroberung! Die Deutschen schert es nicht, sie haben
sich daran gewöhnt. Und zum Jux sogar Charlottenburg in Charlot-
tengrad umgetauft. In einem Jahr, so wird gemunkelt, werde man in
der Gegend zwischen Charlottenburg und Zoologischem Garten die

V. l. n. r., sitzend: Alexander Jaschtschenko, Boris Pilnjak, Alexej Tolstoi; stehend: Iwan Sokolow-Mikitow, Andrej Bely, Alexej Remisow. Berlin 1922

‚Russische Emigrantenrepublik‘ gründen und den Kurfürstendamm zum Kurfürsten-Prospekt machen."
Dazu freilich ist es nicht gekommen. Mit dem Rapallovertrag vom April 1922 und seiner Ausdehnung auf weitere Sowjetrepubliken sind die Hoffnungen der Emigranten auf deutsche Sympathie für ihre restaurativen Bestrebungen geschwunden. Das Ende der Inflation, die den Dollarkurs von Januar bis Dezember 1923 von 7525 auf unaussprechbare 4210500000000 Mark steigen ließ, entzieht ihnen die wirtschaftliche Basis, die relative Stärke des Rubels in den Jahren 1919 bis 1922. Wer nicht nach Sowjetrußland zurückkehrt, wandert weiter – nach Prag, nach Paris.
Vorbereitet gewesen wäre die Gründung zwischen Charlottenburg und Zoo durchaus. Man muß nur einmal Griebens' russischen Berlin-Führer von 1923 (Band 197) aufschlagen, die fast dreißig Berufsverbände, Ständevereinigungen und Hilfswerke sehen und die politischen Parteien und Gruppierungen der Monarchisten, Konstitutionellen Demokraten, Menschewiki und Sozialrevolutionäre hinzunehmen, um das hohe Maß an innerer Organisation zu begreifen, das hier binnen kurzem erreicht worden war. Es gab in Berlin zeit-

260

weilig sechs russische Banken, 87 russische Verlage, drei Tageszeitungen und zwanzig russische Buchläden. Es gab ein ausgedehntes Netz von Flüchtlingshilfe (mit Notunterkünften, Armenspeisung, Sozialdiensten), es gab religiösen Zusammenhalt und eigene Bildungsanstalten – die St.-Georgs-Schule und die Russische Höhere Schule; das „Russische Wissenschaftliche Institut" sah als seine Lehrer die im Sommer 1922 aus Sowjetrußland ausgewiesenen Religionsphilosophen Semjon Frank, Iwan Iljin, Nikolai Berdjajew und Sergej Bulgakow, die mit der Akademie für Religionsphilosophie in Berlin verbunden waren.

Die Gemeinsamkeit speisten auch der soziale Abstieg und die immer wieder aufflackernden Revanchephantasien. In seinem 1931 erschienenen Roman „Petersburg am Wittenbergplatz" hat R. G. Batalin diesen Zusammenhang in einer Kolportagegeschichte erzählt. Verschwörung gegen Moskau. Gründung eines Freischärlerbundes. Mitglieder sind ehemalige Offiziere. Der Ich-Erzähler, Hauptmann a. D. Mikulin, jetzt nur noch Stammgast im Café „Petersburg am Wittenbergplatz". Um ihn herum andere Ehemalige. Der Kellner ein ehemaliger Diplomat. Die Freundin Ina mit Filmambitionen, aber vorläufig Erzieherin bei Berliner Raffkes. Im Kino abends Frau Newerow, einst Hofdame, nun Kassiererin usw.

All der Sichtbarkeit zum Trotz ist aber von diesem Russischen weniges wirklich eingedrungen. Natürlich gab es sehr spezielle Verbindungen der Parteien und ihrer Blätter zu ihren deutschen Pendants, gelegentlich persönliche Kontakte. „Rul", das Blatt der Demokraten, erschien im Ullstein-Verlag, und einer der Herausgeber, Jossif Hessen, pflegte Beziehungen zu Theodor Wolff vom „Berliner Tageblatt", Georg Bernhard von der „Vossischen Zeitung", auch zu Eduard Bernstein, Walther Rathenau, Gustav Noske und Otto Hoetzsch, dem führenden Osteuropa- und Rußlandhistoriker. Die Menschewiki waren schon seit der Zeit ihres ersten Exils mit der deutschen Sozialdemokratie verbunden. Die Sozialrevolutionäre, die sich in ihrem Verlag „Skythen" um deutsche Übersetzungen der russischen Symbolisten Wjatscheslaw Iwanow und Alexander Blok bemühten, standen in Beziehung zur „Neuen Rundschau" des Fischer-Verlags und zu den Übersetzern Reinhold v. Walther und Wolfgang E. Groeger. Es gab jedoch nur drei Orte im russischen Berlin der beginnenden 20er Jahre, an denen diese partiellen und sehr besonderen Verbindungen übergriffen wurden von einem Entwurf entschiedener Selbstverständigung und Selbstdarstellung. Das waren ein Café, das „Haus der Künste" und ein Kabarett. Das Café war die Prager Diele am Prager Platz. Die russische Dichterkolonie in diesem Café hat Ilja Ehrenburg beschrieben. In unmittelbarer Nähe wohnend, schrieb er in der „Prager Diele" seine Bücher, Rezensionen und Briefe, verabredete sich hier und unterzeichnete auch die Widmungen seiner Bücher mit dieser Ortsangabe. Ehrenburgs Rolle war nie unangefochten, aber die „Prager Diele" war durch ihn ein Ort geworden, an dem sich Dichter trafen, die sich in Rußland nie begegnet waren. Andrej Bely sieht endlich Marina Zwetajewa. Vladimir Pozner, „Serapionsbruder" auf der Durchreise nach Paris, trifft Boris Pasternak, erblickt „das Gesicht eines von seinem Feuer verzehrten jungen Prometheus". Ein anderer „Serapionsbruder", der jüngste und heftigste, Lew Lunz, sieht bei seinem Besuch im Sommer 1923 die Berliner Größen und schreibt an Jewgeni Samjatin nach Petrograd: „In Berlin war ich drei Tage im Sommer. Sah die lokalen Shakespeares, mehrere auf einmal. Ehrenburg erwies sich als ein dicker, langsamer Mensch mit Pfeife und langer Frau. Ich stellte fest, daß er in der Sujetfrage Opportunist ist. Überhaupt liebt er die Satire, aber doch zu dünn.
Ein provinzieller France."
Marina Zwetajewa hat sich, obwohl sie ihm ursprünglich ihren Pasternak-Essay „Lichtsturz" widmete, später von Ehrenburg abge-

262

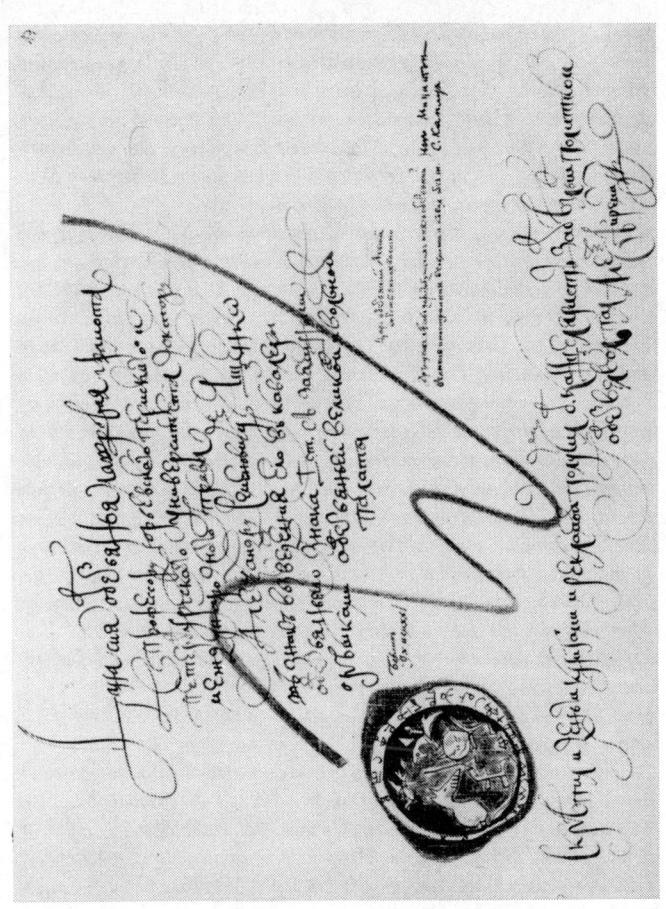

„Affenurkunde" für Alexander Jaschtschenko

wandt; seine Fronde und Gegen-Fronde, wie sie 1934 in den Erinnerungen an Andrej Bely schrieb, war ihr am Ende unerträglich. Schon in Berlin hatte Schklowski Ehrenburg in seinem Buch „Zoo" deshalb einen Paul Saulowitsch genannt, und einmal war es zum Skandal gekommen, als ein Journalist Ehrenburg einen „Tatarin aus Taganrog" schimpfte – mit deutlichem bösen Bezug auf Daudets schwadronierenden „Tatarin von Tarascon".

Wenn hier, gedämpft durch das Cafémilieu, die Konflikte ausgehalten wurden, brachen sie im „Haus der Künste" immer offen aus und endeten mit Brüchen und Katastrophen. Im Bericht unseres Augenzeugen, des Berliner Malers S. Segal, hört sich das ganz idyllisch an: „Nach einigen Umzügen hat es sich jetzt im Café Leon am Nollendorfplatz etabliert. Die Wände der beiden Zimmerchen haben schon manches zu hören bekommen: Andrej Belys ‚kosmischen' Tenor mit seinen Stockungen und Intervallen, die singenden Seufzer Ehrenburgs, die kräftige weise-verschlungene Rede Alexej Tolstois, den erzenen Baß Majakowskis und sogar Sdanewitschs Kollern und Jaulen in der ‚Übersinnsprache'. Freitags finden sich die Leute ein, um mit halbem Ohr aufzuschnappen, was ‚man jetzt liest', vor allem aber um die ‚Berühmtheiten' anzustaunen, die neuesten Neuigkeiten genüßlich durchzunehmen und sich Klatschgeschichten zu erzählen. Man lauscht der Lesung beim Klappern der Teegläser und Bierkrüge in der angenehmen Atmosphäre von Stickigkeit und Tabaksdunst.

Und über allen schweben – zwei gütige Schutzengel – Minski mit seiner Wengerowa."

Im Frühjahr 1923, zur Zeit des Berichts, hatte die Institution allerdings schon stürmische Zeiten erlebt. Am 29. November 1921 begründet, zählte das „Haus der Künste" im Frühjahr 1922 58 ordentliche und 83 assoziierte Mitglieder in den Sektionen Literatur, bildende Kunst und Musik. Als ein überpolitisches Organ gedacht, waren die politischen Implikationen künstlerischer Entscheidungen doch immer stärker beherrschend geworden, so daß im November 1922 aus Protest gegen eine zu starke Politisierung eine zweite Organisation gebildet wurde, der „Schriftstellerklub". Beide existierten noch bis Oktober 1923, als die letzten großen Männer der Berliner russischen Szene die Stadt verließen: am 23. Oktober kehrte Andrej Bely nach Moskau zurück, im November zog Alexej Remisow nach Paris. Pasternak, Alexej Tolstoi und Viktor Schklowski waren schon kurz zuvor zurückgegangen. Ilja Ehrenburg und El Lissitzky führten ihre Mittlerarbeit zwischen Westeuropa und der Sowjetrepu-

264

blik, die sie in ihrer Zeitschrift „Gegenstand" entworfen hatten, jeder auf seine Weise fort. Neuer Empfangsort für die Besucher aus der UdSSR wurde die „Gesellschaft der Freunde des neuen Rußland", der Malik-Verlag, später der „Bund der proletarisch-revolutionären Schriftsteller Deutschlands".

In den 60 Veranstaltungen des „Hauses der Künste" und den 30 Veranstaltungen des „Schriftstellerklubs" sind in knapp zwei Jahren künstlerische Bestrebungen unterschiedlichster Art in großer Breite vorgestellt und erörtert worden. Das war das Verdienst der Autorität ihrer Gründer. Neben Andrej Bely, Alexej Remisow und Alexej Tolstoi gehörten zu den Initiatoren des „Hauses der Künste" der Maler Iwan Puni und seine Frau Xenia Boguslawskaja sowie Alexander Jaschtschenko, der Herausgeber der exzellenten bibliographischen Zeitschrift „Russkaja kniga", später „Novaja russkaja kniga", und Kaplun-Sumski, Verlagsdirektor von „Epocha". Erster Präsident wurde der Dichter Nikolai Minski, den Segal mit Frau Sinaida Wengerowa als gütigen Schutzengel über der Versammlung schweben läßt.

Als Vorbild hatte den Gründern das gleichnamige Petrograder Haus gedient, das Maxim Gorki ins Leben gerufen hatte; es befand sich in einem Rastrelli-Palais zwischen Newski-Prospekt, Moika und Großer Morskaja, hatte zuletzt dem Großkaufmann Jelissejew gehört und beherbergte während des Kriegskommunismus mehrere Generationen Petrograder Schriftsteller: der „Briefwechsel zwischen zwei Zimmerwinkeln" zwischen Wjatscheslaw Iwanow und Michail Gerschenson ist hier geschrieben worden, die „Serapionsbrüder" sind hier von ihren Paten Jewgeni Samjatin und Viktor Schklowski betreut worden, Ossip Mandelstam und Wladislaw Chodassewitsch haben hier geschrieben. Olga Forsch hat die Welt dieses Hauses in ihrem Roman „Das wahnwitzige Schiff" geschildert.

Obwohl auch die Berliner Gründer ein eigenes Haus anstrebten, ist es dazu nicht gekommen. Man traf sich anfangs im Café Landgraf, Kurfürstenstraße 75, zu Lesungen und Musikabenden, zu öffentlichen Veranstaltungen im Logenhaus, Kleiststraße 10. Im Logenhaus hielt zum Beispiel Andrej Bely am 14. Dezember 1921 seinen großen Vortrag über „Die Kultur des heutigen Rußland", und hier fand auch am 20. März 1922 der Thomas-Mann-Abend statt, auf dem der Dichter, von Sinaida Wengerowa und Andrej Bely begrüßt und eingeführt, über „Goethe und Tolstoi" sprach und seine Erzählung „Das Eisenbahnunglück" las. Ende März 1922 zog man in die Flora-Diele, Motzstraße 65, später ins Nollendorf-Casino, Kleist-

Alexej Remisow an Alexander Jaschtschenko

*straße 41, nach der Sommerpause 1922 schließlich ins Café Leon
am Nollendorfplatz, wo auch der „Schriftstellerklub" sich treffen
würde.*
*Andrej Bely, Alexej Remisow, Alexej Tolstoi, Viktor Schklowski
und Ilja Ehrenburg bestritten den Löwenanteil an Lesungen und
Debatten. Bely las sein Poem „Erste Begegnung", aus dem Roman*

266

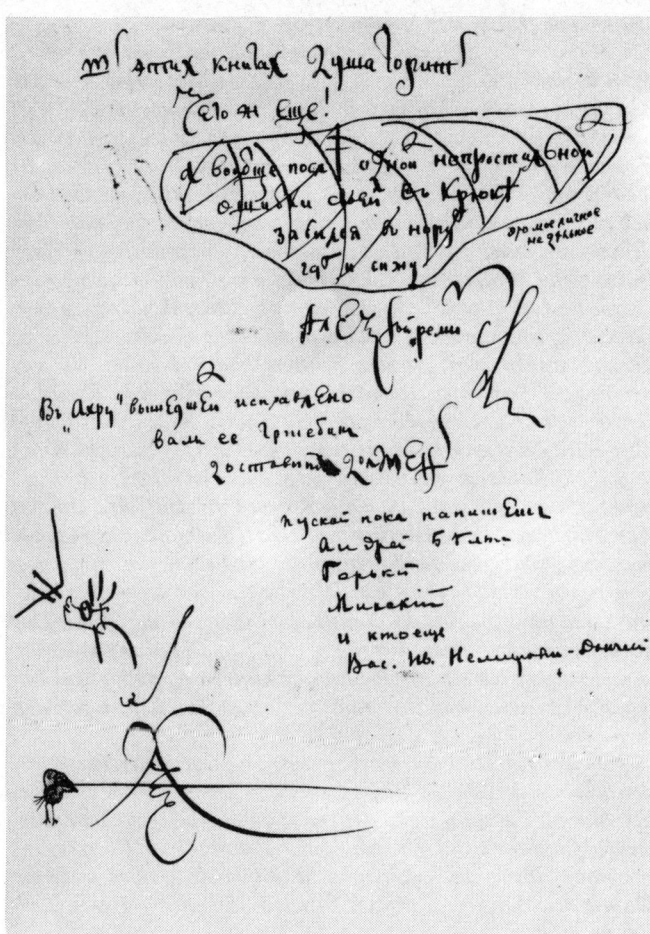

„Das Verbrechen des Kotik Letajew" und aus dem Essay „Die Tragödie des Bewußtseins". Remisow las aus seinen Märchen und den
„Rosanow-Briefen", die wir im ersten Teil kennenlernten. Tolstoi
las aus „Aelita". Schklowski las zweimal aus „Zoo oder Briefe nicht
über die Liebe" und hielt Vorträge über „Literatur und Film" und
„Neue russische Prosa". Ehrenburg las aus den „Pfeifen", „Trust

267

D. E." und „Leben und Sterben Nikolai Kurbows". Es gab Abende
für Majakowski, Jessenin, Pasternak, Marina Zwetajewa, Boris
Pilnjak und Alexander Kussikow. Carl Einstein sprach über den
Kubismus. Sergej Rafalowitsch sprach über Futurismus, Sergej
Scharschun über Dadaismus. Ehrenburg und Lissitzky stellten den
Konstruktivismus ihrer Zeitschrift „Gegenstand" vor, Alexander
Tairow umriß die Aufgaben seines Kammer-Theaters, bei Gelegenheit der „Ersten russischen Kunstaustellung" sprach Puni über Tendenzen der modernen russischen Malerei. Im „Schriftstellerklub"
war Nikolai Berdjajew zu Gast, einmal mit einem Vortrag über die
„Liebe bei Dostojewski". Es gab Feiern zu Korolenkos Tod, zu Gorkis dreißigstem Schriftstellerjubiläum und zum Gedenken an Wladimir Nabokow, den liberalen Politiker und Publizisten, der von
dem rechten Terroristen Taborizki ermordet worden war. Russen in
Berlin: es war unvermeidlich, daß ein Thema in den Mittelpunkt
aller ihrer Überlegungen rückte, nämlich ob es eine russische Kunst
außerhalb Rußlands geben könne oder nicht. Ob also ein Konzept
denkbar wäre, das den nationalen Rahmen ausweitet und sich auf
eine gesamteuropäische Überlieferung stützt. Tatsächlich ist in dieser
Richtung gedacht und gearbeitet worden, und zwar von zwei entge-
gengesetzten Ansatzpunkten her. Der eine war der des internationalen Standards, wie ihn der Konstruktivismus von der Architektur
her entwarf. Von hier aus haben Ehrenburg und Lissitzky argumen-
tiert. Lissitzky hat das architektonische Denken revolutionieren helfen und Ehrenburg von Berlin aus den neuen Typ Reportageroman
verfochten.
Der andere Ansatzpunkt war der einer Autonomie der Poesie, die
dort lebt, wo der Dichter lebt. Es sind von den Berlinern vornehmlich Marina Zwetajewa und der von ihr später hochgeschätzte Wladislaw Chodassewitsch gewesen, deren Arbeit dieser Überzeugung
entsprang. Ihnen am nächsten steht Rußlands größter moderner
Dichter des Märchens – Alexej Remisow. Alle drei gingen schließlich nach Paris.
Gegen diese Ablösung vom nationalen Boden sind in Berlin bald
Zweifel und Einwände vorgetragen worden. Auch unter zwei Aspekten, Einmal: Die Oktoberrevolution und die Umwälzung der Wirtschaft und Kultur Rußlands seien doch so besonders, daß keine europäische Überlieferung, um wieviel weniger eine europäische
Gegenwart die Basis für eine angemessene Beurteilung biete. So die
Argumentation der Nationalen, der Kenner Rußlands. Die Kenner
des Westens machten geltend, das Nachkriegseuropa so erschöpft vor-

Andrej Bely
im Berliner
Haus der Künste

gefunden zu haben, daß die Rettung und Erneuerung nur von einem
Volk kommen könne, das einen so allgemeinen Aufbruch erlebt habe
wie das russische. Es ist Boris Pilnjak gewesen, der, entscheidend geprägt von den aus dem Bäuerlichen kommenden Motivationen der
Umwälzungen in Rußland, Anfang 1922 in Berlin die Entscheidungen einiger Schriftsteller beeinflußte. Nach der Einführung der
Neuen Ökonomischen Politik im März 1921 hatte unter der Emigration ein Differenzierungsprozeß eingesetzt, der zur Gründung der
„Smena wech" in Paris führte, einer Gruppierung, die aus nationalen Gründen bereit war, die Sowjetmacht zu unterstützen und für
die Rückkehr der Emigranten zu werben. Alexej Tolstoi war der
prominenteste Schriftsteller, der sich diesen Aktivitäten angeschlossen
hatte. Seine Übersiedlung aus Paris nach Berlin war der erste
Schritt. Die Begegnung mit Pilnjak im April 1922 bestärkte ihn.
Als die „Smena wech" in Berlin die Zeitung „Nakanune" herausgab, übernahm er die Redaktion der Literaturbeilage. Tolstois Essay

Wladislaw
Chodassewitsch.
Zeichnung von
Juri Annenkow

über den Maler Sudejkin und sein Brief an Iwan Nashiwin zeigen seine Auffassungen in der Zeit vor seiner Rückkehr in die UdSSR.

Wortführer der Kenner des Westens war Andrej Bely. In seinem Buch über Berlin vom März 1924, „Eine Wohnung im Schatten-reich", seinem, wie er sagt, Mythos von Berlin, steht die Vision vom Untergang der europäischen Kultur „in der Gnadenlosigkeit organi-sierten Rowdytums", das „heute – ‚Faschismus', morgen vielleicht – Kankan heißt". Andrej Bely sah, Nietzsche folgend, den wilden, den „barbarischen Dionysos" aufgerufen: herausgelöst aus der nach Nietzsche rettenden „Doppelnatur eines grausam verwilderten Dä-mons und eines milden sanftmütigen Herrschers" der wilde Dämon, – verloren aber die Arbeit für eine Wiedergeburt des zerstückelten Gottes, für die Geburt der einen Welt.

Träfe das im Ansatz zu, so wüßte man, warum es ein Paradox war, das in Berlin Triumphe feierte. An einem Ort, wo die im „Haus der Künste" stürmisch diskutierten Gegensätze nicht nur geduldet, son-

270

dern geistig bewältigt wurden, einem Ort, an dem Volkslied und Avantgardekunst einander nicht denunzierten. Der Ort war das Kabarett „Der blaue Vogel". Das Staunen der Chronisten ist ganz elementar:

„In der Goltzstraße, an einer Stelle, wo man es gar nicht erwartet, haben sich die Russen das Kabarett ‚Der blaue Vogel' eröffnet. Das kleine Theater wirkt intim und farbenfreudig. Die Kultiviertheit des Geschmacks wird von keiner westeuropäischen Veranstaltung ähnlicher Art erreicht. Der Conférencier ist viel herzlicher und liebenswürdiger als seine Berliner Kollegen, die vom Miesmachertyp Fritz Grünbaums nicht loskommen. Was man auf der Bühne sieht und von ihr hört, ist nicht immer kurzweilig; aber immer gepflegte, elegante Vortragskunst mit Anmut der Bewegungen." 1922 gab die Leitung des Hauses eine Sammlung von Eintragungen und Zuschriften der Freunde dieses „Deutsch-russischen Cabarets" mit Wiedergaben von Bühnenbildern und Figurinen heraus, denen wir einige Textproben entnahmen. Vorhang und Ausstattung stammten von den russischen Avantgardemalern, von Elena Liessner bis Pawel Tschelischtschew. Lothar Schreyer hat von seinem Besuch mit Herwarth Walden ein Wort der Malerin Natalja Gontscharova überliefert, das die Bezauberung durch den „Blauen Vogel", den Maeterlincks, der den Namen gab, und den Jushnis in ihrer Rätselhaftigkeit benennt:

„Lauter kleine Nummern bauten das Programm auf, jede ein dramatischer Aphorismus. Wir verstanden kein Wort Russisch, aber wir sahen das bewegte Farbformbild, und die Melodie der Stimmen überwältigte uns, enthüllte in den Masken die Menschen zwischen ihrem Lächeln und ihrem Weinen.

Mir gegenüber saß eine junge russische Malerin, die mich aus schmalem bleichem Gesicht mit graublauen Augen unter mattblondem Haar anblickte. Es lag eine schwermütige Anmut auf ihrem Gesicht, als sie lächelnd zu mir sagte, sich um die deutsche Sprache mühend: ‚Wir müssen machen gnädiges Kabarett.' Ich und die Freunde rätselten einige Zeit, was sie mit ‚gnädigem Kabarett' meinte. Sie meinte ‚vornehmes Kabarett'. Sie hieß Natalia Gontscharowa."

Das russische Wort, das die Gontscharowa gebrauchte, meint im Feld „vornehm": hochgemut, integer, frei.

Am weitesten ging Monty Jakobs: „Rapallo mag unumgänglich gewesen sein. Aber der wahre deutsch-russische Staatsvertrag wird Abend für Abend im ‚Blauen Vogel' abgeschlossen."

271

VIKTOR SCHKLOWSKI

Iwan Puni

Iwan Puni ist seinem Wesen nach ein schüchterner Mensch. Er hat schwarzes Haar, spricht leise, ist väterlicherseits Italiener.

Ich habe im Kino solch schüchterne Menschen gesehen.

Da geht ein Anstreicher so vor sich hin, eine lange Leiter auf der Schulter. Bescheiden, still. Aber die Treppe stößt an Hüte, Menschen, zertrümmert Scheiben, stoppt Straßenbahnen, beschädigt Häuser.

Puni aber malt Bilder.

Sammelte man alle Besprechungen über ihn in Rußland und quetschte die Wut aus ihnen heraus, so füllten sie viele Eimer mit ätzender Lauge; machte man Injektionen damit, so würden alle Hunde Berlins toll werden; in Berlin aber gibt es fünfmalhunderttausend Hunde.

Die Menschen fühlten sich durch Puni gekränkt, weil er niemanden neckt. Er malt ein Bild, schaut es an und denkt: „Was habe ich damit zu schaffen, so ist's."

Seine Bilder sind unwiderruflich obligatorisch.

Den Beschauer sieht er, aber mit ihm rechnen kann er organisch nicht. Das Gekläff der Kritiker ist ihm eine Lufterscheinung. Solange er lebt, spricht er. So spielte Kolumbus Dame auf Deck des Schiffes, das ihn nach dem noch unentdeckten Amerika trug.

Noch ist Puni ein Künstler für Künstler; die Künstler verstehen ihn noch nicht, doch schon werden sie unruhig. Nach Punis Tod (ich wünsche seinen Tod nicht, wir sind Altersgenossen, und auch ich bin einsam), nach Punis Tod wird man ein Museum über seinem Grabe errichten. In dem Museum werden seine Hosen und sein Hut hängen.

Man wird sagen: „Seht, wie bescheiden dieser geniale Mensch war; unter diesem grauen Hut, den er bis an die Brauen hinabzog, verbarg er die Strahlen, die seiner Stirn entströmten."

Auch über seine Hosen wird man irgend etwas schreiben. An die Wand wird man die Gasrechnung für Punis Atelier hängen, die Rechnung wird man extra bezahlen. Unsere Zeit wird „das punische Zeitalter" genannt werden. Und die

272

Lepra überfalle alle, die kommen werden, unsere Gräber mit ihrem Lobgeschreibsel zu bedecken. Mit unseren Namen werden sie die künftigen Generationen bedrücken. So macht man Konserven.

Die Anerkennung eines Künstlers ist ein Mittel, ihn schadlos zu machen.

Aber vielleicht wird kein Museum erstehen?

Wir wollen uns darum bemühen.

Währenddessen malt Puni, ein höfliches Lächeln auf den Lippen, aufmerksam seine Bilder.

So wird Dynamit gemacht.

Er trägt unter seiner grauen Jacke einen wütenden roten Fuchs, der ihn still zum Imbiß verzehrt.

Das tut sehr weh, stammt es auch aus dem Schulbuch.

1922

VIKTOR SCHKLOWSKI

Zoo oder Briefe nicht über die Liebe

Von Kälte, von Christi Verleugnung durch Petrus, von Welimir Chlebnikow und seinem Untergang. Von der Inschrift auf seinem Grabkreuz. Außerdem: von Chlebnikows Liebe, von der Grausamkeit Nichtliebender, von Nägeln, von einem Kelch und von der gesamten menschlichen Kultur, die auf dem Wege zur Liebe errichtet wurde.

Ich werde nichts von Liebe schreiben, ich schreibe nur vom Wetter.

Das Wetter ist heute schön in Berlin.

Der Himmel ist blau, und die Sonne steht höher als die Häuser.

Die Sonne scheint direkt in die Pension Marzahn hinein, in das Zimmer von Aichenwald.

Ich wohne am anderen Ende des Korridors.

Draußen ist es schön und frisch.

Schnee gab es dieses Jahr in Berlin fast gar keinen.

Heute ist der 5. Februar ... Kein Wort von Liebe bisher.

Ich laufe im Herbstmantel herum, gäbe es Frost, müßte ich ihn in Wintermantel umbenennen.

Ich kann Frost nicht leiden, nicht einmal Kälte.

Kälte war schuld daran, daß Petrus seinen Herrn Jesus Christus verleugnete. Die Nacht war frisch, und er ging ans Feuer, und am Feuer saß die öffentliche Meinung, und die Mägde fragten Petrus nach dem Herrn, und Petrus verleugnete ihn.

Der Hahn krähte.

Sehr kalt wird es in Palästina nicht. Bestimmt ist es dort sogar wärmer als in Berlin.

Wäre die Nacht warm gewesen, so wäre Petrus im Dunkeln geblieben, der Hahn hätte wie alle Hähne sinnlos gekräht, und im Evangelium gäbe es keine Ironie.

Gut, daß Christus nicht in Rußland gekreuzigt worden ist: Wir haben Kontinentalklima, Frost und Schneestürme; haufenweise wären Jesu Jünger an den Feuerstellen auf den Straßenkreuzungen erschienen und hätten Schlange gestanden, um den Meister zu verleugnen.

Vergib mir, Welimir Chlebnikow, daß ich mich am Feuer fremder Redaktionen wärme. Daß ich mein Buch, nicht Deines, herausbringe. Unser Klima, verehrter Mentor, ist Kontinentalklima.

Der Fuchs hat seinen Bau, der Häftling bekommt eine Pritsche, das Messer nächtigt in der Scheide. Du aber hast nicht gewußt, wohin Du Dein Haupt betten solltest.

Deine Utopie, die Du für die Zeitschrift „Wsjal" geschrieben hast, enthält unter anderen Phantastereien auch die, jeder Mensch habe in jeder Stadt das Recht auf ein Zimmer.

Zwar heißt es in der Utopie, es müsse ein gläsernes Zimmer sein, aber ich meine, Welimir wäre auch mit einem einfachen zufrieden gewesen.

Chlebnikow starb, und ein verstaubter Mensch* stotterte in den „Literaturnyje sapiski" mit träger Zunge etwas von einem „Gescheiterten".

Auf dem Friedhof schrieb der Maler Mituritsch aufs Grabkreuz:

Welimir Chlebnikow, Vorsitzender des Erdballs.

* Ein gewisser Gornfeld. (V. Sch.)

274

Viktor Schklowski. Zeichnung von Juri Annenkow

Na also, es fand sich doch ein Raum für den Wanderer, freilich nicht aus Glas.
Du, Welimir, wirst wohl kaum auferstehen wollen, um erneut durch die Welt zu wandern.
Über einem anderen Kreuz hatte gestanden:
Jesus von Nazareth, König der Juden.
Dir fiel es schwer, durch Steppen zu wandern, mal als Soldat zu dienen, mal an Magazinen Nachtwache zu schieben, dann wieder als Halbgefangener in Charkow bei turbulenten Auftritten der Imaginisten mitzumachen.
Vergib uns unsere Schuld an dir und an anderen.

Verzeih, daß wir uns an fremden Feuern wärmen.

Früher hatten wir gedacht, Chlebnikow merke selber nicht, wie er lebte, nicht, daß die Ärmel seines Hemds bis an die Schultern zerrissen waren, daß auf dem Federboden seines Bettes keine Matratze lag, daß die Manuskripte, mit denen er seinen Kissenbezug ausstopfte, verlorengingen. Vor seinem Tod jedoch dachte Chlebnikow an seine Manuskripte.

Er starb auf grauenhafte Weise. An Blutvergiftung.

Sein Bett wurde mit Blumen umstellt.

Ein Arzt war nicht in der Nähe, nur eine Ärztin, die ließ er nicht zu sich heran, weil sie eine Frau war.

Ich denke zurück an längst Vergangenes.

In Kuokkala war es, im Herbst mit seinen dunklen Nächten.

Im Winter hatte ich Clebnikow im Hause eines Architekten getroffen.

Das Haus war reich, die Möbel aus karelischer Birke, der Hausherr gepflegt, weißhäutig, mit schwarzem Bart und klugem Kopf. Er hatte Töchter. Hier war Chlebnikow öfters zu Gast. Der Hausherr las seine Gedichte und verstand sie. Chlebnikow hatte etwas von einem kranken Vogel, dem es mißfällt, daß man ihn anblickt.

Ganz wie so ein Vogel saß er da, mit hängenden Flügeln im alten Gehrock, und blickte die Tochter des Hauses an. .

Er brachte ihr Blumen und las ihr seine Arbeiten vor.

Er verleugnete sie allesamt bis auf den „Jungfrauengott". Er ließ sich von ihr beraten, wie er schreiben solle.

Das war in Kuokkala, im Herbst.

Chlebnikow wohnte dort in der Nachbarschaft von Kulbin und Iwan Pougny.

Ich fuhr hin, stöberte Chlebnikow auf und erzählte ihm, das Mädchen habe einen Architekten, den Assistenten des Vaters, geheiratet.

Das war eine überaus einfache Geschichte.

Viele haben so ein Pech. Das Leben ist praktisch eingerichtet wie ein Reisenecessaire, nur haben wir ständig Schwierigkeiten, unseren Platz darin zu finden. Das Leben fügt uns aneinander und lacht sich eins, wenn es uns zu jemanden hinzieht, der uns nicht liebt. Das alles ist einfach wie Briefmarken.

276

Auch die Wellen in der Bucht waren einfach.

Sie sind es heute noch. Die Wellen ähnelten geripptem verzinktem Eisenblech. Auf solchem Eisenblech wird Wäsche gerubbelt. Die Wolken waren wie aus Wolle. Chlebnikow sagte zu mir:

„Wissen Sie, daß Sie mir eine Wunde beigebracht haben?"

Ich wußte es.

„Sagen Sie, was wollen die eigentlich? Was wollen die Frauen von uns? Was erwarten sie? Ich würde ja alles tun. Ich würde ganz anders schreiben. Vielleicht muß man ein berühmter Mann sein?"

Die See war einfach. In den Datschen schliefen Menschen.

Was konnte ich auf dieses Flehen nach dem Kelch antworten?

Trinkt, o Freunde, trinkt, ihr Großen und Kleinen, den bitteren Kelch der Liebe! Hier erwartet niemand etwas. Eintritt ist nur auf Freibilletts gestattet. Und es ist so leicht, grausam zu sein, dazu genügt es, nicht zu lieben. Liebe versteht auch weder Aramäisch noch Russisch. Sie ist, wie die Nägel sind, mit denen einem Hände und Füße ans Kreuz genagelt werden.

Der Hirsch kann sein Geweih im Kampf gebrauchen, die Nachtigall singt mit gutem Grund, unsere Bücher aber werden uns nichts nützen. Diese Kränkung ist unaustilgbar.

Was uns bleibt, sind gelbe, sonnenbeschienene Häuserwände, unsere Bücher und die gesamte, auf dem Wege der Liebe errichtete Menschenkultur.

Und das Gebot, unbeschwert zu sein.

Wenn es doch aber sehr weh tut?

Übertrage alles in kosmische Maßstäbe, nimm dein Herz zwischen die Zähne, und schreib ein Buch.

Wo aber ist sie, die mich liebt?

Ich sehe sie im Traum, ich ergreife ihre Hände und gebe ihr, dem blauäugigen Kapitän meines Lebens, den Namen Lucie, und ich falle bewußtlos vor ihre Füße, und ich falle aus dem Traum.

Die Beschreibung Alexej Michailowisch Remisows und dessen Verfahren, Wasser in Flaschen in den dritten Stock zu transportieren. Ebenda werden Sitten und Bräuche des Großen Affenordens beschrieben. Auch füge ich theoretische Bemerkungen zur Rolle des Subjektiven als Material in der Kunst ein.

Weißt Du, der Affenkönig Assyka – Alexej Remisow – hat wieder Unannehmlichkeiten: Er wird aus der Wohnung exmittiert.
Sie lassen den Mann nicht in Ruhe leben, wie er möchte.
Im Winter 1919 lebte Remisow in Petersburg, da ließ es sich ein Wasserrohr in seiner Wohnung einfallen zu platzen.
Jeder andere wäre ratlos gewesen. Nicht so Remisow, der ließ sich von all seinen Bekannten leere Flaschen geben, kleine Arzneifläschchen, Weinflaschen, alles, was ihm unter die Finger kam. Richtete sie im Zimmer auf dem Teppich in Reih und Glied aus, ergriff je zwei, rannte damit die Treppe hinunter nach Wasser. Bei diesem Verfahren braucht man für eine Tagesration Wasser eine ganze Woche Zeit.
Sehr unbequem – aber amüsant.
Remisows Leben – er hat es selbst eigenschwänzig aufgebaut – ist sehr unbequem, aber amüsant.
Er ist klein von Wuchs, sein dichtes Haar steht als Igeltolle in die Höhe. Er hat einen krummen Rücken, sehr rote Lippen und eine Stupsnase, und alles miteinander ganz und gar absichtlich.
Sein Paß wimmelt von Affenlettern. Noch bevor das Wasserrohr platzte, zog er sich von den Menschen zurück – er wußte schon vorher, was für Vögel das sind – und schloß sich dem großen Volk der Affen an.
Den Affenorden erdachte er sich im Stil der russischen Freimaurer, Blok gehörte dazu, zur Zeit wirkt Kusmin als Musikant in der Großen und Freien Affenkammer, während Grshebin äffischer Gevatter ist und im Orden Titel und Rang eines Fürsten z. b. V. bekleidet, einsetzbar bei Hungersnot oder in Kriegszeiten.
Auch ich wurde in die Affenverschwörung aufgenommen, den Titel „Kurzschwänziger Jungaffe" legte ich mir selber zu. Den Schwanz rasierte ich mir ab, bevor ich in Cherson zur Roten Armee ging. Weil Du eine Ausländerin z. b. V.

278

bist und Deine Koffer nicht wissen, daß ihre Besitzerin von der sibirischen Amme, der apfelbäckigen Stjoscha, gestillt wurde, muß ich Dir außerdem noch sagen, daß das Affenvolk einen regelrechten Zaren hat. Einen verdienten sogar.

Remisow hat eine Frau, die sehr russische, sehr blonde, üppige Serafima Pawlowna Remisowa-Dowgello; in Berlin fällt sie auf wie ein Mohr in Moskau zur Zeit des Zaren Alexej Michailowitsch, so weißhäutig ist sie und so russisch.

Remisow heißt auch Alexej Michailowitsch. Einmal sagte er zu mir: „Ich kann jetzt keinen Roman mehr mit den Worten anfangen lassen ‚Iwan Iwanowitsch saß am Tisch'."

Weil ich Dich achte, will ich Dir ein Geheimnis verraten. Genauso wie eine Kuh das Gras wegfrißt, werden literarische Verfahren aufgefressen. Kunstmittel aufgetragen und mürbegerieben.

Ein Schriftsteller kann kein Ackersmann sein: Er ist Nomade und wechselt mit Weib und Viehherde zu neuen Weiden. Unser Großes Affenheer lebt wie Kiplings Katze auf den Dächern, ganz für sich allein.

Ihr tragt Kleider, Euch verrinnen die Tage, einer wie der andere, im Mord und in der Liebe seid ihr traditionsgebunden. Das Affenheer nächtigt nicht, wo es zu Mittag gegessen hat, es trinkt seinen Morgentee nicht dort, wo es geschlafen hat. Es lebt ständig ohne Quartier.

Das Anliegen der Affen ist es, neue Dinge zu erschaffen. Remisow will jetzt ein Buch ohne Sujet herstellen, ohne daß ein Menschenschicksal Kompositionsfundament ist. Er schreibt ein Buch aus Bruchstücken, sein „Rußland in Lettern", ein Buch also, das aus Fetzen besteht und auf Rosanows Briefen aufbaut.

Ein Buch auf herkömmliche Weise zu schreiben, das geht nicht mehr. Das weiß Bely, Rosanow wußte es recht gut, Gorki weiß es, wenn er nicht gerade über Synthesen nachdenkt, und ich, der kurzschwänzige Jungaffe, weiß es.

Wir führten in unsere Arbeit das Intime ein und nannten es mit vollem Namen, und der einzige Grund hierfür ist, daß die Kunst dringend neues Material braucht. Solomon Kaplun in Remisows neuester Erzählung, Maria Fjodorowna Andrejewa in Remisows Totenklage für Blok, beide sind sie Notwendigkeiten der literarischen Form.

Viktor Schklowski (oben), Lili Brik, Schneider, Jelena Ferrari
(v. l. n. r.)

Das Affenheer versieht seinen Dienst. Mit einem Rösselsprung kreuzte ich Dein Leben, wie das war und ist, das weißt Du; aber Alja, Du gerätst in mein Buch wie Isaak auf den Brandopferaltar, den Abraham rüstete. Weißt Du eigentlich, Alja, daß Gott dem Abraham das zweite „a" in seinem Namen aus größter Liebe schenkte? Ein Laut mehr erschien selbst Gott als schönes Geschenk.
Weißt Du das eigentlich, Alja, ja?
Übrigens wirst Du nicht das Opfer sein, ich bin das Tauschopfer für das Lamm, das mit dem Gehörn im Gesträuch hängenblieb.
Remisows Zimmer ist voller Püppchen und Teufelchen, er selbst hockt mit erhobenem Finger da und zischt jeden an „leise, meine Wirtin". Er hat keine Angst vor seiner Wirtin, er spielt Theater.
Beschwerlich ist für freie Affen der Weg auf Bürgersteigen, das Leben ist fremd. Menschenfrauen sind rätselhaft. Der menschliche Alltag ist abschreckend, stumpfsinnig, schwerfällig, unelastisch.
Wir verwandeln den Alltag zur Anekdote.
Wir bauen zwischen uns und der Welt eigene kleine Zoowelten auf.
Wir wollen Freiheit.
Remisow lebt sein Leben nach Methoden der Kunst.
Ich mache Schluß, ich muß in die Konditorei, eine Torte besorgen. Gleich kommt jemand zu mir, dann muß ich die Torte wegbringen, dann jemand besuchen, dann versuchen, Geld aufzutreiben, ein Buch verkaufen, mit jungen Schriftstellern sprechen. Laß nur, in einem Affenhaushalt läßt sich alles verwenden. Uns ist der Turmbau zu Babel verständlicher als das Parlament, wir wissen, wo wir Kränkungen notieren können, die Worte „Eis" und „heiß" gehen bei uns Arm in Arm, weil sie sich reimen.
Ich würde mein Schriftstellerhandwerk, meinen freien Weg über Dächer nie hergeben für einen europäischen Anzug oder geputzte Schuhe oder für hochwertige Devisen, nicht mal für Alja.

281

Von Grshebins Porträt, von Sinowi Issajewitsch Grshebin selbst. Der Brief ist in einer Anwandlung von Reue geschrieben, daher beiliegend das Firmenzeichen von Grshebins Verlag. Angefügt auch einige flüchtige Bemerkungen über das Judentum und das Verhältnis der Juden zu Rußland.

Wovon soll ich schreiben! Mein ganzes Leben ist – ein Brief an Dich.

Die Begegnungen werden immer seltener. Wieviele einfache Worte ich verstanden habe: ich welke, ich leide, ich bin verloren, aber ich *welke* ist das verständlichste Wort.

Auf keinen Fall von Liebe. Und so schreibe ich von Sinowi Grshebin, dem Verleger. Das ist weit genug weg.

Auf Juri Annenkows Porträt hat Sinowi Issajewitsch Grshebin ein zartrosa Gesicht von sehr appetitlicher Farbe.

In natura ist Grshebin mehr weiß.

Auf dem Porträt ist das Gesicht sehr fleischig; es erinnert geradezu an mit Speise gefüllte Därme. In natura ist Grshebin feister, kräftiger und könnte mit einem Aerostaten des halbharten Systems verglichen werden. Als ich noch nicht dreißig war und die Einsamkeit noch nicht kannte und nicht wußte, wieviel schmaler die Spree als die Newa ist, und nicht in der Pension Marzahn wohnte, deren Wirtin mir nicht erlaubt, nachts bei der Arbeit zu singen, und ich nicht zittern mußte vor dem Klingeln des Telefons, als das Leben mir noch nicht in der Tür nach Rußland die Finger eingeklemmt hatte, als ich noch dachte, ich könnte die Geschichte übers Knie brechen, als ich noch gerne der Straßenbahn nachrannte,

    Als ich den scharfen Ball nicht
    Vorgezogen hab dem seltenen Gedicht
    (so etwa)

– da konnte ich Grshebin nicht ausstehen. Damals war ich 27, 28, 29. Ich dachte, Grshebin sei hart, weil er sich an der russischen Literatur überfressen habe.

Jetzt, da ich weiß, daß die Newa dreißigmal so breit ist wie die Spree, da ich selber dreißig bin und auf das Klingeln des Telefons warte – obwohl man mir gesagt hat, daß es nicht klingeln wird –, da das Leben mir die Finger in die Tür eingeklemmt hat und die Geschichte so beschäftigt ist, daß sie nicht einmal Briefe schreiben darf, da ich in Straßenbahnen sitze und sie nicht umstürzen will, da meine Beine die blinden Stiefel verloren, in denen sie steckten, und ich nicht mehr angreifen kann, –

jetzt weiß ich, daß Grshebin ein wertvolles Produkt ist. Ich will Grshebins Kredit nicht untergraben, glaube aber fest daran, daß man mein Buch in keiner Bank lesen wird.

Daher teile ich mit, daß Grshebin überhaupt kein Geschäftsmann ist und weder mit der von ihm verschlungenen russischen Literatur noch mit Dollars vollgestopft.

Ja, weißt du nicht, wer Grshebin ist, Alja? Grshebin ist Verleger, er hat den Almanach „Die Heckenrose" herausgegeben und das „Pantheon", und jetzt hat er den wohl größten Verlag in Berlin.

In Rußland kaufte Grshebin 1918 bis 1920 hysterisch Manuskripte; das war eine Krankheit wie die Raserei eines Weibchens. Gedruckt hat er die Bücher damals nicht. Ich ging zu ihm immer in blinden Stiefeln und schrie ihn an mit einer Stimme, dreißigmal lauter als jede Berliner Stimme. Und abends trank ich bei ihm Tee.

Denk ja nicht, daß ich dreißigmal schmaler geworden bin.

Es hat sich einfach alles verändert.

Jetzt bezeuge ich: Grshebin ist kein Geschäftsmann.

Grshebin ist ein Bourgeois sowjetischen Typs mit Wahn und Wirbel.

Jetzt druckt er, druckt und druckt! Buch um Buch kommt heraus, will nach Rußland wandern, kommt aber nicht durch.

Auf allen das Zeichen: „Sinowi Grshebin".

200, 300, 400, vielleicht bald 1 000 Titel. Die Bücher türmen sich übereinander, bilden Pyramiden, Ströme, nach Rußland gelangen sie tropfenweise.

Aber der Sowjetbourgeois träumt seinen Wahn von den internationalen Maßstäben am Rande der Welt in Berlin und druckt immer mehr Bücher.

Bücher als solche. Bücher um der Bücher willen, zur Bestätigung des Verlages.

Das ist das Pathos des Eigentums, das Pathos der Sammlung von vielen vielen Dingen um seinen Namen. Als Antwort auf die sowjetischen Zuteilungskarten und Nummern setzte der phantastische Sowjetbourgeois sein gesamtes Geld, seine gesamte Energie auf die Schaffung einer Wolke von Dingen, die seinen Namen tragen.

Macht nichts, daß seine Bücher nicht nach Rußland gelangen – es geht ihm wie dem ungeliebten Verehrer, der sich mit Blumenkäufen zugrunde richtet, das Zimmer der Frau, die ihn nicht liebt, zu einem Blumenladen macht und sich an der Vergeblichkeit labt.

Einer sehr schönen und überzeugenden Vergeblichkeit. So auch Rußlands abgewiesener Liebhaber Grshebin, der sein Recht auf Leben spürt und druckt und druckt und druckt.

Wundere dich nicht Alja – wir alle haben unseren Wahn. Alle, die ernst machen mit dem Leben.

Grshebin feilscht, wenn du ihm ein Manuskript verkaufst, und zwar beträchtlich, aber mehr aus Anstand als aus Gewinnsucht. Er will sich beweisen, daß es ihn und seine Sache wirklich gibt. Grshebins Verträge sind nur scheinbar real und gehören in das Gebiet der Elektrifizierung Rußlands.

Rußland liebt die Juden nicht.

Dabei sind Juden vom Typ Grshebin ein gutes fiebertreibendes Mittel.

Es tut gut, Grshebin mit seinem Appetit auf die Herstellung von Dingen in diesem ungläubigen und tatenlosen russischen Berlin zu sehen.

Es geht hier um drei Aufträge für mich, um die Frage „Liebst Du mich?", um meinen Aufführenden, darum, wie der „Don Quijote" gemacht ist.

Dann wird der Brief zur Rede, über einen großen russischen Schriftsteller und schließt mit einem Gedanken zur Dauer meiner Dienstzeit.

Du hast mich um zwei Dinge gebeten:
1. Dich nicht anzurufen, 2. Dich nicht zu sehen.
Und nun bin ich ein vielbeschäftigter Mann.
Da gibt es noch ein Drittes: nicht an Dich zu denken. Aber das hast Du mir nicht aufgetragen.
Du selbst fragst mich zuweilen: „Liebst Du mich?"
Dann weiß ich, daß Du die Posten kontrollierst. Ich antworte mit dem Eifer eines Soldaten der Pioniertruppen, der die Standortvorschrift nur lückenhaft beherrscht:
„Posten Nummer drei, die Nummer kann ich nicht genau angeben, Posten am Telefon und auf den Straßen zwischen

Gedächtniskirche und den Hochbahnbrücken Yorckstraße, nicht weiter. Befehl: liebhaben, nicht treffen, keine Briefe schreiben. Und daran denken, wie der ‚Don Quijote' gemacht ist!"

Der „Don Quijote" wurde unabsichtlich im Gefängnis geschrieben. Den parodistischen Helden benutzte Cervantes nicht nur zum Vollbringen zerrbildhafter Heldentaten, sondern auch zum Sprechen weiser Worte. Du weißt ja selbst, mein Herr Aufführender, der Mensch muß seine Briefe irgendwohin schicken. Don Quijote bekam Weisheit geschenkt, sonst gab es niemanden im Roman, der weise hätte sein können; die Verquickung von Weisheit und Wahnsinn ergab den Don Quijote.

Ich könnte noch mancherlei erzählen, aber ich sehe den gerundeten Rücken und die Enden des kleinen Zobelcapes vor mir. Du hängst es Dir so um, damit Dein Hals geschützt ist.

Ich kann nicht fortgehen, kann meinen Posten nicht verlassen.

Der Aufführende geht leichtfüßig und schnell und bleibt hier und da vor Schaufenstern stehen.

Er betrachtet durchs Glas spitze Pumps, lange Damenhandschuhe, schwarze Seidenhemden mit weißer Borte, wie Kinder durch die Schaufensterscheibe eine große schöne Puppe angucken.

So betrachte ich Alja.

Die Sonne steigt wie bei Cervantes immer höher. Sie hätte das Hirn des armen Hidalgo geschmolzen, wenn er eines besessen hätte.

Die Sonne steht genau über meinem Kopf.

Ich aber habe keine Angst, ich weiß, wie ein Don Quijote gemacht werden muß.

Er ist stabil gemacht.

Lachen wird, wer der Stärkste von allen ist.

Das Buch wird lachen.

Und solange ich nun meinen Posten am Telefon halte und mit der Hand daran tippe wie eine Katze mit der Pfote in die heiße Milch, schiebe ich in meinen Don Quijote noch eine weitere weise Rede. Ein großer Mann wandert durch Berlin. Ich bin mit ihm bekannt, ein paarmal haben wir sogar aus Versehen unsere Cachenez vertauscht.

Wenn er spricht, geht seine gelassene Stimme unversehens in Schamanengekreisch über.

Einen solchen Schamanen brachte man einst nach Moskau ins Historische Museum. Gedeckt durch seine uralte Schamanenkultur, ließ er sich nicht beirren, griff zum Tamburin und zauberte vor den Professoren, sah Geister, verfiel in Ekstase.

Dann fuhr er nach Sibirien und schamanisierte dort weiter, allerdings nicht mehr vor Professoren.

In dem Manne, den ich meine, wohnt die Ekstase als Dauermieterin, nicht als Sommergast. In der einen Zimmerecke liegt, eingeseilt im Lederkoffer, ein Wirbelsturm.

Der Mann wird Andrej Bely genannt. Sein weltlicher Name ist Boris Nikolajewitsch Bugajew. Er ist ein Professorensohn.

Wells beschreibt das Leben immer so, daß sichtbar wird, wie die Dinge den Menschen lenken.

Die Dinge haben den Menschen umgebildet, besonders die Maschinen.

Der Mensch heute versteht nur, sie anzustellen, weiter laufen sie von allein. Sie laufen und laufen und erdrücken den Menschen.

Um die Wissenschaft steht es ganz und gar besorgniserregend.

Die Notwendigkeit des Verstandes steht im Widerspruch zur Notwendigkeit in der Natur.

Es gab ein Oben und Unten, es gab Zeit, es gab Materie.

Jetzt ist nichts mehr da. Die Welt wird von der Methode beherrscht. Die Methode ist eine Erfindung des Menschen.

Die Methode

Die Methode hat ihr Zuhause verlassen und ein selbständiges Dasein begonnen.

Die „Speise der Götter" ist entdeckt, jedoch essen wir nicht davon.

Dinge, darunter die kompliziertesten aller Dinge, die Wissenschaften, wandern über die Erde.

Wie zwingen wir sie, uns dienstbar zu werden?

Und ist das überhaupt nötig?

Bauen wir doch lieber unnütze und unüberblickbare, dafür aber neue Dinge.

In der Kunst läuft die Methode ebenfalls isoliert herum.

286

Jemand, der ein großes Werk schreibt, ist wie der Fahrer eines Autos mit 300 PS, das ihn quasi von ganz allein gegen eine Mauer zieht. Von solch einem Wagen pflegen Fahrer zu sagen: „Der haut dich in Klump."

Viele Male betrachtete ich Andrej Bely alias Boris Bugajew und dachte bei mir, er sei ein nahezu schüchterner, auf zuvorkommende Weise mit allem einverstandener Mann.

Sein graumeliertes Haar schien, weil es ein dunkles Gesicht umrahmte, eisweiß. Sein Körper mußte kräftig sein. Wenn man allein die Ärmel ansah, die von den Armen voll ausgefüllt waren.

Seine Augen waren winklig geschnitten.

Andrej Belys Methode war äußerst dynamisch und ihm selbst unbegreiflich.

Angefangen zu schreiben hat er, glaube ich, aus Spaß.

Ein Scherz war seine „Symphonie".

Wörter wurden neben Wörter placiert, aber der Künstler

Viktor Schklowskis
„Zoo",
Berlin 1923.
Umschlag von
El Lissitzky

287

sah sie auf ungewöhnliche Weise. Der Scherz entfiel, die Methode entstand.

Zu guter Letzt fand er sogar einen Namen für die Motivierung.

Der Name war: Anthroposophie.

Die Anthroposophie ist eine Angelegenheit von geringem Ausmaß, geschaffen, um die Dinge zusammenzufügen.

Unter Katharina II. wurde die Isaakskathedrale gebaut, unter Paul I. mit Ziegeln eingewölbt, ohne Rücksicht auf Proportionen.

Einzig, um Ruhe zu haben.

Und kundzutun: Die Kathedrale ist fertiggestellt.

Heute gibt es eine ganze Menge Leute, die mit Begeisterung Parallelen krumm biegen und die Enden aneinanderfügen.

Anthroposophie ist ein recht ungeeignetes Wort für heute.

Die Kraftlinien schneiden sich heute nicht mehr in uns.

Der Aufbau einer neuen Welt ist für uns eher ein Spektakulum als ein Anliegen.

In den gestuften „Aufzeichnungen eines Sonderlings", worin der Verstand des Poeten und Prosaikers gärt und strebt, jedoch nicht sieht, im mißlungenen, aber sehr bedeutsamen „Kotik Letajew" schafft Andrej Bely mehrere Ebenen. Die eine ist stabil, fast real, die anderen laufen darauf und erscheinen quasi als deren Schatten, Lichtquellen gibt es viele, es scheint aber, als seien die vielen Ebenen real, die eine, die äußerste, aber rein zufällig. Seelische Realität gibt es weder in der einen noch in den anderen; es gibt nur die Methode, das Verfahren, die Dinge reihenförmig anzuordnen.

Da hast Du sie, die weise Rede, die mir auf meinem Posten die Zeit vertreiben soll. Ich stehe herum, langweile mich wie ein junger Soldat, zähle die Passanten. Rede mir selber mit freundlichen Worten zu:

„Halt's aus, denk an etwas anderes, denk an andere große, unglückliche Menschen. In der Liebe gibt es keinen gekränkten Stolz. Und wer weiß, vielleicht kommt der Aufführende morgen schon wieder."

„Und wann ist mein Dienst zu Ende?"

Das läßt sich schlecht absehen, solange ich liebe, so lange diene ich.

Von einer Frau, die ein Kleid auswählt, und von Dingen, die Arme haben. Es wird auch ein Mißverständnis mit Fräcken erwähnt. Den Hauptinhalt des Briefes aber bildet ein Bericht: Wie ein Kerenski-rubel in den Hut von Pjotr Bogatyrjow geriet, wie dieser es in Moskau fertigbrachte, nicht zu weinen, und wie er in einem Restaurant in Prag weinen mußte.

Item, ich schreibe von einer fremden Kultur und einer fremden Frau.
Die Frau ist womöglich doch keine ganz fremde.
Ich beklage mich nicht über Dich, Alja, nur, Du bist zu sehr Frau.
Du sagst: „Wenn man sich ein Kleid sehr lange wünscht, lohnt es nicht mehr, es zu kaufen – es ist dann, als habe man es schon getragen und im Kopf verschlissen."
Im Geschäft aber flirtet eine Frau zweifelsohne mit den Dingen, ihr gefällt alles.
Das ist europäische psychologische Verhaltensart.
Selbstverständlich ist der Gegenstand schuld, wenn er sich nicht beliebt zu machen versteht.
Besonders gilt das für Gegenstände, die Hände haben.
Nun, jeder Soldat trägt seine Niederlage im Tornister.
Doch auf dem Schlachtfeld erst, getötet, erkennt er sein Schicksal.
Wir verstehen es nicht, unbeschwert zu sein.
Die Gattin des berühmten Chirurgen Iwan Grekow nahm es mir und Mischa Slonimski schwer übel, daß wir zu ihrer Abendgesellschaft in Feldrock und Filzstiefeln erschienen. Alle anderen Herren trugen Frack.
Unsere Unhöflichkeit ließ sich leicht erklären: Jene Herren besaßen noch ihre alten Fräcke: Ein Frack altert ja lange nicht und kann eine Revolution überleben. Wir hingegen hatten niemals einen Frack getragen. Wir trugen zuerst Gymnasiasten-, dann Studentenpaletos, später Soldaten-mäntel und Feldröcke, geschneidert aus den Soldatenmän-teln. Wir kannten keine anderen Lebensformen als die von Krieg und Revolution. Die Revolution kann uns Leid an-tun, doch wir können ihr nicht davonlaufen.
Schaufensterpsychologie ist uns fremd, wir sind kargen Be-sitz gewohnt, Überflüssiges wird verschenkt oder verkauft.
Unsere Ehefrauen haben Säcke getragen, und ihre Schuh-größe nahm um eine ganze Nummer zu.

Europa zertrümmert uns, wir ereifern uns hier darüber und nehmen alles ernst. Du kennst doch den blonden Pjotr Bogatyrjow. Er hat blaue Augen, ist klein, seine Hosenbeine sind kurz; Hosenbeine pflegen bei Kurzbeinigen besonders kurz zu sein. Pjotrs Schnürsenkel baumeln.

Durch die Straßen geht er mal langsam und auf Zehenspitzen, dann wieder schlägt er Hasenhaken; er spricht nicht, er schreit.

Dieser Exzentriker stammt aus einer Zunftmeistersfamilie von der Wolga, aus dem Dorf Pokrowskoje. Weil er schön Gedichte aufsagte, kam er in ein Gymnasium. Absolvierte es. Wurde Student der Philologie und befaßte sich an der Universität mit theoretischen Problemen von Anekdoten und Witzen.

Er schreibt viel und verliert dann die Manuskripte.

Im hungernden Moskau war er sich nicht bewußt gewesen, daß es ihm schlecht ging. Er lebte, schrieb, schluderte wie wir alle, tat es aber sehr gutherzig.

Da kämpft sich Bogatyrjow eines Abends vom Theater durch die Schneewehen Moskaus nach Hause, er ist erschöpft, nimmt die Mütze ab und fährt sich mit der Hand über die Stirn.

Und plötzlich liegt in seiner Kopfbedeckung ein Kerenskirubel.

Er wendet sich um und sieht einen Mann, eine Art Militärspezialisten, davongehen. Er hinterher.

„Genosse, ich brauche das Geld nicht."

„Ach, genieren Sie sich doch nicht, nehmen Sie es nur."

Bogatyrjow nahm das Geld nicht, fühlte sich aber auch nicht vor den Kopf gestoßen.

Niemand kann uns vor den Kopf stoßen, weil wir arbeiten.

Niemand kann uns lächerlich machen, weil wir wissen, was wir wert sind.

Unsere Liebe aber, die Liebe von Männern, die niemals einen Frack getragen haben, kann keine Frau, die an der Last unseres Lebens nicht mitgeschleppt hat, verstehen.

Bogatyrjow las sich durch Institute, sammelte Revolutionsfolklore, befreundete sich mit Roman Jakobson.

Nachdem Roman nach Prag gereist war, ließ er Bogatyrjow nachkommen.

290

Der kam, mit kurzen Hosenbeinen und baumelnden Schuh-
senkeln, den Koffer voll Manuskripte und Papierfetzen und
alles derart verwurstelt, daß nicht feststellbar war, wo Manuskripte lagen und wo ein paar Hosen.

Bogatyrjow kaufte sich Würfelzucker, steckte ihn in die Ho-
sentaschen und aß ihn, kurz, er versuchte, an der russischen
Lebensweise festzuhalten.

Roman aber mit seinen schmalen Füßen und dem rothaarigen, blauäugigen Kopf liebte Europa.

Er hat tatsächlich Ähnlichkeit mit Deinem Bruder.

Roman nahm Bogatyrjow mit in ein Restaurant, und Pjotr
saß zwischen unzerkratzten Wänden, umgeben von diver-
sen Speisen, Weinen und Frauen. Und ihm kamen die Tränen.

Er stand das nicht durch. Uns weicht diese Lebensweise
auf.

Wir brauchen all das nicht. Allerdings ist zur Erzeugung
von Parallelismen alles brauchbar.

Bogatyrjow schrieb ein Buch „Das tschechische Puppen-
theater und das russische Volkstheater", kam dann nach
Berlin, und ich gab das Buch heraus, weil Du ja derart beschäftigt bist, daß ich viel freie Zeit habe. Und auch deshalb, weil ich zu arbeiten verstehe.

Bogatyrjow ließ sich drei Anzüge machen, er trägt allerdings einen vierten, der ist vermutlich aus Moskau, also
eine Nationaltracht.

Jetzt durchsteht er sogar ein Lokal wie die „Prager Diele".

Geweint hat er damals nicht aus Sentimentalität, sondern
so, wie Fensterscheiben weinen, wenn das Zimmer nach
langer Zeit wieder geheizt wird.

Über Iwan Pougny und seine Gattin, Xana Boguslawskaja. Darüber,
wie ein Künstler liebt und geliebt werden sollte, über Pougnys
Freunde und darüber, wie Bücher und Bilder erzeugt werden. Der
Inhalt des Briefes ist didaktisch.

Es ist schwer, sogar in Briefen, sogar durch die schwarze Pa-
pierlarve, die ich Dir anlege, schwer, selbst im Traum Dein
Gesicht zu sehen.

Frau ohne Kunstfertigkeit, womit füllst Du Deine Zeit? Tut

Xenia Boguslawskaja

man denn das, Alja – Menschen das Brot wegnehmen und
an Köter verfüttern?
Sie sind doch Köter, Schluderer und Köter.
Berlin ist für mich mit Deinem Namen umgürtet.
Keine Kunde aus der Welt dringt zu mir.
Und Xana Boguslawskaja-Pougny liegt mit diphterischer
Angina. Armes Kind, arme Malerin und Malersfrau! Ich

habe sie und ihren Mann vor der Begegnung mit Dir aufmerksam beobachtet.

Iwan Pougny kenne ich schon seit zehn Jahren, seit der „Trambahnlinie B", so hieß damals die Ausstellung.

Dieser Mensch nimmt nicht wahr, was um ihn herum geschieht, obwohl er nicht verliebt ist, ich glaube, er liebt niemanden und kriegt es fertig, die Menschen nicht zu bemerken, sondern sie mit zerstreuter Miene auf sich zukommen zu lassen.

Er hat eine traurige Liebe – zu Bildern. Wie ich es nicht schaffte, Dich freudig zu lieben, so liebt auch Pougny die Kunst ein Leben lang unfreudig.

Du wirst niemals mir gegenüber im Recht sein, weil Du weder künstlerisches Können hast noch Liebe, und wenn es eine Sittlichkeit gibt, so kann sie einen, der selbst stark ist, nicht beschützen.

Wozu sollte jemand recht behalten, der jeden Augenblick zu mir sagen kann: „Ich habe dich nicht gebeten, mich zu lieben" und mich ad acta legt.

Wundere Dich nicht, daß ich schreie, wenn Du mir gar nicht weh tust!

Durch Dich habe ich das Prinzip der Relativität kennengelernt. Stell Dir Gulliver bei den Riesen vor: Die Riesin hält ihn in der Hand, ganz locker, man kann kaum sagen, sie halte ihn, sie hat nur vergessen, ihn loszulassen, gleich aber wird sie es tun, und der arme Gulliver ist entsetzt und schreit und fleht am Telefon – laß mich nicht fallen!

Iwan Pougny ist in seine Bilder verliebt; sein trauriger Blick folgt den Schicksalsläufen der Kunst, alles kommt ihn schwer an, und er ist sich der Zuneigung des morgigen Tages nicht sicher.

Eines Nachts besuchten wir ihn: Roman Jakobson, Carl Einstein, Bogatyrjow, ich und noch jemand.

Es muß ein oder zwei Uhr gewesen sein; Pougny arbeitete noch in seinem Atelier. Auf dem Fußboden, auf Stühlen und auf dem Bett lagen Farbtuben.

Er empfing uns ohne Freude, ohne Verwunderung, als seien wir Passagiere und sein Zimmer ein Eisenbahnwaggon.

Wir sprachen über mancherlei, ausschließlich über Bitteres.

Wir holten geröstete Kartoffeln aus glühenden Kohlen und

Xenia Boguslawskaja (rechts) und die Schriftstellerin Jelena Ferrari

aßen sie. Pougny gab uns Speck, röstete die Kartoffeln, nahm uns aber nicht zur Kenntnis. Er blickte traurig und versunken auf ein Bild.

Ja, und einmal sah ich ihn lachen vor einem seiner Bilder; er kann über eine Konstruktion lachen wie über einen guten Witz.

Xana Boguslawskaja ist Malersfrau und Malerin.

Ihre Arbeiten sind nicht schlecht, wenn auch süßlich, eher sogar gut, weil ihre Süße bewußt gesetzt ist, sie ist Kunstgriff, nicht Gefühlsduselei.

294

„Der Blaue Vogel". Dekoration von Xenia Boguslawskaja „Abends spät im Walde"

Und das Wundervollste an ihr ist ihre Verliebtheit in die Bilder ihres Mannes. Sie spielt die einzelnen Varianten eifersüchtig gegeneinander aus, macht sich Sorgen, wie es weitergehen soll.

Um leben zu können, muß der Künstler schludern. Schluderei wiederum verursacht echte Schmerzen in den Schultern. Echte Bilder lassen sich nicht verkaufen, genauer gesagt muß, bis sie anerkannt werden, sehr viel Geduld aufgebracht werden. Wir haben das Haus Pougny im Scherz oft „Heilige Familie" genannt, manchmal auch „Handelshaus mit beschränkter Haftung". Die Familie war indes wirklich heilig: Übersetzt man aus dem Berlinerischen ins Antike, ergibt sich die Flucht nach Ägypten, wobei Xana als Joseph, Pougny als Mutter, das Bild als Kind zu verstehen ist.

Jeder, der eine Frau oder sein Handwerk liebt, lebt mühsam.

In Pougnys Haus kommen Freunde: der blonde Deutsche Frigg mit seiner schönen Frau, der Lette Karl Zalitis, der lärmt wie ein afrikanischer Christ des 4. Jahrhunderts, Arnold Dserkal, der Schweigsame, Gutgekleidete, Starke, mir Unverständliche, der aussieht wie ein Schwede. Und Rudi Belling, ein Deutscher von französischem Typus, ein Bildhauer mit der Gestalt eines Grashüpfers; die expressionistischen Schaufensterpuppen in Berlin sind nach seinen Entwürfen hergestellt.

Alle diese Menschen geben sich gelassen und leise, wenn sie Bilder betrachten. Xana aber hängt mit verliebten Blicken an der bemalten Leinwand. Pougny hat die ganze Zeit viel gearbeitet.

Die Bilder nagen an ihm. Das Arbeiten fällt ihm so schwer!

Die Dinge kommen zur Welt wie Kinder.

Sie werden fröhlich und keusch gezeugt, unter Beschwernissen ausgetragen, mit Schmerzen geboren, danach fristen sie ein bitteres Dasein.

Hier wird eine Bemerkung Aljas über Atlantikdampfer weiterentwickelt und von Tanz auf Deck sowie von Automobilen gesprochen, außerdem von Boris Pasternak, dem Moskauer Haus der Presse und von unserem Schicksal.

Du hast mir so hübsch vom Atlantikdampfer erzählt. Ich bin doch die reinste Sparbüchse für Deine Worte. Du hast erzählt, auf einem solchen Dampfer spüre man ständig, wie er zieht. Nicht die Bewegung selbst spüre man, sondern den Zug, die Fahrt, die Potenz der Fahrt. Ein Autofahrer begreift das gut. Jedes Auto zieht anders. Ein guter Wagen stemmt sich einem sehr angenehm gegen den Rücken und schiebt einen gleichsam vorwärts. Der größte Reiz eines guten Autos ist dessen typische Zugkraft, dessen typisches Kraftanwachsen. Ähnliches empfindet man beim Stärkerwerden einer Stimme. Sehr angenehm ist die klangliche Stimmzunahme beim „Fiat". Du trittst aufs Gaspedal, und schon trägt dich der Wagen begeistert davon. Es gibt Wagen, die sogleich aber auch sehr hart auf Hochtouren kommen, besonders deutlich ist mir da der 60-PS-Michel in Erinnerung. Hinterm Lenkrad verändern sich die Empfindungen: Man spürt den Zug und die Ruhe oder den Zug und die Schwermut. Alles miteinander aber erwächst aus dem Gefühl der sich gegen Dich stemmenden Bewegung.

Einen Atlantikdampfer habe ich nie gesehen. Aber er ist mir lieb, und ich verstehe ihn. Es muß sehr schön sein, auf einem wandernden Fußboden zu tanzen, zu küssen und nachzudenken, wenn die Gedanken eine Spur hinter der Bewegung zurückbleiben, wie es das Herz im abwärtsfahrenden Fahrstuhl tut.

Das ist wie Denken bei Musik, nur noch schöner. Es erinnert an Dolochow („Krieg und Frieden"), der es beim Gesang des bäuerlichen Tanzliedes nicht fertigbringt, sich mit seinen Kameraden zu entzweien.

Eine neue Welt mit neuen Empfindungen steht in der Geburt, noch nicht jeder bemerkt es. Unsere Erde wird am Schlepptau ins Irgendwohin gezogen. Deine Schwester hat einmal im Haus der Presse in Moskau gesessen. Vermutlich war es kalt, und eine Menge Zeitungsleute machten sich breit. Sie saß mit Boris Pasternak zusammen. Er redete wie gewöhnlich, warf die Worte scharenweise nach verschiedenen Seiten. Das Wichtigste blieb ungesagt. Das allerwichtigste Wort.

Pasternak selbst ist so wundervoll, daß ich ihn jetzt beschreiben werde.

Sein Kopf sieht aus wie ein eiförmiger Stein, glattgeschliffen und fest, seine Brust ist breit, die Augen sind braun. Marina Zwetajewa behauptet, Pasternak habe gleichzeitig etwas von einem Araber und von dessen Pferd. Ständig stürmt er einem Ziel zu, nicht hysterisch, vielmehr zieht er wie ein starkes, heißblütiges Pferd. Er geht im Schritt, wo er am liebsten galoppieren, die Beine weit ausgreifen lassen würde. Pasternak sagte zu Deiner Schwester nach vielen sinnverhangenen Worten:

Berlin, Hardenbergstraße

„Wissen Sie, wir leben wie auf einem Dampfer.“
Dieser Mann spürte inmitten der Leute, die da in Winter-
mänteln an der Theke herumstanden und belegte Brote
kauten, den Zug der Geschichte. Er hat ein Gespür für Bewegung, das Herrliche an seinen Gedichten ist ihre Zugkraft, die Zeilen brechen ab, sie wollen sich nicht einfügen
lassen, wie Stahlruten, sie überrennen einander wie Wagen
eines plötzlich gebremsten Eisenbahnzuges. Schöne Gedichte sind das.
In Berlin lebte Pasternak voller Besorgnis. Er ist ein Mann
von westlicher Kultur, zumindest begreift er sie, er hat ja
schon früher in Deutschland gelebt, diesmal begleitet ihn
seine junge, sehr liebe Frau, dennoch ist er sehr besorgt.
Nicht zur Abrundung meines Briefes sage ich jetzt, mir
kommt es vor, als spüre er bei uns den fehlenden Zug.

298

Wir sind Emigranten – nein, wir sind nicht mal Emigranten. Wir sind Ausgerissene, und momentan sind wir nichts als Stillsitzer.

Zunächst jedenfalls.

Das russische Berlin fährt nirgendshin. Es hat kein Schicksal.

Es hat keinen Zug.

Wie deutlich ich das spüre! Vielleicht findest Du darum Fremde, Engländer, Amerikaner so anziehend, vielleicht öden wir Dich an, weil auch Du es spürst. Jene besitzen die mechanische Zugkraft, den Zug eines Atlantikdampfers, auf dessen Deck sich so schön Shimmy tanzen läßt. Wir verlieren unsere Frauen. Langsam müssen wir an uns selber denken. Wir Männer sind Verbrennungsmotoren, unsere Sache ist es, Kähne stromaufwärts zu schleppen. Fürs Mitfahren an Deck fehlen uns die Tanzschuhe.

Berlin, Kaiser-Wilhelm-Gedächtniskirche

Von der Unausweichlichkeit und Vorbestimmtheit einer Entscheidung. Diese erwartend, schreibt der Korrespondent zuerst über Hamburg, dann über das graugestreifte Dresden und zu guter Letzt über Berlin als die Stadt der Fertighäuser; weiterhin geht es um einen Ring, durch den alle Gedanken des Autors gefädelt sind, um seinen nächtlichen Weg unter zwölf Hochbahnbrücken hindurch und um eine Begegnung. Außerdem darum, daß Worte zwecklos sind.

Ich bin vollkommen durcheinander, Alja! Weißt Du, warum? Neben den Briefen an Dich schreibe ich an einem Buch. Und nun ist, was ins Buch gehört und was im Leben ist, ganz und gar durcheinander geraten. Weißt Du noch, was ich Dir über Andrej Bely und über die Methode geschrieben hab? In der Liebe gibt es eigene Methoden, eine eigene Logik des Verlaufs, festgelegt ohne mein und unser Zutun. Ich habe das Wort Liebe ausgesprochen und den Verlauf eingesetzt. Das Spiel begann. Nun weiß ich nicht mehr, wo Liebe ist und wo das Buch. Das Spiel entfaltet sich. Auf dem dritten oder vierten Druckbogen kann ich mein Schach und mein Matt erwarten. Die Eröffnung hat stattgefunden. Niemand kann mehr die Entscheidung berichtigen.
Tragische Ausgangsvarianten, zumindest mit einem gebrochenen Herzen, werden durch den Briefroman vorgegeben.
Einstweilen aber möchte ich, nur für mich, vom Ort der Handlung erzählen.
Berlin läßt sich schwer beschreiben.
Will man Hamburg unter die Feder nehmen, kann man etwas von Möwen über Kanälen, von Geschäften, von kanalwärts geneigten Häusern sagen, von all dem, was ein Zeichenstift für gewöhnlich skizziert.
Fährt man in den Freihafen der Stadt Hamburg ein, schieben sich die Schleusen wie Vorhänge auseinander. Wie auf der Bühne. Das gewaltige Wasserfeld, grüßende Hebekräne, schwarze Bagger, die ein Maulvoll Kohle nach dem anderen aus den Schiffsleibern schnappen. Ihre Kiefer klaffen wie bei Krokodilen gelenklos nach unten und nach oben. In der Höhe schweben vergitterte Aufzüge. Schwimmende Silos sind da, die pro Tag 35000 Pud Korn in sich hineinsaugen können. Man müßte an so einen Sauger heranschwimmen

300

Boris Pilnjak. Radierung von Sergej Salschupin

und zu ihm sagen: „Lieber Genosse, würden Sie freundlicherweise die 35 000 Liebesteufel aus mir heraussaugen, die
in meiner Seele nisten?"
Oder den größten Hebekran bitten, mich am Schlafitt-
chen zu packen und mir die schleusenbewehrte Elbe zu
zeigen und das viele Eisen und die Schiffe, neben denen
Autos wie Flöhe aussehen. Und der Dampfbetriebene

müßte zu mir sprechen: „Besieh dir, du sentimentales Schlappohr, all das himmelwärts gesteilte Eisenzeug. Geningel und Gejammer sind unschön, und wenn du mit dem Leben nicht fertig wirst, dann steck deinen Kopf zwischen die eisernen Backen des Kohlebaggers und laß ihn dir abbeißen."

Goldene Worte!

Hamburg läßt sich beschreiben.

Dresden zu beschreiben wäre natürlich arbeitsaufwendiger.

Aber es gibt einen Ausweg, zu dem man in der neuen russischen Literatur häufig greift.

Man nehme ein Detail von Dresden – zum Beispiel die Tatsache, daß die Autos dort proper und mit graugestreiftem Stoff ausgeschlagen sind.

Alles Weitere läßt sich so leicht bewerkstelligen, wie ein Hebekran eine Tonne hebt.

Man muß nur glaubhaft versichern, Dresden sei ganz graugestreift, die Elbe sei ein Streifen auf Grau, die Häuser seien grau, und die Sixtinische Madonna sei grau mit Streifen. Das dürfte zwar kaum zutreffen, doch es ist überzeugend, außerdem bewiese man guten Ton. Eben grauen Ton mit Streifen.

Doch ist es schwer, Berlin zu beschreiben. Es läßt sich nicht packen.

Die Russen wohnen in Berlin bekanntlich um den Zoo herum.

Daß diese Tatsache allgemein bekannt ist, birgt keineswegs einen Grund zur Freude.

Während des Krieges hieß es: „Bekanntlich pflegen die Deutschen im Frühjahr anzugreifen." Als wenn der Angriff der Deutschen ein Naturereignis wie der Frühlingsbeginn sei.

Die Russen in Berlin ziehen ihre Kreise um die Gedächtniskirche wie Fliegen um den Kronleuchter. Und wie an Kronleuchtern Papierkügelchen mit Fliegengift baumeln, so sitzt oben am Turmkreuz der Kirche eine seltsame stachlige Nuß.

Die Straßen, die man von der Höhe der Nuß sieht, sind breit. Die Häuser gleichen einander wie Koffer. Auf den Straßen spazieren Damen in Sealmänteln und schweren Lederüberschuhen, und unsereins mittendrin im mausgrauen Mäntelchen mit Sealbesatz.

302

Поэт Сергей Есенин и знаменитая танцовщица
Айседора Дункан сняты у Бранденбургских
ворот, в Берлине. С. Есенин вскоре возвращает-
ся в Россию.

Sergej Jessenin und Isadora Duncan in Berlin

Durch die Straßen gehen die Schieber in rauhwollenen Paletots und, paarweise, russische Professoren, die Hände mit dem Regenschirm auf dem Rücken verschränkt. Straßenbahnen gibt es viele, doch lohnt es nicht, darin eine Stadtrundfahrt vorzunehmen, weil die Stadt sich überall gleicht. Die Paläste sind Konfektionsware. Die Denkmäler sehen aus wie Tafelaufsätze. Wir fahren nirgendwohin, wir leben zuhauf unter den Deutschen wie ein See inmitten seiner Ufer.

Winter gibt es hier keine. Der Schnee fällt und schmilzt abwechselnd.

In Feuchtigkeit und Niederlage rostet das eiserne Deutschland, und wir, die Nichteisernen, wir rosten mit ihm, und der Rost bindet uns fest aneinander.

In der Kleiststraße, vis-à-vis der Wohnung von Iwan Pougny, steht das Haus, worin Jelena Ferrari wohnt.

Sie hat ein Porzellangesicht, ihre Wimpern sind lang und ziehen die Lider herab.

Sie kann damit klappern wie mit den Türen eines Panzerschrankes.

Zwischen diesen beiden berühmten Häusern fliegt die U-Bahn aus der Erde empor und kriecht heulend aufs Hochgleis.

Der Zug kommt vom Bahnhof Wittenbergplatz angerast und jault wie eine schwere Granate auf steigender Flugbahn.

Dann huscht er hinter eine Backsteinkirche, Berliner Kirchen sehen einander übrigens dermaßen ähnlich, daß wir sie nur nach den Straßen, auf denen sie stehen, unterscheiden.

Hinter der roten Kirche huscht der Zug in einen Häuserdurchbruch wie durch einen Triumphbogen.

Dann kommt das Forum aller Berliner Züge, die Station Gleisdreieck. Für Russen, die inmitten der Deutschen wie zwischen Ufern leben, ist Gleisdreieck ein Umsteigebahnhof.

Von hier fährt der Zug zum Leipziger Platz und zu anderen Plätzen, wo Bettler neben ihren deckengeschützten, ruhig daliegenden Blindenhunden Streichhölzer verkaufen.

Leierkästen schluchzen, sie spielen nicht „Ach, du lieber Augustin" oder „Deutschland, Deutschland über alles", sie stöhnen nur. Das ist das mechanische Gestöhn der Stadt Berlin.

Wer nicht zu den Plätzen fährt, wer durch das öde Tor des U-Bahnhofs Gleisdreieck hinaustritt, sieht weder Deutsche noch Professoren, noch Schieber.

Ringsumher über Dächer langer gelber Gebäude führen Gleise, führen auf der Erde entlang, über hohe Eisengerüste, sie überschneiden Eisengerüste und laufen über andere, noch höhere Gleisgerüste.

Tausende Lichter, Laternen, Weichen, dreibeinige Eisenkugeln, Lichtsignale, lauter Lichtsignale rundherum.

Schwermut, Emigrantenliebe und die Straßenbahn 164 brachten mich hierher, ich wanderte lange über kleine Überführungen, die sich hier kreuzen wie Fäden eines durch einen Ring gezogenen Schultertuches.

Dieser Ring ist Berlin.

Dieser Ring ist in meinen Gedanken Dein Name.

Oftmals ging ich in der Nacht von Dir, unter den zwölf Eisenbahnbrücken hindurch.

Man geht und singt. Und denkt darüber nach, wieso das Leben an das eiserne Herz Deutschlands, genannt Gleisdreieck, und durch das eiserne Tor Hamburgs nur Konfektionsware liefert: Häuser wie Koffer, Straßenbahnen, worauf man nirgendwohin fahren kann. So gehe ich heimwärts.

Ich gehe den Weg unter den zwölf eisernen Brücken hindurch.

Ich habe es weit. An der Ecke zur Potsdamer Straße sehe ich jede Nacht dieselbe käufliche Person mit rotem Hut stehen!

Sie trällert eine Melodie, sowie sie mich entdeckt, dann spricht sie mich in einer mir unverständlichen Sprache an.

Ich gehe vorüber, ich habe noch weit zu gehen.

Helf er sich, Kollegin mit dem roten Hut!

Auf der Welt gibt es vielerlei Tiere, jedes preist und lästert Gott auf seine Weise.

Du tauchst wortlos zum Meeresgrund hinab und holst nichts als Sand herauf, der Dir wie Modder zwischen den Fingern zerfließt.

Ich aber habe viele Worte, ich habe Kraft, die Frau jedoch, der ich alle meine Worte sage, ist Ausländerin.

S. HUROK 220 W. 42nd St. NEW-YORK

PROPOSE TOURNEE TWELVE WEEKS OR MORE MYSELF ISMA
GREAT RUSSIAN POET ESSENIN AND TWENTY PUPILS
MINIMUM FOUR PERFORMANCES A WEEK GUARANTE
TWELVE HUNDRED DOLLARS PER PERFORMANCES YOU
PAYING ALL THEATRE EXPENSES INCLUDING VOYAGES
LARGE ~~FRANS~~ ORCHESTRA TWELVE TONES PIANO

ISADORA DUNCAN

II) 18/IV 1922

Telegramm von Isadora Duncan zur Amerika-Tournee

Dieser Brief ist unfroh, wodurch er sich nicht von den anderen
Briefen unterscheidet. In ihm ist von Deutschen die Rede, die zu
sterben verstehen, von Frauen, die wir verlieren, von Marc Chagall,
von der feinen Art, die Gabel zu halten, und von der Bedeutung
des Provinziellen in der Geschichte der Kunst.

Du fühlst Dich mit der kultivierten Welt verbunden.
Mit welcher denn, Alja? – Es gibt viele.
Jedes Land hat seine Kultur, die sich dem Zugriff des Aus-
länders entzieht.
Mir tut das Herz weh um Petersburg, ich denke an sein
Straßenpflaster, Du aber kannst nicht nach Rußland zurück-
kehren, Du liebst Frankreich, an Heimweh nach Frankreich
wirst Du allerdings nicht sterben.
Du bist ein Mensch von allzu gesamteuropäischer Kultur.
Würde ein Auto nichts wiegen, könnte es nicht fahren, sein
Gewicht gibt den Rädern die nötige Abstützung.
Ich würde Dir das nicht schreiben, wenn ich Dich nicht
liebte.
Quäl mich nicht damit, daß ich für Dich nichts wiege, die
Welt um Alja hat kein Gewicht.
In der Nachbarwohnung von Bogatyrjow hat sich eine deut-
sche Familie mit Gas vergiftet. Die Mutter hinterließ einen

306

Zettel: „Auf dieser Welt ist kein Platz für einen fleißigen Deutschen."

Deutsche, ich schäme mich, euch nicht helfen zu können.

Alja, vergib mir meine unfrohe Liebe; sag, in welcher Sprache wirst Du Dein letztes Wort sprechen, wenn es ans Sterben geht?

Ich spreche allerlei Beschwörungsformeln über Dir, ich vergleiche Dich mit all und jedem. Menschen ziehen sich angeblich ganz bewußt in Psychosen zurück wie in Klosterzellen. Sich einzubilden, man sei ein Hund, ist leichter, denn als Mensch zu leben.

Zu gern würde ich, was ich liebe, in Stücke fetzen und über die ganze Stadt verstreuen.

Ich bringe es nicht fertig.

Kürzlich versammelten wir uns in einem Atelier.

Leute aus Petersburg und aus Moskau.

Jemand brachte das Gespräch auf Visa. Vor ein, zwei Jahren sollen sich die Russen genausogern über Pässe unterhalten haben wie verheiratete Frauen über Entbindungen.

Auch diesmal kam das Thema aufs Tapet. Die meisten der anwesenden Männer haben keine Pässe, sie leben, weil sie hier Wurzeln geschlagen haben.

Hingegen die Frauen!

Französinnen, Schweizerinnen, Albanierinnen (wirklich wahr), Italienerinnen, Tschechinnen, und alle völlig ernsthaft und ohne Zeitbegrenzung.

Es ist kränkend für uns Männer, ihre Frauen verschwendet zu haben. Ich kann mir vorstellen, was sich in Konstantinopel abgespielt hat!

Es ist schlimm, verwandte Schicksale zu entdecken. Unsere Liebe, unsere Ehen und Fluchtversuche sind nichts als Motivierungen.

Wir verlieren uns, wir werden zu Bindegewebe.

Die Kunst aber bedarf des Lokalen, des Lebendigen, des Differenzierten (schönes Wort für einen Brief, was?).

Wir werden unsere Fertigkeit verlieren, wie wir die Frauen verlieren.

Du fühlst Dich mit der Kultur verbunden. Du weißt um Deinen guten Geschmack, ich aber mag Dinge anderer Geschmacksrichtung. Ich mag Marc Chagall.

307

Chagall bin ich in Petersburg begegnet. Obwohl er, wie er mir schien, auffallend N. N. Jewreinow ähnelte, sah er doch haargenau aus wie ein Barbier aus einem jüdischen Marktkaff.

Perlmuttknöpfe an bunter Weste. Dieser Mann weiß so wenig, was sich gehört, daß es schon komisch ist.

Die Farben seiner Kleidung und seine jüdische Kaffromantik überträgt er auf seine Bilder.

Er ist in den Bildern kein Europäer, sondern ein Witebsker.

Marc Chagall gehört nicht zur „kultivierten Welt".

Er wurde in Witebsk, einer kleinen Provinzstadt, geboren.

Später, während der Revolution, plusterte sich Witebsk auf, dort war eine große Kunstschule entstanden. Damals plusterte sich immer mal eine andere Stadt auf, Kiew oder Feodossia oder Tiflis, einmal sogar ein Dorf an der Wolga, Marxstadt, nämlich mit einer philosophischen Akademie.

Um auf Chagall zurückzukommen: Sämtliche Bengels von Witebsk malen à la Chagall, was ihm zum Lob gereicht: Er hat es fertiggebracht, in Paris und Petersburg ein Witebsker zu bleiben.

Es ist gut, wenn man weiß, wie man eine Gabel halten muß, obgleich das in Europa auch ein Fräulein aus einem Nachtlokal versteht. Noch besser ist, zu wissen, welche Schuhe zum Smoking und welche Manschettenknöpfe zum Seidenhemd passen. Für mich sind derlei Kenntnisse kaum verwendbar.

Ich übersehe allerdings niemals, daß in Europa jeder durch das Recht der Geburt Europäer ist.

In der Kunst indes bedarf es eines spezifischen Geruchs, und nur ein Franzose riecht nach Franzose.

Da hilft auch die Idee vom Heil nicht.

Günstig ist die Einführung des Provinziellen und dessen Überschneidung mit traditioneller Kunst. Balalaikaspieler und ähnliche urrussische Rampenfreuden sind schlecht, weil sie den russischen Provinzialismus imitieren.

So etwas führt die Leute in die Irre. Und behindert künftige Werke. Bilder, Romane.

Gut zu schreiben macht eine Menge Mühe, das haben mir meine Freunde immer gesagt.

Richtig zu leben tut weh.

Hierin hilfst Du mir.

Die Imaginisten Wadim Scherschenewitsch und Alexander Kussikow

Über den Frühling, die „Prager Diele", Ehrenburg, über Tabakspfeifen, über die Zeit, die vergeht, Lippen, die sich erneuern, und
das Herz, das fadenscheinig wird, zugleich auch darüber, wie von
fremden Lippen nur die Farbe weicht. Über mein Herz.

Draußen sind schon sieben Grad plus. Der Herbstmantel ist
zum Frühjahrspaletot avanciert. Der Winter geht zu Ende.
Geschehe, was da will, nichts und niemand wird mich zwingen, einen solchen Winter noch einmal durchzumachen.
Glauben wir an unsere Rückkehr. Der Frühling kommt.

Du hast mir gesagt, im Frühling sei Dir jedesmal, als habest
Du etwas verloren oder vergessen und wüßtest beim besten
Willen nicht mehr was.

In Petersburg wandelte ich zur Frühlingszeit im schwarzen
Überwurf die Uferstraßen entlang. Dort gibt es weiße
Nächte, und die Sonne geht auf, wenn die Brückenhälften
noch getrennt sind. Ich habe an den Uferstraßen eine
Menge gefunden. Du aber wirst gar nichts finden, Du konn-
test eben nur den Verlust registrieren. In Berlin sind die
Uferstraßen anders. Sie sind auch schön. Es ist schön, die
Kanalufer entlang in die Arbeiterviertel zu wandern.

Dort verbreitern sich die Kanäle zu stillen Häfen, und über
dem Wasser hängen Hebekräne. Wie Bäume. Dort am Hal-
leschen Tor noch hinter deinem Wohnviertel, steht der
runde Turm der Gaswerke wie bei uns am Obwodny-Kanal.
Bis zu diesen Türmen begleitete ich, als ich achtzehn war,
täglich das Mädchen, das ich lieb hatte. Wunderschön sind
Kanäle auch, wenn sich an ihrem Rande die Hochgleise ent-
langziehen.

Nun fällt mir ein, was ich verloren habe.

Gott sei Dank ist Frühling.

Aus der „Prager Diele" wird man die Tische auf die Straße
tragen, und Ilja Ehrenburg wird den Himmel erblicken.

Ilja Ehrenburg spaziert durch die Straßen von Berlin, wie er
durch Paris und all die anderen Städte, wo Emigranten leben, spaziert ist: gebeugt, als suche er auf der Erde nach etwas Verlorenem. Halt, der Vergleich hinkt, sein Körper ist
ja nicht im Kreuz abgeknickt, nur der Kopf ist gesenkt und
der Rücken gerundet. Grauer Paletot, Ledermütze. Ein
ganz junger Kopf. Er hat drei Berufe: 1. Pfeife rauchen, 2.
Skeptiker sein, im Cafe sitzen und die „Weschtsch" herausgeben, 3. am Julio Jurenito schreiben.

310

Der zeitlich letzte Jurenito heißt „Trust D. E.". Ehrenburg entsendet Strahlen, die tragen verschiedene Familiennamen, ihr besonders Kennzeichen ist das Pfeiferauchen.

Die Strahlen füllen das Café.

In einer Ecke sitzt der Meister höchstpersönlich, demonstriert die Kunst des Pfeiferauchens, Romanschreibens und des skeptischen Rezipierens der Welt und des Speiseeises.

Die Natur hat Ehrenburg üppigst bedacht: Er besitzt einen sowjetischen Paß. Damit lebt er im Ausland. Tausende von Visa stehen da drin.

Ich weiß nicht, was für ein Schriftsteller Ilja Ehrenburg ist.

Seine alten Sachen sind nicht gut.

Über Julio Jurenito möchte man nachdenken. Hier schmeckt man die Tagespresse: ein Feuilleton mit Sujet, mit stilisierten Menschentypen und dem alten Ehrenburg samt einem Gebet; Poesie von ehedem, eingesetzt als stilisierter Typus.

Der Roman entfaltet sich à la Voltaires „Candide", freilich ohne dessen Vielfalt im Sujetbereich.

„Candide" besticht durch den Sujetkreislauf: Während Kunigunde gesucht wird, lebt sie mit Krethi und Plethi und altert dabei. Der Held bekommt eine alte Vettel, die sich gerührt an die zarte Haut eines Bulgaren erinnert.

Schon Boccaccio verarbeitete ein Sujet wie dieses, richtiger, die kritische Feststellung, daß „die Zeit vergeht" und Untreue auf der Tagesordnung steht. Bei ihm wandert die Braut von Hand zu Hand und landet schließlich, wobei ihre Jungfräulichkeit beteuert wird, beim Ehemann.

Unterwegs hat sie nicht nur Hände kennengelernt. Die Novelle schließt mit dem berühmten Satz, daß sich Lippen nicht durch Küsse abnützen, daß sie sich im Gegenteil erneuerten.

Laß gut sein, ich besinne mich bald auf das, was ich vergessen habe. Ehrenburg besitzt Ironie, seine Erzählungen und Romane eignen sich nicht für traditionelle englische Kursivschrift. Gut ist, daß er nicht die Traditionen der großen russischen Literatur fortsetzt und es vorzieht, „schlechte Sachen" zu schreiben.

Früher war ich böse auf Ehrenburg, weil er, vom jüdischen

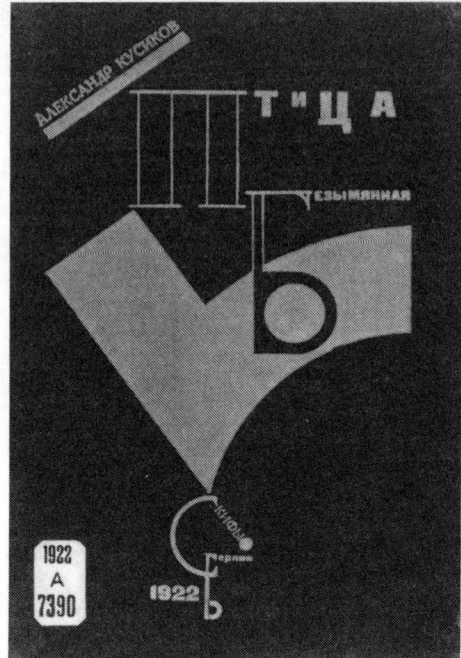

Alexander
Kussikows
„Vogel Namenlos",
Berlin 1922.
Einband von
El Lissitzky

Katholiken oder Slawophilen zum europäischen Konstruktivisten konvertiert, die Vergangenheit nicht ruhen ließ.
Er wurde nicht vom Saulus zum Paulus. Er ist ein Paul Saulowitsch, und er gibt die „Tierische Wärme" heraus.
Er ist nicht nur ein Zeitungsmensch, der es versteht,
fremde Gedanken zu einem Roman zu bündeln, nein, er ist
beinahe ein Künstler, denn er wittert den Widerspruch zwischen der alten menschlichen Kultur und der neuen, heute
von der Maschine erbauten Welt.
Mich aber bekümmert von allen Widersprüchen, der eine:
daß das Herz, während die Lippen sich erneuern, fadenscheinig wird und Vergessenes mit ihm zusammen uner-
kannt verschleißt.

1923

312

IGOR SEWERJANIN

Majakowski in Berlin

Berlin. 1922. Herbst. Ende Oktober. Die Sonne scheint.
Es ist frisch. Wir sind unterwegs Richtung Unter den
Linden. „Erkennst Du mich nicht mehr, Igor Wassilje-
witsch?" Majakowskis fröhlicher Baß. Wir umarmen uns.
Beide sehr befriedigt über unsere Begegnung. In seiner
Begleitung Boris Pasternak. An der nächsten Ecke biegen
wir ein, in das nächste Café. Bestellen etwas Leichtes,
plaudern.
Am fünften Jahrestag der Sowjetmacht eine Feier in ir-
gendeinem großen Berliner Festsaal. Sehr voll. Alexej
Tolstoi liest aus „Aelita". Majakowski und Kussikow
sprechen ihre Gedichte. Auch ich: „Frühlingstag",
„O Jugend, mein Entzücken". Applaus. Meine Umgebung
ist ungehalten [...]
Majakowski und Kussikow haben sich damals lebhaft um
mich gekümmert: im Verlag „Nakanune" brachten sie vier
Bücher von mir unter – „Die Tragödie Titans", „Die Nachtigall", „Der königliche Bajazzo" und „Forellenflüsse".
Das Geld bekam ich gleich für alle, erschienen sind nur
die ersten beiden. Wir sahen uns häufig bei Kussikow,
bei Tolstoi, bei uns, in Restaurants. Ich ging zu allen
Abenden Majakowskis. In der bulgarischen Landsmann-
schaft traten wir gemeinsam auf. [...]

1941

ILJA EHRENBURG

Die russische Dichterkolonie
im Café „Prager Diele"
(1922–1923)

Verbindung: Straßenbahn 57, 91, Untergrundbahn – Halte-
stelle „Hohenzollerplatz". „Mokka" bestellen. Zutritt mit
Kindern erlaubt. Garderobe extra 15 Rentenpfennige. Wird
1928 zugrunde gehen. Der Tisch (links in der Ecke) verlän-
gerte sich allabendlich. Andrej Bely trank hier deutsches
Bier. Viele Male brannte Dornach nieder und wurde wieder
errichtet.
Eines Tages betrat Boris Nikolajewitsch gemeinsam mit
dem Philosophen Lew Schestow das Café. Sie waren beide
mit Nachdenken beschäftigt und konnten nicht zur rechten
Zeit stehenbleiben: So stießen sie lange die Drehtür vor
sich her und rissen einer den anderen mit sich fort. Ich
werde nie diesen gläsernen Wasserstrudel, die Augen Andrej Belys und den trostlos biblischen Bart Lew Schestows
vergessen. Kein Wort, kein Lächeln – Aufregung, universelles Entsetzen der Zuschauer begleitete den historischen
Wirbel. Gehn wir zu dem Dichter Pilnjak über, so mischt
sich sofort die Stadt Kolomna ein. Wo befindet sich Kolomna? Vielleicht auf dem Brocken? Pilnjak sprach von der
Schwarzerde. Pilnjak schlug alle Augenblicke jedermann
vor, mit ihm etwas ‚vertraulich zu besprechen', worauf er
für etwa drei Minuten allein verschwand und von neuem
erschien. Er schlug vor, mit ihm zusammen unverzüglich in
den Wald zu fahren. Er übernahm die Garantie für das Vorhandensein von Schwarzerde, Beeren und Seele. Woher sollte es im Zentrum Berlins Wald geben? Wohin verschwand
Pilnjak für drei Minuten? Was war in seinem Notizbüchlein eingetragen? Ist das doch ein neues Kapitel der deutschen
Geschichte – „mit den Augen Pilnjaks gesehen."
Eines Abends kam Jessenin. Still. Bescheiden. Trank Kaffee
mit Milch und sprach von den Klassikern. Betrachtete die
Dichter als Brüder, die Frauen als Mütter. Die Garderobenfrau (eine unheimlich dicke Deutsche, die außer den ihr an-
vertrauten Mänteln auch die russische Literatur aufmerk-

314

sam überwachte) seufzte nach seinem Fortgang melancholisch:

„Armer Junge! Er geht schon ins Café ..."

Auch der Tierdresseur W. L. Durow besuchte einmal mit zwei Ratten die „Prager Diele". Es wurde Tee getrunken. Es dauerte lange, bis die Ratten sich ein Herz faßten – Ausland, Kultur, Foxtrott – sie blieben bescheiden in der Rocktasche ihres Herrn sitzen. Schließlich jedoch gewann die Neugier die Oberhand. Eine Deutsche, die eifrig Speiseeis verzehrte, piepste auf und fiel in Ohnmacht. Panik.

Hierauf begannen alle Adventisten Berlins, von der Nähe des Weltendes überzeugt, die „Prager Diele" häufig zu besuchen. Was ist Durow äußerlich? Ein Artist? Ein Tierpsychologe? Hier aber nahte, die Berechnungen der Komintern und die amerikanische Anleihe außer acht lassend, das Weltende (zu guter Letzt Schorle-Morle). Wenn man sich daran erinnert, daß „Schorle-Morle" die deutsche Transformation des Generaltoasts „Toujours l'amour" der Epoche der Napoleonischen Kriege ist, so wird ein derartiges Ende

Natan Altman.
Zeichnung von
Juri Annenkow

315

jedermann, selbst dem Maler Nathan Altman annehmbar erscheinen. Doch nein, dieser wird dennoch sich nicht einverstanden erklären. Das Ende beunruhigte ihn überhaupt. Eschatologie ist ihm im tiefsten Grunde fremd. Er kaufte sich ein Motorrad und ließ sich mit ihm fotografieren. Doch zog er es vor, nicht darauf zu fahren. Ich glaube, daß das Motorrad sich durch eine unangenehme Stimme auszeichnete, während Altman eine selten musikalische Natur ist. Lissitzky – der wäre darauf gefahren. Er hätte sich das Genick gebrochen, wäre aber gefahren. Wie sollte er auch anders – Konstruktivismus. Selbst im Café befaßte er sich fortwährend mit Erfinden. Obwohl er selbst eher kleinen Wuchses ist, „verkürzte" er sich in jeder Weise (Materialökonomie). Aus „Lazarus" machte er ein „L". Verkehrte mit den Konstruktivisten aller Länder.

Als indes der jugoslawische Ljubomir Mizitsch, Redakteur der Zeitschrift „Zenit" und Urheber des Projektes der Balkanisierung Europas (wahrscheinlich ebenfalls aus Materialökonomie) zum ersten Male die „Prager Diele" betrat und Lissitzky erblickte, rief er aus: „Ein perfektes Paradox!"

Diese treffende Definition ließe sich erweitern. Die Konstruktivisten ließen sich durch rein dekorative Locken verblenden, indes der Formalist Viktor Schklowski, das Café mit Tschechowschen Pausen, ja sogar mit Uhrenticken, ja sogar mit dem Rascheln eines sterbenden Obstgartens füllend, die ganze Seele, das ganze Innere, den ganzen verfluchten „Inhalt" aus sich herausblies: „Niemand liebt mich!"

Das war selbstverständlich eine Metapher, denn Schklowski wurde von vielen geliebt. Die Inhaberin der Familienpension, Frau Marzahn, duldete demütig alles: den Formalismus, nächtliche Referate mit Debatten, selbst die Farbtube des Malers Tereschkowitsch und als letztes die Überliebe, etwas, was vom Apostel Paulus kommt. Andere haben sich vielleicht amüsiert. Lidin aber arbeitete. Auch er hatte ein Notizbüchlein, doch diente es der werktätigen Arbeit. Die Kritiker meinen, daß es sehr leicht sei, einen Roman von zehn Druckbogen zu schreiben. Sie hätten sich einmal Wladimir Germanowitsch Lidin in der „Prager Diele" ansehen sollen! Die Kellner, diese trockenen Herren Ober – selbst diese bedauerten ihn. Ein Deutscher bricht in Lachen aus. Was, sollte man meinen, bleibt seinen Tischnachbarn ande-

316

Wladimir
Majakowski
1922 in Berlin

res übrig, als das Lachen zu erwidern? Doch nein, Lidin
trägt in sein Notizbuch die Formel des rein deutschen La-
chens ein. Ein deutsches Dämchen. Bezaubernd. Doch
nein, es ist kein Flirt. Es ist das siebente oder achte Kapitel
des Lidinschen Romans „Seewind". Gegen die Verpflegung
läßt sich gar nichts sagen: den Lesern geht es gut – Kaffee,
Bier, belegte Brötchen. Lidin befindet sich aber auf dem
Nordpol. Er hat irgendwo das Wort „Knickebein" gelesen,
das schon an und für sich unheimlich genug ist, und hat
sich ohne Zaudern entschlossen. Alles verstummt. Die Bü-
fettdame, sie ist durchaus kein Teufelsweib, sondern eine
äußerst friedliche Frau, ich glaube die Schwägerin des
Herrn Königfest, des Caféinhabers, nimmt ein Ei in die
Hand und seufzt laut auf. Die Behauptung, daß die tränen-
erfüllten Augen der Garderobenfrau dem Heroismus des
Schriftstellers zuzuschreiben sind, wäre keine Übertrei-

317

„Gegenstand" 1922, Heft 3. Titelblatt von El Lissitzky

bung. Herber Kartoffelschnaps und Sirup, aus künstlichem Rosenöl und Glyzerin bereitet, werden in einen Pokal gefüllt. Die Flüssigkeiten vermischen sich nicht, sie bilden zwei Schichten – eine weiße und eine rote. Zwischen ihnen schwebt wie die untergehende Sonne eines Gemäldes ein rohes Eigelb. Ich sagte leise: „Nicht doch, Wladimir Germanowitsch. So Gott will, geht es auch ohne dies ..."

318

„Gegenstand" 1922, Heft 3, Seite 1

Nein, er schluckte es hinunter! Als er es verschluckt hatte, griff er voller Qual nach dem Notizbuch. Wie mag es ihm später zumute gewesen sein, als er die oberflächlichen Rezensionen in der Revue „Rotes Neuland" las!

Für den Touristen empfiehlt es sich, die Raritäten zu besichtigen. Zum Beispiel den Lehnstuhl in der Ecke, der, wenn er auch äußerlich ein gewöhnlicher Lehnstuhl ist,

doch unbedingt ein Unikum darstellt. In ihm haben Meyerhold und Tairow gesessen. Mögen die Moskowiter Rede und Antwort stehen, ob sich in ganz Moskau ein derartiger Lehnstuhl finden läßt. Tairow gefiel er, glaube ich. Jedenfalls lächelte er behaglich. Der Foxtrott kam bereits in einem Stück Chestertons vor. Die Zigarettenschachtel-Kollektion (die im Rauchzimmer des Kammertheaters die Authentizität Europas bezeugt) vergrößerte sich mit jedem Raucherzug. Meyerhold hingegen (wenn ich an den grünbraunen Lehnstuhl in der Ecke denke, spreche ich von diesen beiden, ohne einen Absatz zu machen) sog zwar ebendenselben Foxtrott in sich auf, tadelte jedoch die Gemeinschaft mit ihm. Sich mit der Lichtreklame nicht zufriedengebend, neigte er zu Heeresscheinwerfern. Mein Buch „Trust D. E.", in dem unter anderem vom Untergang der „Prager Diele" die Rede ist, erfreute ihn aufrichtig.
Lampenschirme, Streichorchester, Herr Königfest lächelt. Surren des Ventilators. Berlin. Multiplikatoren. Hermaphroditen. Kantorowitz-Liköre, außerdem sieben verschiedene Methoden des Selbstmordes: 1. Cherry; 2. Schorle-Morle; 3. Mampediktiner; 4. Gulasch auf ungarische Art; 5. Knickebein (armer Wladimir Germanowitsch!); 6. Polizeistunde; 7. Luftdruckmaximum, aus Richtung Island heranrückend. Das Jahr 1928 nähert sich. Es beginnt die Nach-Todes-Existenz.
Da haben wir auch schon ein Denkmal. Schon lange her (1917, im „Café" der „Dichter" in Moskau) hat Lunatscharski gesagt, daß man in Moskau bald ein Majakowski-Denkmal errichten werde. „Bald" ist selbstverständlich ein dehnbarer Begriff. Majakowski wartete nicht. Er lernte imposant zu sitzen. Ein Denkmal an und für sich, und zwar unabhängig von einem Sockel. Auch die „Prager Diele" wurde dieses Denkmals gewürdigt. Er saß dort. Die Bedeutsamkeit des Ortes ahnend, trank er nicht. Er enthielt sich selbst des Kaffees, um schon gar nicht von „Knickebein" zu reden.

1926

ILJA EHRENBURG UND EL LISSITZKY

Die Blockade Rußlands
geht ihrem Ende entgegen

Das Erscheinen des „Gegenstands" ist auch ein Anzeichen
dafür, daß der Austausch von „Gegenständen" zwischen
russischen und westeuropäischen Meistern begonnen hat.
Sieben Jahre gesonderten Seins haben gezeigt, daß die Gemeinsamkeit der Aufgaben und Ziele der Kunst in den verschiedenen Ländern nicht auf Zufall beruht, auch nicht
Dogma oder Mode, sondern eine in sich selber beruhende
Eigenschaft der gereiften Menschheit ist. Die Kunst ist von
nun ab, bei Wahrung aller lokalen Eigentümlichkeiten und
Symptome, international. Die Begründer einer neuen Meisterschaft befestigen sichre Fugen zwischen Rußland, das
die gewaltigste Revolution durchlebte, und dem Westen
mit seiner jammervollen Blaumontagsstimmung nach dem
Kriege: hierbei übergehen sie alle Unterscheidungen psychologischer, wirtschaftlicher, völkischer Art. Der „Gegenstand" ist das Bindestück zwischen zwei benachbarten Lauf-
gräben. Wir stehen im Beginn einer großen schöpferischen
Epoche. Natürlich sind Reaktion und bourgeoiser Starrsinn
allüberall noch machtvoll genug, sowohl in Europa als in
dem aus den Angeln gehobenen Rußland. Allein der ganze
Kraftaufwand der Altgläubigen kann den Aufbauprozeß
neuer Seins- und Meisterschaftsformen höchstens verzö-
gern. Die Tage der Zerstörung, der Belagerung, der Unter-
wühlung liegen hinter uns. Darum auch wird der „Gegenstand" ein Minimum an Papierquanten für den Kampf mit
den Epigonen der Akademie zur Verfügung haben.
Die verneinende Taktik der „Dadaisten", die den ersten Futuristen der Vorkriegszeit wie ein Ei dem andern gleichen,
halten wir für einen Anachronismus. Es ist an der Zeit, auf
freigelegtem Gelände zu bauen. Was tot ist, wird auch ohne
unser Zutun sterben; für das brachliegende Land tut aber
nicht ein Programm, nicht eine Schule, sondern Arbeit not.
Ebenso lächerlich als naiv ist es, heute noch „Puschkin über
Bord werfen" zu wollen. Im Fluß der Formen gibt es verbin-
dende Gesetze, und die Meister der Neuzeit fürchten nicht
etwa, wie erstarrte Formen zu beleben sind, sondern die

ewigen Gesetze der Klarheit, der Ökonomie, der Gesetzmäßigkeit. Der „Gegenstand" lehnt das Vergangene im Vergangenen nicht ab. Er ruft zum Schaffen des Gegenwärtigen in der Gegenwart auf. Darum auch sind uns die unmittelbaren Überbleibsel des gestrigen Übergangstages feind, Symbolismus, Impressionismus u. a.

Grundlegend für unsere Gegenwart halten wir den Triumph der konstruktiven Methode. Wir finden sie sowohl in der neuen Ökonomie, in der Entwicklung der Industrie, als auch in der Psychologie der Zeitgenossen in der Kunst.

Der „Gegenstand" wird für die konstruktive Kunst eintreten, deren Aufgabe nicht etwa ist, das Leben zu schmücken, sondern es zu organisieren.

Wir haben unsere Revue „Gegenstand" genannt, weil Kunst für uns nichts anderes bedeutet als das Schaffen neuer „Gegenstände". Damit ist unser Drängen zum Realismus, zum Gewicht, zum Umfang, zur Erde hin gegeben. Man möge aber deswegen nicht glauben, daß wir unter Gegenständen ausdrücklich Gebrauchsgegenstände verstehen. Natürlich erachten wir auch Gebrauchsgegenstände, die in Fabriken hergestellt werden, Flugzeuge etwa oder Automobile, als Erzeugnisse echter Kunst. Wir wollen aber das künstlerische Schaffen nicht nur auf die Gebrauchsgegenstände beschränkt wissen. Jedes organisierte Werk – sei es nun ein Haus, eine Dichtung, ein Gemälde – ist ein zweckmäßiger „Gegenstand", nicht dazu angetan, die Menschen dem Leben zu entfremden, sondern berufen, zu dessen Organisierung beizutragen. So haben wir denn nichts mit jenen Dichtern gemein, die in Versen vorschlagen, keine Verse mehr zu schreiben, oder Malern, die das Bild als Propagandamittel, auf die Malerei zu verzichten, benutzen. Primitiver Utilitarismus liegt uns fern. Der „Gegenstand" betrachtet die Dichtung, plastische Form, Schauspiel als unentbehrliche „Gegenstände".

Mit gespanntester Aufmerksamkeit wird der „Gegenstand" die wechselseitigen Beziehungen zwischen der neuen Kunst und der Gegenwart in allen ihren vielgestaltigen Erscheinungsformen (Wissenschaft, Politik, Technik, Bräuchen usw.) verfolgen. Wir sehen, daß die Entwicklung der Meisterschaft im Verlauf der letzten Jahre von verschiedenen Erscheinungen beeinflußt wurde, die außerhalb der sogenannten „reinen Kunst" lagen. Der „Gegenstand" wird aber Beispiele aus der Industrie, neue Erfindungen, Umfangs- und Zeitungssprache, sportliche Bewegungen usw. untersuchen, kurz alles, was als unmittelbares Material für jeden bewußt schaffenden Meister unserer Zeit in Frage kommt. Der „Gegenstand" steht allen politischen Parteien gleich fern, weil er nicht an Problemen der Politik, sondern der Kunst arbeitet. Das bedeutet aber nicht, daß wir für eine Kunst eintreten, die außerhalb des Lebens steht und grundsätzlich apolitisch ist. Im Gegenteil, *wir können uns ein Schaffen neuer Formen in der Kunst außerhalb der Wandlung gesellschaftlicher Form nicht denken,* und wie sich von selbst versteht, gehören alle Sympathien des „Gegenstandes" den jungen schöpferischen Kräften in Europa und Rußland, die neue „Gegenstände" schaffen. Der neue kollektive, internationale Stil ist ein Produkt gemeinsamen Schaffens. Alle, die an seiner Durchbildung teilhaben, sind Freunde und Mitkämpfer des „Gegenstandes".

Das Baufieber, wie wir es heute durchleben, ist so groß, daß sich für alle Arbeit finden wird. Wir gründen keine Sekte, wir begnügen uns nicht mit Surrogaten für das Kollektiv in Gestalt von verschiedenen Richtungen und Schulen. Wir streben danach, die Arbeit aller, die wirklich arbeitswillig sind und nicht nur von den Renten vergangener Generationen zehren wollen, zusammenzufassen.

Jenen aber, die nicht gewohnt sind zu arbeiten, sondern nur genießend zu staunen, jenen, die nur konsumieren, aber nichts schaffen wollen, wird der „Gegenstand" fade und dürftig erscheinen.

Man suche in ihm weder nach philosophischer Orientierung, noch nach eleganter Lüsternheit. Der „Gegenstand" ist ein sachliches Organ, ein Bote der Technik, ein Preisverzeichnis für neue „Gegenstände" und ein Aufriß von noch nicht ausgeführten Gegenständen.

Aus der schwülen Dumpfheit des weißgebluteten Rußlands und des festgewordenen, hindämmernden Europas tönt der Kampfruf.

Laßt doch endlich alles Deklarieren und Widerlegen! Auf! Schafft „Gegenstände"!

1922

ALEXEJ TOLSTOI

Vor den Bildern Sudejkins

Vor mir liegen Sudejkins Bilder: in der Tat, eine Welt voll
wunderbarer Poesie, voller Jubel und Heiterkeit, eine Welt
der altertümlichen Landschaften und Gutshäuser, der Rei-
gentänze im grünen Schatten der Haine und der sich zie-
renden jungen Leute, die in die Dorfschönen verliebt sind:
eine wiedererstandene Welt sorgloser Herrlichkeit und
Liebe. Kupido, der in Großmütterchens Federbetten sorgsam Gepflegte, hat sich diese Welt zur Zielscheibe für seinen Bogen erkoren. Da sind Jahrmärkte und Rummelplätze,
Kasperletheater und Schlittenfahrten bei Nowinskoje, wo
alle Welt betrunken ist; da sausen dicke, rotwangige Kauf-
mannsfrauen in Troikas vorbei und der stumpfnasige Beamte blickt ihnen nach, von wollüstiger Sehnsucht geplagt.
Da sind die überheizten guten Stuben der Kleinbürger, die
sogenannten Kabinette, in den Gasthäusern dritten Ranges,
deren Fenster auf den Hof der Kirche hinausgehen, ungeheuerliche Weiber und vor Hitze schlaff gewordene Mädel,
dann die Lakaien im Gasthof mit ihren Verbrecherphysio-
gnomien, und derselbe stumpfnasige Beamte, der zu einer
halben Flasche Ebereschenschnaps seine Zuflucht genommen hat. Das ist die märchenhafte Welt der lehmgeformten
Spielsachen, wie man sie in Wjatka hat. Das ist der wollust-
satte und fahle Orient – Georgien, Persien, Armenien. Und
dann endlich – zeitgenössische Porträts mit ihrer besonderen, geheimnisvoll beängstigenden Wesenheit.
Wie verzaubert steht man vor der Welt dieses unvergleichlichen Dichters und Spötters, dieses Mystikers und gewaltigen, leidenschaftlichen Koloristen, und man fragt sich: aus
welchen Tiefen mag wohl diese Kunst emporwachsen?
Alle Betrachtungen über Kunst scheinen mir immer auf eines hinauszulaufen: die Kunst (Malerei, Musik, Dichtung
u. a.) ist wie ein Netz, in dem der Geist des Lebens gefangen wird, und hat man ihn einmal gefangen, so wird er in
kristallene Töne, Worte, Farben, Formen umgeschmie-
det.
Diese Kristalle werden von der Zeit zerstört, aber die Kunst
wirft immer aufs neue ihr Netz aus. Am Reichtum des Fan-

ges läßt sich der Reichtum der Epoche bemessen. Es gibt aber auch noch einen anderen Unterschied in diesem Ewigkeitsfang: je nach dem Grade ihres Angefülltseins mit ewigem Gehalt, mit dem, was in der Kunst unter Schönheit verstanden wird.

Recht eigentlich wird hiervon gesprochen, wenn man über Kunst redet, oder wenn man sie nach dem Jahrhundert, in welches sie hineingehört, zu beurteilen unternimmt.

Wer die Ewigkeit einfangen will, der baut seine Formen aus dem zerbrechlichen und vergänglichen Material des Lebens. Durch die Form ist der Gehalt bedingt: das Leben überbietet die Schöpferkraft an Fülle. Es ist unmöglich, in der Tat, einen blutroten Sonnenuntergang in die Freude der Morgenklarheit zu tauchen. Das ist die Tragödie der Kunst und ihr unermüdliches Kämpfen mit der Form – mit dem Leben des heutigen, des gegenwärtigen Tages.

Nur in seltenen Epochen eines glücklichen und reichen Aufblühens des Lebens ist die Kunst diesem gemäß, – das Leben wird alsdann vergottet, dann ist der Fang reich und die Schönheit vollendet.

Aber solche Epochen sind selten. Gewöhnlich wendet die Kunst ihren Blick beim Suchen nach Formen in vergangene Zeiten zurück, und je düsterer die Gegenwart, desto durchdringender wird das Spähen in die Tiefen der Vergangenheit.

Und hier wieder eine Tragödie: längst verklungene Formen sind wohl wunderbar schön, aber sie leben nicht; man kann sie nicht mit dem jungen Wein der Gegenwart anfüllen, wie man auch einen alten Schlauch nicht mehr gebrauchen kann. Das aber, was der heutige Tag bringt – ist düster und hoffnungslos.

Ähnliches hat unsere Kunst eben erst durchlebt: das Jahrzehnt vor dem Weltkriege.

Kunst und Leben gehören zusammen – eine Verbindung, die sich gleichzeitig auf Liebe und auf Haß gründet. Das flammende Schwert des Erzengels, der dem ersten Menschen den Zugang zum Paradiese wehrte, deutet auf jene Verbindung. Die ewige Sehnsucht der Kunst ist der Traum von der Pforte des Paradieses. Immer ist die Kunst ans Le-

325

ben geschmiedet, aber von dieser Sehnsucht beflügelt, scheint sie ihm voraufzueilen. Daher ist die Kunst immer seherisch, prophetisch.

Seherisch und prophetisch ist nicht der Inhalt der Kunst, sondern ihre Qualität, ihre Wesensfarbe. Wie wir je nach dem Gefieder der Vögel, je nach ihrem Fluge vom Frühling oder vom Herbst sprechen, so suchen wir das Zukünftige zu enträtseln an den Fittichen und am Aufstieg der Kunst.

Ich erinnere mich noch gut, wie wir im Jahre 1910 das Ende der Welt erwarteten: der Schweif des Halleyschen Kometen sollte an die Erde rühren und im Augenblick die ganze Atmosphäre mit tödlichen Giftgasen erfüllen.

Etwa ein Jahrzehnt vor dem Weltkriege, vor dem Zusammenbruch des russischen Kaiserreichs, lebte die gesamte russische Kunst in ihren Höhen und Tiefen in der dumpfen Vorahnung des Unterganges und war ein einziger Aufschrei tödlicher Langeweile. Die Malerei war äußerst gepflegt, und üppig-wollüstige Formen herrschten vor; in der Dichtung spukte die weiße Dame; in den Romanen wurde der Selbstmord gepredigt; die Musik, vielleicht die prophetischste aller Künste, war ein flammendes Chaos; das Feuerpoem ist ein unmittelbarer Hinweis auf die kommende Erschütterung der Welt.

Und nicht genug: die letzte Generation der „Ewigkeitsfischer" geriet in Raserei und tödliches Entsetzen, – man besudelte sich das Antlitz mit schweinischen Kritzeleien, man stand Kopf und brüllte, die ganze Welt stünde Kopf.

Die bleischwere Wolke rückte näher; sie bedeckte Rußland, und das Imperium samt seiner dreihundertjährigen Kultur brach zusammen und stürzte in den Abgrund. Die Epoche hatte ausgelebt.

Wir aber, wir stehen diesseits des Abgrundes. Die Vergangenheit ist ein rauchender Trümmerhaufen. Was wurde aus der Kunst? Ist sie untergegangen? Oder leben die noch geretteten Überreste ihre Epoche zu Ende?

Über die russische Kunst der Gegenwart in ihrem ganzen Umfange etwas zu sagen, hält heute noch schwer: sie ist über die Welt verstreut, und jetzt erst scheinen sich die er-

Alexej Tolstoi
1922

sten Keimzellen neuen Lebens zu bilden. Doch läßt sich
vielleicht, vornehmlich an der Malerei und Musik, bereits
ein erneuter Kreislauf des Blutes und erwachende Kraft beobachten: eine Wandlung. Da ist keine Spur mehr von Verzweiflung und Verfall. Schon sind deutlich gezogene
Grenzlinien wahrnehmbar: Strenge, Kraft, Schlichtheit, Le-
bensbejahung, größte Sehnsucht, das Chaotische zu be-
zwingen. Ich wiederhole, – es ist noch verfrüht, die Wesenheit der russischen Kunst bestimmen zu wollen. Niemand
weiß es, welche Wege Rußland beschreiten und was der
Weg seiner Kunst sein wird, – aber an der gesamten Färbung, an der Art des Aufstiegs spürt man durch alle Nebel
hindurch eine neue Frühlingsblüte und nicht das hoff-
nungslose, herbstliche Verwelken.
So mögen denn die ersten Vögel, die sich aus dem Grauen
des kolossalen Brandes ans jenseitige Ufer hinübergerettet
haben, wohl noch blutig gefärbt erscheinen, aber ihr Flü-
gelschlag ist stark, das Blut ist heiß und ihre Stimme tönt
laut.

327

Aber ich kehre zu Sudejkin zurück. Über diesen Malerpoeten, der ebenso ein russischer Watteau wie ein Kräutermann aus Susdal sein könnte, abschließend zu urteilen, ist zumindest ebenso schwierig wie die slawische Mentalität in Worte zu fassen: eine außerordentliche Zusammenfassung von Widersprüchen.

In Rußland findet man seltsame Gesichter: strenge, graue, frommgläubige Augen und ein Lächeln um die Lippen, das nichts Gutes ahnen läßt. Solche Gesichter wird man nie vergessen können, sie sind aufregend und faszinierend. Ich glaube, der erste Mensch muß so ein Gesicht gehabt haben – klar wie ein Spiegel, der die ursprüngliche und nicht zum Ausgleich gekommene Gespaltenheit der Seele widerspiegelt. Auf dieser harmonisch gebundenen, aufgeregten Gespaltenheit scheint die ganze farbige, phantastische Welt Sudejkins aufgebaut zu sein.

Die Gegenwart ist Sudejkin verhaßt, – verhaßt sind ihm die Asphaltstraßen mit ihrer sinnfälligen Logik, die trüben Gesichter der Masse, die staubigen Kleider. Wie durch eine Fata Morgana dringt sein Auge durch das gottverlassene, bitterböse Getriebe der Gegenwart, und aus gar nicht greifbaren Zeichen, aus unklaren Umrissen formt er ein helles, frohes Leben im Gewande der Vergangenheit. Das ist die erste Zusammenfassung der Gespaltenheit: Sudejkin geht ganz in der Vergangenheit auf und ist doch durch und durch lebendig, sprühend und immer real. In ihm ist kein Tropfen jenes süßen Giftes der Melancholie. Die Gegenwart schiebt ihm einen vor Langerweile verbitterten Asphaltteufel zu, – er aber malt hieraus ein üppiges, lebenstolles Mädchen im russischen Kopfputz und im Sarafan. Und man fühlt: sie lebt, sie ist mitten unter uns, – nur des schöpferischen Willens bedarf es, um den staubigen Vorhang der Gegenwart fortzuschieben und wieder den taufrischen Garten Gottes zu betreten.

Sudejkin ist ausgesprochenermaßen ein *russischer* Künstler. Ein besonderes Kennzeichen seiner Art ist das, was vom unbefangenen Auge als ein Spotten über sich selber empfunden werden mag: da malt dieser Mensch beispielsweise aus der ganzen Ergriffenheit seiner Seele heraus irgendein

328

Bild, und dann zum Schluß, irgendwo im Winkel, – da muß er lachen und eine Nase drehen, – ja, hör' mal du, das ist doch alles absichtlich gemacht ... das sind doch gewissermaßen nur Albernheiten.

Dieser Wesenszug – Schamhaftigkeit oder eine Art Torheit, vielleicht Verschlagenheit, vielleicht auch ein unbewußter Instinkt – liegt dem russischen Charakter zugrunde. Zweierlei Blut fließt durch seine Adern: das durchsichtige des Westens, und dampfendes, asiatisches Blut. Zwar nicht mit seinem Verstande, wohl aber durch sein Blut erkennt der Russe mehr als der Westeuropäer; aber der Instinkt gebietet ihm wohl, einstweilen noch dieses Wissen des Blutes zu hüten. Hieraus erklärt sich jene Verschlagenheit, jene Riegel vielleicht gerade dort, wo man meinen sollte, daß sich der Abgrund in die Ewigkeit auftun sollte, hieraus vielleicht das halbwahnsinnige Gestammel bei Dostojewski, und hieraus das schlauschielende Augenzwinkern in jedem Bilde Sudejkins.

Drei Perioden im Leben Sudejkins – er wurde auf einem alten Gut im Gouvernement Smolensk geboren, verbrachte seine Jugend in Moskau und lebte als reifer Mann in Petersburg – bedingen auch drei deutlich wahrnehmbare Grenzlinien in seinem Schaffen; romantische Poesie, Realismus und Erlesenheit.

Das alte Herrengut sättigte seine Seele und erfüllte sie mit Bewunderung: wogende Kornfelder und die bunten Farbflecke der friedlich weidenden Herden; Feldwege, und irgendwo in der Ferne, in eine Staubwolke gehüllt, fährt der Stabsrittmeister a. D. in seinem Wagen; er hat es eilig; er hat wohl einen Besuch zu machen; im grünen Dämmerlicht der Haine tanzen barfüßige Mädchen in bunten Sarafanen einen Reigen, der Gutsherr aber sitzt mit seiner Pfeife unter der Eiche und schaut zu ihnen hinüber – auf diese zärtlichen, kräftigen, schreckhaften Mädchen – und kann sich nicht satt sehen ...

Moskau offenbarte ihm fröhliche, vollblütige, lebendigste Realität. Bis in die jüngste Gegenwart herein hat es Moskau verstanden, sich der Langenweile des Asphaltteufels zu erwehren: die elektrische Straßenbahn, die siebenstöckigen Häuser, die Automobile usw. haben die Vollblütigkeit die-

329

Alexej Tolstoi und seine Frau Natalja Krandjewskaja

ser Stadt nur noch vermehrt. Keinen Anstrengungen wollte
es gelingen, aus diesem lebensfrohen Dorf eine langweilige
Industriestadt zu machen. Der feine Kutscher mit dem gewaltigen, wattierten Hintern läßt seinen bösen Hengst direkt von der Twerskaja durch die kleinsten Gassen traben,
und zwar in solche Stadtviertel, die jede Logik und jede
Langeweile verdauen können. Sudejkin erzählte mir einmal, wie er jenseits der Moskwa, in der Djewkingasse, einmal zu einer Kaufmannshochzeit geladen war, – Ostrowski
selber würde vor Vergnügen gestöhnt haben, wenn er diese
Erzählung mit angehört hätte.
Etwa vor fünfzehn Jahren setzte sich in Petersburg eine
Kunstrichtung durch, die am besten mit dem Schlagwort
l'art pour l'art bezeichnet werden kann. Dieses Schlagwort
war fürchterlich und katastrophal für alle blutarmen und

330

„Der Pariser Affenfürst
Graf Alexej Tolstoi".
Zeichnung von Alexej Remisow

nicht produktiven Künstler; pures Ästhetentum wurde gezüchtet. Sudejkin kam aber damals nach Petersburg mit einem solchen Vorrat an schöpferischer Kraft, daß dieses Ästhetenschlagwort nur wohltuend auf ihn wirkte: daran bildete sich sein Talent, und es reifte zu höchstem Glanze heran. Damals eroberte sich Sudejkin im Handumdrehen seine Stellung in Westeuropa.

Sudejkin vereinigt in sich zwei Gegensätze, zwei Welten: Osten und Westen. Der alte Streit über den Weg, den die russische Kunst einzuschlagen habe, gibt – mit Bezugnahme auf Sudejkin – jener Partei das entschiedene Übergewicht, die da meint, die kulturelle Aufgabe Rußlands bestände darin, die beiden Welten, Osten und Westen, diese beiden einander feindlichen und, jede einzeln betrachtet, unvollkommenen Welten, die sich zueinander hingezogen fühlen und einander doch wieder nicht erreichen können, wie das männliche und das weibliche Urelement, – zusammenzufassen. Rußland ist nichts anderes als diese qualvolle Zusammenfassung. Das Rußland von heute ist ein wahnsinniger, blutiger Kampf dieser beiden Welten, die nun endlich zusammengefunden haben. Das Rußland der Zukunft ist – Segen im Überfluß, ein blühendes Land, Weltruhe. Die russische Kunst wird den Siegespreis davontragen.

1921

331

ALEXEJ TOLSTOI

Brief an Iwan Nashiwin

Ostseebad
Misdroy
*Karlstraße 6.**   Dienstag

Sehr verehrter Nashiwin,
ich bin an der See, um zu arbeiten und auszuruhen, daher
bis Herbst den Literaturgeschäften fern, – was sich im
„Russ[ischen] Kunstw[erk]" tut, weiß ich nicht. Das
„Russ[ische] Kunstw[erk]" ist keine Gruppe, sondern einfach – ein Verleger: Nik[olai] Nikit[itsch] Iwanow. Im Moment hat er die Herausgabe von Aufzeichnungen und Memoiren vor. Ob ich mich ihm im Herbst anschließe, weiß ich
noch nicht, eventuell gründe ich einen eigenen Verlag. Also,
wenn Sie mögen, schicken Sie Iwanow Ihr Manuskript – ich
bekomme es nicht mehr zu lesen. Wenn Sie mögen, warten
Sie bis zum Herbst, bis August – dann sehen wir weiter.
Sie wollen eine Gruppe gründen, schreiben Sie. Mit wem?
Ich kenne die ganze Emigration und versichere Sie, daß die
Gründung einer Gruppe ein aussichtsloses und trauriges
Unterfangen ist: die Emigration verwest wie ein verreckter
Gaul. Aus diesem Kadaver eine Gruppe zu machen, sie wie-
der mit den ungesunden Träumereien von einem weißen
General zu päppeln, von der Wiedergeburt des Restaurants
„Prag" und den Lipatowschen Droschkenkutschern – ist
ausgeschlossen, so wie man sich eben nicht künstlich ein
Typhusdelirium verschaffen kann. Was eine Emigr[an-
ten]gruppe eint, sind allein diese ungesunden Träumereien.
Zumal der General weder weiß noch rot ist, sondern einfach – russisch, ein Patriot und durchaus unabhängig von
den westlichen Generalen – er sitzt schon in Rußland und
schärft sein Messerchen in Erwartung des Richtigen. Die
russische Armee ist gut, das wird man bald sehen. In Rußland bestehen mehrere Militärakademien und über zwei-
hundert Militärhochschulen. Militärisch gesehen ist die
Sorge der Emigration um Rußland überflüssig.

* Im Original deutsch.

Alexej Tolstois Frau Natalja Krandjewskaja 1922 in Misdroy

Hinsichtlich des Staatsaufbaus sind die Sorgen der Emigr[ation] auch überflüssig. Der Staatsaufbau wird in Rußland so sein, wie er sich aus der Entwicklung des neuen Lebens natürlich ergibt – plus der Druck der Bolschewiki. Die Entwicklung des neuen Lebens, das ist – das unvergleichlich schnell wachsende Wirtschafts- und Staatsbewußtsein der Bauernschaft (genau das, was die Emigranten

333

leugnen). Der Druck der Bolschewiki, das ist – die Verteidigung der Stadtkultur und die Verteidigung der Reichseinheit gegen den Auseinanderfall. Diese beiden Kräfte (in ihren äußeren Erscheinungsformen durchaus nicht anziehend) schaffen den neuen Staat. Was kann die Emigration dazu beitragen? Den Traum von einer künftigen Monarchie? Den Traum von einer künftigen Konst[itutionellen] Versammlung? Träume. Und – real. Die Werte hüten? In Rußland werden jetzt neue und frische Werte in großer Anzahl hervorgebracht. Und die emigrierten Werte sind zu drei Vierteln am Verwesen. Von den Schriftstellern (Emigr[anten]) haben drei Viertel ganz aufgehört zu schreiben.

Sie sagen, die Monarchie (in ihrer nicht anz[iehenden] Gestalt) komme unweigerlich. Warum? Wo sind in Rußland die Kräfte, die den Oberkommandierenden einer Armee von halbirren Degenerierten, die auf die Abrechnung mit dem Volk, mit der Intelligenz warten, auf den Thron schleifen? Sie sagen – Rußland fällt am Ende unter der Herrschaft der Bolschewiki auseinander, und Europa wird es mit seinen Truppen erobern und uns einen Zaren vor die Nase setzen.

Aber Rußland denkt nicht daran auseinanderzufallen, – das ist es doch. Bevölkerung hat es 120 bis 150 Mill[ionen] (die Verluste durch Krieg und Revol[ution] sind durch die Geburten fast ausgeglichen), und das russische Volk hegt nicht den Wunsch, unterworfen zu werden. Ja, und wer will es auch unterwerfen? Nein – das alles sind haltlose Träumereien oder Pessimismus aus Unkenntnis, Unkenntnis dessen, was sich in Rußland tut.

Man beruft sich gerne auf die Geschichte Frankreichs. Die Revolution in Fr[ankreich] endete aber doch nur deshalb in der Restauration, weil die Kräfte des befreiten Volkes *zwanzig* Jahre lang für Krieg, für die Eroberung Europas vergeudet wurden. Das war der Wahnsinn – die Pax romana wiederzubeleben, und das kleine Frankreich, es war danach zu entkräftet für ein schöpferisches Leben, die Kriege endeten mit seiner Niederlage und der Restauration ...

In Rußland richten sich die Kräfte einstweilen Gott sei Dank auf die wirtschaftliche Wiederbelebung. Die Restauration kann nirgendwoher geflossen kommen – die Bouillon fehlt.

334

Alexej Tolstois Sohn Nikita 1922 in Berlin

335

Ich glaube, das Vernünftigste für die Emigranten ist – nach
Hause zurückzukehren und Rußland so zu nehmen wie es
ist. Die Schöpferischen sollten für die Größe unseres Vater-
landes, jetzt der RSFSR, arbeiten. Denn diese Lettern sind
heute das, was damals die drei Farben der Fahne waren, mit
der Frankreich auszog, die Welt zu erobern. Die Sowjets
sind eine gute Form für unser Vaterland. Die Föderation
wird offenbar andere, weniger differenzierte Formen annehmen als in den Vereinigten Staaten. Rußland wird ein
gutbäuerliches Land mit einem einheitlichen Zentrum hoher Kultur und mit freien Städten sein. Am schlimmsten
steht es mit der Industrie – das ist ein wunder Punkt. Aber
ich glaube, da hilft uns das Bündnis mit Deutschland.

Ihr A. Tolstoi

ELENA LIESSNER-BLOMBERG

Romanisches Café

Ich hatte mir bei Rochlitz, dem bekannten Sportgeschäft in
der Joachimsthaler Straße, ein Paar Tennisschuhe gekauft
und saß nun mit diesen weißen Schuhen und einem nicht
ganz dazu passenden Kleid, eine Art Dirndl, das ich aus
Moskau mitgebracht hatte, im Café. Mein Deutsch reichte
kaum für das Notwendigste, und ich saß still am Tisch,
frisch importiert aus dem revolutionären Moskau, und Bibiana erzählte allen: „Das ist das Mädchen, das zu Schiemann aus Moskau gekommen ist." Die meisten jungen Journalisten, Schauspieler und Künstler, die alle eine Clique
bildeten, wußten mit mir nichts Rechtes anzufangen. Der
Schauspieler Loos meinte, ich wirke ländlich. Die Szene
hatte zu Hause noch ein dramatisches Nachspiel, weil
Schiemann Bibiana beschimpfte und es gemein fand, wie
sie meine Unschuld mißbraucht hatte.
Später saß ich noch öfter im Romanischen Café, schon mit
Blomberg. Ich erinnere mich, da war Franz Blei mit seiner
Tochter und mit Dogge. Höxter ging herum und schnorrte;
der Bruder eines berühmten Geigers, Hubermann, bettelte
um fünfzig Pfennige ...

336

Das Zusammenleben in Schiemanns Atelier war eine einzige Verstrickung, und ich sah keinen Ausweg. Bis eines Tages Schiemanns Mutter aus München kam. Es war wohl ein besonderer Glücksfall, wie es ihn manchmal im Leben gibt.

Sie sagte: „Lena, weißt du, kauf dir so ein kleines Heft und schreibe vorn als Motto hinein: Erst die Arbeit, dann das Vergnügen."

Sie nahm mich mit nach München. Ich tat, was sie mir geraten hatte – und es half wunderbar.

Als ich nach Berlin zurückkehrte, mietete ich mir mit dem Rest meines Geldes ein eigenes möbliertes Zimmer in der Düsseldorfer Straße 12. Dort war ich endlich für mich und begann wieder zu arbeiten und versuchte, etwas zu verdienen.

Ich machte Stickereien und ging damit hausieren.

Bei Twardy in der Potsdamer Straße 12 hatte ich Glück: Sie engagierten mich als ihre rechte Hand.

Bei Twardy, einer Buchhandlung, die auch Kunst ausstellte, sah ich täglich berühmte Leute, Archipenko, Kandinsky, Moholy-Nagy ... Sie kamen von Herwarth Waldens „Sturm", sein Laden lag direkt gegenüber. Kandinsky sprach mit mir russisch. Ich brachte ihm eine Mappe mit Kinderzeichnungen von meiner Kindergruppe aus Moskau. Schiemann, der Kandinsky von dorther kannte, hatte mich dazu aufgefordert. Kandinsky betrachtete meine Arbeiten, er lobte eine kleine Collage. Ich habe sie noch und liebe sie.

Moholy-Nagy, der damals sehr prominent war, auf mich aber ziemlich eingebildet wirkte, machte mir Komplimente mit seinem gedehnten ungarischen Akzent und äußerte seine Bewunderung, daß ein russisches Mädchen soviel von moderner Kunst verstehe. Einmal besuchte ich mit Frau Twardy das Ehepaar Bruno Taut in seinem kleinen Landhaus, in dem alle Wände in buntem Zickzack bemalt waren. Frau Taut melkte selbst die Kuh, die sie sich hielten, und ich strickte für Frau Taut ein Mützchen.

Manchmal wurde ich damit betraut, von Flechtheim kostbare Bilder als Blickfang für unser Schaufenster zu holen. In Flechtheims Galerie am Lützowufer durfte ich dann unter den Prachtstücken von Picasso oder Braque etwas auswählen. Flechtheim war großzügig und entgegenkommend.

Schließlich wanderte ich mit dem wertvollen Bild unter dem Arm zu Twardy zurück. Als ich Flechtheim sagte, wie sehr ich die von ihm herausgegebene Zeitschrift „Querschnitt" bewunderte, schenkte er mir einen ganzen Jahrgang.

Es versteht sich, daß ich oft zum „Sturm"-Laden hinüberging. Eindruck machte Delaunays „Eiffelturm" auf mich, während Iwan Puni darüber meckerte. Überhaupt begegnete mir in Berlin kaum etwas, das mir grundsätzlich neu gewesen wäre, auch nicht die Werke der Dadaisten, die ich da und dort sah. George Grosz' Zeichnungen „Das Gesicht der herrschenden Klasse" bewunderte ich sehr, aber zu einer persönlichen Begegnung kam es nicht. Ein Besucher bei Twardy war auch Kampmann, Mitglied der „Novembergruppe". Er hatte damals gerade ein Bild ausgestellt, das sich bewegte und sogar klingelte, wovon niemand sonderlich überrascht war, so sehr war man an alle möglichen Extravaganzen gewöhnt.

Auch ein Herr Garvens aus Hannover kam oft zu Twardy und kaufte von mir Stickereien oder Zeichnungen ...

Er veranstaltete 1923 eine Ausstellung in Hannover mit Iwan Puni, Xenia Boguslawskaja und Elena Liessner.

Ende 1921 hatte ich bereits meinen großen Erfolg in Jushnijs Kabarett-Theater

Der blaue Vogel

Er kaufte meinen Entwurf für den Bühnenvorhang. Ich zeichnete auch das Signet des Kabaretts, das in den 20er Jahren in Berlin ein Begriff war, viele bekannte Künstler und Kritiker haben darüber geschrieben.

Ich stellte in der „Novembergruppe" aus, in der „Jury-Freien", dazu in verschiedenen russischen Ausstellungen, die es damals in Berlin gab.

Mit Iwan Puni (später schrieb er sich Ivan Pougny) und mit seiner Frau Xenia Boguslawskaja war ich gut befreundet und besuchte sie oft in ihrem Atelier in der Kleiststraße am Wittenbergplatz. Sie waren einige Jahre älter als ich und schon bekannt, so daß sie erstaunt waren, als ich den Auftrag für den Vorhang des „Blauen Vogels" erhielt. Xenia Boguslawskaja war tagsüber viel unterwegs, weil sie für die

338

„Dame" Titelblätter machte und überhaupt für das nötige Kleingeld sorgte.

Iwan Puni hatte es nicht leicht mit seiner Kunst und konnte nicht davon leben. Wenn ich morgens bei ihm anklopfte, hieß es immer: „Einen Moment, bitte!" – und wenn ich dann eintreten durfte, war er im Pyjama. Sofort begann ein Gespräch über künstlerische Fragen. Ob ich wohl meine, daß der Schatten der Flasche auf dem neuen Bild richtig sei? Es war ein Stilleben, auf dem man ein Paket Makkaroni sah, daneben eine Flasche. Ob die Flasche überhaupt einen Schatten brauche? Seine Fragen erstaunten mich. Er hatte also Zweifel an seiner Arbeit. Überhaupt fand ich ihn sehr sympathisch. Oft gingen wir zusammen in das kleine Kino im ersten Stock an der Ecke Kantstraße/Joachimsthaler Straße und lachten Tränen über Charlie Chaplin. Wir gingen zusammen in den Russischen Club am Nollendorfplatz, um Vorträge zu hören oder nur zum Tee.

Eines Nachmittags waren Gäste bei Punis. Mein Nachbar sprach mit mir französisch, was mir noch schwerer fiel als deutsch. Es war Rudolf Belling, dessen moderne Schaufensterpuppen damals Aufsehen erregten.

Gern erinnere ich mich an den Besuch Viktor Schklowskis bei Puni, ein geistreicher, kluger Mensch. Als ich ihm erzählte, daß ich Schiemanns wegen nach Berlin gekommen sei, sagte er: „Den kenne ich. Er ist Spezialist. Ich bin auch ein Spezialist, aber ohne Mystik!" Darüber hat sich dann Schiemann sehr amüsiert, denn er war einmal der Gattin Schklowskis nachgestiegen – aber ohne Erfolg, weil er allzu psychoanalytisch vorgegangen war.

Puni stöhnte manchmal: „Die Deutschen reden so viel über Kunst …" Und er machte mich darauf aufmerksam, welche Wirkung es habe, wenn er ab und zu die Bemerkung fallenlasse, daß er nach Paris übersiedeln wolle. Boguslawskaja fuhr mehrmals nach Frankreich, und ich konnte dann immer ihre Vertretung bei Baruch übernehmen, einer Firma für Dekoration und Kostüme, die auch den Vorhang für den „Blauen Vogel" angefertigt hatte. 1922 verließen Punis endgültig Berlin.

Cabaret Der Blaue Vogel

Ich habe seit langer Zeit keine deutsche Cabaretvorstellung gehört, aber wenn ich mich erinnere und die Erinnerung durch Erzählungen von Leuten, die unlängst dabei waren, ergänze, dann wird auch kein Wunsch wach, diese trüben Genüsse mitzumachen. Montmartre, ins Deutsche übersetzt, ist etwas Plumpes und Trauriges, der Boulevard rochechouart ist nicht die Ackerstraße und der Dichter Leo Heller, wahrhaftig, kein Aristide Brüant. Ist es ergötzlich, erfreulich oder auch nur unterhaltend, sich die Dekadenz des Berliner Huren- und Schiebertums in mäßigen Reimen, von häßlichen Menschen vorführen zu lassen? Ich glaube, ich würde todtraurig in diesen freudlosen Unterbretteln.
Wer wissen will, wie ein Cabaret lustig und originell gemacht werden kann, sehe sich den „blauen Vogel" an. Das ist ein kleines, freundlich ausgebautes Sälchen in blau, in dem *Russen* singen, tanzen und ein klein bißchen Theater treiben. Der Direktor J. Jushni, gestorben 1920 in Moskau, geboren 1921 in Berlin – wie er selbst erzählt – ist ein witziger Mann von guter gesellschaftlicher Haltung, außerordentlicher Schlagfertigkeit und vollendeter Sprechkunst, selbst im Deutschen, das er mit Raffinement radebricht. Hier sind zum ersten Mal die jungen russischen Maler sehr geschickt verwendet worden, jede einzelne Nummer ist bildmäßig ein Labsal. Ein Musiker, W. Bützow, hat nationale Motive famos zu verwerten gewußt und irgend jemand – Direktor? Regisseur? künstlerischer Beirat? – hat etwas beigesteuert, was in den deutschen Trübsinnscabarets gar nicht mehr zu finden ist: Laune. Eine Tänzerin, die nicht blutarme Posen gibt, sondern mit wilder Kraft zu tanzen weiß – Julia Bekefi – reißt alle mit, und einige inszenierte russische Lieder versetzen in jene wohlige slawische Melancholie, die plötzlich in rasende Lebenslust umschlägt. (Nur zwei Nummern, mit deutschem Text, wirkten etwas fadesentimental). Im Ganzen hat der Regisseur oder der Direktor oder der Beirat bei jeder Nummer einen Inszenierungseinfall gehabt. Und man geht, nach vielen bunten, frohen, nicht frechen Eindrücken, erfreut und leicht bewegt nach Haus und denkt darüber nach, warum uns Deutschen alles

Lustige so selten glückt und in Berlin sogar immer ins Rohe entartet? Indes selbst Emigranten, zur Melancholie berechtigt und disponiert, hier allmählich ihre Heiterkeit und ihre Anmut wiederfinden ...

Freunde des Blauen Vogels

Oskar Bie

Der Blaue Vogel bedeutete bei seiner Eröffnung eine Epoche in unserem Cabaretwesen: absolut künstlerische Aufmachung in Inhalt, Kostüme, Dekoration und Form, und endlich die Befreiung von der Zweideutigkeit.

Julius Meier-Graefe

Die Perle eines leichten Genres ist das Kabarett „Blauer Vogel" in Berlin. Man sitzt auf kleinen Stühlen an schmalen Tischen oder in Puppenlogen und läßt, auch wenn man zum drittenmal dasselbe Programm sieht, keinen Blick von der winzigen Bühne. Sie gaben unter anderem die bekannte altfranzösische Romanze „Le roi fait battre tambour"*. Die Gestalten scheinen aus einem phantastischen Kartenspiel ausgeschnitten und spielen so, stramm schematisch. Nur der sprechende Acteur regt sich marionettenhaft, die anderen sind starr. Tolle Kostüme, nur aus Farbe und ganz starken Linien. Wie sich das Kinder zurechtmachen, Kinder, denen etwas einfällt. Dabei ernst, tiefernst. Wenn die Königin in ihrer schraubenartigen Krinoline aus gestreiften Pneus der Marquise den giftigen Holunder reicht, und die Ärmste à tempo umfällt, ist von der berüchtigten russischen Psychologik keine Rede mehr. Der König starrt, der Marquis kniet, der Narr winselt seinen blöden Refrain, alles bildhaft bis zum Exzeß, bis zur Erschütterung des atemlosen Zuschauers.
Man schwört angesichts dieser Dinge auf den Kubismus. Hier paßt das Schema. Es bringt einen Modernismus von

* „Der König läßt die Trommel schlagen."

Notenheft. Titelseite

märchenhafter Prägnanz hervor; unwiderstehlich. Die Russen sind bisher die einzigen glücklichen Erben der letzten europäischen Kunst. Was man bei uns in der Art versucht hat, war wüstes Gepolter oder Verstiegenheit. Die Russen sind dem letzten Europa an Takt überlegen. Sie haben ihr Nitschewo, füllen jedes doktrinäre Schema der Zivilisation mit ihrem Lachen, ihrem Tanz, drehen sich aus dem Maschinenstil ein dekoratives Nitschewo. Ein tolles Volk. Sie sterben wie sie tanzen. An dem ganzen Abend in dem

„Blauen Vogel" nicht eine Anspielung auf die Lage Rußlands. Notabene auch nicht eine Zote, nicht die geringste. Man kann Backfische hinführen und ihre Eltern und Großeltern und Kindeskinder. Damit sie den applizierten Kubus lernen? I wo. Damit sie russisch lernen? Erst recht nicht. Auch nicht den russischen Takt? Der ist nicht zu lernen. – Damit sie sich amüsieren, wie sich glückliche Kinder amüsieren. Sogar verwahrloste Kinder. Nitschewo.

Alfred Polgar

Ich liebe den Blauen Vogel nicht um seiner Künste willen, nicht um seines Gesangs und seiner Grazie, seiner Drolligkeit und Federnpracht. Andere Vögel haben auch ihre Reize und Talente. Sondern um des besonderen Lockrufs willen, den er in der Kehle hat.
Unterm Druck der Lebens-Strapaze hingesunken, für tot liegengelassene Freude am bunten Märchen pfeift er wach.
Auch die Großen brauchen Märchen. Oder eigentlich nur sie. Dem Kinde glänzt ja graue Wirklichkeit in Märchenfarbe.
Eine Spiel- und Traum-Welt für Entkindlichte: Dorthin führt der sonderbare Vogel. Eine Welt, leuchtend in Buntheit, besiedelt von Geschöpfen überlebensgroß oder unterlebensklein, voll Musik, Bizarrerie, Spaß, Unwahrscheinlichkeit und Überraschung.
Phantasie ist Herrin. Kein Gesetz gilt als das ihre. Wunderliche Muster webt sie aus Klang und Licht. Wie komisch – da hineinverwebt – Menschen und Dinge, wie feierlich, wie gelöst, wie gebunden!
Wie apart alles … aus der blauen Vogelperspektive.
Auf dem Regenbogen schaukelt der Leichte. Farbige Luft ist ein Element.
Um zu fliegen, fliegt er. Ohne Ziel als das der Überwindung der Schwere. Ohne Decklicht einer moralischen Absicht hinten. Gerne verweilt er über der russischen Heimaterde. Gern läßt er da etwas fallen. Ein Tränchen.
Zu Gast beim Blauen Vogel, hast Du immer das Gefühl: Weihnachtsbescherung. Die nettesten Spielereien. Zinnsoldaten und Tiere und Häuser und Postkutschen und der Kö-

ТЕАТРЪ „СИНЯЯ ПТИЦА"
(„DER BLAUE VOGEL")
BERLIN-SCHÖNEBERG, GOLTZ-STRASSE 9

Открытіе въ началѣ декабря с. г.

Составъ труппы:

Авахъ Е. М., Аренцвари В. С., Бекефи Ю. К., Валери О. В., Дуванъ Т. И., Егорова М. Г., Мираева И. П., Порфирьева Е. В., Рицлаъ Е. А., Шароль Ю. Г., Виленскій З. Е., Дирѣстровъ Г. Л., Дуванъ-Торцовъ И. Э., Дубровскій Н. И., Гавриловъ Г. И., Гайворонскія Д. В., Михайловъ М. И., Смирновъ А. А., Хаджи И. И., Хванзовъ Н. К., Южный Н. Д.

Директоръ: Я. Д. Южный.
Главн. режиссеръ: И. Э. Дуванъ-Торцовъ.

Завѣд. музыкальн. частью: В. Е. Бюцовъ, завѣд. литературной частью: Ф. Р. Ярони, піанистъ-концертмейстеръ: П. Г. Сирота, завѣд. хозяйст. частью: И. И. Попелло-Давидовъ, художники: К. Л. Богуславская, Е. Лисснеръ, А. Т. Худяковъ, П. Ф. Челищевъ.

Костюмы по эскизамъ художниковъ театра Гуго БАРУХЪ.

Предварительная продажа билетовъ въ книжномъ магазинѣ «Слово», Wittenbergplatz 3а.

Annonce des „Blauen Vogels"

nig mit der Krone. Figürchen von skurillster Lebendigkeit. Bilderbuchzauber jeden Formats.

Eine mit allem geistigen Comfort der Neuzeit ausgestattete Puppenstube. Hervorgeholt aus allen Dingen der Spielzeugidee. Das Ewig-Kindliche zieht uns hin.

Stefan Großmann

Huldigung

Die Welt ist freudiger und farbiger geworden, seit der „Blaue Vogel" durch die Länder fliegt.

Die Nächte sind reiner geworden, seit der „Blaue Vogel" in ihnen singt.

Rußland begann für uns Westler sanft zu tönen, seit der „Blaue Vogel" die ersten Wolgalieder zu singen anfing.

Berlin, Hauptversammlung aller grauen Vögel, versucht seit der Bejubelung des „Blauen Vogels", auf wilden Bühnen, mit Raketen und auf dem Wege des Größenwahns farbenfroh und romantisch zu werden. Aber es ist ein Unterschied zwischen einem von Natur aus leuchtenden bunten Vogel und einem Spatzen, der einmal in einen grellen Farbentopf geworfen wurde.

Peter Panter

Billett an eine junge Dame

Liebe dicke Mary,

hast Du heute abend ein bißchen Zeit? – Wenn Du sie
hast, dann will ich Dir die Suppe zu essen geben, auf die
ich Dir schon so lange den Mund wässerig gemacht habe:
Wir wollen in den „Blauen Vogel" gehen, den Deine Landsleute in Berlin aufgetan haben. Ja, Du mußt mir natürlich
übersetzen. Ich verstehe kein einziges Wort, obgleich Herr
Jushnij mich schon viele schwere Worte hat aufsagen lassen. Aber ich passe gar nicht ordentlich auf ... Ich habe
andres zu tun.

Ich muß nämlich Ohren und Nase aufsperren vor dem, was
sie da alles machen. Du wirst es ja heute abend sehen.

Du wirst das entzückendste kleine Theaterchen zu sehen
bekommen, das Du Dir denken kannst – und Farben wirst
Du sehen und Eure Lieder wirst Du hören – und von der
kleinen Bühne weht ein Geschmack herunter, wie man ihn
nur haben, aber nicht herstellen kann. Ich kann Dir keine
hübschere Abendunterhaltung in Berlin bieten, kleine
Mary. Du fragst gewiß, ob denn die Berliner Cabarets dergleichen nicht ... Die Berliner Cabarets, an denen ich doch
schließlich auch hier und da zu arbeiten pflege ... – Nein,
das können wir nicht. Da packe ich neidlos ein.

Wir wollen den Onkel Jushnij bitten, daß er seine famose
Nummer vom „Mister Ford – Großexport" spielen läßt. Ich
sehe schon Deine blauen Kulleraugen, Du Blonde – und
ich freue mich an Deiner Freude. Komm pünktlich.

Dein „Blauer Vogel"jäger
Peter Panter

Else Lasker-Schüler

„Der Blaue Vogel" ist das Herrlichste, was man hier in der
Welt sehen kann.

1923

FERDINAND HAAGER

Der Wanderflug des „Blauen Vogels"

Im Gegensatz zu allen anderen Vögeln begibt sich der
blaue Vogel meistens im Sommer auf Wanderschaft. Und
ich, sein treuer Freund und Bewunderer, sitze im heißen
Berlin und verfolge, über ausländische Zeitungen gebeugt,
seinen stolzen Flug. In diesem Jahre folgte ich ihm durch
Österreich, Ungarn, Spanien, Schweden, Dänemark, Holland, die ganze Schweiz und die böhmischen Bäder und
überall las ich von Siegen, Triumphen und Huldigungen.
Was ist es, was so verschiedengeartete Menschen zu ein-
stimmiger, fast gleichklingender Anerkennung und Begeisterung zwingt? Es gibt neben der Religion nur zwei innere
Erlebnisse, die solches erreichen können: Echte Kunst und
echtes Menschentum. Und ich glaube, diese beiden Faktoren sind es auch, welche diese russische Kleinkunst für Europa und Amerika zu einer Offenbarung werden ließen.
Vielleicht ist es falsch, überhaupt von Kleinkunst zu sprechen. Es ist im Kleinen große Kunst. Sie ist bescheiden: sie
opfert für eine Miniature nicht weniger Zeit, Arbeit und
Geist als für ein ganzes Schauspiel nötig wäre, – alles nur,
um einige Minuten lang durch Licht, Gestus, Farbe, Bewegung, Ton die Sinne, die Seele in Stimmung zu fesseln. Die
Prinzipien: Volkstümlichkeit, Verwertung naiver Volksma-
lerei in ihren sentimentalen und grotesken Elementen, die
mit modernster Kühnheit verarbeitet werden; eine verblüf-
fende Paarung des Expressionismus mit Primitivem und als
Folge die Einführung des Expressionismus auf die Bühne.
Und neben der derben Volkskunst Lebensausschnitte der
Zeiten: Rokoko, Renaissance, russisches 18. und 19. Jahrhundert, modernster Amerikanismus, nicht nachgeahmt,
nicht karikiert, sondern erlebt und zu bezwingender Wirksamkeit erhoben.
Was die Russen uns bringen, ist kultivierte Kunst, aber
doch nicht jene l'art pour l'art, die nur dem verständlich ist,
der eine ästhetische Hirnwindung mehr besitzt, als die anderen, sondern das Stück naiv gestaltende Phantasie, der
die toten Gegenstände zu menschlichen Wesen werden
oder doch von menschlichem Wesen erfüllt sind, die im

346

Annoncen russischer Theater

Objekt, in der Maschine oder im Spielzeug andererseits eine lächelnde Karikatur menschlichen Tuns und Handelns erblickt.

Es ist kein Zufall, daß wir heute gerade die russische Kunst schätzen und suchen. Sie ist irgendwie der Ausdruck einer tiefen Sehnsucht, für die wir in der westeuropäischen Kunst keinen Widerhall mehr finden. Wir erwarten von ihr die Erfüllung irgendeiner Hoffnung, die ungeahnt und unerklärlich in uns schlummert, und diese ist es, die all die verschiedenen Menschen eint, über deren Länder des blauen Vogels Sommerflug führte.

Denn nur so ist es zu erklären, daß all diese Menschen einen ganzen Abend lang Vorführungen in einer ihnen ganz fremden Sprache lauschen und – verstehen. Daran sieht man die Leistung dieser Russen: Sie spielen einen ganzen Abend mit fast keinem Worte in der Sprache des Landes, wo sie sich befinden, und man versteht sie doch, so von

Figurine für den „Blauen Vogel" von Pawel Tschelischtschew

348

„Der Blaue Vogel". Theaterraum

„Der Blaue Vogel". Szene aus „Time is money"

Der Direktor des „Blauen Vogel" J. Jushny.
Foto: Suse Byk

An das Russische Cabaret
„Der Blaue Vogel"

Hochzuverehrender Herr Conferencier Jushny!

Man kann so etwas nicht träumen! Die Specie Ihres blauen Vogels kam bis jetzt hierzulande nicht vor. Ich spreche zu allen Menschen von Ihrem blauen Vogel; jeden Abend käme ich am liebsten in den bunten Gottesdienst; er beseeligt. Ich sagte es Ihnen schon selbst, Herr Conferencier, Ihr Cabaret sei das erste Cabaret-Theater, das keine Zote als Violinschlüssel trage. Sie sind der Zauberer, der Papier in Seide, der ein Gemälde in Fleisch und Blut verwandelt. Die junge hervorragende Geigerin begleitet all den Zauber mit wundervoller Musik. Und Sie, Großfürst Jushny, sind des blauen Vogels gentlester Wärter. Ich freute mich immer wieder, wenn Sie aus all dem Schimmer hervortraten mit einer entzückenden Überraschung im Auge, mit einer Laune voll Trommelschlägen zwischen den Händen, und uns Zuschauenden das Applaudieren beibrachten. So beteiligten Sie uns am Orchester. Ich danke Ihnen für jede Minute in Ihrem Cabaret, dem unvergleichlichen blauen Vogel.

Else Lasker-Schüler

„Der Blaue Vogel". Bühnendekoration zu „Deutsche Kneipe" von Pawel
Tschelischtschew

„Der Blaue Vogel". Szene aus „Her mit der Kultur", eine Parodie auf die
russische Revue

Folgende Noten sind bisher erschienen

und können durch den

Verlag RUSSISCHE BÜHNENKUNST, BERLIN, W. 30, Goltzstr. 10.

bezogen werden.

Bei gleichzeitiger Abnahme von 10 Exemplaren ermäßigt sich der Preis auf Mk. 5.—

Herausgeber: J. Jushny's Theater „Der Blaue Vogel", Berlin-Schöneberg

Notenhefte mit den Liedern des „Blauen Vogel"

Merkwürdiges auf der Großen Berliner Kunstausstellung.

wie jene. Man hat verstanden, daß eine Gruppe solcher, die nach Neuem strebt, den Weg des Heils darin sah, wieder von unten anzufangen, auf der Stufe der Neger. Seitdem sie nun aber seit etwa 15 Jahren immer noch wieder beim Anfang anfangen und keine Entwicklung zeigen, muß man sie aufgeben. Man kann sich eben mit der durch die Jahrtausende überkommenen Intelligenz nicht in die

Plastik „Rotation" von Oswald Herzog.
Atlantic-Photo.

Maler und Kritiker einer bestimmten Richtung können uns, den Leuten mit dem vielgeschmähten gesunden Menschenverstand, erzählen was sie wollen, wir werden die Arbeiten der Künstler jener bestimmten Richtung doch nicht begreifen und glauben ebenso recht zu haben

Holzplastik von Zalit-Berlin, Gemälde „Synthetischer Musiker"
von Iwan Puni. Phot. Wolter.

Gefühlswelt des Negers zurückschrauben. Deshalb mutet uns der Mahagonikopf an wie ein Nußknacker. Warum just der „Frühling" so wenig verlockend aussieht, wie das Mädchen von Hartmann, bleibt ein Rätsel. Der „Synthetische Musiker", der einen ganzen Flügel mit sich schleppt, bedürfte eines ganzen Kommentars seitens seines Schöpfers. Was aber bedeutet das rätselhafte Bild ohne Unterschrift? Sein Schöpfer bezeichnet es als „Asketische Landschaft". Dabei bleibt man so klug wie zuvor.

Artikel aus der „Hamburger Illustrierten Zeitung" Nr. 22, 1922

aum Gabo in seinem Atelier in Lichterfelde

Naum Gabo mit seinem Bruder Alexej Pevsner und dessen Frau Virginia
in Lichterfelde. Um 1928

ie Malerin Ljubow Kosinzewa und der Maler Natan Altman

inbandzeichnung
on Wassili Masjutin. 1922

Der Schauspieler Michail Tschechow und der Maler Wassili Masjutin (im Korb)

Zeichnung von Marc Chagall aus seinem Zyklus „Mein Leben" auf einem Titelblatt der Berliner Literaturzeitschrift „Spolochi"

rc Chagall mit seiner Frau Bella und seiner Tochter Ida im Pariser
lier 1927

r Maler Nikolai Sarezki. An der Wand eine Studie für die
bandzeichnung von Wassili Masjutin zu Alexej Remisows „Märchen
Affenfürsten Asyka"

Einbandzeichnung von Nikolai Sarezki für die Berliner Jessenin-Ausgabe
„Gedichte und Poeme" im Verlag Grshebin 1922

Maler Oleg Zinger mit seinem Lehrer und Freund Wassili Watagin.
in 1927

Номеръ 37
30 ноября 1924

НАШЪ МІРЪ

Иллюстрированное
воскр. приложеніе
къ „РУЛЮ“

„Unsere Welt“ * Jllustriertes Sonntagsblatt der russischen demokratischen Tageszeitung „Rul“

Три шахматныхъ сонета.

Въ ходахъ ладьи — ямбическій размѣръ,
въ ходахъ слона — анапестъ. Полугранецъ,
полурасчетъ — вотъ шахматы. Отъ пьяницъ
въ кофейнѣ шумъ, отъ дыма воздухъ сѣръ.

Тамъ Филидоръ сражался и Дюсеръ.
Теперь сидятъ — бровастый, злой испанецъ
и гномъ въ очкахъ. Ложится странный глянецъ
на жилы рукъ, а взглядъ — какъ у химеръ.

Впередъ ладья прошла стопами ямба.
Потомъ опять — раздумье. «Карамба,
сдавайтесь-же!» Но медлитъ тихій гномъ.

И вотъ толкнулъ ногтями цвѣта іода
фигуру. Такъ! Онъ жертвуетъ слономъ:
волшебный шахъ и матъ въ четыре хода.

. . .

Движенья рифмъ и танцовщицъ крылатыхъ
есть въ шахматной задачѣ. Посмотри:
тутъ бѣлыхъ семь, а черныхъ только три
на свѣтовыхъ и сумрачныхъ квадратахъ.

Чернѣетъ ферзь между коней горбатыхъ,
и пѣшки въ ночь впились, какъ янтари.
Рѣшенья ждутъ и слуги и цари
въ рѣзныхъ вѣнцахъ и высѣченныхъ латахъ.

Звѣздообразны каверзы ферзя.
Дразнящая, узорная стезя
уводитъ мысль, — и снова умъ во мракѣ.

Но фея рифмъ — на шахматной доскѣ
является, отблескивая въ лакѣ,
и — легкая — взлетаетъ на носкѣ.

. . .

Я не писалъ законнаго сонета,
хоть въ тополяхъ не спали соловьи, —
— но, трогая то пѣшки, то ладьи,
придумывалъ задачу до разсвѣта.

И заключилъ въ узоръ ея отвѣта
всю нашу ночь, всѣ возгласы твои,
и тѣнь вѣтвей, и яркія струи
текучихъ звѣздъ, и мастерство поэта.

Я думаю, испанецъ мой и гномъ,
и Филидоръ — въ порядкѣ кружевномъ
скупыхъ фигуръ, играющихъ согласно, —

— увидятъ все, — что льется лунный свѣтъ;
что я люблю восторженно и ясно;
что на доскѣ составилъ я сонетъ.

В. Сиринъ.

Знаменитый русскій композиторъ
Игорь Стравинскій
(къ его выступленіямъ въ Берлинѣ).

Titelblatt der „Rul“-Sonntagsbeilage „Unsere Welt“: Igor Strawinsky
anläßlich seines Berliner Besuchs im Winter 1924. Links „Drei Schach-
Sonette“ von Wladimir Nabokow, die er unter seinem damaligen
Pseudonym Sirin schrieb

Fragebogen. 42

Zum Gesuch um Ausstellung eines Sichtvermerks sind folgende Frag[en]

Tauf- und Vatersname: *Julius Edua[rd]*

Familienname: *Sörmus*

bei Frauen Mädchenname und Tauf- und Vatersname des Ehemanns:

Beruf: *Geiger*

bei Frauen Beruf des Ehemanns:

Staatsangehörigkeit: *Russe*

etwaige frühere Staatsangehörigkeit:

Geburtstag und -jahr: *10 Juli 1878*

Geburtsort: *Dorpat*

In welchen Orten des Deutschen Reiches sind Sie früher gewesen? *Leipzig Berlin*

wann? *1922, 1923*

Eingehende Begründung der jetzt beantragten Reise: *Durchreise nach England*

Wohin beabsichtigen Sie zu reisen:

Deutscher Grenzort für die Einreise:

Welche Zuzugsgenehmigung wird vorgelegt und welche sonstigen Zeugnisse dienen als Beweis für die Notwendigkeit der Reise:

Wie lange soll der Aufenthalt in Deutschland dauern?

Augenblickliche Wohnungsadresse: *Hotel ......*

[...], den 21 März 1924

J. E. Sörmus

Unterschrift

---

rchreiseantrag des russischen Geigers Julius Eduard Sörmus, dessen
[Au]ftritte G. G. L. Alexander schildert

Georgi und Wladimir Stenberg. Plakat für das Berliner Gastspiel des
Moskauer Kammertheaters im April 1923

Grund auf, wie man selten glaubt, verstanden zu haben. Denn man denkt nicht nach, was das alles sei, was man hört und sieht, – man lebt einfach mit. Erinnert man sich aber nachher daran, wenn alle Wunderzeichen und Klänge wieder vor einem auftauchen, dann hört man, gleichsam in jener liebenswürdigen Art, mit der Dostojewsky seine Romane eingeleitet und sich dafür entschuldigt hat, mit solchen Worten, wie nur der Russe sie aussprechen darf, wo man das Herz dahinter pulsen hört: „Verzeiht, diese Kleinigkeiten, dieses Lustige und Traurige, diesen Klimbim (ja, man könnte so sagen), – verzeiht: es ist nicht darum, nicht um diese oder jene Szene, daß Ihr daran Gefallen haben solltet; es ist etwas anderes, man kann es nur nicht sagen, außer wenn man alles erzählt, wie es sich zugetragen hat ... Kann man sagen, was Gott ist? Aber vom Leben kann man sagen. Es wird sich dann in Euch zutragen. Wenn wir Euch alle diese Kleinigkeiten werden gezeigt haben, werdet Ihr verstehen."

Was ist aber nun dieses Merkwürdige, was das Publikum hinreißt, daß es begeistert ist, daß dieses kalte, verwöhnte Publikum der europäischen Zentralen seine innere Reserve aufgibt, um mitzufühlen, mitzuklatschen, mitzuhandeln? Es ist vielleicht ganz einfach dasselbe, was der Conferencier immer wieder so heiter und herzlich persönlich über alle Schranken des Abstandes hinweg, wie zu jedem Zuschauer tut: Er spricht. Alle diese Dinge und Personen, mit denen diese Russen umgehen, sprechen. Sie deklamieren nicht, sie stellen nicht etwas vor, sie sollen nicht Kunststücke sein, – sie sprechen. Sie sprechen und wir verstehen.

Da hört jedes Kritisieren auf. Wo etwas grüßt, muß man wieder grüßen. Das sei in Herzlichkeit getan.

So las ich im heißen Berlin, über ausländische Zeitungen gebeugt, von des blauen Vogels Sommerflug.

1924

„RUSSISCHE DEBATTE AUF DEUTSCH"

Obwohl in den Jahren 1921 bis 1923 nichts aus der russischen Dichter- und Künstlerkolonie die Autorität eines allabendlichen Rapallo erlangte, wie der Theaterkritiker Monty Jakobs das für den „Blauen Vogel" in Anspruch nahm, sind die weiteren Wirkungen dieses allrussischen Rendezvous' am Zoo von größter Bedeutung für die deutsch-sowjetischen Beziehungen gewesen. Dabei waren es weniger Übersetzungen, die hier in Fülle angeregt worden wären: kaum eines jener Bücher, die im Berliner russischen „Haus der Künste" gelesen oder in Berlin konzipiert wurden, ist damals deutsch vorgelegt worden, nicht einmal Schklowskis „Zoo" und „Sentimentale Reise", Remisows Verlautbarungen aus dem „Charlottenburger Affenrat" oder Ehrenburgs Streitschrift für den Konstruktivismus „Und sie bewegt sich doch", ganz zu schweigen von Andrej Belys Berlin-Mythos „Eine Wohnung im Schattenreich". Die Wirkungen waren stärker vermittelt, manche mögen gar nicht mehr aufzuspüren sein, auf zwei sei verwiesen: auf Maxim Gorkis Rolle in Berlin und auf Walter Benjamins Anteil an der von ihm selber so genannten „Russischen Debatte auf deutsch".

Gorki war kein Lobredner der Revolution. In den „Unzeitgemäßen Gedanken" trug er bei größter Hochachtung vor seinen Freunden unter den Bolschewiki seine starken Bedenken gegen Zeitpunkt und Strategie der Revolution vor. Aus seinem Text über den „Russischen Bauern", den er kurz nach seiner Ankunft in Berlin im Dezember 1921 niederschreibt, sind seine Ängste deutlich zu erkennen. Aber gerade wegen seiner kritischen Haltung hat Gorki als kompetenter Sprecher der russischen Revolution in Deutschland und Europa die überragende Rolle spielen können. Seine Petrograder Tätigkeit für den Schutz der Wissenschaftler und Schriftsteller, der von Tynjanow ironisierte europäische Briefwechsel mit Wells und Shaw, mit Hauptmann und Rolland, zunächst wegen der Hungerhilfe, später wegen des Moskauer Prozesses gegen die Sozialrevolutionäre und anderer aktueller politischer und geistiger Fragen, bald auch seine

350

neuen Bücher, als erstes sein aufsehenerregender Essay über Lew
Tolstoi – all das machte ihn zum Gewährsmann für die unter-
schiedlichsten Sympathisanten und Anhänger der Revolution in
Rußland. Gorki wurde zur Integrationsfigur schlechthin und wenn
er in den zwanziger Jahren zur Instanz, gelegentlich, von ihm selber
bitter beklagt, zur Institution avancierte: sein Deutschlandaufent-
halt Ende 1921 bis Ende 1923 hatte dafür die Grundlage gelegt.
Wen er in Bad Saarow bei Berlin und in Heringsdorf an der Ostsee,
wo er die meiste Zeit wohnte, oder bei Aufenthalten in Berlin nicht
persönlich traf, mit dem stand er im Briefwechsel. Wladislaw Cho-
dassewitsch hat ein Tagebuch hinterlassen, sein „Kammerführerjour-
nal", in dem seitenweise seine Besuche bei Gorki verzeichnet sind. In
Bad Saarow, wo er mit seiner Frau Nina Berberowa vom November
1922 bis Juni 1923 wohnte, war er fast täglich bei Gorki zu Gast,
zum Essen, zum Kartenspielen, um ins Kino zu gehen oder auch die
Zeitschrift zu besprechen, die sich die beiden ausgedacht hatten.
Häufigste Gäste sonst sind Viktor Schklowski mit Elsa Triolet, der
er sein Buch „Zoo" verdankt, Andrej Bely mit Klawdija Wassil-
jewa, die Verleger Grshebin und Kaplun-Sumski. In Berlin trifft
Gorki Alexej Tolstoi, Remisow, Pilnjak. Die Zeitschrift, die 1923
bis 1925 in Kaplun-Sumskis Verlag „Epocha" erschien, hieß „Be-
seda" – „Gespräch" oder „Debatte" – und den Herausgebern
schwebte vor, Westeuropa mit Rußland und Rußland mit West-
europa bekannt zu machen, ein gemäßigtes Gegenstück zu Ehren-
burgs und Lissitzkys konstruktivistischem „Gegenstand". Wenn das
Ganze nicht recht glückte, weil der Vertrieb in der Sowjetunion nicht
zu arrangieren war, so ist doch der Dialog, der in der Zeitschrift
zwischen Andrej Bely, Wassili Rosanow, Alexej Remisow, den bei-
den Herausgebern selber, Viktor Schklowski und den jungen Leuten,
etwa den „Serapionsbrüdern" von Petrograd, geführt wurde, für das
integrative Konzept der nachrevolutionären Literatur, wie Gorki es
bis hin zum ersten sowjetischen Schriftstellerkongreß 1934 vertreten
hat, von prinzipieller Bedeutung gewesen.
Auch Walter Benjamin hat die Wirkungen der Berliner Aktivitäten
der Russen vermittelt erfahren und es wäre vor allem für Carl Ein-
stein, aber auch für Ernst Bloch, die anderen beiden Analytiker die-
ses Teils, ähnliches zu zeigen.
Was Walter Benjamin, der Philosoph, Kunstkritiker und Überset-
zer, ein „schreibender Revolutionär aus der Bürgerklasse", wie er
sich nannte, zum Verständnis sowjetischer Kunst beigetragen hat,
stammt im wesentlichen aus den wenigen Jahren kurz nach seinem

Moskauer Aufenthalt von Dezember 1926 bis Januar 1927. Benjamin war zwei Monate in Moskau gewesen, um Asja Lacis, die letti-
sche Schauspielerin und Regisseurin, der er 1924 auf Capri begegnet
war und die einen entscheidenden Einfluß auf seine gesamte Existenz gewonnen hatte, zu einer engeren Verbindung zu bewegen und
Möglichkeiten einer von ihr vorgeschlagenen Arbeit in Moskau zu
prüfen. Beides scheiterte. Aber diesem Scheitern entsprang die so vi-
sionäre wie kreatürliche Glut seiner Texte zur sowjetischen Kunst
und Politik. Noch in einer Besprechung der Briefe Lenins an Gorki,
die 1924 deutsch erschienen, spürt man die dramatische Verwick-
lung des Schreibers in die beschriebenen Umwälzungen:
„Denn passionierend sind sie gerade dadurch", heißt es da von Lenins Briefen, „daß das politische Gepräge in ihnen die menschlich-
sten Beziehungen bestimmt. ‚Privat' und ‚öffentlich' stoßen ja nicht
aneinander wie Schlafzimmer und Ordination in einer Arztwoh-
nung, sondern sind ineinander eingebaut. Wo das Privateste sich öffentlich begibt, kommen dann auch die öffentlichen Dinge privat zur
Entscheidung und führen damit eine physische, politische Verantwortung herauf, die etwas ganz anderes als die metaphorische moralische
ist. Es haftet die Privatperson für ihre öffentlichen Akte, weil sie in
ihrem jeden voll zur Stelle ist. Revolutionen statuieren immer diese
Haftbarkeit (wo nicht noch härtere) und mit Lenin kam dieser Typ
der Verantwortung als Diktatur des Proletariats weithin sichtbar
zur Geltung. Es wohnt jedoch in Lenins diktatorischer Unerbittlich-
keit ein so unablenkbarer Sinn für das Wirkliche, daß diese Briefe
stellenweise bei all ihrem Schroffen die Süßigkeit von großer Epik
haben. Lenin muß mit dem Dasein im reinen gewesen sein und sein
Haß gegen die herrschende Ordnung viel inniger dessen dialektischen
Frieden, dessen ‚schöpferische Indifferenz' umfangen haben als
manch anderer mystische Liebe."
Von Asja Lacis erfuhr Benjamin etwas von Meyerhold, Majakowski und Tretjakow, sie hatte aber, als sie 1923 zum erstenmal
in Berlin war und bei dem Bildhauer Zalits wohnte, einem guten
Freund von Iwan Puni und Xenia Boguslawskaja, auch noch
Alexej Tolstoi, Bely, Piljnak und Remisow angetroffen. In Mün-
chen sieht sie Brecht und Neher, später brachte sie Benjamin und
Brecht zusammen. 1928 kam sie aus Moskau nach Berlin als Refe-
rentin für Kultur- und Schulfilm an die sowjetische Handelsvertre-
tung, setzte sich für die sowjetischen Dokumentaristen Dsiga
Wertow und Esther Schub und die Dramatiker Anatoli Glebow,
Bill-Belozerkowski und Wischnewski ein.

Gemessen an seinen großen Untersuchungen zur „Kunstkritik in der deutschen Romantik", zu Goethes „Wahlverwandtschaften" oder zum „Ursprung des deutschen Trauerspiels", gemessen an seinen Proust-Übersetzungen, an den Kafka-, Brecht- und Surrealismus-Studien, gemessen selbst an seiner parallelen publizistischen Aktivität, wirken die Texte zur sowjetischen Kunst nach Zahl und Umfang eher wie Nebenarbeiten. Bedenkt man aber ihr Konzept, so ist ihre zentrale Stellung in Benjamins geistigen Unternehmungen nicht zu bezweifeln. Benjamin hat sie geschrieben, um einen weltgeschichtlichen Einschnitt zu begreifen und begreiflich zu machen; im „Moskau"-Essay von 1927 nennt er diesen Einschnitt einen „Wendepunkt des historischen Geschehens, wie ihn das Faktum ‚Sowjet-Rußland' wenn nicht setzt, so anzeigt". Es ist daher immer etwas über alle Kunst hinaus oder durch alle Kunst hindurch, was Benjamin in seinen Kritiken zu fassen drängt, es ist die treibende Kraft der Wende, treibend in beiderlei Verstand, nach Ursprung und Folgen.

In einem Brief an Hugo von Hofmannsthal vom 5. Juni 1927 hat er im Hinblick auf seinen „Moskau"-Essay angedeutet, was dann alle seine einschlägigen Kritiken auszeichnet: „Ich habe aber mehr noch als an das Optische mich an die rhythmische Erfahrung fixiert, an die Zeit, in der die Menschen dort leben und in der ein ursprünglicher russischer Duktus mit dem neuen der Revolution sich zu einem Ganzen durchdringt, das ich westeuropäischen Maßen noch weit inkommensurabler fand als ich erwartet hatte."

So sind es also am ehesten geschichtsphilosophische Verlängerungen, die Benjamin in seinen Kunstkritiken vornimmt, Freilegungen von Zukunft. Exemplarisch seine merkwürdige Beschreibung eines sowjetischen Gastvortrags vom Frühsommer 1930. Mit unverhohlener Genugtuung widmete sie sich der Verfahrensweise des Redners und seiner Opponenten, ihrer, wie es hieß „Disputationskunst", die das erörterte Thema erst in dem ganzen Ablauf des Auftritts seine volle Sinnkraft habe entfalten lassen. Es könne von hier geradezu eine „Erneuerung der Beredsamkeit", ein „Umschwung im Wesen der Diskussion" ausgehen, wozu man allerdings den verlogenen Grundsatz aufzugeben habe, eine Diskussion sei „eine Veranstaltung, kraft deren Gegner einander zu überzeugen – oder gar miteinander sich zu verständigen – suchten". Der Text, der diese weite Aussicht eröffnete, hieß programmatisch „Russische Debatte auf deutsch" und befaßte sich im einzelnen mit dem Berliner Streit um die Thesen von Ossip Brik, dem Freund Majakowskis und Theoretiker der russischen Avantgarde, zum Begriff einer revolutionären Literatur.

Neujahrsfeier 1922 zu 1923 bei Maxim Gorki in Bad Saarow. Sitzend
2. v. l. Maria Fjodorowna Andrejewa, 3. v. l. Maria Ignatjewna

*Soll nach einer sozialistischen Revolution, so lautete die Frage, das
überkommene Gattungsgefüge einfach weiterbedient werden, Roman,
Gedicht und Theaterstück geschrieben werden wie bisher, oder muß
nicht vielmehr die Beschaffenheit und Stellung von Autor und Werk
anders begründet werden. Die Argumente seien von so schockieren-
der Naivität gewesen, daß der Berichterstatter sie erst einmal mit
der Erinnerung in Schutz nehmen mußte, „daß nicht alle, vor allem
nicht die wichtigsten Kunstdebatten, angefangen von der platonischen, die dem Staat den Dichter verbietet, mit ästhetischen Begriffen
geführt" worden sind.*

354

Budberg, 4. v. l. Maxim Gorki, 1. v. r. Wladislaw Chodassewitsch.
Stehend 1. v. l. Viktor Schklowski, 3. v. l. Maxim Peschkow

Brik, der Vertreter radikaler Neubegründung, lehne nämlich nicht nur alle „primitive Suggestiv- und Schlagwörterliteratur" ab, sondern ebenso die meisten russischen modernen Dichter von Babel bis Panfjorow, Samjatins Dynamismus und Ehrenburgs neue Romantik genauso wie Alexej Tolstois monumentalen Realismus und erst recht Maxim Gorkis Integrationskonzept, weil weder „sachliche Objektivität" noch „poetischer Individualismus" eine revolutionäre Haltung beim Leser erzeugten und die könne nur sein: dialogisch, lernend, eingreifend, folgenstiftend.
Die Reaktion der Opponenten war heftig. Wieland Herzfelde, der Leiter des Malik-Verlags, der selber einen großen Teil der von Brik

abgetanen Bücher herausgebracht hatte, verteidigte den „objektiven Roman gegen die taktisch visierte Propagandaerzählung" und Bela Illés, damals verantwortlicher Sekretär des Internationalen Büros der revolutionären Literatur, setzte sich entschieden für den Identifikationshelden ein und wehrte sich energisch gegen Verschleppung und Export einer in der Sowjetunion angeblich längst entschiedenen Kontroverse.

Benjamin hat sich darum offenbar kaum geschert. Als er den Streit in Berlin verfolgte, war ihm der Zusammenhang mit schon früher beobachteten Aspekten revolutionärer Disputationskunst sofort klar. An Gladkows „Zement" hatte er den „Argot der Bolschewiken", die Sprache und das Zeremoniell in der Praxis der Kongresse und Kommissionen als die große Entdeckung des Erzählers hervorgehoben. „Disputation bei Meyerhold" hatte er seinen Bericht über die berühmte Kontroverse um Meyerholds „Revisor"-Inszenierung genannt und Majakowski geschildert, wie er im richtigen Moment das Publikum in die Hand nimmt, und im Gegensatz zu ihm Andrej Bely, den „ewigen Leser Gogols", der, ein romantischer Dekadent in Samtjackett und Binde wie bei Gavarni, eine „verflossene Gavotte tänzelt".

Von Bill-Belozerkowski hatte er sich die nach dem „Sturm" geführten Zuschauerdebatten als einen Teil des Theaterabends erläutern lassen, der über den Erfolg des Stücks mit entscheidet, der den Erfolg organisiert und die „Energien verwertet, die jeder große Theatererfolg enthält, und die bei uns so oft im Amüsierbetrieb verpuffen".

Im „Moskau"-Essay schließlich findet sich im Zusammenhang mit einem Passus, der übrigens auch den Rausch des Debattierens gebührend würdigt, ein Satz, der auf die Mitte des starken Interesses Benjamins an der Berliner „Russischen Debatte auf deutsch" weist: „Die ganze Kombinatorik westlicher Existenz", sagt Benjamin hier, „ist überaus ärmlich im Vergleich zu den zahllosen Konstellationen, die hier im Lauf eines Monats den Einzelnen antreten."

Es ist dieses unbedingt Mobile, eine „aktive und praktische Universalität", eine „Universalität des Bereitseins", die Benjamin im Medium der Disputationen am Werke sieht. Ich meine sogar, daß Benjamin in diesen Disputationen noch jene reinigende und befreiende Gewalt umgehen sah, die er in einem bedeutenden pädagogischen Programm – nicht zufällig ein Text für und mit Asja Lacis – beschrieben hat. Es war, was nur auf den ersten Blick verblüfft, das „Programm für ein proletarisches Kindertheater". Von vier bis vierzehn, so hatte er 1928 zu 1929 dort angeregt, sollten Kinder nur

356

durch Theater für Kinder, von Kindern gespielt, erzogen werden. Die Beschreibung der Aufführung mutet an wie ein Lob der späteren Disputation und man wird den hohen Begriff von Theater, der hier zugrunde liegt, sich parat halten, um den Vergleich von Theater und Disputation nicht unangemessen zu finden.

„Kinder, die so Theater gespielt haben", sagt Benjamin, „sind in dergleichen Aufführungen frei geworden. Im Spielen hat sich ihre Kindheit erfüllt. Sie nehmen keine Restbestände mit, die später eine unsentimentale Aktivität durch larmoyante Kindheitserinnerungen hemmen. [...] In diesem Kindertheater liegt eine Kraft, welche das pseudorevolutionäre Gebaren des jüngsten Theaters der Bourgeoisie vernichten wird. Denn wahrhaft revolutionär wirkt nicht die Propaganda der Ideen, die hier und da zu unvollziehbaren Aktionen reizt und vor der ersten nüchternen Besinnung am Theaterausgang sich erledigt. Wahrhaft revolutionär wirkt das g e h e i m e S i g n a l des Kommenden, das aus der kindlichen Geste spricht."

WASSILY KANDINSKY

„Der Blaue Reiter" (Rückblick)

Sehr geehrter Herr Westheim!
Sie fordern mich auf, meine Erinnerungen an die Entstehung des „Blauen Reiter" wachzurufen.
Heute – nach so vielen Jahren – ist dieser Wunsch berechtigt, und ich komme ihm sehr gern nach.
Heute – nach so vielen Jahren – hat sich die geistige Atmosphäre in dem so schönen und trotz allem doch lieben München grundsätzlich verändert. Das damals so laute und unruhige Schwabing ist still geworden – kein einziger Laut verbreitet sich von dort. Schade um das schöne München und noch mehr schade um das etwas komische, ziemlich exzentrische und selbstbewußte Schwabing, in dessen Straßen ein Mensch – sei es ein Mann oder eine Frau (a Weibsbild) – ohne Palette, oder ohne Leinwand, oder mindestens ohne eine Mappe sofort auffiel. Wie ein „Fremder" in einem „Nest". Alles malte ... oder dichtete, oder musizierte, oder fing zu tanzen an. In jedem Haus fand man unter dem Dach mindestens zwei Ateliers, wo manchmal nicht gerade so viel gemalt wurde, aber stets viel diskutiert, disputiert, philosophiert und tüchtig getrunken (was mehr vom Beutel- als vom Moralzustand abhängig war).
„Was ist Schwabing?" fragte einmal ein Berliner in München.
„Es ist der nördliche Stadtteil", sagte ein Münchner.
„Keine Spur", sagte ein anderer, „es ist ein geistiger Zustand." Was richtiger war.
Schwabing war eine geistige Insel in der großen Welt, in Deutschland, meistens in München selbst.
Dort lebte ich lange Jahre. Dort habe ich das erste abstrakte Bild gemalt. Dort trug ich mich mit dem Gedanken über „reine" Malerei, reine Kunst herum. Ich suchte „analytisch" vorzugehen, synthetische Zusammenhänge zu entdecken, träumte von der kommenden „großen Synthese", fühlte mich gezwungen, meine Gedanken nicht nur der mich umgebenden Insel, sondern den Menschen außerhalb dieser Insel mitzuteilen. Ich hielt sie für befruchtend und notwendig.
So entstand von selbst aus meinen flüchtigen Notizen „pro

doma sua" mein erstes Buch „Über das Geistige in der Kunst". Ich hatte es 1910 fertig geschrieben in meiner Schublade liegen, da kein einziger Verleger den Mut hatte, einige (schließlich ziemlich geringe) Verlagskosten zu riskieren.

Auch die sehr warme Teilnahme des großen Hugo von Tschudi nützte nichts.

Zu derselben Zeit wurde mein Wunsch reif, ein Buch (eine Art Almanach) zusammenzustellen, an dem sich ausschließlich Künstler als Autoren beteiligen sollten. Ich träumte von Malern und Musikern in erster Linie. Die verderbliche Absonderung der einen Kunst von der anderen, weiter der „Kunst" von der Volks-, Kinderkunst, von der „Ethnographie"*, die fest gebauten Mauern zwischen den in meinen Augen so verwandten, öfters identischen Erscheinungen, mit einem Wort die synthetischen Beziehungen ließen mir keine Ruhe. Heute kann es ja sonderbar erscheinen, daß ich lange keinen Mitarbeiter, keine Mittel, einfach kein genügendes Interesse für diese Idee finden konnte.

Es war die kräftige Anfangszeit der vielen „Ismen", die das synthetische Empfinden noch nicht kannte und in temperamentvollen „Zivilkriegen" das Hauptinteresse fand.

Fast an einem Tag (1911–12) kamen in der Malerei zwei große „Strömungen" zur Welt: der Kubismus und die Abstrakte (= Absolute) Malerei. Gleichzeitig der Futurismus, Dadaismus und der bald siegreich gewordene Expressionismus.

Es dampfte nur so!

Die atonale Musik und sein damals überall ausgepfiffener Meister *Arnold Schönberg* regten die Gemüter nicht weniger als die erwähnten malerischen Ismen auf.

Damals lernte ich Schönberg kennen und fand in ihm sofort einen begeisterten Anhänger der Blaue-Reiter-Idee. (Es war damals nur ein Briefwechsel, die persönliche Bekanntschaft kam erst etwas später zustande.)

---

* Meine erste Begeisterung für Ethnographie ist alten Datums: als Student der Moskauer Universität bemerkte ich allerdings ziemlich unbewußt, daß die Ethnographie ebenso Kunst wie Wissenschaft ist. Die entscheidende Tatsache war aber der erschütternde Eindruck, den ich viel später im Museum für Völkerkunde in Berlin von der Negerkunst erlebte!

Mit einigen zukünftigen Autoren stand ich bereits in Verbindung.

Es war der Blaue Reiter in spe, noch ohne Verkörperungsaussichten.

Und da kam *Franz Marc* aus Sindelsdorf.

Eine Unterredung genügte: wir verstanden uns vollkommen. In diesem unvergeßlichen Mann fand ich ein damals sehr seltenes Exemplar (ist es heute nicht so selten?) eines Künstlers, der weit über die Grenzen einer „Vereinsmeierei" blicken konnte, der nicht äußerlich, sondern innerlich gegen bindende, hemmende Traditionen eingestellt war. Das Erscheinen des „Geistigen" im R.-Piper-Verlag verdanke ich Franz Marc: er ebnete die Wege.

Lange Tage, Abende, hier und da auch halbe Nächte besprachen wir unser Vorgehen. Klipp und klar war uns beiden von vornherein, daß wir streng-diktatorisch vorgehen müssen: volle Freiheit für die Verwirklichung der verkörperten Idee.

Franz Marc brachte in dem damals sehr jungen *August Macke* eine hilfreiche Kraft. Wir stellten ihm die Aufgabe, hauptsächlich das ethnographische Material zu besorgen, was wir auch selbst mitmachten. Er löste seine Aufgabe glänzend und bekam eine weitere, über Masken einen Aufsatz zu schreiben, was er ebenso schön erledigte.

Ich besorgte die Russen (Maler, Komponisten, Theoretiker) und übersetzte ihre Artikel.

Marc brachte aus Berlin eine große Anzahl Blätter – es war die „Brücke", die erst gebaut wurde und in München vollkommen unbekannt war.

„Künstler, schaffe, rede nicht!" schrieben und sagten uns einige Künstler und lehnten unsere Aufforderung, Artikel zu liefern, ab. Dies gehört aber zum Kapitel der Ablehnungen, Bekämpfungen, Empörungen, was hier unberührt bleiben soll.

Es war eilig! Noch vor Erscheinung des Bandes veranstalteten Franz Marc und ich die I. Ausstellung der Redaktion des Blauen Reiters* in der Galerie Tannhauser – die Basis

* Den Namen „Der Blaue Reiter" erfanden wir am Kaffeetisch in der Gartenlaube in Sindelsdorf; beide liebten wir Blau, Marc – Pferde, ich – Reiter. So kam der Name von selbst. Und der märchenhafte Kaffee von Frau Maria Marc mundete uns noch besser.

360

war dieselbe: kein Propagieren einer bestimmten, exklusiven „Richtung", das Nebeneinanderstellen von verschiedensten Erscheinungen in der neuen Malerei auf internationaler Basis und ... Diktatur. „... wie der *innere* Wunsch der Künstler sich mannigfaltig gestaltet", schrieb ich im Vorwort.

Die zweite (und die letzte) Ausstellung war eine grafische in der gerade eröffneten Galerie Hans Goltz, der vor zwei Jahren etwa, kurz vor seinem Tod, mit großer Begeisterung über diese famose Zeit an mich schrieb.

Mein Nachbar in Schwabing war *Paul Klee.* Er war damals noch sehr „klein". Ich kann aber mit berechtigtem Stolz behaupten, daß ich in seinen damaligen ganz kleinen Handzeichnungen (er malte noch nicht) den späteren großen Klee gewittert habe. Eine Zeichnung von ihm ist im Blauen Reiter zu finden.

Es drängt mich, noch den überaus großzügigen Mäzen von Franz Marc, den auch kürzlich verstorbenen *Bernhard Koehler* zu erwähnen. Ohne seine hilfreiche Hand wäre der Blaue Reiter doch eine schöne Utopie geblieben, auch „Der erste Deutsche Herbst-Salon" von Herwarth Walden und noch manches andere.

Mein nächster Plan für den nächsten Band des Blauen Reiters war, die Kunst und die Wissenschaft nebeneinander zu stellen: Ursprung, Werdegang in der Arbeitsart, Zweck. Heute weiß ich noch viel besser als damals, wie viele kleinere Wurzeln zu einer einzigen großen zurückzuführen sind – Arbeit der Zukunft.

Aber damals kam der Krieg und schwemmte auch diese bescheidenen Pläne fort.

Was aber durchaus notwendig ist – innerlich! – kann verschoben, aber nicht mit der Wurzel herausgerissen werden.

Mit den besten Grüßen
Ihr Kandinsky.

1930

CARL EINSTEIN

Leon Bakst und das russische Ballett

Rußland, dieser Erdteil des Zwangs und der Exzesse, erinnert – bisweilen an England, die Insel puritanischer Verhaltenheit. Rußland liegt etwas fatal und unentschlossen zwischen zwei Welten, die immer von neuem es attackieren. Allerdings seit Lenin ist die strategische Stellung, wenigstens im Politischen, verändert.

Der Engländer macht seine literarischen Geständnisse wie ein Unbeteiligter; das Ergebnis ist epischer Humor, womit er seine Sentimentalität betrügt. Der Russe bedarf gleichermaßen, um sein Verlangen nach Beichte zu ertragen, epischer Distanzierung. Der englische Mensch wählt, um die Form zu wahren, das objektivierende Epos. Der Roman verbirgt das Ich und gewährt den Umweg der Selbstbeherrschtheit; er schaltet das Unmittelbare aus und gibt statt eines Erlebnisses die Feststellung eines unverbindlichen Geschehens; durch solchen Umweg schwächt man den gefährdenden Exzeß und lenkt vom monologischen Ich ab. Der Engländer benutzt den Roman; denn biographische Schamlosigkeit sprengt die Verhaltenheit der englischen Gesellschaft. Die epische Form dient als Mittel der Distanzierung, der Entfernung vom unmittelbaren Ich. Durch dieses indirekte, epische Mittel wagt der Engländer erheblich mehr zu sagen und darzustellen als das unmittelbare Leben ihm erlaubt. Man züchtigte Oscar Wilde, da er diese indirekten Mittel ablehnte und strafte ihn, weil er private Dinge plakatierte, wodurch er sich gegen das Bild vom englischen Menschen vergangen hatte. Ein Delikt gegen die Moral der Form entschied gegen ihn; denn jede Schamlosigkeit kann durch Form beglichen werden.

Ähnlich verteidigt sich der Russe gegen ein hilflos ihn begrabendes Konfessional durch schmerzhafte epische Objektivierung. Man darf sagen, daß Form die Notwehr einer Scham, eines schlimmen Gewissens ist. Im Epos lädt man Not und Konflikte auf distanzierte Gestalten ab, man erträgt sich nur in umgeleiteter Entferntheit. Das Epos ist Mittel sich loszuwerden und trotzdem deutlicher sich zu sehn. Das Ich wird in mittelbare, doch um so plastischere

Gestalten aufgeteilt, das monologische Gefühl weicht indirektem Vorstellen. Diese Russen sprengten im Roman ihre Bedrängnis von sich weg; indem sie diese zu Gestalten bildeten, entlasteten sie sich. Dem kam noch eines entgegen, der Roman wie jedes Kunstwerk gibt keine Lösung der Probleme. Drum war er die zweckmäßige Form einer russischen Epoche, deren Kraft gerade im Aufstellen und Durchleben des Problematischen bestanden hat. Dies gerade ist Vorzug der artistischen Entferntheit: Man weicht der Lösung des Konflikts, einer Sinngebung aus, indem man jenen darstellt, formal begleicht, ja ihn steigert und die Aufmerksamkeit auf die Stärke der formalen Lösung stellt; im Roman gilt der Konflikt vor allem als Auftrieb des Geschehens. Bei den Russen ist die moralische Herkunft des Epischen, die gewaltsame rüde Gewissenlosigkeit, die feststellt, doch nicht wertet, deutlich erkennbar, man reagiert im Epos gegen moralische Überbelastung, die auf verlegten Umwegen abgeleitet wird.

Gegen solch moralische Exzesse standen in Rußland Dinge wie die byzantinische Dogmatik, das Ballett, die alten Ikone, Kirchenchor und Bürokratie, alles in allem der Absolutismus; man verteidigte sich gegen sich selbst mit Klassizismus und französischer Skepsis, man wehrte sich gegen herausgeschrienes Geständnis mit spielerischem Rokoko und anscheinend klarem Italienertum. Der menschliche Untergrund dieser Dinge ist in Rußland ein anderer, als im Westen. Erst Lenin fand den Mut, die große Beichte im Politischen auszusprechen und zu verwirklichen; er begrub das künstliche Petersburg unter den hevorstürzenden Massen des Moskauer Russentums. Peter der Große, das hieß Klassizismus und Verheimlichen des bösen Gewissens. Lenin erst arbeitete wieder mit unverfälschten russischen Mitteln – so zwischen Moskau, Mongolei, Turkestan und Shanghai.

Kunst und Stil wurden in Rußland mit außerordentlichem Fanatismus aufgezäumt, geradezu mit ergebener Bigotterie betrieben, da es galt, den Fond zu verbergen. Diese importierten Stile kamen dem christlichen Bedürfnis nach Selbstverleugnung entgegen. In ihnen fand man die gegebenen Mittel zum formalen Zwang gegen sich selbst, man wich vor sich aus ins Fremdländische hinein. Ein Zwang gegen sich

Olga Gsowskaja
als Salomé

selbst durch fremde Kräfte wurde gewährt. Diese ver-
drängte Ursprünglichkeit endete in Historismus und an die
Stelle des Selbstverständlichen trat eklektische Stilisie-
rung.
Stile sind Schicksale, doch in Rußland scheinen sie mitunter
gewählter oder importierter Zwang zu sein. Man kann sich
nicht genugtun, Verteidigungsmittel gegen die Exzesse her-
anzuschaffen, man pflegt fanatisch diese Stile wie fremde
zerbrechliche Fetische. Man muß dauernd um diese künstlichen Gestalten sich mühen, sonst verkümmerten sie rasch
in dem ihnen ungewohnten Klima. Man konservierte die
fremden Formen jedoch länger als im Westen, da man geradezu aus moralischen Gründen auf sie angewiesen war, und
in ihnen das politisch Konservative wundervoll sich spie-
geln konnte.
Nach Rußland brachten die Italiener, Franzosen und Deutschen westliche Kunst; vor allem bildete man dort die de-
spotischen Stile aus; die Architekturformen des Despotismus und der bürokratischen Obrigkeit. Man suchte

364

fanatisch zwingende formale Einheiten und importierte geradezu deutliche Klarheit und fremde Ordnung. Das Byzantinische war erstarrt und widersetzte sich dogmatisch jeder
Abwandlung. Dieser Stil war ganz der Kirche und ihrem
unfehlbaren Kanon verbunden, er war zu göttlich, um entwickelt werden zu können. Das Byzantinische war ein Katechismus, woran keine Silbe verändert werden durfte; drum
mußte die Entwicklung der Künste sich notwendig mit
fremden Hilfen, in fremden Stilen vollziehen. Das Klassische wird dort befohlen wie eine Parade; man exerziert
jetzt andersrum; Klassizismus war dort etwas wie Exotik im
Westen.

Es erstaunt, daß die Russen, die kaum eine bedeutende
theatralische Literatur besitzen, Ungemeines gerade in
theatralischer Darstellung geleistet haben.

Zunächst boten Oper und Ballett in ihrer märchenhaften
Harmlosigkeit und menschlichen Simpelei ein politisch
neutrales Gebiet. Musik ist unideologisch und unpolitisch,

Michail Fokin

365

die kindliche Oper lenkte von verwirrter und bedrängter Gegenwart ab. In ihr verlor man sich zu sonst kaum erreichbarer Leichtheit und harmlosem Spiel. Die Oper verbarg hinter blendendem Dekor das schlechte Gewissen und die quälende Fraglichkeit. Drum wurde sie von den ernsteren Intellektuellen spöttisch gemieden. Brachte man auf die Bühne verklärte Reste des Politischen, so entzückte man sich an primitiv Nationalem wie bei Glinka und Mussorgski. Waren Literatur und Philosophie Beichte und Angriff, so versuchte man in der Oper den großen Trick, die Gegenwart wegzutun und zu verbergen. Da diese Gegenwart drohte, mußte das theatralische Narkotikum stark zubereitet sein. Die böse Gegenwart schaffte sich die verhüllende unschuldige Maske; gegen die schlimme Dürftigkeit des politisch Tatsächlichen stellte man das glänzende Märchen, erspielt von Malern, Tänzern und Musikern, den Fetischeuren der kaum erträglichen Gegenwart. Die gesellschaftlich Zerteilten, die sich haßten, beargwöhnten und

Vera Fokina

366

fürchteten, saßen in entzückter Neutralität und angenehm betäubt vor kostbarem, nichtssagendem Märchenspiel. Bedrücker und Bedrückte begegneten sich wie harmlose Kinder.

Es gab eine andere Art des Sich-zur-Schau-Stellens, das war bei Dostojewski und Tolstoi; doch dieses war rüde Aktualität, während Oper und Ballett das Jetzt durch die anachronistische Maske von Märchen und Musik verbargen. Die Inhalte dieser Tanzereien waren dem Jetzt entrückt. Man zauberte sich in eine distanzierte zeitlose Romantik und wagte nur in den Darstellungsmitteln einigermaßen modern zu sein. So gewann die Inszenierung stärkere, aktuellere Bedeutung als das stoffliche Motiv. Man war geradezu aus politischen Gründen theatralischer Artist und dies glänzende Theater gewährte eine verzaubernde Flucht aus der Zeit. Man war kühn in der Aufmachung, harmlos, kindlich in der Wahl der Stoffe. Diese Freude am Dekor bewies das Brüchige der Zeit, man versuchte hinter blendender Kulisse den nahenden Zusammenbruch einer Despotie zu verbergen, die schimmernden Abzug befahl. Eklektisch nutzte man viele Manieren und Stile, damit der letzte Akt farbig und prächtig bis aufs äußerste gedehnt werde. Sorgfältig bereitete man kunstreich gemischte Narkotika. Diese Theaterkunst war künstlich wie Petersburg und doch lebte in ihr etwas Nationales, die Freude des Russen an Schaustellung und Tanz.

Elegie auf eine Lüge

Das ancien régime der Russen bot dem wohlhabenden Bürger vollendet getanzte Träume, ähnlich wie der französische Hof vor der großen Revolution. Eine kostbare Phantasiebude, die mit künstlichem Optimismus aufgefüllt war, wurde krampfhaft gehalten. Die Leistungen waren technisch vollendet, doch ihr Inhalt unwahr gemessen an der Last der Zeit. Gerade solcher Gegensatz erhöhte die Wirkung der Ballette; sie kamen einem ursprünglichen Verlangen nach Schaustellung entgegen, und klug ließ man die Exzesse in ungefährlichen schuldlosen Märchen technisch abrollen.

Man gewährte der russischen Ekstase die harmlosen Be-

zirke der Märchen, bot entzückende Träume zwischen zeit-
fernen Wolken und kugligen Reifröcken; der Spender dieses Glücks, das vor die Gegenwart ein artistisches Paradies
von Verkleidung und Kulisse rückte, war der Zar.

Bei Dostojewski analysiert der Russe das auf sich selbst gestellte Individuum, er excediert im Religiösen und Moralischen. Vor das Kollektive stellte man ein ungeheuer vergrö-
ßertes Individuum, man bohrte sich in das Ich und sah
nicht weiter. Stieß man in das Allgemeine vor, so ging es
um das Moralische oder das religiös Überlieferte. Hierin
liegt die Größe und Schwäche dieser Russen, die anscheinend Direkteres boten als die skeptischen Westeuropäer,
welche die gesellschaftliche Bedingtheit der Person kannten.

Bei Tolstoi beginnt der Aufstand, der in den toten Seelen
Gogols fast akut geworden war, die letzten Endes ein Bil-
derbuch blieben. Die Leser dieser von zergliedernder Beobachtung belasteten Bücher flüchteten in die Ballette, wo
problemlose Kreaturen das Glück verklärter Körperlichkeit

368

darboten. Hier genossen die Zuschauer – sonst analysie-
rende Moralisten – die Überwindung der Schwere und waren entzückt, das Moralische ausgeschaltet zu sehen, das
niemanden peinlicher bedrängt als den halb Primitiven;
denn dieser hängt den Gebräuchen mit noch mythischer
Gläubigkeit an, die allerdings schon durch Reflektion ge-
spalten wird. So beginnt er, vielleicht kritisch, zu vergleichen inmitten eines dogmatischen, religiösen Daseins. Der
erstarrte byzantinische Kern fordert noch heftiger die Analyse heraus. Denn keiner ist gleich kritisch solchen, die
noch Gott kontrollieren, an ihm messen und ihn bekämpfen.
Vor der Rampe dieser glänzenden Pantomimen war man
für Stunden errettet vor den Messern der Selbstschau und
der Angst vor der unvermeidbaren Sünde. In diesen Ballet-
ten fand man für kurze Zeit ein märchenhaft schuldloses
Dasein und das Glück technischer Vollkommenheit. Der
Russe besaß zwingendere moralische und politische
Gründe als der Westler, dies glänzende Ballett sich zu leisten. Je peinlicher die inneren Nöte bedrängten, um so stärker und verwirrender mußten die Narkotika gemischt
sein.
Inmitten dieser moralischen und politischen Voraussetzungen stand noch die simple Tatsache, daß die Russen leidenschaftlich tanzen. Der russische Bauer, der Tartar oder Georgier, all diese wissen noch im Tanz Geschehnisse
darzustellen, und Tanzen bedeutet ihnen nicht nur irgendeine inhaltlose rhythmische Erregung, sondern sie vermitteln noch, ähnlich den Primitiven durch den Tanz dramatische Geschehnisse. Hierin lag die positive Kraft des
Balletts. Es bejahte einen Instinkt des Volkes, und nur ein
Volk, dem Tanz noch selbstverständlicher Ausdruck war,
konnte solch vollkommenes Ballett besitzen und schätzen.
Der Russe ist nicht nur Tänzer, er ist auch Kenner des Tanzes, und die fabelhafte Leistung fand das Publikum, das natürlich begabt war, diese zu verstehen. Rußland war noch
die Einheit volkhafter Stämme, die ihre Märchentänze und
Sänge besaßen und kannten. Drum konnte auch noch so
spät in Rußland eine nationale Oper entstehen. Der prächtige Dekor des Theaters entsprach einer durchaus lebendigen Volkskunst. Diese Menschen liebten noch die jubelnde

369

oder tragische Farbigkeit der Trachten, man lebte in einem Staat gemeinschaftlich mit den Geschöpfen des märchenhaften Orients, der dort mehr galt als Traum oder exotische Konstruktion, nämlich volkhaft lebendige Wirklichkeit. Dies Ballett war von der eurasiatischen Situation Rußlands bestimmt. Diese barbarischen Mythen geschahen noch im Osten dieses Landes, und die Gestalten des getanzten Märchens nannten sich Kinder des großen Zaren.

Ausgang

BAKST, Djaghilew, das Ballett, zogen nach dem Westen, durchwanderten Europa und Amerika. Diese Leute lösten sich von Rußland los und reisten nach den Geburtsstätten des Balletts. Sie verblüfften den improvisierenden Westen durch Technik und Zucht. Paris wurde Hauptquartier der Truppe; die Saisons russes entstanden; Bakst war nun Pariser zwischen der 5ten Avenue und Monte Carlo.

Irgendwie hatte er in Paris begonnen, im Park von Versailles beim Petit Trianon; sein Klassizismus lag zwischen Guérin, dem Dichter des Kentauren, Hérédia und Chassériau; Paris war Heimat der Exotiques, die Arbeiten des Bakst berühren deutlich die Kreise der französischen Romantiker. Delacroix und Gustave Moreau mögen ihn beeinflußt haben. Bakst war durch die Farbe groß geworden, hierin stehen Stärke und Grenze seiner Begabung; gemilderte Matissesche Attitüde, die literarisch bestimmt und archäologisch gemildert wird; ein Dandy und Archäologe zeigt sich als vorsichtiger Fauve. Ein Stück Münchner Jugend, etwas kunstgewerbliche Ornamentik und der Schatten Beardsleys zeigen sich mitunter.

Bakst wurde wie alle Russen, die im Westen sich verfingen, Emigrant. Ungefähr ein Mensch, der nur noch artistisch wertet, Mallarmé liest und dann an anderen Himmel, eine Bäuerin und ein paar Weiden denkt. Man erinnert sich Turgeniews, dieser melancholischen Figur. Rührt sich zu Hause ein wenig die Zeit, so entläuft ihnen das Jetzt, und die lebendige Heimat vergißt die Abgewanderten. Bakst kannte kaum noch die Sprache der Heimat der Nachkriegszeit, und das Rußland Lenins hatte ihn und das Ballett vergessen. Dort war man jünger und unphilologisch geworden.

Anna Pawlowa

So saß man als Gast am Boulevard Malesherbes, eine Hotel-existenz im Geistigen. Man war berühmt, soigniert und zer-brochen. Kein Boden mehr unter den Pumps.

Nun zaubert der kranke, langsam sterbende Bakst Figuri-nen von Bauern alter Zeit, in seinem Atelier erweckt er die Gestalten des toten, versunkenen Rußland; das letzte Wort des philologischen und distinguierten Artisten ist Heimat-kunst; glatt unerfüllte Sehnsucht.

Er stellt in einem Pariser Theater eine mimische Anklage gegen das revolutionäre Rußland, eine erfolglose Geste des romantischen Emigranten. Heimweh läßt ihn die Gestalten vergangener Heimat bilden; verspätetes Volkslied im Smo-king. Rußland war anders geworden, auch sehr nebenher seine Theaterkunst. Das Gotschedgeschick bedroht heute mitunter schon Zwanzigjährige. Zwischen Sheherazade und der Lacheté keilten Krieg und die große Revolution. Bürger und Proletarier eilten flinker als der subtile Künstler, der von gleichem Traum besessen blieb. Für elegische Gedächt-nisfeiern fehlte den Russen die Zeit, während ein Emigrant soviel Zeit hat, daß er sie verliert, da er Vergangenheit und Sein stets verwechselt.

Bakst baute sich in seiner Pariser Wohnung dies alte Ruß-land und starb zwischen den Figurinen an tödlichem Heim-weh, das wie viele Dinge mit dem Sammelwort Neurasthe-nie bezeichnet wurde. Man starb an Nerven, die ihre Zeit nicht mehr ertrugen. Man endete als Emigrant, ein Mensch, der zwingender Bindungen ermangelt, dessen Geschick ge-radezu Schicksallosigkeit ist; man lebt im Vergangenen, das man für sich und einige undeutliche Pensionsgäste zur Ge-genwart galvanisieren möchte. Die Schuhe laufen auf frem-den Boulevards, während das Herz woanders sich abnutzt. Solche Menschen verwechseln dauernd Orte und Gezeiten und meinen immer ein anderes. Emigranten bleiben irgend-wie stehen, da sie keine Gegenwart besitzen und die Zu-kunft mit einer utopischen Vergangenheit verwechseln, die, da sie nie war, auch nicht wiederkehren kann. Emigranten glauben, Zeit sei umkehrbar und lasse sich wenden wie ein Rock. Solch Vergangenes bildete Bakst zum Spiel der Figu-rinen; aber das artistische Schauspiel war vom politischen überholt worden; das Rennen zwischen Gedicht und Wirk-lichkeit war von der Politik gewonnen.

372

Mit Bakst starb ein großer Schauspieler des Bühnenraums: er kann nur vom Mimus her begriffen werden. In spottender Trauer stellte er eine Welt hin, die mit den Gedichten sich verwandelte und die kurzlebig ist, wie das Schauspiel. Bakst schuf bezaubernde Träume der Verwandlung, und doch leben diese Dinge nur von der Gnade der Gedichte oder des Tänzers. Diese Petersburger Tänzer waren die letzten der großen Überlieferung. Wie Bakst standen sie zwischen dem romantisch prächtigen Einst und einem kaum gewagten Jetzt. Nach ihnen kam die Zeit der exerzierenden Girls und der ballets mécaniques. Das Ensemble der Russen zerstob, und damit verlor die von Bakst geschaffene szenische Einheit ihre Wirklichkeit. Man bewahrt sie in diesem Buch und betrachtet melancholisch die Vergänglichkeit wundervoll gespielter Masken.

1927

JEWGENI SAMJATIN

Über Literatur, Revolution, Entropie und anderes

> „Nenne mir die letzte, die höchste Zahl, die allergrößte."
> „Aber das ist doch ein Unding! Die Anzahl der Zahlen ist unendlich, – wie soll es da eine letzte geben?"
> „Und wie soll es eine letzte Revolution geben? Es gibt keine letzte Revolution. Revolutionen sind unendlich. Eine ‚letzte Revolution' ist etwas für Kinder: Unendliches schreckt sie, Kinder müssen aber ruhig schlafen …"
>
> J. Samjatin, „Wir"

Frisch hineingegriffen: *Revolution* – was ist das? Einer wird im Stil Ludwigs XIV. antworten: Revolution – das sind wir. Ein anderer wird korrekt nach dem Kalender Monat und Tag nennen. Noch einer buchstabiert irgend etwas zusam-

men … Wenn wir aber vom Buchstabieren zum richtigen Lesen übergehen, so ist es dieses:
Zwei tote, dunkle Sterne stoßen mit unhörbarem, betäubenden Krach aufeinander und entzünden einen neuen Stern. Das ist Revolution! Ein Molekül springt aus der Bahn, dringt in das umliegende atomistische Weltall und gebiert ein neues chemisches Element. Das ist Revolution! Lobatschewski reißt mit einem einzigen Buch die Mauern der tausendjährigen euklidischen Welt ein, um den Weg in zahllose nichteuklidische Räume freizulegen. Das ist Revolution!
Revolution ist überall und in allem. Sie ist endlos – es gibt keine letzte Revolution, es gibt keine letzte Zahl. Die soziale Revolution ist nur eine der zahllosen Zahlen: das Gesetz der Revolution ist kein soziales Gesetz, es ist unendlich viel mehr, es ist ein universelles Gesetz (universum) – von gleicher Art wie das von der Erhaltung der Energie, der Entwertung der Energie (Entropie). Einst wird auch die Formel für das Gesetz der Revolution gefunden werden. Ihre Zahlengrößen werden sein: Nationen, Klassen, Moleküle, Sterne – und Bücher.

* *

Brandrot, feurig, todbringend ist das Gesetz der Revolution: aber es ist der Tod um eines neuen Lebens, eines neuen Sternes willen. Und kalt, blau wie Eis, wie eisige, interplanetarische Unendlichkeit ist das Gesetz der Entropie. Erst brandrot, wird die Flamme später rosig, gleichmäßig warm, behaglich statt tödlich; die Sonne altert zu einem für Straßen, Kaufhäuser, Federbetten, Huren, Gefängnisse wohlgeeigneten Planeten. Das ist Gesetz. Und um den Planeten wieder in Jugend entbrennen zu lassen, muß man ihn von der sanft fließenden Straße der Evolution stoßen. Das ist Gesetz.
Wenn auch das Feuer morgen oder übermorgen schon verglüht, – im Buche des Daseins sind Tage wie Jahre, Jahrhunderte. Einer soll es schon heute sehen und ketzerisch schon heute über das Morgen sprechen. Ketzer sind die einzige, bittere Arznei gegen die Entropie des menschlichen Denkens.

*

Beginnt die feurig züngelnde Sphäre (in Wissenschaft, Religion, sozialem Leben, Kunst) zu erkalten, so bedeckt sich das feurige Magma mit der festen, harten, starren Kruste des Dogmas. Die Dogmatisierung in Wissenschaft, Religion, sozialem Leben, Kunst ist Entropie des Geistes; das zum Dogma Gewordene brennt nicht mehr, es wärmt nur noch, ist lauwarm, ist kühl. Statt der Bergpredigt, unter glühender Sonne, über erhobenen Händen und schluchzenden Gesichtern – schläfriges Gebet in prunkvoller Abtei; statt Galileis tragischer Worte – „und sie bewegt sich doch!" – gemächliches Rechnen im behaglich warmen Observatorium. Auf Galileis Bau stocken die Epigonen langsam, wie Polypen, wie Korallen, den ihren auf: den Weg der Evolution. Bis eine neue Ketzerei die Kruste des Dogmas und alles graniten-dauerhaft auf ihr Errichtete fortreißt.

* *

Explosionen sind immer unangenehm. Und deshalb vertilgt man Bombenwerfer und Ketzer, mit Fug und Recht, durch Feuer, Beil oder Wort. Jedem Heute, jeder Evolution, jeder mühsamen, langwierigen, aufstockenden Arbeit tun Ketzer Schaden. Unüberlegt, dumm kommen sie aus dem Morgen ins Heute gesprungen. Sie sind Romantiker. Babeuf wurde im Jahre 1797 mit Recht geköpft: denn anderthalb Jahrhunderte überspringend platzte er ins Jahr 1797 hinein. Mit vollem Recht schlägt man die ketzerische, dogmenfeindliche Literatur tot: solche Literatur ist schädlich.

Aber schädliche Literatur ist immerhin nützlicher als nützliche; denn sie ist antientropisch, sie ist eine Waffe im Kampf gegen Verkalkung, Sklerose, Verkrustung, Vermoosung, gegen die Ruhe. Sie ist utopisch, zeitwidrig, so wie Babeuf im Jahre 1797; sie ist im Recht erst anderthalb Jahrhunderte später.

*

Und unsere Altgläubigen? Unsere Awwakums? Unsere Awwakums sind doch auch Ketzer?

Jawohl, auch unsere Awwakums sind nützlich. Hätte Patriarch Nikon etwas von Darwin gewußt – er hätte tagtäglich Bittgottesdienste für das Wohlergehen Awwakums abgehalten. Wir wissen von Darwin, wir wissen, daß später die Mutationstheorie kam, Weismanns Lehre, der Neolamarckismus. Aber das alles sind nur Balkone und Mezzanine: das

375

Gebäude selbst heißt: Darwin. Und in diesem Gebäude hausen nicht nur Kaulquappen und Pilze – da wohnt auch der Mensch, und der besteht nicht nur aus Hauern und Beißzähnen, er hat auch menschliche Gedanken. Hauzähne schleifen sich nur ab, wenn sie etwas zu beißen haben; zahme Hühner haben ihre Flügel nur, um damit zu klappern. Für Ideen und Hühner gilt gleiches Gesetz: Ideen, die sich von Koteletts nähren, verlieren ihre Zähne genau so wie zivilisierte Kotelettmenschen. Unsere Awwakums sind für die Gesundheit unentbehrlich; wenn es keine Awwakums gäbe, so müßten sie erfunden werden.

*

Aber *die* – die sind von gestern. Wirklich lebendige Literatur lebt nicht die Stunden des Gestern, nicht die Stunden des Heute, sondern die Stunden des Morgen. Wie ein Matrose ist sie, der hinauf in den Mastkorb geschickt wurde, der sinkende Schiffe schaut, Eisberge, den Malstrom – was vom Verdeck aus noch nicht sichtbar ist. Man könnte ihn vom Mast herunterholen, könnte ihn an den Kessel, hinter ein Spill stellen, – aber nichts ändert sich dadurch: der Mast bleibt doch wie er war – und ein anderer Matrose würde vom Mast aus dasselbe sehen wie der erste.

Der Mann im Mastkorb ist im Sturm unentbehrlich. Jetzt tobt der Sturm – von vielen Seiten – SOS. Gestern noch konnte der Dichter kodakknipsend auf Deck spazieren (Genrebild!) – aber wem wird es einfallen, auf Rollfilmen Landschaften und Genrebilder zu betrachten, wenn sich die Welt um 45 Grad zur Seite geneigt hat, wenn grüne Rachen gähnen und das Schiff in allen Fugen kracht? Jetzt kann man nur noch um sich schauen und denken wie vor dem Tode: Nun geht's ans Sterben – und wenn schon! Das Leben ist zu Ende – und was noch? Bleibt man leben, um nochmal von neuem zu beginnen – wie das? Wofür? Die Literatur braucht jetzt gewaltige, von Masten gesehene, aus Flugweiten geschaute, philosophische Horizonte, braucht allerletzte, allerfürchterlichste, ganz furchtbare „Warum?" und „Was weiter?".

So fragen kleine Kinder. Aber gerade Kinder sind ja die kühnsten Philosophen. Sie treten nackt ins Leben, nicht mit den winzigsten Blättchen eines Dogmas, eines Glaubens behängt. Darum sind alle ihre Fragen so absurd naiv, so be-

376

klemmend kompliziert. Die Neuen, die jetzt ins Leben treten, sind nackt und noch furchtlos wie Kinder, und sie
kommen ebenso wie Kinder, wie Schopenhauer, Dostojewski, Nietzsche, immer mit dem gleichen „Warum?" und
„Was weiter?" Diese genialen Philosophen, die Kinder und
das Volk, sind gleich weise; denn sie stellen die gleichen
dummen Fragen. Dumm – für den zivilisierten Menschen,
der eine gut eingerichtete Wohnung mit einem wundervollen Klosett hat und ein gut zugerichtetes Dogma.

*

Die organische Chemie hat den Unterschied zwischen lebendiger und toter Materie bereits verwischt. Es ist falsch,
die Menschen in lebendige und tote einzuteilen: es gibt lebendig-tote und lebendig-lebendige Menschen. Auch die
Lebendigtoten schreiben und wandeln umher und reden
und schaffen. Aber sie irren nie. So, ohne je zu irren, schaffen auch Maschinen, aber sie schaffen nur Totes. Aber die
Lebendiglebendigen irren, forschen, fragen, leiden …
Und solcherart ist auch, was wir schreiben: beweglich und

377

beredt, aber es kann lebendigtot oder lebendiglebendig sein. Vor nichts halt machend, sucht das wahrhaft Lebendige Antworten auf alberne „kindische" Fragen. Sind auch die Antworten falsch, ist auch die Philosophie trügerisch – was tut es: Irrtümer sind wertvoller als Wahrheiten; die Wahrheit ist maschinenmäßig, der Irrtum lebendig; die Wahrheit beruhigt, der Irrtum erregt. Und sind gar die Antworten völlig unmöglich – um so besser: die Beschäftigung mit beantworteten Fragen ist ein Privileg für Gehirne, die nach dem Prinzip der – bekanntlich zum Wiederkäuen eingerichteten – Eingeweide einer Kuh gebaut sind.

*

Gäbe es in der Natur etwas Starres, gäbe es Wahrheiten – dann wäre dies alles freilich falsch. Aber zum Glück sind alle Wahrheiten falsch; der dialektische Prozeß besteht ja gerade darin, daß die Wahrheiten von heute – morgen zu Falschheiten werden. Es gibt eben keine letzte Zahl.
Diese (die einzige) Wahrheit ist nur für die Starken; schwachnervige Hirne brauchen die Begrenztheit des Weltalls, eine letzte Zahl. Nietzsches „Krücken der Glaubwürdigkeit". Die Schwachnervigen haben nicht die Kraft, sich selbst in einen dialektischen Syllogismus einzubeziehen. Gewiß, das ist schwer. Aber es ist dasselbe, was zu vollbringen Einstein gelang: ihm gelang es, sich zu besinnen, daß er, Einstein, der mit der Uhr in der Hand die Bewegung verfolgt, sich gleichfalls bewegt – ihm gelang es, irdische Bewegungen von außen her zu beobachten.
Und so blickt auf die irdischen Bewegungen eine große, keine letzten Zahlen kennende Literatur.

*

Abc-Schützen und Einmaleinsrechner der Kritik suchen auch schon im künstlerischen Wort nicht mehr nur das Handgreifliche. Aber sie suchen so wie jener Bürger im grünen Paletot, den ich in einer Regennacht auf dem verlassenen Newski traf. Dieser Bürger im grünen Paletot beugte sich taumelnd, einen Laternenpfahl umklammernd, über das Pflaster. Ich fragte ihn: „Was tun Sie hier?"
„I-ich suche meine Ge-ge-geldtasche, eben hab' ich sie verloren, da-da-dort ..." Seine Hand wies schwach ins Dunkle.
„Aber warum in aller Welt suchen Sie sie denn hier, unter der Laterne?"

378

„Wa-wa-weil es hier so schö-schön hell ist, alles so gu-gut zu sehen ..."
Sie suchen immer nur unter ihrer Laterne. Und unter *ihrer* Laterne sollen alle anderen auch suchen.

*

Das formale Kennzeichen der lebendigen Literatur ist kein anderes als ihr inneres: Verzicht auf die Wahrheit, das heißt, auf das, was alle wissen, was auch ich schon früher als heute wußte: Verlassen der kanonischen Gleise, der breiten Heerstraße.

Die große Heerstraße der russischen Literatur, glattgefahren von den riesigen Walzen Tolstois, Gorkis, Tschechows, ist Realismus, Alltag – also fort vom Alltag! Das Geleise, das durch Blok, Sologub, Bely kanonisiert wurde, ist ein den Alltag verleugnender Symbolismus – also zurück zum Alltag!

Das ist Unsinn, jawohl. Der Schnittpunkt zweier Parallelen ist auch ein Unsinn. Aber das ist ein Unsinn nur für Euklids kanonische ebene Geometrie: in der nicht euklidischen Geometrie ist es ein Lehrsatz! Man muß nur von der Ebene loskommen, sich über die Ebene erheben. Für die heutige Literatur ist die Ebene des Alltagslebens, was die Erde für ein Flugzeug ist: nur freier Raum für den Anlauf – um dann aufzusteigen – vom Alltag zum All, zur Philosophie, ins Phantastische. Auf Heerstraßen und Chausseen mögen die Lastwagen von gestern dahinknarren. Die wirklich Lebendigen aber haben die Kraft, ihr gestriges abzuhauen: in Gorkis letzten Erzählungen haben wir plötzlich das Phantastische, in Bloks „Zwölf" den Gassenhauer, und in Belys „Epopöe" das Alltagsleben vom Arbat.

*

Man mag in einen Bauernwagen einen Polizeidirektor oder einen Kommissar setzen – es bleibt eben doch ein Bauernwagen. Und die Literatur bleibt immer Literatur von gestern, wenn man auch „revolutionäre Art" auf der ausgefahrenen Straße spazierenfährt – und sei es selbst auf einer mit Schellengeläut dahinstürmenden Troika. Heute heißt es Automobil, Flugzeug, Flimmern, Höhenflug, Punkte, Sekunden, Striche ...
Verschwunden sind die alten langsamen, verschlafenen Beschreibungen. Der Lakonismus kam, ungeheuer geladen,

Hochspannungen in jedem Wort. In eine Sekunde muß soviel hineingepreßt werden wie früher in eine sechzigsekundige Minute: elliptisch, fliegend ist der Satzbau, die geschichteten Pyramiden der Perioden werden in Steine selbständiger Sätze zerlegt. Das Kanonisierte, Gewohnte entgeht den Augen bei der Schnelligkeit des Vorwärtsrasens. Daher die ungewöhnliche, oft seltsame Symbolik und Wortwahl. Das Bild ist scharf, synthetisch, es weist nur *einen* wesentlichen Zug auf, wie man ihn gerade aus vorbeisausendem Automobil erhaschen kann. In den geheiligten Wortschatz Moskauer Betschwestern drang Abseitiges ein, Neologismen, Wissenschaft, Mathematik, Technik.

Wird das als Regel genommen, dann heißt Talent – die Regel zur Ausnahme machen. Die meisten Menschen aber verwandeln die Ausnahme in eine Regel.

*

Wissenschaft und Kunst projizieren gleicherweise die Welt auf gewisse Koordinaten. Die Verschiedenheit der Formen beruht nur auf der Verschiedenheit der Koordinaten. Alle realistischen Formen sind Projektionen auf die starren, ebenen Koordinaten der euklidischen Welt. In der Natur gibt es diese Koordinaten nicht; es gibt die begrenzte, starre Welt nicht, die nur Bedingtheit, Abstraktion, Unrealität ist. Und darum ist der Realismus unreal: der Realität unendlich näher steht die Projektion auf jagende krumme Flächen – wie sie gleicherweise der neuen Mathematik und der neuen Kunst eigen ist. Der Realismus – nicht der primitive, nicht realia, sondern realiora – liegt im Geballten, im Entstellten, im Verzerrten, im Unobjektiven. Objektiv ist das Objektiv eines photographischen Apparates!

Die wesentlichen Kennzeichen der neuen Form – die Hast der Bewegung (des Sujets, der Phrase), die Ballung, die Verzerrung (in Symbolik und Wortschatz) – sind nicht zufälliger Art: sie sind die Folge eines neuen Koordinatensystems.

Die neue Form sei nicht für alle verständlich, sei für viele schwierig? Vielleicht! Sicherlich ist das Gewohnte, das Banale einfacher, angenehmer, behaglicher. Behaglicher ist Weressajews „Sackgasse" – und doch bleibt sie eben eine behagliche Gasse. Sehr einfach ist die euklidische Welt und sehr schwierig die Welt Einsteins – und doch können wir

380

nicht mehr zurück zu Euklid. Keine Revolution, keine Ketzerei ist behaglich und leicht. Weil das immer ein Sprung ist, eine Sprengung der flüssigen Evolvente – und jede Sprengung ist eine Wunde, ein Schmerz. Aber es geht nicht ohne Verwundungen: die meisten Menschen leiden an ererbter Schlafkrankheit (Entropie), und die an dieser Krankheit Leidenden darf man nicht schlafen lassen, sonst wird sie ihr letzter Schlaf, ihr Tod.

Der Künstler, der Dichter, leidet auch oft an dieser Krankheit, diesem satten Einschlafen in einmal gefundener, zweimal vervollkommneter Form. Und die Kraft fehlt, sich selbst zu verwunden, Liebgewonnenem zu entsagen, aus dem gewohnten, nach Lorbeerblättern duftenden Zimmer ins weite Feld hinaus zu eilen und dort neu zu beginnen.

Freilich: sich selbst zu verwunden ist schwer, ja gefährlich. Mit seinen „Zwölf" hat sich Blok eine tödliche Wunde beigebracht. Aber noch schwerer ist es für einen Lebendigen:
– heute wie gestern zu leben und gestern wie heute!

ILJA EHRENBURG

Verteidigung der neuen Romantik

Es begann in Italien, lange noch vor „Fiat" und Mussolini, in dem Italien, das uns in der Hauptsache durch Ansichtspostkarten und umherziehende Tenöre bekannt ist, d. h. in dem Lande der Madonnen und des billigen Weins. Dort gerieten ein paar junge Leute in Begeisterung beim Anblick eines amerikanischen Autos, hüpften, johlten und spuckten um sich. Das erinnerte zwar ungemein an einen Kafferntanz rings um eine Klistierspritze, die ein Missionar verloren, aber man ließ diese jungen Leute leichthin als die Begründer einer neuen Kunst gelten. In aller Eile wurde ein Katechismus aufgesetzt, gemäß der uralten Regel aller Vagabunden und aller Dichter: „Wo wir nicht sind, dort ist es schön". In Italien überholen die Zugochsen den Eisenbahnzug – führet also die Dynamik in die … Malerei ein! Makkaroni, selbst diese sind Trecento – verbrennet also Dante! Agronomen und Senatoren, die ein fiasco ausgetrunken, singen Romanzen über die Schönheit Julias – verbietet also die Lyrik! So etwa ist der *Futurismus* entstanden.

Es vergingen fünfzehn Jahre. Die jungen Leute wurden alt und bekamen Glatzen. Norditalien wurde elektrifiziert. Das faschistische „Eh-lala!" trat an die Stelle sentimentaler Barcarolen. Von dem einstmaligen Maximalismus waren nur ein paar mittelmäßige Bilder und das Köfferchen des findigen Marinetti übriggeblieben, das jetzt mit dem Fell der Kapitolwölfin vollgepfropft, vielleicht aber auch mit dem berühmten Rizinusöl angefüllt ist.

Es bedurfte besonders günstiger (?) Bedingungen, damit der Kult der Technik und der Sachlichkeit eine Wiedergeburt erlebte. Es bedurfte der Krupp-Geschosse, die ganze Städte in Trümmer legten, und der „weißen Garde", die in kleinen jüdischen Ortschaften das Ostergeschirr eifrig zerschlugen, es bedurfte des Krieges, der Revolution, der Hungersnot, der Blockade, der Intervention der englischen Humanisten und der Typhusläuse, des Anstehens nach Gummischuhen, der Todesagonie fahrplanmäßiger Züge und der auf der Rückseite von Fakturen geschriebenen Mandate, – damit in dem dunklen und heroischen Moskau die *Industriepoesie* geboren wurde.

Dichter wurden nachts statt von der traditionellen Muse von verführerischen Maschinen und sogar von Zuckerhüten heimgesucht. Maler, die auf dem über alle Maßen pittoresken Sucharew-Trödelmarkt umherstrichen, wo asiatische Weitherzigkeit mit angelutschten Rahmbonbons handelte, riefen aufrichtig aus: „Der Teufel soll die Bilder holen! Es lebe die amerikanische Badewanne!" Die revolutionäre Atmosphäre flößte Mut und Unversöhnlichkeit ein. Jugendliche Fanatiker aus der Provinz, aus Witebsk oder Perm, erklärten die Kunst für aufgehoben. Sie träumten von neuen Formen für Telefonapparate (die Mehrzahl der Anschlüsse war damals außer Betrieb gesetzt). *Majakowski* schilderte (seine Begeisterung schamhaft hinter Ironie verbergend) eine „elektro-dynamo-magische" Stadt. In *Meyerholds* Theater in den Anblick der funktionierenden Lifts versunken, vergaßen die Moskauer darüber die Monologe der Helden. *Tatlin* baute seinen berühmten „Turm", während eine aus Reval importierte Kopierpresse die Mitarbeiter des Volkskommissariats der Aufklärung bis zu Tränen rührte.

Emotionen solcher Art erhielten alsbald sowohl eine theoretische Formulierung als auch einen ausländischen Namen. Der *„Konstruktivismus"* trat seinen Marsch nach dem Westen an. In der Geschichte des ästhetischen Denkens Europas hat er eine nicht geringe Rolle gespielt. Ein neues Parthenon haben wir allerdings nicht erbaut (man mußte sich mit dem Eiffelturm zufriedengeben). Doch ist eine gründliche Ventilation vorgenommen worden. Die Mehrzahl jener, die noch vor kurzem die Kunstausstellung beschickten, heischten nun nicht mehr den „Grand-Prix", sondern weinerliche Reden und Beerdigungszylinder. Die Symbolisten, gestern noch lebendige Menschen im Smoking, wurden plötzlich zu Jubilaren in schneller Aufeinanderfolge. Tairows „Salomé" oder Claudels „Oden" begannen den Beifall hochbetagter deutscher Bürger und das Gelächter der ganzen übrigen Menschheit zu ernten.

Die leichtgläubigen Ungarn oder Polen nahmen die Negation der Kunst als bare Münze hin. Sie wunderten sich nicht, wenn Majakowski dazu aufforderte, das Dichten in Versen aufzugeben, und wenn Malewitsch die Bildmalerei negierte. Doch was haben die Ungarn zu sagen – in Paris, wo man keinen einzigen Tag ohne Kunst hinbringen kann, wo sogar die Näschen der Damen und die Menus der Restaurants illusorisch sind, selbst in Paris wurde es unruhig. Darf man doch nicht vergessen, daß Paris in manchem seiner Stadtviertel Provinz ist, ein entzückendes Krähwinkel mit sentimentalen Liebespärchen und blühenden Kastanienbäumen. Unter einem dieser bukolischen Bäume sitzend, verliebte sich wahrscheinlich *Léger*, der Sohn der Farmer-Normandie, in Kugellager und Transmissionsriemen, arbeitete *Gleizes* Entwürfe für die äußere Gestaltung der Moskauer Bahnhöfe aus.

Was war das? Bluff? Nein, das vermeintliche Ende der Kunst war der Anfang einer neuen Romantik. Das war der Grund, warum in Moskau, das in tragischem Kampf mit der Friseurschere lag, glattrasierte Sportsleute das Dynamo und gediegenes Tuch besangen, während in dem industriellen Berlin, wo die Schienen des Gleisdreiecks, der Ruß des Arbeiternordens, Wertheim, Häuser und Langeweile sind, zerzauste Expressionisten von den Hainen Indiens, von der Liebe der Zulukaffern und von der menschlichen Seele zeterten.

*

Ilja Ehrenburg. Foto: Moisej Nappelbaum

Es vergingen einige Jahre. In Moskau tauchten Autobusse und Füllfederhalter auf. Baugerüste und die Erfolge der Luftflotte rissen das Kinn der Passanten zum Himmel empor (so wurden übrigens nach einer langen Pause auch die kindlichen Sterne wiederentdeckt). Über den Westen bedarf es keiner weiteren Worte – die sieben Nachkriegsjahre haben die Zahl der Dinge so entsetzlich vermehrt, daß die dezimierte Menschheit sich wahrhaftig leicht zwischen all den Fordwagen, Radiotelephonen und Feuerzeugen verlieren kann. Der Kult der Sache fand jedoch seine Abtrünnigen. Die Besucher des Meyerholdschen Theaters applaudierten rasend, als man ihnen statt der Biomechanik das Mondidyll in Ostrowskis „Wald" vorführte. Der Redakteur der französischen Zeitschrift „Esprit Nouveau" opponiert jetzt gegen die Maschinenästhetik, obwohl er sich weiterhin an den Automobilrennen beteiligt. Denn Automobilrennen seien ein Ding für sich, Malerei aber wiederum ein Ding für sich. Es bedarf keiner Worte, die Reihen der „Getreuen" haben sich stark gelichtet.

Naive Leute fanden sich übrigens nicht nur unter den Ungarn, und die zeitweilige Negation der Kunst wurde für manche von ihnen zum Dogma. So will z. B. der Moskauer „Kinoglas" („Kinoauge") das Spiel der Schauspieler durch die Aufnahme von Straßenereignissen ersetzen. Man ist der Ansicht, daß echte Tränen, von der Witwe vergossen über ihren vom Auto überfahrenen Gatten, den Zuschauer eher erschüttern werden, als die Glyzerintropfen auf den Wangen Mary Pickfords. So wiederholen sich die kindischen Verirrungen der Eiferer um die „wahre Wirklichkeit". Der Tod irgendeines Iwan erschüttert nur seine Hausgenossen, und schon der Hausnachbar gähnt gleichgültig, wenn er davon erfährt. Aber sowohl ich als auch Sie können nicht ohne Wehmut und Schaudern vom Tode des Tolstoischen Iwan Iljitsch lesen. Doch verlohnt es sich überhaupt, ernsthaft davon zu sprechen? Die Zeit des Streitens ist vorüber. Wir alle werden uns dahin einigen, daß ein Auto eine schöne Sache ist, daß ein glattes Zigarettenetui schöner ist als ein verziertes, daß wir unter keinen Umständen ohne Technik auskommen können und daß die Kunst trotz alledem weiterbesteht.

Allen ist noch der Pavillon der U. S. S. R. auf der Pariser

Weltausstellung 1925 in Erinnerung. Was war das? Industrielle Architektur? Nein doch, selbst wenn er wie eine Garage aussah, so war das nur die Ähnlichkeit des Pegasus mit einem Lastgaul. Meine Freude über seine „Sinnlosigkeit" war nicht gering: das Dach ließ schrägen Regen hindurch, indes die Stufen der Treppe eindrucksempfängliche Ästheten schwindlig machte.

*

Ich habe bereits mehrmals das Wort „Romantik" erwähnt. Ich muß mich nun endlich deutlicher ausdrücken, damit man mich nicht für den neuesten Stilisten halte, der jetzt gerade an der Reihe ist. Nichts liegt mir ferner, als mit den Windungen der historischen Spirale zu argumentieren. Die mittelalterlichen Rosen in den kleinen Schankwirtschaften des Montmartres riechen nach Havannas und Cocktail, und die Kreuze werden nach Gewicht zum Tageskurs gekauft. Obwohl die Tatsachen die Plattheit nahelegen, daß der betreffende „Ismus" sich in jedem Jahrhundert wiederhole, so würden uns doch „die Dreißiger Jahre" wenig behagen. Wir würden unseren wasserdichten Mantel nicht gegen den Überwurf des Romantikers eintauschen.

Nicht äußere Merkmale, die vergänglich sind wie Kostüme, legen mir die Überschrift dieses Artikels nahe, sondern gewisse ästhetische Gesetze. Zum Unterschied von anderen Kunstrichtungen baut die Romantik einen geschlossenen und zusammenhängenden Kosmos auf. Nicht eine vergrößerte Photographie, sondern erweitertes Bewußtsein ist das. Es findet eine Verschiebung der Proportionen und eine kühne Verlegung der Ebenen statt. Der Helm des Helden verschluckt zuweilen das Gesicht, die Laternen werden zur Milchstraße, und die Naphthapfützen sind auf der neuen Karte als Ozeane eingezeichnet. Die Zuspitzung der menschlichen Gefühle erreicht unerhörte Kraft.

Die Ränke aller Oil-Trusts, die danach lechzen, das venöse Blut der Erde an sich zu reißen, die Tragödie blauäugiger Sardinierinnen und die Revolver der entsandten Streikbrecher, Börsenkurse, Schicksale der Kapitalisten und Schicksale des Golfstroms, der Kampf um das Klima und der Kampf um die mürrische, aber zärtliche Gerechtigkeit, schließlich das unheilverkündende Lächeln des Kindes „Kadum" über der rasend gewordenen Stadt und das vor Schlaflosigkeit entzündete Auge einer beliebigen Mansarde, – sie alle stehen in der Chronik der romantischen Welt verzeichnet.

Eines der grellsten Beispiele dieser Welttendenz sind die Gedichte des russischen Dichters *Pasternak*. Es wäre müßig, sich auf die syntaktischen Schwierigkeiten zu berufen, – denn wie viele Verliebte liebten schon „nach" Pasternaks „Meine Schwester   das Leben", wie ihre Großväter nach dem „Buch der Lieder" oder nach Petrarcas „Sonetten an Laura". Hier wird der Poesie Fleisch und Blut, d. h. Konkretheit wiedergegeben.

Meyerhold, der noch vor kurzem vom industriellen Naturalismus fasziniert war („richtige" Kanonen auf der Szene!), geriet über die Neger der Berliner Music-Hall in Entzükken. Kein Wunder – es genügt, nur ein einziges Mal Jazzband zu hören, um zu begreifen, daß dies nicht eine Tageslaune geschmackloser Neureicher, sondern die wahre Poesie unserer Tage ist, mit ihrer unwiederholbaren Kombi-

Ilja Ehrenburg mit Frau Kosinzewa und Frederique Roth 1927 in Frankfurt am Main

387

nation mechanischen Lebens und der Sehnsucht nach einem freien, wenn man so will: hosenlosen Paradies. Ich möchte dem Leser die Schnarre des Negers ans Ohr halten, die einen trivialen Foxtrott spielt: wieviel Verzweiflung der Großstadt liegt darin, mit den Portefeuilles der Angestellten und dem Alphabet der Autobusse, wie viele Hoffnungen, duftig wie Bananenhaut! Ich möchte ihm sogar den Tanz der Mulattin Baker, das Pathos der Primitivität, der Wüste, der Straußeneier, der schwarzen Nächte, und die begeisterte Formwerdung der Natur zeigen.

Soweit es sich um Paris handelt, könnte ich eine beliebige Laterne und ein beliebiges Schild, die Galerien der Rue de la Boetie, die Vitrinen der Buchläden, die Leidenschaft der Wachsfigurinen, die Blauhemden des jungen Barrès und die Manifeste der „Clarté" als Zeugen anrufen. Mag Utrillo archaisch sein wie Gaslaternen und die kleinen Bistros, wer aber wird die Zeitgemäßheit des düsteren Romantikers Picasso bestreiten wollen? Die Schriftsteller, mag dies der wie Flandern nebelhafte Mac Orlan oder der tatarinhafte Witzbold Joseph Delteil, mögen es die „Surrelisten" sein – oder die nicht minder künstlichen „Menschheitler" von der Art eines Jules Romains – sie alle gehen den gleichen Weg wie die Baker, Picasso, Pasternak, Chaplin, Grosz, Babel, durch den elektrischen Wirbel der erregten Großstädte.

Ich glaube, es gibt kein erhabeneres Schauspiel als den letzten Film des genialen Kinoschauspielers „Goldrausch", mit seiner menschlichen Trauer, den unvermeidlichen Lumpen, mit Schnee, Hunger und Liebe. Hier werden strittige Methoden und Theorien, deren man überdrüssig geworden, endlich zum Stil unserer Epoche.

So sehr auch sich unser Sowjetleben hiervon unterscheiden mag, so erzeugt es dennoch eine ebenso romantische Kunst. Babel und Aragon werden einander leicht verstehen. Gibt es doch nichts Furchtbareres als verknöchernde Zeremonialität und allegorische Kanarienvögel! Heroische und bedingte Kunst – das ist die sichere Bürgschaft dafür, daß die Anspannung historischer Jahre nicht nur auf die gereimten Reklamesprüche des „Mosselprom"* hinauslaufen konnte!

* Moskauer Landwirtschaftliche Industrie (Moskowskaja Selskaja Promyschlennost).

Man suche also nicht in der Romantik schablonenmäßige „Reaktion". Letztere entsteht inmitten von Kuhgemütlichkeit und Lebensgejammer. Romantik ist „Bedarfshandel", sie ist der „Bedarf" der wahrhaft neuen Welt. Gründet man eine Stadt, so muß man auch an ihre künftigen Einwohner denken. Vernachlässigt man die Kunst oder verweigert man ihr ihre organische und lebendige „Künstlichkeit", so kann es leicht geschehen, daß man die prächtigen Werkstätten und die Plätze, die exakt sind wie Diagramme, statt mit Menschen nur mit mechanischen Phantomen bevölkert.

1926

ALEXEJ TOLSTOI

Der neue Held der europäischen Literatur

Der Typ des jungen modernen Europäers. Der Mantel, eng in der Taille, mit ausgefütterten Schultern, spitze Halbschuhe in der Form eines Bügeleisens, den Hut tief in die Augen gedrückt und über die Ohren gezogen, damit man ihm nicht unnütz in die Augen sehe. Runde Hornbrille. Spekuliert seit Kriegsende in Entwertung. Hat er gewonnen, so rennt er die Geschäfte ab und kauft sich Gegenstände, die glänzen. In seinen Taschen trägt er 38 solche nutzlosen Gegenstände mit sich herum: Nagelputzer, Feuerzeuge, Huthalter, Zigarrenabschneider usw. Er ist über alles informiert und wundert sich über nichts, außer über die Börsensprünge. Interessiert sich ausschließlich für Wertpapiere und Devisen. Fürchtet sich nicht vor der Revolution, denn man kann jederzeit auskneifen. Er ist überzeugt, daß alle Frauen Dirnen sind. Mit großer Vorliebe betreibt er Maniküre. Der Friseur verwechselt ihn ständig mit jemand anderem. Auf die Eltern pfeift er, seit er vierzehn Jahre alt ist. Sein höchstes Ziel ist die Anschaffung eines Autos. In ordentlichen Häusern hat er keinen Zutritt, worüber er nicht wenig betrübt ist. Im Falle einer Mobilmachung findet man in seinem Zimmer nichts als die Hornbrille und unter dem Bett schmutzige Wäsche. Seine Lieblingsphrase: „Ge-

nug der Lügen. Genug des Idealismus. Schiller konnte nur
bei Petroleumlicht und bei einer mittleren Stundenge-
schwindigkeit von 10 Kilometern erfunden werden."
Aber auch ihm ist Idealismus, eine Art phantastischer
Schwärmerei, nicht ganz fremd. In der Stunde, da alle Träger von Hornbrillen im Café zu sitzen und aus Luft Geld zu
machen pflegen, glättet der junge Mann einen schmalen
grünlichen Dollarschein auf dem Marmortischchen und betrachtet ihn mit zugekniffenen Augen. Bei dieser Betrachtung offenbart sich ihm eine blendende Vision: Gyppie
Morgan, der König der Welt. Den steifen Hut tief in die
Stirn gedrückt, steigt Gyppie Morgan die Stufen der New
Yorker Börse hinauf. Fünfundzwanzigtausend Augen boh-
ren sich in sein schmales, totenbleiches Gesicht. Hält er die
Zigarre im linken Mundwinkel, so fallen die Devisen rasend. In vornehmen Villen schreibt man Sterbebriefe und
erschießt sich. In den Fabriken werden die Arbeiter entlassen. Der biedere Bürger, der sich für die Tage der Not einen Dollar gespart hat, rennt mit wirrem Kopfe, um ihn
einzuwechseln.
Am nächsten Tage steigt Gyppie Morgan, den steifen Hut
tief in die Stirn gedrückt von neuem die Stufen der New
Yorker Börse hinauf. Diesmal hält er die Zigarre im rechten
Mundwinkel. Die Devisen steigen rasend. In vornehmen
Villen (diesmal in anderen) schreibt man Sterbebriefe und
erschießt sich. Die Waren auf den Märkten verschwinden.
Die Arbeiter betrachten mit hungrigen Augen die Eßwaren-
auslagen. Der biedere Bürger, der gestern seinen Dollar
wechselte, sieht, wie die Geldscheine in seinen Händen zu
nichts zerrinnen.
Wenn man vom Typ abweichen und sich den jungen Mann
mit der Hornbrille mit einer reicheren Phantasie ausgestattet vorstellen wollte, so könnte er in dem Dollarschein noch
manches andere erblicken. Zum Beispiel: Menschenmen-
gen, von Heißhunger und Verzweiflung befallen; Feuersbrünste, zerschellende Fensterscheiben prächtiger Gebäude; rauchende Schüsse; Lastautos, von Bajonetten
starrend; rote Fahnen; schwarze Fahnen ... Schwarze, ganz
schwarze Farbe, die ganz Europa bedeckt.
Der junge Mann geht in ein Geschäft und kauft sich einen
Gummiknüttel. „Der Revolution muß mit Entschiedenheit

390

ein Ende bereitet werden." Er tritt einer faschistischen Organisation bei, obwohl er ganz sicher ist, daß man im Falle einer Mobilmachung in seinem Zimmer nur die Hornbrille und ein schmutziges Hemd vorfinden wird.

Für die westlichen Romanciers ist es natürlich schwierig, mit so vereinfachtem Material zu arbeiten, wie es der junge Mann mit der Hornbrille ist. Vor meiner Abreise aus Berlin sah ich ein Theaterstück, das viel Lärm von sich machte: 200 Aufführungen. Die bezaubernde Heldin des Stücks sang wörtlich folgendes:

> Ich liebe dich, mein Freund,
> Weil du Devisen hast ...

Ganz Berlin sang mit Begeisterung dies Liedchen.

1925

ALEXEJ TOLSTOI

Der neue Held in der russischen Literatur

Der synthetische Akt hat sich noch nicht vollzogen.
Wer ist schuld daran? Ich glaube, die falsche Methode, die althergebrachte, noch aus den Zeiten Tschechows und der Dekadenten stammende *Angst vor dem Grandiosen,* das rein ästhetisierende Kunstempfinden.
Ich akzeptiere den Ästhetizismus weder dann, wenn er in Lord Brummels und geschlechtlosen Mädchen mit Chrysanthemen in der Hand in Erscheinung tritt, noch auch dann, wenn er vom Feuer der Revolution umgeformt wird zu Konstruktivismus und zu den bis zu genialer Verheerung gesteigerten, ultraraffinierten Aufführungen Meyerholds.
Eine Woche des Kampfes gegen den Ästhetizismus! Der Ästhetizismus ist Schönsein, aber nicht Schönheit, liebäugelndes Genießen, aber nicht Liebe, zornige Gebärde, aber nicht Zorn, – der Ästhetizismus hat kaltes Blut in den Adern. Er ist statisch. Er ist kontemplativ, aber nicht miterlebend. Er sagt: Seht, hier bin ich, hier ist die Welt, in die ich mich schauend versenke. Niemals aber wird er sagen: Ich gehe ganz auf in dieser Welt, ich *bin* diese Welt.

391

Ästhetisierende Kunst ist Zerstreuung. In ihr erhebt sich immer wieder die Frage, ob der Kunst ein Sinn innewohnt. Der Ästhetizismus gibt keine Antwort darauf.

Dem Ästhetizismus stelle ich gegenüber die Literatur des *monumentalen Realismus*. Aufgabe dieser Literatur ist Menschenschöpfung. Ihre Methode – Typenschaffung. Ihr Pathos – allmenschliches Glück, – Vervollkommnung. Ihr Glaube – Menschengröße. Ihr Weg – geradeaus zum höchsten Ziel: in Leidenschaft, in grandioser Anspannung den Typ des großen Menschen zu schaffen. Maupassant ist tot, Victor Hugo lebt. Tschechow ist verblichen wie ein Aquarell, – Gogol sprudelt als nieversiegender, heißer Lebensborn.

Aus dem Nebel der Jahrhunderte erheben sich unsterbliche Typen: da ist der Krieger-Kaufmann, der ewige Irrfahrer Odysseus; da ist der Held, der mit dem Schild den Weg zu seinem Vaterlande versperrt; da ist der Führer der Legionen, der Bezwinger der Welt; da – der Volkstribun; da – der Patrizier, der beim Symposion den Giftbecher leert; da – ein Fanatiker des neuen Glaubens, ein Säulenheiliger in der Wüste; da – der grausame und träumerische Kreuzritter; da – der Ritter sonder Furcht und Tadel; da – der ehrliche Bürger und Bibelleser; da – der Konquistadore, der auf der Suche nach dem Eldorado unbekannte Länder entdeckt; da – der barfüßige Jakobiner mit dem Blick eines Wolfes, der Umstürzer der Throne; da – der sorglose Haudegen, der schwerenöterische Husar; der Romantiker der Sturm- und Drangzeit mit flatterndem Umhang; der Geschäftsmann, der „Gründer" des neunzehnten Jahrhunderts; der Theoretiker der Gerechtigkeit, ständiger Gast der Gefängnisse, Sprenger der bürgerlichen Welt; der gebrechliche, hochkomplizierte, willenlose Intellektuelle … Da ist schließlich der 1914 mobilgemachte Soldat mit der messingnen Erkennungsmarke … Das ist die letzte Grenze. Von hier an gehn die Wege der Literatur Rußlands und Europas auseinander.

*

Einen Helden! Wir brauchen einen Helden unserer Zeit! Einen heroischen Roman.

Wir dürfen nicht vor großartigen Gesten und großen Worten zurückscheuen. Das Leben holt mit Schwung aus und spricht durchdringende, harte Worte.

392

Wir dürfen weder vor schwerfälligen Schilderungen, noch vor Längen, noch auch vor ermüdenden Charakteristiken zurückscheuen: monumentaler Realismus! Laßt uns den Ossa auf den Pelion türmen!

Die russische Kunst muß klar und durchsichtig sein wie die Verse Puschkins. Sie muß Körperduft haben und *wesentlicher* sein als das Alltagsleben. Sie soll ehrlich, sachlich und von großem Geiste sein.

Ihre Architektonik sei grandios, streng und einfach, wie das Himmelsgewölbe über der endlosen Steppe.

Denn wir, die Nomaden großer Zeiten, besiedeln – wie einstmals die Quäker – ein neues Amerika. Und die Literatur ist einer der Grundpfeiler unseres neuen Hauses.

1926

HANS WESEMANN

Literatur und Literaten in Sowjetrußland
(Ein Gespräch mit Juri Tynjanoff)

Juri Tynjanoff, einer der bedeutendsten Literarhistoriker Rußlands, hat sich auch als Dichter einen Namen gemacht. Sein Dekabristenroman „Küchelbäcker" gilt als der beste historische Roman des neuen Rußlands. Das Manuskript zu dem Film „Der Bund der großen Tat" stammt gleichfalls von ihm.

„Nein, die alte russische Intelligenz als Klasse ist tot. Es gibt nicht mehr jenen Typ des Literaten, der zu viele Möglichkeiten in sich trug und dafür zu wenig Notwendigkeit hatte. Der „Oblomoff" ist für uns nur noch eine literarhistorische Reminiszens."

„Wie ist denn, bei dieser Einstellung, die Wirkung und Bedeutung der großen russischen Literatur von gestern?"

„Sie hat Erinnerungswert – so weit sie nicht autobiographisch ihre besondere Bedeutung hat. In diesem Sinne sind die fragmentarischen Arbeiten von Tolstoi über sein Leben oder etwa „Meine Universitäten" von Gorki auch heute noch sehr lebendige und einflußreiche Bücher."

393

„Und Dostojewski!"

„Das ist eine typisch deutsche Frage, die auch heute noch unsere russische Geistigkeit am Maßstabe des romanischen Cafés mißt. Für uns existiert die Problemstellung des „Idioten" oder der „Brüder Karamasoff" nicht mehr. Unsere Generation ist nicht mythisch und traumverloren in todessehnsüchtige Phantasien eingesponnen – sie ist, im Gegenteil, bewußt realistisch, lebensbejahend und auf unmittelbare Wirkung bedacht. – Vielleicht erklärt es sich auch so, daß wir im heutigen Rußland keine eigentlichen reinphilosophischen Systeme haben."

„Ist es aber nicht ein gewisses Manko, wenn die russische Literatur von heute nur realistisch ist – wobei, wenigstens vom Standpunkt des Nichtrussen aus, der etwas fatale Geschmack der Tendenz fühlbar wird."

„Wir haben die Periode der „Tatsachendichtung" heute hinter uns. Es gab natürlich eine Zeit des jungen Bolschewismus, der auch rein literarisch seinen Ausdruck fand: in diesem Sinne ist etwa der „Panzerzug" von Wsewolod Ivanov mit Recht eine der populärsten Dichtungen Rußlands geworden. Auch der verstorbene Alexander Block hat […] seine Zeit auf eine prägnante Formel gebracht – dichterisch stärker aber ist ohne Zweifel Babel mit seiner „Reiterarmee Budjonny" und den „Geschichten aus Odessa". Hier sind die großen und ewigen Dinge von Tod und Leben. Über das blutige und grausame Geschehen des Bürgerkrieges hinaus wächst das Schicksal des Menschen. – Und was mehr ist als alles dieses, es ist rein artistisch fabelhaft gekonnt und sicher."

„Wie steht es mit der neuen russischen Lyrik?"

„Hier ist unbedingt Pasternak der bedeutendste. Seine Gedichte „1905" geben neben dem rein Gegenständlichen, das grandios und kühn gesehen ist, die Metaphysik des neuen russischen Menschen. Ganz anders, mit dem heißen Atem des impressionistischen Erlebnisses geschrieben, sind die „Balladen aus dem Bürgerkrieg" von Tichonoff. Hier muß ich auch noch den „Ulalajewshina", ein Epos aus dem Bürgerkriege von Selwinski nennen, das in seiner imposanten Schlichtheit durchaus an die „Kosaken" von Tolstoi erinnert."

„Gibt es ein neues russisches Drama?"

„Wir haben heute in Rußland keine autonome Theaterdichtung. Das Theater ist mächtiger als das Drama und der Regisseur bedeutungsvoller als der Dramatiker."

„Wie steht es mit der Satire?"

„Wir haben hier seit Gogol unsere Tradition. Diesen Ton des Komisch-Sentimentalen trifft heute wohl am besten der Satiriker Sostschenko. Auch das Oberhaupt der früheren Futuristen Majakowski hat eine Eleganz der witzigen Rhetorik, die ihn in mancher Beziehung genau so zum Interpreten unserer Geistigkeit für Westeuropa macht, wie es in anderer Art die feuilletonistischen Romane von Ilja Ehrenburg getan haben. Und da muß ich auch noch den Feuilletonisten Kolzoff nennen, der mich immer an die Art Ihres Höllriegel oder Tucholsky erinnert."

„Welche Bücher erfassen am besten die Seele des russischen Bauern?"

„Die russischen Bauernromane sind ein Kapitel für sich. Ich glaube aber, daß Fedin in seinem „Transvaal" und Leonoff in „Der Dieb" den Typ des russischen Bauern von heute richtig eingefangen haben. Es ist allerdings ein Bild ganz ohne Sentimentalität und ohne jene etwas naive Gloriole, wie sie z. B. Tolstoi dem Mushik anzudichten pflegte."

„Welches sind die bedeutendsten literarischen Zeitschriften?"

„In Leningrad haben wir den „Zwesda" – „Der Stern", eine sehr bedeutende Monatsschrift, in der u. a. der Roman „Brüder" von Fedin und der „Skandalist" von Kawerin, ein Schlüsselroman aus dem literarischen Rußland, zuerst erschienen. In Moskau sind dann noch die beiden Zeitschriften „Novi Mir" – „Neue Welt" und „Leser und Dichter".

„Wird heute in Rußland viel gelesen und wie ist das Verhältnis des Literaten zu seinen Lesern?"

„Der Massenkonsum von Lektüre – um mich volkswirtschaftlich auszudrücken – hat stark zugenommen. Man kann heute eine Mindestauflage von sechs- bis zehntausend Exemplaren für jedes neue Buch rechnen. Gerade in Arbeiterkreisen wird sehr viel gelesen, dabei durchaus mit Verständnis und gesunder Kritik. Auch auf dem Dorfe haben wir heute überall Bibliotheken und Lesehallen, doch überwiegt hier naturgemäß die Zeitung. Eins aber ist für uns alle kennzeichnend: der unmittelbare Zusammenhang der modern-russischen Literatur mit dem Volksganzen, der sich oft in einer Leidenschaftlichkeit der Parteinahme für und gegen einen Dichter und sein Werk äußert – die Sie hier in Deutschland wahrscheinlich kaum verstehen werden."

„Welche ausländische Literatur hat in Rußland die stärkste Wirkung?"

„Rein emotionell gesehen, die amerikanische. Bücher wie „Manhattan" von Dos Passos oder „Babbit" von Sinclair Lewis haben ganz überraschend gewirkt. Auch Dreiser wird viel diskutiert. Vielleicht ist es das Unbekümmerte und Unbeschwerte von jeder Tradition, das uns so merkwürdig anspricht! Dann kennen wir natürlich auch Shaw, Galsworthy und Wells. Von Deutschen liebt man besonders Werfel, dessen „Verdi" ein besonders großer Erfolg war. Auch Kellermann, Thomas Mann und Hauptmann sind in intellektuellen Kreisen nicht unbekannt. Vom politischen Gesichtspunkt aus haben auch die revolutionären Stücke von Toller starke Beachtung gefunden. – Aber stärker als alle diese Lebenden hat Rilke an unseren Sinn und Herz gerührt. Er ist in mancher Beziehung für uns einer jener großen Deutschen von europäischem Format, wie es Heine war und ist."

„Haben Sie denn auch Vertreter dieses L'art pour l'art?"

„Vielleicht war Chlebnikoff (er starb 1921) ein verspäteter Nachkömmling unserer Archaisten von 1820, einer jener bizarren intellektuellen Romantiker – die bei uns in Rußland so selten sind. Sein „Die Welt vom Ende" hat etwas von der eigenwilligen Farbigkeit wie die Gemälde von Cézanne. Er war auch das geistige Oberhaupt des russischen Futurismus, aber er hat keine Schule gemacht. Selbst Viktor Schklowski, der in seiner zynischen Eleganz vieles mit Heine gemeinsam hat, bleibt immer auf Wirkung und Klarheit bedacht. Das zeigt z. B. sein amüsanter philosophischer Roman in Briefen „Zoo". Und selbst, wenn etwa der „Stenka Rasin" so umkomponiert wird, daß man ihn auch von hinten lesen kann – so ist das doch noch lange keine „Anna Blume", sondern sehr souveräne und schöpferische Phantasie. – Der Dadaismus ist überhaupt etwas verdächtig bei uns, aber das hat mit Literatur eigentlich schon nichts mehr zu tun."

1928–1929

396

VIKTOR SCHKLOWSKI – JURI TYNJANOW

Briefwechsel 1928

Juri Tynjanow an Viktor Schklowski
                    28. Oktober 1928. Berlin

Lieber Vitja!
Es ist warm hier, ich gehe ohne Mantel. Die Straßen sind
wie Zimmer. Die Lichtreklamen am Kurfürstendamm haben mich erst verblüfft, jetzt komme ich mir vor wie ein
Weihnachtsbaum. Bin in Behandlung. Die Ärzte halten
meinen Zustand nicht für besorgniserregend. Der Stoff-
wechsel ist gestört. […] Schreib, Vitja, Lieber, über alles,
über die Literatur, Deine Pläne usw. Es ist hier wirklich
schrecklich angenehm Post zu haben – aber von Dir noch
kein einziger Brief. Ich küsse Dich – für den Artikel über
mich im Lef.
Manchmal abends denke ich mit großem Vergnügen an
ihn.

Juri Tynjanow an Viktor Schklowski
                    12. November 1928. Berlin

Lieber Vitenka!
Ich habe Dir einen rührenden Brief geschrieben, aber Du
schweigst. Vielleicht bist Du wegen irgend etwas böse auf
mich? Bin mir keiner Schuld bewußt, aber in der letzten
Zeit vor der Abreise war ich ein bißchen verrückt und da
hat Dir sicher manches nicht geschmeckt.
Ich schreibe Dir mit einem Füllfederhalter, Mont Blanc ist
sein Name. Macht mir viel Freude. Die Ärzte hier halten
meine Krankheit für nicht ganz so schlimm, sie meinen, bisher hätte ich die grauenhafte Krankheit noch nicht, die man
zu Hause bei uns an mir gefunden hatte. Bisher. Es ist eine
Nervensache – die vasomotorischen Nerven sind überreizt
und antworten auf jeden kleinen Befehl von außen mit de-
monstrativem Hasard, wie der Clown im Zirkus. Das ist
Spasmophilie, meine Krankheit, eine seltene Krankheit, aber
ziemlich vertrackt (der „Wesir" ist spasmatisch geschrieben). Behandelt werde ich, genaugenommen, ziemlich we-

397

nig. Nehme kohlensaure Bäder für die Beine. Geheilt hat mich (zum Teil, natürlich) nach übereinstimmender Meinung Kislowodsk.

Was ist mit dem Szenarium? Ich stelle mir vor, wie Du mich verfluchst, wenn Du siehst, was erfunden ist und was nicht. Danke, Vitja, für den Artikel über mich. Ich las ihn wie ein vierter: es bildeten sich zwei weitere ich und Du – das ist Literatur. Deine Bücher zeige ich verschiedenen Leuten hier. Das Buch über Tolstoi gefällt den Verlagen, mal sehen, was dabei herauskommt. Gruß vom Kurfürstendamm und von der Münzstraße. Und von den anderen Straßen. Abends am Himmel Mehlbrei mit Milch übergossen – der Widerschein der Reklamen. Autos gibt es hier mehr als Hunde + Pferde hoch fünf [...]

Woran wirst Du jetzt arbeiten? Ich denke an die *Geschichte der Literatur*. Will mit Roman Jakobson darüber reden [...]

Viktor Schklowski an Juri Tynjanow

Lieber Juri, erhielt Deinen zweiten Brief.
Ich habe das ganze Material zum „Wesir Muchtar" durchgesehen. Der Roman ist Dir gut gelungen und ungewöhnlich konstruiert, aber selbstverständlich sieht das Material im demontierten Zustand anders aus. Du hast die Sprache eines Verteidigers. Das Literarische an Gribojedow ist ausgezeichnet. Das Gefühl, für seine Arbeit verantwortlich zu sein. Das Szenarium schreibe ich noch, jetzt mach ich erst ein Libretto. Schwer, wegen der Fülle des Materials. Ich glaube, das Libretto wird schlechter als der Roman. Schreib mir bitte dazu mitfühlende Briefe.
Lef ist zerfallen. [...] Ich verlasse, was von Lef übrigblieb. Wenn wir eine Gruppierung brauchen, dann wäre es gut, unserer Freundschaft den Charakter eines Statuts zu geben, einen Platz in der Föderation und eine Zeitschrift zu verlangen. So merkwürdig es klingt, aber es könnte glücken. Die Sympathie der breiten Massen ist auf unserer Seite. Medwedjew hat das Buch „Die formale Methode in der Literaturwissenschaft" herausgegeben, eine kritische Einführung in die soziologische Poetik. Befindet sich noch im Vorzimmer.
Deine einseitige Definition Berlins, das heißt die Bemerkung, die Straßen seien wie die Zimmer, ist erschöpfend.

Absolut echt. Ja, man kann, wenn man ein Haus betrachtet, nur ganz schwer feststellen, ob es sich um eine Außen- oder eine Innenwand handelt. Besonders deutlich ist das im Sommer bei all den Blumen, den Tischchen vor den Cafés und dem Duft in der Stadt – nach Blumen, nach Eis [...] Poliwanow war bei mir, befremdlich, verworren, phantastisch, krank. Er schläft mit seiner Frau auf einem Elchfell. Manuskripte alle in einer Ecke. Der Hund bellt die Gäste an, weil er meint, es seien Diebe. Wenka versteht von Literatur und von Poliwanow weniger als eine Gonokokke von der Medizin. Schreib mir, das ist eine gute Beschäftigung – sich zu schreiben [...]

Küß mir Roman Jakobson und erzähl ihm alles genau. Geld krieg ich ständig erst morgen. Kauf ein Exemplar von „Zoo" und besuch damit ein paar Gegenden in Berlin – an meiner Stelle.

Schreib mir mit jeder Post, schreib, was in der deutschen Wissenschaft los ist und ob es nicht möglich wäre, dort ein Buch über uns zu veröffentlichen, als Lehre für sie, damit sie nicht zurückbleiben.

Ich küsse Dich, die Echtheit wird beglaubigt.

15 XI

Viktor Schklowski an Juri Tynjanow

Lieber Juri, das ist mein zweiter Brief an Dich, ich weiß nicht, warum Du sie nicht erhältst. Ich arbeite am 18. Jahrhundert, lese die russischen Ritterromane und habe Ostolopow gekauft [...] „Lef" ist auseinandergefallen, richtiger, Majakowski löst sie auf, um am Tor eine neue Gruppierung anzuwerben.

Bekam einen Brief von Roman Jakobson, einen sehr guten Brief, er schreibt, es handle sich nicht um eine Krise des Formalismus, sondern um eine Krise der Formalisten – das ist nicht ohne Scharfsinn, aber Du wirst mit ihm schon übereinkommen. Wir sind wenige und sonst gibt es niemand. Wir müssen zusammenhalten und zusammenarbeiten, wir müssen einen Sammelband herausgeben, so theoretisch wie möglich und so verallgemeinernd wie möglich. Die Aufsätze finden sich bei Dir, Roman, bei mir, eventuell bei Poliwanow. Mein Roman mit Osja ist aus.

Ich schreibe ein Buch über Komarow, ich spüre schon im 18. Jahrhundert die Grenzen meiner Unkenntnis. Das Libretto zum „Wesir Muchtar" habe ich neu geschrieben und bin zufrieden. Schritt für Schritt nahm ich Deine Arbeit am Gribojedow durch und verglich sie mit dem Material. Du hast eine gute Art das Material zu lesen. Heute ist der 27. November, die Zukunft ist ungewiß, ich weiß, gleich beginnt der Dezember.
Ich küsse Dich.

Viktor Schklowski an Juri Tynjanow

Lieber Juri. [...]
Wann kommst Du zurück? Schreib es mir sofort. Mein realer Vorschlag für diesen Moment ist folgender: genau aufpassen. Lef ist zusammengebrochen. In der „Föderation" sind fünf Mitgliederplätze frei und eine bestimmte Anzahl Druckbogen. Wenn Du kommst, tun wir uns im OPOJAS zusammen oder in einer Gesellschaft mit neuem Namen. Zusammensetzung der Gesellschaft – ich, Du, Boris (sein Buch über Tolstoi gefällt mir nicht), Roma Jakobson, Jakubinski, Sergej Bernstein, die Überbleibsel von Poliwanow, gut wäre Tomaschewski und die junge Generation, die nicht gleich dazu gebeten werden müßte. Wenn wir auf die Beine gekommen sind, blasen wir zum Sammeln. Wir bekommen in der Föderation einen Platz als selbständige Gruppe, sagen wir – zwei Sammelbände im Jahr, beginnen mit der Herausgabe. Wir sind im Vormarsch – ohne Zweifel. An den Universitäten sind die Zirkel der Formalisten sehr stark, stehen allerdings leider auf unseren vorsintflutlichen Positionen. Wir müssen unseren kollektiven Verstand wiederherstellen. Wir sprechen darüber noch mit Roman [...] Wir müssen uns mit dem Westen verbinden und wenigstens sicherstellen, daß unsere Aufsätze ständig rezensiert werden.
Ich war krank, Überarbeitung, bin aber schon wieder auf der Höhe, weil ich doch ein Stehaufmännchen bin. Während Deiner Abwesenheit war ich kein einziges Mal in Leningrad, was Dich eigentlich rühren müßte [...]
Das Libretto ist fertig. Schreib, wann Du kommst, ich möchte Dir gern das Szenarium zeigen. Ideal wäre es natür-

lich, wenn Du nach Deiner Rückkehr nach Piter nicht Dein
Dasein von vor der Auslandsreise fortführtest. Verbrenn
die alten Möbel, nimm eine neue Wohnung und fahr nach
Tiflis, um das georgische Gribojedow-Material anzusehen,
und von da nach Täbris. Liebster Juri, das ist alles sehr
nahe, es wäre gut für die dritte Auflage des „Wesir Muchtar", den ich liebe. Man muß sein Leben ständig einreißen.
Sonst wird es sklerotisch und wir ersaufen in Tugenden.
Langweile Dich nicht in Berlin, fahr mit der Untergrundbahn, sieh Dir die Sportplätze an, die Fabriken, das ist sehr
spannend [...]
Schreib mir systematisch. Und sieh Dir in Deutschland unbedingt noch etwas außer Berlin an. Hamburg, zum Beispiel, wäre beinahe obligatorisch. Übrigens, Deutschland
sieht man besser im Frühling.
5 XII. 28

Juri Tynjanow an Viktor Schklowski

[Ende 1928]

Lieber Vitenka!
Wir sitzen mit Roman im Café Derby, reden viel über Dich
und schmieden alle möglichen Pläne. Wir haben Grundsatz-
thesen (OPOJAS-en) ausgearbeitet und schicken sie Dir zur
Ergänzung und Bestätigung. Wir werden sie zur Diskussion
stellen, und zwar sollte jeder nicht nur dazu reden, sondern
schreiben, das gibt dann ein Büchlein, was als Nummer eins
der Serie im Verlag der Schriftstellerföderation erscheinen
könnte. Der Einfluß von OPOJAS ist hier sehr groß, in allen tschechischen Dissertationen (und sogar in deutschen)
werden wir zitiert, in den Anmerkungen genannt und ge-
schätzt. In Prag fällt Schnee, die Stadt ist ziemlich solide.
[...]
Mit Roman vertrage ich mich gut, wesentliche Meinungsverschiedenheiten gibt es überhaupt nicht. Wir müssen offenbar doch wieder den OPOJAS aufbauen [...]
Über Deine Arbeit (die „Theorie der Prosa") schrieb der
größte tschechische Literaturhistoriker für westl. Literatur,
das Buch könne alle lit. Forschungen befruchten. Prof. Ma-
thesius bereitet eine Übersetzung der „Theorie der Prosa"
vor. Die hiesige philologische Zeitschrift „Časopis" brachte
einen Artikel Tomaschewskis über die formale Methode.

V. l. n. r.: Pjotr Bogatyrjow, Roman Jakobson und Juri Tynjanow; 1928 in Prag

Prof. Mukařovský zitiert von allen europäischen Autoren nur Schklowski, Jakobson und Tynjanow, dafür auf jeder Seite. In Leipzig lernt der begabte Linguist Dozent Becker extra Russisch, um die Formalisten im Original lesen zu können. So bist Du also in Prag so etwas wie der große Reb Loew, der den Golem erschuf.

[Nachschrift von Roman Jakobson:]
Vitja, Tynjanow wird Dir alles erzählen. Einstweilen: OPO-JAS ist unumgänglich. Wir schlagen folgenden Personen den Eintritt vor: Du (Vorsitz), Tynjanow, ich, Eichenbaum, Bernstein, Poliwanow, Jakubinski, Tomaschewski, Nik. Feof. Jakowlew (Kaukasologe) [...]

402

Juri Tynjanow an Viktor Schklowski

Lieber Vitja!
In einer Woche mache ich mich auf die Reise, dann kommst
Du unbedingt zu mir oder ich zu Dir. Ich war in Prag und
konnte mich schwer trennen, ich war schon wie zu Hause.
Romans Lebensweise ist etwas Mittleres zwischen Deiner
und meiner + Bogatyrjows. Wir vertrugen uns gut und hatten uns gern. In wissenschaftlichen Fragen völliges Einverständnis, völlige Übereinstimmung. Ihn plagt die Langeweile nicht. Obwohl, beim Unterschied unserer Verfassung
ist seine Langeweile und Elegie für mich immer noch die
reinste Fröhlichkeit [...] Ein großer und angenehmer
Mensch.
Wir haben da auch wissenschaftlich etwas zusammengekrit-
zelt, so eine Art Thesen zur Diskussion, Ergänzung etc.
Wir müssen OPOJAS wieder aufmachen. Wären nicht Geschichte und Geographie, dann könnten Du, er und ich
noch allerhand gemeinsam anstellen. Er liebt Dich sehr.
Und überhaupt, nach den süß-sauren Leuten war es sehr
angenehm, sich im OPOJAS zu treffen [...]
Ich küsse Dich innig und verbleibe, nach Rettung dürstend
[...]

Juri

ILJA EHRENBURG

Die heutige russische Literatur

Ideen und Bücher werden nicht durch den Telegraphen
übermittelt. Der Erfolg der neuen russischen Literatur im
Westen fiel mit einer gewissen Enttäuschung des russischen Lesers über sie zusammen. Daran ist übrigens nicht
die Literatur schuld. Nach fünf überhaupt völlig stummen
Jahren, in denen an Stelle von Romanen nur verkrampfte
Aufrufe gedruckt wurden, erschienen die ersten Bücher bis-
lang unbekannter Autoren mit der Darstellung des neuen
Lebens; es ist natürlich, daß sie allzu romantische Hoffnungen erweckten. Auf Schritt und Tritt glaubte man damals,

den Gogols und Tolstois zu begegnen. Dann erschienen Dutzende, Hunderte neuer Büchlein. Jetzt ist man bei „gesammelten Werken" angelangt. Der Leser lächelt und versichert verächtlich, daß alle diese Schriftsteller „unter ihm" stehen. Er hat durchaus unrecht. Historische Ereignisse geben nicht nur, sie nehmen auch. Es zeigt sich, daß viele Traditionen verlorengegangen waren und daß unsere Schriftsteller nicht nur Romane, sondern fast das russische Schrifttum neu zu erschaffen hatten. Das ist weit schwieriger als etwa der Wiederaufbau einer Industrie. Was den Leser anbetrifft, so stehen diese Bücher, wenn auch zuweilen nicht auf festen Füßen, so doch weit über ihm. Nur stehen die Leser unter ihrer Epoche. Allein das liegt schon außerhalb des Streites über Talent und Handwerk. Man braucht nur an die jämmerlichen Hymnen von Joseph Chénier zu denken, die der einzige Widerhall auf den erhabenen Wahnsinn des Landes wie auf das philosophische Pathos von Robespierre und St. Just waren! Mich wundert der Erfolg von Pierre Bénoit oder der um Lösungen nicht verlegenen amerikanischen Autoren durchaus nicht: in den Jahren der Revolution lasen die Franzosen am liebsten mittelmäßige, aus dem Englischen übersetzte Romane.

Auf der heutigen russischen Literatur lastet das Gewicht des Stoffes. Vor fünf Jahren erschien in Moskau eine kleine Sammlung von Autobiographien junger russischer Schriftsteller. Jede Seite darin ist ein Abenteurerroman: Gefängnis, Gefechte, Hunger, „Tscheka", Spionage, Streifzüge, nächtliche Verhöre, Fahrten auf dem Eisenbahnpuffer um ein Pud Mehl, revolutionärer Karneval, wenn nachts die Stadtplätze „umgefärbt" wurden, Fieberwahn der zum Erschießungstod Verurteilten, Typhusläuse, futuristische Plakate und schließlich die heroischen Tränen der verzweifelten „Neuerer" vor all der wissentlichen Verstocktheit der menschlichen Natur. Man vergleiche mit diesen hastigen Seiten grünschnäbliger Weiser etwa die Biographie Turgenews, der geruhsam die Viardot vergötterte, oder die Baudelaires, der, so unheildrohend in der Poesie, im Leben nichts anderes tat, wie von einer Wohnung in die andere ziehen. Das Schicksal zwang, ob sie nun wollten oder nicht, alle diese Menschen, Helden oder wenigstens Abenteurer zu sein. In Frankreich, da liebt man es zur Zeit, von der Notwendig-

keit eines „zweiten Berufes" für den Schriftsteller zu reden
– er soll Rechtsanwalt oder Journalist sein, um ein wenig
mit der Welt bekannt zu werden. Die Geschichte hat allen
russischen Schriftstellern einen „zweiten Beruf" auferlegt,
den man am treffendsten wohl „Leben" nennen kann.
Wer ahnt, wie schwer sich solch ein Reichtum fassen läßt!
Nein, Paul Morand oder Duhamel, die auf der Suche nach
Themen aus einem Expreß in den andern steigen, können
nicht verstehen, was solch eine Ladung bedeutet ... Die
Schriftsteller fanden sich auf einmal, statt im Sattel oder auf
dem Waggondach, vor ihrem Schreibtisch. Der erste Gedanke war natürlich: darstellen, beschreiben! Wovon denn
in der Tat reden, wenn nicht von diesen pathetischen Jahren? So entstanden Hunderte von Romanen, diktiert von
der verzweifelten Anstrengung, das Vergehende, vielmehr:
das Vorübergehende festzuhalten, daraus ein ebenmäßiges,
geformtes und begreifbares Etwas zu prägen. Wie das häufig der Fall ist, erwies sich der Stoff als weit gewaltiger als
der Meister. Die Begeisterung entgleiste oft in die nervösen
Krakel einer Stenographistin, die den Verstand verloren
hat. Für den ausländischen Schriftsteller ist es natürlich
schwer, sich in alledem zurechtzufinden, und zuweilen erfreuen sich Bücher, die bei uns spurlos vorübergegangen
sind, im Westen des Erfolgs. Es ist leicht, die Bewunderung
eines Deutschen oder eines Franzosen durch eine beliebige
Erzählung von jenem Heroismus zu erregen, der noch
kürzlich fast so obligatorisch wie der Militärdienst war, oder
durch irgendeine Albernheit aus dem abenteuerlichen Da-
seinskreis. Der russische Leser aber hat sich selbst an einem
Dutzend Fronten herumgeschlagen, hat selbst in den eisi-
gen Höhlen der hungernden Städte gesessen und gesessen.
Er zuckt bloß mit den Achseln: das haben wir alles selbst
gesehen!

Natürlich fanden sich auch Schriftsteller, die die Lebens-
wahrheit des Chronisten überwanden, die es verstanden,
die Ereignisse umzugestalten, nicht bloß zu erzählen, wenn
man so will, sondern auch zu „fabulieren". Babels „Reiterarmee", einige Erzählungen von *Samjatin*, von *Fedin*, von *Wsewolod Iwanow*, einige Seiten von *Pilnjak* bleiben würdige
Denksteine der ersten heroischen Periode der russischen

Revolution, aber nicht darum, weil sie in ihnen beschrieben ist, nein, sondern weit eher trotz dieses so undankbaren Vorwurfs. Es ist ihnen gelungen, tief menschliche und einfache Dinge zu schaffen, indem sie den heimtückischsten Stoff benutzten, der bereit war, sie jeden Augenblick abzulenken oder durch seine absichtliche Wirkungskraft zu erdrücken, so wie eine allzu bildhafte Landschaft den Maler verleitet und erdrückt.

Was die Fülle der Bücher anbelangt, die dem Bürgerkrieg gewidmet sind, so ist ihr Erfolg im Ausland begreiflich und gesetzmäßig. Allein sie sind zu spät erschienen, um den russischen Leser als Berichterstattung aufzuregen, und zu früh, um ihn als Memoiren zu interessieren.

Die „Sehnsucht nach dem Menschen" hat gleichzeitig den Leser wie den Schreiber gepackt. Ereignisse, Zustände, Ideen, sogar die „Atmosphäre", alles das ist aufs sorgfältigste beschrieben worden. Wer weiß heute nicht, was Hunger, was ein Panzerzug und was Klassenselbstbewußtsein ist? Aber der Mensch? ... Wo ist der Held, der Autor, der Regisseur und unfreiwillige Schauspieler dieser ausgedehnten Tragödie? ...

Die Schriftsteller fangen an, vor ihren heimtückischen Erinnerungen auf der Hut zu sein. Mißtrauisch schielen sie auf den verführerischen Wirrwarr des neuen Daseins, auf den romantischen Schematismus der Ideen, auf die ganze Aufrichtigkeit unerwarteter Handlungen. Wäre es nicht an der Zeit, alles dies, nach der „slawischen Seele" und dem „Samowar", nun auch den ausländischen Reisenden zu schenken, da, gottlob, immer häufiger geistig verhungerte Schriftsteller auf der Suche nach leichtem Gewinst zu uns angereist kommen?

Es genügt, die letzten Bücher unserer besten Autoren flüchtig durchzusehen, um sich von diesem Wechsel zu überzeugen. Häufig deuten nur zwei, drei Zeilen, Kleinigkeiten des täglichen Daseins, Neologismen den Zeitpunkt der Erzählung an. Es sind nicht mehr Bücher, die von einem historischen Abschnitt handeln, sondern vom Menschen. Allerdings, wenn man diesen Menschen näher betrachtet, so sieht man, daß er seinem vorrevolutionären Vorgänger nicht gleicht. Wie der Autor selbst, so hat auch er vieles verloren und vieles gewonnen. Mit Spannung verfolgen wir diese tiefen Veränderungen, sie sind weit wichtiger und auch bildhafter als der Wechsel von Zimmervermieterinnen in „Hausverwaltungen". Auf diese Weise bleibt die Tragödie der Revolution dennoch das hauptsächlichste, wenn nicht einzige Thema der russischen Literatur. Sie ist nur von den Plakaten und Aufrufen in das unterbewußte Sein des Menschen übergegangen.

Das letzte Werk von Babel ist sogar dem Sujet nach „vorkriegsmäßig". „Das Jahr 1913" – d. h. fünf Minuten vor der Welterschütterung. Aber nicht um das Sujet handelt es sich: der „Untergang" ist eben so zeitgemäß oder nicht zeitgemäß wie die „Reiterarmee", wenn auch viele das nicht bemerken. Einige Kritiker in Moskau sind mit dem scheinbaren „Archaismus" des „Untergang" unzufrieden, in Paris aber hat man die „Reiterarmee" als gewissenhafte Chronik der Revolution aufgefaßt. Die Ideologie der Armee hat Babel wenig interessiert. Die Revolution hat den Menschen enthüllt, und ihr physiologisches Pathos ist es, das den Schriftsteller verlockte. In voller Übereinstimmung mit einem seiner Helden betrachtet er das Leben als eine Wiese, „auf welcher Frauen und Pferde weiden". Er schildert nicht nur mit kalter Neugier die Kosaken, die der Reihe nach ein Mädchen vergewaltigen, und den Knaben, der, zur Tat noch zu jung, die Beute festhält. Babel wird niemals, weder durch die Träume eines Gogol, noch durch die Schlaflosigkeiten des Dostojewski in Versuchung geführt. Er liebt Geschnarch und Schweiß dazu zu sehr. Er ist der direkte Nachfolger von Lew Tolstoi und Gorki, von unsern verzweifelten „Lebensanbetern". Wie sie, sucht er überall den der Scham baren Menschen, der fähig ist, sich auf einmal bis auf die Haut zu entkleiden, den Menschen, der, hol's der Teufel, lebt und, allen Ideen zum Trotz, ißt und trinkt, mit Weibern schläft und zwiefach tragisch stirbt, weil seine Lebenszähigkeit selbst den Tod schreckt.

Tolstoi, der adlige Herr und Weise, verachtete die „Kleidung", die den Menschen verhüllte. Gorki neigt eher dazu, sie zu ehren. Was Babel anbelangt, so steht er dem Despotismus seiner Epoche völlig gleichgültig gegenüber, von der Moral bis zur Elektrifizierung. Ihn interessiert die animalische Liebe und der ebenso animalische Tod. Er ist immer der gleiche, sowohl in den Erzählungen von Budjonnys Kosaken wie in den Bildern vom ungeheuerlichen Alter des Fuhrherrn aus Odessa, welches das Thema vom „Untergang" bildet.

Ich habe mich bei Babel nicht nur deswegen aufgehalten, weil er einer der Begabtesten unter den Schriftstellern ist, sondern auch, weil der Streit um den „Untergang" außerordentlich bezeichnend ist. Ich hätte auch andere Beispiele wählen können: die Abstraktion Samjatins, den Psychologismus der Romane Fedins, die Erzählungen Kawerins, die voll formaler Exotik sind, die historischen Romane Tynjanows, die Lyrik Lidins, die Familienchronik Slonimskis, ganz zu schweigen von den Schriftstellern der älteren Generation: die Religiosität der Forsch oder dem Pantheismus Prischwins. Das beste Buch der letzten Jahre ist ein Novellenband des jungen Autors Tichonow, der bisher nur als Lyriker bekannt war; die Erzählungen sind dem Zusammenstoß des Ostens mit dem Westen gewidmet, dem inneren Zusammenstoß in der Seele der Helden und in der des Autors. Auf diese Weise erneuert die nachrevolutionäre Literatur, die sich in vielem geändert hat, durch ihre „Menschlichkeit" die Traditionen der großen russischen Literatur des vergangenen Jahrhunderts.
Zwischen diesen beiden Perioden liegt eine höchst unselbständige Strecke, die Epoche Andrejews und der Symbolisten (der erste von Bedeutung für einen weiten Leserkreis, die zweiten – für den Literarhistoriker). Das Vorkriegsrußland verfolgte mit krankhafter Leidenschaftlichkeit, zeitweise fast mit Götzenverehrung das geistige Leben des Westens. Das brachte der russischen Dichtung einige formale Errungenschaften, teuer erkauft um den Preis von Müdigkeit und ausländischer Enttäuschung. Ein ästhetisierender Katholizismus, Nekromantie oder Päderastie waren im Begriff zu aktuellen Themen der russischen Literatur, d. h. der Literatur eines jungen, in jeder Beziehung gesunden Volkes zu werden. Hier gereichte die Barbarei Europas, die das Land zu der völligen Isolierung eines Leprakranken verdammt hatte, ihm zum Nutzen. Die russischen Schriftsteller waren sich selbst überlassen. Sie begannen verworren, unsicher, aber auf ihre eigene Art zu sprechen. Sogar thematisch trug das zur Gesundung der Literatur bei. Statt der

obligatorischen Fahrten nach Baden-Baden oder Venedig fanden sich, von der Notwendigkeit diktiert, Hunderte von weit belebenderen Reiserouten: nach dem Kaukasus und Sibirien, Murmansk und Samarkand, neue Menschen, neue Landschaften, neue Worte. Als die Verlage Übersetzungen von neuen ausländischen Schriftstellern auf den Markt warfen, da zeigten sich die russischen Autoren teils reif genug, teils ungebildet genug, von blinder Nachahmung konnte nicht mehr die Rede sein. Was aber das notwendige Lernen anbelangt, so ist hier kaum der rechte Ort dafür. Was kann ein junger russischer Schriftsteller bei Proust lernen? Unmöglich, das Gähnen zu erlernen, wenn man ganz und gar nicht schläfrig ist!

Lernen indessen müssen die jungen russischen Schriftsteller unbedingt. Das geben selbst die Unversöhnlichsten unter den sogenannten „proletarischen Gruppenbildungen" zu. Auf dem Tisch der literarischen Debutanten liegen die Bücher von Gogol und Balzac. Das Studium geht unter ungünstigen Umständen vor sich: Gewitterluft ist nicht die Luft eines Schulauditoriums. Einige unter den Jungen schlagen sich vergeblich mit dem unmöglichen Dilemma herum: „den Alten das Handwerk abzulernen, ohne sich an ihrem fremden und darum verderblichen Geist anzustecken."

Die Kritik fördert den Lehrgang auch nur wenig. Es ist bei uns üblich, einen jungen Autor in den Himmel zu erheben, ihn nach dem ersten Novellenband für genial zu erklären, nach dem zweiten aber zu schreien, daß er sich ausgeschrieben, daß er alle Hoffnungen betrogen habe und überhaupt talentlos sei. Die Kritiker teilen sich in zwei Lager: in ein „soziologisches", d. h. ein Lager, das einen größtenteils leider sehr vulgarisierten Marxismus auf den Gegenstand anwendet, und in ein „formales", das den Wechsel der literarischen Methoden außerhalb ihres Zusammenhangs mit dem Inhalt betrachtet. Solcherweise sind weder die einen noch die andern geneigt, mit der geistigen Welt des Autors zu rechnen. Die jungen Schriftsteller sind gezwungen, blind darauf loszulernen, was sie denn auch tun, indem sie nur die Zahl der schlaflosen Nächte und die Menge des umsonst verschmierten Papiers vermehren. Die Erfahrung, das Können fällt hier schwer, es ist nicht angeboren wie bei den Franzosen. Nein, die Traditionen sind vergessen, das Hand-

409

werk existiert nicht, die Sprache ist jung und neu, auch die Themen kennen keine früheren Bearbeitungen. Schreiben ist zur Zeit fast so schwer wie in den ersten Jahrhunderten des Schrifttums.

All dieser Schwierigkeiten ungeachtet geht es vorwärts. Ich spreche nicht von der Erstehung eines Genies: das ist eine dunkle Sache. Vielleicht liegt der neue Gogol noch in den Windeln, vielleicht aber hat er auch schon sein erstes, bei weitem nicht meisterhaftes Buch herausgegeben. Warum ohne besondern Drang dazu weissagen? Nein, ich spreche im Augenblick von der Bildung eines Stammes sogenannter „mittlerer" Schriftsteller, die zwiefach nötig sind: erstens für den Leser, für den guten mittleren Leser, zweitens aber für jenen kommenden Gogol. Ja, damit ein Genie erscheinen kann, muß der Boden bearbeitet werden, sind Bände und aber Bände mittelmäßiger, aber arbeitsamer, gebildeter Schriftsteller nötig. Die Zahl der Leser ist in Rußland nach der Revolution angewachsen, und, der Nachfrage entsprechend, setzen sich nun Hunderte von jungen Menschen vor die weißen Papierblätter, und Tag für Tag entdeckt man in den Buchläden neue Namen. Wie tief auch das Niveau des einen oder andern Erzeugnisses sein mag, im ganzen ist es eine positiv zu wertende Tatsache, und das geringschätzige Lächeln des Ästheten dürfte hier unangebracht sein.

Beim Übergang von der Schulbank zum Lehrstuhl kann mit Stolz das Vorhandensein von zehn oder zwanzig wertvollen Büchern vermerkt werden. Einige davon sind schon ins Deutsche übertragen, allein bei weitem nicht alle. „Die Kindheit der Lüvers" von Pasternak, „Küchelbecker" von Tynjanow, „Ein waghalsiger Mensch", von Tichonow, „Mamai" oder „Wir" von Samjatin, „Das Rauschen der Zeit" von Mandelstam, ferner Novellen von Wsewolod Iwanow und von Prischwin sind bis jetzt dem deutschen Leser noch nicht bekannt. Wie soll man sich dabei den Erfolg von Romanen erklären, die eher an dicke Broschüren erinnern, den Erfolg der ganzen platten Exotik von Halbplakaten, Halbtraktaten, primitiver Kommissare und primitiver Ausgaben?

Aber das hat schon nichts mehr mit der russischen Literatur zu tun, sondern mit der deutschen Psychologie.

1929

ILJA EHRENBURG

Randbemerkungen zur heutigen russischen Literatur

Man fragt mich oft über die neuen russischen Romane aus.
Ich pflege zu antworten: man baut jetzt bei uns vortreffliche elektrische Kraftwerke. Die Kräfte einer Generation, so
heroisch sie auch sein mag, sind begrenzt. Das beste Buch
der russischen Literatur, die „Toten Seelen", wurde in einer
der dunkelsten Perioden der russischen Geschichte geschrieben. Der Preis dafür war das Stöhnen von Millionen
verprügelter Bauern und der Wahnsinn Gogols. Die Revolution exportiert Ideen, sie kann weder Friedensgetreide
noch gute Romane exportieren. Das ist ihr Recht.
Die Revolution des Jahres 1793 hat den Beinamen die
„Große" bekommen. Dies hat sie nicht daran gehindert, ein
leeres Blatt in der Geschichte der französischen Literatur
zu bleiben. André Chénier wurde rechtzeitig enthauptet.
Beaumarchais war alt und stand abseits. Triste Skribenten
schrieben Stücke über den Untergang von Tyrannen oder
patriotische Gelegenheitsgedichte. Die ständigen Requisiten solcher Werke waren: Despoten, Fahnen, Gift, Lykurg,
Brutus, Dezemvirat, Sulla, Dolch. Insgeheim las das Publikum übersetzte englische Romane. Der bedeutendste Dichter der Epoche war Joseph Chénier – er schrieb auf Bestel-
lung Oden zweifelhafter Güte. Ein und derselbe Autor
brachte es fertig, die „Apotheose der Charlotte Corday" zu
schreiben. Stendhal war erst zehn Jahre alt; was Balzac anbelangt, so wurde er in dem Jahr geboren, als die Revolution ihren Geist aufgab. Mit alledem will ich durchaus nicht
sagen, daß das revolutionäre Rußland keine guten Schriftsteller hervorgebracht habe. Nein, die Namen Babel oder
Pasternak sind mit Recht berühmt. Wenn ich mich auf Joseph Chénier berufe, oder die elektrischen Kraftwerke besonders betone, so will ich damit nur feststellen, daß der
Maßstab der Revolution durchaus nicht den Maßstab der revolutionären Kunst bedingt.
Wenn die russische Revolution nichts geboren hätte als
Gladkows „Zement" oder die Gedichte des Demjan Bedny,
brauchte man sich nicht zu wundern. Aber sie hat einige

411

vorzügliche Schriftsteller hervorgebracht und, was noch wichtiger ist, sie hat neue literarische Formen erzeugt. Das ist erstaunlich. Es läßt sich dies wahrscheinlich damit erklären, daß selbst die Geschichte sich jetzt die Allüren des Menschen angeeignet hat – auch sie hat es eilig. Einer einzigen Generation wurden alle Aufgaben aufgebürdet. Wenn die Väter zerstören, ist es ganz natürlich, daß die Söhne aufbauen und die Enkel bewundern müssen. Jetzt aber will niemand warten. Es stellt sich heraus, daß das Fieber der Oktoberrevolution nicht genügt. Wir müssen jetzt sowohl schaffen als auch das Geschaffene genießen. Ich spreche nicht von den Zwanzigjährigen – diese haben nichts zerstört, die erbten Trümmer, folglich – Baumaterial. Es wäre verfrüht, von dem zu sprechen, was sie vollbringen werden. Aber meine Generation kannte das Leben vor der Revolution, ja sogar vor dem Kriege. Sie stand hinter den Maschinengewehren, zerhackte Zäune zu Heizmaterial und verwünschte die Klassiker. Sie war eine Generation der Mobilmachungen und des Futurismus. Eines Tages, soll ich sagen, eines schönen Tages? – saß sie plötzlich am Schreibtisch. Die Geschichte wie auch die achtungslosen Leser wollten nicht länger warten.

So tauchten eine Unmenge neuer Schriftsteller auf. Darunter natürlich sehr gute. Ich will jetzt keine Namen nennen oder einzelne Werke behandeln. Es sind schon gute hundert ins Deutsche übersetzt. Das Tagesurteil kann man in jeder Verlagsanzeige finden. Für das Urteil der Geschichte ist noch nicht die Zeit gekommen. Ich enthalte mich eines Urteils auch deshalb, weil oft das, was für den europäischen Leser interessant ist, den Russen gar nicht interessiert. Wenn ich in Europa erzählen würde, wie ich zum Beispiel Agitationsstücke mit dressierten Kaninchen inszenierte, würde man das wahrscheinlich sehr exzentrisch finden. Ein Russe hingegen würde sagen, daß er in den Revolutionsjahren noch ganz andere Dinge getan habe.

Wer die Abenteuerromane satt hat, der kann Autobiographien der Sowjetschriftsteller lesen. Jede Zeit ist ein Roman. Gefängnis, Hunger, Erschießungen, Krieg, Typhus, Verzweiflung, Pathos, Revolutionskarneval und menschliche Einsamkeit. Vergleichen Sie damit die Biographie des in Pauline Viardot verliebten Turgenew, oder Anatole

412

France, der nachmittags zu den Antiquaren ging und, nachdem er soundsoviel Bücher durchgelesen hatte, einen Roman aus der „Revolutionsepoche" schrieb. Die russischen Schriftsteller unserer Generation waren, wenn auch nicht zum Heroismus, so doch zu außerordentlichen Abenteuern verurteilt.

Die Revolution ist ein schwieriges Kapitel. Mit ihr ist noch schwieriger fertig zu werden als mit dem Krieg. Europa macht heute eine Epidemie halb pathetischer, halb rührseliger Literatur durch. Sie ist dem Kriege gewidmet, diesem unvergeßlichen und einzigen Abenteuer heutiger Büroschreiber und Kommis. Rußland hat das längst hinter sich. Man setze statt Krieg das Wort „Revolution" oder ergänze „Bürgerkrieg". Babel hatte schwerere Arbeit zu leisten als Remarque oder Renn: denn bei diesen handelt es sich nur um Blut. Bei Babel aber kommt noch jene unvergeßliche Phantastik der Bestialität und des Edelmuts hinzu, die den Mörder das Blut überhaupt vergessen lassen.

Kluge Leute berufen sich gern auf die Nachfahren. Die würden schon herausfinden, was an uns ewig war. Ich fürchte, die Nachfahren könnten an der Literatur unserer stürmischen Tage überhaupt achtlos vorübergehen. Sie werden bewundern wollen, sie werden eine Revolution in Schönheit ohne Hungersnot und ohne Läuse sehen wollen. Nun ja, es lohnt sich nicht, sich darüber aufzuhalten. Ewigkeitswert ist nicht die einzige Tugend. Von unseren Büchern lebte unsere Generation. Wer könnte beweisen, daß die Gemälde Davids wichtiger seien als jene Fackeln, die die Scharen der Sansculotten in der dunklen Juninacht beleuchteten? … Verzichten wir also auf Werturteile.

Eins kann man schon jetzt sagen: die russischen Schriftsteller können nicht schreiben. Die talentvollsten schreiben ungeschickter als mittelmäßige französische Romanschriftsteller. Im Unterschied zu den Bourbonen haben wir alles vergessen. Neues zu lernen, fehlte es an der Zeit. Trotz dieser Hilflosigkeit ist die heutige russische Literatur bedeutender als die entsprechende französische. Die Revolution zerstört nicht nur, sie schafft auch Reichtümer. Die Revolution hat den russischen Schriftstellern dazu verholfen, sich von den alten Formen loszulösen. Der Roman zersetzt sich vor unseren Augen. In Europa aber lebt er dem Gesetz der

Trägheit gehorchend weiter. Erstens gibt es in Europa Schriftsteller, die noch Romane schreiben können, zweitens gibt es hier Leser, die manchmal solche Lektüre brauchen, drittens gibt es hier Ruhe, wenn auch nur relative. In Europa muß die Unruhe erfunden werden, wie die Franzosen ihre berühmte „Inquiétude" erfanden. In Rußland dagegen hat der Untergang der alten Gesellschaft zwar nicht zum Ende der Genredichtung geführt, fällt aber mit ihm zeitlich zusammen. Im Jahre zwanzig meinten wir, das sei das Ende der Kunst. Damals erschien ja alles katastrophisch. Jetzt haben wir uns an die Relativität der Begriffe gewöhnt. Es handelt sich nicht um das Ende der schönen Literatur, sondern um den Ersatz einer Kunstform durch die andere. Ich denke, daß dies nicht mit den Barrikaden, sondern viel früher begann: wahrscheinlich schon damals, als der erste gerissene Journalist, ein wahres Geschehnis beschreibend, auf amüsante Weise log. Das Verhältnis von Realität und Erfindung ist das ständige Problem der Literatur. Sehr gut möglich, daß wieder eine Zeit der Märchen kommen wird; vorläufig aber erinnern die Völker an frühreife Kinder: sie lassen sich nichts vormachen. Die Schriftsteller kommen diesem Bedürfnis auf verschiedene Weise entgegen: die Trägeren unter ihnen lassen den alten naturalistischen Roman neu erstehen, die Gewandteren werden einfach zu Journalisten. Nimmt man einen traditionellen Sowjetroman oder eine -novelle zur Hand, so sieht man den Triumph des Naturalismus: alle diese Bauern oder Arbeiter stehen lebendig vor uns. Das ist weit gewissenhafter als eine Zeitung. Dennoch sind es Romane mit Sujet, d. h. Erfindungen. Für jene, die Märchen suchen, ist das langweilig. Für jene, die Wahrheit suchen, ist das Lüge.
Ich weiß, daß alle Zeitungen der Welt eine unsaubere Sache sind, sie beschmutzen nicht nur die Finger. Aber unsere Generation hat keine Angst vor Schmutz: ging sie doch durch die Schule des Schützengrabens. Ich glaube nicht, daß die Zeitung das Buch ersetzen könnte; aber moderne Literatur wäre nicht denkbar ohne die Erfahrungen der Zeitung. Der allgemeine Erfolg der biographischen Romane ist kein Zufall. Wenn man bei der Geschichte begann, so nur deshalb, weil mit Vergangenem fertig zu werden leichter ist. Aber außer der Geschichte trat die belletristische Repor-

tage in Erscheinung. Sie ist vorläufig ein Stiefkind. Die
Schriftsteller sind noch der Meinung, sich um Geldes willen
beschmutzen zu müssen. Aber schon mehr als einmal
wurde in der Literatur das Niedrige von heute auf morgen
zum Erhabenen. Wir sind Zeugen einer solchen beginnenden Umwertung. Wir haben heute nicht wenige proletarische Schriftsteller. Die einen von ihnen studieren sorgfältig
Tolstoi, die anderen begnügen sich mit Gladkow. Die einen
wie die anderen schreiben Romane. Das sind Romane wie
jeder andere. Von ihrem neuen Charakter, gewissermaßen
ihrem Klassencharakter, zeugt nur die Zugehörigkeit ihrer
Autoren zu diesem oder jenem Verband. Weit interessanter
sind die Zeitungskorrespondenzen der sogenannten „Rab-
kory", der Arbeiterkorrespondenten. Sie sind sehr schlecht
geschrieben. Die von den Korrespondenten mitgeteilten
Tatsachen sind meistens von der Wirklichkeit weit entfernt.
Ich empfinde sie nicht als gute Journalistik und nicht als
Zeitbericht. Das ist natürlich Literatur, genauer, ein alber-
ner Wasserkopf, die embryonalen Formen einer neuen Lite-
raturgattung. Man säubere das Material von Graphomanien
und Denunziationen – und es ergibt sich der erste Entwurf
irgendeines neuen Poems. Man denke dabei nicht an Wahr-
heitstreue. Kunst ist überhaupt Lüge. Die Romanautoren
unserer Tage stehen der Wirklichkeit viel näher als solche
Korrespondenten. Es gibt zwei Auswege. Erstens: Aus dem
erfundenen Material eine Kopie des Lebens zu geben. Das
ist Naturalismus, und zwar der Naturalismus von Epigonen. Zola ist ein vortrefflicher Schriftsteller, lebte er aber
heute, wer weiß, er ginge vielleicht zur Reportage über
oder er drehte, die Feder fortwerfend, Filme. Er war doch
ein lebendiger Mensch. Gorki indes gelingen gegenwärtig
Memoiren am besten. Die klassische Struktur des Romans
führt heute leicht zu sklavischem Verehren der Wirklichkeit. Der zweite Ausweg ist die Arbeit am faktischen Material. Sie führt jeden Künstler zur romantischen Entstellung.
Man vergleiche ein realistisches Stilleben mit den Photos
von Rodtschenko, Man Ray oder Moholy-Nagy. Was ist
photographischer?
Ich bin dem Romantismus nicht untreu geworden. Nach
wie vor bin ich der Meinung, daß nur er unserer Epoche
der Sehnsucht entspricht. Von „Krieg und Frieden" zu träu-

men, wäre heute töricht. So ein Werk könnte heute weder in Rußland noch im Westen geschrieben werden. Positives erfordert Ruhe. Die aber gibt es heute nirgends. Was den Psychologismus betrifft, so führt er in eine Sackgasse. Ich spreche nicht von Psychologie: ohne die gibt es weder Menschen noch Worte; sondern von der Literatur außerordentlicher Fälle. Wovon schreiben drei Viertel der jungen Franzosen? Der eine hat zum Beispiel etwas kürzere Finger als die anderen. Das ist die sogenannte Originalität. Das Interesse ist zweifelhaft. Was gehen alle anderen Menschen mit gewöhnlichen Fingern die Eigenheiten dieses Unikums an? Sogar der Westen beginnt zu begreifen, daß die Gemeinsamkeit durch die Zeit diktiert wird. Bald wird Proust bis zu den untersten literarischen Schichten durchdringen; dann werden die oberen Schichten sich Zola und der Zeitung zuwenden. In Rußland wurde dieser Prozeß durch die Revolution erleichtert. Sie führte zu Einfachheit und Plumpheit. Sie brachte es auch fertig, vielen das Persönliche abzugewöhnen. Für die Schriftsteller endlich war sie mit der Emanzipation von den europäischen Einflüssen verbunden. Die russische klassische Literatur war ja doch vor allem eine menschliche. Dann kam die düstere Epoche Andrejews und der Symbolisten. Ästhetisierender Katholizismus, Leichenschändung oder Päderastie wurden fast zum Hauptthema der Literatur eines jungen und gesunden Volkes. Die Barbarei Europas, das Rußland zur Isolierung verdammte, gereichte der Literatur zum Nutzen. Die Pariser Moden waren vorüber. Man mußte selbst den Weg suchen. Und da wurde Rußland wieder statt eines Nachzüglers zur Avantgarde.
Nüchternheit, Ernst und Schlichtheit sind nicht bloß durch das Material geboten. Das ist die Stimme der Zeit: Ich kann die russische Literatur nicht von der europäischen trennen, obwohl die soziale Struktur unseres Landes ganz eigenartig ist. Über den Aufbau des neuen Romans, des Bastard-Romans, kann man nicht allein nach den russischen Schriftstellern, sondern auch nach den europäischen urteilen: Döblins „Berlin Alexanderplatz", Gides „Falschmünzer", Malreaux' „Eroberer", Gläsers „Jahrgang 1902". Es läßt sich jetzt schwer sagen, zu was das alles führen wird – ob zu einer gewissen Variation des Romans oder überhaupt zu einer

416

neuen Gattung. Die letzten fünfzehn Jahre haben uns von der Gewohnheit des Prophezeiens abgebracht.

Wie dem auch sei, es ist gut, daß die Menschen irgend etwas suchen. Das ist ehrlicher und auch erfreulicher als einfach hohe Auflagen. Um so mehr, da die Leser, wie immer, weit klüger und kühner sind als die Schriftsteller meinen. Die Bücher werden im stillen Kämmerchen gelesen, so daß sich dies schwer nachprüfen läßt. Aber jedermann kann im Kino die Überlegenheit des Publikums über die Leinwand beobachten, wo die Abenteuer von Mylords oder Apachen gezeigt werden. Dort kann man auch nachprüfen, um wieviel romantischer jeder rein sachliche Film ist als ein Drama. Holzflößerei oder eine Hängebrücke sind viel Pathos und Unruhe, während die Liebe der Stars fade und aus jedem beliebigen Restaurant mit Séparées bekannt ist. Der „Potjomkin" beruht ebenso wie „Disraelis Leben" auf faktischem Material. Es bleibt nichts übrig als abzuwarten, ob man einen Potjomkin der Gegenwart wird machen können. Das wird natürlich schwierig sein wie aller Anfang, aber Halbgelungenes ist hier wichtiger als alle Triumphe.

Ich bin kein Anhänger irgend einer literarischen Schule und alles Gesagte ist nicht Programm, sondern Randbemerkung. Ich selbst lese mit größerem Vergnügen die Gedichte Pasternaks oder die Prosa Babels als die verschiedenen Versuche der auf halben Tatsachen beruhenden Literatur. Noch lieber aber lese ich Memoiren oder zum Beispiel Bücher über den Weltkampf um den Kautschuk. Noch lieber lebe ich, statt zu lesen. Ich spreche aber hiervon deshalb, weil ich nicht nur Schriftsteller, sondern auch Mensch und folglich ein normaler Leser bin.

Wenn ich hier Rechenschaft von der neuen russischen Literatur geben wollte, würde ich zur Klassifizierung greifen. Ich würde mich bemühen, wenigstens einige Namen dem Leser einzuprägen: Babel, Pasternak, Samjatin, Tichonow, Fedin. Aber ich bin ja Schriftsteller, folglich ein sehr schlechter Kritiker.

Dies erlaubt mir auch nicht, das innere Pathos unserer neuen Literatur zu untersuchen. Die Jüngsten sind in die industrielle Literatur verliebt. Nicht um das Thema handelt es sich. Kein Zweifel, die Maschine spielt heute eine sehr wichtige Rolle im menschlichen Leben. Sogar Mutter Erde

417

denken wir uns nicht mehr ohne Traktor. Kein Zweifel, es ist weit wichtiger, von einer Fabrik als von einem Boudoir zu schreiben. Dagegen läßt sich schwer etwas einwenden. Ich selbst habe vor kurzem eine Biographie des Autos geschrieben und ich bin der Ansicht, daß das Auto ein viel interessanterer Held ist, als der verstorbene Disraeli. Nein, ich spreche von einer gewissen Vergottung der Maschine. Der Mensch, der am Volant sitzt, denkt, daß er die Maschine regiert. Das ist eine der traurigsten Illusionen. Ich wiederhole: man baut bei uns vortreffliche Kraftwerke. Der Dichter Alexander Blok erkannte lange vor der Revolution den über Rußland aufgehenden „Stern des neuen Amerika". Über Sterne wie über Geschmäcke läßt sich nicht streiten. Jetzt geben mehrere junge Schriftsteller in Moskau eine Zeitschrift unter dem Titel „Business" heraus. Wer auch immer an der Maschine stehen mag, Maschine bleibt Maschine. Aufgabe der Schriftsteller, ihre Pflicht, ihre verdammte Bestimmung ist es, den Menschen zu retten, solange man ihn noch nicht zerlegt und wieder zusammengesetzt hat, solange er noch zu Leidenschaft und Irrtum fähig ist.

Das ist die Mission unserer Generation. Die alten Schriftsteller sind fast alle in die Reihen der Emigranten getreten. Sie waren weise und talentiert. Sie waren mit Recht stolz auf ihren Verstand. Sie begriffen bloß eines nicht: daß die Revolution nicht nur das alte Feld, sondern auch die alten Wahrheiten annulliert hat. Sie fühlten sich beleidigt und entfremdeten sich ihrem Volk. Was die Jugend betrifft, so hat sie ihr letztes Wort noch nicht gesprochen. Sie liebt die Arbeit und die Einfachheit. Sie zieht den Fußball einem Dostojewski vor. Sie kennt keine Zweifel. Für sie ist alles klar. So wächst eine Generation von Aufbauenden heran. Die Maschine ist für sie weder ein Segen noch eine Katastrophe. Die Maschine ist ihre Atmosphäre. Mit diesen Jünglingen kann man sich nicht streiten. Sie können nicht zuhören und sie haben damit recht: ihre Aufgabe ist eine andere. Es bleiben die Schriftsteller, die jetzt dreißig bis vierzig Jahre alt sind, die Generation, die den Krieg begann und die Revolution vollendet. Sie wirkt älter als sie ist: solche Jahre gehen nicht spurlos vorüber. In ihren Büchern wechselt alle Augenblicke Glaube und Spott. Außerdem

wurden diese Bücher, wie ich schon sagte, eilig, ohne Muße, zuweilen in einem Atemzug geschrieben. Sie sind weit davon entfernt vollkommen zu sein. Man kann diese Zwischengeneration bedauern. Aber man darf eines nicht vergessen: diese Generation hat eine ungeheure Kraft; sie hat in den Jahren des Krieges und der Revolution die Relativität aller Werte zu erkennen gelernt. Ich glaube, die Geschichte der Weltliteratur kennt wohl kaum eine so tiefe menschliche Ironie wie ein Fach russischer Bücher, die in den letzten zehn Jahren geschrieben wurden ... Diese Generation ist durch die Geschichte selbst berufen, menschlich zu sein. Ihr Fanatismus ist gemildert durch Verluste, ihr Unglaube gemildert durch Liebe. Ich meine, daß sie in allen Romanen und allen Novellen die Worte eines der Helden Babels wiederholt: „Und jener, der für die Revolution kämpfte, kommt und sagt: ‚Gib mir dein Grammophon.‘ Bringt gute Menschen her und wir geben Ihnen alle Grammophone. Wir wissen, was die Internationale ist, und wir wollen eine Internationale der guten Menschen, damit alle eine Ration erster Kategorie erhalten: hier hast du, iß soviel du willst. Wissen Sie, mit welchen Zutaten die Internationale gegessen wird ...?"
Und unsere Generation erinnert sich auch der heroischen Antwort des Autors selbst: „Die Internationale? Man ißt sie mit Pulver und würzt sie mit dem besten Blut!"

1930

GEORG LUKÁCS

Ilja Ehrenburg

Ilja Ehrenburg ist zweifellos einer der begabtesten unter den heute lebenden Schriftstellern russischer Zunge. Er hat einen fabelhaft scharfen Blick, dem auch das kleinste Detail einer Erscheinung niemals entgehen wird. Sein Blick aber, der diese rasche Unterscheidungsfähigkeit in der Schule der klassischen Realisten gelernt hat, verliert sich doch nicht in diesen Details. Ohne irgendeiner Schule der neuesten Literatur enger anzugehören, hat Ehrenburg von allen – Futuristen, Expressionisten usw. – eine hochentwickelte Technik des konzentrierten Ausdrucks erlernt. Er benutzt manche ihrer technischen Griffe (Parallelität, Simultaneität usw.), aber alles nur, um den richtig gesehenen Details ihren bloßen Detailcharakter zu nehmen, um ihre Zusammenstellung zu einem zusammenfassenden Gesamtbild zu steigern. Die Ausdrucksmittel Ehrenburgs sind in der Tat nicht alltägliche. Es gibt heute wenige Schriftsteller, die so wie er imstande wären, mit wenigen, knappen, sorgsam ausgewählten und dabei diese Sorgfältigkeit mit großem Geschick verbergenden Worten einen Menschen, einen Typus, eine Situation zu umreißen. Er hat eine beißende Ironie, die nicht nur die Heuchelei, die verlogene und verzerrte Ideologie des Kapitalismus der Niedergangsepoche bis in die verborgensten Schlupfwinkel verfolgt, sondern auch den unmenschlichen und alles entmenschenden Mechanismus der kapitalistischen Wirtschaft schonungslos enthüllt. Und diese Enthüllung geschieht mit Haß und Abscheu: der scharfe, sparsame und ironisch zugespitzte Stil Ehrenburgs erhebt sich stellenweise – gerade durch die sachliche Gruppierung gut beobachteter Tatsachen – fast zu einem Pathos der Anklage.

Das sind hohe schriftstellerische Qualitäten, die den literarischen Ruhm Ehrenburgs als durchaus gerechtfertigt erscheinen lassen. Man wundert sich nicht darüber, daß seine Bücher in Deutschland hohe Auflagenziffern zeigen, ja daß sogar seine gesammelten Werke bald im Malik-Verlag erscheinen werden. Freilich verdankt Ehrenburg seine Erfolge keineswegs bloß und nicht einmal in erster Reihe diesen seinen künstlerischen Qualitäten. Wie ja überhaupt solche Qualitäten höchstens den Erfolg eines Schriftstellers *innerhalb* einer bestimmten Strömung, nicht aber den Erfolg der *Strömung selbst* verursachen können. Ehrenburgs Ruhm wurde zweifellos auch von dem *allgemeinen Interesse* an sowjetrussischer Literatur emporgetragen. Für die maßgebenden Kritiker und für das breite Leserpublikum in Deutschland spielten jedoch noch eine Reihe spezieller Motive eine wichtige Rolle. Von der formellen Seite warb für ihn, daß er viel stärker sowohl mit den literarischen Traditionen der in Deutschland eingebürgerten und beliebten *vorrevolutionären*

Literatur Rußlands, wie mit den herrschenden europäischen Literaturströmungen zusammenhängt, als viele der
neuen Schriftsteller der Sowjetunion. Dieses formelle Moment ist aber bloß die Widerspiegelung einer Reihe *inhalt-
lich-klassenmäßiger Momente*, die Ehrenburgs Erfolg bei beiden obengenannten Instanzen – maßgebende Kritiker und
breites Publikum –, die *beide bürgerlich oder kleinbürgerlich*
sind, entschieden haben. Ein solches Moment ist vor allem
seine „Gerechtigkeit", seine „Tendenzlosigkeit". Seine
scharfe Kritik der kapitalistischen Welt wird dadurch „in
Gleichgewicht" gehalten, daß er alle Fehler, alle Aus-
wüchse, alle Unebenheiten, alles Ungerechte und Groteske,
das er an der revolutionären Entwicklung beobachtet,
ebenso scharf, ebenso ironisch geißelt, wie das, was er an
der bürgerlichen Gesellschaft bekämpft. Und diese Kritik
gewinnt vor den Augen seiner Kritiker und Leser aus bür-
gerlichem Lager auch noch dadurch an Gewicht, daß Ehrenburg bei aller Kritik und Ironie sich doch für die revolutionäre Wendung der Dinge in der Sowjetunion zu erklären
scheint. Man meint also *gerade bei ihm* ein Bild darüber zu
bekommen, wie die *Dinge in der Sowjetunion in Wirklichkeit*
sind. Dieses Gefühl wird noch durch zwei Momente unterstützt. Erstens durch die bereits hervorgehobene Kritik an
der gegenwärtigen Gesellschaft, wobei seine Leser sich teils
gezwungen sehen, die Richtigkeit seiner Beobachtungen
zuzugeben (und selbst, wenn sie gegen seine Übertreibun-
gen protestieren, so werden diese auf Rechnung des iro-
nisch-karikaturhaften Stils geschrieben), teils sogar mit dieser Kritik sympathisieren. Denn eine Krisenepoche, wie die
gegenwärtige es für den Kapitalismus ist, bringt notwendig
antikapitalistische Strömungen, oder wenigstens Strömungen zu einer Kritik des Kapitalismus – besonders auf kultu-
rellem Gebiet – in breiten Schichten der Intelligenz und
des Kleinbürgertums im allgemeinen hervor. Zweitens sind
die *Probleme* Ehrenburgs für dieses Publikum viel leichter
verständlich, seelisch viel näherliegend als die vieler neuer
Schriftsteller aus der Sowjetunion,˙ besonders als jene der
Kommunisten. (Ich verweise z. B. auf Fadejew.) Die ebenfalls früher erwähnte anheimelnde Wesensart seiner Form-
gebung hängt hiermit ganz eng zusammen. Ehrenburgs Romane sind voll von – freilich zumeist ironisch behandelten

421

– „seelischen Fragen", „Gewissenskonflikten" usw., die sowohl in der vorrevolutionären russischen wie in der gegenwärtigen europäischen und amerikanischen Literatur eine überwiegende Rolle spielten und spielen. Von Problemen also, die auf dem Boden der gesellschaftlichen Lage einer Schicht entstehen, die mit keiner der beiden um die Macht kämpfenden Klassen, weder mit der Bourgeoisie noch mit dem Proletariat organisch verwachsen ist. Diese Schicht ist zur Outsiderrolle in diesem welthistorischen Kampf verurteilt und bildet sich *eben deshalb* ein, über den Parteien zu stehen: unparteiischer Richter ihres Kampfes sein zu können; mit Problemen beschäftigt zu sein, die „tiefer", „menschlicher", „ewiger" sind als die unmittelbaren Kampfziele der Gegenwart.

Dies ist die *allgemein*-klassenmäßige Basis der Dichtung Ehrenburgs und seiner Erfolge. Um jedoch den Dichter besser zu verstehen, muß dieses Bild weiter konkretisiert werden. Ehrenburg hat – als Russe – die Ereignisse des letzten, weltgeschichtlich entscheidenden Jahrzehnts wenigstens teilweise im Lande des *siegreichen Proletariats* und auch im Ausland nicht als Emigrant durchlebt. Er hat also einerseits ganz sinnliche Vorstellungen darüber, wie dieser Sieg „aus der Nähe" aussieht, während die europäischen Literaten zwischen abstrakter Utopie und abstraktem Haß gegen die bolschewistische „Hölle" hin und her schwanken. Andererseits hat er – ebenfalls im Laufe der Revolution – sattsam darüber Erfahrungen sammeln können, was die praktische Stoßkraft des „Geistes", der „Seele" usw. in der Periode des schärfsten Klassenkampfes sein kann. Die spezifische, sozusagen persönliche Note Ehrenburgs liegt nur darin, daß diese Erfahrungen ihn doch nicht zum offenen Feind der proletarischen Revolution gemacht haben. Ja die Ereignisse haben ihm die Einsicht eingeprägt, daß die Ohnmacht des „Geistes" nicht zufällig, nicht Folge einer bloßen „rohen Gewalt" sei, sondern ihre tiefsten Wurzeln in der inneren Ohmacht dieses „Geistes" selbst habe. Dadurch ist Ehrenburg bis zur Pforte einer Selbstkritik der Gesellschaftsschicht, der er selbst angehört, vorgestoßen. Diese Selbstkritik ist aber vor der Pforte stehengeblieben, sie hat bei ihm nicht den Anschluß an eine der großen kämpfenden Klassen zur Folge. Er bleibt innerlich, gefühlsmäßig, in seinem dichterischen Visier das, was er war – nur seine alten Gefühle und Anschauungen sind durch und durch von einer nihilistischen Ironie durchtränkt. Sein Unglaube, seine „Überlegenheit" allen Erscheinungen des Lebens gegenüber beziehen sich auch auf seinen *eigenen Standpunkt,* auf seine *eigenen Gefühle,* auf seine *eigene Weltanschauung.* (Das macht auch einen erbitterten Hohn über Dichtung, Kunst, Kultur usw., besonders im „Julio Jurenito" verständlich.)

Die Welt als Chaos, deren chaotischer Charakter durch die in ihr zutage tretende, unerbittliche, mechanische Gesetzmäßigkeit nur noch mehr gesteigert und gespenstischer gemacht wird, das ist der *eine Pol* der Weltanschauung Ilja Ehrenburgs. Und der *andere Pol* bleibt das „isolierte" Individuum, als „Atom", besser gesagt als „Atomkern" im isolierten Individuum, dessen äußeres und inneres Schicksal von der Allmacht des mechanischen Chaos restlos erfaßt und in seine Wirbel mitgerissen wird. Dieser „Atomkern" kann also bloß den von seinem Willen und Wünschen gänzlich unabhängigen Ablauf seines eigenen Lebens mit ohnmächtigen „Stimmungen", mit ebenso ohnmächtiger – aber desto „überlegenerer" – Ironie *begleiten und glossieren.*

Sein neuestes Buch („Das Leben der Autos", wie die anderen hier angeführten Werke Ehrenburgs im Malikverlag erschienen) gibt von diesem Aspekt aus ein Bild des rationalisierten Kapitalismus, so wie „Julio Jurenito" den Vorkriegs- und Kriegskapitalismus und den Kriegskommunismus, so wie „Michael Lykow" die Nöp-Periode von demselben Gefühl aus schildert. Alle diese Bücher haben als virtuose Leistungen einen hohen künstlerischen Rang. Die Art zum Beispiel, wie Ehrenburg im letzten Buch den Citroënbetrieb oder die Börse in Paris darstellt, ist keine geringe Leistung. Er vermag dabei mit großem künstlerischen Takt in seine allgemeinen Analysen und Beschreibungen persönliche Schicksale einzuflechten, die packend individualisiert sind, die niemals zur dekorativen Monotonie von bloß typischen Exemplen entarten, sondern individuell und typisch ungleich sind. (Ich verweise bloß auf den ästhetenhaften Börsenspekulanten Aubert, der einst ein Zola werden wollte und jetzt Paul Valéry in den Pausen zwischen je zwei Börsenfeldzügen liest.) Er sieht aber nur die eine Seite: den rasenden Mechanismus des kapitalistischen Fließbandes, den Moloch, der alles verschlingt. Er sieht *gar nichts* von den Kräften, die rebellisch an den Ketten zerren. Er hört nur das Schmettern und Rattern des kapitalistischen Mechanismus, aber nicht das unheimliche Grollen des Vulkans vor dem Ausbruch. Und genauso ist das Weltbild in den anderen Büchern. Krieg und Bürgerkrieg: ein gleichartiges, blutiges, sinnloses Chaos, in dem die Menschen als trostlose Marionetten aus einem Lager ins andere geschleudert werden. Was auf den Fahnen geschrieben steht, ist sinnlose Phrase, die von allen Tatsachen grausam verhöhnt wird. Die Menge besteht aus Feiglingen und Faulenzern, die Führer, wenn sie nicht Schwätzer sind, tragen undurchsichtige Scheuklappen, um nichts zu sehen. Der einzig „Sehende", der große „Provokateur" Jurenito läßt sich müde und angeekelt ermorden ... Und die Welt der Nöp ist für ihn selbstverständlich ein wüstes Chaos von Strebern, Schiebern und Hohlköpfen, aus deren wirrem Hin- und Herrennen Gott weiß was entstehen wird ...

Es wäre aber ungerecht zu verschweigen, daß Ehrenburg nicht nur dies darstellen *will*. Er hat ja ein Buch über die „Verschwörung der Gleichen", über Gracchus Babeuf geschrieben, er schildert in „Michael Lykow" einen schlichten, kommunistischen „Helden", Artem, den Bruder des Schiebers Michael, als bewußt hervorgehobene Kontrastgestalt. Jedoch das Wesen eines Dichters wird nicht durch sein Wollen, sondern durch sein *Gestalten* bestimmt. Es ergibt sich also für die Beurteilung eines Schriftstellers der sicherste Maßstab stets daraus, was er zu gestalten vermag. Wenn man nun diesen Maßstab auf Ehrenburg anwendet, so sieht man, daß seine ganze – von uns durchaus anerkannte – Gestaltungskraft völlig versagt, wenn es sich darum handelt, Revolutionäre, Menschen, die der Sache der Unterdrückten und Ausgebeuteten wirklich ergeben, mit ihr wirklich verwachsen sind, zu schildern und nicht Schieber, Stimmungsmenschen oder hilflose Opfer des kapitalistischen Molochs. So enthält das Babeuf-Buch Ehrenburgs eine glänzende Schilderung der Korruption, der Feigheit, der Gesinnungslosigkeit des nachthermidorianischen Paris. Barras, als Repräsentant dieser Welt, ist eine lebensvolle, künstlerisch gekonnte Gestalt; Babeuf ein Schemen; ein blutloser Schatten. Ebenso steht es mit dem „Parteiarbeiter"

424

Artem Lykow als Kontrastgestalt zu dem – ebenfalls künstlerisch gut getroffenen – haltlosen Nervenbündel Michael. Ehrenburg weiß genau und gestaltet glänzend, was der hohle Streber Barras, der skepsiszerfressene Jurenito, die „lyrischen" und unlyrischen Schieber wollen und fühlen. Er hat keine blasse Ahnung davon, was der revolutionäre Arbeiter denkt und will.

Dieses Versagen der Gestaltungskraft bedeutet aber nicht bloß ein Zerfallen der Werke Ehrenburgs in einen gekonnten und einen bloß gewollten Teil. Dieses Versagen, dessen gesellschaftlicher Zusammenhang mit den eingangs gemachten Bemerkungen dem Leser sicherlich klargeworden ist, drückt eine *spezielle Note* allen seinen Schilderungen, auch den künstlerisch gelungensten, auf. Sie tragen alle den Stempel des lyrischen oder ironischen Outsidertums; sie sind alle aus der Perspektive des Literatenschaffens gesehen. In der Beschreibung des Kapitalismus kommt sie weniger augenfällig zur Geltung. Wir haben allerdings auf das vollständige Fehlen des kämpfenden Proletariats hingewiesen (die wenigen Episoden eines spontan-ohnmächtigen Widerstandes verstärken nur dieses Bild). Wir können jetzt noch hinzufügen, daß die Art, wie Ehrenburg seine Kapitalisten und kapitalistischen Staatsmänner als ebenfalls vom laufenden Band erfaßte Automaten schildert, bei aller Richtigkeit der Beobachtung, daß auch sie Diener und nicht Herrscher des Apparats sind, einen Beigeschmack von lyrisch-ironischem Mitgefühl hat, das einen Ton der Unechtheit in die Gesamtheit der glänzenden Details hineinbringt. Gellend scharf wird aber dieser Mißklang bei der Schilderung der proletarischen Revolution. [...] Es fehlt der Zusammenhang, fehlt die lebendige Dynamik der Entwicklung. Ja die Details *widersprechen* der von Ehrenburg vorgezeichneten (freilich nicht gestalteten) Entwicklung. Denn es ist verständlich, daß das Korruptionschaos des Barrasschen Paris den Aufstand Babeufs, die Diktatur Bonapartes hervorbringt – was soll aber aus dem Chaos von Dummheit und Korruption, in „Julio Jurenito" und „Michael Lykow" geschildert, entstehen? Ehrenburg *sagt*: Trotz allem, über die Köpfe der Menschen hinaus wächst hier etwas Neues und Großes. Er gestaltet aber einen stinkenden Sumpf, der – wenn er je ähnlich gewesen wäre – wert ge-

wesen wäre zugrunde zu gehen und unfehlbar auch zugrunde gegangen wäre. Hier versagen alle glänzenden
schriftstellerischen Qualitäten Ehrenburgs, ja alles Gekonnte verschärft nur dieses Versagen, denn es zeigt an,
daß er mit seinem scharfen Blick trotzdem haltlos und blind
vor dem größten Ereignis unserer Zeit steht. Er sieht seine
Details. Aber *nur* seine Details und sieht sie darum mit *La-
kaienaugen*. „Für einen Kammerdiener gibt es keinen Helden", zitiert Hegel das bekannte Sprichwort, aber – fügt er
hinzu: „nicht darum, weil dieser kein Held, sondern weil jener der Kammerdiener ist". Diese Kammerdienerwahrheit,
diese Lakaienüberlegenheit der Revolution gegenüber verurteilt Ehrenburg bei aller Begabung zu völligem Scheitern
im großen Zeitroman. Aber gerade ein *solches* Versagen hat
in Europa die Erfolge Ehrenburgs herbeigeführt und hilft
ihm zu weiteren Erfolgen.

1930

EDGAR V. SCHMIDT-PAULI

Strawinsky-Abend bei Kroll

Im Rahmen der Festspiele einer der interessantesten
Abende. Eine ganze Strawinsky-Landschaft, zum Teil noch
unbekannt, wurde aufgedeckt und von *Klemperer*, der hier
ganz in seinem Element ist, wunderbar beleuchtet.
Zunächst die Ballett-Musik für Streichorchester „Apollon
musagete". Eine sanfte, träumerische Angelegenheit von
bezaubernder Klangfarbe. Wie Klemperer diese Farbe her-
ausbringt, mit welcher Reinheit des Tones, ist geradezu unerhört, wenn man bedenkt, wie verhältnismäßig kurz die
Zeit noch war, in der er sein Orchester bildete. Nun hat er
einen Klang erreicht, der in einer internationalen Konkurrenz absolut bestehen kann. Den Wert dieser Leistung können nur Musiker ermessen.
Der eigentliche Gehalt des Abends war das Mittelstück, das
Concerto für Klavier, Blasorchester und Kontrabässe. Besonders der zweite Satz, das Larghissimo geradezu erschüt-

ternd. Hier kriecht der gewisse Schauer den Rücken entlang, den nur ganz große Kunst hervorruft. Hier wurde offenbar, welche energiegeladene Rhythmik aus diesem russischen Musiker geschleudert wird. Das ist Neuland, aus einem Schöpfungsakt geboren, und mit allen Nervenfasern erfühlt. Nicht gewollt und nicht gekünstelt, wie leider oft bei dem Deutschen Hindemith. *Das ist leuchtende Fortführung der großen musikalischen Kompositionslinie,* die durch alle Zeiten und Völker geht. Und wie das Werk vom Komponisten elementar hinausgeschleudert ist, so schleuderte Klemperer die Wiedergabe mit fast unheimlicher Präzision und mit fanatischem Rhythmus ins Publikum. Die Parallele mit Toscanini, mit seiner bezwingenden künstlerischen Tyrannis drängte sich unwillkürlich auf. Das Publikum war einfach elektrisiert.

Und was für ein Publikum! Fast die gesamte Koryphäenwelt Berlins lauschte gespannt und hingerissen. Da sah man Edwin Fischer, Arthur Schnabel, Albert Einstein, Alfred Kerr, Wolfsthal, Arravantinos, den früheren Intendanten v. Mutzenbecher, den Maler Spiro, den französischen Botschafter, Professor Klemperer, Frau Ellen v. Siemens, die Kapellmeister Szell und Zweig, die auch in der letzten Komposition, der *„russischen Bauernhochzeit"* (für vier Soli, Chor, vier Klaviere und Schlagzeug) am Klavier mitwirkten, sah man ferner eine Riesenschar von jungen Musikern und Musikinteressenten, darunter Flechtheim, den jungen Stresemann, Frau Geheimrat Deutsch, kurz, ein wirkliches interessantes und interessiertes Publikum und zugleich ein großes Kompliment für Klemperer. Ein Beweis dafür, wie seine vulkanische Natur führend und mitreißend wirkt. Er hat die Besten im Gefolge. Wohin er tritt, blüht neues Leben. Und daß auch greller Widerspruch aufblitzt – ist herrlich. Sonst wäre es eben kein Leben. Auch die Natur will nicht nur träumenden Frühling, sie will sich auch in Gewittern entladen. Es lebe das Gewitter.

Strawinskys schon erwähnte Bauernhochzeit, der Schluß des Abends, war mehr eine Neu-Rhythmus-Entladung, denn ein Musikgenuß. Die Entladung gelang mit herrlicher Präzision. Aber die ununterbrochene Kette von Tonschlägen wirkt zu ermüdend, als daß man von einem musikalischen Genuß sprechen könnte. Sie fesselt eine Weile. Dann geht sie etwas auf die Nerven, wenigstens mir, um aber am Schluß mit ihren Glockenschlägen wieder ganz zu gewinnen.

Strawinsky, der bei seinem Concerto selbst am Flügel saß, und hingegeben mit seinen fabelhaften Virtuosenhänden das Instrument beherrschte, Töne hervorzauberte, die in ihrer Klangschönheit an die eines Arthur Schnabel erinnerten, wurde immer und immer wieder gerufen. Ein großer ungekünstelter Jubel wollte nicht enden.

Es war ein richtiges Strawinsky-Fest, an dem Klemperer mit seinem Orchester, seinem Chor, und seinen Solisten Käte Heidersbach, Anna Lipin, Artur Cavara, Martin Abendroth, Fritz Zweig, Georg Szell, Julius Bürger, Paul Gergely, Max Strub und Karl Rankl (als Chormeister) ein gerüttelt Maß an Verdienst hat.

An solchen Abenden liebt man Berlin.

1928–1929

ERNST BLOCH

Zeitecho Stravinskij

Was hohl ist, darauf läßt sich gut pfeifen. So auch hält es Stravinskij mit sich und dem seinen, er versuchte schon viel. Leere trommelt betörend auf sich selbst, bekleidet sich auch, zieht Altes an, wird maskenhaft und tönt derart. Der Klang war erst süß und glitzernd, dann schmelzend und heiter verwirrt, bis ein *Riß* geschah. Er geschah 1918 in der Geschichte vom Soldaten; nirgends wurde dieses Jahr so zerfallen, so einsam und wichtig irr notiert. Stravinskij aber ist die Maske, welche immer anders kann. Nichts hängt in seinem Spiel zusammen; eine treulose Musik, eben dadurch heute auch ehrlich. Der Klang ist jedesmal anders und, während sein Stück noch spielt, schon nicht mehr ganz bei ihm.

Geschichte vom Soldaten: das zerfällt einen Mann, daß ihm die Fetzen fliegen. Ein bewußter Ulk, der bald bewußtlos wird, und woran Grauen ist. Der Soldat Josef hat 14 Tage Urlaub, gibt dem Teufel seine Geige, nimmt ein Buch in Tausch, das vorgeht. „Devisenkurse" liest er (genauer Schnittpunkt hier zwischen Märchen und Teufelei), Kurse die noch nicht da sind; als Gast sitzt er beim Teufel drei Tage, aber es sind drei Wochen, sein Mädchen zu Hause geht verloren, niemand zu Hause kennt den Totgeglaubten und er liest in dem höllischen Buch, unselig, seelenlos, ohne Musik, es regnet Titel, Noten, Gold. Und nun, völlig aus der wimmernden, falschen, zerfetzten Partitur, aus der genialen Falschheit ihrer Einsätze der Gewinn: Sieg des Soldaten über den Teufel und das Böse unter dem Tisch. Die Bühne wird hell, das ganze Theater, noch der Kronleuchter flammt auf, mit halber Stärke, dem Orchester kommt ein Choral sozusagen, lumpig und kariös, aber wahr und fromm wie „Gelobt sei Gott" in atemberaubender Kolportage, wenn Rettung naht, der Freund, Bewaffnete, Licht. Doch auch dieses Glück hält nicht, die errungene Prinzessin nicht, am wenigsten das Heimatdorf; unter Musik aus lauter Agonie, im alten Bann und vollkommenem Dunkel tappt die unersättliche Kreatur ihrem Teufel nach ins Nichts. Und welche Szene aus Schizophrenie! der Schnürboden ringsherum, ein offner Hohlraum, das jämmerliche Theaterchen in seiner Mitte, der Vorleser dreifach montiert: als vom Soldaten berichtend, als Soldat oft selbst, als Freund des Soldaten und Helfer der Szene, die in jedem Augenblick nicht weiß, wohin sie der Herr zum Tor hinaustreibt. Kanaster mit Irrsinn dampft im Hoftheater, rauhe Traumbilder ziehen in seinem Rauch, der Vorhang des Theaterchens geht auf und nieder, zeigt die Leinwände einer Moritat, dann Menschen unbeweglich, dann handelnd, dann lebendig gewordene Wachspuppen in der Pantomime. Dies ganze verkehrte Wesen aber, dies seltsame Gedicht des seltsamen Dichters Ramuz hat Musik in Bilder niedergeschlagen, häßlich wie der Traum eines Irren, blutig, zusammenhangslos, hell von unterirdischem Licht am Himmel und dann wieder eingestrichen, als die bezahlte Zeche der tiefen Nacht. Durchlöcherter Rhythmus überall, eine Orgie aus falschen Tönen; Impression und Montage aus Lumpen und Marche royal durcheinander, ein Hungertraum, der aus Volkstänzen und Marktzauber von ehemals auf eine Landstraße zieht, wo nur noch die Gespenster vergangener Musikparaden umgehen.

In Stravinskijs „Petruschka" war noch der blühende Klang des Jahrmarkts, sah die Ballerina noch aus, wie ein Knabe sich das Weib vorstellt, war die sonderbare Süßigkeit der Drehorgelmelodie, dies überstark Gefärbte, schmelzend sich Aussingende bis zum Rest. Aber in der „Geschichte vom Soldaten" nächtigt gerade die Folklore, und die Musik des böse Schlafenden erscheint, die Welt des bis in den Tod Getriebenen und Schlafenden. Stravinskij hat in ihren Bildern, in den gespenstischen Böen aus dem Nachttraum, die die Kreaturbilder aufblättern und verwehen, eine Art verlumpten Faust in Musik gesetzt, nämlich den Hungermann ohne Welt. Stravinskij, der Unzuverlässige, trägt hier die zuverlässigste Maske, nämlich die des Todes; und seine Musik ist der Sterbetraum einer Inwendigkeit, der kaum noch der Irrsinn, der Ulk des Irrsinns ein Boden ist, welcher den Fall aufhält.

Ödipus Rex: Desto erstaunlicher hier der neue Ton, stählern, sicher, vornehm. Statt der Lumpen starre Gewänder, statt des Taumels dauernd weiße Ruhe. Jede Spur von Flackern und Durcheinander, aber auch von Wetter und menschlicher Unruhe ist getilgt. Der Klang scharf hintereinander abgesetzt, Verschmelzung, gar Schwüle völlig vermieden; keine Bewegung zwischen den Menschen. Geschlossene Sätze, der minutiöse wie der Gesamtbau unerhört präzis, hart gerammt; eine Musik, die nicht romantisch fließt, auch nicht zerbricht, wie in der „Geschichte vom Soldaten", sondern *schlägt*. Immer freilich nur an Ort und Stelle schlägt; das gilt für Melos wie Rhythmus wie für die völlig auf sich beruhende Szene. Starr sitzender Chor, im Dunkel der bloßen Masse; Ödipus und Jokaste in musikalischer Blockeinheit, archaischer Haltung; Figuren, an denen ihr Schicksal unentrinnbar sich aufspult und abläuft. Auch dies Maschinenwesen ist noch in der Musik, in ihrem nicht ohne Grund von ihr gesetzten deterministischen Stoff. Hatte Stravinskij früh schon maschinelle Neigungen, und fand er sein „Concertino" erst richtig gespielt, als es, wie er sagte, „lief wie eine Nähmaschine": so ist diese erzmoderne Exaktheit hier der Exaktheit eines Schicksalsstücks verschworen, das ebenso unentrinnbar ist. Musik bejaht hier wie dort das laufende Band der Notwendigkeit, nobilitiert Fließarbeit ohne Pausen, Schicksal ohne Licht. Ödipus Rex, mit

„Psychologie weder davor noch dahinter", läuft derart selbst als musikalische Schicksalsmaschine, in Beton eingeschraubt. Oder in Marmor eingemauert: der ist zwar reich geädert, von italienischen Wendungen (im Gesang der Jokaste), von altrussischen Vokalisen (im Gesang des Ödipus und Teiresias), doch die Starre bleibt selbst in der Schweifung, das maschinell-archaische läßt kein unkontrollierbares Blühen frei. Diese Starre ist der Tribut des späteren Stravinskij an die Pariser Reaktion, ja, an die kapitalistische Stabilisierung der Welt; dem entstammt auch, was man den „Objektivismus" dieser Musik nennt. Er ist betonte Entfremdung von aller Psychologie, doch auch von allem Menschlichen; er ist eine ästhetische Entfremdung, welche der wirklichen und unerträglichen des Betriebs, der Zwangsläufigkeit Musik und damit gutes Gewissen zu machen bestrebt ist. Nicht ohne daß Cocteaus lateinischer Text noch ganz andere, ja, fast rätselhafte Elemente von Facismus hinzuließ und diese Elemente zugleich mit einer erzfranzösischen, dabei phantastischen Erinnerung durchsetzt. In einer Zeit, wo soviel Verdrängtes wieder aufsteigt, laufen auf dem Land nicht nur „pelasgische" Bilder um, sondern in der Stadt gewissermaßen „attische"; – sehr viel schwächer, auch mehr in Frankreich als in Deutschland und auch dort in bloßer Literatur, freilich in empfindlicher und herb reaktionärer. Es ist eine seltsame Zuflucht bürgerlicher Zivilisation zur Antike, woraus sie sich herleitet; so vermehrt sich die kühle Welt von Vasenbildern, welche Sachlichkeit, Wohnmaschinen, Hohlräume zuweilen durchtönt, um eine Art Revenant-Musik aus dem Hades. Ein anderes Stück Cocteaus (Orpheus und Eurydike), Kältemusik wäre ihm freilich fremd, mauert nicht nur moderne Notwendigkeit in antike ein, sondern montiert umgekehrt antiken Stoff ins hellste Jetzt. Es setzt Eurydike platinblond und im Pyjama, Orpheus mit Hornbrille und Polohemd, und zwar in ein französisches Landhaus 1928: gerade dem modernen Prospekt aber gehen griechische Gestalten wie gerufen ein. Madame la Mort trägt Pariser Abendtoilette mit antiker Goldmaske bruchlos; der alte Mythos hallt im Leben solch elegant-morbider „Gegenwart" wider, als wäre er ein Stück Prognose. Picasso, Stravinskij, Cocteau – sie sind, antiker Form sich nähernd, ein Dreiklang geworden

431

und die letzte Verführung zu „Maß", die die Oberschicht der Bourgeoisie, in letzter Stunde, hervorgebracht hat. Nicht mehr gegen oder jenseits der Maschinen wie in der Strauss-Hofmannsthalschen „Antike", sondern mit ihnen. Der Hohlraum füllt sich mit dämonischen Masken und Echoreflexen, mit einer erstarrten Montage maschineller, antiker, byzantinischer, weiß-archaischer „Ordnung". Ödipus Rex, in Stahlton und lateinischer Sprache, bezeichnet die hintergründigste Fassade, zu der es die neue Sachlichkeit mit Montage gebracht hat.

So verblüffend wirkt tönende Leere und das jetzt, wovon sie hallt. Es ist eine genau großbürgerliche, jeder Stoß oder Einfall von unten fehlt. Stravinskij hat mit Trommeln, die keine des Fatums sind, seit der Histoire du soldat nichts mehr gemein, sein Ort ist der der Entfremdung, mythologisierender Entäußerung. Dennoch ist er auch darin unzuverlässig, das Spiel der Entfremdung steht dauernd auf düsterem Hintergrund, kann in Gelächter und ganz offenbare Verzweiflung umschlagen. Daher ist der Bourgeoisie dieser ihr genauester Zeitgenosse und modischster Musiker dennoch verdächtig; denn er hat immerhin das echte falsche Bewußtsein der Zeit. Auf der genauen Höhe der großbürgerlichen Welt befindlich, ist er trotz alles Ojektivismus nicht musikantisch und nicht positiv; Stravinskij spielt in den härtesten großbürgerlichen Widersprüchen, ohne Versuch einer positiven Ideologie, einer musikalischen „Weltanschauung". Obwohl er der neuen Sachlichkeit die Maschinenmusik, ja die musikalische Unmenschlichkeit hinzugefügt hat, erscheint Stravinskij der Bourgeoisie nicht weniger suspekt wie up to date: der „Fascist" wirkt als „Kulturbolschewik". Das erhellte, als Klemperer, in den denkwürdigen Wintern der Krolloper, Ödipus Rex nach Berlin brachte. Lehrreich zusammen mit der Geschichte vom Soldaten, zusammen mit Klemperers anderen Taten der Reinheit, Exaktheit und Neugeburt. Unter dem Dirigenten der Präzision, des feurigen und sauberen Hintergrunds klang auch der letzte Stravinskij, seiner Reaktion ungeachtet, wie dämonische Gleichzeitigkeit und wurde dazu. Die Bourgeoisie findet in Stravinskij immer noch Luxus, sogar ihren höchsten, aber keinen Vertrauen erweckenden; vielmehr ist

Systemlosigkeit sein Name, die Härte eine in Masken und der Stahlglanz einer über dem Spuk der Leere. Vor dem Ödipus bereits hat Stravinskij dessen Klassizität in „Pulcinella" ironisiert; nach dem Ödipus kam die Psalmensymphonie, ein Notbau verblasener und schleppender Gefühle. Die Beliebigkeit von Haltung und Thema, die einen Richard Strauss schon in seiner Blütezeit gekennzeichnet hatte, ist bei Stravinskij stählerne Unzuverlässigkeit und dadurch Genauigkeit geworden: nämlich die einer in tausend und keinem Stoff explodierenden Spätkultur. Stravinskij, von Revolution, ja, bereits von jedem konkreten Experiment so weit entfernt, ist dennoch der präziseste musikalische Spieler mit einer spätbürgerlichen Zeit geworden, mit einem abstrakten, viel gebrochenen, reflexreichen Raum.

Ein Wort noch zu dem, was als mehr oder minder stählern weiter umgeht. Fest, genau und hart stehen jetzt alle Stimmen, die etwas zu singen, vor allem zu sagen haben. Auch Weills Musik kehrt zur festen Nummer zurück, will darin nicht berauschen, sondern, so genau und umschweiflos wie möglich, unterstreichen. Aber die „dramaturgische Auswertung der geschlossenen Form" ist hier keineswegs selbst geschlossen; sie wurde vielmehr revolutionärer Marsch oder zur Arie verfluchter Zustände oder zum Protest gerade gegen Verdinglichung und Menschenleere. In Weills „Bürgschaft" etwa, keinem Einwand freien Werk und einem mit musikantisch objektivistischem Anschein, brechen Wehmut und Nebel in die Geschlossenheit ein: jüdisch verdunkelter Süden im Klagelied der Mutter um ihre Tochter, Musik des Nebelordens in den Räuberrufen an der Brücke, die irreführen gleich Naturstimmen, gleich *wehenden* Naturstimmen aus einem irischen Geistermärchen; gar Nebel auf dem Fluß wird zur Kantate jener Ferne, worin die Menschen von sich selber sind, welche sie ebenso noch von gediegener Ordnung und Erzklang trennt. So hat Weills Musik, als gegen Verdinglichung stehend, zwar agitatorische Härte, antiromantische Form, Bestimmtheit des Ziels durchaus, jedoch durchaus nicht Stravinskijs abstrakt (nämlich eben als Verdinglichung) durchgehenden Stahl. Musiker andererseits, die immerhin exterritorial zur Verdinglichung stehen, wie Alban *Berg*, erschweren den Objektivismus (ohne Objekt) durch ein expressiv gebliebenes Subjekt und seine Be-

433

stimmtheit eignerer Art. Was Bergs „Wozzeck" angeht, so
ist Gegenstand seiner Musik weder die automatische Härte
eines Schicksals noch bereits die erhabene einer Kathedrale, sondern der arme, leidende Mensch, sondern der Abgrund gerade des schutzlosen *Wetters* in und außer ihm.
Wind auf der Straße, die riesengroß aufspielende Angst des
Abendhimmels über der Stadt, der trübe Mond werden zur
Ausbreitung des Menschen oder zur Fata Morgana des
schrecklich *Allernächsten* am Himmel; Wetter, nur dieses, ist
im „Wozzeck" dramatis et musicae persona. Darum ist das
Espressivo hier ebenfalls nicht pathetisch sondern realistisch, nämlich als intensivste Bezeichnung des leidend vorhandenen Menschen; Bergs Musik des Wozzeck-Menschen
ist die Wettermusik seiner Einsamkeit, seiner Unbestimmt-
heit und Trauer. So hat Bergs Musik zwar realistische Härte
und Präzision durchaus, nämlich am Abgrund schutzloser
Wetterhaftigkeit oder der armen Leute; doch wegen dieses
konkreten Gegensatzes zu allem abstrakt durchgehenden
Stahl fehlt Stravinskijs abstrakter, dämonischer oder ver-
frühter Stahlton erst recht, rechtens. Bergs Musik schlägt
den abstrakten Stahlton des Objektivismus gerade in der
Realität; sie schlägt das Kollektiv ohne Menschen, welches
der Objektivismus setzt, mit Menschen ohne Kollektiv, als
dem derzeit realsten Zustand. Und die Härte selbst? – es ist
ein sonderbares Schauspiel, daß eben die Maskengestalt
Stravinskij sie besitzt, wogegen der allerstrengste, allerkon-
struktivste, der Zwölftonmusiker *Schönberg* so billigen Kaufs
nicht davonkommt. In der Tat spricht bei ihm ein unruhi-
ges Ich, untergründig, triebhaft, auf Reise, abseitig, es gibt
auch technisch keinen Grundton des Bezugs, die herrschende Tonart verschwindet, die neue Strenge wird eine
des Wegs und der unerfüllten Bewegung, die darauf geht.
Schönbergs Feinde mißverstehen daher den Neuerer als
letzten Romantiker, wo nicht als eine Art entsinnlichten
Chopin; die Strenge wiederum, womit das Atonale gebän-
digt, erscheint ihnen idealistisch, nämlich abstrakt und
selbstgenügsam geschlossen. Schönbergs Kenner dagegen
sehen hier gerade die Ausdrucksmusik des privaten bürgerlichen Individuums, lediglich ihre eigenen Konsequenzen
verfolgend, zur Aufhebung gebracht; in der Übersteige-
rung, welche „Subjektivismus" und „idealistische Systema-

tik" hier zugleich erfahren, wirkt jene Dialektik, welche beide Erbschaften aus der Romantik legitim überwindet. Gerade die vollkommene Expression erlischt, sofern ihrer Macht das gesamte musikalische Material unterworfen ist; gerade der strengst entdinglichte Kontrapunkt wird auf der anderen Seite, wie Haba sagte, zum Musikstil der Freiheit, das heißt, wie Wiesengrund sagte, zur vollkommenen Durchkonstruktion, als welche erst den nicht mehr mechanischen Menschen freilegt. So ist Schönbergs Programm und die schwierige Art seines Espressivo zwar ohne rechten Zusammenhang mit der Zeit, doch ein Ferment der Zukunft; auch wenn Schönbergs Musik nur deren Rüstung und Erkundung, noch nicht realer Einmarsch oder „Beethoven" ist. Dieser höhere Rang Schönbergs muß, sub specie saeculi, allerdings festgehalten werden, im Gegensatz zum interessanteren Stravinskij, zum Wechselmosaik seiner Härte, zum Phosphor seiner Zeitkunst in archaischer Maske und Archaismen. Nicht die Virtuosität Stravinskijs also und nicht die Statik des atmosphärelosen Stahltons (wenn auch durch Unzuverlässigkeit gemildert) kommen an das Experiment des Menschen, als des Objekts jeder konkret experimentellen Musik. Der neurasthenische Stahl Stravinskijs konstruiert nur die vollkommene Leere aus, wechselnde Leere gewiß und eine in immer neuen Gebärden erscheinende, Leere, in die erschütternde Musik eintönt, Schreie wie nie erhört, wenn Trompeten das Todesschicksal der Jokaste verkünden, wenn unaufhörlicher Dreischlag der Pauken, wie in Finsternis ohne Ende, den Weg des blinden büßenden Ödipus begleitet, – und doch Leere, deren auffangbares Echo letzthin nur das Schicksal bleibt, die Verzweiflung an ihm oder seine festgebannte Feier, nicht der Mensch. Stravinskij hat jeden Stoff, noch den Stahl seiner Musik in den Moden und letzten Formen seiner Zeit, im Banntyp dazu, in byzantinischer Religionssehnsucht und voller Ungläubigkeit; es fehlt der wirkliche Prozeß, erst recht der Stoff des kommenden Hauses. Aber wie gegenwärtig auch, das ist: wie sehr auf der Höhe der Bourgeoisie, mit welch treuloser Kunst des Echos und der Verschlingungen zieht dieser bedeutende Musiker seinen Weg. Kalt, anmutig kühn, eckig zuletzt wie ein Mäander und ebenso fortlaufend; gestopft voll Larven wie ein Maskenball und doch ebenso bewegt und unzuverlässig, ebenso improvisierend, unheimlich und mischend. Stravinskij zeigt, was Volkslied, Marche royal, archaische Schicksale im Maschinenzeitalter geschlagen haben, was sie diesen zu sagen haben. Und der Riß, den die Geschichte vom Soldaten in eine wohlige Tonkunst brachte, ist durch die Musik des automatischen Banns, die danach folgte, nicht gerade schließbarer geworden.

ELIAS CANETTI

Isaak Babel

Einen großen Raum in meiner Erinnerung an die Berliner Zeit nimmt Isaak Babel ein. Er kann nicht sehr lange dort gewesen sein, aber mir ist so zumute, als hätte ich ihn während Wochen täglich gesehen, Stunden und Stunden und ohne daß immer viel gesprochen wurde. So gut gefiel er mir, am besten von all den unzähligen Menschen, die ich damals traf, daß er sich in meiner Erinnerung ausgebreitet hat, die ihm gern jeden der 90 Berliner Tage zueignen möchte.
Er kam von Paris, wo seine Frau, eine Malerin, bei André Lhote in die Lehre ging. Er hatte sich an verschiedenen Orten in Frankreich aufgehalten. Die französische Literatur war sein gelobtes Land, Maupassant empfand er als seinen eigentlichen Meister. Gorki hatte ihn entdeckt und hielt seine Hand über ihn; er hatte ihn auf eine Weise beraten, wie man sie sich klüger und aussichtsreicher nicht hätte wünschen können, mit Einsicht in seine Möglichkeiten und mit Kritik, ohne Selbstsucht, auf *ihn* bedacht, nicht auf sich, ernst und ohne Hohn, wohl wissend, wie leicht es ist, einen Jüngeren, Schwächeren, Unbekannten zu vernichten, bevor er noch wissen kann, was in ihm steckt.
Babel war nach längerer Abwesenheit im Ausland auf seiner Rückreise nach Rußland und machte in Berlin Station. Ich denke, er war gegen Ende September da und blieb in Wirklichkeit nicht länger als zwei Wochen. Von den zwei Büchern, die ihn berühmt gemacht hatten, der „Reiterarmee" und den „Geschichten aus Odessa", die beide deutsch im

Malik Verlag erschienen waren, hatte ich das letztere mehr
als einmal gelesen. Ich konnte ihn bewundern, ohne mich
allzufern von ihm zu fühlen. Von Odessa hatte ich als Kind
schon sprechen gehört, der Name reichte in eine früheste
Phase meines Lebens. Das Schwarze Meer nahm ich für
mich in Anspruch, obwohl ich es nur wenige Wochen in
Warna gekannt hatte. Die Farbigkeit, die Wildheit und
Kraft der Babelschen Geschichten aus Odessa war wie von
meinen eigenen Kindheitserinnerungen gespeist; ohne es
zu wissen, hatte ich bei ihm die natürliche Hauptstadt jenes
kleineren Ortes an der unteren Donau gefunden, und es
wäre mir angemessen erschienen, wenn dieses Odessa an
der Mündung der Donau erwachsen wäre. Dann hätte die
berühmte Reise, die die Träume der Kindheit bestimmte,
stromabwärts und -aufwärts, von Wien nach Odessa und
von Odessa nach Wien gereicht, und Rustschuk, das schon
sehr weit unten lag, hätte auf dieser Strecke seine richtige
Stelle eingenommen.
Ich war auf Babel neugierig, als entstamme er dieser Region, zu der ich mich erst halben Herzens bekannte. Nur
ein Ort, der sich zur Welt öffnete, war mir geheuer. Odessa
war ein solcher Ort. Babel hatte ihn und seine Geschichten
so empfunden. Im Hause meiner Kindheit sahen alle Fenster nach Wien. Nun war an einer bisher abgewandten Seite
ein Fenster nach Odessa geöffnet worden.
Er war ein kleiner, untersetzter Mann, mit einem sehr runden Kopf, an dem dicke Brillengläser als erstes auffielen.
Vielleicht war es ihnen zuzuschreiben, daß auch die Augen,
die er weit offenhielt, besonders rund und aufgerissen wirkten. Man fühlte sich gleich, kaum daß er erschienen war, gesehen und sagte sich dabei, gleichsam als Entgelt für soviel
Aufmerksamkeit, daß er breit und kräftig und gar nicht
schwächlich wirkte, was dem Eindruck der Brille wohl eher
entsprochen hätte.
Es war bei Schwanecke, einem Restaurant, das mir luxuriös
vorkam, vielleicht, weil man nachts und nach dem Theater
hinging, es wimmelte dann nur so von berühmten Theaterleuten. Kaum hatte man einen bemerkt, ging schon ein anderer vorbei, der als noch bemerkenswerter galt, es gab ihrer so viele in dieser Blütezeit des Theaters, daß man bald
darauf verzichtete, jeden von ihnen zu beachten. Aber es

437

kamen auch Schriftsteller, Maler und Mäzene, Kritiker und Nobeljournalisten, und immer war Wieland, mit dem ich gekommen war, so aufmerksam, mir zu erklären, wer die Leute waren. Er kannte sie alle schon so lange, daß sie ihm keinen Eindruck machten, ihre Namen in seinem Munde klangen nicht aufgeblasen, eher so, als bestreite er ihnen ihr Recht auf Ruhm, als seien sie überschätzt und würden bald wieder von der Bildfläche verschwinden. Er hatte seine eigenen Pferde im Rennen, die Leute, die er selbst entdeckt hatte, deren Bücher er publizierte, auf die er die öffentliche Aufmerksamkeit zu lenken suchte, und natürlich sprach er lieber und ausführlicher von diesen.

Bei Schwanecke nachts ließ er sich nicht an einem abgesonderten Tisch nieder, mit seinen Getreuen, nach außen hin abgegrenzt, sondern mischte sich gern in größere Gesellschaften, wo Freund und Feind durcheinander saß, und suchte sich wen zum Angriff aus. Er verfocht seine Sache durch Ausfälle, nicht in der Defensive, blieb aber gewöhnlich nicht lange, denn schon hatte er eine andere Gesellschaft bemerkt, wo einer saß, der ihn zum Angriff reizte. Ich hatte bald heraus, daß er nicht der einzige war, der zu dieser aggressiven Methode neigte. Es gab aber andere, die sich durch Klagen behaupteten, und es gab sogar welche, die hierher kamen, um mitten in diesem lauten Treiben den Mund zu halten, eine Minderzahl, aber eine sehr auffällige: stumme, verkniffene Gesichts-Inseln in der brodelnden Landschaft, Schildkröten, die sich aufs Trinken verstanden und nach denen man fragen mußte, weil sie selbst auf keine Fragen reagierten.

Am Abend, als Babel zum erstenmal erschien, saß gleich im vordersten Raum bei Schwanecke eine große Gesellschaft beisammen, an einem langen Tisch. Ich war spät gekommen und hatte mich schüchtern an das äußerste Ende gesetzt, in nächster Nähe der Tür, auf den Rand eines Stuhls, wie am Abrutschen und zum Verschwinden bereit. Der „Schönste" in der Runde war Leonhard Frank, er hatte ein markantes, tiefgefurchtes Gesicht, das so wirkte, als sei es durch alle Höhen und Tiefen gegangen, aber auch gern und für alle sichtbar davon gezeichnet blieb, eine schlanke, muskulöse Gestalt in einem eleganten Anzug, maßgeschneidert und wie auf dem Sprung; ein Satz, und er hätte sich als Panther

438

Isaak Babel

der Länge nach über den ganzen Tisch geschwungen, und am Anzug wäre bei dieser Unternehmung nichts, aber auch gar nichts zerdrückt oder verrutscht gewesen. Er sah, trotz der Tiefe seiner Furchen, durchaus nicht alt aus, ein Mann in seinen besten Jahren. In seiner Jugend, hieß es mit Ehrfurcht, sei er Schmied (oder wie andere weniger poetisch sagten: Schlosser) gewesen, bei seiner Kraft und Agilität nicht zu verwundern. Ich stellte ihn mir am Amboß vor, nicht in diesem Anzug, der mich störte, es war aber nicht zu leugnen, daß er sich hier, bei Schwanecke, unendlich wohl fühlte.

Auf andere Weise galt das auch für die russischen Dichter, die am Tische saßen. Sie reisten damals häufig und kamen gern nach Berlin, die Turbulenz und Unbedenklichkeit des Lebens hier kam ihrem Temperament entgegen. Mit Herzfelde, ihrem Verleger, waren sie gut bekannt, er war nicht der einzige, der sich ihrer Bücher annahm, aber der Wirksamste. Ein Autor, den er herausbrachte, wurde nicht über-

439

sehen, das war schon wegen der Umschläge, die sein Bruder
John Heartfield entwarf, unmöglich. Anja Arkus saß da, von
der es hieß, daß sie eine neue Lyrikerin sei, die schönste
Frau, die ich je gesehen hatte, man wird es kaum glauben,
denn sie hatte den Kopf eines Luchses. Ich habe ihren Namen nie wieder gehört, vielleicht schrieb sie unter einem
anderen Namen, vielleicht starb sie früh.

Ich müßte von anderen sprechen, die damals dabeisaßen,
besonders von solchen, die heute vergessen sind und deren
Gesicht ich vielleicht allein, ohne ihren Namen, noch in Erinnerung trage. Aber es wäre darum nicht der Ort dazu,
weil dieser Abend durch etwas ganz Bestimmtes von Bedeutung war, alles übrige scheint verblaßt: es war der
Abend, an dem Babel zum erstenmal erschien, ein Mann,
der sich durch nichts von dem auszeichnete, was zu Schwanecke gehörte: er kam nicht als Schauspieler seiner selbst,
er war, obwohl von Berlin angelockt, nicht im gleichen Sinn
„Berliner" wie die anderen, sondern eher „Pariser". Das Leben der Berühmtheiten interessierte ihn nicht mehr als das
anderer, vielleicht sogar weniger. Er fühlte sich unbehaglich
im Kreise der Illustren und trachtete, ihm zu entkommen,
und das war der Grund, warum er sich dem einzigen, an
diesem Tisch zuwandte, der unbekannt war und gar nicht
hingehörte. Dieser eine war ich, und die Sicherheit, mit der
Babel das auf den ersten Blick erkannte, spricht für sein
Auge und die unbeirrbare Klarheit seiner Erfahrung.

An die ersten Sätze kann ich mich nicht erinnern. Ich
machte ihm Platz, er blieb stehen. Er schien nicht entschlossen, zu bleiben. Aber er wirkte, wie er dastand, un-
verrückbar, als habe er sich vor einem abgründigen Spalt
aufgestellt, den er kenne und versperre. Dieser Eindruck
mag damit zusammenhängen, daß er mir mit seinen breiten
Schultern nun den Blick auf den Eingang versperrte. Ich
sah niemand mehr, der kam, ich sah nur ihn. Er machte ein
unzufriedenes Gesicht und warf den Russen, die am Tische
saßen, ein paar Sätze zu, die ich nicht verstand, die mir aber
Vertrauen einflößten. Ich war sicher, daß sie mit dem Lokal
zu tun hatten, das ihm nicht weniger mißfiel als mir, aber *er*
durfte es sagen. Es ist möglich, daß ich mir dieses Mißfal-
lens erst durch ihn bewußt wurde. Denn die Dichterin mit
dem Luchsgesicht saß nicht weit von mir, und ihre Schön-

440

heit wog alles auf. Mir lag dran, daß er blieb, ich setzte meine Hoffnung auf sie. Wer wäre nicht um ihretwillen geblieben. Sie winkte ihm und gab ihm durch Zeichen zu verstehen, daß sie neben sich Platz für ihn machen wolle, er schüttelte den Kopf und zeigte mit dem Finger auf mich. Damit konnte er nur meinen, daß ich ihm schon Platz angeboten hatte, eine Höflichkeit, die mich entzückte und verwirrte. *Ich* hätte mich ohne zu zögern, wenn auch in größter Verlegenheit neben sie gesetzt. Aber er möchte mich nicht kränken und refüsierte. Ich nötigte ihn jetzt, sich auf meinen Platz zu setzen und ging auf die Suche nach einem Stuhl. Es war keiner zu finden, ich kam an jedem Tisch vorbei, eine Weile irrte ich vergeblich im Lokal herum, als ich endlich mit leeren Händen zurückkam, war Babel verschwunden. Die Dichterin richtete mir aus, daß er mir den Platz nicht wegnehmen wollte und darum gegangen sei.

Diese erste Handlung von ihm, deren Anlaß ich war, mag unwichtig erscheinen, mir mußte sie großen Eindruck machen. So wie er dastand, in seiner festen, stämmigen Art, hatte er mich an die „Reiterarmee" erinnert, an die wunderbaren und schrecklichen Geschichten, die er im russisch-polnischen Krieg unter Kosaken erlebt hatte. Auch das Mißfallen am Lokal, das ich ihm anzumerken meinte, paßte dazu, und derselbe Mann, der diese rohen und harten Dinge hinter sich hatte, bewies solche Zartheit und Rücksicht für einen ganz jungen Menschen, der ihm unbekannt war, und zeichnete ihn von diesem Augenblick an durch sein Interesse aus.

Er war sehr neugierig, er wollte alles in Berlin sehen, aber „alles" waren für ihn die *Leute*, und zwar Leute jeder Art, nicht die, die in den Künstler- und Nobel-Lokalen verkehrten. Am liebsten ging er zu Aschinger, da standen wir dann nebeneinander und aßen sehr langsam eine Erbsensuppe. Mit seinen kugelrunden Augen hinter den sehr dicken Brillengläsern sah er sich die Leute um uns an, jeden einzelnen, alle, und hatte nie von ihnen genug. Es war ihm lästig, daß die Suppe zu Ende ging, er hätte sich einen Teller gewünscht, der unerschöpflich war, denn alles, was er wollte, war Weiterschauen, und da die Leute rasch wechselten, gab es viel zu sehen. Ich habe nie jemanden erlebt, der mit solcher Intensität sah, er blieb dabei vollkommen ruhig, durch das Spiel um die Augenpartien wechselte der Ausdruck der Augen unaufhörlich. Er verwarf beim Sehen nichts, denn er hatte für alles den gleichen Ernst, das Gewöhnlichste wie das Ungewöhnlichste war für ihn von Bedeutung. Langeweile fühlte er nur unter den verschwenderischen Leuten bei Schwanecke oder Schlichter. Wenn ich dort saß und er hereinkam, hielt er Ausschau nach mir und setzte sich in meine Nähe. Aber er blieb dann nicht lange sitzen und sagte sehr bald: „Gehen wir zu Aschinger!", und unter welchen Leuten immer ich mich befand, ich empfand es als größte in Berlin denkbare Ehre, da er mich gern dorthin mitnahm, stand auf und ging.

Es war aber nicht die Verschwendung in diesen Nobel-Lokalen, die er rügen wollte, wenn er das Wort „Aschinger" aussprach. Es war die Pfauenhaftigkeit der Künstler, was ihn abstieß. Jeder wollte auffallen, jeder spielte sich, die Luft stockte förmlich von herzlosen Eitelkeiten. Er selbst war generös, um rascher bei Aschinger zu sein, nahm er sich auch für kleine Entfernungen gern ein Taxi, und wenn es ans Zahlen ging, war er blitzrasch beim Chauffeur und erklärte mir mit exquisiter Höflichkeit, warum er zahlen *müsse*. Er hätte, so sagte er dann, gerade eine Summe Geld empfangen, er dürfte sie nicht mitnehmen, er *müsse* sie in Berlin ausgeben, und obwohl mein Instinkt mir sagte, daß nichts davon stimmen könne, zwang ich mich, ihm zu glauben, weil seine Großmut mich verzauberte. Er brachte nie über die Lippen, was er über meine Situation dachte: daß ich Student sei und wahrscheinlich kaum noch etwas verdiene. Ich hatte ihm gestanden, daß ich noch nichts veröffentlicht hatte. „Das macht nichts", hatte er gesagt, „das kommt noch früh genug", so als wäre es eher eine Schande, schon publiziert zu haben. Ich glaube, daß er sich meiner annahm, weil er mir meine Verlegenheit unter lauter Ruhm-Posaunen nachfühlte. Ich sprach wenig zu ihm, viel weniger als zu anderen. Allzuviel sprach auch er nicht, lieber sah er sich Leute an, beredt wurde er in meiner Gegenwart nur, wenn die Sprache auf französische Literatur kam. Stendhal und Maupassant bewunderte er über alles. Ich dachte, ich würde von ihm viel über die großen Russen hören, aber die waren ihm wohl zu selbstverständlich, vielleicht mochte es ihm auch als Prahlerei erscheinen, sich

442

über die Literatur seiner eigenen Landsleute zu verbreiten. Aber vielleicht war noch mehr daran, vielleicht scheute er vor der unvermeidlichen Oberflächlichkeit eines solchen Gesprächs zurück: er selbst bewegte sich in der Sprache, in der die großen Werke jener Literatur geschrieben waren, und ich mochte sie bestenfalls aus irgendwelchen Übersetzungen kennen. Wir hätten nicht über dieselbe Sache gesprochen. Er nahm Literatur so ernst, daß ihm alles Ungefähre, bloß Angenäherte verhaßt sein mußte. Meine Scheu war aber nicht geringer: ich brachte es nicht über mich, ihm etwas über die „Reiterarmee" und die „Geschichten aus Odessa" zu sagen.

Er wird es aber in unseren Gesprächen über die Franzosen, über Stendhal, Flaubert und Maupassant wohl gespürt haben, wieviel mir seine Geschichten bedeuteten. Denn wenn ich eins oder das andere fragte, bezog es sich insgeheim immer auf etwas von ihm, das ich im Auge hatte. Er erkannte auf der Stelle die unausgesprochene Bezeichnung und gab eine einfache und genaue Antwort. Die Befriedigung darüber sah er mir an, vielleicht mochte er es auch, daß ich mich nicht aufs Weiterfragen verlegte. Er sprach von Paris, wo seine Frau, die Malerin, seit einem Jahr lebte. Ich glaube, er hatte sie gerade von dort abgeholt und sehnte sich schon wieder nach Paris. Maupassant zog er Tschechow vor, doch als ich den Namen Gogol fallen ließ (ich liebte ihn über alles), sagte er zu meinem freudigen Erstaunen: „Das haben die Franzosen nicht, Gogol fehlt den Franzosen." Dann überlegte er ein wenig, und um das, was als Prahlerei erscheinen mochte, auszugleichen, fügte er hinzu: „Haben die Russen Stendhal?"

Ich merke, wie wenig Konkretes ich über Babel zu sagen habe, und doch hat er mir mehr bedeutet als jeder andere, den ich damals traf. Ich sah ihn mit allem zusammen, das ich von ihm gelesen hatte, das war gar nicht viel, aber so konzentriert, daß es jeden Augenblick färbte. Ich war aber auch dabei, wie er die Dinge aufnahm, in einer Stadt, die ihm fremd war, nicht in seiner Sprache. Er warf nicht mit großen Worten um sich und vermied es aufzufallen. Dort wo er sich verstecken konnte, *sah* er am besten. Von anderen nahm er alles hin, er ließ nicht etwa weg, was ihm nicht paßte, was ihn am tiefsten quälte, das ließ er am längsten auf sich einwirken.

Das wußte ich aus den Kosakengeschichten, deren blutigem Glanz jeder erlag, ohne sich am Blute zu berauschen. Hier, wo er mit dem Glanze Berlins konfrontiert war, konnte ich sehen, wie gleichgültig ihn das ließ, worin andere eitel und plappernd badeten. Am leeren Reflex ging er unmutig vorbei und sah sich dafür mit durstigen Augen Unzählige an, die Erbsensuppe löffelten. Man spürte, daß ihm nichts leichtfiel, ohne daß er es je gesagt hätte. Literatur war ihm heilig, er schonte sich nicht und hätte nie etwas *verschönern* können. Daß Zynismus ihm fremd war, hing mit seiner anstrengenden Auffassung von Literatur zusammen. Was er gut fand, hätte er nie *benützen* können wie andere, die durch ihr Herumspüren zu verstehen gaben, daß sie sich für die Krönung alles Vorangegangenen hielten. Er fühlte sich, weil er wußte, was Literatur war, nicht über andere erhaben. Er war von ihr, nicht von ihren Ehren besessen und nicht von dem, was sie einbringt. Ich glaube nicht, daß ich Babel anders sah, als er war, weil er zu mir sprach. Ich weiß, daß Berlin mich wie eine Lauge zerfressen hätte, wenn ich ihm nicht begegnet wäre.

HANS RUOFF

Brief an Fritz Mierau

München, 1. 9. 59

Sehr geehrter Herr Mierau,
entschuldigen Sie bitte, dass ich auf Ihren Brief vom 30. April erst heute antworte. Ich war in den letzten Monaten so stark beschäftigt, dass ich beim besten Willen nicht dazu kam.
Leider muss ich Sie enttäuschen, da ich auf Ihre Fragen nur in sehr geringem Umfang Auskunft geben kann.
Die Anregungen zu meinen Übersetzungen gingen meist von den betreffenden Verlagen aus, d. h. die Verlage setzten sich von sich aus mit den Autoren in Verbindung und beauftragten mich dann mit der Übersetzung. Das gilt für die *Bücher* Ehrenburgs, die „Wirineja" von Seifullina und

die Russische Literaturgeschichte von Sakulin*. Ehrenburgs *Aufsätze* (im „Tagebuch", in der „Weltbühne" und in der „Frankfurter Zeitung") wurden durch ihn selbst gelegentlich seiner Besuche in Deutschland den Redaktionen angeboten und dann von diesen an mich zur Übersetzung gesandt oder auch unmittelbar von ihm an mich, falls Vereinbarung über eine Artikel-Serie getroffen war. Bei der „Literarischen Welt" war es ein wenig anders. Ich hatte bei der Auswahl der russischen Beiträge für dieses Organ freie Hand und pflegte ein von der Redaktion vorgeschlagenes Thema Ehrenburg brieflich mitzuteilen, der sich unter den mir bekannten russischen Autoren als der einzig Geeignete erwies. Er hat übrigens soweit ich mich erinnere, nur wenige Beiträge für die „Literarische Welt" geschrieben. Ausser ihm hat nur Alexej Remisow eine oder zwei Buchbesprechungen für die L. W. gemacht.

In Briefwechsel stand ich nur mit Ehrenburg und Remisow. Dieser Briefwechsel existiert nicht mehr. Mit Ehrenburg bin ich öfters in Berlin und Paris zusammengetroffen, doch waren diese Begegnungen nur privater und freundschaftlicher Natur. Remisow besuchte ich auch zweimal in Paris, das erstemal, weil ich ihn kennenlernen wollte, und das zweitemal, weil ich ihn schätzte und gern leiden mochte (er ist inzwischen gestorben). Seifullina sah ich nur einmal in Berlin, nachdem ich ihr Buch übersetzt hatte und wir uns danach gern kennenlernen wollten.

Ob Olga Halpern, Maria Einstein und Alexandra Ramm noch leben weiss ich leider nicht.

Vielleicht ist Ihnen doch mit diesen Angaben gedient.

Mit vorzüglicher Hochachtung
Hans Ruoff

* „Klim Samgin" von M. Gorkij übersetzte ich auch im Auftrag des Verlags, der vermutlich mit dessen Erben verhandelte.

LILI BRIK

Tagebuch Berlin 1930

22. 2. 30
In Berlin streikten die Taxifahrer, nur Streikbrecher waren
am Steuer. Unser Träger brachte die Koffer bis zum Hotel.
Das *Kurfürstenhotel** war nicht mehr am alten Ort – wir fuh-
ren in ein Ausweichhotel. Kein Tisch, kein Stuhl – nur ein
Bett. Die Decken geblümt. Rosa Gardinen. Nichts für mich
und Osja. Dabei 20 Mark pro Tag. Nächsten Morgen die
Adresse des alten Hotels besorgt und umgezogen.
Unsere Filmregisseure setzen uns zu.
Waren in der Handelsvertretung auf der Sitzung der hiesi-
gen ARK. Die Prometheus ist völlig am Boden. Regisseure
und Schauspieler sitzen schon monatelang herum und kas-
sieren Valuta.
Wir sind drei Tage hier, man könnte denken drei Monate.
Obwohl wir nirgends waren, nichts gesehen haben.

23. 2. 30
Hier ist ein proletarisches Wandertheater gegründet wor-
den. Wir sahen den *Tonfilm „Liebeswalzer"* mit Grafen und
Fürsten – allerdings eine Parodie, aber immerhin! Von da
in eine dreckige Bohemekneipe. Nach zwei Minuten nach
Hause schlafen.

25. 2. 30
Waren bei *Malik.* Sahen die gepriesene „Weiße Hölle".
Wenn man die Sünder in der Hölle mit solchen Filmen pei-
nigt, dann ist das wirklich unerträglich ... Bilder gemacht
im Fotoautomaten – 8 Minuten 6 Stellungen. Tee getrunken in einem Café mit kläglichem Gedudel.

27. 2. 30
Osja war im Reichstag. Der komm. Abgeord., der ihn dort
empfing, sagte, das sei *das billigste Theater in Berlin, werde aber
auch nicht viel geboten.*

* Kursiva dieses Textes im Original deutsch.

446

28. 2. 30
„Dreyfus" gesehen. Gute Schauspieler! In der ersten Reihe
saß Einstein. Brief von Wolodja.

1. 3. 30
Osja hat unsere Klassiker aufgekauft.

2. 3. 30
Morgens in der *Ufa-Ausstellung* – empörend mickrig.
Abends sahen wir *„Die Nacht gehört uns"*.

3. 3. 30
Obolenski fährt nach Moskau. Brachte ihm ein paar Kleinig-
keiten für Wolodja. Osja hielt einen Vortrag in unserem
Klub.

4. 3. 30
Chaplin angesehen. Vor dem Film spielten Amerikaner auf
der Mundharmonika und ein Negerzwerg steppte auf der
Treppe.

5. 3. 30
Anruf von Elsa.
Sahen *Junghans'* Film *„So ist das Leben"*. Ohne Untertitel. Nur
Überschriften für die Teile. Valesca als Kellnerin.
Wir aßen in einem kleinen ungarischen Restaurant. Abends
– *„Victoria"*.

6. 3. 30
Tag der Arbeitslosen. Auf der *Leipziger Str.* schlugen die
Polizisten einen Arbeiter mit der Peitsche. Eine große Demonstration kam nicht zustande – die Polizei ist zu gut organisiert.

8. 3. 30
„Der unsterbliche Lump" – vollkommen Oper.
Wir gingen in den *„Jockey"* und Osja holte mich sofort wieder heraus. Ich werde mit ihm nur noch Milchcafés besuchen.

9. 3. 30

War den ganzen Morgen im *Zoo,* streichelte die kleinen Löwen.

Sah mir eine neue Straße am *Kurfürstendamm* an – bei Gott nichts Umwerfendes.

Sarchi unterhielt sich mit Osja über sein Szenarium.

10. 3. 30

Wieder im *Zoo.*

„*Hay Tang*" mit *May Wong* – Gott beschütze den Zaren und wie heute der weise Oleg in den Kampf zieht.

11. 3. 30

Man hat Osja vorgeschlagen, in Berlin, Königsberg und Hamburg Vorträge in deutscher Sprache zu halten. Drukken kann man überall nach dem Prinzip – nicht der Verlag kompromittiert uns, sondern wir den Verlag.

Wir waren in der „Generallinie". Viel rausgeschnitten. Einer pfiff.

12. 3. 30

Mittags Sitzung über den Tonfilm. Beschluß: an die Union schreiben über die Gründung einer Gesellschaft zur Herstellung sowjetischer Tonfilme auf Basis ausländischen Materials und zur Synchronisation von Kultur- und Spielfilmen aus der Union.

13. 3. 30

Den ganzen Morgen in der Handelsvertretung gewartet bis wir den „Blauen Express" sehen konnten. Werden noch ändern.

Sahen „*Kaiser von Amerika*" mit Werner Krauss.

14. 3. 30

Die Vorsteherin eines Entbindungsheims fragt eine Frau mit prächtigem roten Haar: „Hat Ihr Kind auch so wunderbares Haar?" – „Nein, es ist schwarz." – „Ach, Ihr Mann ist brünett?" – „Weiß ich nicht, er hatte einen Hut auf."

Zu Eisenstein: ich ziehe es vor, aus Statisten Bauern zu machen, als aus Bauern Statisten.

448

15. 3. 30
Morgens sahen wir außerhalb der Stadt im Studio „*Weekend*". Gut montiert 04 und *4 mal 4 ist* ... Auf dem Rückweg an einem Zaun groß „*Rot Front*" und auf einer Mauer „*Zörgiebel ist ein*", was genau, konnte ich nicht mehr lesen, wir waren schon vorbeigefahren, aber sicher nichts Schmeichelhaftes – ein Arbeiterbezirk.
Mittags „*Leute am Sonntag*".

17. 3. 30
Mama telegraphierte, beide Visa sind da.

18. 3. 30
Mittags Empfang in der Vertretung.

19. 3. 30
Spittelmarkt ist doch ganz anders als *Berlin W*.

20. 3. 30
„*Cilly*" gesehen, Tonfilm in Farbe. Erinnert an die alten Feerien. Von dort zum Abendessen ins „*Wellenbad*" – so ein Bassin bei Dynamo, das wäre was.
Viele elend aussehende Leute auf der Straße – gucken in die Fenster der Cafés. Alte Frauen verkaufen Zeitungen.
Brief von Rodtschenko über „Sa rubeshom". Was, wie – schreiben sie nicht.

21. 3. 30
Morgens zur öffentlichen Aufführung der Oper „Maschinist Hopkins". Eine Art Arbeiter schlägt mit einer Art Hammer auf eine Art Amboß. Nicht bis zu Ende ausgehalten, aber nach dem *Textbuch* kommt es wohl so heraus: ehrlich arbeiten und nicht den Herrn enttäuschen.
... Mit Osja im Kino getroffen – Greta Garbo gesehen: zwei ellenlange Filme und die *Wochenschau*. Abends im *Cabaret der Komiker* – eine kleine Negerin, zehn Jahre vielleicht, sang: „*Das einzige was ich hab, ich hab dich lieb*". Eine japanische Jongleurin, glänzende Banjospieler, *Ilse Bois*-Parodien: „*Willst du am Freitag mit mir segeln gehn?*" und „*Sexappeal*". Der Conférencier zu dem geplanten Alkohol-

verbot zweimal die Woche: *„Ich habe mir meine Jungs im Reichstag angesehen – sie sehen so aus, als ob ihnen alles Geistige fremd wäre."* Zu Thüringen, das Deutschland angreift – *bis Moabit und von dort mit der 167.*

Osja sagt, er habe ein Gefühl, als müsse er den ganzen Tag mit ansehen, wie einer aus Scheiße kleine Kugeln dreht.

22. 3. 30

Wieder im *Zoo.* Mein kleiner Löwe ist an den Münchener Zoologischen Garten verkauft worden. Der Wächter sagte mir richtig traurig: *„Alle die Kleinen verkauft."* Ich hätte heulen mögen, und danach taten mir alle Tiere so leid.

„Zwei Herzen im Dreivierteltakt" gesehen: anfangs verbessert ein Komponist, bißchen wie Schubert, eine Melodie; dann pfeift sie ein Junge; ein Wandermusiker spielt sie auf; Mädchen tanzen nach ihr usw.

Wir trafen Elsa und Aragon. Er weigert sich, Eisenstein zu sehen, weil er Marinetti die Hand gegeben hat und sich mit ihm fotografieren ließ.

24. 3. 30

Carow in der *Scala* gesehen – er zerschlug Geschirr und prügelte seine Frau, warf Möbelstücke aus dem Fenster, die Frau verabreichte ihm Ohrfeigen.

25. 3. 30

Heute war Osjas Vortrag. Er sprach glänzend. Das Auditorium – polytechnisch. Die Redner verteidigten dicke Bücher, den lebendigen Menschen, und sagten, die Kunst dürfe sein, wie sie wolle, bloß nicht langweilig. Nur ein junger Mann setzte sich dafür ein, daß, solange es auf der Welt auch nur einen Arbeitslosen gebe, solange der Klassenkampf nicht beendet sei, jeder Mensch für das Proletariat kämpfen müsse – mit der Literatur genauso wie mit jeder anderen Waffe.

27. 3. 30

Fahrkarten nach London gekauft. Im *Zoo* die kleinen Pumas und die Äffchen angeguckt.

28. 3. 30

Waren im „Haus Vaterland", Mischung aus Moderne und Vaterland. Aragon ist großartig. Furchtbar dumm, daß ich mir nicht merke, was er erzählt.

29. 3. 30

Erschöpft. Die Rennereien vor der Abreise. Bin froh, daß es losgeht – hier hängt mir alles zum Halse raus.

30. 3. 30

Im Kino Navarro gesehen – Liebeserklärung bei Mondschein usw. Aragon sagte traurig: Mais c'est d'un comique incroyable. Danach Anna Karenina mit der Garbo und Hilpert – nicht auszuhalten, trotz der ganzen Komik.
Wir fahren. Deutscher Schlafwagen – Lämpchen, Häkchen und Netzchen aller Systeme.

WALTER BENJAMIN

Russische Debatte auf deutsch

Die Bourgeoisie, hat der große spanische Staatsphilosoph Donoso Cortés gesagt, ist die ewig diskutierende Klasse. Dieser verächtlichen und tiefgründigen Bezeichnung liegt die abschätzige Meinung vom Diskutieren zugrunde, die ja auch heute die verbreitete ist. Es gehört sogar zur Signatur der Nachkriegszeit, wie sehr ihr der Geschmack an Debatten vergangen ist. Der Verfall der Beredsamkeit, die Gleichgültigkeit gegen jede Privatmeinung, die verminderte politische Toleranz, der erwachende Sinn für Autoritäten sind die Hauptursachen dieser Entwicklung, die heilsam ist, die man fördern soll, deren Umschlag sich aber doch bereits absehen läßt. Und zwar wäre das kein modisches Umschlagen, indem ein Überwundenes von neuem aufkäme, vielmehr ein Umschwung im Wesen der Diskussion, die ja durchaus nicht jene planlose, uferlose Sache zu sein braucht, als die wir sie verachten gelernt haben. Um etwas anderes zu werden, muß sie allerdings den verlogenen Grundsatz aufgeben, sie sei eine Veranstaltung, kraft deren Gegner einan-

der zu überzeugen – oder gar miteinander sich zu
verständigen – suchten. Auf der anderen Seite muß sie genauso den demagogischen Zug aufgeben, wie ihn – im besten Fall – die Reichstagsreden haben, wenn sie zum Fenster hinaus und nicht in den Schlafsaal hinein gehalten
werden. Wie aber eine nützliche Debatte aussehen könnte,
das hat man selten genug zu erfahren Gelegenheit und
darum verdient eine Diskussion festgehalten zu werden,
die sich in Berlin bei einer der letzten Versammlungen des
„Vereins der Freunde des neuen Rußland" ergab.
Der Vortragende, Prof. O. Brick aus Moskau, erklärte von
vornherein, eine polemische Ansprache halten zu wollen.
Seine Gegner allerdings – das verbog die Achse seiner Ausführungen ein wenig –, sucht er in Moskau, nicht hier. Wer
sind sie? Nun, zunächst einmal alle russischen Dichter, deren Namen das deutsche Publikum je hat nennen hören, angefangen von I. Babel aus der Budjonnyschen Reiterarmee
bis zu Panferow, der die Genossenschaft der Habenichtse
auf seinem Dorfe entstehen sah. Die Argumente? Ja, ehe
wir die mitzuteilen wagen, müssen wir sie bereits in Schutz
nehmen, so grotesk werden sie einem Europäer erscheinen.
Es wird also gut sein zu wissen, daß Brick ein Veteran der
Revolution ist, daß er als Student die Bewegung von 1905
mitmachte, später unter den ersten war, die sich zum inte-
gralen Bolschewismus bekannten, daß seine Leidenschaft
und sein Denken dem Neuen gelten, und daß sein Programm weit entfernt ist, das maßgebende für die Dichter in
Rußland zu sein. Wen aber – hier oder bei ihm zu Hause –
die Naivität seiner Argumente schockieren sollte, der möge
sich erinnern, daß nicht alle, vor allem nicht die wichtigsten
Kunstdebatten, angefangen von der platonischen, die dem
Staat den Dichter verbietet, mit ästhetischen Begriffen geführt worden sind. Und bestimmt kann man das von einem
Kampf nicht erwarten, der sich gegen die Existenz der
Kunst selbst richtet. Freilich würde Brick dies letzte wohl
nicht glatt einräumen. Er hat davon nicht gesprochen und
nur gefordert, daß Kunst sich restlos in den Dienst der Propaganda stelle. Wie fern er aber dabei der uns vertrauten
Debatte über das Recht der Tendenz steht, beweisen am besten seine Beispiele. Da ist Panferow mit seiner „Genossenschaft der Habenichtse", bestimmt ein schöner Roman; im-

452

merhin der Form nach ein Roman wie andere, die Menschen darin sind realistisch abgeschildert; vorsichtiger: geschildert wie wir sie zu sehen gewohnt sind. „Aber", fragt Brick, „was soll uns das? Was soll uns der arme Bauer, der ein tüchtiger Kommunist ist, aber freilich ein Trinker? Oder was soll uns der reiche Bauer, der ein Ausbeuter ist, aber freilich ein gutes Herz hat? Ist ein Bauer, der trinkt, ein Kommunist? Ist das gute Herz eines Ausbeuters etwas Gutes?" Oder – und hier wird der bilderstürmende Ingrimm seiner Betrachtung noch deutlicher – Babel hat Budjonnys Reiterarmee geschildert. „Aber", hat Budjonny gesagt, als er das Buch zu lesen bekam, „in Wirklichkeit war das alles ganz anders. Meine Leute hatten mit denen, die Babel darstellt, gar nichts zu tun." „Und", fährt Brick fort, „was für einen Sinn hat es, eine historische Wirklichkeit, die wir alle erlebten und die kontrollierbar ist, auf ‚interessante' Art zu verwandeln?" Wenn aber Brick hier für historische Treue eintritt, so greift er doch an anderen Stellen erbittert die an, die Objektivität sich zum Grundsatz in ihrer Epik machen. Sachliche Objektivität und poetischen Individualismus erklärt er für Komplemente, für verschiedene Seiten ein und derselben literarischen Haltung, der bürgerlichen. Wie erklärt sich der Widerspruch? Einfach. Was ihn für minutiösen Realismus hier, dort gegen objektive Haltung einnimmt, ist in beiden Fällen das gleiche: der Grundsatz vom Primat des revolutionären Stoffes.

Die ganze Diskussion kreiste um diesen Grundsatz. Und spannend war sie, wenn es ihr auch nicht gelang, ganz in die Perspektiven Bricks zu dringen, für welchen revolutionären Stoff wohl minder dem Gewesenen, und sei es den zehn Tagen, die die Welt erschütterten, entstammt, als stets der jeweils aktuellen Losung. Couragiert trat Wieland Herzfelde, der Leiter des Malik-Verlages, für die Rechte des Buches gegen die Drucksorten, des objektiven Romans gegen die taktisch visierte Propaganda-Erzählung auf. Und als er gerade für das Gros der Leser sehr substantielle Bücher verlangte, in die sie sich hineinlesen, über deren Helden sie sich vergessen können, da nur von solchen die Massen bewegt werden – „Romane von Mark und Knochen" hat Hugh Walpole sie in einem vortrefflichen Aufsatz einmal genannt – da hätte ein Leiter des russischen Staatsverlages ihm wohl beistimmen müssen. Aber was soll man Brick erwidern, wenn er zum Beispiel auf das Vielen geläufige „Zement" von Gladkow verweist, um den Widersinn aufzuzeigen, der darin liegt, daß das Regime die Familie für belanglos erklärt, seine Erzähler aber ihre Geschichten aus dem Leben der Sowjet-Union in die alte Form des Familienromanes kleiden? Schade, daß er sich nicht weiter vorwagen wollte und es einem Diskussionsredner überließ, das Programm einer Propagandaliteratur deutlicher auszusprechen. Der ging mit Recht von der Frage, was wahre Wirkung sei, aus, um sich durchaus von bloß suggestiver oder demagogischer Wirkung auf Massen unbefriedigt zu erklären und der Propagandaliteratur Wert nur als didaktischer zuzusprechen. „Wir sind bereit", so sagte er, „die Individualität des Dichters, den Ewigkeitsanspruch der Werke, die Objektivität der Schilderung preiszugeben. Nicht aber, um eine primitive Suggestiv- und Schlagwörterliteratur dafür einzutauschen, sondern um für ein autoritäres Schrifttum den Weg freizumachen. Wir wollen beim Lesen die genießende Haltung durch eine lernende, übende ersetzt wissen, nicht aber durch hirnlose Reaktionen." Soweit gut. Man hatte die extreme Position des Redners von verschiedenen Seiten in Frage gestellt, nicht aber seine „Plattform", wie man in Moskau sagt. Kaum einer im Saale, vielleicht nicht einmal der Referent, wußte, wer das war, der nun zum Schluß aufstand, um leidenschaftlich, weitausholend, überzeugt, nicht nur den Redner, sondern seine „Plattform" zu vernichten. Dennoch ist Bela Illesz – so hieß er – in Deutschland kein Unbekannter. Wir haben von ihm einige Bücher in Übersetzung. Für Rußland aber ist er mehr als Autor. Lange hat er im Kultusdepartement als Zensor eine Rolle gespielt und als Anwalt des Staates, als Vertreter einer offiziösen und orthodoxen Rchtung – so wenigstens suchte er's darzustellen – ergriff er das Wort: „Wer seid ihr? Eine sture, winzige Minderheit, ein nichtssagendes Grüppchen. Ihr wollt hier Lärm machen? Ihr erinnert euch nicht der Verfügung des Z. K. (Zentral-Komitees) eben die Klassiker – Puschkin, Dostojewsky, Tolstoi – zu studieren, die ihr hier angreift? Ihr sagt: Nicht dies sind die Vorfahren der proletarischen Literatur. Unsere Vorfahren, sagt ihr, sind unbekannt, aber darum sind sie nicht weniger groß. Der Begriff einer russi-

454

schen Literatur selber, sagt ihr, sei reaktionär. Die Autoren des internationalen Proletariats seien unsere Ahnen? Von wem aber sollen unsere jungen Autoren lernen? Was sollen unsere Arbeitermassen lesen, wenn sie die Zeitung beiseite gelegt haben? Wie wollt ihr den Einzelnen für die Sache gewinnen und festhalten, wenn ihr ihm die Möglichkeit nehmt, am Helden sich zu begeistern, ihm nachzueifern? Ihr macht gegen den Roman eure Vorbehalte. Seine Objektivität stört euch, sagt ihr. Ist vielleicht – hier wirft der Redner das Lasso seiner Argumentation zum entscheidenden Fang aus – die objektive Wirklichkeit des Sowjetstaates etwas, was man verbergen muß, was der Propaganda schädlich sein könnte? Ist nicht die objektive Schilderung unseres Lebens das allerbeste Propagandamittel?"

Diese Rede, eine Disputationskunst in nuce, mag vielen, die sie hörten, bemerkenswert vorgekommen sein. Und vielleicht hat ihr Schluß manche an den berühmten Anfang der Hexenprozesse erinnert. „Glaubst du, daß es Hexen gibt?" wendet der Großinquisitor sich an die Delinquentin. Wenn sie erwidert „ja", fährt er fort: „Woher hast du denn dieses Wissen? Auf „nein" aber heißt es: „Dann bist du ein Ketzer, denn die heilige Kirche lehrt, daß es Hexen gibt." Man hätte aber sehr unrecht, sein Urteil sich auf Grund von Analogien zu bilden, und wenn es die stimmigsten wären. Die russische Revolution hat mit einem Umstand zu rechnen, der für Europa zu den Ausnahmen zählt: daß nämlich, was gedacht wird, Folgen hat. Und zwar Folgen ebensosehr kraft des enormen Apparates der in Rußland der Verbreitung von Ideen zu Diensten steht, wie hierzulande der Verbreitung von Seidenstrümpfen oder Zigaretten, wie kraft der Unberührtheit der Massen, die die Revolution zum ersten Male mit Ideen durchdringt. Und darum muß sie, was gedacht wird, kontrollieren. Sie muß die Ideen ins Kreuzverhör nehmen, denn die Gerichtsverhandlung ist und bleibt das Schema eines Vorganges, in welchem Worte in die Waagschale fallen. Freilich, ein Arm muß sein, der die Waage hält. Den Arm der Justitia durch den der Revolution ersetzt zu sehen, war das Lehrreiche dieses Abends.

1930

SINAIDA RAICH

Brief an Lili Brik

21. August 1930

Seien Sie gegrüßt, Lilja Jurjewna!
Ich war schon viele Male drauf und dran Ihnen zu schreiben, aber eine Abwehr, die ich bei Ihnen mir gegenüber empfand, hat mich gehindert. Ich kann und kann nicht Europäerin werden, und meine asiatische Unverblümtheit kommt immer wieder über mich. Dafür bitte ich um Entschuldigung, denn ich fühle natürlich, daß das (die Unverblümtheit) eine dumme Angewohnheit ist ... Als unser Gastspiel in Berlin losging, wollte ich Sie so gerne sehen, aber da erfuhr ich, daß Sie nach London abgereist waren.
Schon voriges Jahr hatte ich Ossip M. Brik gesagt, daß ich keinen Unterschied sehe im Zustand von W. W. und Serg. Al. – innerlich diese wahnsinnige Unruhe, Unzufriedenheit und Angst vor dem schwindenden Jugendruhm.
Als wir nach Berlin aufbrachen, während der Proben zum „Schwitzbad", beobachtete ich Wl. Wl. und geriet in furchtbare Aufregung. Er war völlig außer sich. Als es darum ging, ob die „Wanze" mit nach Berlin kommt – riet ich ihm, Ws. Em. zu schreiben (Ws. Em. war krank), darauf antwortete er mir: *Ich schreibe nicht mal Lili, telegrafiere nur, ich bin jetzt in so einer Verfassung – agitieren und kämpfen kann ich für gar nichts.* Mir gegenüber fand ich bei ihm die ganze Zeit den Wunsch nach einer fraulich-freundschaftlichen Beschützerrolle, er rief dauernd an, war so ungeheuer aufgeregt, daß Strauch während der Premiere vor seinem Auftritt zu mir sagte: ich weiß nicht, wie ich spielen soll, Majakowski ist so erregt, daß in mir jetzt alles vibriert ... Ich fürchte für alles.
Dann die Geschichte mit Jermilow, und es ist geschichtlich irgendwie schrecklich seltsam, daß nur Ws. Em. ihn verteidigte, während alle Ref-Leute und verschiedene andere Freunde schwiegen. Das kam mir vor wie Hohn.
„Schwitzbad" gefiel mir nicht – das Ende – der letzte Akt, und als sich das „Verschweigen" der Premiere abzeichnete, das Geraune über den „Reinfall" – freute ich mich wie so eine *schlimme* Lehrerin und dachte: das wird ihm eine Lehre

456

sein – dem Majakowski. Wird sich seriöser mit dem Theater befassen und nicht solchen Schund liefern.

Dann sah ich ihn krank – im Haus der Presse, auf dem idiotischen Disput, es war das letzte Mal, daß ich ihn sah. Ich ging weg, als ob ich ihn zum zweiten Mal beerdigte – so eine ekelhafte Verzweiflungsstimmung hatte mich erfaßt.

Als wir losfuhren, dachte ich immer daran, daß *Sie nicht da sind,* daß *er es schwer hat,* ich wußte nicht wie helfen. Nach der Ankunft in Berlin, mitten in meiner phantastischen Presse und meinem „schwindelerregenden" Erfolg wollte ich Wl. Wl. ein Telegramm schicken mit irgendwelchen freundlichen, beruhigenden Worten, dachte aber dann: was soll ihm das Telegramm?! Eine Grimasse wird er ziehen und weiter keine Ruhe finden mit seinem schweren und furchtbaren Blut im Herzen. „Historisch" schien das Telegramm auch dumm und naiv – ich beherrschte mich und schickte keins.

Eines Morgens bringt uns das Zimmermädchen den Kaffee ans Bett und sagt deutsch: unser Diener hat gelesen, daß der russische Dichter Meyerhold gestorben ist! Ws. Em.

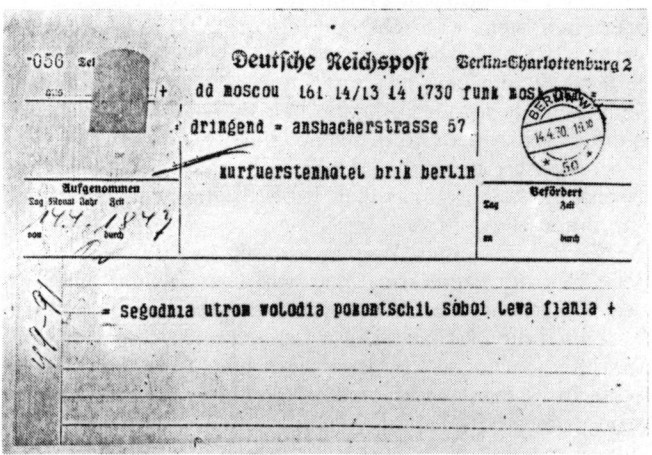

Telegramm von Lew Grinkrug an Lili und Ossip Brik nach Majakowskis Tod: „Heute morgen hat sich Wolodja das Leben genommen"

stand sofort auf und erkundigte sich, was los ist, schickte nach den Zeitungen, und ich heulte. Ich wußte sofort, daß es Majakowski ist ... Sie hatte sich verhört!

Abends hatte ich Vorstellung, „Hahnrei", vor Beginn kamen alle auf die Bühne und teilten mit, was geschehen war, das Publikum stand 20 Sekunden.

In Paris sah ich Ihre Schwester – sie erzählte mir einiges, wie Sie ihr von seinem „Fatalismus" geschrieben hätten und daß er vielleicht nicht sterben wollte.

Ich glaube, daß einige von uns – die alle in dem einen Jahrzehnt geboren sind, 1890 bis 1900 – das Schicksal haben, früh zu altern, alles früh im Leben zu verzehren. Die Boote, die Riffe, alles der Ozean ...

Das ist, „entschuldigen" Sie – „lyrisch" – der Abschnitt Leben. Er könnte tiefer und länger sein, aber lohnt es sich? – So, denke ich, – denken Sie.

Nun der *geschäftliche* Teil.

1. *Ws. Em.* und ich *bitten* Sie sehr, uns alles zu schicken, was nach dem Tode von Wl. Wl. erschienen ist, die Sond. Nr. der „Literaturka" von April und was über ihn und von seinen bisher ungedruckten Texten herausgekommen ist. Das brauchen wir dringend. Ich hörte, Sie haben ein Buch geschrieben, wenn es erschienen sein sollte, bitte schicken Sie es!

2. *Wenn* Sie die Zeitungs- und Zeitschriftenartikel, die nach seinem Tode in der ausländischen Presse waren, nicht bestellt haben – ich rate dringend, sie sich zu besorgen: viel Interessantes, kaum daß einer sich nicht geäußert hätte (wenn Sie keine Möglichkeit haben, schreiben Sie mir, ich sag Ihnen alles.)

3. Ws. Em. hat einen Vertrag für Amerika unterschrieben. Jetzt tobt der Papierkrieg: man will uns offenbar nicht lassen. Zu den Stücken, die unser Impresario zeigen will, gehört auch die „Wanze". Dafür hab ich mich eingesetzt und ihm die Sache so *„glänzend"* erzählt (Tatsache – nicht schlecht – man merkt es am Ergebnis), daß beschlossen wurde, die Rodtschenko-Konstruktionen neu zu bauen und die „Wanze" in New York zu spielen.

In Moskau läuft sie dies Jahr auch, aber die Gruppe 1 der Truppe, die im Oktober in Amerika spielt, soll die „Wanze" in den neugebauten Konstruktionen geben.

458

Rodtschenko soll in eigenem Interesse Kopien (vielleicht mit Verbesserungen) aller Bauten in der „Wanze" machen und sie Meyerhold hierher schicken.

Die Lage ist jetzt so. Wenn es ein *starkes* Engagement gibt, die „Wanze" in Amerika zu zeigen, müssen wir alle umsonst arbeiten. Im Kontrakt sind für die „Wanze" keine Mittel vorgesehen. Also heißt es nun, aus unserem Amerikaner Geld rauspressen für die Konstruktion der „Wanze", und je billiger das geht, desto sicherer, desto schneller kommen wir zum Ziel. Das betrifft zwei Stücke: „Wanze" und „Wehe dem Verstand", d. h. ohne Konstruktionen. Erzählen Sie bitte Rodtschenko alles.

Jetzt noch: wenn die „Wanze" läuft – erkundigen Sie sich, wiev. in Amerika an Tantiemen gezahlt wird und geben Sie jemandem eine Vollmacht mit. In Paris ist Bienstock – er hat über einen englischen Agenten Kontakt mit allen Ländern, auch direkt mit unserer WOKS – über ihn könnte man die Tantiemen bekommen.

Noch zur Wanze: ich glaube, sie kommt eher in Frage als „Wehe dem Verstand", in Amerika will ich nicht gerade die 16jährige Sofja herausbeißen. Keine Sofja, kein Tschazki. Mit Schestakows Konstruktionen ist Ws. Em. unzufrieden. Alle Chancen für die „Wanze". Antworten Sie schnell auf den Brief.

Ich kann diesen Tod nur schwer verwinden. Heute habe ich wieder geträumt, ein Durcheinander ohne Ende, irgendwelche Asche aus einem kleinen Sarg und ich sollte sie allein tragen und bestatten. Unsere Jugend, unsere Jugendzeit ist stärker als wir – „hat sie gesagt" …

Ich küsse Sie. Gruß an Os. Max. und an *Agranows*.

Ihre
Sinaida Raich

Ich bitte Sie dringend – diesen meinen Schrieb nach dem Lesen zu vernichten.

Meinen herzlichen Gruß, liebe Lili Jurjewna! Und allen, die mich noch nicht vergessen haben.

Ws. Meyerhold

ARBEITEN

Begegnung, Missionen, Debatte – würde man auch zusammen ar-
beiten können? Die Voraussetzungen sind sehr genau zu benennen.
Es bedurfte eines Kunstkonzepts, das die einzelnen Künste durchläs-
sig machte, so daß Wort, Raum, Farbe, Laut und Licht in ihrer äs-
thetischen Verfügbarkeit nicht voneinander getrennt erkundet wur-
den, und es bedurfte eines Künstlers, der sich für den Zustand der
Welt verantwortlich machte.
Daß Architektur, Fotografie, Theater, Tanz und Film hier eine grö-
ßere Rolle spielten als Gedicht und Roman, liegt auf der Hand. Als
Will Grohmann 1926 den erreichten Stand beschrieb, spielten die
Russen in seiner Darstellung schon die entscheidende Rolle: „Die
führenden Abstrakten, die aus der Bejahung unserer aktuellen
Wirklichkeit mit ihren technischen und industriellen Möglichkeiten
zur Umwandlung dieser Wirklichkeit im Sinne einer die Grenzen
weit hinausschiebenden Kunst vorstoßen (Malewitsch, Lissitzky)
vereinigen heute vielleicht den stärksten Trupp aktivistisch gesinnter
junger Menschen, denen die Kunst kaum noch ein Ziel ist, eher ein
Weg. Von hier aus tritt eine fühlbare Veränderung des künstleri-
schen Klimas ein [...] Nach einer Seite liegt die Leistung noch in
verheißungsvollen Anfängen, dort wo Könner, auf technischen Er-
rungenschaften fußend, durch das Medium der Kunst Einfluß su-
chen auf die Gestaltung der Wirklichkeit selbst. Künstler wie Mo-
holy-Nagy und Lissitzky gehen von den Resultaten der Fotografie,
des Films, der technischen und physikalischen Erkenntnisse aus, um
jede Realisierung, sei es Bild, Film, Theater, Ballett oder Bau, den
Gesetzen einer Kunst auf exakter, wissenschaftlich-künstlerischer
Grundlage zu unterwerfen. In diesem Übergreifen künstlerischer Ar-
beit auf das Leben liegen Möglichkeiten beschlossen, die noch un-
übersehbar sind. Eine Rednertribüne, das typographische Gesicht ei-
nes Buches, die sinnentsprechende szenische Deutung einer Oper
werden Aufgaben, hinter denen bei dieser Gruppe die Bedeutung der
Bildnerei im alten Sinne zurücktritt. Die neoplastizistische Gestal-

460

tung eines Raums von Mondrian, die Erfindung des mechanischen Balletts aus der Bewegung aufeinander abgestimmter räumlicher Formen durch Schlemmer, das Theater der beweglichen Kulissen, der abstrakte Film aus Licht und Form, das Fotogramm, das heißt die selbständige Lichtgestaltung mit oder ohne Kamera sind Erweiterungen des Begriffes Kunst, die vom ursprünglichen Bezirk auf immer wegführen oder zu ihm um manche Erfahrung reicher zurückkehren werden."

Der Boden war bereitet, als sich mit Majakowski, Eisenstein, Meyerhold, Ossip Brik, Dsiga Wertow und Tretjakow Ende der zwanziger Jahre eine ganze Generation zur gemeinsamen Arbeit mit den deutschen Kunstarbeitern rüstete und nacheinander in Berlin einfand. Sie alle haben hier einen ungewöhnlich starken Eindruck hinterlassen, und selbst wenn vieles Entwurf geblieben ist, was sie sich damals vornahmen, die geistige Herausforderung ist nicht verklungen. Man dankt das einem Typ von russischem Avantgarde-Intellektuellen, der durch die planetarische Gebärde der frühen Revolutionsjahre begünstigt worden war. Die russischen Intellektuellen der künstlerischen Avantgarde hielten sich nämlich zunächst nach der einfachen Überlegung: unterm Zarismus verfolgt, von den Revolutionären als Gleiche unter Gleichen akzeptiert – für die eigentlichen Sprecher und Akteure der neuen Kultur. Ossip Brik gesteht 1927 unumwunden in seinem Aufsatz „Wir sind Futuristen", daß der große Coup der Linken 1918 gescheitert sei, mit dem sie die von ihnen geleiteten Abteilungen des Volksbildungskommissariats benutzen wollten, um mit der Vergangenheit aufzuräumen. Das sollte natürlich, wie Brik glaubhaft versichert, immer heißen: laßt die Vergangenheit vergangen sein und sie nicht zum Maßstab für die Gegenwart werden. Praktisch aber führte es doch zur rigorosen Favorisierung einer einzigen Art, Kunst zu machen, der „operativen", und auch die sollte nur als Übergang dienen zum vollständigen Aufgehen aller künstlerischen Weltaneignung in der produktionspraktischen, im „Lebenbauen". Wie groß die Meinungsverschiedenheiten innerhalb der Avantgarde über Tempo, Taktik, Bundesgenossen im einzelnen auch waren, hieran hielten die allermeisten bis in die endzwanziger Jahre fest.

Um dieses Konzept zu verwirklichen, hatte die russische Avantgarde den Weg zurückzulegen, den man bei Majakowski mit den Selbstbezeichnungen „Sprengkolonne" für 1913 und „Glücksfabrik" für 1925 markieren kann: Sie mußte den Aktionismus, der zum Zerstören, Verhöhnen, Niederreißen entwickelt worden war, ins Konstruk-

*tive umfunktionieren. Das schien erst einmal überhaupt keine
Schwierigkeiten zu machen, weil ja die Revolution genau diese beiden Funktionen auch wahrzunehmen hatte: Zerstörung, Konstruktion. Kam hinzu, daß die Avantgarde-Intellektuellen in zweierlei
Hinsicht besonders gewappnet schienen:*

*Hinsichtlich ihrer kunsttechnologischen Beschlagenheit, die sie zur
Aufdeckung der (als intuitiv verhöhnten!) Verfahren ihrer Gegner
kultivierten; diese Beschlagenheit fand ihren Platz im Industrie-
und Elektrifizierungsenthusiasmus der Sowjetprogramme: wenn einer wußte, „wie etwas gemacht ist", konnte er nützlich werden, wenn
es darum ging herauszufinden, wie man es am besten macht und
dann ins Massenhafte überträgt („Taylorisierung" der Künste,
Kunst keine Ausnahmebefugnis mehr).*

*Und hinsichtlich ihrer polemischen Beschlagenheit, die sie kultiviert
hatten, um ihren Gegnern vor der Revolution in der offenen Konfrontation Paroli bieten zu können; diese Beschlagenheit fand ihren
Platz in der vorrangig mündlich-bildlich-szenischen Öffentlichkeit,
in der der Kampf um die Durchsetzung der Sowjetprogramme mit
vorwiegend analphabetischen Massen geführt wurde. Die doktrinäre
oder diplomatisch-taktische Utilitarisierung der Künste hat hier ihren Grund.*

*Diese Union von technologischer und polemischer Beschlagenheit
prägte das Erscheinungsbild des revolutionären russischen Avantgarde-Intellektuellen und hat in Westeuropa verwandte Geister enthusiasmiert (von Benjamin und Brecht bis Oskar Maria Graf), fer-
nerstehenden Schauer über den Rücken gejagt (Benn) oder zu der
kühlen Bemerkung veranlaßt, der Westen müsse vom Osten nicht
lernen, was er schon kann (Ezra Pound). Daß sich je nach Herkunft
und Temperament unterschiedliche Mischungen ergaben, ist selbstverständlich. Meyerhold, der einer älteren Generation angehörte,
brachte symbolistische Erfahrungen in seine „Biomechanik". Sein
aufsässiger Schüler Eisenstein psychoanalytische und reflexologische
Kenntnisse in seine „Montage der Attraktionen". Filonows analytische Malerei mobilisierte anders als Lissitzkys „Proune". Krutscho-
nychs kobolzende „Übersinn"-Sprache und rüde Polemiken anders
als Majakowskis ironisch-pathetische „Glücksfabrik". Doch bei dieser Unterschiedlichkeit begriffen sie sich alle als „Meister", als „Inge-
nieur-Regisseur", Laboratoriumsmann, Konstrukteur, Standard-
Spezialist, Kunstingenieur, Sozialingenieur, Industrieingenieur nahe
beieinander, unterschieden eigentlich nur durch das zu bearbeitende
„Material" und alle bereit, innerhalb einer relativ kurzen Zeit —*

höchstens dreißig Jahre! – *den entscheidenden Umbruch in der Gesellschaft zu bewirken, zu leiten und dafür Entbehrungen und Beschränkungen auf sich zu nehmen. Einen Umbruch, in dessen Gefolge dann das Gegeneinander von Millionen passiv Aufnehmender und weniger Erfinder-Spezialisten überwunden sein würde in einem „einheitlichen erfinderischen Drang nach ausdrucksvollen Konstruktionen alles Menschennötigen", wie das Tretjakow 1922 formulierte.*

Welche Arten Kunst diesen Funktionen entsprechen, ist deutlich: Information, Stimulierung, Standarddemonstration hießen die Stichworte. Der Revolutionär muß etwas wissen, er muß intellektuell mobil sein und er muß die optimale Organisation des Lebens (Standard) vorgeführt und eingeübt bekommen. Alles, was die russischen Avantgardisten machten, diente diesem Ziel: Literatur des Faktes, Theater der Attraktionen, Standard auf der Bühne, „Konstruktion des Pathos" (= Eisensteins „Panzerkreuzer Potjomkin"), Aufnahme von Zirkus, Operette und Jazz, Bio-Interview und erst recht alles, was für Kinder war – etwa Lissitzkys „Mär von den 2 Quadraten" oder Tretjakow: Rodtschenkos „Selbstgemachte Tiere". Gedacht war das Ganze von Anfang an nicht isoliert sowjetrussisch, sondern im Austausch mit der internationalen revolutionären Kunstszene, vor allem mit Deutschland.

Die Versuche, direkt zusammenzuarbeiten gehen bis in den Dadaismus zurück. Raoul Hausmann feiert den Maler und Musiker Jefim Golyscheff, Mitunterzeichner der „13 Punkte des Dadaismus" als den ganz großen Ur-DADA: im April 1919 zeigte Golyscheff auf der ersten DADA-Ausstellung seine Assemblagen und zelebrierte auf der abschließenden DADA-Soiree seine „Anti-Symphonie". 1922 bemühten sich der Maler Sergej Scharschun, der Dichter Ilja Sdanewitsch (= Iljazd) und der Dichter und Musiker Valentin Parnach in Berlin, den Dadaismus nach Moskau zu bringen bzw. die im Krieg unterbrochene Verbindung mit Alexej Kurtschonych wiederaufzunehmen. Scharschun gibt 1922 zwei Nummern einer ganz kleinen Zeitschrift heraus: „Perevos dada – Transbordeur dada", und in einem Brief vom 16. Juni 1922 teilt er Krutschonych mit, daß Tristan Tzara Sdanewitsch vorgeschlagen habe, für den geplanten internationalen Dada-Almanach „Dadaglobe" einen Aufsatz über Krutschonych und die Gruppe „41°" zu schreiben. Das schlug fehl, aber in Moskau erschien 1923 in der Zeitschrift „Sowremennyj sapad" ein umfängliches „Dada-Dossier" mit theoretischen Texten und Manifesten von Picabia, Ribemont-Dessaignes, Sou-

Hannah Höch und Raoul Hausmann auf der 1. Internationalen Dada-Messe Juni 1920 in Berlin

pault und Aragon und Poesie und Prosa von Eluard, Soupault, Picabia, Tzara, Péret, Huelsenbeck, Ernst und Arp, alles übersetzt von Valentin Parnach.
Parallel sammeln Ehrenburg und Lissitzky die Kräfte in ihrer Zeitschrift „Gegenstand", von der 1922 zwei Hefte erscheinen, eins als

Doppelnummer. Eisenstein notiert in Moskau: „Aus Berlin strahlt der ‚Gegenstand'." Die Nachfolge tritt ab Juli 1923 die Zeitschrift „G. Material zur elementaren Gestaltung" an, herausgegeben von El Lissitzky und Hans Richter.

Den nächsten Vorstoß unternahm Kasimir Malewitsch. Malewitsch ist vom 20. März bis 4. Juni 1927 in Berlin. Er stellt mit fünfundfünfzig Arbeiten auf der „Großen Berliner Kunstausstellung" sein Lebenswerk vor, versucht einiges zu veröffentlichen und Verbindung zu deutschen Künstlern aufzunehmen. Malewitsch entwirft für Hans Richter das Filmmanuskript „Die Malerei und die Probleme der Architektur" und schreibt die kurze Abhandlung „Suprematismus – als Herrschaft reiner, gegenstandsloser Kunst ohne Ideengehalt und Bildhaftigkeit. Die Phasen seiner Entwicklung". Offenbar dringend nach Leningrad zurückgerufen, reist er verfrüht ab, die Bilder hängen noch bis September in der Ausstellung. Sie bleiben in Berlin, ebenso zwei Aktendeckel Manuskripte, vier Notizbücher (1923–1927), Presseausschnitte, kleine Abhandlungen, Briefe, Zeichnungen und Fotos, und zwar in der Obhut seiner Berliner Freunde, der Brüder von Riesen, mit der Verfügung, das Ganze im Falle seines Todes oder eines ausweglosen Freiheitsentzugs für eine eventuelle Veröffentlichung gründlich zu studieren und „in eine andere Sprache zu übertragen, weil ich mich seinerzeit unter revolutionären Einflüssen befand und sich somit erhebliche Widersprüche ergeben können zu der Form der Verteidigung der Kunst, die ich jetzt, im Jahre 1927, vertrete." Bilder und Dokumente überlebten Nazizeit und Krieg und sind von Hans von Riesen übergeben und veröffentlicht worden.

Schneller kam die Zusammenarbeit nur dort in Gang, wo der hohe internationale Standard der russischen Avantgarde politisch direkt instrumentalisiert wurde – bei Sergej Eisenstein und Sergej Tretjakow. Eisensteins „Panzerkreuzer Potjomkin" erfuhr seine Steigerung durch Edmund Meisels Musik. Meisel arbeitete Ende 1927, Anfang 1928 an einer Musik für „Oktober". Sie ist dann aber durch den Streit mit seiner Frau, die sich in Eisenstein verliebt hatte, aber abgewiesen wurde, bei seinem Aufenthalt in Moskau nicht zu Ende gebracht worden. 1929 plant Meisel dann eine Musik zu „Generallinie", mit der er die „Tonfilmwelt erschüttern" will. „Die unerhörten Möglichkeiten habe ich soeben durch ein Experiment hier mit gr. Erfolg gezeigt. Dialog mit Instrumenten, komponierte jagende Autos, Close-ups von Instrumenten etc. Die künstliche Erzeugung jeglicher Noises ist möglich."

Edmund-Meisel-Postkarte mit Gruß an Sergej Eisenstein auf der Rückseite

466

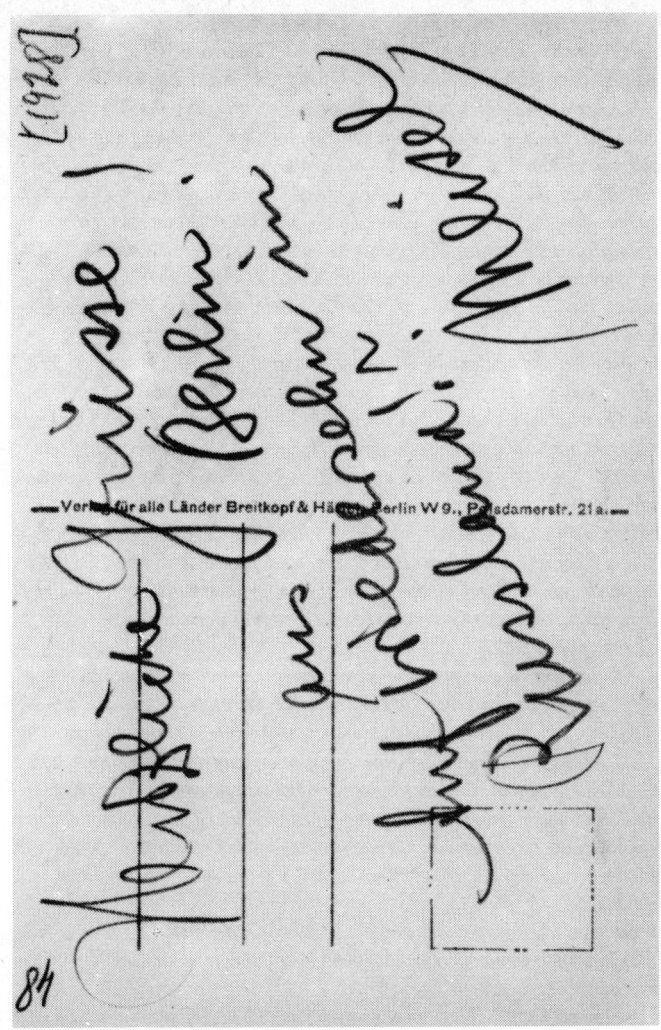

Verlag für alle Länder Breitkopf & Härtel, Berlin W 9., Potsdamerstr. 21a.

[1928]

84

467

1926 und 1927 wird Eisenstein mehrfach eingeladen, in Berlin zu inszenieren. Heinz Saltenberg vom Deutschen Künstlertheater schlägt ihm Alexej Tolstois „Asef" vor, ein Stück, das Piscator dann zur Grundlage einer völligen Neubearbeitung nahm. Am 29. Mai 1927 heißt es in einem Brief, man wolle zum 10. Jahrestag der Oktoberrevolution im Sportpalast ein großangelegtes Schauspiel aufführen lassen, das nichts Geringeres zum Gegenstand hat als die Vorgänge der russischen Revolution. Dieser Plan hat selbstverständlich nur dann Aussicht, in wahrhaft künstlerischer Weise verwirklicht zu werden, wenn wir Sie, sehr verehrter Herr Eisenstein, für die Regie und die künstlerische Leitung gewinnen können."

Schließlich teilt Edmund Meisel Eisenstein am 30. Dezember 1927 mit, Ludwig Klopfer, der Besitzer des Tauentzienpalastes, biete ihm an, Tretjakows „Ich will ein Kind haben" zu inszenieren. Die erste Übersetzung des Stückes von Ernst Hube, die als Bühnenmanuskript erschien und Brecht zur Kenntnis kam, stammt vermutlich aus dieser Zeit.

Wenn aus all dem nichts wurde, so blieb doch eine große Begegnung, die Begegnung zwischen Eisenstein und Valesca Gert. Eisenstein hatte ihr einen Brief geschrieben, in dem er das Buch von Fred Hildenbrandt über die Grotesktänzerin kommentierte:

„Liebe Gert!

Sollte jemand die ungesunde Idee haben, einmal ein ähnliches Buch über mich zu schreiben, bekommen Sie die erste Kopie davon. Sie schreiben im Buche stünde ein Mißverständnis – mir wär' es leid. Leid um dies merkwürdige Frauenzimmer, das dort wie eine Salome von Schleiern, das dort von Seite zu Seite ausgezogen wird. Bin froh, daß mich mein ‚flair' nicht betrogen, als ich dies Frauenzimmer zum eigentlichen Ereignis der ‚Freudlosen Gasse' bezeichnete. Nicht die Nielsen oder Jarcho. Außerdem kenn' ich Sie noch nach ‚Nana' … na-na.

Und jetzt das Buch mit diesen Mißverständnissen. Muß noch die Tänzerin kennenlernen – um den ‚Kunsttheoretiker' aus der Weltbühne zu ‚verdrängen'!

Herzlichen Dank! Ist es wahr, daß Sie ‚rüberkommen'? Soll's wahr sein – bringen Sie Ihre Tänze mit. In Tournee-Form wird's schwerlich gehen. Spießbürger und Kleinbürger haben wir auch den Haufen voll und ‚prude' ist man hier auch genügend.

Von den Photos bin ich überzufrieden, um nicht ‚begeistert' zu sagen, was zu unvorhergesehenen Consequenzen führen dürfte."

468

Valesca Gert:
„Tanz in orange"

*Als die beiden sich in Moskau sahen, war es „fast sofort Liebe", wie
die Gert später schreibt. Eisenstein muß gleich damals seine köstliche
kleine Skizze „Über Valesca Gert im Weltmaßstab" angefertigt haben, ein Gegenstück zu „Tanzkurven", Kandinskys Palucca-Inter-
pretation, in der der Regisseur mit einem Bezug auf Schklowski die
Bedeutung von Parodie für den Abbau alter und den Aufbau neuer
Arbeitsweisen andeutet: „Die Gert tanzt Parodien. Aber ist Valesca
parodistisch? Nein. Sie ist – Kunst. Sie befindet sich auf der
Grenze. Es ist dieselbe Mechanik für Parodie und Kunst, die in ihren Parodien den dialektischen Sprung schafft zum beispielhaften
objet d'art. Der Weg von der Parodie zum Werk kann ein langer
Entwicklungsgang sein, siehe den sowjetischen Film."*

469

Die innigsten Beziehungen zu deutschen Schriftstellern, Film- und Theaterleuten hat zweifellos Sergej Tretjakow gehabt. 1931 war er etwa ein halbes Jahr in Deutschland und korrespondierte danach mit Hanns Eisler, Heartfield, Brecht, Hans Richter, Friedrich Wolf, später mit Oskar Maria Graf. Sein Vortrag „Der Schriftsteller und das sozialistische Dorf" löste einen noch größeren Sturm aus als Briks im Jahr zuvor, weil hier nicht weniger verlangt wurde als die „Entprofessionalisierung" des Schriftstellers.

Worum es Tretjakow ging und was er vorzuleben versuchte, das war die souveräne Orientierung in der Welt, der kompetente Weltverkehr. Gemeint war da weder das Flickwerk einer Lebenshilfe noch die praktischen Winke des guten Rats, sondern der Gewinn eines weltbewußten Daseins, das aus der allgemeinen Lockerung der Haltungen, der Angemessenheit der Gesten und Reaktionen Alternativdenken, Gliederungsfähigkeit und Entschlußkraft ermöglicht: Der andere Mensch möge sich in weltgeschichtlichen Konstellationen mit genau der gleichen Befugnis zu bewegen verstehen, wie er es versteht, durch die Straßen zu gehen, in eine Straßenbahn einzusteigen oder ohne Behinderung anderer einen Saal zu verlassen. Dies wäre dann auch das Ende einer ästhetischen Sonderbefugnis, die das alles stellvertretend in einer Kunst genannten Verkehrsform bewerkstelligt habe.

Tretjakow war drauf und dran, zwei weit entfernt voneinander verlaufende Stränge des russischen Geschichtsdenkens zusammenzuführen. Einmal die Kritik des zur Phrase verkommenen Humanismus, wie sie von den jüngeren russischen Symbolisten vorgetragen worden war. Zum anderen das tiefgreifende Industrialisierungskonzept der Bolschewiki, wie es seit dem GOELRO-Plan (1920) für ihre Rußland-Idee maßgebend wurde. Die Humanismus-Kritik der Symbolisten mündete in Wjatscheslaw Iwanows „Klüfte. Über die Krisis des Humanismus" und in Alexander Bloks „Der Zusammenbruch des Humanismus" von 1919. Bei Blok führt sie zu diesem Bild von der russischen Szene: „Hier stellte man die für einen Europäer ungebührliche Frage, was mehr wert sei – ein Paar Stiefel oder Shakespeare; hier entbrannte des öfteren der in Europa längst abgetane Streit über den Nutzen der Kunst, ein Streit, den ich als Zeichen echter Kultur ansehe, denn er ist in seiner ursprünglichen Naivität und Universalität dem Geist der Zivilisation nur allzu verhaßt. Überhaupt gab es bei uns Themen, vor denen jede Zivilisation in Panik geraten wäre, hätte sie sie nicht von vornherein in einen Abzugskanal gelenkt, in dem sie einstweilen ungehindert dahinfließen konnten (solche ein Kanal wird immer häufiger ‚schöne Literatur‘ genannt)."

470

Die „neue Menschenart", die Blok sich aus diesem Zusammenbruch des Humanismus erheben sah, begriff er als den „Künstlermenschen", so genannt nicht nach seiner Eigenart, Kunst zu machen, sondern nach seiner „Feinfühligkeit und Virtuosität, nach jenem Grad der Vollkommenheit", in dem er das Leben der Welt in ihren Rhythmen erfährt. Andrej Bely hatte gut zehn Jahre zuvor diesen Menschen einen „Ingenieur des Chaos der menschlichen Seele" genannt. Der Ingenieur als Virtuose des Weltverkehrs war es auch, der sich als der andere Mensch aus dem Industrialisierungskonzept der Bolschewiki ergab. Nikolai Bucharin entwickelt im Oktober 1922 zum erstenmal eine Orientierung, die Stalin knapp zwei Jahre später auf die berühmte Formel bringt, als er den „Leninschen Arbeitsstil" als die Vereinigung von „russischem revolutionärem Schwung" und „amerikanischer Sachlichkeit" definierte und sie gegen „‚revolutionäre' Projektemacherei" und „prinzipienlosen Praktizismus" abgrenzte, die er übrigens in Ehrenburgs „Vervollkommnetem Kommunistischem Menschen" bzw. Pilnjaks „Nacktem Jahr" am treffendsten erfaßt fand.

Entscheidend war, daß Tretjakow nicht zögerte, eine Änderung seiner Arbeitsweisen einzuleiten, wenn er Verschleiß, Verfall der innovativ gedachten Standards beobachtete. Er zeigte mit Schärfe, wie Meyerholds „Theateroktober" zur Mode wurde, wie die Klubs ins Ästhetisieren verfielen, wie Demonstrationen ihren Sinn einbüßten. An Eisensteins „Oktober" bewies er die Krise der heroisch-pathetischen Verfahren des Agitationsfilms, die Krise des sowjetischen Monumentalismus, aus der nur über den intellektuellen, den analysierenden Film, den Film der Begriffe herauszukommen sei.

Freilich war es bald mit Änderungen nicht mehr getan. Sein Stück „Ich will ein Kind haben", auf das er größten Wert legte, weil er hier mit Lissitzky als Bühnenkonstrukteur und Meyerhold als Regisseur zeigen wollte, wie nicht der in sich geschlossene ästhetische Kreis, sondern die „Spirale in die Meinungskämpfe" der Zuschauer die neue Dramaturgie bestimmen müßte, kam trotz enormer Anstrengungen nicht auf die Bühne. Majakowskis Selbstmord 1930, der das Berliner Gastspiel des Meyerhold-Theaters überschattete, auf dem nach ursprünglichen Plänen die beiden letzten Stücke Majakowskis – „Wanze" und „Schwitzbad" gespielt werden sollten, stellte den ganzen „anderen Menschen" in Frage. Auch kollidierte sein Konzept mit einer bedeutenden Literatur, die nicht einfach als Überbleibsel abgetan werden konnte: Juri Olescha, Andrej Platonow, Michail Bulgakow, Michail Soschtschenko und Isaak Babel in der Prosa und

471

Sergej Eisenstein

Dramatik, Pasternak, Anna Achmatowa und Ossip Mandelstam in der Lyrik.

Als Tretjakow 1931 nach Deutschland kam, war das Konzept der Operativität am Scheitern. Es scheiterte an einer Unvereinbarkeit, die gerade die russische Avantgarde dank einer geschichtlichen Gunst am opferreichsten erfahren mußte. Sie allein nämlich hat in diesem Umfang die Utopien zu Lehrprogrammen, die Sprach-Laboratorien zu Lebens-Werkstätten zu machen versucht und früher oder später begreifen müssen, daß man die Existenz der Menschen nicht durch das Experiment mit biosozialen Spielkörpern beeinflussen kann, ohne Gefahr zu laufen, sie einem universalen Kalkül der Beholfenheit zu unterwerfen.

Die Zusammenarbeit mit den deutschen revolutionären Kunstarbeitern leitete für Tretjakow eine Öffnung ein, die dann Walter Benjamin – schon im Pariser Exil, wo ihn Asja Lacis' letzte Briefe erreichen – in seinem Vortrag „Der Autor als Produzent" begrifflich

472

John Heartfield.
Foto von
Sergej Tretjakow,
1931

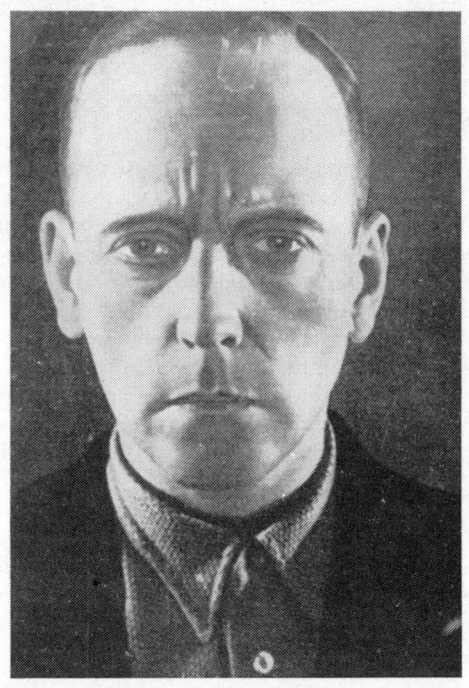

fixierte, und die Tretjakow parallel seinem Buch über die von den Nazis verbotenen deutschen Avantgardisten „Menschen eines Schei-terhaufens" zugrundelegte. Benjamin gab dem operativ verengten Konzept der „Entprofessionalisierung" wieder seine ganze Spann-weite. Die entscheidende Stelle seines Vortrags über die Eroberung einer weiten ästhetischen Befugnis formuliert zugleich die lebendige Dauer ihrer tragisch endenden Vorkämpfer von damals: „Die beste Tendenz ist falsch, wenn sie die Haltung nicht vormacht, in der man ihr nachzukommen hat. Und diese Haltung kann der Schriftsteller nur da vormachen, wo er überhaupt etwas macht: nämlich schrei-bend. [...] Ein Autor, der die Schriftsteller nichts lehrt, lehrt niemanden. Also ist maßgebend der Modellcharakter der Produktion, der andere Produzenten erstens zur Produktion anzulei-ten, zweitens einen verbesserten Apparat ihnen zur Verfügung zu stellen vermag. Und zwar ist dieser Apparat um so besser, je mehr er Konsumenten der Produktion zuführt, kurz aus Lesern oder aus Zu-schauern Mitwirkende zu machen imstande ist."

WASSILY KANDINSKY

Tanzkurven

Zu den Tänzen der Palucca

Die vollkommene Meisterschaft ist ohne Exaktheit unmöglich. Die Exaktheit ist das Resultat langer Arbeit. Die Anlage zur Exaktheit ist aber angeboren und eine überaus wichtige Bedingung der großen Begabung.

Paluccas Tanz ist vielseitig und kann von verschiedenen Standpunkten beleuchtet werden. Was ich aber hier unterstreichen möchte, ist der selten genaue Aufbau nicht bloß des Tanzes in der zeitlichen Entwicklung, sondern in erster Linie der exakte Aufbau einzelner Momente, die durch Momentaufnahmen fixiert werden.

Einige Beispiele bringen zwei wichtige Charakterzüge dieses Aufbaus:

1. Die *Einfachheit* der ganzen Form und
2. das Aufbauen auf der *großen Form.*

Es mag für den Laien einfach klingen – der Künstler weiß

„Tanzkurven". Zeichnungen von Wassily Kandinsky

474

alle diese Eigenschaften zu schätzen: die einfache und
große Form wird nur wenigen gegeben.

Nichts kann besser meine Behauptung beweisen, als die
Übersetzung der vier Momentaufnahmen in graphische
Schemas.

Die Exaktheit reißt auch die Falten und Zipfel der Kleidung mit. Auch die „tote Materie" unterordnet sich dem
großen Aufbau. Die Momentaufnahme bietet abgerissene
starre Formen, die einmal der Anfang einer Entwicklung
ist, einmal der Schlußpunkt.

Das organische langsame Entstehen der Form, die Über-
gangsstadien bleiben aus und können nur durch Zeitlupe erreicht werden, die das Feld der Beobachtungen in einer über-
raschenden Weise erweitert. Der Tanz Paluccas sollte unbedingt mit Zeitlupe aufgenommen werden, wodurch eine exakte Prüfung dieses exakten Tanzes ermöglicht würde.

Ich möchte nicht mißverstanden werden – ich habe hier *nur
eine* Seite der Kunst Paluccas beleuchtet. Aber *gerade* diese
eine Seite ist *gerade* heute von einer besonderen Wichtigkeit: Wir stehen unter dem Zeichen einer aufgehenden
Kunstwissenschaft. Ich hoffe mit Sicherheit, daß Palucca
auch auf diesem Gebiet Wertvolles beitragen wird.

1926

CARL EINSTEIN

Kandinsky

Zum 60. Geburtstag. 5. Oktober 1926

Kandinsky gehört zeitlich der Generation der Münchner und Berliner Sezession an. Sein eilendes Gemüt schleuderte ihn in die Reihe der Leute von 1905; er war eine Generation jünger als seine Zeitgenossen.

Glückhaft beschwingte, doch zu schmerzlichem Streit verpflichtende Konstellation.

Aufruhr der Seele, die in sich selbst leben will, unvermittelt sich zu fragen wagt; zunächst leidenschaftlich verwirrt antwortet, bis man Ekstase zu binden Methode findet und nun von den direkten, geistigen Gegenständen kündet. Gottersatz, Kampf gegen entgottete positive Objekte, gegen den Handel der natures mortes.

Malender Egoismus, senkrecht einbrechend; centripetale Inzucht.

Kandinsky schlug einige Fenster ein. Seine Wirkung in Mitteleuropa, vor allem im Osten ist erheblich.

Berlin, die Lyrismen etwas feindliche Stadt, versagte sich ihm.

Gewiß wird von der Generation, die zwischen 1905 und 10 aufbrach, nicht der Schatten dessen bleiben, was geläufige Agenten des Malbetriebs betippen. Erhoffen wir wenigstens in der Kunst – wenn auch bezweifelnd – mählige Auslese, wachsenden Widerstand gegen die schlauen Genies der Schnauze und Vereine. Es wird dauern bis das Gesicht dieser inflationsgefangenen Generation hellgewaschen ist.

Vergangenheit wird gegen die Revolteure lasten, oder der mildernde Abendhimmel des Historischen wird opferreichen Aufruhr in stilles Verbundensein einleiten lassen; Aufrührer werden Großväter; Reaktionäre schimmeln zu morschem Pilzzeug; trocknen weg, geduldete Asylisten.

Man wage diesen Prozeß zu verstärken durch: Wertung statt monographischer Ausbeutung. Man beende den enthusiastischen Kettenhandel überalterter Inflation und werte endlich die Farbe nach Festmark.

Vielleicht sehen wir dann deutlicher, konfliktloser Kandinskys Bedeutung und Lücken.

476

Wassily Kandinsky

Ein Mensch, der furchtlos sein Inneres aussprach; der ver-
sackende Barriere wegexplodierte, doch auch Wichtig-
stes.
Kunst bleibt trotz allem sich so ähnlich wie der Mensch.
Vielleicht ist alle Bewegung Schwimmen in gleichem
Teich, und der Horizont schaukelt höhnisch, weil man see-
krank ist.
Kandinsky erhofft Änderung des Menschen, apokalypti-
schen Hereinbruch, metaphysische Dimension, Nieder-
kunft des Absoluten.
Ob seine Bilder zu solcher Kunde genugsam befreit sind?

Eine Prophetie. Wann mag solchen Gesichten Welt je entsprechen; oder jene sind alt, schon ergreist und an entrückten Ekstasen rächen sich die nahen Objekte.

Kandinsky, ein Wagemutiger; er schlug Fenster ein, die heute von neuem verglast werden; noch oft werden diese Scheiben zerklirren, noch oft wird Aufruhr in Umkehr ermüden. Spiel des Generationswechsels, wobei die Jüngeren recht oft als vorsichtig müde sich erweisen.

Wir wissen nicht, welche Prophetie zuletzt siegen wird; die der Wiederholung oder der Änderung; Frage, ob Sub- oder Objekt ausgezählt wird.

Wahrscheinlich; sie bedingen sich gegenseitig; Schalen einer Waage; Austausch der Gewichte, Wechsel der Wertungen.

Kandinsky befand die Objekte zu leicht, die heute wieder in arrivierter, schmeichelnder Sachlichkeit ernüchternd sich rächen.

1926

EL LISSITZKY

Viking Eggeling

Die ASNOWA schließt in ihr wissenschaftliches Lehrprogramm alle Arbeiten über Elemente der plastischen Gestaltung ein und begrüßt alle Entdeckungen auf diesem Gebiet. Das Werk des verstorbenen Eggeling ist uns besonders wertvoll: Er studierte die Gesetze der räumlichen Gliederung und Bewegung, d. h., die Grundlage der Tektonik. Das tat er mit Hilfe eines neuen Instruments, des Films. Damit bahnte er auch einer ganzen Reihe neuer Möglichkeiten auf dem Gebiet der Architekturausbildung den Weg. Zweifellos ist die Arbeit Eggelings die bedeutendste Erfindung der westlichen Kunst nach der kubischen Periode.

Am 19. Mai 1925 starb Viking Eggeling in Berlin.

Zum ersten Mal hörte ich seinen Namen in einer Nacht im Jahre 1920 in einem Zimmer des Lux (des Hotels der Komintern) von einem jungen deutschen Genossen, dem es eben gelungen war, durch alle Abriegelungen zu uns hindurchzuschlüpfen. Das waren nach sechs Jahren Isolierung die ersten Nachrichten aus dem Westen.

Als er mir von Einstein und Spengler erzählte, nannte er Eggeling, den er in den Tagen des kurzen Bestehens der Bayrischen Räterepublik in München getroffen hatte. Eggeling, erklärte er, habe den „absoluten" Film entdeckt, arbeitete weiter an ihm und wolle sich nach Rußland wenden, um dort Unterstützung für seine Arbeit zu erhalten.

Anfang des Jahres 1922 traf ich Eggeling in Berlin. Nicht sehr groß, sehnig, mit einem markanten „internationalen" Schädel, sah er einem Schweden nicht ähnlich. Von seiner Arbeit sprach er sehr wenig. Ich schlug ihm und seinem Mitarbeiter Hans Richter vor, an der Zeitschrift „Weschtsch" mitzuarbeiten.

Eggeling arbeitete schon lange an der Untersuchung der Gesetze der Flächenkomposition und ihrer Dynamik. Das Bestreben, die Bewegung plastisch zu gestalten (das Problem wurde schon von den italienischen Futuristen aufgeworfen), fand bei ihm eine einfache und schöne Lösung. Er änderte sowohl das Instrument als auch die Methode. Anstelle des Malkastens mit Farben wählte er den Filmapparat, anstelle der grundierten und gerahmten Leinwand die Kinoleinwand und ungezählte Filmstreifen, die zu gleicher Zeit in allen Teilen der Welt laufen.

In Eggeling floß Musikerblut, das zeigte sich in seinen Filmen. Einige elementare Formen, Noten (er dachte an die Möglichkeit eines plastischen Alphabets, aus dem man Silben, Worte und Sätze bilden konnte), die in der Form einer Fuge entstehen, anwachsen, in bestimmtem, sich veränderndem Tempo und Rhythmus variiert werden. Dieser Vorgang entwickelt sich auf der Fläche der Filmleinwand und fließt an uns, parallel zur Sehebene, vorüber. So ist der Film Eggelings geometrisch zweidimensional, hinzu tritt die Zeit. Er mußte eine sehr mühevolle Arbeit vollbringen, um die ersten hundert Meter fertigzustellen. Tausende und aber Tausende von Zeichnungen mußten hergestellt und die Aufnahmen ohne Ende korrigiert werden.

Wir wollten gemeinsam eine Arbeit beginnen. Ich hatte darauf hingewiesen, die dritte Koordinate, die Tiefe, einzubeziehen, und auf die Beziehung zum Licht des Projektionsapparates nicht nur als Mittel, sondern auch als Material aufmerksam gemacht. Die letzte Mitteilung von Eggeling erhielt ich aus Berlin, daß er an einem Farbfilm arbeiten will und daß man ihm einen schönen Apparat dafür vorgeführt hätte. In dieser Zeit wurde sein „diagonaler" Film mit großem Erfolg in einer Reihe von Städten gezeigt.

Am 19. Mai, als ich in Berlin ankam, traf ich Eggeling auf dem Totenbett an.

Im Westen arbeiten verschiedene Künstler weiter auf dem Gebiet, das Eggeling entdeckt hat. Der Platz, den Viking Eggeling in der Entwicklungsgeschichte der Künste einnahm, ist genau zu umreißen: er bedeutet den Übergang vom zweidimensionalen Staffeleibild, das die Illusion der dritten Dimension erzeugt, zum dreidimensionalen Illusionsbild auf der Bildleinwand mit der realen vierten Dimension (der Zeit).

KASIMIR MALEWITSCH

Suprematismus als reine Erkenntnis

Die suprematistische Gegenstandslosigkeit wird als praktisch nicht anwendbares „Nichts" zum Wesen und zur Wahrheit des Menschen in allen seinen Handlungen.

Der Maler hat erkannt, daß sein Wirken außerhalb der praktischen Gegenständlichkeit steht. Die Malerei lebt und wirkt wie die Natur und kennt wie die Dichtung und die Architektur keine praktisch-utilitären Ziele mehr. Die kosmische Wirklichkeit hat sich nicht die Aufgabe gestellt, die Welt so zu erschaffen, daß der Mensch auf ihr bequem leben könnte. Aber der Ingenieur will diese mangelnde Aufmerksamkeit wiedergutmachen und macht die Nützlichkeit zur Grundlage aller seiner Schöpfungen, die der Architekt dann auch noch künstlerisch ausgestaltet und zu der er auch gleich die passende Tapete liefert. Dadurch wird der wahre Sinn der kosmischen Wirklichkeit, deren Wesen nur in dem Gleichgewichtsaustausch liegt, gestört. In diesem Gleichgewichtszustand liegt die ganze Unfehlbarkeit und das Wesen der kosmischen Wirklichkeit, in ihr ist die wirkliche Welt.

480

Was will der Mensch denn nun eigentlich erreichen mit seiner ewig gleichbleibenden Betriebsamkeit, wenn er bei vollem Bewußtsein bald diesem, bald jenem die ganze Macht oder das ganze Gewicht überläßt. Er weiß genau, daß er damit eine Sünde begeht, sonst würde er ja nicht versuchen, sie hinter der Maske künftiger Gleichheit zu verbergen und durch diese gute Tat sich die Heiligsprechung zu sichern. Gute Taten machen den Menschen zum Heiligen, das heißt, er verliert sein Gewicht, seine Macht, seine Persönlichkeit.

*

In der Güte, der Liebe und Brüderlichkeit sehe ich das Streben zur Gleichheit, anders gesagt, zur Verteilung des Gewichtes.

Auch Ingenieur und Architekt sind im Grunde genommen mit nichts anderem beschäftigt, als Gewichte zu einem gewichtslosen System zu ordnen. Das ist nach meiner Auffassung der wahre Sinn ihrer Tätigkeit und ihres Schaffens, den sie durch keine anderen Forderungen oder durch reine Futtertrog-Rücksichten einengen lassen sollten.

Jeder Mensch will sich von dem Gefühl der Sündigkeit befreien. So bemüht sich zum Beispiel der Architekt, die Bauelemente so anzuordnen, daß der Mensch sie nicht als Gewichte empfindet. Auch auf allen anderen Gebieten sorgt der Mensch immer dafür, die Last, die er sich aufgeladen hat, zu verringern, wenn möglich sogar sich ganz davon zu befreien. In der Vorstellung eines jeden Menschen steht, in verschiedener Form, die Frage der Lösung des Gewichtsproblems, was auch zur Entstehung der gegenständlichen Erscheinungen beiträgt.

Aus alledem ersehe ich immer wieder, daß alles zur suprematistischen Gegenstandslosigkeit als dem befreiten „Nichts" hinführt.

Der Mensch zeigt aber auch eine andere Neigung und zwar zur monumentalen Gestaltung, die sich am stärksten in der Kunst ausprägt. Unter der monumentalen Gestaltung verstehe ich die Konzentration von Gewicht in einem Schwerpunkt. Die Gewichte werden so angeordnet und verteilt, daß sie noch schwerer wirken. Dieses sehe ich für sündig an. Sinn und Zweck der Monumentalität ist, das individuelle Antlitz so abzusichern, daß seine Integrität nicht zersplittert werden kann. Monumentalität ist der Versuch des Individuums, sich vor der Auflösung in der allgemeinen Gleichheit der Masse zu bewahren. Durch Anhäufung von Gewicht glaubt das Individuum, eine Zitadelle errichten zu können, in der das unantastbare „Ich" sich sicher fühlen kann.

Monumentalität dieser Art gibt es nicht nur in der Kunst, sondern in jeder Nation, jedem Volk, in jeder einzelnen Kultur, mit einem Wort in allem, was sich vor der Auflösung oder Zerstörung bewahren will.

Suprematismus als Gegenstandslosigkeit

Die Gedanken des Ingenieurs sind ausschließlich auf die Ernährungsbedürfnisse und sonstige Notwendigkeiten ausgerichtet, die sich aus der bestehenden Ordnung der Beziehungen ergeben. Sie können sein, sie können auch nicht sein, die Urgewalt der Erregungen, deren Ausdruck die wahre Verbindung mit dem All ist, muß an erster Stelle stehen, sie ist das Wesenselement jeder Abstraktion. Dieses aber kann nur die Gegenstandslosigkeit ausdrücken.

Da ich bisher keine Formen zu erkennen vermag, die dieses in der Gegenwart ausdrücken könnte, stelle ich die suprematistische Gegenstandslosigkeit als ersten Schimmer der neuen abstrakten Beziehung den konkreten „nützlichen" Gebrauchsdingen entgegen.

Die suprematistische Kunst offenbart in allem die Erregung und den kosmischen Zusammenhang aller Erregungserscheinungen. Die Geburt von Körpern in der Faktur der Bewegung. Das ist der Kern ihres Wesens, der Kern des wirkenden Suprematismus. Darin liegt auch der Wesenskern des Menschen. Aber wie weit ist der Mensch noch von diesem Gedanken entfernt! Der Mensch, dieses wichtigste Verbindungsglied zum Kosmos, wird abgelenkt durch seinen auf das Konkrete eingestellten Verstand, durch seine Psychomanie nach „nützlichen" Dingen. Der Mensch und nur der Mensch muß die Gegenstände aufrütteln und sie in Meteore der Bewegung verwandeln, in jene Bewegung, in der Form und Faktur geboren werden. In ihr offenbart sich uns die Ursache (der Ursprung) von

Faktur und Ebenmaß des Materials der Erregung, in ihr die geometrische Ordnung oder der Rhythmus der Erregung.

1922

HANS RICHTER

Brülle, China!

Eines Tages, Ende der zwanziger Jahre, tauchte bei mir ein langer, schmalköpfiger, total haarloser (weil kahlschädlig abrasierter) Russe auf, dessen Name in der Literatur und im Theater jener Zeit einen nicht unbedeutenden Klang hatte. Sein Stück „Brülle, China" war von Japan bis Berlin und von Paris bis New York aufgeführt worden. Er hieß *Serge Michailowitsch Tretjakow*. Wir wurden so schnell gute Freunde, als hätten wir uns schon Jahrzehnte gekannt. Alles zog mich bei ihm an, sein maskenhaftes Aussehen, seine Lehrerhaftigkeit, seine Intelligenz wie sein fast naiver Dogmatismus, seine künstlerische Sensibilität sowie seine Isoliertheit als Mensch. Er schlug seine Arbeitszelte in Berlin in meinem Atelier im Grunewald auf („So leer und groß wie eine Kirche", meinte *Eisenstein*) und übersetzte Brecht, mit dem er in Lehrerhaftigkeit, Dogmatismus, Intelligenz und künstlerischer Sensibilität seltsam übereinstimmte, dessen zynischem Moralismus er aber nichts entgegenzusetzen hatte. *Tretjakow* war ein unzynischer Gläubiger, und das hat ihn später auch den Kopf gekostet.

Obgleich er gut deutsch, das heißt baltisch sprach, brachten ihn *Brechts* Schriften zur Verzweiflung, nicht weil *Brechts* Dichtungen schwieriger oder unklarer waren als andere, sondern ganz allgemein wegen der Eigentümlichkeit der deutschen Sprache, die das Verb ans Ende des Nebensatzes zu setzen beliebt. Außerdem behauptete er, *Brecht* habe eine spezielle Technik, seine Objekte irgendwo zu verstecken, so daß man sie wie verlorengegangene Kinder unter den Röcken der Mutter Subjekt hervorsuchen müsse. Er hatte vor, alles von *Brecht* ins Russische („eine viel einfachere Sprache"?) zu übersetzen, und arbeitete derzeit an *Brechts* „Mutter" (nach Gorki).

Er besuchte alle Theater und war von einer intellektuell künstlerischen Freßgier, die mir unersättlich schien. Den größten Eindruck machten ihm weder *Friedrich Wolfs* leidenschaftliches und linientreues Revolutionstheater an der Volksbühne noch *Brechts* böse Lehrstücke, die ja von den Agitprops seines eigenen Landes abstammten, sondern im Gegenteil das mystisch dämonische Stück *Barlachs* „Der blaue Boll" im Staatstheater. Der besoffene Seher *Heinrich Georges* und die dämonisch sinnliche Hexe *Margaretha Melzers* bekamen von ihm das höchste Lob, das ein Theaterrusse zu vergeben hat: „Das müßte *Stanislawski* gesehen haben." *Tretjakow* war irgendwann am Anfang der russischen Revolution als Künder der neuen Heilslehre nach China gesandt worden und verbrachte, wie er mir sagte, eine glückliche und erfolgreiche Zeit als Kulturgesandter an der Universität in Peking. Nach Moskau zurückgekehrt, heiratete er *Olga* und hatte mit ihr eine reizende Tochter, *Tanja*. Die Liebe zu Frau und Tochter nahmen bei diesem monogamen Dogmatiker außerordentliche Proportionen an. Trotz seiner politisch-literarischen Kämpfe, seiner ungeheuren Arbeitsaffinität ging er buchstäblich in diesen beiden Frauen auf. Um diese drei war eine Geborgenheit, die man mit Händen greifen konnte, ohne irgendwelche Afferei von seiner oder von ihrer Seite.

Durch *Tretjakow* lernte ich *Nicolai Ochlopkow* kennen, der mich zu den Proben und Aufführungen in sein Rundtheater mitnahm. Das Publikum saß amphitheatralisch um die Bühne. Oben, unten, in der Mitte sprangen plötzlich Darsteller auf, so daß die Handlung durch und mit dem Publikum geführt wurde.

Ochlopkow, der bedeutendste der damals jungen Theatergeneration, war Regisseur und Schauspieler, Schriftsteller und Organisator in einer Person, und er hatte sein eigenes Theater, das die Jungen sehr anzog.

Naum Gabo

Es ist gut, sich daran zu erinnern, daß die Zeiten nicht nur im besiegten Deutschland der Inflation und Reichswehr, der Putsche und Sturmtrupps als turbulent zu bezeichnen waren. Der Osten von Deutschland konnte diesen Anspruch mit noch weit größerem Recht erheben. Die russische Revolution, obgleich von einer Majorität der Intellektuellen auf der ganzen Welt als ein Akt von historischer Notwendigkeit begrüßt, brachte durch den folgenden Bürgerkrieg ein furchtbares Chaos mit sich, dessen Erschütterung in ganz Europa gefühlt wurde.

Trotz diesem Chaos schufen die jungen Künstler der Revolution eine neue Kunst von erstaunlicher Neuheit und Mannigfaltigkeit, die sie uns 1922 in Berlin vorführten. Und das war eine Kunst mit neuen Namen, neuen Ideen und neuen Resultaten, die weit über das hinausgingen, was wir erwarteten. Ich erinnere mich gut an den ersten Eindruck, als wir die Ausstellung Unter den Linden eröffneten. Ein riesiger Frauenakt aus Metallblechen lag im Mittelpunkt des ersten Raumes, und ein ähnlich konstruierter Kopf blickte auf den Akt hinunter. Es waren Raumplastiken, die den Gegenstand von innen her verräumlichten, von einer Kühnheit und Sicherheit, die mich augenblicklich gefangennahmen. Ein mittelgroßer Mann, solide gebaut, mit fliegender Mähne und blitzenden, braunen Augen stellte sich als *Naum Gabo,* den Schöpfer dieser Kunstwerke, vor. Er konnte höchst ausdrucksvoll sprechen, doch nie ermüdend. Selbst wenn man sich schon bei näherer und nächster Bekanntschaft verabschiedet hatte, geschah es, daß man noch stundenlang auf den Treppenabsätzen weiterdiskutierte, wobei die Lautstärke, ob Tag oder Nacht, ständig anschwoll, bis man von irgendwelchen schlafbedürftigen Hausbewohnern weggejagt wurde.

Außer an *Gabos* Arbeiten erinnere ich mich an sehr gut gemalte Fische von *Sterenberg,* dunkle ikonenhafte Ölporträts von *Pevsner* (*Gabos* Bruder, wie sich dann herausstellte), Entwürfe von Straßendekorationen im Stile *Tatlins* von *Nathan Altmann* und an abstrakte Bilder, ich glaube von *Malewitsch,* an Bilder von *Rodschenko* und vor allem an Werke des damals berühmten russischen Künstlers *Tatlin. Gabos* Werk,

485

diese Aufspaltung des Raumes und musikalische Orchestrierung, war mir damals wie heute besonders nahe, und wir wurden Freunde. Er, sein Bruder und dessen Frau *Virginia*, eine stille, junge, schöne Türkin, bezogen ihr Standquartier in der Steglitzerstraße in Berlin. Als *Pevsner* nach Paris übersiedelte, zog *Gabo* nach Lichterfelde um. Inzwischen hatten sich seine metallschweren Skulpturen in durchsichtige Zelluloidtafeln verwandelt. In dieser Transparenz wurde das Raumspiel um so ein-sichtiger und vielschichtiger. Dieser „neue Realismus", wie er es nannte, hat ihn über die nächsten vierzig Jahre geleitet. Damals wie heute verfolgt er die Raum- und Flächendurchdringung, eine Artikulation neuer Wesen, die uns beiden wie vor mehr als vierzig Jahren unerschöpfliches Material für unsere Diskussionen liefern. Längst ist Gabo amerikanischer Bürger. Aber eine Russe bleibt in seinem Herzen Russe. Ohne Zögern kann er uns, die wir kein Russisch verstehen, einen ganzen Abend lang Puschkin auf russisch vorlesen, mit einer unaufhaltsamen Begeisterung, die ihm die Tränen in die Augen bringt, in der festen Überzeugung, daß das, was russisch schön klingt und so voller Poesie ist, auch schließlich in unsere doch noch nicht russisch aufgeweichten Herzen fallen werde.

Aber Gabo und Pevsner waren nicht die einzigen, die von den Wellen des Bürgerkrieges nach Berlin geworfen wurden. *El Lissitzky* war schon vorher, 1921, mit Erlaubnis der neuen Machthaber in Berlin gelandet und veröffentlichte offenbar mit deren Unterstützung die Zeitschrift „Vjetsch" (Objekt), die sich mit den Problemen unserer modernen Kunst beschäftigte und die Verwandtschaft zwischen unseren und den russischen künstlerischen Bemühungen unterstrich. 1930 ging *Lissitzky* nach Moskau zurück.

Der olivdunkle *Nathan Altmann* blieb mindestens ein bis zwei Jahre unter uns, ehe er weiterzog, erst nach Paris und dann zurück nach Moskau, ebenso wie *Ilja Ehrenburg*, der im Romanischen Café in Berlin und später im Café du Dome in Paris den Kontakt mit der internationalen Künstlerwelt, der er anzugehören schien, aufnahm. Auch *Ivan Puni* (in Paris später *Pougny*), einer der ersten Abstrakten (und Dadaisten) der russischen Kunstwelt, nahm mit seiner Frau für kurze Zeit in der Tauentzienstraße in Berlin Residenz. *Xe-*

Kongreß der Konstruktivisten und Dadaisten, Weimar 1922.
Obere Reihe von links: Ma und Lotte Burchartz, Peter Röhl, Vogel,
Lucia und Laszlo Moholy-Nagy, Alfred Kemeny
Mittlere Reihe: Alexa Röhl, El Lissitzky, Nelly und Theo van
Doesburg, Sturtzkopf
Untere Reihe: Werner Graeff, Nini Smit, Harry Scheibe, Cornelius
van Eesteren, Hans Richter, Tristan Tzara, Hans Arp

nia Puni war eine bildhübsche, lebendige und überaus fröhliche Person, ganz im Gegensatz zu ihrem spitznasigen, schwarzhaarigen und schwarzäugigen *Ivan*, dessen scharfer Mund sich kaum je zu einem Lächeln verzog und der wie ein gefährlicher Lust- oder Unlust-Mörder aussah. Dabei war er einer der sanftesten und liebenswertesten Menschen, die ich je traf. Da *Eggeling* seine Augen von *Xenia* nur im Notfall abwenden konnte und ich beide *Punis* sehr gern hatte, waren wir in den Jahren 1921/22 viel in ihrem Atelier zusammen. Es bestand nur aus einem einzigen, mäßig großen Raum, von dem noch dazu in einem Winkel durch einen Vorhang ungefähr zwei Meter abgetrennt wurden. Zufällig lüpfte ich einmal diese geheimnisvolle Umfriedung und stand zu meiner Überraschung vor einem riesen Berg alten Weißbrots. „Weißbrot muß frisch sein", wurde mir mitgeteilt ... und der Berg wuchs trotz täglicher Abnahme der Existenzmittel. Wie die *Punis* sich von dieser Ansammlung von Weißbrot jemals befreit haben, kann ich nicht sagen. Sie verließen bald Berlin. Ob der folgende Mieter wohl irgendwelche Verwendung für das alternde Weißbrot gefunden hat?

Xenia, auch heute noch ein liebenswertes Wesen, betrauert ihren *Jean*, der vor mehreren Jahren gestorben ist. Seine Bilder, zartester Impressionismus, der Ausdruck einer zarten Malerseele, haben viele Liebhaber gefunden, so viele, daß *Xenia* keine Bilder mehr abgeben will. Ihr und *Jeans* Atelier, im gleichen Haus wie Légers Atelier in der Rue de Notre-Dame des Champs 86, wird von ihr bewahrt, wie es am letzten Tage war, als *Jean* noch lebte ... Während sie mit unerschöpflicher Energie seinen Namen, sein Werk und die Ausstellungen in Paris verwaltet.

Kasimir Malewitsch

Eines Tages rief mich ein mir unbekannter Herr *von Riesen* an, um mich auf den Besuch des russischen Malers *Malewitsch* vorzubereiten. Wenn ich mit Tretjakow via Literatur und Schauspielkunst, via Lehrstücke und *Brecht* zusammenkam, so mit *Malewitsch* via abstrakte Malerei, abstrakten Film und Suprematismus.

Malewitsch, ein gedrungener, breitköpfiger, dunkler Mann

mit weit auseinanderliegenden, dunklen Augen, begrüßte mich zu meiner Überraschung mit dem deutschen Dichternamen *Uhland*. Es stellte sich, als er tief den Hut zog, heraus, daß er überhaupt kein Deutsch sprach. Er hatte bei dem Telefonanruf offenbar meine Rufnummer mit dem Kennwort „Uhland" gehört (im Zeitalter der nichtautomatischen Verbindung, wo der Anruf von Mensch zu Mensch durch Frauenstimmen vermittelt wurde, paßten Dichternamen noch in das Gewebe der Telefonleitungen). *Malewitsch* dachte es sich als Ehre für mich aus, mich mit dem Namen des Dichters zu belegen, von dem er sicher noch nie gehört hatte; und überhaupt war es das einzige deutsche Wort, das er kannte. So benutzte er es von da an regelmäßig als Begrüßung, obwohl er die komische Seite längst begriffen hatte, denn seine lustigen Augen zwinkerten die Begleitung zu diesem originellen Ritual.

Die äußerlich schwerfällige Art seiner Bewegung und seiner (russischen) Ausdrucksweise war eher eine Art Pelzmantel, unter dem sich ein außerordentlich reger Geist und eine enorme Wachheit sehr zielgerecht bewegten. Bei unseren ersten Unterhaltungen waren wir natürlich gehandicapt, da der eine nur das Wort „Uhland" und der andere nur das inzwischen gelernte Wort „spassivo" (bitte) kannte. Trotzdem verhandelten wir durch den freundlichen Herrn *von Riesen* ausführlich und oft, zunächst über *Malewitschs* Buch. Herr *von Riesen* muß es wohl übersetzt haben, denn ich las einige Kapitel. Aber ich sagte *Malewitsch* offen, daß es außerordentlich schwierig zu verstehen sei und manchmal überhaupt nicht. Seiner erstaunliche Antwort auf meine Kritik war, daß es nicht nur darauf ankäme, ob alles richtig „sei", sondern ebenso, ob es richtig „klinge". Als ich das Buch später im Bauhaus-Verlag bekam und las, klang es allerdings richtig, auch ohne unrichtig zu sein.

Aber das Hauptanliegen, das *Malewitsch* und mich verband, war sein suprematistisches Weltbild, das als Kontinuität und in Bewegung ausgedrückt werden sollte. Er hatte meine abstrakten Filme gesehen und fand, daß wir gemeinsam an die Realisierung dieses Traumes gehen könnten oder sollten. Es ist keine Frage, daß wir des öfteren zusammenkamen und an diesem Projekt arbeiteten. Das Merkwürdige daran ist, daß ich, der ich mich an viele minutiöse

Einzelheiten weit zurückliegender Zeiten gut erinnere, überhaupt keine Erinnerung an die filmische Zusammenarbeit mit *Malewitsch* habe. Als ich vor zwei Jahren von Dr. *Haftmann*, der gerade an der Herausgabe der *Riesen-Malewitsch*-Dokumente arbeitete, nach der Zusammenarbeit mit dem Russen gefragt wurde: was denn aus dem Film, den wir zusammen unternehmen wollten, geworden sei, da erinnerte ich mich zunächst an diese Tatsache überhaupt nicht mehr. Um so erstaunter war ich, als ich in dem fertigen Buch die farbigen Abbildungen einer ganzen Filmpartitur mit der Unterschrift „Film für Hans Richter" sah.

Das Zusammentreffen war etwa 1926/27. Wie gern hätte ich in den vergangenen vierzig Jahren diesen Film realisiert, wenn ich ihn nicht aus meinem sonst so anhak-bereiten Gedächtnis verdrängt hätte – warum, weiß ich selbst nicht. Daß ich heute noch dazu kommen werde, scheint mir bei allen guten Wünschen in meinem Alter zweifelhaft.

Der Mann mit der Kamera

Erst 1929, während der Film- und Foto-Ausstellung des Werkbundes in Stuttgart (deren Filmteil ich leitete und für die ich eine Art Glaubensbekenntnis der Avantgarde in Form eines Buches „Filmgegner von heute – Filmfreunde von morgen" geschrieben hatte), traf ich den ersten der großen Filmregisseure: *Dsiga Wertow*. Zwar waren *Eisenstein*, *Pudowkin* und *Dowjenko* ebenfalls eingeladen, aber sie sandten – mit einem gewissen Recht – *Dsiga Wertow* als ihren Repräsentanten und von sich selbst je eine Serie Beispiele ihres Montagestils. Diese für die Geschichte des Films unersetzlichen Dokumente sind während der Nazi-Invasion in Frankreich zerstört worden. In ihrer Einmaligkeit kaum wiederholbar (denn sie waren von den Meistern selbst zusammengestellt worden), wurden sie von den gierigen Eroberern, um den Silbergehalt der Emulsion zu gewinnen, verbrannt.

Wertows Erstgeburtsrecht bestand darin, daß er den Anstoß zu der neuen russischen Filmkunst und Filmtechnik in der Sowjetunion, eben der Montage, gegeben hatte, jener Methode, die in ihrer Weiterentwicklung und Vollendung zu einem „Potemkin" führen sollte.

490

Wertow kam in Stuttgart mit einem langen Film an, seinem „Mann mit der Kamera". Dieser Film war uns schon damals vom Hörensagen als klassisches Werk bekannt. Es war eine Aneinanderreihung von Wochenschau-Aufnahmen, die *Wertows* Credo enthielten, nämlich daß nur diejenigen Aufnahmen wirklichen Dokumentarwert hatten, die während des betreffenden Ereignisses aufgenommen worden und unretuschiert seien. Keine auch nur im geringsten gestellte Aufnahme ließ er durchgehen. Die Tatsachen allein sollten sprechen. *Lenin* soll, als er *Wertows* Filme sah, geäußert haben: „Von allen euren Künsten ist uns der Film die wichtigste." Ich führte *Wertow* persönlich ein und bat um Nachsicht mit dem Sprecher, der des Deutschen kaum mächtig sei. Diese Feststellung war in der Tat eine gewaltige Untertreibung. Er hielt einen längeren Vortrag in einer Mischung von jiddischer und russischer Sprache, die keinem in dem Stuttgarter Publikum geläufig war, und blieb daher völlig unverständlich. Nur durch das Wort „Kinoki", Linse der Kamera, ein Wort, das im Programmheft mit Kinoauge erklärt war, hielt das Publikum noch einen gewissen Kontakt mit dem Sprechenden aufrecht. Es ist mir heute noch unerklärlich, warum sich das Publikum nach dem Vortrag mit einer Begeisterung gebärdete, als hätte *Caruso* gerade seinen besten Abend gehabt. Auch *Wertow* war verblüfft, das hatte er noch nie erlebt. Aber die Begeisterung galt offenbar nicht *Wertow* allein – den Film fand man eher langweilig –, sondern sie war der Tribut für den russischen Film als solchen, das heißt für diejenigen russischen Filme, die man bisher zu sehen bekommen hatte. Sie ergoß sich über *Wertow* als den ersten leibhaftigen Regisseur dieser neuen Spezies, dessen man habhaft geworden war. Verstanden hatte man zwar nichts, aber der Charme *Wertows*, die Echtheit seines Glaubens, die Art und Weise seines Sprechens, auch wenn man nichts verstand, das alles riß das Publikum mit. Und doch war das, was er in dem Vortrag gesagt hatte, von Bedeutung: nämlich wie er seinen Montagestil gefunden hatte. Er hatte sich eine Organisation gebaut, die es ihm ermöglichte, binnen Minuten bei Veranstaltungen, Feuersbrünsten, Morden, Trauungen, Tänzen, Versammlungen usw. zur Stelle zu sein. So war er manchmal als erster am Tatort, noch vor der Polizei. Er nahm Zehntausende von Metern des Sowjet-Alltags auf, ohne sich zunächst darum zu kümmern, wie alle diese an sich zusammenhangslosen Ereignisse in einen Film gebracht werden könnten.

Als er dann genügendes Material beisammen hatte, versuchte er, irgendeine Ordnung zu finden, um dem Ganzen einen Zusammenhang zu geben! Während er so suchte, entdeckte er bei den Vorführungen und Wieder-Vorführungen, daß manchmal zwei Szenen, auch wenn sie inhaltlich nicht das mindeste miteinander zu tun hatten, bei der Vorführung doch einen Eindruck machten, „klangen" – andere hingegen nicht.

Er studierte dieses Phänomen und fand, daß dieses „Klingen" auf einer bestimmten Musikalität von Bewegungs-Verwandtschaften beruhte, von Bewegungen in einer Szene, die sich wie in einer Melodie in der nächsten (inhaltlich nicht notwendigerweise dazu gehörenden) fortsetzten. Er zog die Konsequenzen aus dieser Entdeckung und begann Bewegungsvorgänge zusammenzukleben, ganz gleich, ob dann eine Feuersbrunst neben einem Kegelabend oder ein Tanz neben einen Mord zu stehen kam; dabei achtete er auf die Kontinuität oder Musikalität der Bewegungsvorgänge.

Diese scheinbar unbedeutende, doch in der Tat folgenweite Entdeckung wurde von der vorwärts stürmenden jungen Filmgeneration der Revolution aufgenommen und auf breitester Front weitergeführt und vertieft. Auf dieser rhythmisch-musikalischen Grundlage entstand der erste reine Filmstil, eben die Montage.

Meine Freundschaft mit *Wertow* beruhte außer dem unmittelbaren persönlichen Kontakt, der wahrscheinlich auch damit zu tun hatte, auf der Tatsache, daß ich ungefähr zur gleichen Zeit wie er an den gleichen Problemen arbeitete, wenn auch von einer ganz anderen Seite her. Nach unseren, wie mir schien, mißlungenen Versuchen, unsere Rollen (*Eggelings* und meine) in Bewegung auf Film umzusetzen, erkannte ich, daß das Problem des Films wesentlich in der Artikulation von Zeit und nur sehr sekundär von Form bestehe. „Je mehr ich in das Phänomen Film eindrang, desto überzeugter war ich, daß die artikulierte Zeit, nämlich Rhythmus, als das Elementare des Films und als seine innere Struktur zu betrachten sei."

492

axim Gorki und sein Maler Boris Grigorjew. 1926

Von links nach rechts: Lili Brik, Ossip Brik, Roman Jakobson und
Wladimir Majakowski in Bad Flinsberg. Juli 1923

lena Ferrari, eigentl. Olga Fjodorowna Golubjowa, Schriftstellerin

A. Remisoff, 7 Rue Boileau
Paris XVI

(Unterschrift)

Bärenbittschrift

Wir gehen zu Grunde!

Deshalb schreibe ich Ihnen auch eine Bärenbittschrift, denn ich verstehe sehr wohl, daß ich als Mensch überhaupt keinerlei Ansprüche zu erheben habe. Sie sind der einzige, dem ich SO schreiben kann. Dr. Axel Munthe, der Autor des Buches "von San Michele" hat 100.000 Krone gestiftet und Ihrem König zur Verfügung gestellt. Von diesem Gelde sind 5000 Kronen für die Verteidigung der Bären von den Menschen und für die Beschützung ihres Rechtes auf Leben bestimmt. Eben zu dieser Kategorie gehöre ich. Ich bin ja ein Bärenvertreter. Mein Lieblingsspielzeug, mein einziges Spielzeug ist ein kleiner Bär „медвѣдюшка". Es gibt auch etwas von mir über Bären auf Englisch; ■ wenn ich nur etwas Geld hätte, hätte ich Ihnen dieses Buch geschickt: ■ The Book of the Bear, The Nonesuch Press, London 1926. In diese Buch sind von mir: 1) Her Star-Bear, 2) The Bear's Lullaby, 3) The Hare as Nurse to the Bear-Cubs, 4) Hare Ivanich. Dieses Buch ist den Schulen empfohlen. Aus diesen Märchen kann man ersehen wie ich die Bären liebe. Nirgendwo kann der Bär einen besseren Schutz finden als bei mir.

Und doch gehen wir zu Grunde und haben kein Recht auf Leben!

Frau Augpeeba (?), Sie, als Schriftsteller haben die Möglichkeit mit Dr. Axel Munthe in Verbindung zu treten. Erzählen Sie ihm doch bitte von unsere Lage und zeigen Sie ihm meine Bärenbittschrift. Könnte man mir nicht aus den Bärenfonds irgend etwas zukommen lassen?

Herzliche Grüsse an Sie und an Ihre Familie von uns beiden:
от Серафимы Павловны и от меня

(Unterschrift)

*) По русски много у меня медвѣжьихъ сказокъ.

Brief von Alexej Remisow an Aage Madelung

ndrej Bely (Mitte) in Swinemünde

lexej Remisow. Gemälde von Boris Gri-
rjew. Aus der Zeitschrift „Russisches Echo"

Andrej Bely.
Zeichnung von Alexej Remisow

VII. Jahrg. Nr. 28   Berlin, den 2. August 1930   10

Jede Woche Musik

ILLUSTRIERTE WOCHENSCHRIFT DES BERLINER TAGEBLATTS

Komponist und musikalischer Leiter
Edmund Meisel

Suite aus der Originalmusik zu dem Tonfilm

Panzerkreuzer Potemkin

[Regie: S. M. Eisenstein]

von EDMUND MEISEL

Uraufführung: Marmorhaus, Berlin, August 1930

Mit Genehmigung des Promethens-Film, Berlin

Panzerkreuzer Potemkin
Bild zu Motiv Nr. 12 (Apotheose)

① **I. Akt.** *Fanfare*
Thrace
ff — rit. — lungo

② *Hauptthema des Vorspiels*
Maestoso

③ *Potemkin-Thema*
rit. — p — f

④ *Schiffarzt*
staccato — grotesk

Kriechen der Würmer auf dem verdorbenen Fleisch
pp — Brodeln der verdorbenen Suppe — Schaukeln – Kopfschütteln wiederholt, solange

Photographie: E. Tissé. **Deutsche Bearbeitung:** Piel Jutzi. **Produktion:** Sowkino, Moskau

Erste Seite der Beilage im „Berliner Tageblatt" vom 2. August 1930

Brief von Ernst Toller an Sergej Eisenstein vom 3. Mai 1926

Telegramm Sergej Eisensteins an Edmund Meisel vom 17. Februar 1928

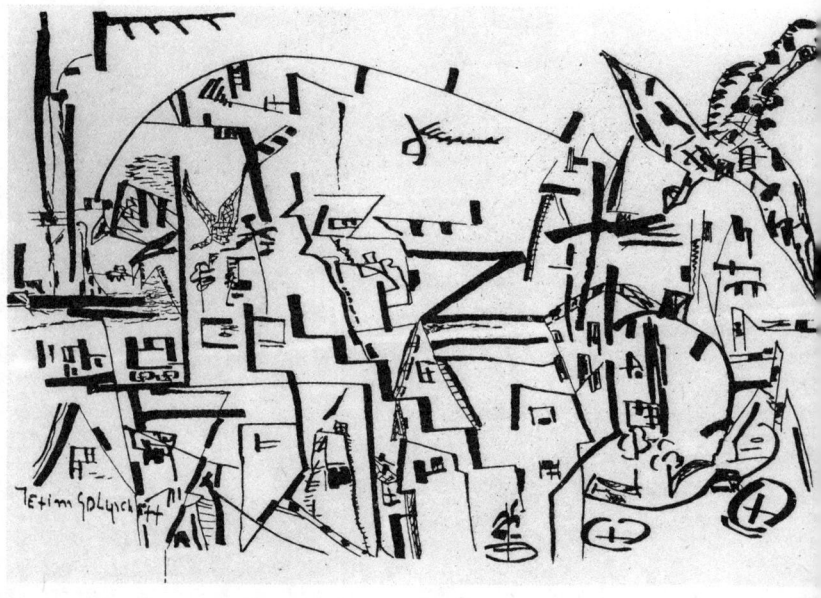

Zeichnungen von Jefim Golyscheff in der Zeitschrift „Cicerone". 1919

eklamekostüme nach Entwürfen von Iwan Puni

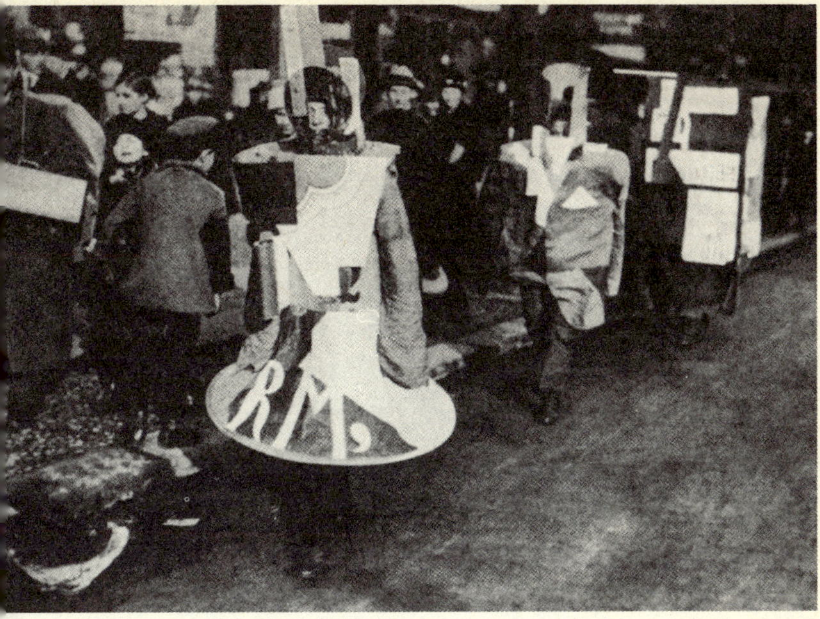

„Lebende Zeitung". Inszenierung der „Blauen Blusen", Moskau

Plakat von Elena Liessner-Blomberg

Zeichnung von Iwan Puni. 1921

ja Ehrenburg und seine Frau Ljubow Kosinzewa um 1923 in Berlin

Ilja Ehrenburg, „Und sie bewegt sich doch"
mit einer Umschlagzeichnung von Fernand
Léger, Berlin 1922

ИЛЬЯ ЭРЕНБУРГ
А ВСЕ ТАКИ
ОНА ВЕРТИТСЯ

К-ВО «ГЕЛИКОНЪ»

Auf einem Ball der Novembergruppe:
(vorne v. l.) Ilja Ehrenburg, der Maler Rybak und Alexander Bachrach
(sitzende Reihe v. l.) Ljubow Kosinzewa, El Lissitzky, ?, ?, Schneider,
Frau Vischnjak
(stehend v. l.) Kroll, Vera Lourié, Viktor Schklowski, Jelena Ferrari
(oben), Tereschkowitsch (Maler), ?, Solomon Kaplun (Verleger),
Schkapskaja (Schriftstellerin), ?, Frau Kaplun, Abraham Vischnjak

a Ehrenburg (vorn), El Lissitzky (2. v. l.), rechts daneben Frau
schnjak und Vera Lourié (rechts) etwa 1924 in Berlin

Wladimir Majakowski auf Norderney

Empfang der „Gesellschaft der Freunde des neuen Rußland" im
„Russischen Hof", Berlin am 10. Mai 1927; hintere Reihe v. l. n. r.:
Intendant Prof. Jeßner, Valeska Gert, Alfred Wolfenstein, Maria Einstein,
Lydia Sejfullina, Wladimir Majakowski, André Guilbeaux, Helene
Stöcker; stehend Graf und Gräfin Arco; vordere Reihe v. r. n. l.: Olga
Kamenewa, die Vorsitzende der Allunionsgesellschaft für Verbindungen
mit dem Ausland, der Kunsthistoriker Eduard Fuchs, Museumsdirektor
Dr. Stengel

vesterfeier 1930 im Atelier von George Grosz. In der Mitte Paul Eluard
d George Grosz. Vor Eluard Ljubow Kosinzewa. Rechts oben Ilja
renburg

ei der Überreichung des Nobelpreises für Literatur an den Schriftsteller
an Bunin. 1933

„Bilder vom Tage", Ullstein 1928: „Aus dem Vaterland der Werktätigen. Madame Lunatscharskaja, Gattin des Volkskommissars"

Kuleschow

Der entscheidende Schritt von der Idee des „musikalischen Rhythmus" zur Methode der Montage wurde von *Kuleschow* unternommen, der geschichtlich also als der Vater der Montagetechnik zu betrachten wäre.

Auch er experimentierte mit dem „zufälligen" Aneinanderreihen von einzelnen, zunächst beziehungslosen Filmszenen. Dabei stellte er aber noch etwas anderes fest als nur den musikalischen Rhythmus, nämlich daß dabei ein durch die Beschaffenheit des menschlichen Gehirns bedingter Prozeß ausgelöst wird, der die jeweilige Bedeutung zweier (oder mehrerer) aufeinanderfolgender Szenen bestimmt.

Ich kann mich nicht mehr daran erinnern, welche Szenen er für das Originalexperiment benutzte, habe aber, ihm folgend, hier selbst drei Beispiele zusammengestellt, in denen die jeweils folgende Szene den Sinn und Inhalt der vorhergehenden wie auch der folgenden definiert. Die zweite Szene ist bei diesem Experiment in jedem Falle die gleiche, aber der Ausdruck des Mannes verändert sich, je nachdem, ob er auf einen Teller Suppe, auf einen ermordeten Mann oder auf ein nacktes Mädchen blickt. Der Ausdruck des unbeweglichen Mannes verändert sich im Vorstellungsvermögen des Beschauers, indem er jedesmal eine verschiedene Assoziationsreihe in Bewegung setzt und damit der Szene diese oder jene Bedeutung gibt.

Kuleschow folgerte daraus, daß der Film das Vorstellungsvermögen des Beschauers durch Bildverbindungen steuere und daß dies nicht nur wie im Anfang der Filmkunst durch schauspielerische Gebärden – sich Haare ausreißen, ohnmächtig werden, weinen oder lachen usw. – geschehe, sondern durch die Kunst der Zusammenstellung der Szenen, eben durch die Montage.

S. M. Eisenstein

Noch im gleichen Jahr erschien endlich S. M. selbst, nicht Seine Majestät, sondern *Sergei Michailowitsch Eisenstein*. Er brauchte seine Visitenkarte nirgendwo mehr abzugeben. Sein Löwenkopf war inzwischen überall abgebildet neben, unter und mit der Treppe der Kosaken aus „Potemkin".

493

Diese Treppe, die ursprünglich nach dem Erbauer von Odessa, dem französischen Architekten *Richelieu*, benannt war, wurde nach dem Welterfolg des „Potemkin" offiziell in Potemkinsche Treppe umgetauft.

Sofort begann ein Wettrennen um *Eisenstein*. Projekte und Filmfinanzen wetterleuchteten. Die Initialen S. M. E., in einen Filmtitel zu bekommen, schien eine Messe wert.

Herr *Wechsler* aus Zürich, ein damals noch ganz kleiner Filmunternehmer, der später reiche Lorbeeren für den Schweizer Film ernten sollte, schlug *Eisenstein* vor, einen Film über Abtreibung zu machen: „Frauennot – Frauenglück". „Nein", sagte mir *Eisenstein* sarkastisch, als wir auf Schloß La Sarraz bei *Madame de Mandrot* zu Gast waren, um das erste internationale Filmtreffen des unabhängigen Films abzuhalten, „eine einzelne Abtreibung als Film, das interessiert mich nicht. Ja, wenn es sich darum handelte, Abtreibungen in einem ganzen Marktflecken oder Dorf vorzunehmen, das wäre etwas anderes." Trotzdem wurde der Film gemacht. *Tisse*, *Eisensteins* Operateur, und Alexandrow, sein Assistent, realisierten ihn ohne S. M. Aber schließlich wurde sein Name doch noch irgendwie hineingeschmuggelt.

In La Sarraz aber war er authentisch und mit vollem Namen dabei. Die Schweizer Fremdenpolizei, in Besorgnis, was dieser weltberühmte Russe eventuell an Weltrevolutionen anstellen möchte, hatte ihm ausdrücklich verboten, sich auch nur einen Schritt ohne spezielle Erlaubnis von *Madame de Mandrots* Schloß zu entfernen. Man konnte ja nie wissen? Das prachtvolle Schloß aus dem Mittelalter war von der großzügigen Schloßbesitzerin *Madame de Mandrot* im Jahr 1929 dem „Ersten Kongreß des unabhängigen Films" zur Verfügung gestellt worden. Es enthielt viele prächtige Waffen und Rüstungen der Vorfahren der Gastgeberin. Ich schlug vor, als Dokument unseres Kongresses mit diesen Requisiten und mit *Eisensteins* Hilfe, auf diesem historischen Boden, mit diesen historischen Persönlichkeiten, in diesem historischen Augenblick einen Film zu machen. Und das geschah. „Der Kampf des unabhängigen gegen den kommerziellen Film" war das Thema. S. M. wurde einstimmig zum General des unabhängigen, *Béla Balázs* zum Führer des kommerziellen Films ernannt, und wir bewaffneten

494

uns während *Madame de Mandrots* vorübergehender Abwesenheit mit den Lanzen und Schwertern, Rüstungen, Schilden, Federhüten und Pluderhosen der ehrenwerten, doch verstorbenen Mandrots. Die einzige weibliche Kongreßteilnehmerin, *Fräulein Bouissounouse,* wurde mit Ketten auf dem acht Stockwerk hohen Dach des Turmes zum Fenster hinausgehängt. *Walther Ruttmann* und *Léon Moussinac* (der bedeutendste französische Filmkritiker jener Tage) traten als Wallenstein und Piccolomini auf. Ich arrangierte einen Geistertanz mit unseren Bettlaken auf dem Rasen vor dem Schloß, und S. M. ritt einen uralten Projektionsapparat, mit der einen Hand die Lanze haltend, mit der anderen die Kurbel drehend. Bei den Aufnahmen hatte ich Gelegenheit, den Wert der Teamarbeit, wie sie in der UdSSR eingeführt worden war, zu beobachten. Regisseur, Operateur und Assistent arbeiteten als Team zusammen. So geschah es, daß eine solche Gruppe allmählich eine Art Familie wurde und ein gegenseitiges Verständnis zustande kam, eine Zusammenarbeit, die auf keine andere Weise möglich gewesen wäre.

S. M. bedeutete *Tisse*: „Laß dir eine Schreibmaschine bringen und nimm sie wie eine Kanone auf." Damit verließ er *Tisse*. In der Tat, ohne weitere Anregung stellte *Tisse* die Schreibmaschine auf eine schiefe Ebene, ließ mich auf ein Zeichen hin den Schlitten loslassen ... und wie ein Kanonenrohr schoß die runde Rolle des Schlittens schräg ins Bild. Die gleiche Art von Teamarbeit konnte ich später zwischen *Pudowkin* und *Golownia* beobachten, zwischen *Wertow* und seinem Bruder *Kaufmann*, oder zwischen *Ermler* und *Fekse* in Leningrad. Alle Regisseure bauten sich ihre Filmfamilie auf, die zum mindesten aus Operateur, Assistenten und Scriptgirl bestand, auf die man sich verlassen konnte. (Ich habe in meiner eigenen Erfahrung die Wichtigkeit dieser Teamarbeit immer wieder bestätigt gefunden. Alle meine Filme in Amerika habe ich mit einem meiner Schüler, einem ungelernten, aber begabten und mich verstehenden Fotografen, *Arnold Eagle,* gemacht. Als er einmal verreisen mußte, versuchte ich, nacheinander mit zwei hochbezahlten, erfahrenen Filmoperateuren zu arbeiten. Ich konnte keinen Meter verwenden und verschob die Weiterarbeit, bis *Arnold Eagle* zurückgekehrt war.)

Kaum waren die Aufnahmen in La Sarraz beendet, als *Madame de Mandrot* heimkam. Zwar waren alle Laken, Rüstungen, Kostüme wieder an Ort und Stelle, aber die Entweihung dieser Familienheiligtümer durch unser Fabelspiel entmutigte die edle Dame, je wieder etwas mit Filmkongressen und Filmleuten zu tun zu haben. Sie beschränkte sich in der Zukunft darauf, ihr Schloß würdigeren Versammlungen, denen der Architekten, zur Verfügung zu stellen, die sich respektvoller aufführten und das Schloß nicht moralisch demolierten.

Was aus unserem La Sarraz-Film geworden ist, der in der Tat ein Dokument ersten Ranges, wenn auch dadaistischer Färbung gewesen wäre, weiß niemand. S. M. beschuldigte mich, daß ich ihn nach Deutschland gebracht hätte, wohingegen ich genau wußte, daß er mit *Tisses* Kamera und Magazin nach Zürich zu Herrn *Wechslers* „Praesensfilm" gewandert sein mußte, um dort entwickelt und kopiert zu werden. Meiner Meinung nach hat *Eisenstein* ihn irgendwo in einer Pension unter dem Bett stehenlassen, denn sein Zimmer war stets voller Bücherpakete. Er kaufte überall Bücher, besonders über Mystik, Hexenverbrennungen, mittelalterliche Prozesse und Magie. Man konnte nur über Dutzende von Paketen mit derartigen Erwerbungen in sein Zimmer gelangen. Auf den Buch-Einkaufs-Spaziergängen in Berlin und Paris, die ich mit ihm unternahm, lernte ich durch ihn allerlei seltene Ausgaben von Mystikern, Sehern und mittelalterlichen Philosophen kennen, finden und kaufen. Seine Bibliothek in Moskau war voll von solchen unmarxistischen Dokumenten, die er zum Ausbau und als Gegengewicht zu seiner marxistischen Weltanschauung benötigte. Er war viel zu komplex, um an einfache Lösungen zu glauben, selbst wenn er sie später in seiner enormen Makart-Wagner-Oper „Iwan" zu bieten schien.

Wie dem auch sei, der La Sarraz-Film war und blieb verschwunden, ohne ein weiteres Lebenszeichen von sich zu geben … bis im Jahr 1963 ein Genfer Skeptiker, A. C. in der „Tribune de Genève", eine Lösung dieses Rätsels anbot mit der Überschrift „Le film du Congrès de La Sarraz n'a jamais existé": *Tisse* habe auf *Eisensteins* Anordnung (sie hatten kein Geld, um Filme zu kaufen) mit leerer Kassette gedreht! Das ist nicht unmöglich. *Eisenstein* hatte von seiner

496

Heimat keine Kopeke mitbekommen, und das genügte in der Tat nicht, Rohfilme zu kaufen. Aber auch wenn *Wechsler* ihm Rohfilme zur Verfügung gestellt hätte, wäre es fraglich, ob er wertvolles Rohmaterial für so ephemere Zwecke hätte verwenden wollen. Denn so sah es doch damals aus? Sehr schade!

So blieben nur einige Fotos und das Bedauern übrig, ein so einzigartiges Dokument sich in nichts auflösen zu sehen.

Nach Beendigung des *Wechsler*-Films „Frauennot und Frauenglück" und im Besitz der notwendigen Reisespesen zog S. M. mit seinem Stab nach Paris. Bei einem Vortrag, den er dort hielt, stritten sich begeisterte Anhänger und erbitterte Gegner um seine Aufmerksamkeit. „In Rußland lacht man überhaupt nicht mehr", schrie man ihm zu. Auf diese Behauptung, meinte *Eisenstein*, könne man seine Landsleute bis Paris lachen hören. Wie in der Schweiz bot man ihm auch in Paris bald eine Produktion an. Wie dort lehnte er auch hier ab, obgleich es sich um das Gegenteil der Abtreibung handelte, um eine „Romance sentimentale". Sie wurde dann, wie der Abtreibungsfilm, nicht von S. M., sondern von *Tisse* und *Alexandrow* verarbeitet – eine ziemlich langweilige Geschichte.

W. I. Pudowkin

Pudowkin war also nach Berlin gekommen, um der Premiere seines neuesten Films „Sturm über Asien" persönlich beizuwohnen. Nach den Sensationserfolgen der russischen Filme wie „Bett und Sofa", „Dura lex" von *Kuleschow*, „Das neue Babylon" von *Kosinzew* und *Trauberg* war man auf eine Supersensation des neben Eisenstein größten russischen Filmgiganten vorbereitet. Durch mein uneingeschränktes Eintreten für die neue russische Filmform in der Film-Liga und auf der Internationalen Film- und Foto-Ausstellung in Stuttgart 1929 war ich bei der russischen Handelsvertretung Persona grata geworden und bekam auch einen Logenehrenplatz für die Gala-Aufführung im großen Ufa-Theater am Zoo, wo „Sturm über Asien" starten sollte. Neben mir in der Loge saß zu meiner großen Freude *Asta Nielsen,* der Inbegriff weiblicher Schauspielkunst in den Jugendjahren des Films, die uns mit dem kleinsten Zucken des Mundes oder

497

Auges, dem Senken oder Heben des Kopfes Jahre hindurch
Schauer durch die Wirbelsäule gejagt hatte. Ich hatte sie
kennengelernt und war höchst gespannt, wie sie auf diese
russische Filmkunst, die ja nicht auf den Schauspieler, sondern im Gegenteil auf den Nicht-Schauspieler, auf die
Montage gestellt war, reagieren würde. Als man *Eisenstein*
fragte, warum er denn keine Schauspieler nähme, argumentierte er: „Wenn ich einen Mann von sechzig Jahren darstellen will, nehme ich einen sechzig Jahre alten Mann. Der hat
sechzig Jahre Zeit gehabt, sich auf seine Sechzigjährigkeit
vorzubereiten, ein Schauspieler aber hat dafür manchmal
nur sechzig Minuten."
„Sturm über Asien" lief unter atemloser Spannung des Publikums über die Leinwand. Zwischendurch beobachtete
ich *Asta Nielsen,* aber von der äußersten Sparsamkeit ihrer
Mimik, die sie im Leben wie im Film bewahrte, war nichts
abzulesen. Immerhin hielt ich in ihrer Nähe mit meinem
zunehmenden Enthusiasmus über *Pudowkins* Film noch etwas zurück. Aber als dann auf dem Höhepunkt des Films
jener Symbol-Sturmwind über die Leinwand und durch das
Publikum brauste und Mensch, Tier, Zelte, Sättel, Felle und
Lebensmittel über die Leinwand gefegt wurden, hielt es die
große Schauspielerin nicht mehr aus, und sie bemerkte zu
ihrem kraftvoll männlichen Begleiter laut genug, daß auch
ich es hören konnte: „Da kommt das ganze Kaufhaus des
Westens." Für *Asta Nielsen* war das nicht mehr Film, obgleich *Pudowkin* im Vergleich zu *Eisenstein* dem Schauspieler
immerhin noch eine Chance gab. Ich versuchte, sie zu einer
Diskussion in unsere Film-Liga einzuladen, wo sie über
den Schauspieler, *Pudowkin* hingegen, der gut deutsch
sprach, über die Montage referieren sollte, und beide über
den Weg des Films, wie sie ihn sahen. Aber davon wollte
sie nichts wissen. Dafür nahm sie eine Einladung zu einer
großen Gesellschaft an, die in meiner Wohnung im Grunewald zu Ehren *Pudowkins* stattfand.
In der Tat, alle Welt kam, geladen oder ungeladen, neben
Asta Nielsen und *Pudowkin* die *Hindemiths,* die bildschöne
Anna Sten, die gerade in „Die Brüder Karamasow" Triumphe
gefeiert hatte, *Kurt Pinthus, Friedrich Wolf, Piscator,* der junge
holländische Regisseur *Joris Ivens,* die Schauspielerin *Marga-
rete Melzer,* der finstere Maler *Oelze,* der Tonfilmpionier

Guido Bagier, der Dichterfreund *Karl Otten,* der Filmfreund *Heinz Fraenkel, Walther Ruttmann, Béla Balázs* usw. *Asta Nielsen* blieb trotz Pudowkins dynamischer Allgegenwart der Mittelpunkt der Aufmerksamkeit, vielleicht gerade wegen ihrer Fast-Unbeweglichkeit.

An *Ruttmann* war *Pudowkin* besonders interessiert. Der Tonfilm hatte mit *Al Jolsons* „Jazz-Singers" gerade sein schluchzendes Debüt im Gloriapalast am Zoo gehabt.

In einer ganz anderen Tonart hatte *Walther Ruttmann* für den deutschen Rundfunk eine Tonmontage „Weekend" geschaffen und sie *Pudowkin* vorgeführt. Mit dem überenthusiastischen Temperament, das *Pudowkin* auszeichnete, war er nicht nur von *Ruttmanns* Arbeit begeistert, sondern er erklärte sogar rundweg, in „Weekend" habe *Ruttmann* das Problem des Tones durch assoziative Montage auf die freieste Weise und grundsätzlich gelöst. Selbst von heute aus gesehen, kann man dem Urteil *Pudowkins* nicht unrecht geben. Dadurch, daß Ruttmann den Ton nicht wie im Sprechfilm naturalistisch behandelte – das heißt, wenn einer den Mund aufmacht und bewegt, dann müssen auch Worte herauskommen –, sondern schöpferisch-musikalisch, hatte er tatsächlich die künstlerische Domäne des Tonfilms bestimmt. Aus isolierten Tonimpressionen bildete er neue Einheiten: vom Drängeln und Pusten der Sonntagsausflügler auf dem Bahnhof, dem Rattern des Zuges, dem Trampeln, Singen und Schimpfen, dem Schnarchen, Spielen und Zanken der Ausflügler bis zur Stille der Landschaft, nur unterbrochen vom Flüstern der Liebenden, bis zum Heimschleppen der weinenden Kinder – alles im Ton wie eine Perlenkette aneinandergereiht. Damit hatte *Ruttmann* in der Tat ein Meisterwerk geschaffen, das auch heute noch dem Studenten des schöpferischen Tons Anregungen und Einsicht geben sollte.

Außer der rein objektiv gerechtfertigten Zustimmung *Pudowkins* zu *Ruttmanns* Tonfilmexperiment mag noch ein anderer Grund zu *Pudowkins* offen zur Schau getragenen Begeisterung beigetragen haben. *Ruttmanns* Technik der assoziativen Tonmontage war im Prinzip nichts anderes als die Übertragung der russischen Bildmontage auf den Ton. Daß *Ruttmann* diesen Schritt getan hatte, war sein außerordentliches Verdienst.

Die Bildmontage selbst war ja noch relativ jung, und der bisher von niemandem verstandene Ton als schöpferisches Medium konnte sehr wohl die Montage, wie sie bisher geübt wurde, ausschließen. (Der Ton tat es ja auch „am Ende", und die Montage verschwand ... falls wir heute etwa schon am Ende angelangt wären?)

Ruttmanns Tat führte also schöpferisch in dem neuen Medium das fort, was die ganze russische Filmgeneration über zehn Jahre aufgebaut hatte und womit sie den Film als Kunst zu einer bisher noch nie erreichten Höhe entwickeln konnte. So hatte *Ruttmann* tatsächlich die durch die Einführung des Tons gefährdete neue Kunst der Montage auf das Gebiet des Tons gerettet. Die Entwicklung also, die die großen Russen *Wertow, Kuleschow, Eisenstein, Pudowkin, Dowjenko* angebahnt hatten, konnte unbehindert, ja von neuen Impulsen angefeuert, weiter bestehen. Aber trotz allem, so einfach ging es nicht ab. Die Möglichkeit, Schauspieler wie auf der Bühne ihre Sätze sprechen zu lassen, war zu verführerisch und zu naheliegend ... und so wurde der sprechende Film die Ursache, daß der Film als Kunstform wieder zwanzig Jahre zurückgeworfen wurde.

Es war aber vor allem *Wertow* vorbehalten, den Ton (in seiner „Donbaß-Symphonie") im Sinne *Ruttmanns* ausführlich zu benutzen und weiterzuführen. Inzwischen blieb *Ruttmann* der Held des Tages, ja dieses und des folgenden Jahres. In „Melodie der Welt", einer Art Wochenschau-Film, leistete er sich einen weiteren Geniestreich: Zu Beginn des Films ertönen im nebligen Hafen von Hamburg (man sieht nur vage Umrisse) die Nebelsirenen der Schiffe. Einige haben hohe, andere haben tiefe Töne, manche sind kurz, manche lang, manche haben mehrere Sirenen oder benutzen die eine stoßweise, andere hingegen in langen, klagenden Seufzern. *Ruttmann* machte daraus eine regelrechte Symphonie von Tönen, die eine neue musikalische Dimension erleben lassen, wie sie heute in der musique concréte „wiederentdeckt" wurde. Auf der Leinwand, auf der nur nebelhafte Schemen der Schiffskörper im Schneckentempo aneinander vorbeizogen, bewegte sich so gut wie nichts, sah man so gut wie nichts. In den folgenden Jahren übernahm jeder Film („Anna Christie" mit der *Garbo* als einer der ersten), der irgendwo in der Nähe eines Hafens spielte, diese schöpferi-

500

sche Anwendung des Tones als führendes Element. Während das Bild schwieg, führte der Ton ... bis nach einigen Jahren dieser Effekt so abgebraucht war, daß man ihn überhaupt nicht mehr hören wollte. Aber in „Melodie der Welt" ist er auch heute noch großartig.

Großzügig wie *Pudowkin* war, sparte er nicht mit seinem Lob auf *Ruttmann*. Auch bei einer anderen Gelegenheit zeigte er, der stets von brennender Eifersucht auf die Größe *Eisensteins* erfüllt war, seine eigene menschliche Größe. Bei einer Betriebsversammlung in Moskau wurde ein von *Stalin* abgelehnter Film *Eisensteins* – „Beshin Lug", frei nach *Turgenjew* – diskutiert. Die Geschichte handelte von einem Knaben, Mitglied der Kommunistischen Jugend, der die lokalen Sowjetbehörden informiert, daß sein Vater ein Kulak sei, der die Kollektivierung der Farmer sabotiere. Dafür wird er von seinem Vater umgebracht ... eine wahre Begebenheit. *Schumiatzky,* Chef der Film-Zensur, verdammte den Film, weil *Eisenstein* den Jungen zu einem „mystischen" Heros gemacht habe, anstatt „bei den ökonomischen Hintergründen und Tatsachen" zu bleiben. Der Film wurde nie beendet. Irgendein Elektriker, der ja ebensoviel Stimmrecht hatte wie der mit Recht über die ganze Erde bekannte *Eisenstein,* erklärte, man müsse *Eisenstein* von nun an überhaupt verbieten, Filme zu machen, da er die Parteilinie offenbar nicht verstehe. Viele andere stimmten zu. Da stand *Pudowkin* auf und sprach rundweg: „Genossen, viele von uns verstehen die Filmarbeit, aber es gibt nur ein Genie unter uns, und das ist *Eisenstein.* Von ihm können wir alle lernen, selbst wenn er manchmal Fehler macht."

Dowjenko

Nachdem ich mit *Pudowkin* in Berlin und Hamburg herumgezogen war, um ihm zu helfen, Lokalitäten für seinen in Deutschland zu drehenden Film „Der Deserteur" zu finden, und er die frühere Frau *Ruttmanns* als Assistentin nach Rußland mitgenommen hatte, traf ich des öfteren mit dem gerade angekommenen *Dowjenko* zusammen, dem genialen Schöpfer der „Erde", dieses Filmepos von einmaliger, kaum je wieder erreichter lyrischer Schönheit. Wir besuchten gemeinsam die Premiere von *Abel Gances* „Napoléon" im Ufa-

Palast am Zoo. So deprimierend und dumm der Monster-
film „Metropolis" vorher an derselben Stelle ausgesehen
hatte, so großartig und intelligent offenbarte sich „Napoléon".
Auf drei Leinwänden, nebeneinander aufgespannt, entwik-
kelte sich ein Geschehen simultan an drei verschiedenen
Orten, verbunden durch die geschichtlichen Tatsachen. Da
war nicht nur „mehr" zu sehen, das war eine neue Gegen-
wartsdimension, die in die Filmkunst eingeführt wurde.
Wir waren gleichzeitig Betrachter, Kritiker, Teilnehmer eines atemberaubenden Geschehens. Es war nicht die heutige „Breitleinwand", auf der die Dinge horizontal in die
Breite gezogen werden. Hier hatte die Leinwand die neue
Funktion, die Ereignisse mit- und gegeneinander spielen
zu lassen. Die leidenschaftlichen Vorgänge im revolutionären Konvent erschienen neben den Hinrichtungen vor der
Bastille, während gleichzeitig Napoleons Truppen die Alpen überschritten. Mit dieser neuen Art von Film war ein
neues Publikum geboren (das allerdings bald darauf wieder
in Schlaf versank).
Dowjenko, ein von Natur außergewöhnlich beherrschter, äußerlich stiller Mensch, war über die Möglichkeiten, die
Gance da eröffnet hatte, nicht weniger außer sich als *Pudowkin* über *Ruttmanns* „Weekend". *Dowjenko* zwang mich,
mit ihm die Nacht durch zu diskutieren, um seiner Begeisterung Ausdruck zu geben. Am Morgen war sein neues
Projekt fertig: „Was ich machen möchte? Einen Film in
Schnee und Eis, aber nicht nur auf drei Leinwänden vorn
auf der Bühne, sondern überall projizierend. An der Decke,
an den Seiten und selbst im Rücken des Publikums. Es soll
von den Ereignissen ganz umgeben sein. Es soll mit dem
Helden frieren und sich mit ihm am Feuer wärmen, während draußen die hungrigen Wölfe um uns immer engere
Kreise ziehen. Die rohen, gefrorenen Fische zerreißen wir
mit den Zähnen, und die erfrorenen Gesichter werden mit
Schnee abgerieben. Das Publikum zittert, friert, kommt wieder zu sich, fühlt sich, fast erfroren, als Held."
Ich weiß nicht, ob er je, auch nur experimentell, diese oder
ähnliche Ideen verwirklichen konnte. Er starb so jung. Wir
haben heute den stereoskopischen Ton, warum nicht endlich das vieldimensionale Bild? (Die scheußliche Breitlein-

502

wand, die nur das groß macht, was schon auf der kleinen
Leinwand zu groß war, hat nichts mit diesen Möglichkeiten
zu tun.) Die Tradition des Theaters sitzt uns noch zu tief in
den Knochen. Ich möchte hier wiederholen, was ich 1926
auf die erste Seite der Film-Nummer meiner Zeitschrift „G"
als Motto gesetzt habe: „Was der Film braucht, ist nicht ein
Publikum, sondern Künstler."

SOPHIE KÜPPERS

Schaut das Leben durch das Kino-Auge Dsiga Werthoffs

Konsequenz ist das Grundelement jeglicher Forschung, jeder Erfindung, die sich auf eine vorgefaßte Idee, auf eine
Vorstellung im Geiste aufbaut. Ausgangspunkt der Idee ist
die Materie, an der sich der Gedanke entflammt. Für die Ki-
nematographie müssen der Aufnahme-Apparat, die optischen Möglichkeiten der Linse und die Dynamik des erfaßten Abbildes als Ausgangsmaterie gelten. Mit diesen
Gegebenheiten der Technik, mit den Forderungen der aus
ihr entstehenden Mechanik hat sich außer dem Russen
Dsiga Werthoff noch niemand aus dem Gebiete des Filmes
wirklich *forschungsmäßig* beschäftigt.
Bis heute ist nicht die Leistungsmöglichkeit des Apparates,
die Bereicherung, die er in das Gebiet der Optik bringt, als
das Primäre für die Gestaltung neuer Filme angenommen
worden, vielmehr haben alle Regisseure, selbst die begabtesten, Anleihen in den fremden Gebieten der Literatur, des
Theaters oder der Malerei gemacht. Diese entliehenen Par-
tituren haben sie als Vorwand für ihr Schaffen benutzt, „waren wohl Pianisten (Reprodukteure), aber nicht Komponisten (Erfinder) für ihr Instrument" (Werthoff).
Während andere russische Regisseure mit ihren Filmen
glänzende Theatererfolge errangen, hat Werthoff abseits asketische Forscherarbeit geleistet. Unbeugsam an seine Idee
geklammert, für den Kino-Apparat eine 100%-Sprache zu
schaffen, ist es ihm nach 10 jährigem Schaffen gelungen,
diese Aufgabe in seinen beiden Filmen das „Elfte Jahr" und
„Der Mann mit dem Kino-Apparat" vollgültig zu lösen.

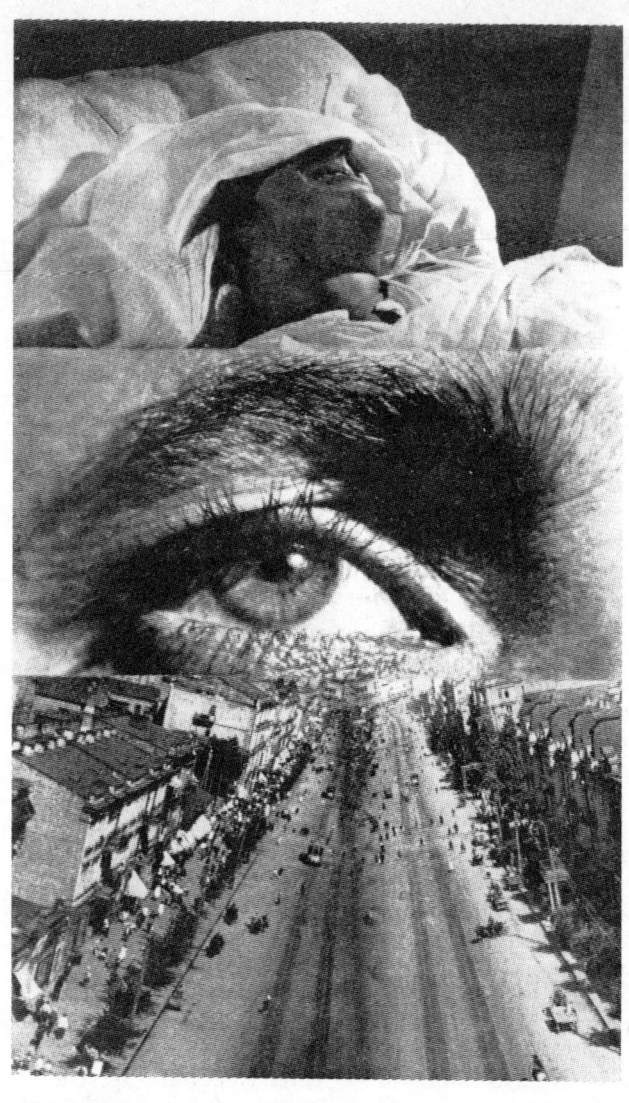

Montage aus Dsiga Wertows Film „Der Mann mit dem Kino-Apparat"

Schon 1922 stellte Werthoff für sich und seine Gruppe, die „Kinoki" (Kino-Auge), beim Starten zu kollektiver Arbeit klar und eindeutig die Marschroute in einem Manifest auf, von dem er heute nach Jahren des Kampfes und schwerer Enttäuschungen nicht um Haaresbreite abgewichen ist. Nach dem Manifest soll erstrebt werden:

1. *„Die Tatsachen zu fixieren"* – mit dem Kinoapparat das tatsächliche Leben einzufangen, alle Äußerungen unserer Epoche in ihrer lebendigen Erscheinungsform mit dem Objektiv zu überrumpeln und so das Faktische zum Dokument zu machen. Dies ist das Material, der Rohstoff, das „WAS" und zugleich „SUJET" des neuen Filmes.

2. *„Das montierte Schauen"*, das „WIE", entsteht als nächster Vorgang aus der Montage-Arbeit der durch den Apparat eingefangenen Lebensmomente. Ihre Aneinander-Kuppelung geschieht nach neuen dynamischen Gesetzen, zwingt alles in den variierten Ablauf der Zeit.

3. *„Das montierte Hören"* (Radio-Ohr) soll als Unterstützung und Verschärfung des Schauens die Ausbalancierung der Sinne erreichen.

Diese letzte Forderung ist die von Werthoff vorausgeahnte Verschmelzung von Hören und Sehen, die heute durch den Sprechfilm bereits in konkreten Versuchen Form angenommen hat.

Werthoffs Arbeit beginnt logisch mit dem Sammeln des Schaumaterials für Wochenchroniken, das er zuerst während des Krieges an den Fronten erfaßte.

„Kino-Auge", der erste große dokumentare Film, erregte großes Aufsehen. Er wurde auch mit durchschlagendem Erfolg in Paris gezeigt und auf der Ausstellung 1925 prämiiert. Ist dann aber spurlos verschwunden.

Seit dieser Zeit schafft das Kollektiv der „Kinoki", dessen geistiger Führer Werthoff ist, in dem als hervorragender Operateur *Kaufmann* und als Assistent *Swilowa* arbeiten, unaufhaltsam an der Gestaltung dieser *„ungestellten Filme"*, deren Schicksal bis auf den heutigen Tag noch der Kampf gegen die gewohnten Spielfilme ist.

Im Auftrag des „Gostorg", der staatlichen Handelsabteilung, entstand dann ein Film „Der 6. Teil der Welt", der von der Produktion auf allen Gebieten der Union ein lebendiges Bild gibt. Trotz des Erfolges, den der Film errang und trotz der Anerkennung durch alle künstlerischen Kreise entstanden Werthoff für seine Arbeit in Moskau derartige Schwierigkeiten, daß er seine hier begonnene Arbeit für den „Mann mit dem Kino-Apparat" plötzlich abbrechen mußte, um in die Ukraine an die Filmproduktion der „Wufko" überzusiedeln. Sein Film „Marschiere, Moskau!" wurde nicht mehr in den größeren Theatern gezeigt, er ist zerschnitten und wurde meterweise an andere Regisseure verkauft, die die besten Teile in ihre Filme einmontieren.

Seitdem kämpft Werthoff in der Ukraine um sein Lebenswerk. Zum 10 jährigen Jubiläum der Oktoberrevolution wurde ihm dort die Aufgabe gestellt, die Geschichte des ersten Dezenniums der Sowjet-Union in einem Film aufzuzeigen. Wenn Eisenstein die Ekstase der Revolution noch einmal in einem Revolutionsgesang aufleben ließ, – so gab Werthoff den ehernen Willen zum Aufbau, zur Beherrschung des Lebens durch das unerbittliche Schaffen menschlichen Verstandes und arbeitender Hände. Auf dem neuen Fundament sozialer Ordnung, geschaffen durch die Helden der Revolution, bauen die Helden des Alltags die neue Kultur. Das werktätige Volk als Beherrscher der Bergwerke, Elektrizitätswerke, als Arbeiter und Ausbeuter seiner Gruben ist der Sieger der vergangenen zehn Jahre, ist Sieger in dem unerhörten Kampf um Existenz und Fortschritt. Die Maschine, als das mächtigste Instrument in der Hand des Menschen, spielt in ihrer neuen Formenschönheit hier eine große Rolle. Ihre Abhängigkeit vom menschlichen Verstand, ihre Verschmelzung mit dem Menschen zu einer neuen Einheit gewinnt in dem „Elften Jahr" einen starken Ausdruck. Es ist die Begeisterung über unsere Zeit, über die grandiose neue Architektur unserer Maschinen, die den Film so erschütternd glaubhaft machen und ihm jeden Schein von sogenanntem „Maschinen-Ästhetizismus" nehmen. Die breite Auswirkung der Masse, ihr Eingreifen in alle Gebiete und ihre unerhörte Lebenskraft lassen diesen Film zu einem monumentalen Dokument des menschlichen Kollektivwillens werden. Der Film fand in der Ukraine begeisterte Aufnahme, ein gut herausgegebenes Buch erschien und die Presse hat sich dort mit der Arbeit eingehend beschäftigt.

Werthoff hat in den Film unzählige neue Momente seiner

Erfindung eingeführt. Durch Viel-Exposition erreicht er optische Bilder, die durch die Gleichzeitigkeit verschiedener Bewegung für das Schauen eine ungeahnte Bereicherung bedeuten. Er führt aber diese Bereicherung in jedem Film weiter, spielt nicht mit Tricks, sondern begnügt sich damit, eine Idee kurz aufflammen zu lassen, um zur nächsten zu eilen.

Für das „Elfte Jahr" hat Werthoff auch eine neue Behandlung des Wortes, der Aufschrift herausgebildet, um im „Mann mit dem Aufnahme-Apparat" dann überhaupt auf das Wort zu verzichten. Er kommt ursprünglich vom Laut, von der Sprache und hat als „Lautlaborant" grundlegende Kenntnisse von der Ausdrucksmöglichkeit des Wortes. Da er als Dichter seines Filmes das Wort nicht nur mehr als literarische Erläuterung braucht, sondern als Seh- und Spannungsmoment in seine Arbeit einschaltet, so hat er schon vor Jahren als Erster die Zerlegung eines Satzes in WORT-BILD-WORT verwendet. Er hat den Rhythmus dadurch gesteigert und jene immer stärker werdende Ausdrucksweise der Kinosprache erreicht, die dann in seinem letzten Film das Wort überhaupt überflüssig werden läßt.

„Der Mann mit dem Kino-Apparat" ist die zweite Fassung der vor Jahren begonnenen Arbeit. Was wir jetzt erhalten haben, ist das Werk „Eines, den man gehetzt hat". Der Film ist unter einem nicht vorstellbaren Druck entstanden. Vielleicht ist er deshalb so intensiv und hart anpackend.

Wir müssen zugeben, daß wir von unserem heutigen Leben nichts wissen, wenn wir schauen, was „der Mann mit dem Apparat" belauert hat. Aber das Leben ist hier nicht nur allein beobachtet und festgelegt. Es ist erlebt, – tief und keusch und mit brennendem Herzen zur Dichtung geformt. Noch niemals wurde die Frau so verhalten gezeigt, noch niemals das Martyrium der Geburt in der Kunst zu einem Drama von wenigen Sekunden gestaltet. Die ganze Skala menschlicher Emotionen klingt an, – aber leise und mit großer Würde. Qual und brausende Lebensfreude sind in den rhythmischen Ablauf der Zeit gebracht. Atemlos hält uns das Geschehen fest. Der Künstler ist unerschöpflich, er entläßt uns nicht aus der suggestiven Spannung, und zum Schluß? – Wir sind verwirrt, sind verführt, wissen nicht mehr, wo wir waren. Alle geht es uns an, – allen gehört die weite Welt, – allen das Lachen des Kindes und das Weinen am Grabe. Es nützt nichts, allein nur Regisseur, Operateur oder Erfinder zu sein. Es gehört das Wissen um alle Menschlichkeit dazu, um solche Filme zu schaffen.

Die optischen Tricks Werthoffs überrumpeln uns, – hat er uns verblüfft, so wird er uns im nächsten Moment seinen Trick lachend erklären. Während noch kaum das bunte Durcheinander der Straße vor uns schwirrt, zeigt er uns schon die Assistentin bei ihrer mühseligen Montage-Arbeit. Er setzt den Gegensatz schroff ein, läßt uns die Tempo-Differenzierung voll auskosten. Der Rhythmus des Lebens mit seiner Hetze, seinem Presto und Andante wird bis zur Fermate, (der Sehfermate) gebracht, während der das Bild stillsteht, um zur leeren, armseligen Photographie zu werden, – bis dann samtig die Bewegung wieder einsetzt und der Zauber der Dynamik uns anpackt.

Weil es keine Reklame, sondern eine Dichtung ist, wird es manchem, an die schreierische Tagessprache Gewöhnten, schwer werden, die tiefe Psychologie dieser sozialen Filme zu spüren. Viel zu oft verwechselt man noch Tendenz mit diesen erschütternden Menschheitsfragen. Überall in der Welt hat man Erfindungen erst als Brüskierungen empfunden und sie von sich gestoßen. Durch die Kraft, die von diesen ungestellten Filmen ausgeht, ist der Spielfilm an seinen Wurzeln gefährdet, die Produktion klammert sich an ihre bewährten Rezepte. Nirgends ist der geistige Bourgeois leicht auszurotten. Es ist unbequem, so aufgerüttelt zu werden, und es verschafft kleinen Geistern immer Haltung, etwas zu unterdrücken, dessen Mehrwert sie wohl spüren.

Werthoff hat bei allen fortschrittlich Gesinnten vollste Anerkennung und begeisterten Beifall gefunden. Von seinen tapferen Mitarbeitern wird er im Kampfe um seine Arbeit treu unterstützt. Es ist wirklich eine neue Sprache geschaffen, die durch kein anderes Mitteilungsmittel als den Kino-Apparat gegeben werden kann.

Keine Geschichtsschreibung, keine Wortdichtung und kein Bild werden den nachkommenden Geschlechtern ein wahrhaftigeres Zeugnis von dem Lebensgefühl unserer Zeit ablegen können als diese Filmfixierungen Dsiga Werthoffs.

508

Durch sein Instrument hat er das Schauen rhythmisiert, das
Sehen klingt, das Theater zerbrach, – was wir durch ihn erleben, ist nur – DIE WIRKLICHKEIT.

1929

EDGAR V. SCHMIDT-PAULI

Sturm über Asien

Dieser neue deutsch-russische Film unter der Regie *Pudowkins* ist in der Tat ein Sturm. Temperament des Regisseurs, Folge der Handlung, Bewegung der Bilder und in-
nere dramatische Gestaltung der Geschehnisse – alles ist
Sturm. Unerhört sind die Aufnahmen aus der Mongolei.
Wohl noch nie so klar geschaut – die heiligen Tempel-
tänze. Das Ganze ist einfach ein stürmisches, künstlerisches
Erlebnis.
Aber – – – – –
Es wäre die Pflicht sämtlicher europäischer Polizeipräsiden-
ten, einen Ring gegen solche Filme zu bilden. Die aufrüt-
telnde, aufreizende Wirkung für die Völker des fernen
Ostens müßte ebenso unerhört sein wie die künstlerische
Qualität des Films, wenn sie ihn jemals zu Gesicht bekä-
men. Dort werden aber die vorsichtigen Verwaltungen –
mit Ausnahme vielleicht in China – dafür sorgen, daß das
nicht geschieht. Aber dieselbe aufreizende Wirkung für
alle, die sich hier in Europa irgendwie ungerecht unterdrückt oder bedrückt fühlen, hat der Film auch im Abend-
lande. Weil die tendenziöse Darstellung hundsgemeiner
englischer Gouvernementsoffiziere symbolisch wirkt für
jede militärische Autorität und anfeuernd für alle Instinkte
der Empörung und der Anarchie.
Es ist wieder einmal ein ausgezeichneter kommunistischer
Hetzfilm von letzter Ungerechtigkeit. Wie lange noch wird
man hier in Europa solche Tendenzfilme, die nichts anderes sind als kaschierte Aufforderung zu Bürgerkriegen, dulden?
Ich glaube übrigens kaum, daß der Film in England durch-

509

gelassen würde. Aber hier in Deutschland kann man sich ja jede Propaganda erlauben, wenn man von Rußland kommt – oder von links.

Das Staatskommissariat für öffentliche Ordnung in Preußen ist längst beseitigt. Auch das Reichskommissariat soll nunmehr aufgelöst werden.

Übrig bleibt nur die eklatante Gefährdung der öffentlichen Ordnung durch solche Filme.

Sturm über Asien – ist eine Gefahr für Europa.

1928–1929

RAOUL HAUSMANN

Dowshenkos Erde

Sehen wir das Filmwerk „Erde", so sind wir erschüttert und hingerissen von der Einheit von Inhalt, Tempo und Filmtechnik, die übrigens erlauben würde, den Film nachträglich als Tonfilm herauszubringen, so sprechend ist jede Bewegung, jedes Geschehen. Der Erdefilm beginnt, wie ein ukrainisches Volkslied. Getreidefelder, über die der Wind weht, langsamer Wind, der die Halme wellt. Apfelzweige, nah, groß, näher, größer; ein Apfel rund, prall, geschwellt von Kraft, dann ein Alter, ebenso rund, ebenso fest wie der Apfel, langsam dreht er den Kopf. Und dann sieht man in einem Meer von Äpfeln den Großvater liegen, der sterben will. Um ihn die kleinen Kinder, Äpfel essend. Auch der Großvater richtet sich langsam auf, will noch mal was essen, einen Apfel – dann sinkt er zurück und schläft ein, ist tot. Schon dieser Anfang ist auf eine Weise fotografiert, die bisher weder Eisenstein noch Turin zeigten: Langsam im Tempo, ganz materialhaft, beinah matrialistisch, und doch spürt man das ganze Geheimnis des Lebens hinter jeder Form, die zum erstenmal so in der Perspektive, in der Beleuchtung gewählt ist, daß man die Analogie von Pflanze, Tier und Mensch als lebendes Wesen auf der Erde erkennt. So zum Beispiel zeigt Dowshenko auf einem schmalen Streif Erde, unten am Bildrand, steil in den Himmel ragend,

510

Rinder – und im nächsten Bild Bauern, und es wird klar, daß sie dieselbe Art Erdverwurzeltheit besitzen wie die Tiere. Oder er läßt Pferde durch die Landschaft galoppieren, und nachher sehen wir wieder die Menschen in biologischer Analogie. Im weiteren Fortschreiten des Films wird deutlich, daß Dowshenko nicht nur die Bewegungs- und Wachstumsgleichheit alles Lebendigen erfaßt, sondern seine besondere Fähigkeit liegt in der Vermittlung neuer Struktureindrücke: Hinter dem Traktor spritzen die Ähren wie Wasser, das Getreide beim Aussieben wird zu Sprühen und Glitzern wie Fische. Ja, sogar die Kürbisse am Schluß des Filmes fangen im Regen an zu blinken, zu glänzen, ihre Oberfläche zu verändern: optische Wunder, die wir bisher noch nie sahen. Und dabei ist nichts gekünstelt, alles geht ganz einfach zu, materialistisch gesehen und doch: die Legende vom Leben, das Dowshenko mit dem Tod beginnen, und mit der Fruchtbarkeit, der Geburt endigen läßt. Alles in Dowshenkos Werk ist Arbeit, Kampf, Kraft, Irdischkeit. Man hat ihm in Rußland teilweise den Vorwurf gemacht, die Klassenkampftendenz käme nicht deutlich genug zum Ausdruck, die Biologie siege über die politische Theorie. Vielleicht kann man das so auffassen – für uns stellt Dowshenkos Film eine so geglückte Einheit von Theorie, Leben und Sinnlichkeit dar, daß wir nur restlos bewundern können. Wie prachtvoll z. B. die Aufregung der Kleinbauern und die abwartende Abwehr der Kulaken bei der Ankunft des Traktors, die Arbeit, der heiße Eifer, wenn die Motorpanne beseitigt wird, der endliche, bejubelte Einzug, der sichtbare Arbeitskontrast auf dem Feld, gegen die mühevolle Pflügerei mit den Stieren und die Aufregung: die Feldgrenzen sind durchpflügt worden! Das ist lebendiger, gestalteter Kampf, nicht absichtliche Schultheorie.

Dowshenkos Held, der Kleinbauernsohn, stirbt. Durch die Kugel, die der Kulakensohn vom Hinterhalt auf ihn abfeuert. Dies ist eine der wunderbarsten Scenen des Films. Im Abenddämmer kommt der Held die ukrainische Dorfstraße entlang, allein, so geht er vor sich hin. Und dann – beginnt er zu tanzen, tanzt auf dem staubigen Dorfweg. Eine in der Dunkelheit helleuchtende Staubwolke unter den wirbelnden Beinen in den Schaftstiefeln. Unerhört ist dieser Tanz des einsamen Menschen da im Dunkel. Seinen Sieg, den

Sieg des Traktors, den Sieg über die Individualwirtschaft tanzt er mit Freude, Wucht und Besessenheit. Plötzlich fällt er, liegt tot da. Leere und Dunkel in der Dorfstraße. Wunderbar auch sein Begräbnis.

Der Alte, der Vater, bekennt sich durch den Tod des Sohnes nun entschieden zum neuen Leben. „Auf neue Art hat er gelebt, wollen ihn auch auf neue Art begraben" sagt er dem Popen. Den sieht man dann in der Kirche auf den Knieen liegen und mit dem Kopf sich bis zur Erde verneigend, frägt er: „Heilige Mutter Gottes, wo ist Wahrheit?" Diese Stelle, vielleicht filmisch die schwächste, hat die Filmprüfungsstelle im Zusammenhang mit einer Stelle am Anfang des Films, veranlaßt, „Erde" zu verbieten. Weil im Anfang einer der Bauern am Grabhügel horcht, ob die Seele des verstorbenen Großvaters ihm Nachricht vom Himmel gibt, und er deshalb von den Bauernkindern verlacht wird, deshalb und wegen des Wahrheitssuchens des Popen, ist das überaus empfindliche Gewissen der Filmprüfungsstelle so erschüttert, daß Dowshenkos Meisterwerk der Öffentlichkeit wegen „Verächtlichmachung der Religion" vorenthalten werden muß. Aber kehren wir zur Scene des Begräbnisses selbst zurück. Am unteren Bildrande zieht der aufgebahrte Leichnam dahin durch die Meere von Sonnenblumen, ein Apfelzweig streift sein Gesicht. Und dann sehen wir das Totengefolge. Minutenlang den Toten allein, und das Gefolge allein, keinen gewöhnlichen Leichenzug. Dowshenko hat hier eine prinzipielle Darstellungsfrage so geklärt: ein Toter ist nichts anderes, als auch ein Stück Natur. Er wollte, wie er im Gespräch äußerte, nicht den Eindruck des Schrecklichen, der für die meisten Beschauer vom Tode ausgeht, erwecken. Der sauber gewaschene und aufgebahrte Leichnam wird für sich allein in der Landschaft ein Stück Natur. Ein Begräbnis mit dem Trauergefolge hinter dem Sarg hat ebenfalls etwas Niederdrückendes. Auch das wollte Dowshenko vermeiden, darum sehen wir nur das Trauerkollektiv, wenn man so sagen kann, aus dem heraus dann irgend einer eine Rede auf den Helden und seine Arbeit für das Wirtschaftskollektiv hält. Während dieser Rede sehen wir den Kulakensohn, sich selbst beschuldigend, ohne daß auch nur ein Hahn nach ihm kräht, klein und immer kleiner werden, irrsinnig durch die Einsicht der Nutz-

512

losigkeit dieses Totschlags, durch die Felder rennen, von einem Hügel am Friedhof der Trauerversammlung den Totschlag zubrüllen – keiner beachtet ihn. Das neue, kollektive Leben geht weiter. Die Mutter des Helden gebiert im selben Augenblick, in dem er begraben wird. Und grade dies hat man Dowshenko zum Vorwurf gemacht in Rußland. Er zeige den Sieg der Biologie, ob Tod oder Geburt, sei bei ihm gleich, das sei klassenkämpferisch und dialektisch falsch, eine Scene aber hat man schon in Rußland aus dem Film entfernt und als pornografische Entgleisung gekennzeichnet: nach dem Tode des Helden zeigt Dowshenko in der ursprünglichen Fassung die Braut, die sich nackt in Verlassenheit wälzt. Diese Stelle gehört hinter der Totschlagscene vor die Begräbnisscene, sie ist nicht anders zu werten, als der Schmerz des Vaters, der Mutter, die Dowshenko da auch zeigt, ganz schlicht und untheatralisch. Und man kann sich sehr gut vorstellen, daß in diesem sehr realen und logischen Film auch der Ausdruck des sinnlichen Schmerzes nicht fehlen durfte – denn der Film „Erde" ist kein ästhetisches, sondern ein nach den wirklichen Antrieben des Lebens suchendes Werk, eine Gestaltung aus den Verwandlungen der Sinne und den Strukturen der Dinge. Alle Einwände fallen hier in sich zusammen: Dowshenkos „Erde" ist dialektisch sowohl im optischen, als auch im inhaltlichen, ist nicht „biologisch", weil zwar Geburt und Tod biologische, aber auch dialektische Faktoren sind. Dowshenko ist dialektisch im Aufbau und in der Gegenüberstellung der Filmscenen, auch die erotische Scene war so gedacht. Und Dowshenko zeigt, wie das, was Eisenstein „intellektuale Montage" nennt, einfach in der ganzen Gestaltung liegen kann. Wenn Eisenstein in dem Film „Zehn Tage, die die Welt erschütterten" den Ruhm für sich beansprucht als erster eine intellektuale Montage gestaltet zu haben (es ist die Bildfolge gemeint, wo ein Gottessymbol auf das andere folgt, gewissermaßen am laufenden Band, bis zuletzt ein einfaches Stück Holz gezeigt wird, während immer wieder der Text erscheint „Im Namen Gottes"), so erscheint diese intellektuale Montage abstrakt und literarisch gegenüber der dialektischen Gesamtgestaltung Dowshenkos. Diese Gestaltung hat noch den Vorzug einer unglaublichen sinnlichen Fülle, erzielt aus Form, struktivem Gehalt, Tempo und gedanklichem Inhalt.

513

Bei der Vorführung seines Films sprach Dowshenko über seine nächsten Absichten. Dowshenko sieht im Film die Möglichkeit einer ganz eigenen, dem Raum anhaftenden Entwicklungsmöglichkeit: die der Distanz. Bis jetzt sehen wir diese Distanz, diese Tiefe im Film nur in einer einzigen Richtung, deshalb will er bei seinem neuen Film, der in Sibirien spielen wird, mit mehreren Apparaten auf verschiedenen Projektionsflächen gleichzeitig arbeiten, um so den Beschauer mitten in die Vorgänge zu versetzen. Dieser Film wird ein Tonfilm sein, und Dowshenko wird versuchen, die Stille der Arktis wirken zu lassen. Er sagt: Die Stille der Stube oder der Straße in der Großstadt bei Nacht ist eine ganz andere als die des Tages, oder gar im Gegensatz zur vereisten Tundra: deren Stille ist tausendjährig. Und er will versuchen, dem Zuschauer nicht nur den Anblick, sondern auch die Last, das drückend Lautlose der Schneefelder zu vermitteln. „Ich will zeigen, was kostet ein Mensch" sagt er ganz naiv, das heißt: was zwingt den Menschen so oder so, je nach dem Milieu zu wachsen. Was resultiert für uns, für die Kunst, aus dem Filmschaffen Dowshenkos? Wir benötigen einer neuen, auf voraussetzungslosen Materialien aufgebauten Gestaltung, die nicht von den ästhetischen oder abstrakten Begriffen abhängt. Wir können dazu zwei Wege beschreiten. Einen ganz gegenständlichen, konkreter Natur, den uns der Film zeigt. Unter der Einwirkung von Licht und Bewegung ergeben die Gegensätze neue dialektische Inhalte, neue Strukturen, neue Funktionen im Raum der Natur. Einen zweiten Weg, formaler Natur, der die Strebungen, Ablenkungen, Beziehungen des Gleichgewichts der Distanzen und Volumen besonderer Räume untersucht.

Nur durch die von beiden Polen gegensätzlich aufeinander zustrebende Arbeit kann die wirkliche Materialität, der Psychologismus der Kunst, der Ausdruck des Gesamtgleichgewichtes geschaffen werden. Dann werden sich „Form" und „Inhalt" nicht nur decken, sondern wieder zu soziologischer Bedeutung werden.

OSCAR A. H. SCHMITZ

Potemkinfilm und Tendenzkunst

Ich verliere kein Wort über die Plumpheit, mit der bei uns
noch immer Staatsanwalt und Polizei vorgehen auf jenen
Gebieten, wo sich künstlerische mit politischen oder moralischen Interessen überschneiden, aber die „Kultur-
schande", daß man z. B. den Potemkinfilm verboten hat, ist
nicht größer, als der Irrtum mancher Schriftsteller in führenden Blättern, durch jenen bureaukratischen Mißgriff
werde das deutsche Volk um den Genuß eines großen
Kunstwerkes gebracht. Schon um solche Pendelschwingun-
gen in die entgegengesetzte Richtung zu verhindern, sollte
man den Film schnell freigeben.
Ich habe den Film in Österreich gesehen. Da derselbe Irrtum, der den Potemkinfilm zum Kunstwerk erhebt, auch
den Tiefstand unserer Nachkriegsliteratur erklärt, möchte
ich ihn in diesem Zusammenhang zu widerlegen versuchen. Gleich zu Beginn wird dem Publikum durch einige
Sätze auf der Leinwand mitgeteilt, daß es sich hier nicht um
ein *individuelles*, sondern um ein *kollektives* Werk handelt.
Nun, damit ist dieser Film, so hoch er auch technisch stehen möge, aus dem Bereich nicht nur des künstlerischen, ja
des eigentlichen menschlichen Interesses verbannt, denn
kollektive Vorgänge unterliegen einer mechanischen Kausa-
lität, die vorauszusehen ist. Nicht vorauszusehen und
darum menschlich packend und künstlerisch belangvoll ist
nur das *Individuelle*, das die an sich berechenbare, kollektive
Ursachenreihe, die uns alle immer bedroht, durch ein un-
vorhergesehenes Moment plötzlich in ein erschütterndes
Schicksal einmünden läßt. Wenn man eine unter strengstem
Zwang gehaltene Menschengruppe eine Zeitlang vor die
Wahl stellt, zu hungern oder madiges Fleisch zu essen –
das ist die Handlung des Potemkinfilms –, so wird sie sich,
ganz gleich, aus was für Individuen sie sich zusammensetzt,
mögen so vorzügliche Exemplare wie du und ich, lieber Leser, darunter sein, nach einiger Zeit ganz bestimmt, vor
Hunger und Wut zum Äußersten gebracht, auf ihre Vorgesetzten stürzen, diese zu töten suchen und damit dem unerträglichen Zustand ein Ende machen, gleichgültig, was für

515

ein anderer darauf folgt. Das ist so wenig interessant, wie die Tatsache, daß jeder Mensch, wie hoch er auch stehe, Zeichen äußerster Qual geben wird, wenn man ihm ohne Narkose ein Bein absägt. Sicher gibt es zahllose Leute, die bei so etwas gern zusehen möchten, aber ihre Erregung mit der künstlerischen Ergriffenheit zu verwechseln, wäre derselbe Fehler, den jene Kritiker machen, die in dem Potemkinfilm ein Kunstwerk sehen. Gerade das menschlich und darum künstlerisch Interessante ist hier grundsätzlich unterdrückt, und das muß in dem tendenzfreien Zuschauer ein großes Unbehagen hervorrufen. Ich will ganz von der Möglichkeit absehen, daß obendrein die Handlung verfälscht sein kann – der Verdacht ist jedenfalls erlaubt, denn ein Tendenzwerk hat nicht den Anspruch, für wahrhaftig gehalten zu werden –; aber selbst, wenn sich alles so vollzogen hat wie es der Film darstellt, so ist die einzige menschlich und künstlerisch belangreiche Frage: *Wie ist es individuell möglich, daß Kapitän, Offiziere und Schiffsarzt solche Scheusale sind?* Was ist während jener Ereignisse in ihnen vorgegangen? Ohne diese Begründung ist das Ganze unglaubhaft, auch wenn es sich tatsächlich so vollzogen hat. Für den Bolschewisten ist die Begründung sehr einfach. Diese Vorgesetzten waren eben „Bourgeois", und jeder weiß doch, was das heißt: sadistische Volksunterdrücker, bei denen es nur einen Streich unter vielen bedeutet, daß sie die von ihnen Abhängigen mit madigem Fleisch ernähren. Nun, diese schablonenmäßig verurteilende, d. h. unindividuelle Betrachtung ganzer Stände, Berufe, Lebensalter ist das primitive Gegenteil jener differenzierten Menschlichkeit, aus der Kunst wächst, und es muß gesagt werden, daß man diese Menschlichkeit in unserer Nachkriegsliteratur nur vereinzelt findet.

In unserer! Denn in der englischen und amerikanischen ist es anders. So läßt Galsworthy in der „Forsyte Saga" (Tauchnitz-Verlag) in seiner Schilderung des spätviktorianischen und Nachkriegsengland auch nicht den geringsten Zweifel darüber, wie sehr er das unser Leben mechanisierende kapitalistische System verurteilt, ja im Anfang unterstreicht er das ein bißchen mehr, als künstlerisch notwendig ist, aber je tiefer man sich in dieses moderne Epos hineinliest, desto wärmer umflutet einen die menschliche Atmosphäre aller dieser Figuren, die nun einmal dem Zeitschicksal unterliegen, unter dem bürgerlichen System zu leben. Da fehlt es nicht an solchen, deren Egoismus dieses System wie auf den Leib geschnitten ist, andere nutzen es harmlos und unbewußt aus, wieder andere leiden darunter, ohne es recht zu merken, nur wenige sehen, wo der Kern des Übels liegt, oder wachsen sich individuell so überzeugend aus, daß sie, in welchem äußeren System sie auch leben, doch auf jeden Fall wertvolle Menschlichkeit entwickeln, aber alle, selbst die Hauptfigur, Soames, „the man of property", haben ihre menschlich sympathischen, ja rührenden Seiten. Dadurch wird das System keineswegs entschuldigt, seine Verurteilung und deren Gründe bleiben klar bis zur letzten Zeile. So ist hier das Problem glänzend gelöst, wie der Autor eindeutige Wertakzente geben kann, ohne jener das Menschliche aufhebenden gehässigen Tendenzschriftstellerei zu verfallen, die glaubt, zu charakterisieren, wenn sie sagt: der Bourgeois, der Major, der Staatsanwalt, der Graf, als ob über deren persönliche Nichtswürdigkeit weiter kein Wort zu verlieren wäre. Das ist nur möglich in einem Land, wo die Menschlichkeit dieser Typen den meisten Lesern noch nicht in Sinnbildern vorschwebt.

Nicht anders als mit der „Forsyte Saga" steht es mit dem berühmten amerikanischen Roman „Babbitt" von Sinclair Lewis (Tauchnitz-Verlag), der ebenfalls einen Welterfolg hat. Auch unsere jungen Kritiker loben ihn, weil darin endlich einmal der reaktionären Heuchelei des auf seinem Geldsack sitzenden amerikanischen Bürgertums die Maske vom Antlitz gerissen ist. Aber auf wie besondere, ganz und gar nicht deutsche Art das geschieht, das habe ich nirgends erwähnen hören, denn am Ende vom Lied haben wir den armen, hilflosen Babbitt, der in seinem ganzen Leben zu „schieben" glaubte, aber stets von Weib, Kindern und öffentlicher Meinung geschoben wurde, aufrichtig gern. Dabei hat das Buch trotzdem revolutionierend im guten Sinne gewirkt. Das amerikanische Gewissen wurde aufgerüttelt. Es gibt heute eine mächtige Anti-Babbitt-Bewegung in Amerika, und dies ist möglich, weil Babbitt tatsächlich in seiner sympathischen Belanglosigkeit, die, wenn summiert, alle Kulturentwicklung versperrt, den wunden Punkt der amerikanischen Gesellschaft zeigt: die Sklaverei des einzelnen unter der öffentlichen Meinung. Menschlich bedeutend wird ein Werk erst durch den *individuellen Abstand des Verfassers zu dem Dargestellten,* durch sein Gefühl für Werte und ihre Verwirklichungsmöglichkeit. Das ist nicht so sehr eine rein künstlerische, als eine hohe menschliche Eigenschaft.

Ich kann nun glücklicherweise als Beispiel auch ein neues deutsches Buch nennen, das längst alle Blätter besprochen haben und das jeder Literaturfreund kennt. Es ist Jakob Wassermanns Roman: „Laudin und die Seinen". Hier wird ein Ausweg aus den objektiven Wirren der Zeit auf individuellem Wege durch wertvolle Einzelmenschen gezeigt. Aus dem Bürgertum stammend, sind sie in reifen Jahren dem Widersinn seiner Lebensformen fast erlegen, aber nicht durch Protest und kollektives Programm, sondern durch individuelle Einkehr und neuen inneren Ausgangspunkt finden sie Rettung. Auch hier wie bei den obengenannten ausländischen Romanen nicht der geringste Zweifel, daß die bisherige bürgerliche Lebensform gänzlich unfruchtbar geworden ist, aber das Heil wird nicht in einer neuen kollektiven Lebensschablone, wie etwa der marxistischen oder auch der völkischen, sondern im individuell Menschlichen gezeigt, das zwar dem Bürgertum verlorengegangen ist, aber doch am ersten von seinen Söhnen und Töchtern wiedergefunden werden kann.

1927

WALTER BENJAMIN

Erwiderung an Oscar A. H. Schmitz

Es gibt Erwiderungen, die beinahe eine Unhöflichkeit gegen das Publikum sind. Sollte man eine schlotterige Argumentation mit schartigen Begriffen nicht ruhig der Stellungnahme ihrer Leser überlassen? Sie brauchten ja, in diesem Falle, nicht einmal den „Potemkin" gesehen zu haben. Genausowenig wie sich Schmitz ihn selber angesehen zu haben brauchte. Denn soviel wie er heute davon weiß, hat schon die erste beste Zeitungsglosse ihm gesagt. Aber das bezeichnet ja eben den Bildungsphilister: andere lesen die Meldung und halten sich für gewarnt – er muß sich „seine eigene Meinung" bilden, geht hin und glaubt damit die Möglichkeit zu gewinnen, seine Verlegenheit in sachliche Erkenntnis umzusetzen. Irrtum! Sachlich läßt über den „Potemkin" so gut vom Standpunkt der Politik wie des Films sich reden. Schmitz tut keines von beiden. Er redet von seiner letzten Lektüre. Daß nichts dabei herauskommt, ist nicht überraschend. Die streng und grundsätzlich gestaltete Darstellung einer Klassenbewegung an bürgerlichen Gesellschaftsromanen messen zu wollen, bekundet eine Ahnungslosigkeit, die entwaffnet. Nicht ganz so steht es mit dem Ausfall gegen Tendenzkunst. Hier, wo er sozusagen schwere Artillerie aus dem Arsenal bourgeoiser Ästhetik bedient, lohnt sich schon eher, deutsch und deutlich zu sein. Zu fragen: Was soll der Jammer über die politische Entjungferung der Kunst, indes man allen Sublimierungen, libidinösen Restbeständen und Komplexen in einer künstlerischen Produktion von zwei Jahrtausenden nachspürt? Wie lange soll die Kunst die höhere Tochter bleiben, die zwar in allen verrufensten Gäßchen sich auskennen, beileibe aber sich von Politik nichts träumen lassen soll? Das hilft nichts, sie ließ es sich immer träumen. Daß jedem Kunstwerk, jeder Kunstepoche politische Tendenzen einwohnen, ist – da sie ja historische Gebilde des Bewußtseins sind – eine Binsenwahrheit. Wie aber tiefere Schichten von Gestein nur an den Bruchstellen zutage treten, liegt auch die tiefe Formation „Tendenz" nur an den Bruchstellen der Kunstgeschichte (und der Werke) frei vor Augen. Die technischen Revolutionen – das sind die Bruchstellen der Kunstentwicklung, an denen die Tendenzen je und je, freiliegend sozusagen, zum Vorschein kommen. In jeder neuen technischen Revolution wird die Tendenz aus einem sehr verborgenen Element der Kunst wie von selber zum manifesten. Und damit wären wir dann endlich beim Film.

Unter den Bruchstellen der künstlerischen Formationen ist eine der gewaltigsten der Film. Wirklich entsteht mit ihm *eine neue Region des Bewußtseins.* Er ist – um es mit einem Wort zu sagen – das einzige Prisma, in welchem dem heutigen Menschen die unmittelbare Umwelt, die Räume, in denen er lebt, seinen Geschäften nachgeht und sich vergnügt,

Der Regisseur Ludwig Berger und die Schauspielerin Mady
Christians

sich faßlich, sinnvoll, passionierend auseinanderlegen. An
sich selber sind diese Büros, möblierten Zimmer, Kneipen,
Großstadtstraßen, Bahnhöfe und Fabriken häßlich, unfaß-
lich, hoffnungslos traurig. Vielmehr: sie waren und sie
schienen so, bis der Film war. Er hat dann diese ganze Ker-
kerwelt mit dem Dynamit der Zehntelsekunden gesprengt,
so daß nun zwischen ihren weitverstreuten Trümmern wir
weite, abenteuerliche Reisen unternehmen. Der Umkreis
eines Hauses, eines Zimmers kann Dutzende der überra-
schendsten Stationen, befremdlichster Stationennamen in
sich schließen. Weniger der dauernde Wandel der Bilder als
der sprunghafte Wechsel des Standorts bewältigt ein Milieu, das jeder anderen Erschließung sich entzieht, und holt
noch aus der Kleinbürgerwohnung die gleiche Schönheit
heraus, die man an einem Alfa-Romeo bewundert. Und soweit gut. Schwierigkeiten zeigen sich erst, wenn die „Handlung" ins Spiel tritt. Die Frage einer sinnvollen Filmhand-

520

lung ist genauso selten gelöst worden, wie die abstrakten Formprobleme sind bewältigt worden, die aus der neuen Technik sich ergeben. Und vor allem wird damit *eines* bewiesen: die wichtigen, elementaren Fortschritte der Kunst sind weder neuer Inhalt noch neue Form – die Revolution der Technik geht beiden voran. Daß sie aber im Film weder Form noch Inhalt, die ihr im Grunde entsprechen, gefunden hat, das ist durchaus kein Zufall. Es zeigt sich nämlich, daß mit tendenzlosen Spielen der Form, tendenzlosen Spielen der Fabel die Frage immer nur von Fall zu Fall zu lösen ist.

DR. LUDWIG BERGER   BERLIN-CHARLOTTENBURG 2.
                                     CAMMERSTR. 16

                    5. Juli 1932.

    Liebe Eisenbahn :

            Vielen Dank fuer Ihren lieben Brief . Es
    waere wirklich besser, Sie wuerden nun die alte Geschichte vergessen,
    denn sie ist wirklich nicht wichtig. Viel wichtiger waere es , dass
    Sie bald einmal wieder nach Berlin oder ich nach Moskau kaeme , damit
    wir wieder zusammen " Erfahrungen " sammeln koennen.
            Mein Film mit Stemmle ist vollkommen in's Wasser gefallen, dafuer mache ich jetzt einen anderen, der noch dummer ist.
            Man kann sich eben hier nur aufhaengen oder auswandern, was beides gleich unangenehm ist , und ich suche verzweifelt nach einer dritten Loesung. Vielleicht wissen Sie noch eine andere.
            Herzliche Gruesse, schreiben Sie recht bald wieder.
                    Sincerly
                      ever
                    your loving

    Die beiden Buecher sind gestern an Ihre Adresse abgegangen.

Ludwig Berger an Sergej Eisenstein

Die Überlegenheit des russischen Revolutionsfilms beruht, genau wie jene des amerikanischen Groteskfilms, eben darin, daß beide, jeder auf seine Weise, eine Tendenz als Basis genommen haben, auf die sie stetig, konsequent zurückgehen. Tendenziös – auf weniger offenkundige Art – ist nämlich auch der Groteskfilm. Seine Spitze richtet sich gegen die Technik. Komisch ist dieser Film allerdings, nur eben, daß das Lachen, das er weckt, überm Abgrund des Grauens schwebt. Kehrseite einer lächerlich entfesselten Technik ist die tödliche Prägnanz manövrierender Flottengeschwader, wie der „Potemkin" sie am unnachsichtigsten festhielt. Der internationale bürgerliche Film hat nun ein konsequentes, ideologisches Schema nicht finden können. Das ist eine der Ursachen seiner Krisen. Denn die Verschworenheit der Filmtechnik mit dem Milieu, das ihren eigentlichsten Vorwurf bildet, verträgt sich nicht mit der Glorifizierung des Bürgers. Das Proletariat ist der Held jener Räume, an deren Abenteuer klopfenden Herzens im Kino sich der Bürger verschenkt, weil er das „Schöne" auch und gerade dort, wo es ihm von Vernichtung seiner Klasse spricht, genießen muß. Das Proletariat ist aber Kollektivum, wie diese Räume Räume des Kollektivs sind. Und hier am menschlichen Kollektiv erst kann der Film jene prismatische Arbeit vollenden, welche er am Milieu begonnen hat. Der „Potemkin" hat epochal gerade darum gewirkt, weil sich das nie vorher so deutlich erkennen ließ. Hier zum ersten Mal hat die Massenbewegung den ganz und gar architektonischen und doch so gar nicht monumentalen (lies: Ufa-) Charakter, der erst das Recht ihrer Kinoaufnahme erweist. Kein anderes Mittel könnte dies bewegte Kollektivum wiedergeben, vielmehr: kein anderes könnte solche Schönheit noch der Bewegung des Entsetzens, der Panik in ihm mitteilen. Dergleichen Szenen sind seit dem „Potemkin" unverlierbarer Besitz der russischen Filmkunst. Wie hier die Beschießung von Odessa, so zeichnet in dem neueren Film „Matj" („Mutter") ein Pogrom gegen Fabrikarbeiter die Leiden der städtischen Massen wie mit Laufschrift in den Asphalt der Straßen ein.

Folgerecht hat man „Potemkin" im Sinne des Kollektivismus gemacht. Der Führer dieser Revolte, der Kapitänleutnant Schmidt, eine der legendären Figuren des revolutionären Rußland, kommt im Film nicht vor. Das ist, wenn man so will, eine „Geschichtsfälschung", hat aber mit der Einschätzung dieser Leistung gar nichts zu schaffen. Warum dann, ferner, Handlungen des Kollektivums unfrei, die des Einzelnen frei sein sollen –, diese abstruse Spielart des Determinismus bleibt, ebenso unergründlich in sich wie in ihrer Bedeutung für die Debatte.

Dem Kollektivcharakter der meuternden Masse muß selbstverständlich auch der Gegenspieler angepaßt sein. Es hätte ganz und gar keinen Sinn, differenzierte Individuen ihr gegenüberzustellen. Der Schiffsarzt, der Kapitän müssen Typen sein. Typen des Bourgeois – davon mag Schmitz nichts hören. Nennen wir sie denn Typen von Sadisten, welche durch einen bösen, gefährlichen Apparat an die Spitze der Macht sind berufen worden. Damit steht man nun freilich wieder vor einer politischen Formulierung. Sie ist nicht zu umgehen, weil sie wahr ist. Nichts hilfloser als die Einrede vom „Einzelfall". Das Individuum mag Einzelfall sein – die hemmungslose Auswirkung seiner Teufelei ist keiner, liegt im Wesen des imperialistischen Staates und – in gewissen Grenzen – des Staates schlechtweg. Bekanntlich gibt es eine ganze Reihe Fakten, die ihren Sinn, ihr Relief überhaupt erst erhalten, wenn man sie aus der isolierenden Betrachtung löst. Es sind die Tatsachen, mit denen die Statistik es zu tun hat. Daß ein Herr X. sich gerade im März das Leben nimmt, kann in der Linie eines Einzelschicksals sehr belanglos sein, dagegen wird es außerordentlich interessant, wenn man erfährt, daß in diesem Monat die Jahreskurve der Selbstmorde ihr Maximum hat. So sind die Sadismen des Schiffsarztes vielleicht in seinem Leben nur ein Einzelfall, vielleicht hat er mittelmäßig geschlafen oder auf seinem Frühstückstisch ein schlechtes Ei gefunden. Interessant wird die Sache erst, wenn man das Verhältnis des Ärztestandes zur Staatsmacht in Rechnung stellt. Darüber hat mehr als einer in den letzten Jahren des großen Krieges äußerst genaue Studien machen können und der kümmerliche Sadist des „Potemkin" kann ihm nur leidtun, wenn er sein Tun und seine gerechte Strafe mit den Henkerdiensten vergleicht, die Tausende seiner Kollegen – und ungestraft – an Krüppeln und Kranken vor ein paar Jahren den Generalkommandos geleistet haben.

„Potemkin" ist ein großer, selten geglückter Film. Es gehört schon der Mut der Verzweiflung dazu, den Protest gerade hier anzusetzen. Schlechte Tendenzkunst gibt es sonst genug, darunter schlechte sozialistische Tendenzkunst. Solche Sachen sind vom Effekt her bestimmt, rechnen mit ausgeleierten Reflexen, benutzen Schablonen. Dieser Film aber ist ideologisch ausbetoniert, richtig in allen Einzelheiten kalkuliert wie ein Brückenbogen. Je kräftiger die Schläge darauf niedersausen, desto schöner dröhnt er. Nur wer mit behandschuhten Fingerchen daran rüttelt, der hört und bewegt nichts.

1927

BERNARD V. BRENTANO

Nach dem Potemkin-Film

Es laufen zur Zeit vier russische Filme in Berlin. Das ist viel. Bedenkt man, wie schwer es dem einzigen Potemkin noch fiel, zu laufen, so ist es auch bedeutsam. Jedoch Potemkin der alte, oft zitierte, hat am Kurfürstendamm Schule gemacht, auf seine Weise allerdings und nicht etwa bei unserer Produktion, sondern bei unserem Verleih. Sogar die Ufa zeigt in einem ihrer hiesigen Theater einen Original-Sowjet-Film: „Matrosenregiment 17", eine arg verbogene Episode, welche den Import nicht lohnt.
Den Film „Streik" sieht man im Tauentzienpalast. Er zeigt, daß auch Meister Eisenstein nicht mit dem Potemkin vom Himmel fiel. Dieses Werkchen, früh entstanden, ein Vorläufer also, ist in den Teilen bereits gut gemacht, aber im ganzen schlecht zusammengesetzt. Der Versuch einer starken Begabung selbst bleibt im Film doppelt Versuch. Es ist schwer, einen historischen Film zu machen. Die Leinewand will es nicht, und der Versuch, eine vergangene Zeit zu stellen und zu photographieren, zeigt im Endeffekt immer den *Regisseur* und nie jene Zeit; also die liebe Gegenwart und nicht die Vergangenheit. Es sei denn, man hat gar keine historische Einstellung wie die Russen, nur eine menschliche.

Dann kann man, ohne damit allzu vielen eine Freude zu machen, historische Filme herstellen. Filme mit Ereignissen so bunt, wie deren Kostüm, aber mit einer längst verstorbenen, unwirksamen Problematik. Ein solcher Film läuft im Kapitol und heißt „Iwan der Schreckliche". Er ist voller Handlung und Spannung und voller ausgezeichneter Schauspieler. Besser würde man sagen, Gesichter.

Denn diese Gesichter, diese Typen sind es, die einen schlechten russischen Film noch beachtenswert machen. Einen ' langweiligen noch amüsant, einen niederträchtigen noch menschlich, das heißt begreiflich machen würden, und alles Verlogene, nur Gespielte, Gestellte, Künstliche, Gesinnungslose ausschließen. Diese Gesichter von Frauen und Mädchen, Dicken, Dünnen, Großen, Kleinen, von Männern und Buben, diese Fülle von Welt, dieses Geflimmer von Augen, Gestrüpp von Händen, Gehölz von krummen und schiefen Rücken – es ist, man gebe es zu, das beste Material zur Kunst, das man in der Welt hat. Es braucht nur einer zu kommen und es zu ordnen, schon ist die überwältigende Arbeit getan. Es ist wieder einer gekommen, ein junger Regisseur namens Pudowkin, und hat nach dem Roman „Die Mutter" von Maxim Gorki einen (gleichnamigen) hervorragenden Film gedreht. (Im Phoebus-Palast.) Dieser Pudowkin, dessen Film in Berlin einen außerordentlichen Erfolg gehabt hat, ist der Regisseur der wichtigen Kleinigkeit. Er ist wie ein Arzt, der mit dem Stab am menschlichen Modell deutet: hier ist das Herz, hier die Lunge, was den weniger orientierten Zuschauer spannt, verblüfft, hinreißt. So hebt Pudowkin nur die wichtigen Momente der Handlung heraus, beleuchtet sie kurz und kräftig von der richtigen Seite und geht zur nächsten weiter. Das gibt seinem Film einen schönen Schwung und ein seltenes Tempo. Manche hier stellen ihn als Werk über den Potemkin. Es lohnt nicht, da mitzustreiten, dessen Freunde werden auch seine werden.

*

Das Folgende gehört nicht zur Sache. Es hat mit diesen vier russischen Filmen gar nichts zu tun.

Einem Zeitungsleser in Berlin möchte folgendes auffallen: Wenn ein deutscher Verlagsprokurist, Fritz Schälike, Bücher eines deutschen Schriftstellers, Kurt Kläber, druckt, so wird er zu einer nicht unerheblichen Freiheitsstrafe verurteilt, weil der Oberreichsanwalt den Charakter von Kläbers Büchlein mit folgenden Worten als einen hochverräterischen kennzeichnet: „In fünf dieser Erzählungen werden die Kämpfe streikender oder ausgesperrter Arbeiter mit der Polizei oder Soldaten geschildert, in der sechsten das handgreifliche Vorgehen aufgeregter Frauen von ausgesperrten Arbeitern gegen den Arbeitgeber ihrer Männer. In diesen Schilderungen wird alle Schuld an der traurigen Notlage der Arbeiter den Arbeitgebern zugeschoben, und zwar bewußt in einer Weise, daß in dem Leser Empörung und Haß gegen die Arbeitgeber und gegen die nach den Schilderungen lediglich für diese kämpfenden Polizisten und Soldaten wachgerufen werden muß."

Wenn aber so mächtige Gesellschaften wie die *Ufa* und die *„Phoebus"* aus Rußland Filme beziehen, deren Thema der Klassenkampf ist, in denen wie nie zuvor Kämpfe streikender und ausgesperrter Arbeiter mit der Polizei und Soldaten gezeigt werden, auch das handgreifliche Vorgehen aufgeregter Frauen von ausgesperrten Arbeitern gegen die Arbeitgeber ihrer Männer, und in denen selbstverständlich die Schuld an der traurigen Notlage der Arbeiter den Arbeitgebern zugeschoben wird, dann geschieht nichts, außer daß die gesamte Presse mit Fug und Recht diese Filme als *notwendige und wertvolle Kunstwerke lobt,* das Publikum, dem das Problem der Zeit in der Seele brennt, die Kino stürmt und alle Beteiligten gute Geschäfte machen, zehnmal bessere als der Verleger des Kurt Kläber auf jeden Fall.

Dies aber beleuchtet den peinlich altmodischen Kampf gegen den Geist, wie er seit einiger Zeit in Leipzig geführt wird. Nur der Schwache ist wehrlos, nur die Kläbers, die man nicht kennt, erliegen ihm. Und nicht ein Kampf der Geister ist dieser Kampf gegen den Geist, sondern ein Kampf der Mächte. Deswegen ist er unfruchtbar, verderblich. Er lähmt die Mutigen mit seinen Paragraphen. Er schadet Deutschland.

BERNARD V. BRENTANO

Ein Trauerspiel

Bei der gesamten Berliner Kritik ist ein neuer russischer
Film durchgefallen, glatt aber weich und ohne Lärm durchgefallen, der in einem mittleren Theater, unten am Kurfürstendamm (Emelkahaus) zu sehen ist. Der Film (Sowkino)
heißt „Sühne" und ist einer der besten Filme, die man gesehen hat, steht groß und einfach in der obersten Reihe bei
„Potemkin" und „Goldrausch", gleich an Wert, aber nicht zu
vergleichen, weil er etwas Neues bringt: das erste Trauerspiel, von den Alten Tragödie genannt und in deren Sinn
hier in gewaltigen Linien komponiert. Die Schauspieler
sind alle vorzüglich; die einzige Schauspielerin – sie heißt
Chochlowa – ist die beste Filmschauspielerin, die ich bis
heute gesehen habe. Ich weiß, was ich schreibe. Die Chochlowa ist nicht schön. Beim ersten Anblick erschrickt man.
Aber schon wünscht man, tief berührt, sie wiederzusehen.
Dann hat sie über jeden Widerstand gesiegt. Ihr Gesicht ist
schmal und hart. Aber ihre Augen leuchten wie ihre Haare.
Ihre eckigen Schultern, ihre nachlässige Art, sich auf eine
raffiniert überzeugende Weise zu kleiden, ihr Spiel ohne
Worte, wirklich Filmspiel des Gesichts und der Hände –
hier ist alle Literatur hinweggeschwemmt, und ein neuer,
unbelasteter Mensch, seiner eigenen Empfindungen fähig,
erscheint auf der Bühne.
In Alaska sind drei Männer und eine Frau am Goldgraben.
Sie finden nichts, und die Zeit rückt vor. Da entdeckt der
vierte Mann, der nicht auf Anteil mitging, sondern, ein armer Teufel, sich als Knecht verdingen mußte, eine ergie-
bige Goldgrube. Bald wird es in New York drei Millionäre
mehr geben, frohlocken die Männer. Den Knecht, der weiß,
was er gefunden hat, hänseln sie in ihrem Übermut: Ja,
mein Lieber, du mußt auch einmal Gold graben gehen! usw.
wie die Männer sind, wenn sie unverdientes Glück haben.
Einmal sitzen sie am Tisch, da kommt der Knecht, es fallen
ein paar Worte, im Nu reißt der Knecht sein Gewehr hoch,
schießt, der Deutsche fällt, schießt, der Russe fällt, der Engländer und seine Frau springen voll Todesangst auf. Der

Mann steht starr, die Frau wirft sich auf den Mörder und entreißt ihm das Gewehr. Jetzt springt der Mann hinzu und will diesen kaltblütigen Hundsfott erwürgen. Die Frau rettet ihn. Sie binden ihn mit Stricken, daß er sich nicht rühren kann. Wenn ich frei komme, bringe ich euch alle um, sagt der Knecht. Gleich will ihn der Mann wieder erschlagen. In der Nacht begräbt das Ehepaar seine toten Kameraden. Derweil kämpft der Gefesselte einen verzweifelten, vergeblichen Kampf, sich zu befreien. Abwechselnd bewachen ihn der Mann und die Frau Tag und Nacht, bis ihre Nerven vor Zorn, Qual, Übermüdung zu reißen anfangen. Der Frühling kommt, und das Wasser steigt. Die Hütte wird überschwemmt, und es ist nicht abzusehen, wann man von hier wird fortkommen können. Immer ist der Mörder da. Immer muß er bewacht werden. Einmal, am Geburtstag der Frau wird er losgebunden. Er ist kein Unmensch, er weint. Er weiß, was er angestellt hat. Aber er konnte nicht mehr. Er wollte nicht als armer Teufel heimfahren, wo er doch das Gold gefunden hatte. Die Zeit geht hin, die Wächter sind am Ende ihrer Kraft angelangt. Da beschließen sie, ihn zu richten. Immer wollte ihn der Mann wie einen tollen Hund erschießen, immer hat es die Frau verhindert. In die Gerichtsverhandlung willigt sie ein. Abwechselnd sind die beiden Richter, Geschworener und Verteidiger: Das Urteil lautet auf Hängen. Der Mörder nimmt seine Strafe an und sie gehen hinaus und hängen ihn an einem Baum auf.
Das ist dieser Film, in großen Zügen erzählt. Der Bericht gibt seinen Inhalt kaum wieder. Kein Bericht würde das tun, denn nur die Schauspieler vermögen das, und man muß gehen und sich ansehen, wie sie das vermögen.
Dieser Film ist eine Synthese zwischen Rußland, das seine unvergleichlichen Schauspieler und Regisseure gibt, und Amerika, nach dessen Dichter, Jack Londons Novelle, harter Eisbergnovelle, der Film gedreht wurde. Leicht werden die Russen im Stoff weich und zerfließen. Sie lieben die Einzelheit zu sehr über der großen Linie. Hier, wo ihnen London kurz und knapp den Weg weist, mußten sie weitermachen, durften sie nicht stehenbleiben. Diese Synthese zwischen Rußland und Amerika ist was man sich für Deutschland wünscht, was Deutschland vielleicht einmal herstellen wird. – Plötzlich wird auf dem Kurfürstendamm

eine moderne Tragödie gespielt. Der Zuschauer sieht klar und deutlich, daß es nicht erlaubt ist, zu töten, daß es wieder das Gesetz des Kosmos ist, und jene Kugel, durch des Feindes Brust hindurchfliegend, im Laufe des Äquators zum Mörder zurückkehrt, ihn fällend. Das Publikum, andere Ware gewöhnt, versteht nichts. Leute gehen entrüstet fort, andere pfeifen und lachen. Nur wenige standen nach der Vorstellung auf und klatschten, aber leise, weil sie sehr erschüttert waren. Den ‚Potemkin' hat man hier verstanden. Das macht die politische Schule, in der wir jetzt seit 1914 dreizehn Jahresklassen absolviert haben. Jetzt kommt das alte Neue, die Tragödie des Menschen, das Trauerspiel, und ist schwer verständlich.

Wäre ich ein Regisseur, ich reiste nach Moskau und holte mir die Schauspielerin Chochlowa. Dann wäre uns endlich ganz Hollywood – Kalifornien.

BERNARD V. BRENTANO

Die Blauen Blusen

In der Nacht vom Freitag zum Samstag, gegen 12 Uhr, stand der Nollendorfplatz auf einmal voll Menschen. Auffallend war, daß er voll junger Leute stand, Jünglingen, wie sie geschrieben stehen, mit langen blonden Haaren, Mädchen mit Schuhen ohne Absätze und dem Lodenmantel, wie ihn die Jungsozialisten tragen. Das alles war Premierenpublikum, das hier vor der Piscatorbühne stand und auf Einlaß wartete, um sich das russische *Arbeiter-Kabarett*: „Die Blauen Blusen" anzusehen.

Man hätte russisch verstehen müssen. Manchmal war die Situation peinlich: irgendwo in dem großen, dichtbesetzten Theater lachten zwei, drei Leute hellauf bei einer gewissen Stelle eines Liedes, das in ungeheurem Tempo auf der Bühne vorgetragen wurde. Die andern saßen, schwiegen und glaubten, denn sie verstanden ja keine Silbe. Trotzdem war die Stimmung zwei Stunden lang vorzüglich; Begeisterung empfing und begleitete die Darsteller; der Schwung, mit dem sie bei der Sache waren, kurbelte das Parkett an und befeuerte die Ränge, die sich zum Schluß stehend mit dem Gesang der Internationale befreiten.

Die blauen Blusen, ihr Gewand, trugen zwölf junge Leute, acht Männer und vier Mädchen; alles Arbeiter, wie deutlich zu sehen war. Sie kommen auf ihrer Wanderung durch Rußland – wo sie sich, Berichten zufolge, ein bißchen ausgewandert haben sollen – jetzt aus Breslau nach Berlin und fahren von hier aus weiter, durch Deutschland. Sie spielen Zeitung. Ihr Kabarett ist eine russische Staatseinrichtung, Abteilung Propaganda.

Sie ziehen auf die Dörfer und machen Rußland mit Rußland vertraut; oder die Vergangenheit, die sie verspotten, mit der Gegenwart, die sie lieben. Ihre Ausdrucksmittel sind Gesang, Tanz und Bewegung, eine Art von Gymnastik, die ein bißchen unbeholfen ist, etwa wie die eines Turnvereins, dessen jüngere Mitglieder ein paar Artistennummern einstudiert haben. Ohne den „Blauen Vogel", den wohl jeder gesehen hat, wären sie nicht, was sie sind, aber sie sind besser, weil sie voll von Begeisterung für die Zukunft sind.

Weil man ihre Lieder nicht verstand, blieben hier dem Zuschauer nur ihre lebenden Bilder zur Ergötzung. Davon waren einige reizend; etwa die Darstellung einer Zeitung, wie sie geschrieben, gesetzt, gedruckt, gefalzt und versandt wird, – dies alles durch die Bewegung von Gruppen und Körpern ausgedrückt.

Sie verspotten die alte Zeit, die Wolgaschiffer, die schwere Schiffe ziehen und – von der Liebe singen. Wir – in Berlin – hörten auf einmal jene ungefähr bekannten schwermütigen Volkslieder. Wir verstanden den Text nicht, der sie verspottete – wir hörten nur die Melodie. Das ergab eine sehr gegenteilige Wirkung auf die Zuhörer, denen gefiel, was ihnen eben nicht mehr gefallen sollte. Jedoch, gegen was man Opposition macht, davon ist man selber ein kleines Stückchen – und irgendwo waren diese jungen Leute *gutes altes Rußland*, Volk vom Volk, junge Leute aus der Gegenwart, die sich aus Vergangenheit und Zukunft zusammensetzten. Und wenn sie, zum Schluß, die Rote Armee spielten und deren einzelne Truppenteile darstellten und besangen, dann hätten sie auch aus Stolp in Pommern sein können und dort vom Turnverein. Bloß sehr begabt, entzückend begabt.

FRANZ SPIELHAGEN

Massenszenen bei Meyerhold

Mit Meyerhold ist es ebenso wie mit allen anderen Dingen
und Menschen, die man in Rußland erlebt. Sie sind anders
und sehen anders aus als sie in Europa geschildert werden.
Meyerhold gilt in Berlin als eine verbesserte Ausgabe von
Piscator; rein technischer Regisseur, Verächter der Form,
zwingende Massenszenen, und wie die Kunstschlagworte
sonst lauten mögen. So geht man in das Haus auf der Ssado-
waja Triumfalnaja in Moskau mit einer vorgefaßten Meinung, hat schon eine bestimmte, wie sich nachher heraus-
stellt, nicht zutreffende Vorstellung von dem, was auf der
Bühne vor sich geht.
Kurzes Gespräch mit Meyerhold, in dessen Verlauf er sich
als Fanatiker der Wirklichkeit bekennt, und dies etwa so
formuliert: *„Wenn unser Theater nicht noch interessanter ist als
die Sowjet-Wirklichkeit, hat es seine Existenzberechtigung verloren!"*
Man hat Glück. Der erste Abend, den man erlebt, ist
„Brülle, China!" Von Film keine Rede (er wird allerdings
von Meyerhold als Ergänzung in anderen Stücken verwendet). Technik – einfacher kann ein Bühnenbild nicht sein.
Also die Massenszenen? Die Massenszenen sind die größte
Überraschung des Abends. Die deutschen Regisseure bemühen sich, bei Massenszenen eine homogene Einheit
über die Bühne zu jagen; gleichgesichtig, gleich in der Bewegung, gleich in der Sprache. Meyerhold schafft aus einer
heterogenen Vielfalt einheitliche Wirkung. Jeder Mensch
der Masse trägt sein eigenes Gesicht, trägt seine Individualität unauffällig, aber doch haftend zur Schau. Hinter diesen
vielen Gesichtern steht der zwingende Wille des Regisseurs, der aus einer Vielheit von hunderten von Menschen
eine Einheit schafft, beseelt und getrieben von der gleichen
politischen oder sozialen Vorstellung. In dieser Masse sind
nicht zwei Menschen einander gleich. Die Zeichen des Alltags, die Gewohnheiten der Kindheit und des Arbeitslebens
sind ihnen erhalten geblieben, kein Gleichschritt treibt sie
vorwärts, ihre Einheit ist – und das ist das wirkliche Geheimnis Meyerholds – geistiger Art. Diese geistige Einheit

Noch ein Ankläger gegen die Kulturpolitik
Generalintendant a. D. Leopold Jeßner (rechts), der den
Koalitionsleuten geopfert wurde und öffentlich dagegen pro-
testierte. Links Wsewolod Meyerhold, der berühmte russische
Staatsbühnenleiter, der im April ein Gastspiel in Deutschland
beginnt. In der Mitte die Schauspielerin Zinaida Reich, die
Gattin Meyerholds

Wsewolod Meyerhold und Sinaida Raich mit Leopold Jeßner

triumphiert über die Verschiedenheit der Gesichter, der
Körper und der Denkweise. So sind die Massenszenen des
Regisseurs Meyerhold, in denen er die Technik, die er dem
einzelnen Schauspieler gegenüber anwendet, nämlich die
Liebe für das kleinste Detail, zur Vollendung gebracht.

532

Meyerhold arbeitet auf dieselbe Art etwa wie Reinhardt.
Die kleinste Kleinigkeit ist ausprobiert und vorgeschrieben.
Er kommt zu dieser Detailarbeit allerdings aus reinem
Wirklichkeitsfanatismus, während sie bei Reinhardt mehr
artistischer Freude entspringt.
Der Eindruck der Massenszenen verstärkt sich bei jedem
Stück Meyerholds. Immer wieder der gleiche Grundplan:
heterogene Vielfalt, jedem einzelnen wird sein besonderes
Gesicht gelassen, alle Menschen durch geistige Erkenntnis
in dieselbe Richtung getrieben, nur die Situation ändert
sich. In „Brülle, China!" sind es chinesische Kulis, im
„Schuß" sind es russische Arbeiter, im „Kommandarm II"
Menschen des Bürgerkrieges.

1930

WSEWOLOD MEYERHOLD

Kinofizierung des Theaters

Das einst von Wagner vorgeschlagene synthetische Theater,
welches nicht nur das Wort, sondern auch die Musik, das
Licht, die Zauber der darstellenden Kunst und die Rhythmik in den Bewegungen der Schauspieler in ein Ganzes
vereinigen würde, schien damals als eine Utopie. Heute
sind wir jedoch zu der Ansicht gekommen, daß nur auf
diese Weise Theater gespielt werden kann. Alle Mittel der
Einwirkung auf den Zuschauer müssen benutzt werden.
Das Theater, das sich auf die Rhetorik stützte, war eigentlich ein „Agitations-Theater", das als unkünstlerisch bereits
verworfen wurde. Andererseits wurde versucht, die agitatorische Einwirkung des Theaters auf den Zuschauer dadurch
zu verschärfen, daß in Momenten höchster Spannung
Schweigen einbricht, das durch Musik aufgelöst und verstärkt wird. (Es sei hier an meine Versuche erinnert, die ich
im Theater meines Namens – „Bubus" und im Tram – „Pla-
wjatsja dni" – anstellte).
Das Sprechtheater ist zugleich ein Musiktheater. Das Theater, das alle technischen Errungenschaften auszuwerten be-

strebt ist, wird auch den Film in die Bühnenhandlung einfügen, so daß die dramatische Handlung auf der Bühne vom Film abgelöst wird, und umgekehrt. In der Revue tritt das am deutlichsten zutage. Die Handlung wird bald vom Dialog, bald von Gesang, Tanz und Clownerie getragen. So vereinigt die Bühne Elemente anderer Künste, um die Bühnenvorstellung interessant zu gestalten, um sie dem Zuschauer verständlicher zu machen. Die langweilige Einteilung des Bühnenstückes in Akte, die Unbeweglichkeit dieser Struktur wird von uns verworfen. Hieraus entstand die Notwendigkeit, die Bühnenstücke in Episoden und einzelne Bilder nach Shakespeares oder der altspanischen Dramaturgenart zu zergliedern. Dadurch ist es möglich geworden, den Konservatismus im Festhalten an den klassischen drei Einheiten (Einheit der Handlung, der Zeit und des Ortes) zu überwinden.

Wir gehen zu einer anderen Phase dramaturgischer Entwicklung über. Wir sind daran, eine neue Art der Bühnenhandlung aufzubauen. Dieser Umbruch ist vom Eindringen des Films bedingt. Von nun an entsteht ein Kampf zwischen Film und Theater.

In Westeuropa und in Amerika gibt es viel mehr Kinotheater als Sprech- und Opernbühnen. Die Statistik zeigt, daß die Kinotheater in Deutschland und Amerika von viel mehr Zuschauern besucht werden, als alle anderen Theater. Einige ziehen daraus den Schluß, daß das dramatische Theater und die Oper vom Film verdrängt werden und daß das Kino ein gefährlicher Konkurrent dem Theater ist.

Doch der Film schien als solcher am Ende seiner Entwicklung angelangt zu sein. Die Kinotheaterdirektoren, die bisher einen großen Andrang des Publikums konstatieren konnten, mußten mit Schrecken feststellen, daß das Publikum sich vom Kino mehr und mehr enttäuscht fühlte, was daraus zu ersehen war, daß die Zahl der Besucher jäh abnahm. Das Publikum wollte außer dem Schattenspiel noch mehr sehen. Es verlangte nach dem Ton. Und die Technik versuchte, den Anforderungen des Publikums gerecht zu werden. Um mit dem Theater, mit dem lebenden Schauspieler konkurrieren zu können, hat der schöpferische Gedanke der Erfinder Ausschau nach dem Ton gehalten, um ihn für den Film verwendbar zu machen. So entstand der

534

Tonfilm. Ist es ein Sieg des Films? Es will uns scheinen, daß
der Film seine Position allmählich aufgibt. Wie auch der
stumme Film den Zuschauer mit seiner schier grenzenlosen
Freiheit, mit seiner raschen Ortsversetzung, mit seiner
Wandlungsfähigkeit, mit dem Wunder des Szenenwechsels,
mit den halsbrecherischen Tricks hinriß, – war er damit
nicht zufrieden. Der stumme Film langweilte, der Zuschauer verlangte außer dem optischen auch das akustische
Bild, er verlangte, daß sein Liebling – der Schauspieler –
der bisher nur stumm agierte, endlich das erlösende Wort
spräche.
Scheint es nicht, daß durch die Erfindung des Tonfilms die
internationale Bedeutung des Films beeinträchtigt wurde?
Irgend ein Chaplin, der jetzt in Amerika, Holland, Sowjetrußland verständlich ist, dieser Schauspieler wird unverständlich, sobald er englisch zu sprechen beginnt. Der russische Bauer kann nicht den Engländer Chaplin verstehen.
Chaplin war ihm nahe und verständlich, so lange er nur

535

stumm agierte. Deshalb erklärten wir, daß der Film durch das Aufkommen des Tonfilms seine internationale Bedeutung stark einbüßte. Was glaubt aber das dramatische Theater aus diesem Kampf gewinnen zu können? Womit kann es auftrumpfen?

Die vorhandenen Theater sind noch keineswegs geeignet, unseren Anforderungen zu entsprechen. Wir haben in der UdSSR nicht die Möglichkeit, die Theater genügend zu finanzieren. Aber es ist vollkommen klar, daß wir mit der Zeit andere Theater bekommen werden. Wir werden die Theater verlassen, die uns als Erbstück der zaristisch-feudalen Herrschaft verblieben sind. Damals wurde das Theater als ein Kasten gebaut, der ein Illusionstheater bedingte, in dem der Zuschauer sich erholen, träumen, schlummern, flirten, sich unterhalten und sich ruhig seiner Verdauung hingeben konnte. Wir verlangen vom neuen Theater, daß es kinofiziert wird, und dies zwar nicht in dem Sinne, daß wir eine Leinwand auf die Bühne hängen, sondern derart, daß wir vom Film seine technischen Errungenschaften übernehmen und sie weiter entwickeln. Wir verlangen für das neue Theater eine Bühne, die mit allen neuesten technischen Einrichtungen versehen ist. Und dann werden wir den Be-

536

weis antreten, daß das Theater mindestens so viel Publikum anlocken kann, wie das Kino.

Die formale und inhaltliche Revolution des heutigen Theaters hat nun aus dem Grunde halt gemacht, daß dem Theater nicht genügend Mittel zur Verfügung gestellt worden waren, den Bühnenbau gemäß den neuen Anforderungen vorzunehmen.

Hier ist noch eine wichtige Bemerkung zu machen: die früheren Theatersäle, die nur 300–500 Personen fassen, genügen nicht. Das Proletariat wendet sich vom „intimen Theater", das entsprechende intime Formen bedingt, ab und verlangt nach einem Massentheater mit Sälen, die Tausende und Zehntausende von Personen fassen. (Siehe die vollgepfropften Stadione, in denen Fußballspiele, Flugwettkämpfe, Hockeyspiele u. a., wo morgen theatralisierte Sportspiele gezeigt werden).

Wir gehen auf das Ziel zu, daß jede Bühnenvorstellung zur Mitwirkung zwingt, daß der Zuschauer dem dramatischen Schriftsteller hilft, das Bühnenstück zu ergänzen, daß er nicht innert bleibt, sondern mit agiere. Deshalb kommt dem Publikum nicht nur die Rolle des bloßen Zuschauers zu. Damit ist unser Verlangen nach den größeren Massen der Zuschauer gerechtfertigt. Die Bühnenhandlung muß sich in größerem Ausmaße vollziehen, als bisher. Sie muß nicht nur die Zuschauer im Saal erfassen, sie muß die Grenzen des Theaters überwinden und eine Massenhandlung in wahrem Sinne des Wortes auslösen. Das, was wir dem Zuschauer bieten, ist nicht vollendet. Wir erwarten vom Publikum, daß es die nötigen Korrekturen vornimmt. Der Bühnenschriftsteller wie der Regisseur schaffen nur die Basis zu der gemeinsamen weiteren Arbeit. Sie schaffen eigentlich nur die Canevas der Bühnenhandlung, das Skelett der Aufführung, in das erst der Zuschauer Leben haucht und es mit Fleisch und Blut umgibt. Wir sollen hoffen, daß die Korrektur grandios ist, daß die Massen diese Korrektur vornehmen.

Im Film sehen wir dasselbe. In Hollywood ist man dazu übergegangen, für große Schlager das Publikum zur Prüfung heranzuziehen, und zwar in der Form, daß noch vor dem Erscheinen des Films auf dem Markt er vor das Publikumsgericht gestellt wird. Dies geschieht gewöhnlich so: in

537

Thalia-Theater

Gastspiel

Schwertstraße 3, Fernruf 567 47

Meyerhold

Moskauer Staats-Theater

Ostersonnabend, 19., Ostersonntag, 20., Ostermontag, 21. April, 20¹⁵ Uhr:

Brülle China

Sieben Bilder von S. Tretiakow

Dienstag, 22. April, 20¹⁵ Uhr:

Der Wald

Komödie in fünf Aufzügen von A. N. Ostrowskij

„. . . Diese Szenen gehören in ihrer maskenhaften Starre, in der unheimlichen Ruhe zu dem Außerordentlichsten, was ich jemals auf einer Bühne gesehen habe — unglaubliche Momente, Gipfel des Theaters."

VORVERKAUF
bei Barasch, Wertheim
u. an der Theaterkasse

Druckerei Schenkalowsky Breslau

Theaterplakat

538

einem großen Theater, wo ein gewöhnlicher Film vorgeführt werden soll, wird vor der Aufführung selbst erklärt,
daß statt des angekündigten Films ein anderer, der dem-
nächst auf der Leinwand erscheinen soll, gezeigt werden
wird. Das Publikum, das sich natürlich ganz zufällig zusammensetzt, wird dann aufgefordert, seine Meinung über den
Film zu geben.

Beobachter der Firma, die den Film hergestellt hat, werden
in den Zuschauerraum gesetzt mit dem Auftrag, die Stimmung der Zuschauer genau zu beobachten und sich die
Stellen, die ihre Begeisterung oder Mißfallen erwecken, genau zu notieren. Auf Grund dieser Beobachtungen wird
dann der Film ummontiert.

Gehen wir nun zu unserer Hauptfrage zurück. Welche
Theaterräume verlangen wir? Die Logen sollen abgetragen
werden und die Rangordnung des Theatersaales vernichtet.
Der Theatersaal soll die Form eines Amphitheaters annehmen, denn im Amphitheater wird das Publikum nicht in soziale Kategorien nach dem Eintrittsgeld abgetrennt und
schmilzt zu einer Masse zusammen, die der Einwirkung
viel zugänglicher ist, weil die Bühnenhandlung auf den Zuschauer umso stärker einwirkt, als er sich mit den anderen
Zuschauern verschmolzen fühlt. Wir dürfen nicht vergessen, daß so etwas wie die Stimmung sehr ansteckend ist und
desto ansteckender, je kompakter die Masse der Zuschauer
ist. Außerdem muß der Bühnenkasten endlich abgebaut
werden, nur dann kann die Aufführung dynamisch wirken.

Die neue Bühne wird die Möglichkeit geben, das langweilige System der drei dramatischen Einheiten zu überwinden
und die Episoden schnell aufeinander folgen zu lassen. Die
neue Bühne soll nicht mit einem Vorhang abgegrenzt werden, sie soll keinen Rahmen haben und mit Scheiben, die
sich horizontal und vertikal bewegen, versehen werden,
was die Möglichkeit geben wird, die Handlung kinemato-
graphisch aufzubauen. Jeder Schauspieler wird einige Rollen spielen. Es ist unnormal, daß es eine Hauptrolle gibt,
unter deren Last der Schauspieler keucht, und die Neben-
rollen von Statisten durchgeführt werden, weil sie überhaupt keine Bedeutung haben. Im neuen Theater wird es
keine Statisten geben. Es wird keine schlechten Rollen ge-

ben, es können nur schlechte Schauspieler sein. Jede Rolle kann groß sein, wenn sie ein großer Schauspieler spielt, und den großen Schauspieler muß es anlocken, in einer Aufführung in 7–10 Rollen aufzutreten und seine Kunst in der Maske und des Maskenwechsels zu zeigen.

Der Kampf zwischen Film und Theater ist in eine neue Phase eingetreten. Wohin die Wege der beiden Konkurrenten führen, wissen wir noch nicht. Es ist schon jetzt festzustellen, daß das dramatische Theater seine Positionen nicht aufgibt, im Gegenteil, es bereitet sich zum Sturm auf die alte Feste der Bühnenkasten und der dramatischen Traditionen vor, es wird im neuen Theater seine Kräfte voll entwickeln können.

Das Theater wird weiter den Weg der Kinofizierung gehen. Ich fürchte aber, daß der Film daran scheitern wird, dem Theater nachzumachen. Der Schauspieler, der im Sprechfilm auftreten wird, wird eines Tages fühlen, daß er sein internationales Publikum verliert, und es wird ihn danach verlangen, zu seinem Ursprungsland – zu seiner Heimat – dem Theater – zurückzukommen.

1930

SERGEJ TRETJAKOW

Schaufensterreklame

Die gleißenden Schaufensterlichter und Geschäftsreklamen auf den Berliner Straßen und in anderen Großstädten – wovon reden sie? Die Neonröhre – purpurrot, leichenblau, seltener stechend grün – wurde zur Lichttinte, mit der die Firmen ihre Namen, Marken und Artikel auf den Häuserfassaden ausrufen. Auf sechsteiligen Leuchttafeln – an den Häusern und über den Häusern – spielen sich ganze Pantomimenszenen ab. Augen blitzen, das Oval eines Gesichts wird umrandet, über dem Gesicht flammt ein Turban. Die Augen rotieren, halten ein und schielen auf eine mehrfarbige Aufschrift, die eine Schokolade anpreist. Was ist das? Theater? Nein. Kino? Nein. Es ist eine ganz eigene Kunst, geschaffen aus Licht und der Wollust des Marktes. Aus einer Leuchtdose, die mehrere Stadtviertel weit zu sehen ist, rieselt Seifenpulver in eine Schüssel. Der Text verrät das Rezept. Lockig steigt Dampf aus der Schüssel. Ein brauner Lumpen senkt sich in die Schüssel, um ihr Sekunden später als ein Lichthandtuch von blendendem Weiß zu entsteigen. In diesem Augenblick ist es taghell auf den Straßen und Plätzen in der Nähe der Reklame. Das Licht erlischt und die elektrische Pantomime beginnt von vorn. Wer mit sozial geschultem Ohr genau hinhört, erkennt in dem Berliner Reklametanz den Markt von Peking. Das Licht schreit von den Wänden: „Kaufen Sie! Kaufen Sie!"

Das hellere, besser dotierte Lampentausend trampelt mit Lichtgewalt die lispelnden, blinzelnden Leuchtschriften der weniger vermögenden Firmen ins Dunkel zurück. Frappierende, aufreizend freche Elektroschreie übertönen und ersticken die gesetzteren, aber faden Litaneien einfallsloser Unternehmen. Die Krise hält die Firmen gepackt. Der Krieg um den Käufer ist unerbittlich. Der sorgsam gehütete Groschen muß ihm entrissen werden, koste es was es wolle.

Doch der hält den Groschen fest. In Berlin, in diesem asphaltierten, glasierten, spiegelblank geputzten Berlin haben die Wohnungen exzellente Gasöfen. Aber die Berliner heizen mit Petroleum, das ist billiger.

Die Schuhkonzerne sind schon darauf gekommen, jedes Paar Schuhe zum gleichen Preis zu verkaufen und der Preis ist lächerlich gering, zwei Bücher von Remarque kriegt man dafür, aber die, die die Schuhe brauchten, die Arbeiter der Berliner Vorstädte, tragen ihre alten ab, bis die Sohlen hauchdünn gelaufen sind, flicken sie, bürsten sie sorgfältig, nageln Gummiabsätze und Eisenspitzen unter, weil sie sich keine neuen leisten können.

Die Arbeiterfrau läuft von Straße zu Straße, von Laden zu Laden, um ein paar Groschen billiger einzukaufen. Und diese Hausfrau der Arbeiter-, der Angestelltenfamilie ist die Hauptkäuferin in Deutschland. Sie ist es, die am ersten Tag des Weihnachtsverkaufs aufgebracht vor die Tore der Berliner Warenhauspaläste eilt, die Eingänge versperrt – eine Masse von Habenichtsen – und schreit: „Die Reichen, die hängen den Baum voll Geschenke für ihre Kinder. Wir Ar-

beitslosen haben kein Geld für Geschenke. Niemand soll Geschenke kaufen zu diesem verdammten Weihnachten."
In dieser kritischen Stunde wurde die Polizei mit Gummiknüppeln eingesetzt, um den Weg freizumachen – von den Taschen der Käufer zu den Kassen der Warenhäuser. Aber Knüppel sind im Handel ungeeignet. Verführung ist gefragt.

Der ganze Scharfsinn des Künstlers, all der Erfindungsgeist des Technikers wird vom Unternehmer für die Schaufenster seines Warenhauses mobilisiert. Wer sehen möchte, wo die Kunst der Bourgeoisie noch lebt, kämpft und erfindet, der darf nicht ins Theater gehen oder in eine Kunstausstellung. Der muß sich die Warenhausschaufenster ansehen. Und die Leuchtreklame.

Was das KaDeWe diesen Winter in seinen Schaufenstern demonstriert, kommt der Arbeit eines originellen, unternehmungslustigen Theaters gleich. Das KaDeWe nenne ich nur, weil ich da am häufigsten vorbeikam. Jedes andere Warenhaus, ja es muß gar nicht unbedingt ein Warenhaus sein, leistet ähnliches.

In diesen Schaufenstern ist der Bildhauer auferstanden. Er siechte dahin über der marmornen Langeweile, die er für die Museen erhämmerte (wenn er überhaupt als Künstler, gar Akademiker galt) oder über den puppigen Visagen für die Idiotensteppel der Friseurauslagen (wenn er nur Kunsthandwerker war). Aber jetzt ist der neue Bildhauer in die Schaufenster der städtischen Warenhäuser eingezogen. Seine Heimat ist Paris. Die Mannequins in den Schaufenstern von heute haben Leute modelliert, die aus der modernen Masse kommen und die ein feines Empfinden für Gesichter und Posen von heute haben. Der Schaufensterkünstler hat keine Angst vor Hohn und Spott. Da steht in der Auslage nicht mehr der geschniegelte „Elegant" aus Wachs, sondern ein keuchender Knirps mit schweißtriefend glasierter Physiognomie und trüben glasigen Augen, ein Sportsmann mit der Superkinnlade, ein flachbrüstiger Astheniker mit hervorspringendem Kehlkopf, ein fetter Koloß, dem das Genick über den Kragen quillt.

Es gibt Schaufenster, vor denen pausenlos Leute stehen und lachen, als sei das gar keine Auslage, sondern die aufgeschlagene Seite eines gut gemachten Witzblattes.

542

Um in der Vorweihnachtszeit zum Kauf zu verführen, hatte das KaDeWe im Schaufenster den Ansturm der über die Ladentische herfallenden Käufer simuliert. Hinter dem Schaufensterglas tobte die Menge und drehte dabei der Straße ihre Hinterteile zu und die abgespreizten Arme, die die Einkaufspäckchen vor dem Gedrängel und Geschiebe zu retten versuchen.

Übrigens wurde nichts aus diesem Weihnachtsverkauf. Das Schaufenstergedränge blieb ein Traum ... Die Krise.

Dann kam das Geschirr an die Reihe und an der Rückwand des Schaufensters erblickte man einen runden Tisch, Teller, Schüsseln und anderes Zubehör. Um den Tisch die Familie, gewissermaßen von der Decke her betrachtet – Seitenscheitel, Glatzen, Zöpfe, Mittelscheitel.

Möbel. Schon sind die Schaufenster voller Zimmereinrichtungen, in denen sich Wachspuppen unterhalten, rasieren und bewirten.

Arbeitskleidung für Angestellte. Vier Dienstmädchen vor den gigantischen schwarzen Silhouetten ihrer Verehrer. Man denkt an die alten blöden Herrenwitze über die Köchinnen und ihre Kavaliere von der Feuerwehr, wenn man diese Schattenrisse von einem Boxer, Polizisten, Schornsteinfeger und Briefträger sieht.

Sportartikel. Ein Strand in der Vertikale, quasi vom Flugzeug aus gesehen. Die Wachsherren, auf dem Bauch liegend, stecken ihre Nase in die Zeitung, während die Wachsdamen ihren Kopf unter einem Sonnenschirm verbergen. Ganze Reklamepantomimen. Aber auch wo die Reklame ohne Sujet auskommt, dient das vom Künstler in der Auslage arrangierte Kristall dem einen alles übergreifenden Auftrag: „Kaufen Sie! Kaufen Sie!"

Werden im Sozialismus die Straßen von Ladenschildern lodern? Wird der Künstler des sozialistischen Staates ein Schaufenstererfinder sein? Ein heftiger Streit entbrannte darüber auf einer Berliner Straße und ein in seine Stadt verliebter Berliner drohte unmißverständlich, er werde es nicht zulassen, daß seine lichttrunkene Straße ins Dunkel falle.

Vielleicht war in seinem Widerstand etwas vom Starrsinn eines Lichtalkoholikers. Seine Verliebtheit in die Schaufenster war reine l'art pour l'art, denn er war immun gegen die Verführung. Aber mal wirklich. Was wird mit den Schaufenstern? Einen Knüppel nehmen, die Scheiben einschlagen und die Straßen verdunkeln, das wäre am einfachsten, aber es wäre dumm und anarchistisch. Brauchen wir denn keine Schaufenster?

Das Schaufenster der Konkurrenz brauchen wir nicht. Das Schaufenster der Hypnose: „Kaufen Sie! Kaufen Sie!"

Das Schaufenster als Geldsauger brauchen wir nicht.

Aber Schaufenster bieten außer der Werbehysterie auch noch die Demonstration von Dingen, die Unterweisung, wie mit ihnen zu verfahren sei.

Es ist richtig, daß die sozialistischen „Warenhäuser" Verteilerstellen werden, wo an die Stelle der Schaufensterauslagen die Preislisten treten. Aber könnte das Schaufenster sich nicht vom Warenhaus trennen und als ständige Ausstellung fungieren? Jede neue Erfindung, jedes Ding, das das Leben erleichtert, wäre auf diesen Ausstellungen zu sehen. Bevor man etwas kauft und nicht erst während des Kaufs, könnte jeder sich klarmachen, wie die Dinge funktionieren und welches er am günstigsten wählt. Dort auf der Ausstellung könnte er mit dem Ding unter vier Augen sprechen, es genau studieren und sicherstellen, daß es wirklich das richtige ist. Dann kauft er es dort, wo das sozialistische „Warenhaus" die Reklame des von der Krise gepeinigten Kaufmanns nicht nötig hat: „Kaufen Sie! Kaufen Sie!"

1931

S. KRACAUER

Instruktionsstunde in Literatur
Zu einem Vortrag des Russen Tretjakow

Der russische Schriftsteller S. M. *Tretjakow*, dessen wirksames Tendenzstück: „Brülle, China" über mehrere deutsche Bühnen gegangen ist, hat vor einigen Tagen im Rahmen einer Veranstaltung der Berliner *„Internationalen Tribüne"* seine Gedanken über *„den neuen Typus des Schriftstellers"* zum besten gegeben. Es handelt sich nicht um seine persönlichen Gedanken allein, sondern um die Auffassung einer ra-

544

dikalen russischen Literaturgruppe vom Wesen der Schriftstellerei.

Tretjakow ist ein geübter Sprecher, der sich auf Deutsch gut
ausdrücken kann und nicht einen der Effekte anzubringen
vergißt, mit denen man sich die Massen zu Willen macht.
Seine äußere Erscheinung unterstützt noch die geistige
Haltung, die er dem Publikum einreden möchte. Ein Funk-
tionärstypus mit einem Schädel von harten Konturen, auf
dem wie aus Protest gegen veraltete Formen der Schriftstellerei sämtliche Dichterlöckchen liquidiert worden sind.
Wenn er eine Uniform trüge, erinnerte er an einen Litera-
tur-Brigadeunteroffizier.

Genährt wird diese Vorstellung durch die Borniertheit, mit
der er den Berufsschriftsteller oder doch das behandelt, was
man in Rußland offenbar zur Zeit unter (nichtkommunisti-
schen) Berufsschriftstellern zu verstehen beliebt. Er hält ihresgleichen für eine Art von Zivilbagage, die er ob ihres un-
militärischen Benehmens anhaucht wie einen Haufen
akademischer Rekruten auf dem Kasernenhof. Das gehört
zur verschollenen Klasse der Händler und Kleingewerbe-
treibenden; das hat sich Ruhm und Einkommen auf Grund
von Vorurteilen erworben, die ebensoviele Fetische sind.
Ein Fetisch ist zum Beispiel die Individualität, auf die sämtliche Schriftsteller pochen; ein Fetisch ihr vermeintlich sin-
guläres Talent; ein Fetisch die unkontrollierbare Inspira-
tion, die ihnen wie ein geheimer Wunderquell reglements-
widrig sprudelt. Weg mit den Fetischen, kommandiert
Unteroffizier Tretjakow, und verspottet Goethe, weil er seinem Gretchen kein empfängnisverhinderndes Mittel
gönnte, und Puschkin, weil er erklärt hat, daß die Poesie
manchmal ein wenig dumm sein wolle.

Es lohnt sich nicht, solche Behauptungen ernsthaft zu ent-
kräften. Auch wenn man zuzugestehen bereit ist, daß sie
auf manche Pseudoschriftsteller zutreffen, die von Inspira-
tion reden, ohne eine zu haben, ihre nichtvorhandene Person eine Persönlichkeit nennen, und unter dem Deckman-
tel des Idealismus Geschäfte treiben und reaktionäre
Tendenzen verfolgen – sind mit den parasitären Erscheinungen des Schrifttums zugleich die Gehalte angegriffen,
die Tretjakow in seiner Ahnungslosigkeit als Fetische bezeichnet? Er streift sie noch nicht einmal und scheint den

Individualismus, die Eingebungskraft oder die mit der Sprache gesetzten Bedeutungen nur in der Karikatur kennengelernt zu haben. Ist einer Fetischist, so er. Fetischist einer Weltbetrachtung, die vielleicht für die Verwirklichung des russischen Fünfjahresplanes von Nutzen ist, aber an den Stand des europäischen Bewußtseins nicht heranreicht und mit Marxismus kaum noch etwas zu tun hat. Ich meine, daß man Marx, der ja schließlich auch aus der französischen und englischen Aufklärung stammt, in Schutz nehmen sollte vor einer Nachfolge, die den dialektischen Materialismus nicht weniger entstellt wie die gegnerischen Positionen. Daß Tretjakow der Dialektik entsprungen und im stursten Dogmatismus befangen ist, wird mittelbar durch die *undialektische Hämischkeit* bewiesen, mit der er seine Plattitüden nicht etwa wider den Individualismus, sondern wider dessen Zerrbild ausspielt.

In Sowjetrußland ist Tretjakow vermutlich schon ein Endprodukt des Prozesses, in dessen Verlauf die alten Schriftsteller zu neuen umgedrillt werden. Sein Bericht über die hierbei angewandten Methoden enthält wichtige Informationen. Als Vorschule der Schriftsteller gelten die *Zeitungen* in ihrer russischen Form. Die Mitarbeit an ihnen treibt nach Tretjakow den Literaten ihren Dünkel aus; zwingt sie zur Anonymität; lehrt sie, bestimmte Aufträge zu erfüllen und planmäßig zu arbeiten; gewöhnt sie ans Kollektiv; entreißt sie der Kontemplation und führt sie der Praxis zu. Mehr noch im Sinne des sozialistischen Aufbaus ist das seit 1927/28 geübte Verfahren, das darin besteht, die Schriftsteller in die *Betriebe* und *Dorfkollektive* zu schicken. Dort sollen sie Arbeiter und Bauern werden und zunächst einmal beschreiben, was sie sehen. Beschränkten sie sich aber auf unverbindliche Schilderungen, so trügen sie „nur" die Verantwortung für ihren Stil. Sie müssen also über das Beschreiben hinausgelangen, d. h. die Lage kritisieren, Vorschläge machen und sich voll einsetzen für ihre Figuren. Dann erst schließt sich, immer Tretjakow zufolge, der Riß zwischen Kunst und Leben.

Der Proletarisierung der Literaten entspricht die Literarisierung der Proletarier. Aus der Bewegung der *Arbeiter- und Bauernkorrespondenten* gehen immer mehr Menschen hervor, die bei der Drehbank bleiben und zugleich schriftstellerisch tätig sind. Sie schreiben Bücher über das Wachstum der Betriebe und den Arbeitskomplex: entweder allein oder zusammen mit den Genossen. Die Broschüren dieser literarischen „Stoßbrigaden" – ihrer viele sind schon veröffentlicht worden – können als Instruktionsbücher aufgefaßt werden. Ihre Themen lauten etwa „Wie ein Faulpelz unter dem Einfluß seiner Genossen verändert wurde", oder: „Wie man Arbeiter zum sozialistischen Wettbewerb wirbt". Verschiedene Autoren haben für derartige Schriften den Leninorden erhalten. Vielleicht kommt eine Zeit, erklärt Tretjakow, in der sich Leute, die des Schriftstellerns nicht fähig sind, genauso schämen müssen wie einer, der mit ungeputzten Zähnen herumläuft.

Mir scheint, daß diese in Rußland unternommenen Experimente unsere Anteilnahme verdienen. Zuzustimmen ist Tretjakow darin, daß nichts unangebrachter ist als der Hochmut, mit dem sich viele sogenannten freien Schriftsteller über das Journalistendasein erheben, obwohl sie in den meisten Fällen weit besser gefahren wären, wenn sie sich einmal in einem Zeitungsbetrieb zu disziplinieren gelernt hätten. Ich glaube überhaupt, daß keinem Literaten eine praktische Tätigkeit schaden kann. Im Gegenteil, sie wird ihm nur nützen, und wenn sie ihn von der Schriftstellerei abbringt, so ist das vermutlich nicht zu beklagen. Mit solchen Einsichten verbindet aber Tretjakow den folgenschweren *Irrtum*, der ihn schon zu seinen törichten Anwürfen wider den angeblichen „alten" Typus des Schriftstellers genötigt hat: den Irrtum, einen Menschen, der gewisse Erfahrungen halbwegs richtig niederzuschreiben versteht, bereits für einen Schriftsteller zu halten. Er ist es *nicht*; was gerade durch ein von Tretjakow vorgelesenes Stück aus einer Stoßbrigadebroschüre bündig belegt wird. In ihr fixiert ein Arbeiterautor – vielleicht sind es auch mehrere – gewisse im Betrieb empfangene Eindrücke zu propagandistischen Zwecken. Eine Anstrengung, die mit schriftstellerischer Arbeit nicht mehr zu schaffen hat als irgendein kunstloser Briefbericht. Aber etwas anderes geht, nebenbei bemerkt, aus der Textprobe unzweideutig hervor: daß die systematische Aufzucht von „Schriftstellern", wie sie gegenwärtig in Rußland betrieben wird – d. h., die Förderung von Leuten, die ihre Muttersprache normal handhaben und diese Fertig-

keit im Interesse des vorgeschriebenen Kurses anwenden –
eine *Gesinnungsstreberei* ohnegleichen erzeugen kann. Holitscher hat das bereits in der Diskussion angedeutet, und ich
muß gestehen, daß die brave Beflissenheit der zum Vortrag
gebrachten Publikation die Erinnerung an gewisse Feld-
postbriefe und fatale Frontschilderungen unserer Kriegsbe-
richterstatter frisch heraufbeschwört. Der eigentliche
Schriftsteller, den Tretjakow attackieren möchte und gar
nicht antrifft, ist von den Herstellern derartiger Bekundun-
gen jedenfalls tief unterschieden. Richtschnur ist ihm allein
die fortgeschrittenste Erkenntnis, die sich im Glauben eines
Kollektivs niederschlagen kann, aber nicht muß. Und er
kämpft für sie mit der Spezialwaffe der Sprache, deren Gebrauch nicht jedermanns Sache ist, sondern eben die
seine.

Welche Erwartungen von der „Internationalen Tribüne" an
den Vortrag Tretjakows geknüpft worden sind, weiß ich
nicht. Sollte sie propagandistische Absichten mit ihm verbunden haben, so sind sie ihr gründlich fehlgeschlagen.
Denn der ganze Vortrag zeigt nur das eine: wie national bedingt die Entwicklung heute in Rußland ist.

1931

LUDWIG MARCUSE

Geschichtsschreibung

Vor einigen Wochen hielt der russische Schriftsteller Tretjakow in Berlin einen viel beachteten Vortrag über den
neuen Typ des Schriftstellers. Er malte weiß auf schwarz:
dunkel den Schriftsteller der untergehenden bürgerlichen
Epoche; hell den neuen Typ, das Vorbild, das Tretjakow uns
jetzt schenkt. Da blüht in den Dschungeln des Kapitalismus
eine Art Wort-Schieber – sie stecken die Finger in den
Mund und saugen an ihnen, bis spannende Handlungen und
interessante Gefühle und merkwürdige Gedanken heraus-
kleckern: das Gesamt dieser Gehirn- und Herz-Sekretionen
ist die bürgerliche Kunst. Nun aber ist in Rußland der neue

548

Schriftsteller-Typ geboren, der Protokoll-führende und propagandistisch lockende Arbeiter-Schriftsteller, der das Tagewerk des Arbeiters bucht, kritisiert, anspornt.

Viele Schriftsteller saßen vor dem Katheder Tretjakows. Keiner von ihnen stand auf und sagte: was Sie erzählen, Herr Tretjakow, ist entsetzlich schief. So wahr es ist, daß immer wieder Wort-Scharlatane aus den großen Restbeständen, welche Bilder, Klänge, Gefühle, Ideen in jedem Menschen ablagern, ein unkontrollierbares Ragout zusammenpantschen – so unwahr ist es, daß diese Methode ein Merkmal der bürgerlichen Kunst ist, daß diese Marlitt-Art eine Widerlegung der berechtigten Existenz des nichtabschreibenden, intuitiven Schriftstellers ist; ein Fehlschluß, dem auch Döblin im Vorspiel seiner „Ehe" zum Opfer fiel.

Weil viele Schriftsteller die Innenwelt des Menschen verfälscht haben (Reporter verfälschen dafür die Außenwelt!) – darf man deshalb folgern: die Innenwelt ist nur ein Produkt fälschender Schriftsteller? Weil viel bildnerische Menschen-Energie, viel individuelle Produktivität von den ökonomischen Gesetzen gedrosselt wird – darf man deshalb folgern, daß der Mensch als Produkt der Gesellschaftsgesetze dargestellt werden muß? Weil die große Umschichtung innerhalb der europäischen Menschengemeinschaft in das Zentrum literarischer Schilderungen gerückt ist – darf man deshalb die Beschreibung und Deutung der tiefer liegenden menschlichen Kräfte als einen aus den Fingern gesogenen Schnickschnack bezeichnen? Fast die gesamte Weltliteratur ist solch ein Schnickschnack; höchstens einigen wenigen Werken einiger weniger Schriftsteller könnte man die Ehre zuteil werden lassen, Vorläufer der russischen Werkprospekte gewesen zu sein. Und wie nun hier in dem Marlitt-Typ gleich ein Thomas Mann mittotgeschlagen wird – so wird auf der anderen Seite in dem Typ der großen Reportagedichtung der Tagesbericht-Dilettantismus des schreibenden Arbeiters mitverklärt. Weil viele Schriftsteller substanzlose Stiljongleure waren – ist deshalb das Ideal des Schriftstellers der Mann, der nicht schreiben kann? Weil viele Schriftsteller ahnungslose Engel waren – ist deshalb der Mann, der die Getreidesorten gut auseinanderhalten kann, schon ein großer Schriftsteller?

1931

24 X 1931.

Lieber Genosse Eisler

Ihr Brief der auf meinem Schreibtisch lag, als ich vom Bahnhof in die Wohnung hineintrat, hat mich sehr gefreut und Olga auch. Sie ist aus Kislowodsk sehr gut geheilt zurückgekommen und dankt sie ihre Frau und den ganzen Trust BED für ihre Sorgsamkeit.

Die 2 Wochen die ich gereist habe, habe ich sehr viel mit der Übersetzung des Massnahme gearbeitet. Die schwierigste sind die Chöre, wo man den Takt einhalten muss. Manche Sachen sind schwer zu verstehn - z.e. das der UdSSR. Da muss man die deutsche Sprache besser als ich kennen, „Schon beredete die Welt unter Unglück". Heiss es nicht: Unter Unglück hat die Welt dietiert.?) Alles was ich bis jetzt gemacht habe steht sehr nahe zum Brechtschen Text, aber verliert in der Ausdruckskraft almot nach Kanzeleisprache. Jetzt kommt das schwierigste - die Verbesserung der rohen Übersetzung.

Jetzt eben habe ich die Sendung der Brechtschen Werke (Jasager, Massnahme Soldaten) gefunden — es kam her in meiner Abwesenheit. Ich sehe schon das es ziemlich viele Veränderungen da drin sind gegen den Text mit dem ich gearbeitet habe. Jetzt muss ich von Brecht noch die Versprochene Heilige Johanna und den besprochenen Mann ist...

Sergej Tretjakow an Hanns Eisler

bekommen, und dann bin ich satt für eine Weile.
Mit der Assejew-Brix's Operette steht es so: den 20.
November wird der Text fertig und zu dieser Zeit
werden die Gewünscht mit dem Theater mit Ihnen
einen Vertrag schliessen können. Vielleicht möchten
sie früher ein Exposé haben – ich kann die
genossen darüber anfragen.
Was für ein Stück das Rew-Theater für sie vorbereitet werde ich mich in diese Tage erkundigen.
Wenn Ihre Meinung über die Wichtigkeit der Antwort
auf Benn's Artikel nicht nur die Meinung des einzelnen
Freundes sondern die Meinung der Kulturkreise ist, werde
ich das schreiben, weil nachdem die Weltbühne"
diesen Bennditismus" ohne Kommentar nachgedruckt, habe
ich nicht die Möglichkeit in diesem Organ mit meiner
Schriften hineinzutreten ohne einen Gesellschaftlichen
Mandat.
Olga ist ihnen und Ihren Frau sehr dankbar für
den Hilfsvorschlag, aber sie braucht nichts und
ist bereit von morgen an meine Diktat-übersetzung,
des maissane mit der Schreibmaschine zu fixieren.
Ich beschäftige noch sehr viel mit dem Drehbuch
für Richter (der eventuell noch aus Berlin nach
Moskau nicht abgereist ist. Ich hoffe in 2-3 Tage mit
dieser Arbeit fertig sein.
        Also meine beste Grüsse. Ich warte ungedul-
dig auf Ihre weitere Noten. Die drei Doppelhefte hole
ich erhalten (Wohltätigkeit, Morgenröte, Baumwollpflanze
        S Tretiakow.

Gottfried Benn.
Terrakotta von
Gustav H. Wolff

GOTTFRIED BENN

Die neue literarische Saison

Die Formulierung, unter der der folgende Vortrag angekün-
digt ist, ist nicht ganz glücklich. Ich kann mich über die
neue literarische Saison natürlich gar nicht äußern, ich bin
kein Kritiker, ich habe mit Verlagsprospekten nichts zu tun,
ich lese überhaupt nicht viele literarische Bücher. Wenn ich
aber einmal einen von den neuen deutschen Romanen zu
lesen anfange, finde ich, daß er sich sehr wenig von denen
vor dreißig Jahren unterscheidet. Damals hießen die Helden Hans und Grete, heute heißen sie Evelyn und Kay, da-

552

mals boten sie sich auf Seite 200 hinter einer Rosenhecke das Du an und versprachen sich fürs Leben, heute bei einem Reifenwechsel oder einem Propellerbruch nehmen sie Pupille auf ihre sportgebräunten Züge, besprechen das Geschäftliche, eröffnen sich ihre Komplexe und beschließen, für die nächsten vierzehn Tage in den Clinch der Küsse zu gehen. Das scheint mir kein großer Unterschied zu sein, die Liebe ist es damals wie heute, die die Seitenzahlen vermehrt und den Autor zu ausgreifender Entwicklung treibt: – „Liebe denkt in süßen Tönen und Gedanken stehn ihr fern", sagt Tieck, namentlich von der zweiten Hälfte wird wieder ausgiebig Gebrauch gemacht werden, und ich bin überzeugt, daß auch in der neuen Saison diese Art Bücher führen werden und in großem Ansehen stehen. Daneben werden wieder die zwei oder drei anderen Bücher erscheinen, die die Epoche und was sie treibt, etwas kälter, entfernter, sprachlich schwieriger darstellen, und sie werden auch in der kommenden Saison genauso ungelesen bleiben, wie sie es in den früheren waren. Und in diesem Zusammenhang und da heute der 28. August, nämlich Goethes Geburtstag ist, worauf Sie die Funkstunde ja schon bei andrer Gelegenheit heute hingewiesen hat, möchte ich Sie, auch von der literarischen Seite aus, daran erinnern, daß der fünfzigjährige Goethe während des Xenienkampfes ein Literat von zweifelhafter Begabung genannt wurde, die Hauptbroschüre gegen ihn von den beiden Sudelköchen in Weimar und Jena sprach, ein preußischer Stabsoffizier, der 1806 bei Goethe in Einquartierung lag, niemals vorher dessen Namen gehört hatte, und als die Gesamtausgabe von Goethes Schriften unternommen wurde, der Verleger in seinen Briefen bitter über den geringen Absatz klagte, der von dem Werk, das von Goethes illegitimem Schwager Vulpius verfaßt war, nämlich: „Rinaldo Rinaldini" ganz bedeutend übertroffen wurde. Auch war es die Zeit, in der sich die Damen der Weimarer Gesellschaft von Goethe weg und Kotzebue zuwandten, da dieser, wie es schon damals so bemerkenswert hieß, „dem Leben näher stand" und „die Wirklichkeit" brachte. Man muß also wohl prinzipiell und für alle Zeiten eine Vordergrundsliteratur unterscheiden, die vom Feuilleton umrankt wird und der die Damenwelt zuneigt, und eine Hintergrundsliteratur, ausschließlich dazu

553

berufen, von niemandem als dem Gesetz der Persönlichkeit dazu berufen, die wenigen großen Geister der folgenden Generation zu befruchten und zu erziehen.

Was die Gedichtbücher der neuen Saison angeht, so werden gewiß weiter die Sonnenuntergänge von der Lüneburger Heide bis zum Ötztaler Alpenmassiv den Stoff liefern mit der Einteilung: Liebe zur Natur, Liebe zu Gott und Liebe zu den Menschen. Nicht weniger wird der Bahnbau in Wolhynien sowie die Hochöfen der Ruhr mit aktivem Pathos besungen werden, negativ oder positiv, je nachdem, ob der Sänger den arbeitgebenden oder arbeitnehmenden Schichten nähersteht. Stimmung und Gesinnung sind ja nun einmal die Eckpfeiler der kleinbürgerlichen Poesie. Dazu der nötige reale Gehalt. Die konstruktive Glut, die Leidenschaft zur Form, die innere Verzehrung, das ist ja kein Gehalt. Nie wird der Deutsche erfassen, niemand wird ihm gegenständlich machen können (und es ist ja auch gar nicht nötig, daß es geschieht), daß zum Beispiel die Verse Hölderlins substanzlos sind, nahezu ein Nichts, um ein Geheimnis geschmiedet, das nie ausgesprochen wird und das sich nie enthüllt.

Was unsere Bühnenkunst angeht, so durften wir eben aus einer einzigen Zeitungsnummer erfahren, daß eine dreiaktige Komödie „Die Brustwarze" herauskommt und ein Schauspiel „Schlanke Rotblondinen gesucht". Daneben aber brauchen wir nicht unruhig zu sein, daß auch der muntere Backfisch weiter den alten Onkel verwirrt und die hochbusige Vierzigerin sich dem unverbrauchten Konfirmanden nähert, ganz wie in „Sodoms Ende", genau wie im „Schlaraffenland", genau wie vor vierzig Jahren. Die neue Nuance wird sich ausschließlich im Lokalkolorit äußern: es gilt in der neuen Bühnenkunst als smart, an der Bar, während der Boy den Olivencocktail schüttelt, in drei Aperçus zwischen Ratschlägen an den Mixer das Fazit von Lebensausgängen zu glossieren, und es gehört zum Stil, die geistigen Vorwände für die Kulissenverschiebung sowie den Toilettenwechsel der Diva aus fernen Zonen zu beziehen. Steht gar in einem Blockhaus auf einem Holztisch eine Whiskyflasche und der rauhen Goldsucherkehle entsteigt der Wollustsong, steht die neue Synthese aus Büchner und Kleist vor uns da. Ob diese Produkte auf dem Broadway, in

Paris oder innerhalb der einheimischen Industrie entstehen, ist ohne Belang, wir haben das schöne Beispiel, daß während wir alle vergeblich nach der Internationale der Politik, des Zolls und der Wirtschaft verlangen, die Internationale des literarischen Tinnefs in hoher Blüte unter uns steht.

Hinter dieser reinen Vordergrundsliteratur, die auch in der jetzt beginnenden Saison allen zum Trotz den Markt, das Geschäft, die Zeitungen und die Gesellschaft beherrschen wird, spielt sich jedoch ein echter literarischer und weltanschaulicher Kampf ab, steht eine Problematik, die namentlich die junge Literatur stark beschäftigt, die ernsthafte junge Literatur, und sie zweifellos auch im kommenden Winter in Anbetracht der Zeitlage noch mehr beschäftigen wird. Bringen wir dieses Problem auf eine kurze Formulierung, so ist sein Inhalt der Gegensatz zwischen der kollektivistischen und der artistischen Kunst. Die Frage, die diskutiert wird, lautet: hat der Mensch bei unsrer heutigen sozialen und gesellschaftlichen Lage überhaupt noch das Recht, eigene individuelle Probleme zu empfinden und darzustellen oder hat es nur noch kollektive Probleme zu geben? Hat der Schriftsteller noch das Recht, seine Individualität als Ausgangspunkt zu nehmen, ihr Ausdruck zu verleihen, darf er für sie noch auf Gehör rechnen oder ist er völlig zurückgeführt auf seine kollektiven Schichten, nur noch beachtenswert, ja interessant als Sozialwesen? Lösen sich – haben sich zu lösen – alle seine inneren Schwierigkeiten in dem Augenblick, wo er mitarbeitet am Aufbau des gesellschaftlichen Kollektivs?

Dieser Problemkreis wurde in einem raffinierten und polemisch fesselnden Vortrag diskutiert, den im Frühjahr dieses Jahres hier bei uns der russische Schriftsteller Tretjakow hielt und dem das ganze literarische Berlin zuhörte. Tretjakow, auch bei uns als Dramatiker bekannt, nach seinem Äußern und der Art seiner Schilderung ein literarischer Tschekatyp, der alle Andersgläubigen in Rußland verhört, vernimmt, verurteilt und bestraft. Tretjakow schilderte, wie in Rußland während der ersten zwei Jahre des Fünfjahrplans immerhin noch einige psychologische Romane erschienen, denen das Schriftstellerkollektiv auf folgende Weise zu Leibe ging. Ein Roman zum Beispiel stellte dar, wie in einem Haus, das einem Bürger enteignet und für einen höheren Sowjetbeamten requiriert worden war, dieser Sowjetbeamte zu trinken anfing, seinen Dienst vernachlässigte, herunterkam und der alte Hauseigentümer allmählich wieder seine Zimmer okkupierte. Dies war in abendländischer, psychologischer Manier, in herkömmlicher Romanweise, etwas imaginär und gänzlich unpolitisch geschildert. Tretjakow ließ den Autor bei sich erscheinen. „Wo hast du das erlebt, Genosse?" fragte er ihn. „In welcher Stadt, in welcher Straße?" „Ich habe es gar nicht erlebt", antwortete der Autor, „das ist doch ein Roman." „Das gilt nicht", antwortete Tretjakow, „du hast das irgendwo aus der Realität in dich aufgenommen. Warum hast du das nicht der zuständigen Sowjetbehörde gemeldet, daß einer ihrer Beamten infolge Trunkes seinen Dienst unordentlich versah und der Bürger Hausbesitzer wieder seine Räume beziehen konnte?" Wiederum antwortete der Autor: „Ich habe das ja nicht in der Wirklichkeit gesehen, ich habe mir das zusammengeträumt, zusammengereimt, gedichtet, eben einen Roman geschrieben." Darauf Tretjakow: „Das sind westeuropäische ‚Individualidiotismen'. Du hast verantwortungslos gehandelt, eitel und konterrevolutionär. Dein Buch wird eingestampft und du wanderst in die Fabrik." Auf diese Weise, schilderte Tretjakow, ist in Rußland jene individualpsychologische Literatur verschwunden, jeder schöngeistige Versuch als lächerlich und bourgeois erledigt, der Schriftsteller als Beruf ist verschwunden, er arbeitet mit in der Fabrik, er arbeitet mit für den sozialen Aufbau, er arbeitet mit am Fünfjahresplan. Und eine ganz neue Art von Literatur ist im Entstehen, von der Tretjakow einige Beispiele mitbrachte und mit großem Stolz vorzeigte. Es waren Bücher, mehr Hefte, jedes von einem Dutzend Fabrikarbeitern unter Führung eines früheren Schriftstellers verfaßt, ihre Titel lauteten zum Beispiel: „Anlage einer Obstplantage in der Nähe einer Fabrik", ferner: „Die Durchlüftung des Eßraumes in der Fabrik", ferner als besonders wichtig von einigen Werkmeistern verfaßt: „Wie schaffen wir das Material noch schneller an die Arbeitsstätten?" Das also ist die neue russische Literatur, die neue Kollektivliteratur, die Literatur des Fünfjahresplans. Die deutsche Literatur saß zu Tretjakows Füßen und klatschte begeistert und enthusiasmiert. Tretja-

kow wird sich über diesen Beifall sehr gefreut, wahrscheinlich aber auch amüsiert haben, dieser kluge Russe wußte natürlich ganz genau, daß er hier nur einen propagandistischen Abschnitt aus dem neuen russischen Imperialismus
entwickelte, während die biedern deutschen Kollegen es als
absolute Wahrheit nahmen. Als welche Wahrheit? frage ich
mich nun. Welche Psychologie, frage ich mich, steht hinter
dieser russischen Theorie, die in Deutschland soviel Jünger
findet?
Diese russische Kunsttheorie, wenn man sie sich einmal
ganz klarmacht, behauptet nicht mehr und nicht weniger,
als daß alles, was in uns, dem abendländischen Menschen,
an Innenleben vorhanden ist, also unsre Krisen, Tragödien,
unsre Spaltung, unsre Reize und unser Genuß, das sei reine
kapitalistische Verfallserscheinung, kapitalistischer Trick.
Und der Künstler verarbeite aus Eitelkeit und Ruhmsucht,
ja Tretjakow fügte in wahrhaft kindlicher Unkenntnis der
Verhältnisse hinzu: vor allem aus Geldgier diese seine „Individualidiotismen“, wie er es immer nannte, zu Büchern
und Dramen. In dem Augenblick aber, wo der Mensch zur
russischen Revolution erwacht, so behauptet diese Theorie,
fällt das alles vom Menschen ab, verraucht wie Tau vor der
Sonne und es steht da das zwar ärmliche, aber saubere, das
geglättete heitere Kollektivwesen, der Normalmensch ohne
Dämon und Trieb, beweglich vor Lust, endlich mitarbeiten
zu dürfen am sozialen Aufbau, an der Fabrik, vor allem an
der Festigung der Roten Armee. Jubel in der Brust: in den
Staub mit allen Feinden nicht mehr Brandenburgs, sondern
Moskaus.
Ich frage nun, ist das psychologisch wahrscheinlich oder ist
das primitiv? Ist der Mensch in seinem Wesen, in seiner
substantiellen Anlage, im letzten Grundriß seines Ich naturalistisch, materialistisch, also wirtschaftlich begründet,
wirtschaftlich geprägt, nur von Hunger und Kleidung in der
Struktur bestimmt oder ist er das große unwillkürliche Wesen, wie Goethe sagte, der Unsichtbare, der Unberechen-
bare, der trotz aller sozialen und psychologischen Analyse
Unauflösbare, der auch durch diese Epoche materialisti-
scher Geschichtsphilosophie und atomisierender Biologie
seinen schicksalhaften Weg: eng angehalten an die Erde,
aber doch über die Erde geht?

Ich las in diesen Tagen von einem der Häupter der jungen deutschen Literatur, das in der vorigen Saison eine Rolle spielte und wahscheinlich auch in der kommenden sich bemerkbar zu machen versuchen wird, den Satz: „Das Ewig-Menschliche widert uns an." Er sprach, da er „uns" sagte, aber wohl im Namen einer Gruppe, einer Gesinnungsschicht, wohl der wahren neuen deutschen Literatur. Er meinte dann weiter: wir sind für Realitäten, „organisieren wir das Leben", rief er aus, „überlassen wir", fügte er höhnisch hinzu, „den ‚tiefen Schriftstellern' die tragischen Probleme; wir unsrerseits wollen leben!" Das ist also nun wohl die Tretjakowgruppe in Berlin, und sie ist es, der gegenüber ich altmodisch und abendländisch die These aufrechtzuerhalten habe, daß durch Organisation seiner Wohnungs- und Nahrungsverhältnisse der Mensch in seinen entscheidenden, das heißt nicht etwa nur kunst-, sondern auch lebensproduktiven Schichten nicht bestimmend verändert wird. Mit „bestimmend" meine ich: erbmäßig formändernd, anlagemäßig wesenhaft nicht verändert wird. Auch wer nicht weniger radikal als die patentierten Sozialliteraten das nahezu Unfaßbare, fast Vernichtende unsrer jetzigen Wirtschaftslage, vielleicht unsres Wirtschaftssystems empfindet, muß sich meiner Meinung nach doch zu der Erkenntnis halten, daß der Mensch in allen Wirtschaftssystemen das tragische Wesen bleibt, das gespaltene Ich, dessen Abgründe sich nicht durch Streuselkuchen und Wollwesten ausfüllen lassen, dessen Dissonanzen nicht sich auflösen im Rhythmus einer Internationale, der das Wesen bleibt, das leidet: das Hunderttausende von Jahren ein Haarkleid trug und in dem es nicht weniger tief und schmerzhaft um sein Menschentum kämpfte als heute in Buckskin und Cheviot. Und selbst wenn man die ganze Epoche des Individualismus auslöschen könnte, die ganze Geschichte der Seele von der Antike bis zum Expressionismus: eine Erfahrung bliebe gegenüber der innern Raumlosigkeit dieser Tretjakow-Vorstellung als große Wahrheit durch alle Saisons, durch alle geschichtlichen Epochen bestehn: wer das Leben organisieren will, wird nie Kunst machen, der darf sich auch nicht zu ihr rechnen; Kunst machen, ob es die Falken von Ägypten sind oder die Romane von Hamsun, heißt vom Standpunkt der Künstler aus, das Leben ausschließen, es verengen, ja es bekämpfen, um es zu stilisieren. Und noch eins würde ich hinzufügen, etwas Historisches, da dessen Kenntnis in diesen Kreisen offenbar so mangelhaft ist: der Kampf gegen die Kunst entstand nicht in Rußland und nicht in Berlin. Er geht von Platon bis Tolstoi. Er ging immer von den mittleren Kräften außerhalb, aber auch innerhalb des Künstlers gegen die selteneren. Alle Kämpfe, mit denen die heutige Saison beginnt, alles, was die Tretjakowleute gegen die „tiefen Schriftsteller" sagen, schrieb vor hundert Jahren Börne gegen Heine, Heine gegen Goethe. (Vergleiche Ludwig Marcuse: Das Leben Ludwig Börnes. List-Verlag.) Goethe: „Das Zeitablehnungsgenie", wie Heine ihn nannte. Goethe: „Der Stabilitätsnarr", wie Börne von ihm schrieb. Goethe, der Feind des Werdens; Goethe, das träge Herz, das nie ein armes Wörtchen für sein Volk gesprochen; Goethe, der am 2. August 1831 einen Besucher fragte, was er von dem mächtigen Zeitereignis halte, alles sei in Gärung, der Besucher antwortete mit Ausführungen über die Julirevolution, die gerade alles in Atem hielt, woraufhin Goethe sich indigniert und uninteressiert abwandte, denn er hatte an einen wissenschaftlichen Streit über die Entwicklungslehre gedacht. Das war also Goethe, der Mann der Zurückhaltung, des Maßes, des Selbstschutzes, nämlich der Mann der Kunst, dem man es verdachte, daß er nicht der Mann des Stammtisches war. Aber Heine ging es dann nicht anders. Heine ficht mit Blumen, schreibt Börne, Heinen ist es einerlei, ob er schreibt, die Monarchie oder die Republik ist die bessere Staatsform, er wird immer das wählen, was in dem Satz, den er eben schreibt, gerade den besten Tonfall macht. Heine, der mit dem Ästhetenkitzel, der immer nur die Frage bereit hatte: „Aber ist es nicht schön ausgedrückt?" Heine, der den Tabaksqualm der Volksversammlungen scheut und den Schweißgeruch der Subskriptionslisten: Heine war damals der Feind, der „tiefe Schriftsteller" und Börne der Tretjakowjünger, der junge Mann, den das Ewig-Menschliche anwidert. Nach weiteren hundert Jahren, wenn einer an einem unwahrscheinlich imaginären Hertzwellenapparat steht und dann die Saison einleitet, wird es wahrscheinlich nochmals so sein. Aber vielleicht wird er an unsre Saison dann doch eine Frage richten. Vielleicht wird er dann doch sagen, wo war eigentlich in der da-

559

maligen Krisenzeit innerhalb der jungen literarischen Generation Jener, der nicht mit Theorien und Redensarten vorging, sondern mit Substanz und Werken? Wo war eigentlich das Gehirn, das alle diese Stimmungen, Möglichkeiten, Zuckungen, Wehen aufnahm und nicht in Geschwätz und Feuilletons reportierte, sondern die Zeit durch seine Existenz zeugend legitimierte, der nicht überall mitlief, den Rummel mitmachte, dabeiwar, sondern die Trächtigkeit zu der Erkenntnis hatte: wer mit der Zeit mitläuft, wird von ihr überrannt, aber wer stillsteht, auf den kommen die Dinge zu? Vielleicht wird er dann einen sehn, ich heute sehe ihn nicht. Es müßte ja auch ein riesiges Gehirn sein, schon wegen der Wucht des Imstichlassens alles dessen, was bewährt und gültig in unsrer Öffentlichkeit steht. Nicht bloß Honorare müßte es im Stich lassen und die Gegenseitigkeit der Literaten und das Sich-bereit-Stellen für die Saison, auch langes Schweigen müßte es haben und langes Warten und Hinwegsehen über alle Stätten alten Spiels und alten Traums. Salzburg, Wien, der Kurfürstendamm, der ganze Erholungs- und Amüsierimpressionismus erotisierter Schiebergeschichten der letzten fünfzig Jahre müßten vor ihm versinken, ja – so melancholisch es ist, es auszusprechen, so sehr das Wort zögert, es zu tun, so sehr es fürchtet, mißverstanden zu werden: es müßte auch Paris verlassen. Nie zu vergessen, nie dankbar genug sich zu erinnern: die wahrhaft große abendländische Haltung der Latinität, die Frankreich in jahrhundertelanger strengster dialektischer Arbeit vor uns entwickelte und uns hinterließ; der einzige geschlossene geistige Raum, in den Europa seit dem Hellenentum blickte, Nietzsche und die literarische Generation um 1900 hat es uns als unvergleichlichen Besitz für immer gerettet, aber wir sind weitergegangen, haben mehr erlebt, mehr aus uns hervorgegraben, mehr in uns herabbeschworen, als daß wir uns einen Ausdruck bei der gesicherten und traditionell gebundenen Form des klassisch-antikisierenden Geistes leihen dürften. Es müßte weitergehen, dies große Gehirn: ganz gestimmt auf die Fuge des neuen sich ankündigenden Weltgefühls: der Mensch nicht mehr der dicke hochgekämpfte Affe der Darwinschen Ära, sondern ursprünglich und primär in seinen Elementen als metaphysisches Wesen angelegt, nicht der Zuchtstier,

560

nicht der Sieghafte, sondern der von Anfang an Seiende, der tragisch Seiende, dabei immer der Mächtige über den Tieren und der Bebauer der Natur.

Aus diesem neuen Menschheitsgefühl wird die kommende Saison sich bilden, die vielleicht nicht in diesem Winter anbricht und, soweit ich sehe, noch gar nicht in der literarischen Literatur. Aber die Forschung führt unsern Blick immer weiter zurück auf Menschengeschlechter, die vor Millionen Jahren auf der Erde wohnten, Geschlechter, die einmal mehr Fisch waren, einmal mehr Beuteltier, einmal mehr Affe, aber immer Menschen: Wohnraum schaffend, Handwerk schaffend, Götter schaffend, hunderttausendjährige Kulturzusammenhänge schaffend, die wieder vergingen in Katastrophen unter noch ungestirntem Himmel und in vormondalter Zeit. Von diesem Blick, glaube ich, wird sich das neue Menschheitsgefühl entwickeln, von diesem Blick aus wird der Individualismus abgebaut, der psychologische und intellektualistische unsrer Tage, nicht durch das Gekräusel von Literaten und nicht durch soziale Theorien.

Der uralte, der ewige Mensch! Das Menschengeschlecht! Unsterblichkeit innerhalb eines schöpferischen Systems, das selber wieder Erweiterungen und Verwandlungen unausdenkbar unterworfen ist. Welch langes Epos! Luna, die Busch und Tal füllte, ist der vierte Mond, in den wir sehn! Nicht Entwicklung: Unaufhörlichkeit wird das Menschheitsgefühl des kommenden Jahrhunderts sein, – warten Sie in Ruhe ab, daß es sich nähert, eines Tages, wahrscheinlich außerhalb der literarischen Saison, werden Sie es sehn.

1931

John Heartfield und Sergej Tretjakow

EZRA POUND

Offener Brief an Tretjakow

Ich beginne den Brief mit einem Mißtrauen. Man nimmt allgemein an, der Russe von heute (ob Autor oder Kommissar)
sei zu stolz, jemandem eine Antwort oder eine Erklärung zu
geben, der nicht schon seinen über alle Zweifel erhabenen
und mehr als religiösen Glauben an die Weisheit dessen
kundgetan hat, der im Moment den Sowjetstaat führt. Ich
habe Tretjakows „Report" mit Interesse gelesen.
Da ich in Europa mit achtzig Dollars gelandet bin und eine
Reihe von Jahren danach erhebliche Schwierigkeiten hatte,
Arbeit zu finden, die mir meinen Lebensunterhalt sichert,
fühle ich mich veranlaßt, Mike Golds Feststellung, ich sei
nach Europa gekommen „wie die russischen Großfürsten
vor dem Krieg nach Europa zu reisen pflegten" leicht zu nu-
ancieren. Meine Bruttoeinkünfte von 1914 zu 1915 betrugen
42/10 Pfund (zweiundvierzig Pfund Sterling zehn Schil-

Sergej Tretjakow.
Foto von
Alexander
Rodtschenko

linge). Ich kann nicht finden, daß das der *Vorkriegsapanage*
von Großfürsten entspricht. Ich glaube, der Unterschied
muß in gewisser Weise meinen Blick beeinflußt haben.
Ich meine, daß die intelligenteren Autoren Amerikas und
Europas antibolschewistische Aktivitäten in Rußland nicht
unterstützt haben. Ich meine, daß sie großen Zweifel haben, ob etwas in der Art der russischen Revolution in den
USA oder in Westeuropa möglich, ratsam oder erforderlich
wäre.
Mir leuchtet nicht ein, daß man Aktivitäten, die angemessen oder nötig sind, wo „es zu wenig Spezialisten gibt", auf
eine Gemeinschaft überträgt, in der es einen Überfluß an
Spezialisten gibt. „Wir" leben in einer Gemeinschaft, in der
jeder viel zu viel zu tun versucht. Wenn wir das Maschinen
machen lassen, wird es mehr Freizeit geben als die Menschen brauchen.
McAlmon und eine Menge anderer amerikanischer Schriftsteller haben auf Farmen gearbeitet, vor und während ihrer
Schriftstellerei. Für uns ist das nichts Neues, wenn ein
Schriftsteller das Leben lebt, das er beschreibt.

563

Tatsächlich müßte er ausgelacht werden, wenn er das nicht täte.

Frost arbeitete in der Landwirtschaft und schrieb und wurde ins Erziehungssystem übernommen.

Tretjakow schrieb, wurde Kolchosnik und „engagierte sich in der Kulturarbeit".

Sein Artikel erregt Aufmerksamkeit, weil er der Verfasser von „Brülle, China" ist, aber da ist nichts an diesem Artikel, das ihn nicht auch von einem beliebigen Lehrer stammen lassen könnte.

Was er im Kolchos macht, hätte auch ein Lehrer machen können, der kein Schriftsteller ist.

„Unsere" Situation als amerikanisch-europäische Autoren ist, daß alle erdenklichen Jobs in Räten und in der „Kulturarbeit" von Lehrern besetzt sind, und es bleibt uns nichts anderes übrig, als besondere, freiwillige Inspektionen auf eigenes Risiko und eigene Kosten zu unternehmen.

Man findet außerhalb Rußlands keinen seriösen Autor, der der Meinung wäre, ein Gegenstand könne „zu niedrig" für seine Aufmerksamkeit sein. Nur Dilettanten kümmern sich nicht um „Klassenkampf, sozialistischen Aufbau etc."

Überhaupt nicht einverstanden bin ich mit Tretjakows Bemerkungen über die russischen „klassischen Schriftsteller" oder anderen Autoren, deren „l'histoire morale contemporaine" lediglich „zum Ergötzen" diene usw.

Ich würde sagen, einen Nichtrussen entließ die Lektüre dieser vorrevolutionären Autoren gewöhnlich mit der Überzeugung, daß da etwas nicht in Ordnung sei in Rußland und nach Änderung verlange. Ich würde sagen, alles Schreiben, das zeitgenössisches Leben akkurat wiedergibt, ist wie die Krankheitsdiagnose eines Arztes.

Sogar Disraeli, ein britischer Premierminister, schrieb einen Roman, der auf die Verhältnisse in den britischen Kohlengruben aufmerksam machte.

Aber auch wenn er nicht mit einem sozialen Ziel geschrieben ist, hat ein seriöser, das heißt akkurater realistischer Roman unfehlbar einen sozialen Effekt.

Es ist weitgehend gerade diese „bourgeoise" vorrevolutionäre russische Literatur, der es zu verdanken ist, daß der Rest der Welt über die Russische Revolution nicht erstaunt war, und daß die meisten von uns dachten, sie sei fällig ge-

wesen. Das Studium der marxistischen Theorien allein
hätte uns nicht sehr viel über die Mushiks sagen können.
Was Tretjakow begriffen hat, haben, glaube ich, die meisten
von uns auch begriffen. Aber wir befinden uns in einem anderen Milieu und die Gegenstände unseres gründlichen
Studiums sind wahrscheinlich andere, auf jeden Fall aber
schwierig.
Zum Beispiel: Man kann nicht einen Traktor in einer Gemeinschaft „einführen" wollen, wo jeder Farmer schon seinen eigenen Traktor besitzt. Auch kann man diese Maschi-
nerie, die für große Gelder gedacht ist, nicht auf kleinem
Areal einsetzen, etwa bei der Bearbeitung eines italienischen Berghangs, der eine Terrasse von 15 Fuß Höhe bei
10 Fuß bebauter Fläche hat. Etc.
Tretjakows Artikel fordert Respekt.

1931

SERGEJ EISENSTEIN – WILHELM REICH

Briefwechsel

Postbox 827
Kopenhagen   14. VII. 34

Werter Genosse Eisenstein!
Ich habe sofort nach Erhalt Ihres Schreibens veranlaßt, daß
der Verlag Ihnen die gewünschten Schriften zuschickt. Ich
bitte Sie zu mahnen, falls die Sendung nicht innerhalb von
zehn Tagen in Ihren Händen sein sollte. Das Buch über den
Orgasmus ist vergriffen, vielleicht hat der „Intern. Psychoanalytische Verlag", Wien I. Börsegasse II, noch Exemplare.
Da Sie Ihr Interesse für meine sexualökonomische Auffassung aussprechen, möchte ich hier darauf aufmerksam machen, daß die Fortsetzung der klinisch-theoretischen Untersuchungen über das Grundproblem fortlaufend in den
nächsten Nummern der Zeitschrift abgedruckt werden
(„Der Urgegensatz des vegetativen Lebens"). Besonders ge-

freut hat mich, von einem führenden Genossen auf dem Gebiete der Kunst zu hören, daß die Kunst sehr viel mit dem Zentralproblem der lebendigen Substanz, dem Orgasmus, zu tun hat. Das hört man sonst nicht oder erfährt im Gegenteil viel Ablehnung, wenn man es wagt, die hohe Kunst in so „niedrige Gebiete" wie das Geschlechtsleben zu ziehen. Ich denke an einen Ausspruch des uns gemeinsam bekannten Genossen Hanns Eisler, der jeden Zusammenhang von Musik und Sexualität leugnet; wie derartiges möglich ist, kann ich schwer verstehen; daß es aber jede Möglichkeit zur Bewältigung der lebendigen kulturpolitischen Fragen der proletarischen Bewegung sperrt, dessen bin ich sicher und ich hoffe, dies einmal ausführlich beweisen zu können.

Vielen herzlichen Dank für Ihre Bereitschaft, mir zu helfen. Ich glaube, der Sache der Kulturrevolution wäre sehr gedient, wenn es uns gelänge, die Bedeutung der Sexualpolitik für den revolutionären Film einmal gründlich zu begreifen und in Praxis umzusetzen. Vielleicht haben wir einmal Gelegenheit, uns darüber auszusprechen. Mich beschäftigt seit vielen Jahren die Frage, wie man der bürgerlichen filmischen Sexualpolitik eine revolutionäre bewußt und konsequent entgegensetzen könnte. Unsere Arbeit bisher auf diesem Gebiet ist vorwiegend rationalistisch, scheint mir aber die Frage des persönlichen Lebens, im besonderen des sexuellen, zu sehr in den Hintergrund zu drängen, oder nicht immer richtig zu lösen. Um anzudeuten, was ich meine: „Bett und Sopha" hatte im wesentlichen richtig angesetzt, in „Weg ins Leben" bleibt die Antwort aus, welche Sexualform der bürgerlichen entgegenzusetzen ist; in „Erde" ist das orgiastische Element glänzend zum Ausdruck gebracht, im „Potemkin" wird man von der Rhythmik, die eine direkte Fortführung des biologisch-sexuellen Grundrhythmus ist, richtig überwältigt. Soweit ich die Sache beurteilen kann, wirken sich die rationellen Gedanken des Kommunismus filmisch dann am besten aus, wenn sie in guter Art mit dem biologischen Rhythmus verknüpft werden. Entschuldigen Sie, daß ich so schwierige Fragen so skizziert hinzuwerfen wage, aber da ich wie gesagt seit langem mich mit diesen Fragen beschäftige, wollte ich die Gelegenheit nicht vorbeigehen lassen, sie Ihnen anzudeuten. Es würde mich außerordentlich freuen, wenn eine vorbereitende Diskussion über diese Fragen weitergeführt werden könnte, und es würde zweifellos unserer Arbeit nützen, wenn Sie uns einmal Ihre Ansicht über die Möglichkeiten auseinandersetzen würden, das menschliche Gefühlsleben inklusive des sexuellen in die rationalen Ziele der revolutionären Kulturpolitik hineinzuarbeiten. Wir bereiten hier eine größere Arbeit über die Wirkungen und Beeinflussungsmethoden des bürgerlichen Films auf die breite unpolitische Masse vor.

Mit bestem Gruß
Ihr Wilh. Reich

P. S. Im Orgasmus-Buch halte ich an der klinischen Auffassung fest; das letzte Kapitel, das ich in meiner vormarxistischen Zeit schrieb, bedarf vieler Korrekturen.

Werter Genosse Reich!
Ich bin Ihnen höchst dankbar für Ihre hoch interessante Sendung. Ihr neuer Artikel ist wiederum von großem Interesse. Ich möchte aber genau eine Auseinandersetzung unserer Auffassungen durchführen. Mir scheint es, daß bei Ihnen wie auch in der Psychoanalyse das Rein-Sexuelle viel zu stark betont wird. Ich meine das Geschlechtlich-Sexuelle. Das Geschlechtliche als Base aller Äußerungen ist meiner Ansicht nach nicht richtig. Ich würde es eher dem Organisch-Vegetativen festschreiben, dem Prozesse, in dem das Sexuelle nicht mehr als Einzeläußerung ist. (Eine der stärksten, aber doch parallel eingestellten und nicht basal bestimmenden). Die Ineinanderverschiebung der derivativen Funktionen vom Biologisch-Vegetativen ist was zu Aufschlüssen führt, in den eines auf das andere (in ganz mechanistischer Auffassung) basiert wird. Ich habe mich mit der Frage im allgemeinen nicht genug beschäftigt um eine Diskussion auf dem ganzen Gebiete durchzuführen. Ein partielles Problem aber – Ekstase (im Zusammenhang mit dem Pathos), der ich recht viel Zeit abgegeben habe, überzeugt mich ganz und gar, daß die übliche sexuelle Auffassung dieses Phänomens in ganz falsche Richtung führt. Das sexuelle Bild in ihr ist nicht mehr als eine „Zwischenstation", ein Zwischen-Stadium. Der sexuelle Orgasmus als solcher ist

bloß eine Einzelerscheinung des Ekstatischen. Wie ich sage
– der „billigste" und geläufigste Weg in diesen Möglichkeiten des ekstatischen Genusses, welcher ganz und gar auf
Urphänomenen beruht, die prä-sexuell sind, und zu denen
in einer Richtung hin die sexuelle Betätigung als „Über-
fahrt" dienen kann. Die Disproportion, in welcher das Einzelne, das Sexuelle weit außerhalb dem Rahmen ihrer wirklichen Bedeutung aufgefaßt und betont wird, ist einer der
Fehler, der üblich begangen wird. Letzteres mag richtig sein
im pathologischen Falle, wo dieses gerade Bedingung des
Pathologischen ist. Das Grenzgebiet zwischen Normalem
und Pathologischem ist nicht zu ziehen – das weiß heute
jedes Kind. Aber nachdem der Schwerpunkt aus dem Pathologischen jahrelang gewesen war, wäre es vielleicht Zeit
sich tiefer in das Normale zu begeben. Das psychoanalytische Weltbild ist eine Widerspiegelung einer pathologischen sozialen Welt. Die Hypersexualisierung, aus Gründen der sexuellen Not ist – für diese Welt – „normal". Und
in ihr und ihrer Umgebung kann keine andere Auffassung
auskommen. Die Kritik solch einer Weltauffassung kann
bloß aus einer Welt, einem Teil der Welt kommen, wo das
„Normale" – normal und üblich ist, wo die Leute nicht in
soziellen Widersprüchen verankert sind, die alle anderen
Widersprüche bedingen und zum Leben rufen und endgültig das ganze normale Lebensbild verschieben und das, was
ist, als „Sein soll" auffassen. Bis zur Negierung dieser Ordnung im Sozialen ist man schon genügend vorgedrungen.
Man verliert sich aber noch sobald man nicht mit dem primitiven Basalen der Exploition zu tun hat, sondern mit
dem Überbau. Diesen nimmt man für normal – organisch
an, obgleich eine solche Auffassung nicht mehr ist, als eine
Reflexion ganz unorganischer und unnormaler sozieller
Verhältnisse, die ihm zu Grunde liegen. Daraus stammt
zum Beispiel, daß die Psychoanalyse in pathologischen Fällen aufklärend wirkt (wenn nicht allzu heilkräftig ist – und
hier hat Stefan Zweig recht – der Psychoanalyse fehlt die
„Psychosynthese"). Dagegen wenn sie „normale" (das heißt
die Erscheinungen welche auf der Linie des unterbaren „Pa-
thologischen-Normalen" – sich der Seite des Normalen nä-
hern) Erscheinungen zu lautern versucht, sie ständig ganz
unpraktisch ausläuft. In erster Stelle alles was es sich um

568

Kunst und Kunsttätigkeit, als werktätigen Prozeß handelt. Hier gibt die Psychoanalyse nichts Konstruktives und Aufbauendes. Schließlich gibt die Psychoanalyse ja hier nichts prozessuell aufschlußreiches – statt dessen bloß Intim-Sensationelles – und sehr Weniges, was auch bloß mit dem symbolisch Stofflichen des Werkes zu tun hat. Nichts aber was nicht der Form, als Gesetzmäßigkeit des Aufbaues des Werkes als solchen, zu tun hat (im Hegelschen also Sinne). Also bloß mit dem was im unzertrennbaren Paar Inhalt-Form dem Rein-Anekdotisch vorwürflichen und nicht dem als Kunstwerk entstehenden prozessuellen näher steht. Sobald Sie nur von der sexuell-fetischistischen Auffassung los werden und aus dem Normalen sexuellen und organischen Bilde die Welt betrachten, ändert sich die Sache vollständig. Als Marxist müssen Sie wissen, daß Pathologie und Norm obgleich quantitativ vergleichbar sein können, sie qualitativ unvermäßlich sind. Und dieses bedeutet, daß die Gesetzmäßigkeit der Verhältnisse im Existenz-Bilde des Pathologischen „unübertragbar" sind als Gesetze für das Normale. Und die Verbindung beider geht nicht in gerader Linie, sondern in Dreieckform, wo die Spitze eine gewisse allgemeine Gesetzmäßigkeit bildet, deren Erscheinungsform in einer Falle normal, in pathologisch ausfallen kann. Ein direkter Überfuhr von einem zum anderen auf dem Gebiete des Verständnisses des einen durch das andere ist nicht möglich (obgleich der Übergang selbst möglich ist und stattfindet) und falls doch angewendet – führt es unumgänglich zu Widerlegung des Systems, welches es sich

doch erlaubt, die Sache dergleichen aufzufassen. Dieses glaube ich ist das vital und instinktiv Richtige, welches es bedingt, daß man sich gegen die Psychoanalyse auflehnt. Das Bild der Verhältnisse dargestellt von der Psychoanalyse leugnet den wirklichen Tatbestand der Dinge. Die „Selbstprojektion" der Neurose, welcher die ganze Widerlehnung gegen die Psychoanalyse aufbelastet worden war, spielt eine ebenso beschränkte, wenn auch sehr kreischende Rolle wie das Sexuelle in dem Hypersexualisierten Gebilde der Wirklichkeit, welche die in sich pathologische Psychoanalyse aufzieht. Dieses erklärt die Disproportion der Ablehnung der Psychoanalyse durch eine schließlich sehr kleinen Zahl der „Leidenden" – die Zeit der vulgär obskurantischen Widerlegung der Psychoanalyse in den ersten Jahren ist ja längst vorbei – und anderseits durch das ganze philosophische System eines ganzen – und des einzigen soziell gesunden Landes! Ich betone hier absichtlich nicht den Widerspruch des Marxismus zu dem System, welches biologisch, statt soziologisch in erster Stelle auftritt, sondern die inneren organisch bedingten Gründe der Widerlegung, die sich im normalen „Teil" der Persönlichkeit ganz natürlich gegen die Psychoanalyse erheben (und nicht im Pathologischen, welcher gerade lustbetont an der Psychoanalyse frönt, nachdem die erste Reaktion des Zurückziehens vorbei ist!).

Oskar Maria Graf 1934 in der Kommune „Bolschewo". 1. v. l. der Leiter der Kommune Bogoslowksi, 2. v. l. Wladimir Lidin, 1. v. r. Abram Efros

570

7 VI 1935

Lieber Oskar.

Endlich erhohle ich mich etwas von dir.
Das Graf porträt ist fertig. Es ist 2 druckbogen stark und ich halte es für ein
von den besten Kapiteln des Buches.
" selben Zeit fordere ich beim Staats-
verlag neue Herausgabe "Wir sind Gef..
Ich schreibe: dieses Buch muss von jeden.
Arietzüngling gelesen um zu wissen
was für furchtbare dunkle Jungeln
ist die kapitalistische Wirklichkeit,
und wie schwer es in kapit. umstände
einem Kleinbürger den richtigen Weg
z finden ist.
Am Ende erzähle ich die Geschichte
eines russischen Soldaten aus Woronjesch
der sich in einen Bairischen Kulaken
verwandelt hat nicht nur Physisch
sondern auch Psychisch - Ich traf
ihn neben Augsburg in 1931. Er ist im
Buche als Kontrast zu dir. Er kommt
und erstickt in den Sumpf, von welchem
du herauskletterst.

Sergej Tretjakow an Oskar Maria Graf

571

Also jetzt noch ein Vorwort und mein
Buch geht in Druck. Doch will ich
allerdings noch Kisch und Toller hinein-
schreiben — und Weinert, wenn ich ihn sehe.
Ohne zu sehen und persönlich zu kennen
geht es nicht.

Hoffentlich wird es bei dir alles
mit Malik klappen. Ich werde hier
untersuchen die Möglichkeiten deiner
Herkunft. Schade nur, das ich diesen
Sommer am Schreibtisch angenagelt
werde, sonst komme ich bis Winter
mit meinem Bücherplan nicht durch.

Hast du Gerüchte gehört das Balder
die Nazis entwenden versuchten?

Von Adam höre schon lange nichts.
Theodor brachte zu Ende ein neues Bu-
für die Kinder. Ich lese es momentan.
Brecht ist ab, aber im Herbst will er
zurück herkommen. Wolf ist aus Amerika
gekommen: frisch, munter, erzählt
Interessantes.

Also alles Gute. Man liebt dich bei
uns sehr. Also wird Olga ihre Zeile
selbst schreiben. Gruß deiner Frau
                              dein Sergei
~~Lieber Freund~~
~~Liebe~~

572

ASJA LACIS

Briefe an Walter Benjamin

Lieber Walter!
Ich komme von eine Fahrt vom Kolhosentheater – Die
ganze Truppe fährt auf Lastwagen und Pferde-wagen von
einen Kolhos zum anderen – Manche Fahrten waren sehr
schwer durch Sumpf und ohne Wege. 3 Wochen bin ich mit
– herumgefahren um die Verhältnisse zu sehen.
Alles war wie im Traum: Sonne ging unter – Mond kam
hoch – – und wurde rund und gross und verschwand –
und wieder kam Sonne – weil wir unsere Vorstellungen haben angefangen um 12. geendet um 3 Uhr Nachts. Oft in
grossen Scheunen. Die Vorstellungen mache ich mit Vorre-
den, Zwischenerklärungen u. s. w. Jetzt bin ich in Moscau.
Heiss. Und staubig. Walter ich habe deine Arbeit angefangen zu lesen, aber nicht durchgelesen. Mich hat es intressiert – dann kam Grete Steffin – und sagte du hast geschrieben Sie soll es dem Tretjakow übergeben. Ich kann
nicht entschuldigen – weil es ist ernst – aber es ist so. Und
ich weiss du wirst mir verzeihen (vielleicht nur mir) Lieber
Walter, ich möchte dich sehr sehen – Ich habe dir geschrieben du sollst zu *Gide*
                gehen Soll dich empfehlen für

Moscau Warum hast du das nicht getan. Warum?! Geh zu
ihm sage, du willst kommen arbeiten – er ist doch tief ein
Mensch und wird das nicht birokratisch auffassen. Thue das
noch, wenn er in Paris ist. Dann wäre für dich eine Möglichkeit. Warum bist du nicht lebendiger, beweglicher, akti-
ver – das du mehr Verbindung hast – – – Ich verstehe alles
– – – ich weiss was du mir sagen wirst – – – und doch es
gibt noch auch die andere Seite.
Ein Arzt dein Verwandter hat oft mich angerufen, aber jezt
ist er verschwunden – weiss ich nich warum? Kannst du
nicht die Adresse von Goldstein erfahren?
Ich drücke dir warm und gut deine Hand. Schreibe. Wir
müssen uns eigentlich treffen – wäre sehr sonderbar.
                Deine alte Asja

2/VII 36.   Daga lässt dich herzlich grüssen –

Lieber Walter! Jezt eben komme ich nach Hause von einen Berg-Spaziergang und finde deinen Brief auf meinen Bett. Jezt eben gelesen – sofort schreibe dir Antwort – Dieser Brief hat mir besonders gefallen – weil er war so bischen undiszipliniert. Ich habe Sehnsucht nach dir. Ganz stark. Das ist vielleicht sehr mittelalter. *Ja, wir müssten bald wiedersehen.*

Walter, wenn du Gide Empfehlung bekommen kannst, dann ist alles in Ordnung. Wem soll er adressieren, das ist auch wichtig und das kann ich sofort nicht sagen – ich muss nachdenken und von Moscau schreiben. In Kislovodsk komme ich Narsanbäder nehmen schon 3 Jahre. Ich habe nichts Schlimmes. Herzneurose und Müdigkeit – und Kislovodsk macht mich arbeitsfähig und ruhiger. Das letzte Jahr habe ich stark gearbeitet und besser gefühlt wie früher – mein Gesundheits Zustand hat sich sehr gebessert. Wo ist Goldstein (Association). Das du mitarbeiten am „Wort" wirst ist wunderbar.

Zu wenig, d. h. garnicht höre ich von deine Mitarbeit in revol. Zeitschriften und so weiter.

Hast du noch immer so langsame Tempen?

Walter, frage die Hely, warum sie mir böse ist, ich habe ihr vielmal geschrieben und bekomme keine Antwort – Sie gefällt mir sehr gut. Wo ist Grete? Sie muss mir Schuhe bringen – ich habe ihr Geld gegeben und bin froh auf die Schuhe für Herbst.

Ich schreibe dir schnell und dumm weil ich eile – und will heute noch den Brief aufgeben. Verzeihe mir (Vorlezten Brief habe ich nicht frankiert) Das erste Mal im Leben ist mir so was passiert.

Grüsse Brecht und Hely – Reich ist in Engels – aber ist schwer krank geworden mit tropischer Malaria und fährt nach Moscau. Karola Neher soll arettiert sein

Reich mit Marie wollen allein

herkommen Sie ist sehr geschreckt.

Deine Asja   2 Sept. fahre ich nach Moscau.

Lieber Walter!

Wir haben Sowjetkongress. Wo unsere neue Verfassung angenommen und besprochen wird. Kennst du die neue Verfassung? Ist es nicht unerhört schön über den Demokratis-
mus und Nationen?!

Mit den Gide ist es aus. Ich wundere nicht mal so sehr das
er gegen Sowjet geschrieben hat ... ein Kabinett Estet kann
nie alle kompliziertesten Methoden unseren Aufbaus verstehen. Er ist zu schwach für so was. Ich verstehe nur nicht
eins: weshalb er hier so viel Tränen vergossen hat ... und so
begeistert war und den Ostrovskij geküsst hat und ganz für
uns gesprochen hat. Er konnte doch seine Meinung uns offen sagen, aber nicht so schwindeln! Schade für Ihn – dass
er vom seinen Zirkel nicht herauskommen kann! So wird er
weiter drehen – und es wird aus Ihm nur Asche

Ich rate dir Marie schreiben dass du hier arbeiten willst. Sie
ist jezt mit Kolzow in Spanien. Kolzow kann vieles thun.

Du bist in Ravenna ... da muss ja sehr schön sein ... aber
ich dachte du wärest besser in Spanien ... und von dort Artickeln schreiben ... die könnte man sehr gut verwenden.
Das ist Dir wahrscheinlich nicht eingefallen. Schade!

Fahre zuerst nach Spanien und schreibe uns Artickeln –
und dann zu uns.

Ich bin jezt in Moscau. In Januar fahre ich wieder nach
Smolensk. Ich habe ein Stück gemacht in lettischen Staatstheater, „Im Feuer" – von Blaumanis cinen lettischen Klassiker. Maria Leiko hat mitgespielt.

Reich ist jezt in Engels und inszeniert „Was ihr wollt" und
„Das trojanische Pferd" von Friedrich Wolf.

Was macht eigentlich Brecht? Ich habe von Weigl einen
Brief bekommen, wo auch Brecht zugeschrieben hat – dass
ich ihm schreiben soll.

Das Bildchen habe ich auf die Wand gehängt.

Mir gefällt es auch.

Schreibe bald.

Die Zettelchens – ich meine die Farbe –
erinnert an
Neapel. Asja.

PS.
Walter fahre sofort nach Spanien und schreibe ein Buch –
wie die Menschen kämpfen für ihre Freiheit – gegen die
schwarze Macht.

*Wo ist Goldstein
weisst du nicht?*

Weist du was – du konntest mir von Paris
telefonieren.
Mein Telefon: Arbat 1 - 14 - 86

Die Daga intressiert sich für Stefan – grüsse
ihn.
Daga erinnert dich gut und grüsst.

Asja.

Schreibe! Asja

Anmerkungen

BEGEGNUNG

Einleitung

Andrej Belyj. Na perevale (Auf dem Paß). XXIV. München. In: A. Belyj. Arabeski (Arabesken). Moskau 1911 (Reprint München 1969). S. 362–369.

Marina Cvetaeva, O Germanii. Iz dnevnika 1919 g. (Über Deutschland. Aus dem Tagebuch von 1919). In: M. Cvetaeva, Izbrannaja proza v dvuch tomach (Ausgewählte Prosa in zwei Bänden), New York 1979, Band 2.

Boris Pasternak, Der Schutzbrief. I, 9–10. II, 1–7. In: B. Pasternak, Luftwege. Ausgewählte Prosa. Leipzig 1986.

Der Blaue Reiter. Hrsg.: Kandinsky, Franz Marc. München 1912 (Dokumentarische Neuausgabe München 1965).

Alexander Blok, An die Mutter. Mailand, 19. Juni /n. Kal./ 1909. In: A. Block, Ausgewählte Werke. Band 3. Briefe. Tagebücher. Berlin 1978, S. 116.

Boris Pasternak, Der Schutzbrief. In: B. Pasternak, Luftwege. Ausgewählte Prosa. Leipzig 1986, S. 216.

Vasilij Rozanov, Vozle „Russkoj idei ..." (Um die „Russische Idee" ...). In: V. Rozanov, Izbrannoe. New York 1956, S. 147.

Berlin i okrestnosti. Putevoditeli Gribensa. Tom 197 (Berlin und Umgebung. Griebens Reiseführer. Band 197). Berlin 1923.

Andrej Belyj, Brief an Ivanov-Razumnik vom 3. März 1927. In: Cahiers du monde russe et sovietique 1–2/1974, S. 45–82.
Vgl. auch: Beiträge zur Rudolf Steiner Gesamtausgabe. Andrej Bely und Rudolf Steiner. Briefe und Dokumente. Nr. 89/90. Dornach 1985.

Aleksandr Bachrach, Po pamjati, po zapisjam (Aus der Erinnerung, nach Aufzeichnungen). Paris 1980, S. 55.

Nina Berberova, Kursiv moj. Avtobiografija (Hervorhebung von mir. Autobiographie). München 1972, S. 186–187.

Marina Zwetajewas Widmung für Boris Pasternak „Meinem Bruder ..." im Manuskript des Gedichts „Zwei". In: M. Cvetaeva, Sočinenija. Band 1. Moskau 1980. S. 519.

Der Briefwechsel zwischen Pasternak, Rilke und Zwetajewa in: Rilke und Rußland. Briefe Erinnerungen Gedichte. Berlin und Weimar 1986.

Zu Boris Pasternaks Botschaft an Michail Kusmin von 1926 vgl.
G. Cheron, B. Pasternak and M. Kuzmin (An Inscription). In: Wiener Slawistischer Almanach 5/1980, S. 67–69.

Vladimir Nabokov, Strong Opinions, New York 1973, S. 188–189.

Texte

Marina Zwetajewa, Die Begegnung
Zweiter Teil des Essays Plennyj duch (Gefangener Geist) – Vstreča (Die Begegnung). In: M. Cvetaeva, Sočinenija. Band 2. Moskau 1980, S. 279–313. Deutsch von Hans Loose.

Andrej Bely. Wie schön es in Berlin ist
Kak chorošo v Berline. Aus dem Berlinbuch Belys: Odna iz obitelej carstva tenej (Eine Wohnung im Schattenreich). Leningrad 1924, S. 26–38. Deutsch von Fritz Mierau.
Vgl. auch: Andrej Bely, Im Reich der Schatten. Aus dem Russischen von Birgit Veit und mit einem Essay von Karl Schlögel. Frankfurt (Main) 1987.

Marina Zwetajewa, An Berlin
Berlin. Aus: Marina Zwetajewa, Ausgewählte Werke, Bd. 1: Lyrik; Berlin 1988. Deutsch von Richard Pietraß.
© Verlag Volk und Welt, Berlin

Boris Pasternak, Gleisdreieck
Überschrift im Original deutsch. In: B. Pasternak, Stichotvorenija i poèmy (Gedichte und Poeme). Moskau–Leningrad 1965, S. 540. Deutsch von Richard Pietraß.

Boris Pasternak, Brief aus Berlin
V. Polonskomu. In: Literaturnoe nasledstvo. Band 93. Moskau 1983. S. 691–692. Deutsch von Fritz Mierau.
In der Zeitschrift „Novaja russkaja kniga" erschienen 1922 zweiundzwanzig Schriftstellerautobiografien, darunter die von Wladimir Majakowski, Sergej Jessenin, Jewgeni Samjatin, Boris Pilnjak, Andrej Sobol, Alexej Tolstoi, Konstantin Fedin, Wladislaw Chodassewitsch und Ilja Ehrenburg.

Marina Zwetajewa, Lichtsturz
Eingangspassage des Essays Svetovoj liven'. In: Èpopeja 3/1922. Deutsch von Fritz Mierau.
In dieser Zeitschriftenversion ist der Essay Ilja Ehrenburg gewidmet und mit Ort und Datum der Niederschrift versehen: Berlin. 3.–7. Juli 1922. Neugedruckt in: M. Cvetaeva, Proza. New York 1953, S. 353–358.

Alexej Remisow, Aus dem flammenden Rußland zu den Sternen
In: Der neue Merkur 5/1921–1922, S. 686–697. Deutsch von Fega

578

Frisch. Russisch: K zvezdam. Pamjati A. A. Blok (Zu den Sternen. A. A. Blok zum Gedächtnis). In: A. Remizov, Vzvichrennaja Rus'. Paris 1927 (Reprint 1979), S. 501–515.

Alexej Remisow, Rosanow-Briefe
Kukcha. Rozanovy pis'ma (Nässe. Rosanow-Briefe). Berlin 1923, S. 38–43, 64–71, 105–107, 122–125. Deutsch von Sergej Gladkich.

Thomas Mann, Brief an Alexej Remisow
In: A. Remizov, Myškina dudočka (Mäuseflöte). Paris 1953, S. 163.
© S. Fischer Verlag GmbH, Frankfurt (Main).

Maxim Gorki, Vom russischen Bauern
Nach der deutschen Parallelausgabe zu M. Gor'kij, O russkom krest'janstve (Vom russischen Bauern). Berlin 1922, S. 23–45. Übersetzer unbekannt.

Ossip Mandelstam, Menschen-Weizen
Pšenica čelovečeskaja. In: Nakanune vom 7. Juni 1922, S. 2–3. Deutsch von Fritz Mierau.

Wjatscheslaw Iwanow, Klüfte
In: W. Iwanow, Klüfte. Über die Krisis des Humanismus. Zur Morphologie der zeitgenössischen Kultur und der Psychologie der Gegenwart. Berlin 1922, S. 4–6, 9–15, 23–37. Deutsch von Wolfgang E. Groeger.
© Frau Waltraud Werner, Berlin (West)

Thomas Mann, Fragment über Goethe und Tolstoi
In: Das Tage-Buch 52/1921 vom 31. 12. 1921, S. 1631–1640.
© S. Fischer Verlag GmbH, Frankfurt (Main).

Lew Lunz, Reise auf meinem Krankenbett.
Putešestvie na bol'ničnoj kojke. Lunc-Archiv, Moskau. Deutsch von Fritz Mierau.

MISSIONEN

Einleitung

Walter Benjamin, Verein der Freunde des neuen Rußland – in Frankreich. In: Die literarische Welt vom 10. 6. 1927. Nachgedruckt in: W. Benjamin, Gesammelte Schriften IV, 1/2. Frankfurt (Main) 1980, S. 486.

Jurij Tynjanov, Zapiski o zapadnoj literature (Aufzeichnungen zur Literatur des Westens). In: J. Tynjanov, Poėtika Istorija literatury Kino (Poetik Literaturgeschichte Film). Moskau 1977, S. 126.

Stefan Großmann, Russisch-deutsche Vereinigung. In: Das Tage-Buch 2/1923, S. 46–47. Zum gesamten Komplex der deutsch-sowjetischen Beziehungen 1917–1933 vgl. die Bücher von G. Rosenfeld, Sowjetrußland und Deutschland 1917–1922. Berlin 1960 und: Sowjetunion und Deutschland 1922–1933. Berlin 1984 sowie das Buch von G. Voigt, Otto Hoetzsch. 1876–1946. Wissenschaft und Politik im Leben eines deutschen Historikers. Berlin 1978 und Berliner Begegnungen. Ausländische Künstler in Berlin 1918–1933. Berlin 1987.

Vorbereitung und Echo der Ersten Russischen Kunstausstellung erörtert V. P. Lapšin, Pervaja vystavka russkogo iskusstva, Berlin 1922 god (Erste Russische Kunstausstellung. Berlin 1922). In: Sovetskoe iskusstvoznanie 1/1982. Moskau 1983, S. 327–362. Eine gekürzte Übersetzung in: Kunst und Literatur 4/1985, S. 552–574.
Zur Londoner Rekonstruktion der Ausstellung im Jahre 1983 vgl. den Katalog The First Russian Show. A Commemoration of the van Diemen Exhibition Berlin 1922. 15 September – 3 December 1983.

Der Bericht über Nikolai Krestinski von W. O., Bei Berliner Diplomaten. II.: Im Hause des Bevollmächtigten der Sowjetrepublik. In: Berlin 22/1925, S. 4.

Grigori Sinowjew, Zwölf Tage in Deutschland. Hamburg 1921. Zu James Thomas vgl. Franz Jung, Der tolle Nikolaus. Leipzig 1980, S. 372.

Anatoli Lunačarskij, Meždu vostokom i zapadom (Zwischen Ost und West). In: Zapad i vostok (West und Ost) 1–2/1926, S. 10–13.

Maks Gel'c, Moja vstreča s „neistovym žurnalistom" Sovetskogo Sojuza (Meine Begegnung mit dem „rasenden Reporter" der Sowjetunion). In: Pravda vom 12. August 1930.

Ignaz Wrobel (= Kurt Tucholsky), Larissa Reissner. In: Weltbühne 8/1927 vom 22. Februar 1927, S. 730.

Zur Beschreibung der Rezeption sowjetischer Literatur in der Weimarer Republik vgl. die Bibliographie von Klaus Mehnert, Die Sovet-Union 1917–1932. Königsberg 1933, sowie die Dissertationen von Eva Kosing, Sozialdemokratie und Sowjetliteratur. o. O. (Berlin) 1960 und Horst Fliege, KPD und Sowjetliteratur. 1918–1933. Jena 1969.

Texte

Ein Aufruf der russischen Künstler
In: 1919. Neue Blätter für Kunst und Dichtung. 10/1918–1919, S. 213–214. Übersetzer unbekannt.

Fridtjof Nansen, Dreißig Millionen Menschen verhungern
In: Das Tage-Buch 42/1921 vom 22. Oktober 1921, S. 1265–1267.
Übersetzer unbekannt.

Gerhart Hauptmann, Geleitwort
In: F. Nansen, G. Hauptmann, M. Gorki, Rußland und die Welt.
Berlin 1922.
© Verlag Ullstein GmbH, Berlin

Maxim Gorki, Wenn Europa sich nicht besinnt
In: Ebenda, S. 27–31. Übersetzer unbekannt.

Maxim Peschkow, Brief an den Vater
In: Gor'kij i syn (Gorki und sein Sohn). Moskau 1971, S. 200–203.
Deutsch von Fritz Mierau.

Emmy Balz, „Forschungsauftrag: Gorki in Deutschland"
Original in den Sammlungen des Herausgebers.

Franz Jung, Zu Hilfe!
In: F. Jung, Hunger an der Wolga. Berlin 1922, S. 43–46.

Ernst Toller, Brief aus der Festung
In: Das Tage-Buch 46/1921 vom 19. November 1921, S. 1397–1399.

Stefan Großmann, Antwort
In: Das Tage-Buch 46/1921 vom 19. November 1921, S. 1399.

G. G. L. Alexander, Brief an Fritz Mierau
Original in den Sammlungen des Herausgebers.

Erste Russische Kunstausstellung
Die Texte von David Sterenberg (Übersetzer unbekannt), Edwin
Redslob und Arthur Holitscher nach: Erste Russische Kunstausstellung (Katalog). Berlin 1922, S. 3–9.

Larissa Reissner, Briefe aus Berlin
Pis'ma Larisy Rejsner. In: Novyj mir 10/1963, S. 224–228. Deutsch
von Fritz Mierau.

Karl Radek, Larissa Reissner in Deutschland
In: L. Reissner, Oktober. Berlin 1930, S. XVIII–XXI. Übersetzer
unbekannt.

Walter Benjamin, Fjodor Gladkow: Zement. In: W. Benjamin, Gesammelte Schriften. III. Frankfurt (Main) 1980, S. 61–62.
© Suhrkamp Verlag, Frankfurt (Main) 1972

Owadi Sawitsch, Deutschland, von Russen gesehen
In: Slavische Rundschau 2/1932, S. 123–129. Übersetzer unbekannt.

ZOO

Einleitung

Zur Berliner russischen Emigration vgl. Ernst Drahn, Russische Emigration. Eine kulturhistorische Studie. In: Zeitschrift für die gesamte Staatswissenschaft. 1930, S. 124–130.

Hans-Erich Volkmann, Die russische Emigration in Deutschland (1919–1929). Würzburg 1966.

Robert C. Williams, Culture in Exile. Russian Emigrés in Germany 1891–1941. Ithaca. London 1972.

Doris Liebermann, Die Stadt in der Stadt – das „russische" Berlin der 20er Jahre. (Beitrag im Sender Freies Berlin am 14. 3. 1986.)

Hartmut Walravens, „Blaue Nächte in Berlin …". Zum russischen Verlagswesen im Berlin der zwanziger Jahre. In: Börsenblatt für den deutschen Buchhandel – Frankfurter Ausgabe – Nr. 43, vom 29. Mai 1987, S. A 189–A 195.

Thomas R. Beyer Jr., Gottfried Kratz und Xenia Werner, Russische Autoren und Verlage in Berlin nach dem Ersten Weltkrieg. Russian Berlin: Publishers and Writers. (The House of Arts and the Writer's Club. – Russische Verlage in Berlin nach dem Ersten Weltkrieg. – Signets Russischer Verlage in Berlin. – Vasilij Masjutins Buchillustrationen.) Berlin 1987.

S. Segal, Russkaja žizn' v Berline (Russisches Leben in Berlin). In: Russkij illjustrirovannyj mir (Russische illustrierte Welt). 1/1923, S. 3–4. Vgl. weiter Gottfried Kratz, Russische Verlage in Berlin nach dem Ersten Weltkrieg. Hausarbeit, zur Prüfung für den höheren Bibliotheksdienst vorgelegt. Köln 1979. Walter Andreesen, Berlin und die russische Literatur der zwanziger Jahre (mit Beispielen aus den Beständen der Staatsbibliothek). In: Mitteilungen der Staatsbibliothek Preußischer Kulturbesitz 15/1983, S. 13–35. Karl Schlögel, Das Russische Berlin – Fluchtpunkt in einer offenen Stadt. Vortrag am 2. März 1986. Claudia Scandura, Das Russische Berlin 1921–1924. Die Verlage. In: Zeitschrift für Slawistik 5/1987, S. 754–762.

R. G. Batalin, Petersburg am Wittenbergplatz. Detmold 1931.

Vladimir Pozner erinnert sich. Berlin 1975, S. 127.

Lew Lunz, Brief an Jewgeni Samjatin vom 19. Oktober 1923 aus Hamburg nach Petrograd. In: Lunc-Archiv Moskau.

Ehrenburgs Replik auf Schklowskis bissige Bemerkung in Ilja Ehrenburg, Menschen Jahre Leben. Band 1. Berlin 1982, S. 284.

I. Vasilevskij (Ne-Bukva), Tartarin iz Taganroga. O dvenadcati novych knigach g. Ilji Ėrenburga. (Tartarin aus Taganrog. Über die

582

zwölf neuen Bücher des Herrn Ilja Ehrenburg). In: Nakanune vom 29. Oktober 1922. Literaturblatt No 24, S. 4–7). Vgl. dazu L. Flejšman, R. Hughes, O. Rajevskaja-Hughes, Russkij Berlin 1921–1923 (das Russische Berlin 1921–1923). Paris 1983.

Zum Berliner „Haus der Künste" vgl. den Aufsatz von Th. R. Beyer Jr., The House of Arts and the Writers' Club Berlin 1921–1923 (siehe oben).

Zum Petrograder „Haus der Künste" vgl. O. Forš, Sumasšedšij korabl' (Das wahnwitzige Schiff). Washington 1964 mit der Einleitung von B. Filippov, „Dom iskusstv" i „Sumasšedšij korabl'" („Haus der Künste" und „Wahnwitziges Schiff"), S. 7–55.

G. G., Der Blaue Vogel
In: Das Blaue Heft 27/1922 vom 1. April 1922.

Lothar Schreyer, Erinnerungen an Sturm und Bauhaus. München 1966, S. 40–41.

Texte:

Viktor Schklowski, Iwan Puni
In: Der Futurismus 5–6/1922 von Oktober 1922, S. 6. Übersetzer unbekannt.

Viktor Schklowski, Zoo oder Briefe nicht über die Liebe
Nach: Viktor Schklowski, Es war einmal. Zoo oder Briefe nicht über die Liebe. Berlin 1976, S. 230–238, 241–245, 248–251, 260–262, 264–271, 287–293. Deutsch von Elena Panzig.
© Verlag Volk und Welt, Berlin
Der Brief über Grshebin nach: Viktor Šklovskij, Zoo ili pis'ma ne o ljubvi. Berlin 1923, S. 33–36. Deutsch von Fritz Mierau.

Igor Sewerjanin, Majakowski in Berlin
Eingangspassage des Artikels Zametki o Majakovskom. In: Literaturnaja gazeta vom 13. Mai 1987. Deutsch von Fritz Mierau.

Ilja Ehrenburg, Die russische Dichterkolonie im Café „Prager Diele" (1922–1923)
In: Die literarische Welt 2/1926, S. 5–6. Deutsch von Hans Ruoff.

Ilja Ehrenburg und El Lissitzky, Die Blockade Rußlands geht ihrem Ende entgegen
In: Vešč Objet Gegenstand, 1922, Heft 1, S. 2. Übersetzer unbekannt.

Alexej Tolstoi, Vor den Bildern Sudejkins
In: Jar-Ptitza 1/1921, S. 2–4 (des deutschen Teils). Übersetzer unbekannt.

Alexej Tolstoi, Brief an Iwan Nashiwin
In: Vstreči s prošlym (Begegnungen mit der Vergangenheit). 3. Aufl., Moskau 1978, S. 170–172. Deutsch von Fritz Mierau.

Elena Liessner-Blomberg, Romanisches Café
In: Elena Liessner-Blomberg oder Die Geschichte vom Blauen Vogel. Hrsg. von Gerhard Wolf. Berlin 1978, S. 58–64.
© Buchverlag Der Morgen

Cabaret Der Blaue Vogel. In: Das Tage-Buch 51/1921 vom 24. Dezember 1921, S. 1608. Skeptischer später zum dritten Programm in: Das Tage-Buch 44/1922 vom 4. November 1922, S. 1552.

Freunde des Blauen Vogels. In: Russisch-deutsches Theater „Der blaue Vogel". Dezember 1921 bis Dezember 1922. Berlin 1923.

Auszug aus Alfred Polgar sowie Kurt Tucholsky, „Billett an eine junge Dame" © mit Genehmigung des Rowohlt Verlages, Reinbek.

Ferdinand Haager, Der Wanderflug des „Blauen Vogels"
In: Baden-Badener Bühnenblatt 26/1924 vom 18. Juni 1924.

„RUSSISCHE DEBATTE AUF DEUTSCH"

Einleitung

Monty Jakobs, Russische Bühnenkunst in Deutschland. In: Das deutsche Buch. Sonderheft „Russland". Leipzig 1923, S. 19.

Zum Presseecho auf Maxim Gorkis Aufenthalt in Deutschland vgl. Maxim Gorki in Deutschland. Bibliographie 1899–1965. Zusammengestellt und kommentiert von E. Czikowsky, I. Idzikowski und G. Schwarz. Berlin 1968.

Nina Berberova, Tri goda žizni M. Gor'kogo 1922–1925 (Drei Jahre im Leben Maxim Gorkis. 1922–1925). In: Mosty 8/1961, S. 262–277.

Walter Benjamin, Lenins Briefe an Maxim Gorki. In: Die literarische Welt vom 24. 12. 1926. Neugedruckt in: W. Benjamin, Gesammelte Schriften. III. Frankfurt (Main) 1980, S. 52–53.

Asja Lacis, Städte und Menschen. In: Sinn und Form 6/1969, S. 1326–1357. Vgl. auch A. Lacis, Revolutionär im Beruf, München 1976, und A. Lacis, Krasnaja gvozdika (Eine rote Nelke), Moskau 1985.

Walter Benjamin, Moskau. In: Die Kreatur 1/1927. Neugedruckt in: W. Benjamin, Gesammelte Schriften IV, 1. Frankfurt (Main) 1980, S. 317.

Walter Benjamin, An Hugo von Hofmannsthal. In: W. Benjamin, Briefe 1. Frankfurt (Main) 1978, S. 444.

Walter Benjamin, Russische Debatte auf deutsch. In: Die literarische Welt vom 4. Juli 1930. Neugedruckt in: W. Benjamin, Gesammelte Schriften IV, 1. Frankfurt (Main) 1980, S. 591–595.

584

Walter Benjamin, Fjodor Gladkow: Zement. In: Die literarische
Welt vom 10. Juni 1927. Neugedruckt in: W. Benjamin, Gesammelte Schriften III. Frankfurt (Main) 1980, S. 61–62.

Walter Benjamin, Disputation bei Meyerhold. In: Die literarische
Welt vom 11. Februar 1927. Neugedruckt in: W. Benjamin, Gesammelte Schriften IV, 1. Frankfurt (Main) 1980, S. 482.

Walter Benjamin, Wie ein russischer Theatererfolg aussieht. In:
Die literarische Welt vom 17. November 1930. Neugedruckt in:
W. Benjamin, Gesammelte Schriften IV, 1. Frankfurt (Main) 1980,
S. 561.

Walter Benjamin, Programm eines proletarischen Kindertheaters.
In: W. Benjamin, Gesammelte Schriften II, 2. Frankfurt (Main)
1980, S. 769.

Texte

Wassily Kandinsky, „Der Blaue Reiter" (Rückblick)
In: Das Kunstblatt 2/1930, S. 57–60, und Der Blaue Reiter. Doku-
mente einer geistigen Bewegung. Leipzig 1986, S. 161–162.
© Benteli Verlag, Bern

Carl Einstein, Leon Bakst und das russische Ballett
In: Leon Bakst. Berlin 1927, S. 7–10, 15–17 und 38–40.
© Einstein-Erben c/o Rechtsanwalt Sibrand Foerster, Berlin
(West)

Jewgeni Samjatin, Über Literatur, Revolution, Entropie und anderes
In: Russische Rundschau 1/1925, S. 59–64, Deutsch von Semjon
Frischmann.

Ilja Ehrenburg, Verteidigung der neuen Romantik
In: Die literarische Welt 24–25/1926, S. 5. Deutsch von Hans
Ruoff.

Alexej Tolstoi, Der neue Held der europäischen Literatur. Der
neue Held in der russischen Literatur
In: Die literarische Welt 1/1925, S. 5 bzw. 6/1925, S. 2.
Übersetzer unbekannt.

Hans Wesemann, Literatur und Literaten in Sowjetrußland (Ein
Gespräch mit Juri Tynjanoff)
In: Politik und Gesellschaft 17–18/1928–1929, S. 54–57.

Viktor Schklowski – Juri Tynjanow, Briefwechsel 1928
In: Voprosy literatury 12/1984, S. 192–196. Deutsch von Fritz
Mierau.

Ilja Ehrenburg, Die heutige russische Literatur
In: Die neue Rundschau 1929, S. 261–269. Deutsch von Käthe Ro-
senberg.

Ilja Ehrenburg, Randbemerkungen zur heutigen russischen Literatur
In: Slavische Rundschau 2/1930, S. 81–90. Übersetzer unbekannt.

Georg Lukács, Ilja Ehrenburg
In: Moskauer Rundschau 45/1930, S. 8.
Die Rechte vertritt die ungarische Urheberrechtsagentur ARTISJUS, Budapest

Edgar v. Schmidt-Pauli, Strawinsky-Abend bei Kroll
In: Politik und Gesellschaft 17–18/1928–1929, S. 47–48.

Ernst Bloch, Zeitecho Stravinskij
In: E. Bloch, Erbschaft dieser Zeit. Zürich 1935, S. 173–181.
© Suhrkamp Verlag, Frankfurt (Main) 1973

Elias Canetti, Isaak Babel
In: Die Fackel im Ohr. Berlin 1981, S. 321–330.
© Carl Hanser Verlag, München

Hans Ruoff, Brief an Fritz Mierau
Original in den Sammlungen des Herausgebers.

Lili Brik, Tagebuch Berlin 1930
Auszug aus dem Original im Brik-Archiv, Moskau. Deutsch von Fritz Mierau.

Walter Benjamin, Russische Debatte auf deutsch
In: Die literarische Welt vom 4. Juli 1930. Neugedruckt in: W. Benjamin, Gesammelte Schriften IV, 1. Frankfurt (Main) 1980, S. 591–595.
© Suhrkamp Verlag, Frankfurt (Main) 1977

Sinaida Raich, Brief an Lili Brik
Original im Brik-Archiv, Moskau. Deutsch von Fritz Mierau.

ARBEITEN

Einleitung

Will Grohmann, Die Kunst im 20. Jahrhundert. In: Das Kunstblatt 1926, S. 10.

Ossip Brik, My – futuristy (Wir sind Futuristen). In: Novyj Lef 1/1927, S. 49–52.

Sergej Tretjakow, Die Arbeit Viktor Palmows. In: S. Tretjakow, Gesichter der Avantgarde. Berlin 1985, S. 14.

Zu Jefim Golyscheff vgl. Phases 11/1967, S. 75–81.

Zu Sergej Scharschun (Charchoune), Ilja Sdanewitsch und Valentin Parnach vgl. das Buch von Marzio Marzaduri, Dada Russo. L'avanguardia fuori della Rivoluzione. Bologna 1984. Hier auch der Hinweis auf einen lange übersehenen referierenden Aufsatz von Roman Jakobson über Dada: Pis'ma iz zapada. Dada. In: Vestnik teatra vom 8. Februar 1922.

Die deutsche Korrespondenz Sergej Eisensteins nach den Sammlungen des Zentralen Staatlichen Archivs für Kunst und Literatur, Moskau, Fond 1923, opis 1. Zu Eisensteins Berliner Aufenthalten vgl. Werner Sudendorf, S. M. Eisenstein. Materialien zu Leben und Werk. München Wien 1975.

Valesca Gert, Ich bin eine Hexe. Kaleidoskop meines Lebens. Hamburg 1978, S. 53.

Sergej Eisenstein an Valesca Gert. In: Zentrales Staatliches Archiv für Literatur und Kunst, Moskau, Fond 1923, opis 1, 1473.

Sergej Eisenstein, V mirovom masštabe o Valeske Gert (Über Valesca Gert im Weltmaßstaß). In: Zentrales Staatliches Archiv für Literatur und Kunst, Moskau, Fond 1923, opis 1, 1037.

Wjatscheslaw Iwanow, Klüfte. Vgl. in Teil 1 unseres Buches.

Alexander Blok, Der Zusammenbruch des Humanismus. In: A. Block, Ausgewählte Werke. Band 2. Berlin 1978, S. 311, 316.

Andrej Belyj, Ibsen i Dostoevskij (Ibsen und Dostojewski). In: Arabeski (Arabesken). Moskau 1911 (Reprint 1969), S. 96.

Zum Bucharin-Konzept vgl. S. T. (Sergej Tret'jakov?), „Pereroždenie" ili velikoe utverždenie? („Entartung" oder große Bestätigung?). In: Oktjabr' mysli 2–5/1923.

Josef Stalin, Über die Grundlagen des Leninismus. In: Fragen des Leninismus. Berlin 1954, S. 106–108.

Zum ursprünglichen Repertoire des Meyerhold-Gastspiels 1930 vgl. die Pläne im Zentralen Staatlichen Archiv für Literatur und Kunst, Moskau, Fond 963, opis 1, 940–941.

Walter Benjamin, Der Autor als Produzent. In: W. Benjamin, Lesezeichen. Leipzig 1970, S. 366–367.

Texte

Wassili Kandinsky, Tanzkurven
In: Das Kunstblatt 1926, S. 117–120
© Benteli Verlag, Bern

Carl Einstein, Kandinsky
In: Das Kunstblatt 1926, S. 372–373.
© Einstein-Erben c/o Rechtsanwalt Sibrand Foerster, Berlin (West)

El Lissitzky, Viking Eggeling
In: El Lissitzky, Proun und Wolkenbügel. Schriften Briefe Doku-

mente. Dresden 1977, S. 205–206. Deutsch von Lena Schöche.
© VEB Verlag der Kunst, Dresden

Kasimir Malewitsch, Suprematismus als reine Erkenntnis. Suprematismus als Gegenstandslosigkeit
In: Kasimir Malewitsch, Suprematismus – Die gegenstandslose Welt. Köln 1962, S. 174–176 und S. 190. Deutsch von Hans von Riesen.
© DuMont Buchverlag GmbH & Co., Köln

Hans Richter, Brülle, China!. Naum Gabo. Kasimir Malewitsch. Der Mann mit der Kamera. Kuleschow. S. M. Eisenstein. W. I. Pudowkin. Dowjenko
In: Hans Richter, Köpfe und Hinterköpfe. Zürich 1967.
© Arche Verlag AG, Zürich

Sophie Küppers, Schaut das Leben durch das Kino-Auge Dsiga Werthoffs
In: Das Kunstblatt 5/1929, S. 141–146.

Edgar v. Schmidt-Pauli, Sturm über Asien
In: Politik und Gesellschaft 17–18/1928–1929, S. 47–48.

Raoul Hausmann, Dowshenkos Erde
In: R. Hausmann, Bilanz der Feierlichkeit, München 1982, S. 122–126.
© Edition Text und Kritik GmbH, München

Oscar A. H. Schmitz, Potemkinfilm und Tendenzkunst
In: Die literarische Welt vom 11. März 1927. Neugedruckt in: W. Benjamin, Gesammelte Schriften II, 3. Frankfurt (Main) 1980, S. 1486–1489.

Walter Benjamin, Erwiderung an Oscar A. H. Schmitz
In: Die literarische Welt vom 11. März 1927. Neugedruckt in: W. Benjamin, Gesammelte Schriften II, 2. Frankfurt (Main) 1980. S. 751–755.
© Suhrkamp Verlag, Frankfurt (Main) 1977

Bernard v. Brentano, Nach dem Potemkin-Film. Ein Trauerspiel. Die Blauen Blusen
In: B. v. Brentano, Wo in Europa ist Berlin? Frankfurt (Main) 1981, S. 72–75, 202–204, 220–222.
© Insel Verlag, Frankfurt (Main) 1981

Franz Spielhagen, Massenszenen bei Meyerhold
In: Die Scene 1930, S. 146–147.

Wsewolod Meyerhold, Kinofizierung des Theaters
In: Film und Volk 3/1930, S. 49–52. Übersetzer unbekannt.

588

Sergej Tretjakow, Schaufensterreklame
Aus dem Artikel: Nu kupite ž! In: Krasnaja niva 1931, Nr. 27,
S. 7–8. Deutsch von Fritz Mierau.

Siegfried Kracauer, Instruktionsstunde in Literatur
In: Frankfurter Zeitung vom 25. April 1931.
© Suhrkamp Verlag, Frankfurt (Main)

Ludwig Marcuse, Geschichtsschreibung
In: Das Tage-Buch 27/1931, S. 1062.

Gottfried Benn, Die neue literarische Saison
In: Die Weltbühne 37/1931, S. 403–408. Neugedruckt in: G. Benn,
Gesammelte Werke in vier Bänden. Essays. Reden. Vorträge. Stutt-
gart 1986.
© Klett-Cotta, Stuttgart

Ezra Pound, Offener Brief an Tretjakow
Open letter to Tretyakov. In: Front 2/1931, S. 124–126. Neugedruckt in: E. Pound, Impact. Chicago 1960, S. 224–228. Deutsch
von Fritz Mierau.

Sergej Eisenstein – Wilhelm Reich, Briefwechsel
In: Sociologičeskie issledovanija 1/1977, S. 179–186.

Asja Lacis, Briefe an Walter Benjamin
In: Akademie der Künste der DDR. Literatur-Archive. Walter Benjamin.

Die Rechte an den Übersetzungen von Fritz Mierau, Hans Loose
und Sergej Gladkich sowie an der Nachdichtung: Boris Pasternak,
Gleisdreieck von Richard Pietraß gehören dem Verlag Philipp Reclam jun. Leipzig.

Die Originalrechte an Viktor Schklowski, Zoo oder Briefe nicht
über die Liebe, an Viktor Schklowski – Juri Tynjanow, Briefwechsel 1928 und an Lili Brik, Tagebuch Berlin 1930 vertritt die sowjetische Agentur für Urheberrechte, WAAP, Moskau.

Der Verlag dankt allen Rechtsträgern für die freundliche Genehmigung des Abdrucks. Trotz umfangreicher Nachforschungen gelang
es nicht, alle Rechtsinhaber zu ermitteln. Der Verlag ist daher gern
bereit, berechtigten Forderungen nachzukommen.

Register
(Bearbeitet von Susanna Seufert)

591

593

595

601

Abbildungsnachweis

Akademie der Künste, Berlin *1*

Berlinische Galerie *10*

Bildarchiv Preußischer Kulturbesitz, Berlin *3*

Deutsche Bücherei, Leipzig *5*

Deutsche Staatsbibliothek Berlin/DDR *15*

The Florin Press, Kent *2*

Hanns-Eisler-Archiv der Akademie der Künste der DDR *2*

Institut für Weltliteratur „Maxim Gorki", Moskau *21*

Kongelige Bibliotek, Kopenhagen *1*

Kupferstich-Kabinett der Staatlichen Kunstsammlungen
   Dresden *1*

Landesarchiv Berlin *1*

Maxim-Gorki-Museum, Moskau *5*

Slovanská knihovna, Prag *12*

Staatliches Literaturmuseum, Moskau *4*

Staatsbibliothek Preußischer Kulturbesitz, Berlin *3*

Ullstein Bilderdienst, Berlin *20*

Universitätsbibliothek, Berlin/DDR *27*

VG Bild/Kunst, Bonn *1*

Zentrales Staatliches Archiv für Literatur und Kunst,
   Moskau *7*

Privatarchiv Eduard Ditschek, Berlin *2*

Privatarchiv Irina Ehrenburg *6*

Privatarchiv Fritz Mierau, Berlin/DDR *16*

Privatarchiv Oskar Wehling, Berlin *15*

Privatarchiv Dr. Waltraud Werner, Berlin *3*